10°
Iller
Günz
Riss
Wertach
Lech
Jesenwang
Walleshausen
Fürstenfeldbruck
Ismaning
München
Au
Türkenfeld
Wildenroth
Grünsink
Eresing
Weßling
Stockdorf
Altkeferloh
Fellheim
Landsberg a. Lech
Unterbrunn
Siegertsbrunn
Hawangen
Memmingen
Utting
Ammersee
Frieding
Leutstetten
Starnberg
Markt Rettenbach
Andechs
Waal
Aschering
Berg
Kronburg
Dietratried
Dießen a. Ammersee
Mörlbach
Attenham
D
S
C
H
L
A
N
Eschach
Bad Wurzach
Stadl
Wengen
St. Georgen
Neufahrn
Wolfertschwenden
Egg a. d. Günz
Vilgertshofen
Grönenbach
Kaufbeuren
Reichling
Raisting
Gelting
Schrattenbach
Haunshofen
Legau
Untrasried
Obergünzburg
Wessobrunn
Bernried
Humbach
Weyarn
Limpach
Weingarten
Leutkirch
Dietmannsried
Immenthal
Forst
Bauerbach
Probstried
Altusried
Peiting
Peißenberg
Seeshaupt
Ravensburg
Wildpoldsried
Hohenpeißenberg
Börwang
Unterthingau
Oberbuchen
Bad Tölz
Stötten a. Auerberg
Auerberg
Burggen
Antdorf
Gaißach
Argen
Wiggensbach
Kempten i. Allgäu
Bernbeuern
Rottenbuch
Habach
Wackersberg
Buchenberg
Wald
Riegsee
Benediktbeuern
Isny i. Allgäu
Wildsteig
Murnau
Tegernsee
Friedrichshafen
Waltenhofen
Froschhausen
Lenggries
Rottach
Opfenbach
Heimenkirch
Sulzberg
Wegscheid
Egern
Langenargen
Schlachters
Moosbach
Kochel a. See
Kreuth
Reitnau
Niederstaufen
Grünenbach
Petersthal
Hopfen
Weiler i. Allgäu
Martinszell
Mittelberg
Unterammergau
Eschenlohe
Bodensee
Stiefenhofen
Wertach
Oberammergau
Mauren
Scheidegg
Missen
Untermaiselstein
Schwangau
Walchensee
Wasserburg i. Bodensee
Oberstaufen
Immenstadt
Jungholz
Füssen
Ettal
Hörbranz
Rettenberg
Arbon
Doren
Gunzesried
Burgberg i. Allgäu
Pinswang
Isar
Bregenz
Steibis
Sonthofen
Hindelang
Loisach
Rorschach
Thal
Offerschwang
Garmisch-Partenkirchen
Höchst
Rheineck
Alberschwende
Bolsterlang
Fischen i. Allgäu
St. Gallen
Lustenau
Obermaiselstein
Schöllang
Mittenwald
Achensee
Herisau
Stein
Berneck
Schwarzenberg
Oberstdorf
Eben am Achensee
Hundwil
Hohenems
Waldstatt
Altstätten
Oberriet
Urnäsch
Appenzell
Stans
Rhein
Lech
Nasser
Inn
Schwaz
Imst
Gams
LIECHTENSTEIN
Planken
Schaan
Vaduz
Oberschan
Malbun
Triesenberg
Triesen
Balzers
Grins
Zams
Landeck
Umhausen
Sargans
Ö S T E R R E I C H
Fiß
Ill
Jenins
Malans
Igis
Chur
Trins
Tamins
Pfunders
Domat/Ems
Sterzing
Bonaduz
Rhäzüns
Walten
Weitenthal
Tumegl
Paspels
Cazis
Reinswald
Neustift bei Brixen
Thusis
Alvaneu
Schmitten
Planeil
Schalders
Brienz
Filisur
Schleis
Mals
Dorf Tirol
Schenna
Brixen
Stierva/Stürvis
Naturns
Algund
Feldthurns
Sarns
Tiefencastel
Bergün
Eyrs
Tanas
Goldrain
Meran
Latzfons
Marling
Säben
Villnöss
Andeer
Tscherms
Obermais
Klausen
Stilfs
Tschengls
Kortsch
Etsch
Lana
Layen
Oberlana
Inn
Eisack
Gargazon
Rhein
Ritten
Kastelruth
Klobenstein
St. Nikolaus
Bozen
Adda
I T A L I E N
Welschnofen
Aldein
Tramin

Brauchtum in den Alpenländern

Günther Kapfhammer

Brauchtum in den Alpenländern

Ein lexikalischer Führer durch den Jahreslauf

Callwey Verlag München

CIP-Kurztitelaufnahme der Deutschen Bibliothek
Kapfhammer, Günther
Brauchtum in den Alpenländern: e.lexikal. Führer
durch d. Jahreslauf. – München: Callwey, 1977
ISBN 3 7667 0405 2

ISBN 3 7667 0405 2

Schutzumschlag: Baur + Belli Design, München unter Verwendung
eines Fotos von Fritz Hiller, München.
Herstellung: Christa Fargel, München
Satz: Fertigsatz GmbH, München
Druck: Kastner & Callwey, München
Lithos: Brend'amour, Simhart & Co., München
Bindung: Concella, Urban Meister, München
Printed in Germany

Inhaltsverzeichnis

Vorwort 7
Brauchtum von A–Z 11
Abkürzungsverzeichnis 313
Brauchtumskalender 314
Sachweiser 327
Ortsregister 329
Fotonachweis 335

Autorenverzeichnis

A.F. Dr. Alexander Frick, Altregierungschef des Fürstentums Liechtenstein, Schaan (FL)

A. Gr. Prof. Dr. Alfred Gruber, Johanneum, Dorf Tirol (I)

A.-J. E. Dr. Adolf J. Eichenseer, Bezirk Oberpfalz, Regensburg (D)

B.-D. I. Dr. Bernd Dieter Insam, Kommission für Mundartforschung bei der Bayerischen Akademie der Wissenschaften, München (D)

B.P. Prof. Dr. Bertl Petrei, ORF-Abteilung Volkskultur, und Universität Klagenfurt (A)

C.-J. L. Dr. Corbinian J. Lachner, Münchenkolleg, München (D)

D.A. Dr. Dietmar Assmann, Landesinstitut für Volksbildung und Heimatpflege, Linz (A)

E.H. Dr. Edgar Harvolk, Institut für Volkskunde der Kommission für bayerische Landesgeschichte bei der Bayerischen Akademie der Wissenschaften, München (D)

E. Sch. Dr. Erich Schwabe, Bern (CH)

E.W. Erich Winder, Alberschwende (A)

F.G. Dr. Franz Grieshofer, Österreichisches Museum für Volkskunde, Wien (A)

Fr.-O. S. Dr. Franz Otto Schmaderer, Bayerisches Staatsministerium für Unterricht und Kultus, München, und Universität München (D)

G.K. Dr. Günther Kapfhammer, Universität Augsburg (D)

G.S. Gerhard Schober, Unterbrunn (D)

G. Schr. Dr. Georg Schroubek, Universität München (D)

H.F. Hans Fink, Brixen (I)

H. F.-F. Dr. Hannelore Fielhauer-Fiegl, Wien (A)

H. G. Privatdozent Dr. Helge Gerndt, Universität München (D)

H. Gr. Dr. Hans Griessmair, Brixen (I)

H. M. Dr. Hubert Moser, ORF-Landesstudio Steiermark, Graz (A)

H. O. Dr. Hildegard Ohse, München (D)

H. R. Hans Roth, Bayerischer Landesverein für Heimatpflege, München (D)

H. V. Hildegard Vitschar-Gröger, Graz (A)

J. D. Julian Dillier, Studio Basel, Radio RDS, Basel (CH)

J. P. Josef Pardeller, Stilfs (I)

K. B. Kurt Bucher, Bellenberg (D)

K. K. Karin Lepperdinger-Kugelmeier, Sonthofen (D)

L. H. Leonhard Hillmayer, Kulturreferat der Stadt Kempten (D)

L. P. Prof. Dr. Leander Petzoldt, Pädagogische Hochschule Weingarten (D)

M. B. Max Biller, Polling (D)

M. G. Miryam Gümbel M.A., München (D)

M.M. Martha Matyok, München (D)

N. G. Dr. Nina Gockerell, Bayerisches Nationalmuseum, München (D)

P. F. Prof. Dr. Pankraz Fried, Universität Augsburg (D)

R. W. Robert Winkler, Mals (I)

St. H. Stefan Hirsch, München (D)

S. W. Dr. Sepp Walter, Steirisches Volkskundemuseum, Graz (A)

T. G. Prof. Dr. Torsten Gebhard, Institut für Volkskunde der Kommission für bayerische Landesgeschichte bei der Bayerischen Akademie der Wissenschaften, München, und Universität München (D)

W. A. M. Wolgang Anton Mayer, Institut für Volkskunde der Kommission für bayerische Landesgeschichte bei der Bayerischen Akademie der Wissenschaften, München (D)

W. R. Dr. Wolfgang Rusch, Bregenz (A)

W. St. Walther Staffler, Marling (I)

Vorwort

Über den Brauch in der Gegenwart sind wir trotz ausführlicher Berichterstattung in den Medien nur unzureichend oder einseitig, oft auch falsch unterrichtet. Der Herausgeber unternimmt deshalb gemeinsam mit einer großen Autorengruppe mit gutem Grund den Versuch, Braucherscheinungen des Alpengebietes in Einzelmonografien darzustellen.
Erfaßt wurde das Alpen- und Voralpengebiet in geografischer Sicht. Es wird hier also keine ideologisch orientierte Alpenregion aufgebaut. Es geht um die Darstellung bestimmter Phänomene im deutschsprachigen Alpengebiet, das als Raum gleicher Sprache als Einheit gesehen wird: die oft zitierte alpenländische Nachbarschaft ist sicher mehr als eine bloße Formel.
Jedes Lexikon bemüht sich um größtmögliche Vollständigkeit. Dies gilt auch für das Brauchtumslexikon, allerdings mit Einschränkungen: es konnte nicht jeder Brauch aus dem deutschsprachigen Alpengebiet aufgenommen werden. Bei gleichartigen Brauchveranstaltungen (z.B. Fronleichnamsprozessionen) wurde versucht, eine charakteristische Auswahl zu treffen. Bei der Schweiz wurde überwiegend Brauch der Zeit zwischen Martini und Silvester beschrieben. Ausschlaggebend für die Auswahl war ferner, daß ein Brauch vor einer größeren Öffentlichkeit abläuft und auch von ihr beobachtet werden kann. Das bedeutet, daß sog. Hausbrauch, der Brauch des privaten Bereichs, wie er z.B. an Weihnachten oder Ostern in den Familien gehalten wird, nicht aufgenommen wurde. Es war den Autoren bzw. den Koordinatoren in den einzelnen Ländern überlassen, was berücksichtigt werden sollte und was nicht. Hier kommt ein subjektives Moment zum Tragen. Es war zu überlegen, ob man Brauch, der von folklorisierenden Tendenzen noch weitgehend unbeeinflußt ist und vor einem Publikum abläuft, das aus der eigenen Kleinregion kommt, einer breiteren Öffentlichkeit »zuführen« soll, was wesentliche Strukturveränderungen zur Folge hat. Dieser Art von Geheimhaltung widerspricht aber die journalistische und auch wissenschaftliche Regel, Neues, Unbekanntes aufzudecken und zu dokumentieren. Solchem Zwang konnte sich eine auf eine größere Leserschaft zielende Publikation wie die vorliegende schwerlich entziehen, sie hat es aber in einigen Fällen getan. Es stellt sich als lohnende Aufgabe für die Volkskunde, den Wandel festzustellen, den eine derartige Veröffentlichung auslöst bzw. welche Innovationsimpulse von ihr ausgehen; ich darf daran erinnern, daß die detaillierte Berichterstattung über die Tölzer Leonhardifahrt eine große Zahl von ähnlichen Fahrten nicht nur in der unmittelbaren Umgebung anregte, sondern auch die Veranstalter veranlaßte, ihre Fahrt nach Tölzer Muster auszurichten.
Ein Lexikon dieser Art ist zumindest in Deutschland etwas Neues. Es wird, wie

das der Baedeker und Dehio auf anderen Gebieten tun, hier ein Vademecum erstellt, weil es sonst kaum noch möglich ist, die einzelnen Brauchererscheinungen zu überblicken und die Mehrzahl der Brauchbeschreibungen in nur schwer erreichbaren Veröffentlichungen abgedruckt wurden und werden (in Wochenbeilagen von Tageszeitungen, Kalendern, Einzelpublikationen im Selbstverlag etc.). Dies zum einen. Zum anderen – und das war der entscheidende Anstoß für das Projekt – ist es notwendig, daß Brauchmonografien auf einem höheren Niveau als dem meist üblichen geboten werden. Scheinbar leicht zugänglich und durchschaubar, wird Brauch ständig mißverstehender Behandlung ausgesetzt. Außerdem kann man über ihn samt seinen Trägern oft genug beliebig verfügen – Brauch kann manipuliert werden. Ein Brauch kann jedoch wie ein Kunstdenkmal das Recht für sich in Anspruch nehmen, ernst genommen und wissenschaftlich zuverlässig beschrieben zu werden.

Ein Projekt dieser Konzeption wäre nicht zu verwirklichen gewesen ohne den grundlegenden Wandel in der Brauchforschung. Mit der archivalischen Quellenforschung (Münchner Schule von Dr. Hans Moser, jetzt Göttingen, und Prof. Karl-S. Kramer, jetzt Kiel) wurde seit den dreißiger Jahren auf der Grundlage exakter Quellenstudien begonnen, u. a. Brauch nicht mehr als Relikt einer nicht näher bestimmbaren Frühzeit zu sehen, sondern als historisch faßbares Phänomen in soziokulturellen Bezugsfeldern. Damit begann in der Wissenschaft der Abschied von Fruchtbarkeitskulten, Vertreibungstänzen zur Dämonenabwehr etc., von denen sich die heimatkundliche Literatur zu ihrem Schaden immer noch nicht trennen will.

Unsere Artikel werden in ihrer Nüchternheit und Zurückhaltung manchen überraschen. Beides ist nach dem eben Ausgeführten durchaus berechtigt. Wir bringen zunächst eine Vorgangsbeschreibung mit genauen Orts- und Zeitangaben. Dann folgen ein Abriß der Geschichte anhand gesicherter Fakten und schließlich meist die Einordnung bzw. Interpretation des Vorgangs. Von Fall zu Fall stehen bei einzelnen Komplexen (z. B. Ostern) informierende Vorartikel.

Brauch ist vor allem dann, wenn er nicht straff organisiert wird, stetigen Änderungen unterworfen, Änderungen in der Art der Durchführung, der Teilnehmerschaft, der einzelnen Termine vor allem. Es ist also damit zu rechnen, daß die in diesem Lexikon gemachten Angaben gelegentlich nicht mehr voll zutreffen.

Bei der Organisation waren dem Herausgeber in Österreich und der Schweiz Dr. H. Fielhauer, Wien, und Dr. E. Schwabe, Bern, behilflich. Sie vermittelten die Fachautoren und sorgten für die Auswahl der in das Lexikon aufzunehmenden österreichischen und schweizerischen Artikel. Im Fürstentum Liechtenstein lag Auswahl und alleinige Textgestaltung bei Altregierungschef Dr. A. Frick. In Südtirol erfolgte die Auswahl der Themen gemäß einer Absprache mit Dr. H. Grießmair und H. Fink, Brixen. Auswahl und Bearbeitung der Artikel über Baden-Württemberg lag bei Prof. L. Petzoldt, Weingarten. Die bayerischen Artikel wurden vom Herausgeber ausgewählt.

Die Literaturangaben sind bewußt knapp gehalten. Auf Hinweise auf weiterführende bzw. problemorientierte Literatur wurde verzichtet zugunsten von Literatur, die sich speziell mit den behandelten Bräuchen beschäftigt. Die Mitwirkung örtlicher Informanten wird erwähnt.

Der Dank des Herausgebers gilt zunächst der Bayerischen Akademie der Wissenschaften (Institut für Volkskunde der Kommission für bayerische Landesgeschichte, Vorstand Prof. T. Gebhard), durch deren Entgegenkommen es möglich war, das umfangreiche und auch schwierige Projekt in seinen wesentlichen Teilen durchzuführen. Die Vorarbeiten begannen 1970. Zu danken ist auch den Koordinatoren in den Nachbarländern, den Autoren, den Kommunen, Verbänden und kirchlichen Stellen, die Informationen und Materialien bereitwillig zur Verfügung stellten. Besonderer Dank gilt jenen Mitarbeitern des Instituts für Volkskunde, die Recherchen durchführten, Papierfluten bändigen halfen, Texte überarbeiteten und ergänzten und mit dem Herausgeber am Gelingen des Vorhabens nicht oder weniger als andere zweifelten. Es waren Miryam Gümbel M. A., Dr. Nina Gockerell und Martha Matyok.

München, im Oktober 1977 Günther Kapfhammer

Achetringele in Laupen

31. 12., 20.00 Uhr
Laupen, Kt. Bern

Während rund einer halben Stunde Umzug der sog. »Achetringeler« durch das Städtchen: Vom Schloß aus über einen Treppenweg der Ringmauer entlang zum Hauptplatz hinunter, dann ins Bahnhofsquartier und zurück durch das Freiburgtor ein zweites Mal in den Ortskern. Hinter einer Vorhut (in Fellen und mit verschiedenartigen Fratzen) die Reckholderbesen schwingenden »Besenmannen«, ebenfalls mit furchterregenden Masken, danach die schellenschüttelnde Schuljugend in weißen Hemden und spitzen Hüten. Sog. »Blaateremannli« halten mit ihren Schweineblasen die Ordnung aufrecht. Außer mit Schellen wird mit Hörnern, Peitschen und weiteren Instrumenten ein infernalischer Lärm produziert. Auf verschiedenen Plätzen wird im Kreis herumgetanzt und ein Neujahrsvers zum besten gegeben.

Der Brauch wurde um 1920 erneuert; damals wurden auch die einzelnen, seither ergänzten Holzmasken geschaffen. E. Sch.

Rubi, C.: Winterbräuche im Kanton Bern, Bern 1957

Adventsingen in Niederösterreich

Ab 1. Adventsonntag
Waidhofen a. d. Ybbs und Amstetten, Ger. u. Pol. Bez. Amstetten, NÖ

In Waidhofen hält die Singrunde der Arbeitsgemeinschaft des Niederösterreichischen Bildungs- und Heimatwerkes jährlich im Advent im Heimatsaal des Museumsgebäudes allgemein zugängliche Adventsingen ab.

In Amstetten veranstaltet das Kulturamt seit 1969 ein Adventsingen im Saal des Gasthofes Schillhuber, Ybbsstraße.

Dieser relativ junge Brauch wurde auch in anderen österr. Bundesländern (z. B. Salzburg, das hier vor allen anderen beispielgebend gewirkt haben dürfte) durchwegs erst nach dem Zweiten Weltkrieg eingeführt und scheint sich immer weiter zu verbreiten. Der Ort der Durchführung ist verschieden (Gasthofsäle, Theatersäle). Als neuere Entwicklung zeichnet sich im südlichen Niederösterreich die Abhaltung des Adventsingens in der Kirche ab. In den letzten Jahren fanden im südlichen Niederösterreich Adventsingen statt in den Marktgemeinden Randegg und Wieselburg, der Gemeinde St. Anton an der Jessnitz, und der Stadtgemeinde Scheibbs (sämtl. Pol. Bez. Scheibbs), sowie in der Marktgemeinde Neustadtl (Pol. Bez. Amstetten) und anderen mehr.

In Oberösterreich finden jährlich Adventsingen statt in Linz, Ried, Bad Ischl u. a. Orten. H. F.-F.

Zeitschriften- und Fragebogenarchiv des Österr. Rundfunks, Studio Niederösterreich (Günter Richter).

◁ *Sternsingen am Goldenen Sonntag in Luzern*

Adventsingen in der Schweiz

Abend der ca. 3. Adventwoche, nach 20.00 Uhr bzw. vier Adventsonntage, nach 18.00 Uhr
Verschiedene Orte, besonders Aargau, Kt. Aargau, und Thusis, Kt. Graubünden

Kirchlich-musikalische Adventfeiern und -konzerte sind, besonders an größeren Orten, in der ganzen Schweiz verbreitet. In Aargau produziert sich an einem Abend 8–10 Tage vor Weihnachten der Elitenchor der Bezirksschule auf einzelnen Plätzen mit Advent- und Weihnachtsliedern.

In Thusis ziehen an den vier Adventsonntagen zwischen 18.00–19.00 Uhr die Schüler der 7. und 8. Klassen im Schein bunter, als Lichterhüte getragener Laternen durch die Hauptstraße und einzelne Nebengassen, machen in kurzen Abständen halt und singen Weihnachtslieder.

Der Brauch wurde in Aargau 1945 eingeführt. E. Sch.

Advent-Sternsingen in der Schweiz

In der Regel letzter Adventsonntag, 17.00–18.00 Uhr bzw. nach 20.00 Uhr
Luzern; Rapperswil, Kt. St. Gallen; Wettingen, Kt. Aargau

Der Brauch des Sternsingens, d. h. des Herumziehens dreier die Hl. Drei Könige symbolisierender Gestalten mit einem drehbaren Stern und des Singens von Weihnachts- und Dreikönigsliedern, ist anderswo am 5. oder 6. 1. üblich; er hat sich an den drei genannten Orten in künstlerisch neu ausgestalteter Form auf den Termin vor Weihnachten verlagert.

In Luzern wird er durch einen Chor und eine Darstellergruppe der »Luzerner Spielleute« ausgeübt, welche die Hl. Familie, die drei Könige und die Hirten verkörpern. Der Umzug geht vom Weinmarkt aus ans südliche Reussufer, durch das Bahnhofsquartier wieder in den nördlich des Flusses gelegenen Altstadtteil. Lieder werden gesungen bei der Franziskanerkirche, auf der Treppe vor der Schweiz. Kreditanstalt und auf dem Kornmarkt.

Sternsingen in Rapperswil

Auch Wettingen wartet mit einem durch die Sprache der Verse, die Gewänder und die bemalten Laternen beeindruckenden Anlaß auf. Abwechselnd wird hier ein Sternsängerumzug mit der Heiligen Familie und ein eigentliches »Stern-Spiel« veranstaltet.

Die Tradition wurde in Luzern 1938, in Rapperswil 1958, in Wettingen 1948 bzw. 1954 (Sternspiel) am Adventdatum neu begründet. E. Sch.

Älplerchilwi oder Älplerkilbenen in Ob- und Nidwalden

Herbst

Obwalden und Nidwalden, Halbkantone Unterwalden ob u. nid dem Wald

Die Älplerchilwi findet im Herbst nach der Alpabfahrt und nach Beendigung der Feldarbeit in der Regel an einem Montag statt, in einzelnen Gemeinden des Kantons Nidwalden am Sonntag, in Buochs z. B. am 4. Sonntag im Oktober. Sie dauert meist vom Beginn des Festgottesdienstes bis in die Morgenfrühe des nächsten Tages.

Trägerschaft dieses kirchlichen und weltlichen Brauches sind die Älplerbruderschaften oder -gesellschaften der einzelnen Gemeinden und Bezirke. Die Älplerbruderschaft besorgt den kirchlichen, die Älplergesellschaft den weltlichen Teil (z. B. Lungern). Das Fest beginnt mit einem Festgottesdienst in der Ortskirche.

Die Älplerbruderschaften sind sehr alt, solche Bruderschaften bestanden bereits im Mittelalter. Die erste Älplerchilwi läßt sich aber urkundlich erst im Jahre 1624 nachweisen, im Bezirk Schwendi ob Sarnen: 1624 stiftete Säckelmeister Johann Schönenbühl 5 Pfd. an die Älplerchilwi in Alpnach. In Kerns besteht seit 1676 eine Älplerbruderschaft. Im letzten Jahrhundert entstanden in verschiedenen Gemeinden die Älplergesellschaften, denen mehr und mehr die Durchführung des weltlichen Teils der Älplerchilwi anvertraut war.

Die Älplerbruderschaft bzw. -gesellschaft zieht in Festtagstracht zum Gottesdienst in dieser Folge: Voran der Fähnrich mit Bruderschaftsfahne, eskortiert mit zwei Fahnenwachen. Fahnenheilige sind meistens St. Eendelin und Bruder Klaus (Nikolaus von Flüe). Unmittelbar auf die Fahne folgen die Senioren, d. h. die ältesten Bruderschaftsmitglieder, die Ammänner, auch genannt Bergammänner, die Bannerherren, die die Aufgabe haben, die Geistlichkeit zur Chilwi einzuladen, die Säckelmeister, denen der Einzug des Kirchenopfers obliegt, die Weibel, die jeweils als Stimmenzähler amten, die Hauptmänner, die die Behörden einzuladen haben, die Fähnrichs, die den weltlichen Teil der Älplerchilwi zu organisieren haben, sowie die Vorsteller. Alle diese Beamten werden von der Alpengemeinde gewählt, in Kerns z. B. während der Alpzeit auf der »Wildi« (Melchsee = Frutt) anläßlich von Maria Himmelfahrt (15. August). Die Beamten weisen nicht in allen Gemeinden die gleiche Bezeichnung auf. In einzelnen Bezirken oder Gemeinden spricht man von Bergstatthaltern, Berghauptmann, Bergvorstellern, Bergschreibern und vom Bergfähnrich (z. B. Schwendi) oder von Pflegern, Heiligenvögten, Hirten, Sennenmeistern, Brettmeistern (z. B. Buochs). Die Bezeichnung »Pfleger« soll aus der Pestzeit stammen. So soll damals (ca. 1650) in Buochs ein Bürger die Pestkranken gesondert zur Kirche geführt und wieder heimgeleitet haben. Als Dank durfte dieser Mann dann an der Älplerchilwi als Ehrengast am Mahle teilnehmen und wurde damit als Pfleger geehrt.

Alle Beamten tragen einen Rosmarinzweig auf der Brust. Der Brauch soll aus der Pestzeit stammen, denn Rosmarin galt nicht nur als Liebeszauber, sondern auch als bestes Verhütungsmittel gegen die Pest.

Während des Gottesdienstes treiben sich die »Wilden«, d. h. Wildmann und Wildweib, in einzelnen Gemeinden auch als »Läsi« und »Hudee« bekannt, im Freien oder in den nahe gelegenen Wirtshäusern herum. Sie dürfen als »Heiden« dem Gottesdienst nicht beiwohnen.

Nach dem Festgottesdienst zieht die festliche Gemeinde wieder in der gleichen Zugordnung, voran eine »Neunermusik«, ins Dorf zur Festwirtschaft. Unterdessen treiben sich die »Wilden«, angetan mit Fellen, geziert mit Tannflechten und mit einer holzgeschnitzten Maske, im Dorf herum. Statt des Stockes handhabt der Wilde Mann einen hölzernen Säbel. Sein »Wyb« ist gewöhnlich etwas moderner maskiert und schwingt ein junges Tännchen als Zepter, wischt vor dem Ehrenprediger, wenn derselbe aus der Kirche kommt. Die Wilden lassen sich durch die Kinder auf einem Leiterwagen durch das Dorf führen, jagen den Mädchen nach und treiben allerhand Schabernack zum Ergötzen der Bevölkerung.

Nach dem Mittagessen findet sich die Festgemeinde auf einem offenen Festplatz zusammen, der ringähnlich aufgebaut ist. Umrahmt von Musik und Trachtentänzen werden die »Wildensprüche« von den »Wilden« vorgetragen. Die »Sprüche« sind eine Art von Schnitzelbänken über lustige Vorkommnisse in Dorf und Kanton. Diese Wildensprüche sind aber nur in Obwalden üblich, in Nidwalden haben die »Wilden« nur noch eine Ordnungsfunktion. Dort besorgen die »Sprüche« jeweils Sprecher, die in Halbmaske auftreten. Heute finden in Nidwalden allerorts eigentliche Stegreifspiele statt, in früheren Jahren wurden noch andere Spiele mehr sportlicher Art geboten, wie z. B. Schwingen und Steinstoßen. Ein Beschluß des Nidwaldner Wochenrates (Regierungsrat) besagt: An der Niederrickenbacher Älplerchilwi wird das Schwingen und Steinstoßen wie von alters her wiederum erlaubt (1667). In Obwalden werden die Wildensprüche in der Regel von einem Älpler verfaßt, der anonym bleibt.

Die Festgemeinde, die beim Mittag- und Nachtessen teilnimmt, zahlt die Zeche in der Regel erst später an einem hierfür festzusetzenden »Zahlabend«. Dieser »Zahlabend« bietet wiederum Gelegenheit, noch eine Art Nachfeier zur vergangenen Älplerchilwi abzuhalten.

In früherer Zeit war es Übung, daß die eingeladene Älplerjumpfer ihren Burschen an Mittefasten zu sich nach Hause lud, ihn bewirtete und ihm bei dieser Gelegenheit ein Geschenk, das sog. »Faschtebieli«, meistens in Form eines Kleidungsstückes, überreichte. J. D.

Franz Niderberger, Sagen, Märchen und Gebräuche aus Unterwalden, 1. Bd., 1914

Allerseelenspende in Kippel

2. 11., ca. 11.00 Uhr, nach dem Allerseelen-Requiem
Kippel im Lötschental, Kt. Wallis

Am Friedhofsausgang wird Brot und Käse verteilt in Form eines zur Fürbitte für die armen Seelen gedachten Almosens, und zwar an alle Bewohner der Pfarrgemeinde Kippel, d. h. der politischen Gemeinden Ferden, Kippel und Wiler.

Das Brot wird aus einem von diesen Gemeinden jährlich gestifteten großen Quantum Korn gebacken; den Käse liefern begüterte Bauern.

Nachmittags ist der sog. Seelentrunk der geistlichen und weltlichen Behörden, der Kirchensänger usw. im Gemeindehaus.

Die Allerseelenbruderschaft, die die Spende durchführt, besteht seit 1453. Seit diesem Zeitpunkt dürfte der Anlaß gesichert sein.

Die Bruderschaft stellt die drei die Verteilung beaufsichtigenden »Seelenvögte«. E. Sch.

Almabtrieb am Königssee

Ende September – Anfang Oktober
Königssee, Lk. Berchtesgadener Land, Rgbz. Obb.

Das Vieh wird von den bis 1600 m hohen Almen am Königssee mit Plätten (Flachboote, Fassungsvermögen 8 bis 10 Tiere) über den See gesetzt und in Königssee geländet. Dort werden die Kühe »gekranzt«, d. h. mit den auf den Almen hergestellten sog. Fuikeln geschmückt, Fichtenkronen, deren Zweige nach oben gebogen und mit farbigen Papierrosetten versehen werden. In den Kronenspitzen befestigt man bunte Kreppapierbänder. G. K.

Almabtrieb am Königssee

Andree-Eysn, M.: Volkskundliches aus dem bayerisch-österreichischen Alpengebiet. Braunschweig 1910.
Kriss, R.: Sitte und Brauch im Berchtesgadener Land. Berchtesgaden 1963. S. 198–201.

Almabtrieb und Kirchtigkrachen in Layen

Allgemeiner Kirchweihsonntag, 3. Sonntag im Oktober, 15.00–16.00 Uhr
Dorf Layen, Gmd. Layen, Bezirk Klausen, Talschaft Eisacktal, Südtirol

Am Vorabend des allgemeinen Kirchweihsonntags holt der Bauer sein Vieh von der Alm. Nach dem Nachmittagsgottesdienst und einem Konzert der örtlichen Trachtenkapelle am Dorfplatz bringen die Bauern ihre gesömmerten und geschmückten Tiere zur »Viehparade«. Den drei größten und schönsten Kühen wird der »Almkranz« aufgesetzt. Dieser Kopfputz ist vom Bauern selbst auf der Alm entweder aus Zirmzweigen oder »Rauschgranten« (Beerentraube) gewunden und mit langen bunten »Maschen« (Trachtenstoffbändern) behangen worden. Die Glocken der drei »Kranzkühe«, mit besonders großen, reich bestickten breiten Riemen, sind nicht gegossen, sondern genietet, sie tönen recht dumpf und man nennt sie die »Tscholdern«. Die Hirten im weißen Schurz und mit einem von Federn und Almkräutern besteckten Hut treiben das Vieh mit ihren Geißeln auf.

Darauf folgen die von Pferden gezogenen »Plünderwagen«, auf denen die Sennerin inmitten ihrer Küchen- und Almwirtschaftsgeräte sitzt.

Wieder am Heimhof angelangt, nimmt der Bauer selbst den Tieren Kopfputz und Glocke ab. Die Dorfkinder erhalten von der Bäuerin eigens für diesen Tag gebakkene »Tschottblattlen« (Topfenkrapfen). Nach dem Umzug setzt die Musik ihr Spiel wieder fort und es werden »Halbhefler« (Germkrapfen = Hefekrapfen) verkauft. Die Hirten oder Senner aber postieren sich in einem weiten freien Kreis am Dorfplatz und legen mit ihren drei Meter langen Ledergeißeln im Takt ein ohrenbetäubendes »Kirchtigschöllen« (Geißelkrachen) hin.

Ab und zu führen dann einige Burschen auch das sehr beliebte Schauspiel des »Rasierertanzes« (Barbierertanz) am Dorfplatz oder in einer Stube vor. Hierbei wird immer nach den Klängen einer Handharmonika ein »bartiger Senner« mit Rahm eingeseift und unter komischen Vorführungen des Friseurs rasiert. Dann bekommt der Patient Zahnschmerzen, er wird mit einem Hammer »betäubt«, sinkt »tot« zu Boden, wird aber mit einem Regenschirm wieder »aufgeblasen« und zum Leben erweckt.

Den Abend beschließt dann ein Tanz im nahen Schießstand.

In der heutigen Form dürfte das »Kranzaufsetzen« (vor allem dort, wo man viel Flittertand und Kram verwendet, z. B. im Pustertal) nicht über die Zeit des Barock hinausreichen. Glockengeläute und Geißelkrachen reichen weiter zurück: Die älteste Almglocke dürfte die im Museum Ferdinandeum in Innsbruck gezeigte aus dem Jahr 1693 sein; die erste Erwähnung vom Schmücken des Almviehes fand Paul Tschurtschenthaler in einem Pustertaler Inventar von 1746.

Gibt es während des Jahres einen Todes- oder großen Unglücksfall, so wird den Kühen des betroffenen Bauern kein bunter Kopfputz aufgesetzt, wohl aber eine Glokke mit Trauerbändern umgehängt. H. F.

Tschurtschenthaler, P.: Das Bauernleben im Pustertal. Bozen 1935. S. 91 ff.

Almabtrieb in Schliersee

Ende September; die einzelnen Gruppen erreichen dann jeweils zur Mittagszeit (zw. 11.00 und 15.00 Uhr) den Ort Schliersee, Lk. Miesbach, Rgbz. Obb.

Der Markt Schliersee ist von Almböden umgeben, die noch heute den Sommer über als Weiden (hauptsächlich für das Jungvieh) verwendet werden. Wann das Vieh von den Almen in die Ställe im Tal geholt wird, richtet sich nach der Witterung und liegt im Ermessen jedes einzelnen Bauern. Ist das Vieh gesund über den Sommer gekommen, wird »Aufg'kranzt«, d. h. die Tiere werden geschmückt. In Schliersee geschieht das auf verschiedene Weise: Das Jungvieh trägt meist Gestecke aus Fichten, Latschen oder Tannen – mit weiß-blauen Seidenpapierbändern behängt – zwischen den Hörnern. Die Leitkuh dagegen trägt einen hohen, schwankenden Turm auf dem Kopf, der aus einem kleinen Fichtenbäumchen, dessen weiche Zweige wieder zum Stamm zurückgebunden sind, besteht; die 3- bis 4-stufige »Krone« wird mit Röschen und Sternen aus buntem Seidenpapier üppig geschmückt. Dazu trägt auch die Leitkuh Tannengrün mit weiß-blauen Bändern auf der Stirn. Sehr wertvoll und reich geschmückt sind auch die – teils bestickten, teils bemalten – Glockenriemen, die die Tiere an diesem Tag um den Hals tragen; sie sind mit zweifarbigen (weiß-blauen, weiß-roten) Wollfransen auf beiden Seiten eingefaßt. Daran hängen die schweren, oft sehr alten, oft auch in Tirol neu gekauften Glocken. Das Geläut setzt sich zusammen aus den Klängen der schweren, geschmiedeten »Gungerer«-Glocken, den dünnen, gegossenen Mailändern und den ebenfalls gegossenen »Speisglocken«. Der Zug, angeführt von der Almerin, nimmt seinen Weg von der Alm mitten durch den Markt Schliersee. N. G.

Hofmann, H. und G.: Schliersee. Miesbach-Hausham-Schliersee 1969. S. 83.

Almabtrieb (»Kühkemma«) im Pustertal

Samstag im Oktober, nm. Hauptsächlich Pustertal, Südtirol

Der Almabtrieb erfolgt im Pustertal im allgemeinen später und mit mehr Gepränge als in den übrigen Tälern Südtirols. Beliebte Termine sind der erste Samstag im Oktober (Rosari) oder der dritte (allgemeines Kirchweihfest), im Ahrntal aber fast durchwegs am letzten Samstag im Oktober. Immer ist für die Heimkehr der späte Nachmittag vorgesehen. An einem beliebigen Rastplatz in der Nähe des Heimatdorfes werden den Tieren die großen Glocken umgehängt: geschmiedete von gebauchter (»Hafen«) und länglicher (»Zapfen«)-Form sowie solche aus Glokkenspeise (»Speisglocken« oder »Wandel« genannt). Die Riemen sind mit farbigen Borten und mit reicher Federkielstickerei geziert. Der besten oder schönsten Kuh wird der »Kranz« aufgesetzt, ebenso der schönsten Kalbin ein Gewinde aus bunten Bändern, Preiselbeerkraut und Bartgras, das von Hahnfedern oder Spielhahnstoß gekrönt wird. Dieser Kranz (»Brumkranz«) wird jedes Jahr auf der Alm zusammengebunden. Dem Stier wird der Schlüssel der Almhütte an die Stirn gehängt. An der Spitze des Zuges schreitet die Kranzkuh, vom Hütbuben bewacht. Ihr folgen der Reihe nach die Kühe und dann die Kalbinnen, das Galtvieh. Ganz zuletzt fährt der Bauer mit geschmücktem Pferdegespann. Senner und Hütbub tragen den Rock über die Schultern geworfen und die Ärmel zugebunden; darinnen – wie auch oft hinter dem Brustlatz des Schurzes – sind »Schotteplattlan« oder »Topfnudeln« (kleines Schmalzgebäck), das unter die Zuschauer geworfen wird. Es ist Brauch, daß die Bäuerin der heimkehrenden Leitkuh den Kranz abnimmt. Am Abend wird dann mit Freunden und Nachbarn das »Kühkemma« gefeiert. Im mittleren Pustertal wird am Sonntagnachmittag das Vieh nochmals mit Glocken und Kränzen behangen und durch das Dorf auf die Herbstweide (»Ötze«) getrieben. Eine Sonderform kennt der Almabtrieb auch im Ahrntal. Die auf der Talstraße heimziehenden Herden machen bei jedem Gasthaus halt, die Wirtin oder die Kellnerin nimmt der Kuh den Kranz ab und stellt ihn auf die Ofenbank der Wirtsstube. Indessen läßt der Senner bzw. der Bauer seinen Almkäse kosten. H. Gr.

Tschurtschenthaler, P.: Die Abfahrt von der Alm im Pustertal. In: Zs. f. österr. Vkde. 18/1912, S. 176–183.
Prenn, F.: Die Kranzkühe. Volkskundliche Skizze. In: Der Schlern 8/1927, S. 347–349.
Haider, F.: Tiroler Volksbrauch im Jahreslauf. Innsbruck-Wien-München 1968.
Fink, H.: Volkskult und Ahnenbrauch in Südtirol. Innsbruck-Wien-München 1969.
Grießmair, H.: Knecht und Magd in Südtirol. (= Veröff. d. Univ. Innsbruck 30) Innsbruck 1970.

Almabtrieb in Dorf Tirol

In der Zeit von Maria Geburt, 6. 9., bis gegen Mitte September
Dorf Tirol, Südtirol

Man beginnt mit dem Abtrieb der Rinder von der Unterkaser Alm bereits nach dem morgendlichen Melken. Man läßt sie ein Stück herunterziehen und weiden. Auf »Form« (s. u.) ist die Sammlung der Rinder und die Verzierung der Auserlesenen. Dann Abtrieb ins Dorf, wo sie gegen 4 Uhr nachmittags ankommen.

Um Pauli Bekehrung, 25. Jänner, versammelt der »Almbürg« die Vertreter der Alminteressenschaft, die die Nutzungsrechte der der Gemeinde gehörenden Spronser Alm wahrnimmt, zu einer Besprechung, in der eine eventl. Bestellung neuer Hirten und alle sonstigen Fragen zur Sprache kommen.

Die Hirten, heute sind es vielfach nur noch zwei oder drei, pilgern im Laufe des Frühjahres, wenn sie es nicht schon um Martini (11. 11.) getan haben, nach St. Martin am Kofel (Vintschgau), um am Wallfahrtsort des Viehpatrons St. Martin sich den Segen Gottes für das kommende Hirtenjahr zu erbitten. Dabei kaufen sie Andachtsbildchen von St. Martin am Kofel oder Ansichtskarten vom Inneren der Kirche, die sie im Herbst beim Almabtrieb für die »Proudlertafel« brauchen.

In der 2. Junihälfte ziehen die Hirten mit den ca. 150–170 Kühen, Kälbern und meist mit einem Stier auf die Spronser Alm hinauf, wobei die Rinder im Laufe des Sommers in drei Etappen höher hinauf steigen. Die Rinder verbringen die Nächte meist im Freien, die Hirten in der oberen und später in der unteren Kaser Alm.

Wenn es dann soweit ist und kein größerer Unfall passiert ist, schmücken die Hirten die eigens dazu bei einem Tischler bestellten »Proudlertafeln« und bereiten auch die sonstigen Verzierungen vor. Am festgesetzten Tag ziehen sie nach dem Melken mit den Rindern ein Stück herunter, lassen sie weiden, treiben sie herunter bis auf »Form«, dem einzigen geeigneten Sammelplatz (auf der anderen Seite von Langfall, Bauernhof und Wirtschaft und ungefähr auf der Höhe von diesem), setzen dort den zwei »Proudlerinnen«, einer Kuh und einem Kalb, die »Proudlertafel« auf den Kopf, schmücken noch ungefähr zehn der anderen besten Rinder und ziehen dann mit allen los, wobei die zwei »Proudlerinnen« vorausgehen, dann die 10 geschmückten Rinder und schließlich alle ihnen nachfolgen, wobei die großen und kleinen Glocken und Schellen, die die Rinder am Hals tragen, den Takt dazugeben. Den Schluß bildet die Sennerin mit ihren vier oder fünf Schweinen. Beim »Tiroler Kreuz« ist an sich die »Schoad«, die Scheidung der Rinder, das ist die Übernahme der Rinder durch den Besitzer. Seit einigen Jahren empfängt dort auch die »Böhmische«, ein Teil der Musikkapelle, den Zug der Rinder. Die »Proudlerinnen« und die gezierten Rinder ziehen aber noch weiter ins Dorf herunter. Die Hirten zeigen das »Goaßlschnölln«. Im Dorf löst sich der Zug auf. Die zurückgekehrten Almbewohner bekommen nun beim »Almbürg« eine ausgiebige »Marende« (Brotzeit). Dem Brauch gemäß haben die Hirten in der nachfolgenden Zeit (bis zum 25. Jänner) das Anrecht auf eine Mahlzeit (Mittag- oder Abendessen) bei den Besitzern der

◁ *Almabtrieb auf der Roßfeldstraße bei Berchtesgaden; Leitkuh mit Fuikel*

»Proudlerinnen« und auf eine ausgiebige Marende bei den Besitzern der anderen gezierten Rindern. Der Name »Proudlerin« kommt von »prouhln«: prahlen. Die »Proudlertafel« ist aus Holz und umrahmt mit Alpenkräutern aller Art, auch Edelweiß natürlich. Sie hat im oberen Teil das Jahr und die Anfangsbuchstaben des Besitzers eingebrannt, im unteren die Anfangsbuchstaben der Namen der Hirten, in der Mitte aber enthält sie das Andachtsbildchen von St. Martin am Kofel, befestigt durch Stoffstreifen vom »Goaßlschmitz«. Diese Tafel wird vor dem Stall, für alle sichtbar, neben der Stalltür an die Wand gehängt als Ehrenzeichen für den Besitzer und den Hirten.

Die Alm- und Rinderbetreuer waren früher zahlreicher, bis zu zehn. Es gab sechs Hirten, die sich ihre Aufgaben untereinander teilten, den Kastler, der die Almbewohner mit Lebensmitteln und dem sonst Nötigen versorgte – ihn gibt es auch noch heute –, den Wegmacher, den Spüler, der für das Geschirr Sorge zu tragen hatte und das Essen den Hirten nachtragen mußte, und die Sennerin, die sozusagen den Almhaushalt zu führen hatte und auch heute noch führt. A. Gr.

Haider, F.: Tiroler Volksbrauch im Jahreslauf. Innsbruck, Wien, München 1968. S. 363. Zur Almabfahrt in Tirol vgl. S. 361–367.

Almabtrieb in Weißbach

Um Michaeli (Ende September), ca. 13.00 Uhr

Weißbach a. d. Alpenstraße, Lk. Berchtesgadener Land, Rgbz. Obb.

Das Milch- und Jungvieh der Gemeinde Weißbach wird auf den Almen an den Osthängen des Rauschberges gesömmert (Harbach-, Bichler- und Kaitelalm).

Wenn kein Vieh verunglückt und niemand aus der Familie gestorben ist, arbeiten die Sennerinnen vom Frauentag (8. 9.) an am Kopfschmuck der Rinder (Buntpapier – Glanz und Krepp; gefärbte Hobelspäne). Jedes Tier erhält einen individuell gestalteten Kopfschmuck, die Leitkuh den schönsten. Den Tieren werden zum Almabtrieb Glocken verschiedener Größe (sog. Singer und Kuhschellen) an gestickten Halsriemen umgehängt.

Das Vieh wird am Vormittag geschmückt und trifft gegen 13.00 Uhr in Weißbach ein. G. K.

Korr. Gmd. Weißbach a. d. Alpenstraße (Bm. Holzner, M.) 4/1974.

Zum Almabtrieb und Kopfschmuck der Kühe: Kriss, R.: Sitte und Brauch im Berchtesgadener Land. Berchtesgaden 1963. S. 198 – 202.

Alpfahrtsherzen in Liechtenstein

Alpabfahrt in Liechtenstein

Um 8. September

Die Gemeinden Balzers, Triesen, Triesenberg, Vaduz, Schaan und Planken in Liechtenstein

Bei der Alpabfahrt werden die besten Milchkühe mit Flitterwerk geschmückt, vor allem aber mit farbigen Holzherzen, die später an den Stallwänden angebracht werden. Die Alpknechte (= Senn, Zusenn, Küher, Mister, Kleinküher und Batzger) zieren für die Alpabfahrt die besten Milchkühe, denen sie den mit künstlichen Blumen und farbigen Stoffbändern geschmückten Melkstuhl auf den Nacken binden und ihnen besonders große Kuhglocken (Plumpen) um den Hals hängen. Auf die Stirne bekommen diese Tiere überdies ein farbiges Holzherz gebunden, das stets das Monogramm Jesu (JHS) trägt. Diese Holzherzen (etwa 17 cm hoch und 14 cm breit) werden vom Bauern, dessen Kuh so ausgezeichnet wurde, an der Außenwand seines Viehstalles aufgenagelt. Es gibt alte Ställe, an denen Dutzende solcher Herzen angebracht sind. Die ältesten sind weit über hundert Jahre alt. Im Liechtensteiner Oberland sind Tausende solcher »Auszeichnungen«, meist sorgfältig aufgereiht, an den Stallwänden zu sehen.

Dieser festliche Alpabzug aber findet nur statt, wenn die Herde (Senntum) die Sömmerungszeit ohne jeden Verlust überstanden hat. Wenn ein Stück »verfiel« (zu Tode stürzte), wird nicht »aufgebunden« und nicht »gestuhlt«.

Die Bauern, deren Kühe so geschmückt an der Spitze der Herde eintreffen, geben den Alpknechten auf Martini ein reichbemessenes Trinkgeld. Einem Senntum von etwa 100 Stück gehen normalerweise etwa 12 bis 15 »gestuhlte« Kühe voraus.

Die Alpfahrtsherzen wurden früher von den Hirten auf der Alpe aus Schindeln und dünnen Brettchen geschnitzt, so daß von den alten Exemplaren keines dem andern genau gleicht; sie waren in Größe, Form und Farbe verschieden. Heute aber werden sie für alle Alpen in einer oder zwei Werkstätten hergestellt; dadurch wurden sie stark vereinheitlicht.

Wann dieser auf das liechtensteinische Oberland beschränkte Brauch (er ist weder in der benachbarten Schweiz noch in Österreich bekannt) entstanden ist, läßt sich nicht genau feststellen. Im Liechtensteinischen Landesmuseum in Vaduz hängt ein Herz, das die Jahreszahl 1849 trägt. Der Brauch ist aber sicher älter.

Es handelt sich hier um ein religiöses Brauchtum, das früher in unseren Alpen sehr reichhaltig war. Das herzförmige Brettchen war immer nur der Träger für das JHS-Zeichen. Größe, Form und Farbe des Herzes haben immer wieder gewechselt, gleichgeblieben ist aber stets das Monogramm Jesu. Mit dieser Zierde an der Stirne der Kuh soll Christus dem Herrn für den Schutz der Tiere in aller Öffentlichkeit gedankt werden. A. F.

Heer, J. C.: Vorarlberg und Liechtenstein. Feldkirch 1906.
Hiltbrunner, H.: Fürstentum Liechtenstein. Zürich 1945.
d'Havrincourt, H.: Liechtenstein. Lausanne 1964.

Alpabtrieb in Bolsterlang

ca. 15. 9. (Ot. Sonderdorf); 20. oder 21. 9. (Gmd. Bolsterlang)
Bolsterlang mit Ortsteil Sonderdorf, Lk. Oberallgäu, Rgbz. Schw.

Auf der Alpe Ornach und der Alpe Hintereck westlich von Bolsterlang wird Galt- und Milchvieh gesömmert. Die Alphirten schmücken am Tag des Abtriebs das Vieh (Leitkuh mit Kranz, übriges Vieh mit einfachem Schmuck aus Wacholder und künstlichen Blumen). Am südlichen Ortseingang wird eine Wiese für das Vieh bereitgehalten, das an der Liftstation ins Tal kommt. Die Hirten scheiden das Vieh aus und geben es an ihre Besitzer zurück.

Sonderdorf, das sein Vieh auf den Genossenschaftsalpen Bolgen und Zunkleiten, beide westlich von Sonderdorf, sömmert, benützt den gleichen Viehscheidplatz wie Bolsterlang.

Auf den Alpen Ornach und Hintereck werden ca. 35 Milchkühe und 90–100 Stück Galtvieh gehalten. Es wird auch Vieh anderer Orte aufgenommen, z. B. Vieh aus den Landkreisen des Ostallgäus (Raum Marktoberdorf). Bolsterlang hat vergleichsweise günstige Alppreise.

Der Kopfschmuck der Leitkuh wird in einem Dorf der nächsten Umgebung gebunden, den Kopfschmuck der anderen Tiere übernehmen die Hirten. Am Tag des Abtriebs wird das Vieh auch mit den Schellen geschmückt (aus einer Glockenschmiede in Bad Oberdorf. Wegen sich häufender Diebstähle ist es in vielen Fällen nicht mehr möglich, das Vieh während des Sommers mit Schellen auf die Weide zu schicken, was den Hütebetrieb erschwert). Der Kopfschmuck der Leitkuh wird mehrere Male verwendet, wenn er nicht in den Herrgottswinkel gesteckt wird (auch in Oberbayern üblich).

Bolsterlang und Sonderdorf richten sich mit ihren Terminen nach den großen Viehscheidorten des Allgäus. Der Alpabtrieb ist hier wie auch in Untermaiselstein weniger eine Fremden- als eine Dorfangelegenheit. G. K.

Int. Zeller, M. Bolsterlang 1/1974.

Alpabtrieb in Rettenberg

Mitte September
Rettenberg, Lk. Oberallgäu, Rgbz. Schw.

Das Vieh der Gemeinde Rettenberg wird auf den Alpen am Westabhang des Grünten (Grünten- und Kamereckalpe – Galtviehalpen) aufgetrieben. Der Alpabtrieb gestaltet sich zu einem kleinen Dorffest. Das schönste Rind wird mit einem Kranz geschmückt, die übrigen Rinder tragen einen Kopfschmuck aus Blumen. G. K.

Korr. Gmd. Rettenberg 4/1974.

Alpabtrieb in Schwarzenberg

Tag nach Hl. Kreuztag (15. September)
Schwarzenberg, Bez. Bezau, V

In aller Frühe beginnen die Marktlieferanten mit dem Aufstellen ihrer Stände. Der Zug der Kühe und Sennen, die von den Alpen heimkehren, kündet sich durch Viehtriebrufe aus der Ferne an. Vieh und Senner sind prächtig geschmückt: das Vieh mit Stirnschmuck aus Zweigen und Blumen, auch mit frommen oder heiteren Spruchtäfelchen. Die größten Kühe tragen die größten Glocken. Die Männer haben »Moien« (Kränze aus Papier- und Naturblumen um die Hüte). Die jüngsten sind die »Pfister« (Pistor = lat. Musrührer), die (nach der Schulentlassung) zum ersten Mal auf die Alp durften. Sie stecken in die Moien stolz die ersten Virginiazigarren, zum Zeichen, daß sie ihre Aufgabe gut erfüllt haben und nun Männer geworden sind. Den Abschluß bildet jeweils ein prächtig geschmückter Wagen, auf dem das Alpzeug verstaut ist. Es gehört zum Ehrgeiz der Sennen, beim Ausruf der Kühe- und Besitzernamen ihr Wissen zu beweisen. Der letzte Zug kommt etwa um 15.30 Uhr. Wer Unglück auf der Alpe hatte, kommt schmucklos und still. Da dem Alppersonal auf seinem oft sehr langen Weg immer wieder flüssige Nahrung gereicht wird, ist die Stimmung entsprechend laut. Im übrigen Vorarlberg sind die Abtriebe ähnlich, nur fehlen Empfänge wie in Schwarzenberg.

Seit der Einführung der Schweizerkäseerzeugung in Vorarlberg vor etwa 140 Jahren mußte wegen des Gewichtes des Käslaibs das weibliche Alppersonal durch männliches ersetzt werden. Daraus ergeben sich bemerkenswerte Unterschiede in den Erscheinungsformen, die das Land deutlich vom oberbayerischen Bereich mit seinen Sennerinnen unterscheiden. W. R.

Willam, F.: Vorarlberger Erzählungen, der Hirtenkönig von Hochkrumbach. Dornbirn 1921.
Ilg, K.: Landes- und Volkskunde Vorarlbergs, Innsbruck 1961.

Alpabtrieb in Untermaiselstein

Ende September, ca. 13.30 Uhr
Untermaiselstein, Lk. Oberallgäu, Rgbz. Schw.

Die Bauern von Freidorf, Gemeinde Untermaiselstein, besitzen im Gebiet von Zamberg-Missen Alpen, die mit ca. 70 bis 80 Stück Vieh (Galtvieh) belegt werden. Die Bauern ziehen ihr Vieh meist kurz vor dem 1. Oktober ab. Die Herde wird vom Kranzrind angeführt (Kopfschmuck aus künstlichen Blumen).

Der Abtrieb beginnt um ca. 10.30 Uhr ab

Alpe Juget (im Stadtbereich von Immenstadt gelegen) in Richtung Untermaiselstein. Die Tiere treffen zwischen 13.30 Uhr und 14.00 Uhr im Ort ein. G. K.

Int. Hindelang, J., Greggenhofen 1/1974.
Korr. Gmd. Untermaiselstein 4/1974.

Alphornbläsertreffen im Allgäu

Meist Ende September, nm.
Bay. Allgäu, Rgbz. Schw.

Die Wiedereinführung des Alphornblasens erfolgte an Ostern des Jahres 1958 in Hindelang im oberen Allgäu und verbreitete sich schließlich über den gesamten deutschen Alpenraum. In den ersten Jahren trafen sich die Allgäuer Alphornbläser alljährlich zum »Viehscheid« in Hindelang. Da in früheren Zeiten das Alphorn als Verständigungsmittel zur Gerätschaft der Allgäuer Hirten und Sennen zählte, sollte mit dem Blasen am »Viehscheid« (Viehabtrieb), einem der größten bäuerlichen Dorffeste, die Beziehung des Alphorns zu Hirt und Herde zum Ausdruck kommen. Mit der wachsenden Anzahl der im oberen Allgäu anzutreffenden Alphornbläser ergab sich das Bedürfnis zu einem speziellen »Alphornbläser-Treffen«.
Begonnen hat dieses Treffen im Jahre 1963 durch die Initiative von Michael Bredl, Volksmusikpfleger des Bezirkes Schwaben, Hindelang, und wird seither alljährlich an einem anderen Ort im Allgäu wiederholt. Dieses Treffen hat keinen Wettbewerbscharakter. Es dient dem Zusammenkommen und Kennenlernen der Alphornbläser. Gespielt wird ausschließlich auf den Bergen. Damit ist der musikalische Teil dieses Treffens dem interessierten Publikum zugänglich. Anschließend gibt es für die Bläser Zeit zu Aussprache und gegenseitiger Anregung, um im Spiel eine gemeinsame Linie zu bewahren.
Die ersten Alphörner wurden aus der Schweiz bezogen, doch schon bald haben sich Allgäuer Bauernburschen und Allgäuer »Mächlar« (Bastler) mit der Herstellung eigener Alphörner befaßt, so daß der Großteil der im Allgäu geblasenen Alphörner auch im Allgäu hergestellt wird.

Korr. Bredl, M., Hindelang 8/1973. K. K.

Allgäuer Alphornbläser

Altjahrblasen und -singen in der Schweiz

31. 12., nach 20.00 Uhr, besonders gegen und um Mitternacht
Verschiedene Orte, besonders in den Kantonen Aargau, Appenzell-Innerrhoden, Baselland und Baselstadt, Bern, Graubünden, Luzern, Nid- und Obwalden, Schaffhausen, St. Gallen und Solothurn

Es handelt sich um Vorträge der Ortsmusik und bzw. oder eines Chores im Verlaufe des Abends, besonders zur Stunde des Jahreswechsels, in den Orten: Bremgarten, Brugg und Laufenburg (Kanton Aargau), Stadt Basel (Turmblasen vom Münster unmittelbar vor Mitternacht), Aarwangen, Biel, Interlaken und Thun (Kanton Bern), Beromünster, Sempach, Sursee und Willisau (Kanton Luzern), Stans (Kanton Nidwalden), Altstätten, Flawil, Gams, Oberriet, Rheineck, Rorschach und Stadt St. Gallen (Kanton St.

Altjahresel in Schwarzenburg

Gallen), Balsthal, Hägendorf, Welschenrohr (Kanton Solothurn).
Ferner u. a. in Andeer, Brienz, Cazis, Chur, Danis, Dörfer des Domleschgs, Igis, Ilanz, Luvis, Malans, Dörfer des Prätigaus, Rhäzüns, Rueun/Ruis, Safien, Tamins, Thusis und Trins (Kanton Graubünden).
In den Dörfern des mittleren Kantons Graubünden (Alvaneu/Bad und/Dorf, Bergün, Brienz, Filisur, den Dörfern des Oberhalbsteins, Schmitten, Stierva/Stürvis und Tiefencastel) findet ein Sternsingen durch als Hl. Drei Könige verkleidete, auch als »Sternsinger« auftretende Knaben statt – nur im protestantischen Bergün und Filisur sind die Teilnehmer unverkleidet. Die Sternsängersitte ist vom Dreikönigstag vorverlegt worden. E. Sch.

Escher, W.: Dorfgemeinschaft und Silvestersingen in St. Antönien. Basel 1947.

Altjahresel in Schwarzenburg

31. 12., zwischen 21.00/21.30 Uhr und ca. 23.00 Uhr
Schwarzenburg, Kt. Bern

Junge Burschen ziehen unter großem Lärm, den sie mit Schellen und Peitschen vollführen, mit dem »Altjahresel« kreuz und quer durchs Dorf. Zwei der Teilnehmer stecken im »Esel«, ein anderer fungiert als Eseltreiber. Andere verkörpern ein Schweineblasen schwingendes »Söüblatteremandli«, einen Teufel, ein Hochzeitspaar, einen »Pfarrer« usw. Alle Mitwirkenden müssen Ortsbürger sein.
Als charakteristischer Mitwinterbrauch läßt sich die Sitte ins Mittelalter zurückdatieren. E. Sch.

Rubi, C.: Winterbräuche im Kanton Bern. Bern 1957.

Altjohrobedschelle in Oberschan

31. 12., nach 20.00 Uhr
Oberschan, Kt. St. Gallen

Beim sog. »Altjohrobedschelle«, dem Ausschellen des Jahres am Abend des Altjahres, ziehen drei Silvesterkläuse unter Schellen-, »Pritschen«- und »Geißel«-(Peitschen-)Lärm durch den Ort, wobei die Häuser besucht werden und die Kinder ähnlich der anderswo am 6. 12. üblichen St.-Niklaus-Sitte gemahnt und beschenkt werden. Die Gestalten tragen ein weißes Überhemd, an den Armen je 2–3 Ziegenschellen, einen langen Bart und über dem Kopf bis 50 cm hohe, mit buntem Papierschmuck versehene Kartonmasken.
Die Tradition im protestantischen Oberschaan läßt sich in die gleichwertigen Silvesterklausbräuche einordnen. E. Sch.

Andreasmarkt in Uster

Letzter Donnerstag im November und anschließender Freitag
Uster, Kt. Zürich

Der Anlaß ist der einzige Jahrmarkt des Ortes und eine der bedeutendsten Veranstaltungen des Züricher Oberlandes.
Auf das gleiche Datum fallen wichtige Märkte in Cham (Kanton Zug) und Kerzers (Kanton Freiburg). E. Sch.

Anglöckler oder Adventsänger von Oberndorf

Advent, nm., ab 16.30 Uhr
Oberndorf, Ger.-Bez. Oberndorf, Land Salzburg

Sechs bis sieben Buben, bekleidet mit ledernen Bundhosen, dicken wollenen Strümpfen, festen Schuhen, dunklem Walkjanker und dem spitzen Hirtenhut ziehen als Anglöckler durch die Straßen Oberndorfs und Laufens, aber auch in die umliegenden Ortschaften auf österreichischem Gebiet, bis nach Arnsdorf und St. Georgen. Eine Nachbildung der historischen Oberndorfer Drehkrippe, die sich im Salzburger Museum Carolino Augusteum befindet, wird mitgetragen. Auf einem 190 cm hohen Stab befindet sich in Schulterhöhe eine drehbare Scheibe, auf welcher eine kleine Krippe aufgebaut ist. Darüber ist eine weitere Scheibe mit der Darstellung der Anglöcklergruppe bei ihrer Wanderung angebracht. Mittels ineinandergreifender Zahnräder können die beiden Scheiben gedreht werden. Nach oben endet der Stab in einem Doppelkreuz mit einem goldenen Sechszackstern. Knapp unterhalb des Sterns ist noch ein kleines Gloria-Fähnchen angebracht. Auch eine Kraxe und einen Deckelkorb führen die Anglöckler mit sich; erstere zur Aufnahme der Armenspenden, den Korb für die Gaben, die für die Sänger bestimmt sind. Ebenso sind sie mit einer brennenden Laterne versehen, die oft bei den Wanderungen zu Einödhöfen notwendig ist.
Die Anglöckler klopfen an den Häusern, werden freundlich eingelassen und stellen sich in der Stube mit Korb und Laterne auf. Zu Beginn wird das »Gott grüaß enk Leut'ln« als Begrüßung gesungen. Dann folgt im Wechselgesang das sechsstrophige altüberlieferte Lied »Jackl, Hiasl, Hansl, Stöffl, stehts nur auf, gehts her zu mir/ O du grober, dummer Löffel, schreist als wia da Bair beim Bier . . .«, wobei die beiden letzten Zeilen jeder Strophe wiederholt werden. Diesem schließt sich ein altes Danklied an, schon im vorhinein, denn die Hausleute sollen zum Geben besonders aufgefordert werden: »Wir danken Euch mit Herz und Mund, für gereichte Gab!« Dabei schiebt einer der Sänger vorsichtig den Korb nach vorne und jede Hausfrau versteht diese Geste. Früher waren es hauptsächlich Nahrungsmittel (Kartoffel, getrocknetes Obst, Mehl, Kletzenbrot, Selbstgebackenes und mitunter auch ein Stück Surfleisch), die die Glöckler bekamen, heute sind es mehr Geldspenden und Süßigkeiten. Die gesammelten Gaben werden am Heiligen Abend an alte und bedürftige Einwohner des Ortes möglichst unauffällig weitergegeben. Auch in Krankenhäusern und Altenheimen singen die Buben die Hirtenlieder.
Wenn auch dieser Brauch erst 1925 durch den damaligen Junglehrer Rasp in dieser Form eingeführt und inzwischen heimisch wurde, so kann doch angenommen werden, daß bereits in früheren Jahrhunderten ähnliche Brauchübungen in der Vorweih-

nachtszeit in dieser Gegend bestanden. Dafür spricht die erwähnte Drehkrippe, die aus dem Ende des 18. oder frühen 19. Jh.s stammt, wie zahlreiche Hirtenlieder. Begründet war dieser Heischebrauch ursprünglich in der Notlage der unteren Schichten der Schiffer, die vom Spätherbst bis zum Beginn der Schiffahrt im April arbeits- und somit auch brotlos waren. Ähnlich wie die Sternsinger, zogen auch als Hirten verkleidete Schiffer (früher immer Erwachsene) über das Land und sangen die altüberlieferten Lieder.

Von 1925 bis 1956 zeigten sich die Anglöckler in einer für Kinder ungewöhnlichen Kleidung, mit langem Bart, einem Schlapphut und bis zu den Knöcheln reichender Lederhose. 1957 wurde die oben beschriebene freundlichere Kleidung eingeführt. Während des Zweiten Weltkrieges hat das Anglöckeln wegen des Verbotes, religiöse Lieder in der Öffentlichkeit zu singen, nicht stattgefunden. Erstmals wieder im Advent 1945 sangen die Anglöckler vor Verwundeten im Oberndorfer Lazarett, und seither wird dieser Brauch ununterbrochen weitergeführt. Als das Salzburger Adventsingen noch nicht veranstaltet wurde, statteten die Oberndorfer Sänger auch dem Landeshauptmann und dem Erzbischof in Salzburg einen Besuch ab. H. R.

Adrian, K.: Von Salzburger Sitt' und Brauch. Wien 1924. S. 15 ff.
Rasp, H.: Die Oberndorfer Glöckler. Zu einem noch lebendigen Volksbrauch, in: Das Salzfaß, NF. 6/1972 Laufen. S. 33 f.
Zinnburg, K.: Salzburger Volksbräuche. Salzburg 1972. S. 29 ff. (dort die Liedertexte).

Anklöpfeln in Stans

Etwa jedes 10. Jahr an zwei Samstagen im Advent, 19.30 Uhr
Stans, Bez. Schwaz, T

Vom Gemeindesaal aus zieht die Klöpflergruppe durch das Unterdorf und das Oberdorf. An der Spitze gehen zwei Ministranten mit schwarzen Spitzhüten und Laternenstangen. Ein Mann in Tracht führt eine »Standarte« mit, auf seinem Rücken hängt der »Urbal«, ein großer Korb, in dem die Gaben gesammelt werden. Dahinter schreiten würdevoll der Hohepriester, mit seinem Bischofstab der Figur des hl. Nikolaus ähnlich, und Gott »Bacchus«, mit langem Bart, auf dem Kopf einen spitzen Turban, eingehüllt in einen weiten roten Umhang, unter dem ein ansehnlicher Bauch angedeutet ist. Der Zug wird von 20 bis 25 »Leviten« begleitet, die in schwarzen langen Röcken mit einem weißen, ärmellosen Hemd darüber stecken; ihr Gesicht ist von einem dichten Bart fast ganz verhüllt, auf dem Kopf tragen sie wie die Ministranten hohe Spitzhüte.

Noch im Jahre 1962 zogen sie von Hof zu Hof, 1971 wurden die »Aufführungen« in Wirtsstuben verlegt. Im Kreis der Leviten stehen der Hohepriester, Bacchus und die Ministranten mit dem Weihrauchfaß. Bacchus hält ein dickes Buch, dessen Seiten aus Holz sind und beim Umblättern laut klappern. Jede Seite entspricht einer Strophe des »Klöpflliedes«, ein schwieriger, mehrstimmiger Gesang. Zwischen jeder Strophe umtanzen die Leviten in feierlichem Schritt die zentralen Figuren. An das eigentliche Klöpfllied schließt sich ein Heischegesang, damit der »Urbal« mit »Zelten« (Früchtebrot) gefüllt wird. Die erste Strophe des »Klöpflliedes« lautet:

»Heint (heute) ist die heil'ge Klöpflnacht,
heint giahn (gehen) ma's mit dem Buna (Banner),
a heiligs Gsangl nit veracht
lost's (hört) auf insre Gruna (Brummer).«

In einfacherer Form findet das Anklöpfeln insbesondere an den letzten drei Donnerstagen im Advent in vielen Orten des Unterinntales statt. Die Klöpfler sind zumeist als Hirten verkleidet und singen vorweihnachtliche Lieder, wobei für irgendeinen guten Zweck gesammelt wird (Klöcklnächte in Südtirol).

Nach der mündlichen Ortsüberlieferung geht die jetzige Form des Anklöpfelns auf die Barockzeit zurück, der Brauch an sich ist jedoch wesentlich älter. Der Text des Klöpflliedes hat im Laufe der Zeit öfters Änderungen erfahren. Das Bettlerlied ist erst nach 1809 entstanden, als das Unterinntal, vor allem die nahe von Stans gelegene Stadt Schwaz, im Zuge der Kriegsereignisse dieses Jahres auch von vielen Bettlern heimgesucht wurde.

Das Anklöpfeln ist ein alter Volksbrauch, der im Rahmen des Mittwinterbrauchtums gestanden hat. In der zweiten Hälfte des 17. Jh.s werden die »drey Knöpffl-Nächt« in den »drey letzte Wochen vor Weynacht« vom bekannten Tiroler Volksprediger Heribert von Salurn genannt. D. A.

Haider, F.: Tiroler Volksbrauch im Jahreslauf. Innsbruck, Wien, München 1968. S. 473 ff.

Antlaßritt im Brixental

Fronleichnamstag, 13.00 bis ca. 17.00 Uhr
Brixen im Thale, Kirchberg und Westendorf, Bez. Kitzbühel, T

Vor dem Widum (= Pfarrhof) in Brixen versammeln sich mittags die in heimatliche Tracht gekleideten Reiter von Kirchberg, Westendorf und Brixen. Um 13.00 Uhr kommt der Dechant oder sein Stellvertreter mit dem Allerheiligsten in einer Bursa aus der Kirche und besteigt ein geschmücktes Roß, zumeist einen Schimmel. Die Pferde sind vor allem mit Pfingstrosen und Lärchenzweigen aufgeputzt, der Schweif ist geflochten. Unter Glockengeläute und den Klängen der Musikkapelle beginnt der Ritt, wobei als erstes ein mächtiger Kastanienbaum im Dechantenhof – früher auch die Kirche – umritten wird.

Es führen – immer paarweise reitend – die Kirchberger, dann folgen die Brixner, anschließend die Gruppe mit dem Sanctissimum, begleitet von Vertretern der Geistlichkeit aus den beiden Nachbarpfarreien. Die Westendorfer Reiter beschließen den Zug, bei dem eine bestimmte Reihen- bzw. Rangfolge der Reiter eingehalten wird.

Antlaßritt in Kirchberg ▷

Einige tragen Kirchen- oder Schützenfahnen mit. Am Dorfende kehrt die Musikkapelle um. Betend ziehen die Reiter weiter durch die Ortschaften Lauterbach, Bockern und Spertendorf. Beim Einzug in Kirchberg wird die Reitergruppe von der dortigen Musikkapelle empfangen und durch das Dorf begleitet. Vor der Kirche wird den Reitern der Segen erteilt (ca. 14.00 Uhr). Etwa eine halbe Stunde danach ist das Ziel des Flurumrittes erreicht, die »Klausenkapelle«, an der Pfarr- und Gemeindegrenze gegen Kitzbühel. Nachdem ein in der Nähe aufgestellter Maibaum umritten ist, steigen die Reiter vor der Kapelle ab. Es werden die vier Evangelien gelesen und der Wettersegen erteilt.
Nach einer kurzen Labung (traditionellerweise wird vom »Hansenbauern« saure Milch und Brot bereitgestellt) reitet man zurück; nachdem die Kirchberger ihren Maibaum umritten haben, verlassen sie den Zug. In Brixen wird das Allerheiligste in die Kirche zurückgetragen, die Westendorfer reiten allein in ihren Ort.
Der Überlieferung nach geht der Brixentaler Antlaßritt (Antlaß = Fronleichnam) auf ein Verlöbnis im Dreißigjährigen Krieg zurück. Ein Spruchband der Klausenkapelle erinnert daran: »Bis hierher und nicht weiter kamen die schwedischen Reiter. 1643«. Statt 1643 müßte es richtig 1648 heißen – eine Veränderung anläßlich einer Renovierung. (Die »Schweden« kamen jedoch gar nicht bis hierher.) Verlöbnisse in Kriegsgefahren wurden früher häufig gemacht. 1655 und auch später wird noch außer der Beteiligung des Brixner Schullehrers die Mitwirkung der Sänger erwähnt und der Umritt als »alter Brauch« bezeichnet. 1750 meldete der Pfarrer von Brixen an das Bischöfliche Ordinariat Chiemsee, daß »eine neue Capellen am Clausenbache . . . zu dem Antlaßritt . . . erbaut worden sey«. In einem Bericht vom Jahre 1924 werden 178 Reiter, darunter 7 Geistliche, als Teilnehmer beim »Antlaßritt« angegeben.

Vieles, so das Mitführen von Maien, das Bekränzen der Pferde und vor allem das Umreiten der Maibäume, früher auch der Kirchen und Klausenkapelle, deutet darauf hin, daß der Antlaßritt am Fronleichnamstag einen viel älteren Vorläufer hatte. Das Verlöbnis im Kriegsjahr 1648 machte wahrscheinlich durch das Mittragen des Allerheiligsten aus dem alten »Flurritt« den Fronleichnamsritt. Nach der im Brixental allgemein bekannten Entstehungslegende des Antlaßrittes fanden sich in diesem Jahr die wehrhaften Bauern zusammen, um ihr Tal zu verteidigen. Sie stürmten gegen den zahlenmäßig überlegenen Feind, dem sie bei der Klausenhöhe entgegentraten. An der Spitze der Bauern ritt der Dekan von Brixen; er hielt dem Feind das Allerheiligste entgegen, worauf die Rosse der Feinde in die Knie brachen und daraufhin die Landsknechtshorden flohen.

Das Ziel des Rittes, die Klausenkapelle, liegt hart an der Grenze der Gerichte Hopfgarten (ehem. Itter) und Kitzbühel, die bis 1803 auch die Grenze zwischen der salzburgischen Enklave Itter (Brixental) und Tirol bildete. D. A.

Mayer, M.: Der Brixentaler Antlaßritt. Brixen i. T. 1946.

Antlaß-Singen in Traunkirchen

Nacht von Gründonnerstag auf Karfreitag,
21.00–5.00 Uhr
Traunkirchen, Bez. Gmunden, OÖ

Am Abend des Gründonnerstages versammeln sich vor 21.00 Uhr einige Bewohner von Traunkirchen beim nördlichen Ortseingang, um den letzten Schlag der Kirchenuhr abzuwarten. Danach beginnt der Vorsänger im Stil der alten Nachtwächter zu singen: »Meine Herrn und Damen, loßt's eng sog'n, da Hamma hat Neini g'schlog'n!« Gemeinsam wird dann die erste Strophe des Antlaß-Liedes angestimmt. Anschließend begeben sich die Sänger auf ihren Rundgang durch den Ort, um diese Strophe auf elf weiteren Plätzen zu wiederholen. Zu jeder vollen Stunde beginnt dieser Umgang von neuem, bis 3.00 Uhr früh, wobei der Sänger stets die entsprechende Zeit ansingt, so z. B. um 21.00 Uhr:

Schon neini, schon neini
die Keuschheit behüten,
nicht gleich einer Venus
die Laster ausbrüten.
Mein Jesus wird g'fangen
mit Spießen und Stangen.
Drum meide die Stund, mein Kind,
hat neini g'schlagn!

In den Pausen zwischen den einzelnen Umgängen versammeln sich die Sänger bei einigen Familien, wo um Mitternacht auch eine Jause eingenommen wird. Nach dem letzten Rundgang begibt sich die Gruppe, die während der Umgänge fluktuiert, zurück auf den Marktplatz. Gegen 3.30 Uhr früh werden hier die 16 Strophen des »24-Stunden-Liedes« gesungen. Anschließend formiert sich eine Prozession auf den Kalvarienberg. Man betet den Schmerzhaften Rosenkranz und singt bei den einzelnen Kreuzwegstationen das Lied »Ach mein Jesus – Blut der fünf Wunden«. In der Kalvarienbergkirche bilden die Litanei vom Leiden Christi und das Fastenlied »O Sünder faß' zu Herzen« den Abschluß.

Diese Fastenlieder, die den Kern des Brauches bilden, gehen auf barocke Flugblattdrucke zurück, die zur Zeit der Gegenreformation im Sinne der religiösen Erneuerung weite Verbreitung fanden. Im Salzkammergut waren es besonders die 1622 nach Traunkirchen geholten Jesuiten, die diese Lieder im Kampf gegen den Protestantismus propagierten. Die Jesuiten erhoben das religiöse Leben zu einem prunkvollen Schauspiel, das in der berühmten Fischerkanzel von Traunkirchen seinen symbolischen Ausdruck findet. Neben der Weihnachtszeit eignete sich besonders die Karwoche zum Durchspielen, wobei sogar die Landschaft in die Szenerie einbezogen wurde. Es dürfte kein Zufall sein, daß ungefähr zur selben Zeit, als die Flugblattdrucke entstanden, in Traunkirchen 1696 die erste Kalvarienbergkirche entstand, der in den nächsten Jahren in allen Salzkammergutorten weitere Kreuzwege folgten.

War das Antlaß-Singen ursprünglich also zur Bewußtmachung der Passion Christi voll in die Liturgie integriert, erfuhr es allmählich eine Verselbständigung. Losgelöst vom kirchlichen Brauch lebt es als religiöser Volksbrauch weiter. Das Antlaß-Singen ist kein Schaubrauch, sondern verlangt nach wie vor den persönlichen Mitvollzug. F. G.

Burgstaller, E.: Gegenwärtiges Jahresbrauchtum in Oberösterreich, in: Oberösterr. Heimatbl. 2/1948 Linz. H. 3, S. 237 f.
Grieshofer, F.: Das Antlaß-Singen in Traunkirchen, Volkskundlich betrachtet, in: Jb. d. österr. Volksliedwerkes, Bd. XIX/1970 Wien. S. 96 ff.

Aperschnalzen

Ende Januar, Anfang Februar,
14.00–16.00 Uhr
Südöstliches Oberbayern (Rupertiwinkel) und Salzburger Land

Die Schnalzervereinigung des Rupertiwinkels tritt zum genannten Termin an zwei aufeinanderfolgenden Jahren im Rupertiwinkel und im dritten Jahr in einer Ortschaft des Salzburger Landes an. Es beteiligen sich meist 60–70 Passen (s. u.). Die Jury besteht aus sieben Preisrichtern. Die Wertung erfolgt nach Punkten nach dem akustischen Eindruck.

Die Schnalzervereinigung wurde 1957 in Saaldorf bei Freilassing gegründet; Initiator war der »Schnalzervater« Armstorfer aus Saaldorf. Die Vereinigung umfaßt Erwachsenenpassen und Jugendpassen (Passe – meist 9 Personen). Beim Preisschnalzen stehen die Passe in einer Reihe, jeweils mit einem Abstand von 10 m. Als erster Schnalzer steht der »Aufdraher«, der den Auftakt gibt. Die Peitschen (Goaßln) werden aus Flachs gedreht und sind ca. 4 m lang und am Stiel bis zu 5 cm stark. Der Aufdraher hat die schwächste, der letzte

Goaßlschnalzer im Olympiastadion in München bei der Fußballweltmeisterschaft 1974

Teilnehmer die stärkste Goaßl. Am Ende der Goaßl ist Bast eingeflochten, wodurch der charakteristische Knall erzeugt werden kann.

Beim Preisschnalzen tritt jede Passe einzeln auf. Zum Abschluß schnalzen alle Teilnehmer (oft 500–600) im gleichen Takt den »Pasch«.

Die Schnalzer treten bei Trachtenfesten auf, auch bei großen offiziellen Veranstaltungen. G. K.

Korr. Lobmayr, H. Laufen 9/1973 und 4/1974.

Auer Dult in München

München, Stadtt. Au
Maidult, letzter Samstag im Mai
Jakobidult, letzter Samstag im Juli
Herbst- oder Kirchweihdult, 3. Samstag im Oktober. Dauer eine Woche
Beginn jeweils 12.00 Uhr,
Ende 20.00 Uhr (Herbstdult 19.00 Uhr)

Die Dult in der Münchener Vorstadt Au um die neugotische Mariahilfkirche gehört zu den besonderen Anziehungspunkten der Stadt. Auf den Dulten werden Antiquitäten und Bücher (von den sog. Tandlern), auch Töpferwaren und Textilien angeboten. Zum Bild der Dult gehören die fliegenden Händler, vor allem der »Billige Jakob«, sowie der Vergnügungspark mit Fahrgeschäften und dem Kasperltheater (Handpuppen, kurze Mundartstücke).

Das Hauptinteresse gilt dem Tandlmarkt, auf dem Bücher und Antiquitäten, gelegentlich auch Altkleider angeboten werden.

Die Jakobidult ist seit dem 14. Jh. am Anger bei der Klosterkirche St. Jakob nachzuweisen als tultmarket. (Das in Süddeutschland gebräuchliche Wort Dult kommt vom Gotischen dulth = Kirchenfest.) 1791 verlegte man die Jakobidult vom Anger in den Bereich der Neuhauser und Kaufingerstraße, 1904 auf das weite

Sandfeld um die Mariahilfkirche. Dieser Platz bot sich insofern an, als seit 1796 den Bürgern der Vorstadt Au von Kurfürst Karl Theodor das Recht erteilt wurde, zwei Dulten im Frühjahr und Herbst durchzuführen.

Der Handel mit Antiquitäten im sog. Niederländermarkt ist seit dem 19. Jh. für die Frühjahrs- und Herbstdult nachzuweisen. 1834 boten Hunderte von Kleinhändlern »altes Hausgeräth und Kleidungsstücke von Jedermann für besondere Legitimation« an.* G. K.

*Lorenz, G. (Text), Lorenz, H. u. Dietl, E. (Bilder): Die Auer Dult zu München. München 1971.

Augustini-Kirtag (St.-Augustini-Kirchweihfest) in St. Johann

Sonntag nach dem 28. August, vm. und nm.
St. Johann am Steinfeld, Gmd. Ternitz, Ger. u. Pol. Bez. Neunkirchen, NÖ

Der Augustini-Kirtag wird alljährlich am Sonntag nach Augustinus (28. August) gefeiert. Nach der Frühmesse in der alten Kirche zieht man in Prozession zu einer auf einem Hügel gelegenen Waldkapelle, die der Hl. Dreifaltigkeit geweiht ist. Von hier aus geht es zu einem Bildstock mit der Statue des hl. Augustinus, der außerhalb des Ortes gelegen ist. Unter dem Bildstock entspringt eine Quelle, das sog. »Augustini-Brünnl«. Das Wasser galt früher als heilkräftig und wurde besonders bei Augenleiden aufgesucht (Volksetymologie: Augen – Augustinus). Die Prozessionsteilnehmer erfrischen sich durch einen Trunk aus dem Brünnl. Ein Priester, der jedes Jahr aus einer jeweils anderen Pfarre extra zu diesem Zweck nach St. Johann geladen wird, hält die sog. »Augustini-Predigt«. Hierauf wird in der nahen Pfarrkirche ein Festgottesdienst gefeiert.

Am Nachmittag findet dann auf dem Festplatz (eine mit Linden bepflanzte Grünanlage unweit der Kirche) der weltliche Teil des Festes statt. Es gibt Verkaufsbuden, Ringelspiele u. ä. Für die Unterhaltung sorgen verschiedene Musikkapellen von auswärts (u. a. Eisenstädter Garderegimentskapelle, Deutschmeisterkapelle). Die Tanzmusik spielt bis Mitternacht.

Nach der Ortschronik soll der Augustini-Kirtag auf die Zeit vor 800 Jahren zurückgehen, zu der die alte Pfarre St. Johann im Besitz der Augustiner-Chorherren von Gurk in Kärnten gewesen sein soll. Nach gesicherteren Quellen war die Pfarre jedoch dem Zisterzienserstift Heiligenkreuz bei Baden inkorporiert. Die Dreifaltigkeitskapelle (Sonntagsberger Gnadenstuhl) wurde im 17. Jh. erbaut, vor etwa 100 Jahren renoviert und vergrößert und ist heute Krönung einer Kalvarienberganlage im Wald. Da zahlreiche Gebetserhörungen bekannt wurden, erfreute sie sich eines relativ regen lokalen Wallfahrtszuzuges.

H. F.-F.

Zeitschriften und Fragebogenarchiv des Österr. Rundfunks, Studio Niederösterreich (Günter Richter).
Gugitz, G.: Österr. Gnadenstätten in Kult u. Brauch. Bd. 2: Niederösterr. u. Burgenland. Wien 1955. S. 167 f.

Bachprozession in Walten

24. Juni vm.
Walten, Gmd. St. Leonhard am Passeier, Südtirol

In Walten unter dem Jaufenpaß wird der hl. Johannes Nepomuk, Patron der Brükken und Helfer bei Überschwemmungen, auf ungewöhnliche Weise verehrt. Da am Festtag des Heiligen, dem 16. Mai, die Gegend noch sehr unwirtlich ist, wird die Feier auf den Tag St. Johannes des Täufers (24. 6.) verlegt.

In festlicher Prozession ziehen die Teilnehmer von der Kirche in Walten zum weiter taleinwärts liegenden Weiler Wans. Dort werden die vier Evangelien abgehalten. Darauf beginnt die feierliche Bergung und Übertragung des Heiligen. Dieser liegt auf einer Bretterinsel im Bach. Die Geistlichen gehen über den Brettersteg und bringen die Statue angesichts der wartenden Prozession ans Ufer. Dort wird sie auf eine Bahre gelegt und von vier Burschen in Schützentracht zur Kirche zurückgetragen.

Der Brauch ist eine Angelegenheit der Dorfbevölkerung von Walten-Wans.

Für das Alter dieser barock gestalteten Bittprozession fehlen archivalische Nachweise. Früher soll es Brauch gewesen sein, den Heiligen in den reißenden Bach zu werfen und weiter unten wieder herauszufischen. H. Gr.

Matscher, H.: Heilige im Südtiroler Volksleben (= An der Etsch und im Gebirge). Brixen 1961.
Haider, F.: Tiroler Volksbrauch im Jahreslauf. Innsbruck-Wien-München 1968.
Fink, H.: Volkskult und Ahnenbrauch in Südtirol. Innsbruck-Wien-München 1969.

Bader Jagerl und seine Gesponsin Gertraud von Bad Ischl

Faschingssonntag, nm., 14.00 bis ca. 16.00 Uhr, manchmal auch Faschingsmontag oder -dienstag
Bad Ischl, Bez. Gmunden, OÖ

Am Faschingssonntag werden in Bad Ischl zwei Maskenfiguren am Nachmittag beim Kinderfaschingsumzug, der von der Bürgermusikkapelle veranstaltet wird, in einer Kutsche mitgeführt: Der »Bader Jagerl« und seine »Gesponsin Gertraud«. Diese verbeugen sich dabei während ihrer Fahrt durch die Stadt stumm nach allen Seiten. Das auffallendste Merkmal der beiden Figuren bilden ihre grotesken Holzköpfe, die auf einer langen Stange sitzen, wodurch sie übermenschliche Größe erlangen. Während die weibliche Gestalt eine schwarze Haube zum mantelartigen Umhang, hinter dem sich der Träger verbirgt, auf dem Kopf hat, erscheint der »Bader Jagerl« in der Mode des Rokoko mit Zopfperücke und einem Dreispitz. Der Sage nach soll der »Bader Jagerl« während der französischen Besetzung 1809 am Wiesbühel im Ortsteil Gries verloren worden sein. Tatsächlich waren die beiden Maskenfiguren stets in diesem Teil Bad Ischls am rechten Traunufer beheimatet. Heute

Das Warenangebot auf der Auer Dult in München reicht vom »Gelump« (Altwaren aller Art) bis zu hochwertigen Antiquitäten, die von einer internationalen Käuferschicht begutachtet und gekauft werden. Die Zeit der großen Trouvaillen, für die die Auer Dult berühmt war, ist heute vorbei.
(s. S. 23 f.)

befinden sie sich im Heimatmuseum der Stadt und werden von den Grieser Bürgern nur zum Umzug am Faschingssonntag oder wenn in Gries eine Hochzeit gefeiert wird, herausgeholt.

Aus einem »Verkünd-Zettel« kann man entnehmen, daß der »Bader-Jagerl-Kopf«, wie er darin genannt wird, anläßlich einer Faschingshochzeit im Jahre 1872 mit der »ehrenwerten Jungfrau Gertraud« kopuliert wurde. Dieser gedruckte »Verkünd-Zettel« hält aber nicht nur die denkwürdige Zeremonie mit der eindringlichen Brautlehre fest, sondern er gibt auch über die Lebensgeschichte der beiden Figuren Aufschluß. Demnach ist die »Jungfer Gertraud, des Herren Josef Eißl oder Wagner-Seppl, Bildhauer in Eglmoos, neben seiner Gattin verfertigte Tochter, minderjährig, 14 Tage alt, schnupft keinen Tabak, ist eine reine Jungfrau, allen Frauenzimmern ein schönes Vorbild in der Bescheidenheit und Geduld. Die ehrengeachtete Braut befand sich bis jetzt in Aufenthalt bei Herrn Moser, bürgerlicher Maler und Angesichtsverschönerer in Gries.« Der ehrenfeste Bräutigam soll aber bereits anno 1742 in einer Bildhauerwerkstätte der Stadt Passau das Licht der Welt erblickt haben, wozu seine Tracht passen könnte. »Im Laufe der Zeit lernte er zwei Schwestern aus der Familie Dogmayr kennen, als selbe in Passau zu Besuch waren, und in rührender Anhänglichkeit an sie, zog er mit ihnen nach Ischl und verblieb auch als gern gesehener Gast bei ihnen bis zu ihrem Ableben.« Weiter heißt es im »Verkünd-Zettel«, daß der »Bader Jagerl« bereits mit der Jungfrau Griseldis Pfauenwedel verheiratet gewesen sei. Die Franzosen hätten sie ihm aber 1809 entführt, weshalb er sich nun nach Jahren des Alleinseins neuerlich zu einer Heirat entschloß. Dieser »Verkünd-Zettel« ist sicher nicht ganz ernst zu nehmen. Es verblüfft aber die Tatsache, daß ein Kaspar Dogmayr aus dem Passauischen 1781 in Ischl die Tochter eines Baders heiratet und selbst Bader im Gries wird. Dieser »Zuagroaste« wird in der kleinbürgerlichen Gesellschaft von Ischl sicher sehr aufgefallen sein, und so dürfte man ihn anläßlich einer Faschingshochzeit, die früher sehr häufig waren, aufs Korn genommen haben. Die Hochzeit des Jahres 1872 war nur mehr eine Wiederholung ohne konkretes Spottziel.

Wenn die beiden »Alt-Ischler« Maskenfiguren gegenwärtig auch nur noch beim Kinderfaschingszug erscheinen, so muß ihr Ursprung im Zusammenhang mit den früher üblichen Faschingshochzeiten gesehen werden. Zusammen mit den Faschingsbriefen bildeten die Faschingshochzeiten eine beliebte Gelegenheit, der Öffentlichkeit einen Spiegel vorzuhalten. F. G.

Lipp, F.: Der Raum von Bad Ischl. Zugehörigkeit, Kulturbewegungen, Vkde.; in: Bad Ischl. Ein Heimatbuch, hrsg. v. Ischler Heimatverein 1966. S. 272.

Grieshofer, F.: Faschingshochzeit. Die Hochzeit des Herrn »Bader Jagerl« in Bad Ischl, in: Österr. Narren-Presse, Jubiläumsausgabe (22. Folge), Salzburg 1973. S. 28 f.

Bärentreiben in Hart

Faschingssonntag, vm.
ca. 10.00–12.00 Uhr
Hart, Gmd. Enzenreith,
Pol. Bez. Neunkirchen, NÖ

Beginn um ca. 10.00 Uhr beim Gasthaus Vollenhals (Volnhals) in Hart. An der Spitze des Zuges geht ein Kasperl, es folgt die Musikkapelle, dann der in Pelze gehüllte, mit einer Bärenmaske versehene Bär mit zwei Treibern. Daran schließen sich in bunter Reihenfolge vermummte Gestalten und Gruppen, die zum Teil nach Art der Faschingsumzüge auf aktuelle Ereignisse Bezug nehmen. Der Zug bewegt sich ohne vorgeschriebene Route durch das Gemeindegebiet Enzenreith. An verschiedenen Stellen (vor allem vor Gasthäusern) wird Station gemacht und Teile aus dem »Enzenreither Faschingsexpress« (einer Faschingszeitung, die sich gleichfalls vorwiegend auf lokale Ereignisse bezieht) verlesen; auch auf die Labung der Beteiligten wird dabei Bedacht genommen.
Wie alt das Enzenreither Bärentreiben tatsächlich ist und in welcher Form es früher geübt wurde, ist nicht genau feststellbar. Heute wird es eher nach Art der üblichen Faschingsumzüge von der Freiwilligen Feuerwehr organisiert. Die dabei eingehenden Spenden werden von der Feuerwehr zum Ankauf neuer Geräte verwendet.
Das Hauptgebiet des Bärentreibens reicht von Steiermark (Murau) über Semmering, Wechsel und Bucklige Welt bis nach Niederösterreich herein. Hier können Bär und Bärentreiber als Masken im Fasching und auch beim Maibaumumschnitt auftreten. Das Enzenreither Bärentreiben hat sich der Form nach schon sehr den in Niederösterreich allerorten durchgeführten Faschingsumzügen genähert, in einem Punkt allerdings den Charakter des ursprünglichen Bärentreibens bewahrt: es ist ein Heischeumzug geblieben. Der Kern des steirischen Bärenjagens ist nicht wie in Enzenreith ein einfaches Umherführen des Bären, sondern eine spielhaft ausgestaltete Szene mit Jagd und Erlegung des Bären. Bär und Tötungsszene wurden von der älteren Volkskunde bislang magisch-mythisch ausgedeutet (als Jagdzauberritus, als Tötung und Wiedererweckung eines Vegetationsdämons). Die neuere Forschung jedoch hat eine Deutungsmöglichkeit gefunden, die auch das einfache Umherführen des Bären, wie es in Enzenreith geschieht, erklären könnte: Der Bär war kein jagdrechtlich geschütztes Tier, sondern galt als Schadentier, das jedermann erlegen konnte. Diese Feststellung wurde alljährlich in den Taidingen verlautbart. Ein Hofdekret Josefs II. setzte sogar eine Belohnung für die Erlegung eines Bären aus. Ferner war der erfolgreiche Raubtierjäger berechtigt, unter Vorzeigung der Jagdtrophäe eine Geldsammlung in der näheren oder weiteren Umgebung seines Wohnortes durchzuführen. Die Darstellung eines solchen Sammelganges im Faschingsumgang lag wohl auch damals nahe.

H. F.-F.

Wolfram, R.: Bärenjagen und Faschinglaufen im oberen Murtal, in: Wiener Zs. f. Vkde., 37/1932. S. 59–81.
Hergouth, A.: Das Faschingrennen im oberen Murtal. Graz 1960.
Walter, S.: Faschingrennen und Bärenjagen, in: Volkskunde und Volkskultur. Festschrift f. R. Wolfram. Hg. v. H. Fielhauer. Veröff. d. Inst. f. Vkde. d. Univ. Wien, Bd. 2. Wien 1968. S. 397–415.

Barbaraschießen in der Schweiz

4. 12., bzw. 1. Samstag im Dezember
Stadt Basel und Stadt St. Gallen

Zu Ehren ihrer Patronin, der heiligen Barbara, feuern die Artilleristen in den beiden Städten 22 Kanonenschüsse ab: In Basel am 4. 12. um 7.00 Uhr, in St. Gallen am 1. Samstag im Dezember um 18.00 Uhr.

E. Sch.

Bartholomäus-Fest in Ranten

Alljährlich am »Barthlmä-Sonntag«, d. i. der Sonntag entweder vor dem Bartholomäustag (24. 8.), wenn dieser auf einen Montag, Dienstag oder Mittwoch fällt, oder der Sonntag nach dem Bartholomäustag, wenn dieser auf einen Donnerstag, Freitag oder Samstag fällt.
Ranten, Ger. u. Pol. Bez. Murau, Stm

Jahrmarktsbuden, Verkaufsstände, Böllerschüsse, Glockengeläute, Musik und die Schüsse der Rantener Schützengarde sind die dominanten optischen und akustischen Eindrücke des Barthlmä-Kirchtags.
Am Vorabend schon zieht die Musik vom Pfarrhof weg durch den Ort und spielt einen Zapfenstreich. Am Kirchtag selbst ist um 7.00 Uhr die Schützenmesse. Während des Hochamtes um 9.00 Uhr nimmt die Schützengarde Aufstellung vor der Kirche und schießt bei den Hauptteilen der Messe. Nach dem Gottesdienst ziehen die Schützen mit der Prozession durch den Ort.
Am Nachmittag zieht die Schützengarde mit der Musikkapelle wieder durch den Ort zur Pfarrkirche und nimmt davor während der Segensandacht Aufstellung. Anschließend findet vor dem Pfarrhof die General-Decharge statt, die zwei Stunden dauert. Der Reihe nach läßt man die Geistlichkeit, die Pfarrersköchin, die dabei vom Hauptmann aus der Küche geholt wird, und andere Teilnehmer an dieser Veranstaltung hochleben. Dabei tritt der Hauptmann mit dem Schwert in der Hand vor den Betreffenden hin, kündet die General-Decharge an, worauf die angetretene Kompagnie eine Ehrensalve in die Luft jagt.
Auch vor den Häusern der Ortsbewohner machen die Gardisten halt, und zwar in der Reihenfolge der Rangordnung der zu Ehrenden. Jedenfalls sind die Gardisten, aus deren Reihen auch die zwei Fahnenschwinger kommen, die einander ablösen, bis ca. 19.00 Uhr unterwegs.

Die Gardisten werden einen Sonntag vor dem Bartholomäustag angeworben. Ein Trommler nimmt diese mehr formale Anwerbung nach dem Gottesdienst vor. Es ist eigentlich ein Erinnern an die Pflicht, am Kirchtag auszurücken, denn der Wechsel in der Mannschaft der aus 35–40 Burschen bestehenden Garde ist nicht sehr groß. Seit wann die Rantener Schützengarde besteht, ist nicht genau feststellbar. Man sagt, sie sei in den Franzosenkriegen gegründet worden, oder, und dies dürfte eher zutreffen, zur Zeit der Reformation und Gegenreformation entstanden sein. Damals beschützte man religiöse Veranstaltungen mit den Garden, sie begleiteten Prozessionen, sie bewachten das Heilige Grab.

Besonders viele Garden wurden im 18. und 19. Jh. gegründet, meist waren es bürgerliche Vereinigungen. Die Rantener Schützengarde ist wohl eine bäuerliche, die den sogenannten »Prangschützen« zuzuzählen sein dürfte, deren es im Murauer Bezirk einige gibt.

Die Uniformen (Hose weiß mit rot-goldenen Streifen, Rock bräunlich mit rotem Brustfleck, bei den Chargen ist der Rock grün) sollen aus der napoleonischen Zeit stammen. Die Mannschaft trägt Mützen aus schwarzem Schafsleder, die Chargen haben als Kopfbedeckung Tschakos mit grünen Hahnfedern. Geschossen wird mit alten Vorderladern mit aufgepflanztem Bajonett.

Der Gardehauptmann wird vom Pfarrkirchenrat bestimmt (»bis auf weiteres«). Der Pfarrkirchenrat kommt auch für die Kosten des Mittagessens für die Garde auf.

Die Kirche in Ranten ist dem hl. Bartholomäus geweiht, dessen Tag am 24. August gefeiert wird.

Herbstkirchtage sind im allgemeinen Erntefeste und auch Schützenfeste, die durchaus getrennt vom Patroziniumsfest gefeiert werden können, spektakulär und ausgelassen, während des Kirchenpatrons an einem oder genauer an seinem Tag still gedacht wird.

Gasteiger, E.: Bürgergarden und Schützenkompanien, in: Bl. f. Heimatkunde 42/1968. Graz. S. 26–29.

Bartprämierung in Immenstadt

Ende September

Immenstadt, Lk. Oberallgäu, Rgbz. Schw., Hofgarten-Stadthalle

Alljährlich treffen sich viele Bergler (Hirten und Sennen) nach den anstrengenden 100 Tagen des Alpbetriebs zum Berglerball. Den Höhepunkt des Abends bildet die Bartprämierung. Die zahlreichen Besucher – manche kommen sogar aus dem Ausland – wählen den Bartkönig, der als Prämie eine große Schelle erhält. Auch die Nächstplacierten erhalten Geschenke. Der Teilnahme an diesem Wettbewerb geht eine genauere Untersuchung voran sowohl hinsichtlich des Bartes als auch der Person des Teilnehmers. Die Bärte müssen echt und ungefärbt sein. Da es schon vorkam, daß sich Nicht-Bergler eingeschlichen haben, werden alle Hirten und Sennen vom Landwirtschaftsamt genau erfaßt und kontrolliert. Vervollständigt wird das Programm durch eine Blaskapelle und eine Folkloregruppe, die mit Tänzen, vor allem dem Geißbubentanz, aufwarten. Beendet wird die Veranstaltung spätestens um 2.00 Uhr morgens.

1947 wurde der 1. Berglerball vom damaligen Vorstand des Gebirgstrachten-Erhaltungsvereins »D'Illertaler«, Immenstadt, veranstaltet. K. K.

Bauernjahrtag in Lenggries

Montag nach dem auf Allerheiligen folgenden Sonntag
Lenggries, Lk. Bad Tölz-Wolfratshausen, Rgbz. Obb.

In Lenggries wird alle Jahre der Jahrtag des Bauernvereins groß gefeiert. In der Frühe sammeln sich die Mitglieder in Tracht (lange Hose und grüne Joppe) beim Rathaus zum Kirchenzug. Mit der Blaskapelle voran zieht man zur Kirche. Dort findet ein Gottesdienst statt mit anschließendem Gedenken an alle im vorhergehenden Jahr verstorbenen Mitglieder des Vereins. Es folgt ein sog. Opfergang: die Kirchgänger defilieren an 7 Opfertellern vorbei; der Ertrag der beiden silbernen Teller gehört dem Verein, 4 Teller sind für die Zelebranten bestimmt, der letzte für die Kirche.

Besonders reich mit brennenden Kerzen sind an diesem Tag die Statuen der beiden Bauernheiligen Isidor und Notburga geschmückt.

Nach der Kirche findet die Jahresversammlung des Vereins mit dem Rechenschaftsbericht des Vorstands statt. Nachmittags beginnt der Tanz, der sich zumeist weit in die Nacht hineinzieht. N. G.

Bauerntheater in Attenham

Oktober, jeweils zwei Veranstaltungen am Samstag/Sonntag
Attenham, Lk. Bad Tölz-Wolfratshausen, Gmd. Endlhausen, Rgbz. Obb.

Ist bei den Attenhamer Bauern im Herbst das Korn in die Scheunen eingebracht, wird im Mergenthalhof der Stadel ausgeräumt, eine improvisierte Bühne eingezogen, Wirtshausbänke werden aufgestellt. Acht Aufführungen jährlich rollen über die Attenhamer Brettl, auf die Abende dreier Wochenenden des Oktobers verteilt, in der Reihenfolge Samstag-Sonntag und zweimal Freitag-Samstag-Sonntag. Die Zeit vor Beginn und in den Pausen vertreibt die Thanninger Blasmusik oder eine andere zu diesem Zweck verpflichtete Blaskapelle aus den Nachbardörfern. Obwohl die Bühne kaum die Ausmaße eines Zimmertheaters erreicht – die Rampe ist nicht einmal vier Meter breit – fehlt keine wichtige technische Einrichtung: Die Kulissen lassen sich in den Schnürboden heben, eine Kippdecke schließt die Szene wahlweise nach oben ab oder gibt den Blick auf fernes Gebirge frei, es regnet »echt«, blitzt und donnert und auf der Bühne fallen Bösewichte in abgrundtiefe Brunnen. Bauern aus Attenham und Deisenhofen sind die Darsteller in den Stücken, die jedes Jahr eigens neu und nur für dieses Theater geschrieben werden. Im einzelnen wurden aufgeführt: 1967 »D'Blutschand« (Verwicklung um einen Jäger, der versehentlich eine Kuh trifft), Lindner. 1968 »Der Breitmoser und die Gerechtigkeit des Himmels« (ein Bauer bekommt ein Kind), Lindner. 1969 »Kurz vor der Gant« (Händel um bäuerliche Antiquitäten), Lindner. 1970 »Wann die Haberer treiben« (Haberfeldtreiben), Schlierf. 1971 »Lehards« (Leonhardifahrt), Schlierf. 1972 fiel aus. 1973 »Der Verdrußbaum« (Raufereien um einen Maibaum). 1974 »Wuiderer, mein Segen habt's« (Abt eines Klosters befürwortet Wildern). 1975 »A so a Viecherei« (Spiel um die Gebietsreform). 1976 »A Ruah is« (Wilderei), von 1973–1976 Attenhamer Spieler. St. H.

Bauerntheater in Berchtesgaden

Wintersaison: 25. 12.,–6. 1.
Sommersaison: Anfang Mai Ende Oktober
Berchtesgaden, Lk. Berchtesgadener Land, Obb.

Das Berchtesgadener Bauerntheater im Watzmannsaal am Franziskanerplatz bringt jährlich rund 200 Aufführungen. Auf dem Repertoire stehen etwa 20 (meistenteils) Mundartstücke.

Man spielt überwiegend bayerische Lustspiele in einem auch den Kurgästen verständlichen Bayerisch.

Das Berchtesgadener Bauerntheater wurde 1906 gegründet. Vor 1914 unternahm es mehrere Tourneen nach den USA, ähnlich wie andere oberbayerische Mundartbühnen. Truppenbetreuung in beiden Weltkriegen (Frankreich, Italien, Rußland, Norwegen usw.). Als erstes deutsches Theater spielte das Berchtesgadener Bauerntheater nach 1945 in Südwest- und Südafrika; die Tournee wurde 1953 wiederholt. Seit der Uraufführung der »Martinsklause« 1949 brachte das Theater über 50 Uraufführungen junger bayerischer Autoren.

Eine Änderung des Angebots ist nicht vorgesehen und auch kaum möglich. Aufführungen z. B. des Apostelspiels von Max Mell, die in der Wintersaison für die Einheimischen üblich waren, unterblieben mit der Einführung des Fernsehens. G. K.

Int. Hafner, F. Berchtesgaden 2/1973.
Hafner, F.: Berchtesgaden und sein Bauerntheater. o. J. (Werbeschrift d. Theaters).

Bauerntheater in Schliersee

In der Sommersaison; keine festen Termine
Schliersee, Lk. Miesbach, Rgbz. Obb.

Den Sommer über spielen im alten Bauerntheater abwechselnd die beiden Theatergruppen des Trachtenvereins Schliersee und des Tegernseer Volkstheaters sog. Volksstücke und Bauernschwänke des leichten Unterhaltungsgenres.

Im Jahr 1892 gegründet, nimmt das Schlierseer Bauerntheater unter allen ähnlichen Bühnen eine besondere Stellung ein. Konrad Dreher, der Münchener Hofschauspieler, lernte am Gärtnerplatztheater, dessen Spezialität zu Ende des letzten Jahrhunderts die Aufführung oberbayerischer Gebirgsbauernstücke war, die Fähigkeiten der Miesbacher und Schlierseer Schuhplattlerkräfte hinsichtlich Mimik und Gestik kennen. Aus diesem Eindruck entstand die Idee, in einem ländlichen

Gasthof ein Theater einzurichten und die Bauernstücke sozusagen »an Ort und Stelle« aufzuführen. Er erwarb daraufhin den Gasthof »Seehaus« in Schliersee und ließ vom Münchner Architekten Emanuel Seidl im Garten einen hölzernen Theaterstadel errichten; ca. 400–500 Leute faßte er und war zudem mit den modernsten bühnentechnischen Errungenschaften der Zeit ausgestattet. Drehers Ensemble bestand fast nur aus einheimischen, nicht ausgebildeten Kräften. Unter ihnen waren Holzknechte, Zimmerer, Schneider, Metzger, Näherinnen, Kellnerinnen und Bauerntöchter. Nur 2 Berufsschauspieler gehörten der Truppe an – sie mußten die hochdeutschen Rollen übernehmen. Auf dem Repertoire standen zunächst 7 Stücke: Jägerblut, Der Schlagring, Girgl und Waberl, Der Ausgestoßene, Der Protzenbauer, Der Herrgottschnitzer und 's Lieserl von Schliersee; doch bald schon umfaßte der Spielplan 20 Komödien. Den Sommer über, von Juli bis September, wurde im heimischen Theaterstadel gespielt; dann ging man auf Tournee – 1895 sogar nach Amerika. 1902 schenkte Konrad Dreher »seinen« Spielern das Theater, 1906 übernahm sein »bester Mann« Xaver Terofal die Leitung der Bühne. 1947 war für die Schlierseer Theaterleute ein schwarzes Jahr: der Komödienstadel ging in Flammen auf; doch schon ein Jahr später stand er, dank der Tatkraft der Schlierseer, wieder im alten Zustand da, nur – und das ist ein großer Verlust – ohne den Bühnenvorhang von Kunz Meyer-Waldeck, der die Angehörigen der allerersten Truppe als Musen und Konrad Dreher als Apoll zeigte (Originalgroßer Entwurf im Rathaus!). 1958 löste sich das Ensemble wegen finanzieller Schwierigkeiten auf, und

Konrad Dreher und die Terofals in Schliersee ▷

heute wird der noch bestehende Bau von der Spielgruppe des Schlierseer Trachtenvereins für ihre eher zum Derb-Spaßigen und zum Urig-Lustigen tendierenden Stücke benützt.
Sehenswert ist vor allem der »Komödienstadel«, der nach dem Brand originalgetreu rekonstruiert wurde. N. G.

Das Schlierseer Bauerntheater. München 1894.
Schupp, F.: Konrad Dreher und sein Schlierseer Bauerntheater, in: Bühne u. Welt 1, Bd. 2, 1898/99. S. 960–965.
Buchner, H.: Das Schlierseer Bauerntheater, in: Bayerland, 21/1910. S. 286 f.
Hofmann, H. u. G.: Schliersee. Miesbach-Hausham-Schliersee 1969. S. 94 f.

Bergfest der Bergknappen in Berchtesgaden

Pfingstmontag, 9.30 Uhr
Berchtesgaden, Lk. Berchtesgadener Land, Obb.

Am Pfingstsonntagabend findet eine Vorveranstaltung statt: Fackelzug durch die Straßen des Markts mit musikalischen Darbietungen. Das Bergfest beginnt um 6.00 Uhr mit einem musikalischen Weckruf der Knappschaftskapelle. Um 9.00 Uhr wird in den Räumen der Bergwerksverwaltung (nicht allgemein zugänglich) ein Festakt für die Belegschaft des Salzbergwerks abgehalten.
Um 9.30 Uhr beginnt der Kirchenzug der Bergknappen, ausgehend vom Salzbergwerk bis zur Stiftskirche. Der Zug wird eröffnet von zwei Pionieren in gelben Lederschürzen und geschulterten Äxten, ihnen folgen der Tambourmajor, der Trommlerzug, die Knappenkapelle, der Fähnrich mit den Fahnenbegleitern, dann der dienstälteste Knappe mit dem »Bergmandl«, der Werksleiter und die Betriebsleiter in schwarzen Kitteln und Schirmmütze, in weißblauer Bergmannstracht der Obersteiger mit messingbeschlagener Parte (Bergmannsbeil), die übrigen Angestellten mit blanker bzw. schwarzer Parte; die restliche Belegschaft mit geschulterten Bergeisen, in drei Züge aufgeteilt, schließt sich an.
Um 10.00 Uhr beginnt der Festgottesdienst. Die Belegschaft stellt sich mit Fahne und Musikkapelle im Chor der Stiftskirche auf. Zwei Knappen ministrieren, die musikalische Gestaltung der Messe übernimmt die Knappenkapelle. Während der Messe wird das Bergmandl an der Kommunionbank abgestellt. Bei Betreten und Verlassen des Presbyteriums der Stiftskirche schlägt der Trommelzug den »großen Wirbel«, bei der Wandlung den »kleinen Wirbel«.

Nach dem Gottesdienst formiert sich der Festzug. Er führt durch die Straßen des Marktes bis zur Franziskanerkirche und löst sich auf beim Mundkochhaus. Hier wird von einer Fahnenabordnung der Fahnenbuschen, mit dem die Fahne gekrönt ist, der Frau des Werksleiters übergeben.
Um 17.00 Uhr Festessen der Belegschaft mit Familien, anschließend geselliger Abend mit Tanz (geschlossene Veranstaltung; geladene Gäste).
Zu Beginn des Festessens wird das Zunftzeichen, eine verkleinerte Nachbildung des Bergmandls in einem Glaskasten, an der Saaldecke aufgehängt.
Mit dem Abbau des Salzes wurde im Bereich des Fürstbistums Berchtesgaden 1517 begonnen (Anschlag des Petersberges), 1559 wurde der Frauenberg aufgeschlossen. Die Bergknappenzunft wurde während der Regierungszeit des Propstes Jakob II. (1567–1594) gegründet. Das Bergfest dürfte seit dem 17. Jh. gefeiert worden sein. Seit der Angliederung der Fürstpropstei Berchtesgaden an Bayern (1810) wurde die ursprünglich interne Feier zu einer Veranstaltung, an der auch die Marktbevölkerung teilnehmen konnte. Um 1830 wurden die Pfeifer durch eine sog. türkische Musik (Blasmusik) ersetzt und der Schellenbaum mit Königskrone und Halbmond angeschafft.
(Die Bergweihe im Salzbergwerk am 6. 1. ist der Öffentlichkeit nicht zugänglich.)
(Ein Bergfest der Bergknappen wird auch im Markt Peißenberg, Lk. Weilheim, Obb., gefeiert.) G. K.

Aufinger, H.: Bergfest der Knappen des Salzbergwerkes Berchtesgaden. Berchtesgaden o. J. (Ms.)
Rattelmüller, P. E.: Ein bairisch Jahr. München 1962.

Das Bergmandl der Berchtesgadener Knappen

Betteltanz in Raisting

Kirchweihmontag, um 12.00–24.00 Uhr
Raisting, Lk. Weilheim, Rgbz. Obb.

Von den Mitgliedern des Burschenvereins werden 6 bis 8 Wochen vor dem Kirchweihmontag zwei Burschen gewählt, die sog. »Ruatnbuam«; die Wahl gilt, wenn mit zwei gestifteten Maßkrügen von den Ruatnbuam angestoßen wird. Die Ruatnbuam suchen sich dann ihr »Ruatnmadl« selbst aus und halten ihre Wahl bis zum Tage des Betteltanzes geheim. Die Ruatnbuam haben nun die Aufgabe, um Tänzer und Tänzerinnen für den Betteltanz zu »betteln« (daher auch der Name) und diese zu Paaren zusammenzustellen.

Eine schlanke, ca. 2,50 m lange Haselrute, die »Ruatn«, wird ausgesucht, von einem Einwohner mit Weiden umflochten und von den Ruatnmadln schließlich ausgeschmückt. Nach diesen Vorbereitungen kommt endlich der Tag des Betteltanzes. Um ca. 12.00 Uhr wird die Ruatn im Gasthof Post, dem Sammelplatz der Burschen, durch ein Fenster öffentlich ausgehängt. Um 13.00 Uhr werden die Mädchen von den Ruatnbuam und der Blaskapelle Raisting-Wielenbach von der Bahnhofsgaststätte abgeholt, erhalten aus dem mit Wein gefüllten Maßkrug zu trinken und werden zum Gasthof »Post« geleitet. Am Gasthof »Post« treffen die Mädchen ihre teils noch unbekannten Betteltanzpartner. Den ganzen Nachmittag müssen die Mädchen für die Zeche der Burschen aufkommen. Dafür dürfen sich aber die Mädchen ihren Tanzpartner aussuchen. Wenn während des Betteltanzes den Ruatnbuam die Rute heimlich weggenommen wird, müssen sie diese mit Bier, Wein oder Schnaps wieder auslösen.

Das Brauchtum des Betteltanzes soll bis auf fünf Generationen zurückgehen und wird jetzt noch in der gleichen Weise durchgeführt wie es bereits vor 150 Jahren der Fall gewesen sein soll.

Sinn und Zweck des Raistinger Betteltanzes bestehen darin, den Mädchen die Möglichkeit zu geben, sich auf diese Weise ihren Lieblingstänzer für einen Nachmittag auszuwählen. Obwohl als Tradition im Dorf verankert, ergaben sich heute im begrenzten Gemeindebereich allmählich Schwierigkeiten im Zusammenstellen der Paare. So gingen die Raistinger nach auswärts, um für diesen Brauch zu werben. Daß mittlerweile Paare aus dem ganzen Oberland kommen, zeugt von der Beliebtheit dieses Betteltanzes.

Der Betteltanz ist in ähnlicher Form auch in anderen oberbayerischen Orten üblich, z. B. in St. Georgen bei Dießen.

Die Funktion der Blaskapelle beim Betteltanz umfaßt drei abgrenzbare Bereiche, a) die Festzugbegleitung, b) die Musik als Ehrung am Tanzboden, und c) das Aufspielen zum Tanz.

a) Zum Abholen der Mädchen werden auf dem Hin- und Rückweg je zwei Märsche gespielt, die aus dem 1927 handschriftlich angelegten Marschbuch nach Können und Beliebtheit ausgewählt werden.

b) Während des Betteltanzes werden zwei, der Überlieferung nach festgelegte Tänze gespielt: Zu Beginn der Ehrentanz, ein Walzer nur für die beiden Ruatnbuam mit ihren Tänzerinnen.

Während des Tanzes am Abend (ca. 21.30 Uhr) der sog. »Verlaubtanz«, ein ausgerufener Walzer für alle ehemaligen »Ruatnbuam«.

c) Nicht gesagte, aber zwingende Aufforderung für die Musikanten und Beginn jeder Tanzrunde mit meist drei Tänzen ist, »wenn die Ruatnmadln aufzieh'n«, d. h. mit dem von ihnen gewählten Tänzer (und sie sollten möglichst mit allen Burschen an diesem Nachmittag tanzen) auf der Tanzfläche erscheinen. Es werden keine Tänze mündlich bestellt. Die Kapelle spielt in freier Auswahl und entsprechend dem Beliebtheitsgrad geordnet Weisen, die hier wie in vielen Orten Oberbayerns die älteren Wechselhupftänze wie den »Rutschhi« ersetzt haben, wobei aber der alte Ausdruck »g'Scheib-um«-Tanzen für das schnelle Drehen am Platz noch gebraucht wird.

Nach dem Ende des Tanzes um 18.00 Uhr lädt die Tänzerin ihren Tänzer noch zum Abendessen in ein fremdes Wirtshaus oder nach Hause ein. Damit endet Recht und Verpflichtung der Tänzerin und erst beim abendlichen Tanz von 20.00 Uhr bis Mitternacht haben die Burschen wieder das Aufforderungsrecht, was die »Werktagler«, die am Montag arbeiten müssen, und die abgeschlagenen Verehrer entsprechend ausnützen. M. B. und W. A. M.

Bittgänge im Ahrn- und Pustertal

Bittwoche, Freitag nach
Christi Himmelfahrt
Ahrntal und mittleres Pustertal, Südtirol.

Von den vielen Bittgängen, die noch alljährlich abgehalten werden, aber starken Veränderungen unterworfen sind, ist der Kreuzgang der Ahrntaler nach Ehrenburg (Gmd. Kiens) besonders hervorzuheben.

Schon um Mitternacht ist Abmarsch in Prettau mit dem Kreuz, das dreifach durchschossen ist und an das sich eine Frevlersage knüpft. Talaus gesellen sich immer mehr Pilger dazu. Bei jeder Kirche werden die Wallfahrer, die in hoher Tonlage »vierstimmig« beten, mit Glockengeläut empfangen und wieder verabschiedet. Nach 18stündigem Marsch (50 km) trifft der Zug in Ehrenburg ein. Das Ziel ist die »Kornmutter« in der Gruftkapelle, eine Ährenkleidmadonna.

Die Pilger nächtigen bei Bekannten oder in Heustädeln. Bereits um 4.00 Uhr ist nach kurzer Andacht der Aufbruch. In der Pfarrkirche zu Kiens (einstmals Mutterpfarre von Ehrenburg) wird ein Amt gelesen, dann führt der Weg über Pfalzen wieder heim.

Am Bittgang nehmen nur Männer teil; die meisten sind Bauern. Sie werden von einem Geistlichen des Ahrntales begleitet.

Wenn der Kreuzgang auch nicht auf die

Anfänge der Wallfahrtskirche von Ehrenburg (1370) zurückgehen wird, so scheint der Ursprung im ausgehenden Mittelalter ziemlich sicher.
Ein noch höheres Alter wird der Männerwallfahrt der Ladiner nach Säben zugeschrieben, die in unregelmäßigen Abständen (etwa 3–5 Jahre) um das St.-Antonius-Fest (13. Juni) stattfindet. Die Pilger ziehen, von ihren Ortsgeistlichen begleitet, über die Jöcher nach Villnöß, wo man nächtigt; tags darauf weiter auf den Säbener Berg, wo in der Kreuzkirche Gottesdienst gehalten wird. Während die Geistlichkeit im Kloster ein Frühstück einnimmt, stecken sich die Pilger Sträuße von Buchsbaum und Rosen an die Hüte, auch die Vortragskreuze werden geschmückt. Blumen und Zweige werden von den Nonnen des Benediktinerinnenklosters bereitgestellt.
Die Sträuße werden aufbewahrt und bei Prozessionen im Heimatdorf (Fronleichnam, Herz-Jesu-Sonntag) an den Hut gesteckt. Der Kreuzgang kehrt am Nachmittag nach Villnöß und tags darauf wieder in die ladinischen Täler zurück.
Auch bei diesem Pilgerzug sind jetzt Einflüsse der Volksmarsch-Bewegung zu beobachten. H. Gr.

Mang, H.: Von unseren Umzügen und Umgängen. In: St. Kassian Kalender. Brixen 1942. S. 4 ff.

Bittprozession in Schliersee

Schliersee, Lk. Miesbach, Rgbz. Obb., Pf. Schliersee
31. Mai, nach der letzten Maiandacht, a.

Nach der letzten Maiandacht in der Pfarrkirche bewegt sich jedes Jahr eine Bittprozession unter Fackelbeleuchtung auf den Weinberg, der oberhalb des alten Ortes Schliersee gelegen ist. Dort werden vor der Kapelle Marienlieder gesungen und um Segen für Mensch und Tier, Haus und Hof, für Wachsen und Gedeihen in Stall und Feld, für Bewahrung vor Unwettern und Mißernten gebetet. Nach einigen weiteren Marienliedern löst sich die Gruppe der Bittgänger wieder auf.
Im Mai, als dem Monat der besonderen Marienverehrung und der Maiandachten, finden an verschiedenen Orten Lichterprozessionen zu außerhalb des eigentlichen Dorfes gelegenen Marienkapellen statt. In Schliersee läßt sich der Beginn dieses Brauches nicht archivalisch feststellen. N. G.

Hofmann, H. u. G.: Schliersee. Miesbach-Hausham-Schliersee 1969. S. 72.

Bläktoschappel in Höchst

Weißer Sonntag (1. Sonntag nach nach Ostern) vm.
Höchst, Bez. Bregenz, V

Die Erstkommunikanten und Ministranten tragen am Weißen Sonntag den nur hier noch üblichen Bläktoschappel: Auf steile Kegelstümpfe aus starkem Papier werden Efeublätter aufgenäht oder aufgeklebt, die man mit Goldflimmer verziert. Früher holte man die Schappelblätter im benachbarten St. Margarethen, heute von alten Bäumen im sog. Rheinholz (Mündung des alten Rheinlaufs in den Bodensee).
Der Brauch war vor der Jahrhundertwende im Raum Bregenz noch weit verbreitet. W. R.

Gehrer, J.: Höchst, 11/1973.
Ilg, K.: Landes- und Volkskunde von Vorarlberg, Bd. III. Innsbruck 1961. S. 209.

Blochziehen in Fiss

Ca. jedes 4. Jahr am Faschingssonntag, 12.30–18.00 Uhr
Fiss, Bez. Landeck, T

Um 12.30 Uhr eröffnen die »Schallner« (Scheller) und »Bojatzl« den Reigen, zu denen dann die übrigen Masken dazustoßen. Um 14.00 Uhr ist am östlichen Dorfeingang gemeinsamer Treffpunkt. Hier ist auch der »Bloch« – in Fiss ist es eine Zirbe – vorbereitet, der, mit Girlanden und Kunstblumen verziert, auf mehreren Schlitten durch das Dorf gezogen wird. Auf dem ersten Schlitten ist ein Hexenhaus aufgebaut, wobei die »Hexen« den Zug am Fahren hindern wollen; ein »Tuifl« (Teufel) zerrt kräftig am hinteren Ende des Stammes zurück. Die Holzknechte holen »Bären« und »Miesmänner« (wilde, in Moos und Flechten eingehüllte Gestalten; Wildleute beim Telfer Schleicherlaufen) herbei, die ihnen vor allem an steilen Stellen ziehen helfen müssen. Karner, Türken und andere Masken treiben ihren Schabernack während des Zuges, bei dem mit Peitschengeknall und mit Musikinstrumenten auch für entsprechenden Lärm gesorgt ist. Der Höhepunkt des Brauches ist die Versteigerung des »Blochs«. Mit dem Erlös wird nach der Auflösung des Zuges – auch hier müssen mit dem Betläuten um 18.00 Uhr alle Masken von den Straßen verschwunden sein – in den Wirtshäusern die Zeche beglichen.
Nach längerer Unterbrechung wurde der Brauch erstmals wieder 1965 geübt. Das Blochziehen war früher in vielen Orten des obersten Inntales und dessen Seitentälern verbreitet. Es wird noch in Umhausen im Ötztal (Bez. Imst) als »Larchziachn« (Lärchenziehen) abgehalten, und zwar dann, wenn der für den Brauch ursprüngliche Anlaß eintritt, daß im abgelaufenen Jahr kein ortsansässiger Mann geheiratet hat; Brauchtermin ist hier jedoch der Dreikönigstag. Daß das Blochziehen einst bis in den Raum um Innsbruck verbreitet war, beweist der früheste archivalische Be-

leg für diesen Brauch in Tirol, eine Notiz im Rechnungsbuch Herzog Sigismunds des Münzreichen vom Jahre 1460; der Brauch war damals von Frauen am Aschermittwoch geübt worden. Eine landesfürstliche Verfügung von 1569 besagt, »daß das Plockziehen etwaigenfalls vor dem Aschermittwoch gehalten werden soll«.

Aus dem 18. und 19. Jh. ist aus mehreren Oberinntaler Orten dieses Brauchtum überliefert, das am »Unsinnigen Pfinzti« (Donnerstag vor Faschingssonntag) stattgefunden hat. Ende des 19. Jh.s ist es in den meisten dieser Orte abgekommen.

Der ursprüngliche Termin erinnert an die alte Fasnacht (Scheibenschlagen, Funkensonntag), die bereits in den Beginn der Fasten fiel. Der erwähnte Beleg aus dem 15. Jh. aus Innsbruck zeigt aber bereits die Verbindung des Brauches mit höfischem Mummenschanz auf. Das »Blochziehen« in Fiss ist trotz der Einbeziehung mancher alter Brauchgestalten schon seit langem Dorfbelustigung. Wie für Umhausen/Ötztal bereits angeführt, hat dieser Brauch dort noch die drei Jahrhunderte lang zurückzuverfolgende Verbindung zur Hochzeit. Die Faschingszeit war – und ist in manchen kleineren Orten auch heute noch – der Haupttermin für die Abhaltung von Hochzeiten. Die Volksjustiz kommt in den häufigen Spottversen, von denen noch viele aus Oberinntaler Orten, in denen das Blochziehen stattfand, erhalten sind, zum Ausdruck. Wie in anderen Gebieten des »Maibaum-Stehlen« brauchtümlich verankert ist, ist auch beim »Bloch« zu achten, daß er nicht von Burschen aus den Nachbardörfern beschädigt oder weggeführt wird. D. A.

Dörrer, A., Tiroler Fasnacht. Wien 1949. S. 195 ff.

Blutritt in Weingarten

Freitag nach dem Fest Christi Himmelfahrt (Blutfreitag)
Weingarten, Baden-Württ.

Bereits am Vortag, am Fest Christi Himmelfahrt, treffen die Pilger und Reiter in Weingarten und in den Dörfern der Umgebung ein. In Spezialtransportern werden die Reitpferde aus den entfernten Orten, in denen eine Blutreitergruppe besteht, angefahren. Zum Teil kommen auch Gruppen in leichten Kutschen, den sog. »Bernerwägele«, angefahren. Am Nachmittag findet gegen 14.30 Uhr in der Basilika eine Pontifikalvesper und am Abend eine Messe mit Festpredigt und anschließender Lichterprozession statt. Die Basilika bleibt die ganze Nacht geöffnet, Einzelpilger oder Pilgergruppen kommen und gehen bis zum frühen Morgen des Festes, an dem um 3.00 Uhr eine Messe für die Reiter zelebriert wird. Es folgt eine Pilgermesse, und um 6.00 Uhr beginnt der Blutritt mit der Übergabe der Heiligblut-Reliquie an den Heiligblut-Reiter, einen Angehörigen des Klosterkonvents. Bereits eine Stunde vorher haben sich alle Reiter auf dem hinter der Basilika gelegenen Klosterhof versammelt. Im Schritt reiten die Teilnehmer, rund 100 Blutreitergruppen aus ganz Oberschwaben, jeweils mit einer Standarte versehen und von rund 80 Spielmannszügen unterbrochen, durch die festlich geschmückte Stadt. Sie verlassen den Stadtbereich und reiten durch den Esch, die Feldflur westlich Weingartens. Auf diesem Weg wird gebetet und gesungen; die Musikkapellen sind in der Stadt zurückgeblieben. An vier Stellen im Esch sind Altäre errichtet, vor denen der Geistliche jeweils den Anfang eines der vier Evangelien vorliest und mit der Reliquie die Fluren segnet. Gegen 10.00 Uhr kehrt die Prozession von ihrem Flurumritt zurück. Auf dem Klosterhof übergibt der Blutreiter die Reliquie, die feierlich in die Basilika überführt wird, wo sich ein Pontifikalamt anschließt. Der Rest des Tages wird von den Pilgern – es sind oft 40 000 – 45 000 – gesellig verbracht.

Auf den rechts und links des Portals der Basilika hängenden Legendentafeln ist in 8 Einzelszenen die Geschichte der Reliquie dargestellt. Nach der Legende soll der römische Hauptmann Longinus, der die Seite Christi durchbohrte, das Blut des Gekreuzigten aufgefangen haben. Er brachte es nach Mantua und versteckte es während einer Christenverfolgung. Dort wurde es durch ein Wunder wieder entdeckt. Papst Leo IX. und Kaiser Heinrich III. erhielten je einen Tropfen des Heiligen Blutes. Der Kaiser schenkte vor seinem Tode die Reliquie dem Grafen Balduin von Flandern zur Belohnung für dessen treue Dienste. Dieser vererbte sie seiner Tochter Judith, die mit dem König von England vermählt war. Nach dessen Tod heiratete sie Herzog Welf IV. von Schwaben, wodurch die Blutreliquie nach Weingarten kam. Von hier ab ist das Geschick der Reliquie auch historisch faßbar. Welf IV., der Begründer der jüngeren Welfenlinie, hatte 1056 die Benediktinermönche von Altomünster nach Weingarten geholt. Seine Gemahlin Judith von Flandern hatte in ihrer Mitgift die Blutreliquie mitgebracht, die damit in den Hausschatz der Welfen kam. Im Jahre 1094 schenkte Judith anläßlich einer Fahrt ihres Gemahls in das Heilige Land die Reliquie an das Kloster, um so für die glückliche Rückkehr ihres Gatten zu bitten.

Die Verehrung der Blutreliquie ist freilich erst vom Anfang des 13. Jhs. an bezeugt (1215). In dieser Zeit wurde das Reliquiar in Form eines Doppelkreuzes gestaltet; von da an häufen sich die Wunderberichte. Für eine Reiterprozession finden sich die ersten Belege im Jahr 1529. Knapp zwanzig Jahre später wird berichtet, die Reiter aus Ravensburg seien im besagten Jahr (1546) nicht wie üblich zum Blutritt nach Weingarten gekommen. In der Barockzeit erreichte der Blutritt, was Beteiligung und Prachtentfaltung betrifft, seinen Höhepunkt. Im Jahr 1753 nahmen über 7000 Reiter an der Prozession teil. Im 18. und 19. Jh. ging der Blutritt langsam zurück; erst in der Mitte des 19. Jh.s machte man den Versuch einer Wiederbelebung.

Da das Zeitalter der Aufklärung weitgehend vom Nützlichkeitsdenken ausging, ist die Förderung durch König Wilhelm von Württemberg nicht zuletzt darauf zurückzuführen, daß man sich durch die Wiedereinführung des Blutritts eine Belebung der Pferdezucht in Oberschwaben versprach. Heute, im Zeitalter des motorisierten Verkehrs, halten viele Bauernhöfe in Oberschwaben ein oder zwei Pferde nur zu dem Zweck, um einmal im Jahr am Blutritt teilnehmen zu können.

Die Verehrung der Blutreliquie ist im Zusammenhang mit frömmigkeitsgeschichtlichen Bewegungen des ausgehenden Mittelalters zu sehen. Heinrich III., der 1056 starb, ließ die Reliquie, ein 2 mm breites, 35 mm langes stäbchenartiges Gebilde von dunkler Farbe, in einen durchsichtigen Kristall fassen und mit Gold und Edelsteinen verzieren. Für das 11. Jh. bedeutet dies eine relativ frühe Bezeugung des Sichtbarmachens einer Reliquie, da das »Schauenwollen« erst mit dem 13. Jh. aufkommt. Die Verbindung der Longinuslegende mit den geschichtlichen Ereignissen in Mantua, der Auffindung des Hl. Blutes im Beisein des Papstes Leo IX. und des Kaisers Heinrich III., wird auf den Legendentafeln aus dem Jahr 1489 sichtbar gemacht, nachdem sie bereits 1270 in einer Schrift »De inventione sanguinis Domini« vollzogen ist. Die Originalgemälde, 24 Einzelszenen auf Tafeln, befinden sich im Württembergischen Landesmuseum Stuttgart; die Legendentafeln an der Basilika zu Weingarten sind Kopien. Mit dem Kult der Blutverehrung und der Wallfahrt verbinden sich im Laufe der Jahrhunderte andere kultische Formen. Der Termin nach Christi Himmelfahrt bietet einen Hinweis darauf, daß sich die Verehrung der Blutreliquie mit der kultischen Form des Flurumritts verbunden hat. Es ist die sog. Bittwoche, die innerhalb des Kirchenjahres durch Bittgänge gefeiert wird, bei denen Flurprozessionen abgehalten werden und der Wettersegen gegen Blitz- und Hagelschlag gebetet wird. Auch beim Flurumritt am Blutfreitag wird der Wettersegen an den vier Stationen gebetet. Es ist anzunehmen, daß in einer bäuerlichen Bevölkerung sich der Blutritt gerade durch die Verbindung der Verehrung der Blutreliquie mit einer Flur-Prozession bis heute lebenskräftig erhalten hat. L. P.

Walzer, A.: Oberschwäbische Reiterprozessionen, in: Schwäb. Heimat 2/1951. S. 89 ff.
Nagel, A.: Das Heilige Blut Christi, in: Weingarten, Festschrift zur 900-Jahr-Feier d. Klosters (1056–1956). Weingarten 1956. S. 188–229.
Spahr, G.: Kreuz und Blut Christi in der Kunst Weingartens. Konstanz 1962.
Petzoldt, L.: Der Blutritt in Weingarten. Begleittext zu einer Filmdokumentation. Göttingen: Inst. f. d. wiss. Film. 1974.

◁ *Blutritt in Weingarten*

Bochselnacht in Weinfelden

Donnerstag der Vorweihnachtswoche (zwischen dem 16. und 22. 12.)

Weinfelden, Kt. Thurgau, und einige benachbarte Gemeinden

Es finden große Umzüge der Primar- und Sekundarschüler mit »Räbenlichtern« (s. a.a.O.) von den Schulhäusern aus durch den Kern von Weinfelden und die Außenquartiere statt. Die Züge kreuzen sich dabei. Vor dem Abmarsch und später auf dem Rathausplatz singen die Sekundarschüler Lieder. Alle Teilnehmer tragen an langen, teils gegabelten Stecken die »Bochseltiere«: ausgehöhlte Rüben (Runkelrüben, seltener weiße Rüben bzw. »Räben«), die mit Fratzen beschnitzt und von innen erleuchtet sind. Die Straßenlampen sind ausgelöscht. Nach dem Ende der Umzüge wird der sog. »Bochselwalzer« durch die Primarschüler vorgeführt. Anschließend erfolgt die Verteilung von Wurst und »Bölleweggen« (Zwiebelbrot). Bei den Sekundarschülern findet auch noch eine Prämierung der »Bochseltiere« und ein Unterhaltungsabend statt.

Im benachbarten Märstetten und Mauren ist ein kleinerer »Bochsel«-Umzug. Die Kinder singen Lieder, machen z. T. auch Lärm – die »Schellenbuben« in Mauren – und erhalten Gebäck, Äpfel und Nüsse.

In Boltshausen, Ottenberg und Weerswilen (alle Kanton Thurgau) findet vor den Häusern ein Liedersingen kleinerer Kindergruppen statt.

Nach populärer Herkunftsdeutung hängt

der Brauch mit den Pestzeiten im 17. Jh. zusammen. Die Aufschrift »Pest« sowie die Jahreszahlen und Totenköpfe, die in die »Bochseltiere« geschnitzt sind, weisen darauf. Das »Bochseln« entspricht einem alten Lärmbrauch (werfen kleiner Kieselsteine an die Fensterscheiben), der an den drei Donnerstagen vor Weihnacht üblich war. Er wurde im 17. Jh. weitgehend verboten, konnte sich aber offenbar in der Gegend von Weinfelden, die 1614 unter zürcherischen Einfluß gelangte, halten. Gerade zu jener Zeit verbreitete sich die Pest; als amulettartiger »Schutz« gegen sie sind die »Bochsel«-Lämpchen vermutlich auszulegen. E. Sch.

Bogenspringen in Isny

Am zweiten Wochenende im Juli; Samstag bis Montag
Isny, Lk. Wangen, Rgbz. Südwürtt.-Hohenzollern

Das »Bogenspringen« wird von der Schuljugend der Stadt bestritten. Am Samstagnachmittag wird das Fest offiziell durch den Spielmannszug auf dem Marktplatz eröffnet. Anschließend ziehen die Trommler und Pfeifer durch die Straßen der Stadt. Am Sonntagmorgen um 5.00 Uhr findet der Weckruf durch die Stadtkapelle und die Jugendkapelle statt. Den Höhepunkt bildet der Kinderfestzug am Sonntagmittag gegen 13.30 Uhr. Der Zug zieht auf den Festplatz Rain, wo Schüler und Schülerinnen ein Theaterstück aufführen und anschließend das »Adlerschießen« stattfindet. Der Abend wird mit Unterhaltungsmusik und Tanz beschlossen. Auch der Montagnachmittag ist den Spielen der Kinder im Rain-Stadion, den Vergnügungen auf dem Festplatz mit Karussells, Schiffschaukel und am Kletterbaum reserviert. Gegen 18.00 Uhr ist feierlicher Ausklang auf dem Marktplatz. Im Rahmen des Kinderfestes findet am Samstagabend ein großer Heimatabend (im Ochsensaal) statt sowie am Nachmittag ein traditionelles Fußballspiel der Stadträte gegen die Stadtverwaltung. Eine »Zunftfeier« im Ochsensaal am Montagvormittag erinnert an die früheren Träger des Festes.

Das »Bogenspringen« wird bereits in einem Bericht vom Juli 1620 beschrieben und auch in einem Ratsprotokoll der Stadt vom 5. Juli 1640 erwähnt. Danach sollten die Schüler vor die Stadt geführt werden und sich mit Singen, Springen und anderen Spielen vergnügen. Als Geschenk erhielten sie vom Rat der Stadt Papierbögen für besonders gute Leistungen. Der Name Bogenspringen erhielt sich dann bis etwa 1826; in diesem Jahr wurden an 193 Schüler insgesamt über 3000 Papierbögen verteilt. Danach kam es ab und wurde erst nach dem Zweiten Weltkrieg wieder aufgenommen.

Kinderfeste bzw. Schulfeste sind in vielen Städten belegt, meist unter der Bezeichnung Rutenfest oder Stabenfest, da die Kinder bei dieser Gelegenheit meist auf einer Wiese vor der Stadt ihre Spiele abhalten durften. Bei dieser Gelegenheit wurden dann auch die Ruten mitgebracht, die das Jahr über der Kinderzucht in der Schule dienten. L. P.

Falk, F.: Schul- u. Kinderfeste im Mittelalter, Frankfurt 1880.
Moser, H.: Kinderfeste, in: Schönere Heimat 54/1965. S. 295–300.

Bratlblasen in Wasserburg am Inn

Kirchliche Feiertage, 11.00 Uhr, Hl. Abend (24. 12.), 16.00 Uhr
Wasserburg a. Inn, Lk. Rosenheim, Obb.

An hohen kirchlichen Festtagen spielt auf dem Turm der Wasserburger Frauenkirche, der früher Stadt- und Wachtturm war, die Stadtkapelle. Bratlblasen heißt die Vorführung in Wasserburg deshalb, weil die Musiker während der Zubereitung des Sonntagsbratens, des Bratls, spielen.

Die Kapelle zieht um 11.00 Uhr auf und spielt bis 12.00 Uhr. Termine sind der 1. Weihnachtstag, Ostersonntag, Pfingstsonntag, Allerheiligen. Das Blasen wird von der Stadtverwaltung finanziert, nicht von der zuständigen Pfarrei; der Turm ist in Besitz der Stadt. Gespielt werden heute meist barocke Bläsersätze.

Die gleiche Bläsergruppe spielt am 24. 12. gegen 16.00 Uhr auf dem Turm der Frauenkirche; das Repertoire besteht aus den bekannten Weihnachtsliedern. Sie beteiligt sich auch am sog. Christbaumsingen am Marienplatz (Kirchenchor, Musikkapelle); dieser Brauch wurde nach 1945 eingeführt. G. K.

Int. Ernst, W., Wasserburg a. Inn 11/1972.
Heck, T.: Zehn Jahre Wasserburger Stadtkapelle, in: Der Milchbauer. Wasserburg 15/1962. S. 106–109.

Brauertag in München

(meist) 3. Samstag im Juli, 9.00 Uhr
Landeshauptstadt München, Rgbz. Obb.

Die Münchener Großbrauereien feiern jährlich den Brauertag als Zunfttag. Er beginnt mit einer Messe in der Stadtpfarrkirche St. Peter (Beginn 9.00 Uhr). Gegen 10.00 Uhr formiert sich ein Festzug von der Peterskirche durch den Alten – Rathausbogen zum Marienplatz – Ost. Rindermarkt, Pettenbeckstraße ins Rosental und von hier zum Viktualienmarkt. Rund 250 Teilnehmer, Spielmannszüge, und Brauergesellen und -lehrlinge in historischem Trachten, Festgespanne der Brauereien und Folkloregruppen gestalten den Zug, der von einem Münchner Kindl zu Pferd angeführt wird. Es fehlen auch nicht die Münchener Schäffler, die unter dem Maibaum am Vikualienmarkt tanzen. Die Münchener Brauereien geben Freibier aus und finanzieren auch die Standkonzerte der Blaskapellen.

Der Brauertag wird nach den Münchener Lokaltraditionen seit dem 18. Jahrhundert gefeiert, wofür sichere Belege jedoch fehlen. Von 1917 bis 1951 wurde der Brauch nicht durchgeführt.

Die Veranstaltung dient, wie auch der Jahrtag der Münchener Gärtner, der Selbstdarstellung einer Berufsgruppe G. K.

Brotspende in Raas

1. 9. (St. Ägidius) bzw. erster darauffolgender Sonntag, nm.
Raas, Gmd. Naz-Schabs, Südtirol

Am Nachmittag des Ägidius-Tages oder des darauffolgenden Sonntags wird am Kirchplatz zu Raas Brot an die Armen verteilt. Diese kommen aus den umliegenden Dörfern, hauptsächlich aber aus Brixen zur Nachmittagsandacht. Während des Gottesdienstes wird das Brot in Körben oder auf einem Wagen zur Kirche gebracht und den Leuten beim Verlassen der Kirche ausgeteilt. Je nach der Zahl der erschienenen Armen gibt es für jeden etwa 5 bis 8 der dünnen Fladen aus Roggenmehl (»Schüttelbreatln«), die einen Durchmesser von etwa 20 cm haben.

Die Spender sind 16 Bauern des Dorfes Raas; reihum trifft es jedes Jahr einen anderen, der das Korn einsammelt und das Brot (um die 1500 Laibe) herstellt.

Um die Mitte des 19. Jh. brach im Dorf ein Brand aus, der die Kirche schwer gefährdete. Da gelobten die Bauern die Brotspende und haben sie mit nur kurzer Unterbrechung bis heute gehalten. Der Brauch in Raas ist ein letzter Rest der einst im Lande sehr zahlreichen Brotverteilungen.

H. Gr.

Haider, F.: Tiroler Volksbrauch im Jahreslauf. Innsbruck-Wien-München 1968.
Fink, H.: Volkskult und Ahnenbrauch in Südtirol. Innsbruck-Wien-München 1969.

Brunnen- und Silvestersingen der Sebastianibruderschaft in Rheinfelden

Am 24. Dezember um 23.00 Uhr und am Silvesterabend gegen 21.00 Uhr
Rheinfelden/Hochrhein, Kt. Aargau

Am Heiligen Abend gegen 23.00 Uhr holen die 12 Mitglieder der Sebastianibruderschaft, in schwarze Mäntel gehüllt, den Kopf mit Zylindern bedeckt, ihre Prozessionslaterne in der Stadtkirche ab. Der Mesner der Martinskirche, der traditionsgemäß Mitglied der Bruderschaft ist, trägt die Laterne voran. Zu dritt nebeneinander gehen sie gemessenen Schrittes die steile Tempelgasse zum Rhein hinunter. Am Storchenbrunnen nehmen sie im Kreis um den Laternenträger Aufstellung und singen ein altertümliches Lied. Wegen ihrer Laternenstange werden die Sänger auch »Stangenbrüder« genannt, sonst heißen sie »Sebastianibrüder«, nach dem Schutzheiligen ihrer Bruderschaft. An sieben Brunnen der Stadt singen sie das aus dem 14. Jh. stammende Weihnachtslied, eine Übersetzung des lateinischen Hymnus »Dies est laetitia«. Ihr Weg geht vom Storchenbrunnen zum Metzigbrunnen, weiter zum Kuttelbrunnen und zum Spitalbrunnen sowie zu drei weiteren Brunnen in der Oberstadt. Jedesmal singen sie dasselbe Lied.

Ähnlich geht es bei dem Silvestersingen am 31. 12. zu. Gegen 21.00 Uhr treffen sich die Mitglieder der Bruderschaft vor dem Eingang der Martinskirche und gehen nun den gleichen Weg einhaltend von Brunnen zu Brunnen, um ihr Lied vorzutragen. Das Silvesterlied wird auf die gleiche Melodie gesungen wie das Weihnachtslied, doch hat es einen anderen Text und jeder der fünf Strophen folgt ein Refrain.

Die Geschichte des Brauches läßt sich über 400 Jahre zurückverfolgen. Im Jahr 1541 wütete in Rheinfelden, wie auch in anderen Städten am Rhein und im Elsaß, die Pest, und in kurzer Zeit starben über 700 Einwohner, berichtet die Chronik. In jenem Jahr schlossen sich zwölf Männer zu einer Bruderschaft zusammen, deren Aufgabe es sein sollte, den Pestkranken beizustehen und die Toten zu beerdigen. Schutzpatron der Bruderschaft wurde der hl. Sebastian, der auch als Schutzpatron gegen die Pest angerufen wurde. Außerdem verpflichteten sich die Mitglieder der Bruderschaft, am Weihnachtsabend und an Silvester zu singen. Am Heiligen Abend schließt sich an das Brunnensingen der Besuch der Christmette an. Am Silvesterabend treffen sie sich zu dem Brudermahl, zu dem die Stadt Rheinfelden nach altem Herkommen 150 Franken spendet. Im Jahr 1696 wurde die Bruderschaft aufgelöst, doch erstand sie bald danach wieder in den zwölf Sebastianisängern.

Es handelt sich hier um eine religiöse Bruderschaft, wie sie im ausgehenden Mittelalter in vielen Städten und Kleinstädten bekannt waren. Neben religiösen Verpflichtungen, Besuch der Jahrtagsmessen, Begleitung eines verstorbenen Mitglieds bei seinem Begräbnis usw. erfüllten diese Bruderschaften oft auch soziale und hygienische Aufgaben. Besonders in Zeiten grassierender Seuchen übernahmen sie die Krankenpflege und sorgten für ein christliches Begräbnis der Opfer. Von den zahlreichen Verpflichtungen der zwölf Mitglieder – eine Zahl, die vielleicht in Anlehnung an die Zahl der zwölf Apostel immer konstant bleiben mußte – ist, besonders nach der Auflösung 1696, nicht viel übrig geblieben. Die Neubelebung war wohl in erster Linie dem beliebten Brauch des Brunnensingens zu verdanken; was in der Gegenwart schließlich zum einzigen Zweck der Bruderschaft geworden ist. Wählte man früher nach dem Tode eines Mitgliedes ein neues hinzu, so war dessen gesellschaftliche Stellung maßgebend, er mußte aus einer alten ansässigen Familie stammen. Heute werden neue Mitglieder unter dem Gesichtspunkt ihrer sängerischen Qualitäten hinzugewählt. L. P.

Moser-Gossweiler, F.: Volksbräuche der Schweiz. Zürich 1940. S. 202.

BERCHTESGADENER
BAUERNTHEATER

Der bekannte Münchner Grafiker Ludwig Hohlwein (1874–1949) entwarf in den dreißiger Jahren das heute noch verwendete Plakat für das Berchtesgadener Bauerntheater.
Die Berchtesgadener Truppe unternahm ähnlich wie die Schlierseer Tourneen ins Ausland, nach den USA (1910) und Südafrika (1952 und 1953).
(s. S. 30 f.)

Buttnmandllaufen in Berchtesgaden

Loipl 1. Adventsonntag
Winkl 2. Adventsonntag
Berchtesgaden 6. 12.
Oberau 1. Adventsonntag
Loipl und Winkl, Gmd. Bischofswiesen,
Berchtesgaden und Ot. Oberau,
Lk. Berchtesgadener Land, Rgbz. Obb.

Die Buttnmandl sind unverheiratete junge Burschen, die selbstgefertigte Larven (= Masken) aus Holz, Fell oder Sackleinwand tragen. Sie werden auf den Tennenböden in gedroschenes Stroh gewickelt und binden sich kupferne geschmiedete Kuhglocken um. In ihrer Begleitung ist in Loipl der hl. Bischof Nikolaus und das Nikoloweibl, ein Bursche in Berchtesgadener Tracht, außerdem mehrere kettenrasselnde Gangerl (Teufel). Aus der Reihe der Buttnmandl wird ein Buttnmandlmeister als Oberhaupt gewählt. Sie stellen sich außerhalb der Ortschaft im Kreis auf und nehmen ihre Masken ab. Dabei beten sie das Glaubensbekenntnis, ein Vaterunser und ein Ave Maria. Ein Fremder darf an diesem Gebet an der Wegkreuzung oberhalb der Grabenmühle nicht teilnehmen. Nach dem Gebet werden sie mit Weihwasser besprengt, setzen ihre Masken auf und beginnen ihren Weg durch die beiden Gnodschaften. Sie dringen in die Häuser ein und ängstigen die Kinder, vor allem aber gilt ihr Interesse den jungen Mädchen. Der Nikolaus schafft sich dann Ruhe und verteilt Geschenke, die das Nikoloweibl in einem Korb mitträgt. Nach ihrem Rundgang treffen sie sich in einem Haus und halten dort einen Tanz ab.

In Winkl wird der Nikolaus seit den dreißiger Jahren statt vom Nikoloweibl von einem Engel begleitet, der den Korb trägt.

Ähnlich läuft das Buttnmandllaufen im Markt Berchtesgaden und in Oberau bei Berchtesgaden ab. G. K.

Kriss, R.: Sitte und Brauch im Berchtesgadener Land. Berchtesgaden 1963. S. 37–40.

Buttnmandln, Nikolaus und Nikoloweibl

Chilbi in Waldshut

Am Sonntag nach Mariae Himmelfahrt (15. August) eine Woche lang
Waldshut, Rgbz. Südbaden

Mit Böllerschießen und Festgottesdiensten beider Konfessionen beginnt der »Chilbi-Sonntag« (= Kirchweihsonntag). Ein großes Konzert im Festzelt schließt sich an. Den Höhepunkt bildet der Festzug mit dem »Chilbibock«, dem Wahrzeichen des Festes.

Der Festzug beginnt gegen 14.00 Uhr am Unteren Tor und bewegt sich zum Chilbiplatz. An dem Festzug nehmen historische Gruppen aus den verschiedenen Schweizer Kantonen sowie Gestalten, die im Krieg 1468 eine Rolle spielten, teil. Im zweiten Teil des Zuges gehen vor allem Trachtengruppen aus der näheren und weiteren Umgebung mit.

Gegen 16.00 Uhr findet der »Bockaufzug«, der Auszug der historischen Junggesellenschaft 1468 mit dem Chilbibock, ebenfalls vom Unteren Tor aus, statt. Im Anschluß daran wird der Bock verlost. Der Tag endet mit Tanzveranstaltungen im Festzelt.

Am Montag wird in einem Trauergottesdienst (der sog. »Stadtjahrzeit«) der Gefallenen der Kriege gedacht. Um 11.00 Uhr ist das traditionelle Gulaschessen der Junggesellenschaft. Am Mittag wird ein Kinderumzug mit anschließenden Unterhaltungsspielen und Belustigungen veranstaltet.

Auch die folgenden Tage bringen festliche Veranstaltungen für die Bürger der Stadt. Am darauffolgenden Sonntag wird die »Nach-Chilbi« gefeiert.

Die Waldshuter Chilbi wird als Erinnerung an den glücklichen Ausgang der Belagerung Waldshuts durch die Schweizer Eid-

Bockbuben mit dem Chilbibock in Waldshut

genossen 1468 gefeiert. Die Stadt wurde damals über fünf Wochen lang belagert. Eine auch anderwärts verbreitete Sage erzählt, die Junggesellen der vom Hunger bedrohten Stadt hätten die Feinde getäuscht, indem sie den letzten Hammel der Stadt auf der Mauer zeigten, um zu beweisen, daß noch genügend Fleisch vorhanden sei. Daraufhin habe der Feind die Belagerung aufgegeben. Damals sollen die Junggesellen umfangreiche Zunftrechte erhalten haben. Im Mittelpunkt des Erinnerungsfestes steht der »Chilbibock«, ein geschmückter Hammel, der unter den Festgästen verlost wird.

Es handelt sich um eines der zahlreichen, im süddeutschen Raum noch erhaltenen Erinnerungsfeste, die in Anknüpfung an ein historisches Ereignis, an die Rettung der Stadt aus Kriegsnöten, gefeiert wird (vgl. Überlingen). Ursprünglich ist es wohl aus den mit der Kirchweihe verbundenen Festlichkeiten erwachsen. Typisch für solche Überlieferung ist auch jeweils die Heraushebung einer Zunft, die sich in Notzeiten besonders um die Erhaltung der Stadt verdient gemacht haben soll. Dabei handelt es sich bei der Junggesellenschaft nicht um eine Zunft im strengeren Sinne, sondern um einen Jahrgangsverein, in dem, wie auch in anderen Städten, die Unverheirateten zusammengeschlossen waren und denen bestimmte Rechte und Pflichten, besonders bei der Ausrichtung von Festlichkeiten, oblagen. L. P.

Christi Himmelfahrt

Noch bis in die fünfziger Jahre verlief der Himmelfahrtstag in bayerischen und österreichischen Pfarrkirchen in folgender Weise: Eine von Engeln umgebene hölzerne Christusfigur wurde unter Pauken- und Trompetenklang, in Weihrauchwolken gehüllt, langsam zur Kirchendecke hinaufgezogen; wenn sie im plastisch erscheinenden Gewölk des Deckenfreskos verschwunden war, senkte sich ein Regen von Blütenblättern und Heiligenbildchen in das Kirchenschiff herab; zuweilen wurde sogar brennendes Werg herabgeworfen und Wasser ausgegossen.

Die Liturgiereform hat auch die letzten Ausläufer solchen Brauchtums verschwinden lassen, mit einer Ausnahme: Baumburg (s. u.).

Heute wird der Christi-Himmelfahrts-Tag nur noch mit einem feierlichen Amt begangen; zuweilen bestehen noch kleinere Flurprozessionen mit der Lesung der vier Wetterinitien an den vier Evangelienaltären oder eine Weihe bestimmter Heilkräuter. N. G.

Christi-Himmelfahrts-Feier in Baumburg

Christi Himmelfahrt, 14.00 Uhr
Baumburg, Gmd. Altenmarkt a. d. Alz, Lk. Traunstein, Rgbz. Obb.

Am Christi-Himmelfahrts-Tag wird in der Nachmittagsmesse die Himmelfahrt Christi gezeigt. Der Geistliche geht mit den Ministranten zu einem geschmückten Tisch an der Kommunionbank, auf der die Figur des Auferstandenen steht. Nach einem Gebet wird die Figur inzensiert (mit Weihrauch beräuchert). Der Geistliche singt dreimal mit jeweils höherer Stimme: »Ich fahre auf zu meinem Vater und zu eurem Vater. Alleluja.« Der Chor antwortet: »Zu meinem Gott und eurem Gott. Alleluja.« Während der folgenden »Himmelfahrt« singt der Chor mit Bläserbegleitung den alten Himmelfahrtshymnus. Christus fährt in Begleitung von zwei Engeln, die brennende Kerzen halten, in die Höhe. Die Figuren werden mit einer Seilwinde vom Mesner in den Kirchendachboden gezogen, wo die brennenden Kerzen sofort gelöscht werden.

Die Pfarr- und vormalige Klosterkirche Baumburg gehört zu den wenigen Kirchen Südbayerns, in denen signifikante vorliturgische Frömmigkeitsformen beibehalten wurden (vgl. z. B. auch Dießen, Wandelaltar, und Stadl, Heiliges Grab). In Anger und Piding (Gmd. Anger, Lk. Berchtesgadener Land, Obb.) ist der Actus ascensionis z. B. seit 1634 archivalisch nachweisbar und wurde dort bis 1914 durchgeführt.

Es ist anzunehmen, daß die Himmelfahrtsfeier schon vor der Säkularisation des Klosters (1803) üblich war. Die Figur des Auferstandenen und die Assistenzfiguren (Engel) stammen wohl aus der Erbauungszeit der barocken Kirche (Weihe 1758). Die Himmelfahrtsfeier verlief bis 1966 nach den Vorschriften des »Rituale Monaco-Frisigense« von 1840. Es war vorgeschrieben, daß nach der Non der Pfarrer im weißen Rauchmantel, begleitet von zwei Diakonen und Leuchterträgern zum Tisch ging, auf dem die Figur des Auferstandenen aufgestellt war. Dazu wurde eine Motette gesungen. Nachdem die Figur mit Weihwasser besprengt und beräuchert worden war, hob der Geistliche die Statue ein Stück in die Höhe und sang dreimal in jeweils höherer Tonlage: »Ascendo ad Patrem meum, et Patrem vestrum, Alleluja, alleluja.« Der Chor antwortete: »Deum meum et Deum vestrum. Alleluja, alleluja.« Die Figur wurde aufgezogen, der Chor sang einen Hymnus des 19. Jh.s.

Das Ritual von 1840 vermerkt, daß alles zu unterlassen sei, was profan, ungehörig und abergläubisch ist. Das Ausgießen von Feuer, Wasser oder anderer Dinge über die Gläubigen wird als »abusus« bezeichnet. Jede Änderung des Baumburger Ritus sollte nur mit Zustimmung des Ordinariats in München vorgenommen werden dürfen. Diese Bemerkungen weisen auf brauchtümliche Formen wie das Abwerfen von Pfingstrosenblätter (feurige Zungen) usw. während bestimmter liturgischer Bräuche hin, die seit dem 19. Jh. untersagt wurden. G. K.

Korr. Pfarrer Faßnauer, A., Baumburg 10/1973. Faßnauer, A.: Aus der Geschichte des Augustiner-Chorherrenstiftes Baumburg, in: Heimatbuch d. Lk. Traunstein I. Historischer Teil. Traunstein o. J. S. 200–208.

Christi-Himmelfahrts-Prozession in Dorf Tirol

Fest Christi Himmelfahrt. Beginn der Prozession 8.00 Uhr, Dauer ca. eine Stunde
Dorf Tirol, im Mittelgebirge zu Füßen und am Hang des Mutberges gelegen, gegen Norden an Meran anschließend
Prov. Bozen, Südtirol

Die Christi-Himmelfahrts-Prozession ist in Dorf Tirol die feierlichste Prozession des Jahres. Als Grund hierfür führt man an, daß sie durch Jahrhunderte die Fronleichnamsprozession für Dorf Tirol dargestellt habe.

Der Prozessionsweg, der früher zum Segenbühel hinausführte (1. Evangelium am Segenbühel, 2. bei der Schöpfkapelle, 3. beim Laimerkreuz und 4. in der Kirche ist heute um die Hälfte gekürzt. Er führt hinunter zur Schöpfkapelle, dann zur Ruprechtkirche und anschließend zurück zur Kirche, wo das hl. Meßopfer gefeiert wird.

Die Prozessionsordnung ist folgende: Voran geht das Kreuz, ihm folgen die Kreuzfahne, die Jungmänner und die Männer. In gewissen Abständen werden Statuen und Fahnen in folgender Reihung mitgetragen: die Statue des hl. Schutzengels und des hl. Aloisius und des hl. Johannes von Nepomuk. Nun folgt das Ferkele (Traggestell) vom Guten Hirten, von Almenhirten getragen, die dem Guten Hirten übrigens jedes Jahr einen Strauß Bergblumen in die Hand drücken, der mit Stoff aus »Goaßlschmitz« zusammengebunden ist. Auch die Jungfrauenfahne wird von Jungmännern getragen, ebenso das Ferkele vom hl. Urban und das der Rosenkranzkönigin, die Fahne der Frauen, das Ferkele mit dem Maria-Hilf-Bild und eine blaugelbe damastene Fahne, die auf dem Fahnenblatt auf der einen Seite den das Etschtal segnenden hl. Urban und auf der anderen die Hl. Familie mit Schloß Tirol im Hintergrund zeigt.

Nach der Musikkapelle in Burggräfler Tracht, Kirchenchor und den Erstkommunikanten folgen Jungmänner und zwei Maienbäume, zwei Lärchenbäumchen, die mit bunten Bändern behangen sind. Auch zwischen den Gruppen der Kinder, Mädchen und Frauen werden in gewissen Abständen Statuen und Fahnen mitgetragen: der Auferstandene, die hl. Agnes, die hl. Notburga, die Immakulata, die kleine Jungfrauenfahne mit der Darstellung des Herzens Jesu und des Herzens Mariä.

Bei dieser Prozession sind nicht nur die Statuen- und Fahnenträger in Tracht, sondern auch viele Teilnehmer. Zum Unterschied von anderen Anlässen werden an diesem Tag nicht die langen Hosen getragen, sondern die alten »Kurzbäurischen«, die kurz übers Knie reichen.

Die bildliche Darstellung der Auffahrt Christi in den Himmel fand im Jahre 1969 zum letzten Mal statt. Sie ist jetzt wegen der neuen Anordnung der Bänke und wegen des Exhaustors, der sich über der Öffnung im Gewölbe befindet, nicht mehr möglich. Wohl aber findet das Fahnlschwingen vor dem Rimmele-Gasthaus am Vormittag nach dem Gottesdienst und am Nachmittag, um die Feierlichkeit zu erhöhen, noch statt.

Nach einer mündlichen Überlieferung geht die Christi-Himmelfahrts-Prozession als Fronleichnamsprozession für Dorf Tirol auf den Pfarrer Zacharias Lachartinger zurück, der als gebürtiger Meraner den Pfarrsitz, der durch Jahrhunderte in Dorf Tirol gewesen war, 1665 nach Meran verlegte. Da er nun nicht in Dorf Tirol und Meran am selben Tag die Fronleichnamsprozession halten konnte, habe er die Fronleichnamsprozession für Dorf Tirol auf das Fest Christi Himmelfahrt verlegt. Die an diesem Festtag schon 1547 nachweisbare Prozession wurde jedenfalls zur bedeutendsten Prozession des Jahres, was sich für die 2. Hälfte des 17. Jh.s auch durch die Teilnahme eines »Trumbl Schlagers«, von Pfeifern und Geigern und Spielleuten, nachweisen läßt.

Die Verlegung der Fronleichnamsprozession auf einen anderen Tag läßt sich auch an anderen Orten feststellen, vor allem in Kuratien. Die mit bunten Bändern geschmückten Lärchenbäumchen, »Maien« genannt, deuten auf Flurprozessionen hin. A. Gr.

Atz, K./Schatz, A.: Der deutsche Anteil des Bistums Trient. Bd. 4. Bozen 1907. S. 184 u. 301.

Christkindleinzug in Innsbruck

4. Adventsonntag, 17.00 Uhr
Innsbruck, T

Vom »Goldenen Dachl« in der Altstadt, wo auch der öffentliche Weihnachtsbaum aufgestellt ist, zieht der »Christkindlzug« durch die Herzog-Friedrich-Straße und die Maria-Theresien-Straße zur Triumphpforte und zum Landhausplatz, wo in Anwesenheit von öffentlichen Mandataren der Tiroler Landesregierung und des Innsbrucker Stadtmagistrates eine kurze Feier mit Liedern und Ansprachen stattfindet.

Seit der Neugestaltung des Zuges gibt es nur mehr drei Hauptgruppen, und zwar den Krippenwagen mit dem Christkind, Hirten in Lodenmänteln mit Laternen und Schafen sowie Mädchen in langen Kleidern, ebenfalls Lichter tragend. Bläserchoräle begleiten den Zug. Bei der älteren Gestaltung waren neben dem Christkindlwagen vor allem die vielen Engelgruppen mit ihren bemalten Kartonflügeln und viel Flitterwerk sowie Symbolfiguren wie Landesengel und Stadtengel mit den entsprechenden Wappenschilden vorherrschend. Die Beteiligung der Innsbrucker Bevölkerung ist außerordentlich groß. Die Organisation hat das Jugendrotkreuz inne, das auch für die Ausstattung sorgt und während des Umzuges für die Aufgaben dieser Vereinigung sammelt.
Wie der Innsbrucker Nikolauseinzug ist auch der Christkindleinzug relativ jungen Ursprungs und hat keine entsprechende ältere Vorlage im Tiroler Brauchtum, fand aber durch die getroffene Gestaltung romantisch-heimatlicher Prägung starken Widerhall bei der städtischen Bevölkerung. Die Lichterkrone am Haupt des »Christkindls« erinnert an den von Schweden ausgehenden Brauch der »Luzienbraut«. Im Rheinland und im Elsaß tritt gelegentlich ebenfalls die Figur des Christkindes mit einer Lichterkrone auf. D. A.

Sinwel, R.: Die Anfänge des Christbaumes in Tirol, in: Tiroler Heimatbl. 17/1939. S. 290 ff.
Dörrer, A.: Tiroler Fasnacht. Wien 1949. S. 167.

Christkindlmarkt in München
Advent
Landeshauptstadt München, Rgbz. Obb.

Auf dem Münchener Marienplatz im Bereich der Fußgängerzone und vor der Frauenkirche wird der Münchener Christkindlmarkt abgehalten, ein weihnachtlich ausgerichteter Warenmarkt und ein Krippenmarkt, die sich vom Rathaus bis auf die Höhe des Domes erstrecken. Vor dem Dom treten an Spätnachmittagen Volksmusikgruppen auf.
Der Christkindlmarkt wurde 1973 von seinem früheren Standort, der Blumenstraße, in den innerstädtischen Bereich verlegt. Die Geschlossenheit des Marktes mit seinen langen Budenzeilen ist damit aufgegeben worden. Die neuen Standorte zerteilen den Markt, die reizvolle Vorstadtatmosphäre, die zwischen Freibank und Angerkloster das Besondere des alten Christkindlmarktes ausmachte, ist verlorengegangen.
Anders als sein berühmtes Pendant, der Nürnberger Christkindlmarkt, bietet der Münchener Markt vor allem Krippen, Krippenfiguren und Kleinkram für Krippenbastler an. G. K.

Der Münchner Christkindlmarkt (links: früherer Standort, die Blumenstraße, rechts: heutiger Standort, der Marienplatz)

Christkindlwiegen in Peiting

Zwischen Weihnachten und Hl.-Drei-König, täglich, nm.
Peiting, Lk. Weilheim, Rgbz. Obb., Pf. Peiting

In der sog. »Heiligen Zeit«, zwischen den Rauhnächten und dem Dreikönigstag, ziehen in Peiting sechs Ministranten von Haus zu Haus; sie tragen ein Wachs-Christkind in einer barocken Wiege, mit einem roten, mit Goldborten besetzten Tuch zugedeckt, bei sich.

Mit »Gelobt sei Jesus Christus« betreten sie die Stube, und die dort Versammelten antworten »in Ewigkeit. Amen«. Nun wird die kleine Wiege auf den Tisch gestellt, und nacheinander bewegen sie Kinder und Erwachsene hin und her.

Danach dürfen die Buben Christbaum und Krippe besichtigen und erhalten Geschenke, meist Geld oder Weihnachtsgebäck. Sie haben einen eigenen »Säckelmeister« dabei. Mit dem Gruß »Gelobt sei Jesus Christus« verlassen sie das Haus. In der Zeit um Neujahr kommt zu diesem Gruß der sog. Peitinger Neujahrswunsch:

»Wir wünschen euch a guats nuis Joahr, a Christkindle mit g'krauslte Hoar. A guats und a langs Leba, soll enk da Herrgott im Himml geba!« N. G.

Christophorus-Autoweihe in St. Christoph

25. 7. oder Sonntag vor oder nach Christophstag, 10.00 Uhr
St. Christoph, Gmd. Steinhöring, Lk. Ebersberg, Rgbz. Obb.

Um 8.30 Uhr wird in der Filialkirche St. Christoph bei Wasserburg der Patroziniumsgottesdienst gehalten, um 10.00 Uhr ein Gottesdienst für die Kraftfahrer. Die Segnung der Fahrzeuge erfolgt nach dem Gottesdienst. Die Fahrzeuge kommen die enge Bergstraße von Spritzenöd her und fahren an der Kirche vorbei. Am Vorabend werden die Traktoren gesegnet, bis 1964 gab es Pferdesegnungen; wegen des Rückgangs der Pferde unterblieben diese.

Im 17. Jh. fand in St. Christoph ein Patroziniumswechsel zugunsten des hl. Christophorus statt. Die ursprünglich gotische Kirche wurde 1670 erweitert und 1671 neu geweiht. Der Erweiterungsbau war sicher wegen der zunehmenden Wallfahrtstätigkeit notwendig geworden, es wird in einer Pfarrbeschreibung von 1740 von einer »magno peregrinantium numero« und von »processionibus« gesprochen. 1770 restaurierte man die spätgotische Christophorusfigur »in rücksicht der jährlich ankommenden vielen wohlfartern«.

Im Hochaltar ist heute eine 1907 geschaffene großflächige Christophorusplastik untergebracht. Bemerkenswert ist die Legendentafel von 1677, auf der in zwölf Einzelbildern mit erklärenden Texten die Legende des Heiligen vorgestellt wird.

Seit 1770 läßt sich in St. Christoph ein ungewöhnlicher Ritt feststellen: Innerhalb des Friedhofs, zwischen der Kirchenmauer und einem eigens errichteten hohen Plankenzaun, wurden Wettreiten veranstaltet. Start und Ziel war ein »fallthor«. 1803 wurde das »sehr unanständige pferderennen« eingestellt und zwischen 1808 und 1816 als Pferdeumritt der üblichen Art neu aufgenommen und vom Stephanstag (26. 12.) auf den heutigen Termin verlegt.

1932 wurde aufgrund der Aktivitäten eines ehemaligen Feldkraftfahrers des 1. Weltkriegs eine Autosegnung eingeführt. Die Anregungen dazu nahm der Initiator von der österreichischen Autoweihe in St. Christophen bei Wien (seit 1928). Er regte u. a. auch die Fahrzeugweihe in der Pfarrei St. Maximilian in München an (bei gleichzeitiger Gründung einer St.-Christophorus-Bruderschaft). Heute werden auch in der Münchener Stadtpfarrei St. Rita Fahrzeugweihen vorgenommen. G. K.

Kapfhammer, G.: Christophoruswallfahrten im Alpengebiet, in: Österr. Zs. f. Vkde. 77/1974.

Kindlwiegen in Peiting

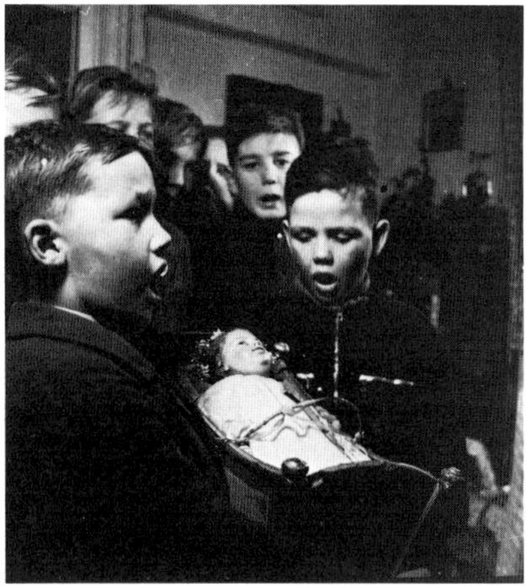

Christophorus-Autoweihe

Dreikönig

Das Sammel- und Heischebrauchtum an Dreikönig (6. Januar) hat eine lange Tradition, denn es hat seinen Ursprung wohl in der Erinnerung an die Geschenke, welche die Heiligen Drei Könige überbrachten. In Deutschland setzte bereits im ausgehenden Mittelalter der Dreikönigskult ein, als Rainald von Dassel 1164 die Reliquien der Heiligen aus Mailand nach Köln gebracht hatte.
In der Kirche wird an Dreikönig das Taufwasser geweiht; ebenso Kreide und Salz für den Hausgebrauch. Das Salz wird dem Vieh zum einen Teil gleich gegeben, der andere Teil wird für Krankheitsfälle aufbewahrt. Mit der Kreide schreibt meist der Hausherr die Zeichen C + M + B zwischen die Jahreszahl (aufgeteilt in 19 und z. B. 77) auf die Türstürze. N. G.

Dreikönigsritt in Scheibbs

6. Januar, 17.00 Uhr
Scheibbs, Pol. Bez. Scheibbs, NÖ

Der Zug formiert sich am Kapuzinerplatz in Scheibbs: voran ein Sternträger zu Pferd; der Stern ist mit einem Kometenschweif versehen und erleuchtet. Ihm folgen Buben in Hirtengewändern mit langen Stäben und Laternen in den Händen. Zwei berittene Herolde in »mittelalterlicher« Tracht weisen durch Fanfarenstöße auf die Gruppe der drei Weisen aus dem Morgenland hin, die zu Pferd und prächtig gekleidet sind. Die »hellen« Könige tragen mit rotem Samt ausgelegte Goldblechkronen, der Mohr einen Turban, alle weiße Kittel und Hosen und rote Mäntel. Den Zug beschließen drei Pagen. Die drei Könige singen das Lied: »Mir san die drei König vom Morgenland ...«. Vor der Stadtpfarrkirche steigen Sternträger, Herolde und Könige vom Pferd, der Zug zieht in die Kirche ein. Vor der mechanischen Krippe der Stadtpfarrkirche singen die drei Könige das neugefaßte Lied »Schlaf wohl, du Himmelsknabe ...«.
Der Brauch wurde durch die Brüder Josef und Willy Beer, Engelbert Voglauer und den Benefiziaten Wallouschek im Jahre 1947 ins Leben gerufen. Heute wird der Umzug vom Verkehrsverein Scheibbs und der Stadtpfarrei organisiert. Pferde werden von den Landwirten der Umgebung zur Verfügung gestellt.
Das Lied »Mir san die drei König ...« gehört zum typischen Bestand der Sternsingerlieder, die vorwiegend auf Flugblattdrucke aus dem 16. Jh. zurückgehen.
Typologisch läßt sich der Scheibbser Brauch dem Sternsingen zuordnen, das seit der Mitte des 16. Jh.s aus verschiedenen Orten Österreichs und Bayerns bezeugt ist. Belege von Dreikönigsritten im süddeutschen und alpinen Bereich (vor allem Salzburg und Oberösterreich) legen allerdings die Vermutung nahe, daß das Sternsingen auch schon früher als Umritt gestaltet werden konnte. In jüngster Zeit werden derartige Bräuche wieder von ländlichen Bildungsvereinen und katholischen Organisationen aufgenommen (z. B. Herzogenburg, Pol. Bez. St. Pölten, seit 1972, auch Bad Ischl, im Salzkammergut, in Gmunden. Dort kommen die Hl. Drei Könige vom Schiff und landen am Rathausplatz). H. F.-F.

Fielhauer, H.: Umritte, in: Kommentar z. österr. Volkskundeatlas. 2. Lfg. Wien 1965.

Wieser, E.: Sternsingen in Österreich. Diss. Wien 1966.

Zeitschriften- und Fragebogenarchiv des Österr. Rundfunks, Studio Niederösterreich (Günter Richter).

Dreikönigssingen in der Schweiz

Vorabend des 6. 1., zuweilen auch 6. 1. oder am darauffolgenden Sonntag. In der Regel nach 17.00 Uhr, in Graubünden aber auch früher Nachmittag oder im Lötschental nach 21.00 Uhr
Bestimmte Orte in den Kantonen Aargau (Boswil, Klingnau, Stein, Zurzach), Graubünden, Luzern (u. a. Beromünster, Großwangen, Luzern, Nebikon, Schötz), St. Gallen (Gams), Solothurn (Derendingen) und Wallis (Gemeinden des Lötschentales)

Die drei Könige ziehen mit einem drehbaren, abends von innen erleuchteten Stern durch die Ortschaften und singen auf verschiedenen Plätzen Neujahrslieder. Als Beispiele seien aufgeführt: im Aargau Boswil (Sonntag vor dem 6. 1. und am 6. 1.), Stein (5. und 6. 1.), Zurzach (Sonntag an oder nach dem 5. 1.; hier mehrere Begleiter), im Kanton Graubünden mehrere Orte des unteren Hinterrheintales (Bonaduz, Cazis, Paspels, Rhäzüns, Tumegl) sowie Domat/Ems, wo vom frühen Nachmittag an herumgezogen wird, des Oberhalbsteins und Albulatales; im Kanton Luzern Beromünster (letzter Sonntag im alten und 1. im neuen Jahr sowie 6. 1.), Großwangen (mehrere Abende vor dem 6. 1. mit Beteiligung von 20 bis 30 Kindern), Nebikon (mehrere Abende, Trachtengruppe wirkt mit); in Wallis Ferden, Kippel und Wiler im Lötschental, je am 5. 1., mit Sternträgern, den Königen, die weiß gekleidet sind und auf schön geschnitzten Steckenpferden »reiten«, drei verkleideten und schellenschwingenden Dienern (sog. »Goiglär) und weiteren Begleitern.
Der Dreikönigsbrauch, der in der Schweiz eine lange Tradition hat, ist wieder aufgenommen worden in Beromünster kurz nach 1930, in Nebikon 1934, in Derendingen 1939. E. Sch.

Egetmann in Tramin

Fasnachtsdienstag, nm.
Tramin, Bozner Unterland, Südtirol

Am letzten Tag der Fasnacht findet im Weindorf Tramin der Egetmann-Umzug statt. Der Zug wird von Trompetern und peitschenknallenden Burschen eröffnet, ihnen folgen die Pflugzieher und Gruppen mit Rechen und Sensen. Dazwischen schreiten, von Metzgern geführt, die riesigen Schnappviecher, Tiergestalten mit langen Hälsen und großen Mäulern. Zahlreiche »Fest«-Wagen stellen verschiedene Mißstände der Zeit dar, doch gibt es auch Szenen, die bei jedem Fasnachtsumzug zu finden sind (z. B. Altweibermühle). Mittelpunkt des Umzuges ist aber die Gruppe um den Egetmann. Das ist eine als Bräutigam ausgestattete Strohpuppe. Bei ihm in der Kutsche sitzen die Ratsherren; sie tragen ebenfalls Frack und Zylinderhut und als Requisiten Protokollbuch, Leiter und Schirm. Bei jedem Brunnen hält die Kutsche, die Leiter wird an die Brunnensäule gelehnt, der Protokollführer verkündet die Hochzeit des Egetmanns. Jedesmal, wenn er zwei oder drei der gereimten Zeilen gelesen hat, schreien die Umstehenden: »Hoh!« Der Text ist ein Rügegericht auf allerlei Mißstände im Dorf und besonders auf die Untugenden der Mädchen; um Beleidigungen zu vermeiden, bleibt es jedoch bei allgemeinen, oft recht derben Späßen. Der Umzug endet am Rathausplatz. Die Gestaltung des Zuges liegt bei den Einheimischen von Tramin, die Organisation bei den Vereinen.

Die ältere Geschichte des Brauches ist bislang unerforscht. Es heißt, der Egetmann-Umzug sei vor gut hundert Jahren von Neumarkt nach Tramin verlegt worden; vom »Egerthansl« aus Tramin, Neumarkt und Salurn wird berichtet*, aber der Brauch scheint damals in der Hauptsache Rügegericht für alte Jungfern und schlecht beleumdete Mädchen gewesen zu sein.

H. Gr.

Kutsche der Ratsherren beim Egetmann-Umzug

*Hörmann, L.: Tiroler Volksleben. Stuttgart 1909.
Mader, J.: Der Traminer Fastnachtsumzug, in: Der Schlern 7/1926. S. 26.
Haider, F.: Tiroler Volksbrauch im Jahreslauf. Innsbruck-Wien-München 1968.
Fink, H.: Volkskult und Ahnenbrauch in Südtirol. Innsbruck-Wien-München 1969.
Romani, H.: Unterländer Faschingsumzug in Tramin, in: Der Schlern 45/1971. S. 112 f.

Kuh und »Molle« beim Eggaspiel

Egga-Spiel in Sonthofen

Alle 3 Jahre am Sonntag vor Faschingsdienstag, 14.00 Uhr auf dem Rathausplatz (letztes Egga-Spiel: 1975)
Sonthofen, Lk. Oberallgäu, Rgbz. Schw.

Den Auftakt bildet ein kleiner Umzug der Teilnehmer. Währenddessen spricht auf dem Rathausplatz ein Herold den Prolog; ca. 17 männliche Spieler stellen die Besetzung: Hexe, Bauer, Bäuerin, Bue, Föhl (= Mädchen), Knecht, Magd, Pferde, Kuh und Molle (= Stier), Katze, Hund, Sau, Gockeler, Geißbock. Alle Darsteller tragen prächtige Holzmasken. Auf dem Rathausplatz, umfunktioniert als Bauernhof mit Acker, machen sich Bauer, Bäuerin, Knecht und Magd an die Arbeit. Mit dem Auftauchen der Hexe kommt Leben in die ganze Szenerie. Wie ein Wirbelwind fährt sie dazwischen. Sie verstellt die Marksteine des Ackers, macht die Gespanne scheu. Selbst die Sau muß es sich gefallen lassen, am Schwanz gezogen zu werden. Dabei läßt die Hexe es aber nicht bewenden. Das Geschirr geht in Brüche, die Milch gerinnt, Egge und Pflug, aus der Furche gezerrt, werden umgeworfen. Noch ehe sich Knecht und Bauer recht versehen, werden ihnen Besen bzw. Saattuch um die Ohren geschlagen. Auch vor dem Kleinvieh und dem gesamten »Ziefer« (Katze, Hund, Sau, Gockeler, Geißbock) macht sie nicht halt. Etwa 20 Minuten später, nachdem der erste Schrecken vorüber ist, beginnt die Hexenjagd mit Heugabel und Dreschflegel. Endlich gefangen, wird sie in die »Sautruche« gesperrt, in der sie symbolisch nun darauf wartet, verbrannt zu werden. Zumeist besteht die »Verbrennung« im Abtransport der Hexe in der Truche, der in einem Gasthaus und bei viel Bier endet.

Das Egga-Spiel, 1955 durch den Sonthofer Heimatverein wieder eingeführt und veranstaltet, ist eine alte Faschingsbelustigung, die bis 1955 bei der Bevölkerung in Vergessenheit geraten war. Allgemein wird angenommen, daß das Egga-Spiel zu Beginn des 19. Jh.s untergegangen ist. 1863 gab Felix Dahn eine bis in Einzelheiten gehende Beschreibung des Egga-Spiels. Doch selbst zu diesem Zeitpunkt muß das Spiel nicht mehr alljährlich aufgeführt worden sein, da er schreibt: »Bis vor einigen Jahrzehnten ergötzte sich das junge Volk um Sonthofen und Burgberg zur Fasnacht an einem höchst eigentümlichen, an uralte Anschauungen und Bräuche erinnernden Spiel, das Egga heißt.« Der Beschreibung nach, die auch dem heutigen Egga-Spiel zugrunde liegt, war das alte Allgäuer Fasnachtspiel eine Pantomime.

K. K.

Reiser, K.: Sagen, Gebräuche und Sprichwörter des Allgäus. Kempten 1895.

Eligiusritt in Burggen

1. 12., 9.00 Uhr
Burggen, Lk. Weilheim-Schongau, Rgbz. Obb.

Am Namenfest des hl. Eligius wird in Burggen in der Eligiuskapelle um 9.00 Uhr eine Messe gelesen. Bereits vor der Messe stellen sich die Reiter mit den geschmückten Pferden auf der von Schongau kommenden Straße auf. Nach Schluß der Messe ziehen die Reiter an der Kapelle vorbei und werden vom Geistlichen gesegnet.

Den Reiterzug eröffnet ein Vorreiter, dem sich die übrigen Reiter und die Musikkapelle in einem mit Tannenreisig geschmückten Wagen anschließen.

1612 wurde mit dem Bau der Kapelle begonnen. Die Weihe des Zentralbaus erfolgte 1631; Kirchenpatron ist der hl.

Eligius. Nach dem Willen des Stifters, Dekan Gallus Thoma von Burggen, sollte jeweils am Namensfest des Heiligen eine hl. Messe gelesen werden. Daraus entwikkelte sich ein lokaler Festtag, der als arbeitsfreier Bauernfeiertag gehalten wurde. Am Ritt beteiligten sich früher nur Bauern der Kirchengemeinde Burggen. Ende der 60er Jahre wurde der Ritt wegen des akuten Mangels an Arbeitspferden eingestellt. Mit der Gründung des örtlichen Reit- und Fahrvereins wurde der Ritt wieder aufgenommen (1971), an ihm beteiligen sich auch die Reit- und Fahrvereine der umliegenden Gemeinden. Es werden kaum noch Arbeitspferde beim Umritt eingesetzt. G. K.

Klöck, J.: Der Eligiusritt in Burggen, in: Lech-Isar-Land 1976. S. 183 ff.

Korr. Schmeidel, J., Burggen. 1/1974.

Erntedankfest (Ernteumzug) in Niederösterreich

Meist an einem Sonntag, von Ende September bis Ende Oktober

Das Erntedankfest ist seit etwa 1960 im südlichen Niederösterreich populär geworden. Es gibt so viele Neueinführungen (die allerdings noch keine Rückschlüsse auf ihre Langlebigkeit zulassen), daß es schwierig ist, eine vollständige Aufzählung aller Orte zu geben, in denen der Brauch durchgeführt wird, oder eine Auswahl jener Orte zu treffen, in denen der Brauch unter Umständen besonders festlich begangen wird. Die hier angeführten Orte sind daher nur Beispiele, an denen der allgemeine Ablauf des Erntedankfestes zu ersehen ist. Die Erntedankfeste werden durchwegs gegen Ende September bis etwa Mitte Oktober an einem Sonntag abgehalten; der genaue Termin wird teilweise jedes Jahr neu festgesetzt. Als Veranstalter treten durchwegs Pfarrei, Schule, Ländliches Fortbildungswerk und katholische Organisationen auf.

Erntekrone oder -kranz sind ein kronen- oder kranzförmiges Gestell aus Draht, das mit Ähren, Blumen und Früchten umwunden ist. Sie werden in feierlichem Zug in die Kirche eingeholt, geweiht und verbleiben dann eine gewisse Zeit in der Kirche auf einem Seitenaltar. Die übrige Ausgestaltung hängt von der Phantasie der Veranstalter ab.

Erntefestzug Wien–Leopoldau

Gmd. Ramsau, Pol. Bez. Lilienfeld

Die Bevölkerung versammelt sich bei einer Kapelle im Ort. Von dort aus wird die Erntekrone von zwei Mädchen in die Kirche getragen. Ihnen folgen im festlichen Zug die Schulkinder, die Feldfrüchte, Obst, Brot und Wein als Opfergaben darbringen, der Bauernbund mit Fahne, die Musikkapelle und die übrigen Teilnehmer. In der Kirche wird die Erntekrone geweiht. Anschließend findet ein Dankgottesdienst statt. Der Brauch besteht seit 1957.

Marktgmd. Purgstall, Pol. Bez. Scheibbs

Die Erntekrone wird jedes Jahr aus einer anderen der umliegenden Gemeinden abgeholt. Die Prozession ist sehr feierlich mit Priester und Kirchenfahnen, Sängern und Musikkapelle. Die Erntekrone tragen vier Mädchen in Erlauftaler Tracht, die von vier kleinen Mädchen begleitet werden.

Marktgmd. Lunz am See, Pol. Bez. Scheibbs

Veranstalter ist die Pfarrjugend. Ansprache des Bürgermeisters. Gottesdienst. Nach dem Gottesdienst tragen Burschen die Erntekrone, die Mädchen die Opfergaben (Feldfrüchte, Obst, Brot) in die Kirche, wo sie geweiht werden.

Marktgmd. Randegg, Pol. Bez. Scheibbs

Gruppen von Burschen und Mädchen mit der Erntekrone und den Erntegaben versammeln sich um 7.30 Uhr bei der Johanneskapelle in der Hinterleiten und ziehen der übrigen Bevölkerung, die sich bei der Pfarrkirche zur Prozession geordnet hat, entgegen. Die Erntekrone wird in die Kirche getragen und gesegnet. Anschließend wird in der Pfarrkirche ein »Biblisches Festspiel« aufgeführt.

Marktgmd. Lilienfeld, Pol. Bez. Lilienfeld

8.30 Uhr Aufstellung bei der Mühle, Weihe der Krone und Gaben. Erntedanklieder. Einzug in die Kirche.

Marktgmd. Kilb, Pol. Bez. Melk

7.15 Uhr Einholen der Erntekrone durch Burschen und Mädchen der Katholischen Jugend, die auch ein »Erntespiel« zur Aufführung bringen. Nach der Weihe der Erntegaben findet ein Festgottesdienst statt. Am Nachmittag folgt der mehr weltliche Teil des Erntedankfestes: ein Platzkonzert, der Erntefestzug, an dem sich als Organisatoren außer Ländlichem Fortbildungswerk, Katholischer Jugend und der Pfarre auch der Verschönerungsverein beteiligt. Im Festzug werden auf Wagen szenisch dargestellt: frühere Erntemethoden, der Drusch, die Bienenzucht, die Jagd etc.; den Höhepunkt und Abschluß bildet ein nachgebildeter Almabtrieb mit geschmückten Tieren.

Erntedankfeste in der heutigen Form gab es früher eigentlich nicht. Der Ernteabschluß bestand meist in einem festlichen Mahl, dem »Schnitthahn«, das der Bauer seinen Dienstboten spendierte. Oft wurde auch die letzte Garbe oder der letzte einfahrende Erntewagen mit Blumen und Bändern geschmückt. Dort, wo der Besitz zu groß war und Saisonarbeiter eingestellt werden mußten, kam es auch vor, daß die fremden Schnitter oder Schnitterinnen dem Hausherrn einen Kranz aus Ähren und Blumen überreichten und einen Erntespruch aufsagten. Erst nach dem Ersten Weltkrieg begann die katholische Kirche den Erntekranz oder die Erntekrone in ihren Festkreis einzubeziehen. Teilweise mag auch die Bauernideologie des Dritten Reiches zur Verbreitung beigetragen haben. Endgültig volkstümlich wurden sie in Niederösterreich aber erst nach Ende des Zweiten Weltkrieges, wo wieder meist unter der Führung der Kirche die Katholische Landjugend und das Ländliche Fortbildungswerk ihre Ausgestaltung übernahmen, wobei freilich auf das ältere Vorbild der traubenbehangenen Hüterkrone der Weinbaukulturen im Osten Niederösterreichs zurückgegriffen worden sein mag.

Das Erntedankfest läßt sich in die Reihe der Arbeitsabschlußbräuche einreihen, wurde aber aus der meist intimen häuslichen Sphäre in die Öffentlichkeit getragen und der Zeit entsprechend geformt, teilweise revuehaft ausgestattet (vgl. Ernteumzug in Kilb). H. F.-F.

Fragebogen des Niederösterr. Bildungs- und Heimatwerkes (Helmut Fielhauer).

Zeitschriften- und Fragebogenarchiv des Österr. Rundfunks, Studio Niederösterreich (Günter Richter).

Teufelsbauer, L.: Jahresbrauchtum in Österreich. Bd. I. Niederösterreich. Wien 1935. S. 76 f.

Jarosch, G.: Erntebrauch und Erntedank. Jena 1939.

Kramer, K. S.: Arbeitsanfang und -abschluß als Kernelement des Brauchtums. In: Arbeit u. Volksleben. Veröff. d. Inst. f. mitteleurop. Volksforschung an d. Philipps Univ. Marburg/Lahn. A. Allgem. Reihe, Bd. 4. Göttingen 1965. S. 354–361.

Weber-Kellermann, I.: Erntebrauch in der ländlichen Arbeitswelt des 19. Jh.s Veröff. d. Inst. f. mitteleurop. Volksforschung an d. Philipps Univ. Marburg/Lahn. A. Allgem. Reihe, Bd. 2. Marburg 1965.

Schmidt, L.: Volkskunde von Niederösterreich, Bd. I. Horn 1966. S. 202 f.

Eulogiusritt in Aftholderberg

Am zweiten Sonntag im Juli
Aftholderberg, Gmd. Großschönach,
Lk. Überlingen, Rgbz. Südbaden

Am Sonntag vor dem Eulogiusfest verkündet der Pfarrer den Termin und den Ablauf des Eulogiusritts. Am Morgen des Festsonntags versammeln sich die Reiter aus den benachbarten Ortschaften mit ihren Standarten und Musikzügen auf dem Sammelplatz (in Sohl). Die Reiter werden von einem Rittmeister angeführt, der alle sechs Jahre neu gewählt wird. Er trägt eine Goldborte um seinen Zylinder, eine rotgelbe Schleife mit Kokarde auf der Brust und die badische Schärpe mit zwei Quasten um den Leib. Die Reiter tragen schwarze Rökke, Zylinder und weiße Handschuhe. Von ihrem Sammelplatz ziehen sie nach dem festlich geschmückten Aftholderberg, wo sie der Geistliche am Ortseingang erwartet. Nun ordnen sich die Reiter nach einzelnen Gruppen: voran die Großschönacher Musikkapelle, dann die Geistlichkeit, Ministranten mit der Büste des hl. Eulogius sowie die Reiter in Zweierreihen. So ziehen sie auf den Festplatz bei der Kirche, wo eine Kanzel für den Prediger aufgestellt ist. Der Geistliche spricht ein Gebet und segnet dann die Pferde, wobei er an ihnen vorbeireitet. Nach der Festpredigt begeben sich die Reiter und die Gläubigen zu Fuß zum Festgottesdienst in die Kirche. Nach der Messe treten die Gläubigen zur Eulogiusstatue, die auf dem Festplatz aufgestellt ist, und legen vor ihr eine kleine Spende nieder, aus der die Kosten des Festes bestritten werden. Nun zieht der ganze Zug geordnet durch das Dorf, wo er sich vor einem Wirtshaus auflöst. Gegen Mittag ist die offizielle Festlichkeit zu Ende.

Der Eulogiusritt soll nach örtlicher Überlieferung aus dem 11. Jh. stammen. Das läßt sich jedoch nicht belegen. Eulogius (Eligius) ist der Patron der spätgotischen Pfarrkirche in Aftholderberg. Nach der Legende war er ein Schmied, der den Pferden beim Beschlagen den Fuß abnehmen und wieder ansetzen konnte. Häufig ist er auch mit einem Pferdefuß in der Hand dargestellt. Von daher ist er zu einem Pferdepatron geworden, die im Brauchtum einer bäuerlichen Bevölkerung stets eine wichtige Rolle spielten (vgl. die bayerischen Leonhardifahrten).

Es läßt sich nicht feststellen, wann dieser Ritt mit Pferdebenediktion hier eingeführt wurde. Zweifellos spielen die verschiedenen Reiterprozessionen der Umgebung (Georgiritt in Limpach, Blutritt in Weingarten und Bad Wurzach) eine wichtige Rolle für die Einführung bzw. Erhaltung ähnlicher Bräuche. L. P.

Focke, F.: Ritte und Reigen. Stuttgart, Berlin 1941.

Lachmann, Th.: Sagen und Bräuche am Überlinger See. Weißenhorn 1972.

Fackeltanz in Salzburg

Zur Eröffnung der Salzburger Festspiele, nach Einbruch der Dunkelheit, a., ca. 21.00 Uhr
Salzburg Stadt, Residenzplatz

Die Salzburger Jugend hat sich mit ihrem Fackeltanz einen besonders eindrucksvollen Auftakt zum Festspielsommer ausgedacht. Zu Ehren der Festgäste, die im Festsaal der Residenz der offiziellen Eröffnung der Festspiele beiwohnen, und der Tausende von Touristen, die den Platz säumen, vollführen 120 bis 160 junge Tänzer und Tänzerinnen in ihren Landestrachten einen feierlichen Lichterreigen um den Residenzbrunnen. Unter der musika-

lischen Begleitung von ein bis zwei Stadtmusikkapellen werden von den Tänzern, die sich zu Gruppen von 4, 8 und 16 Personen vereinen, verschiedene Figuren ausgeführt. In ihrer ständigen Bewegtheit durch das Zueinander- und Auseinandergehen, das Eindrehen und Auflösen und durch das gegenseitige Durchdringen ergeben die Fackeln ein ständig wechselndes Ornament, dessen eindrucksvoller Höhepunkt darin besteht, daß nach der letzten Figur die Fackeln gleichzeitig in hohem Bogen in den Residenzbrunnen geworfen werden, wo sie zischend verlöschen.

Der Salzburger Fackeltanz ist eine Neueinführung, die vom Landesverband für Trachten- und Heimatpflege angeregt und mit Tänzern der Volkstumsgruppe »Jungalpenland« im Jahr 1952 erstmals zur Eröffnung der Salzburger Festspiele aufgeführt wurde. Ein erster Versuch eines Fackeltanzes fand allerdings schon im Jahre 1949 statt.

Mit diesem repräsentativen Fackeltanz wurde die höfische Sitte, hohe Gäste besonders feierlich zu empfangen, erneuert. In der Stadt des barocken Welttheaters gab es dafür nicht nur die historischen Grundlagen – etwa den Johannisreigen um das Sonnwendfeuer am Kapitelplatz –, sondern auch die wesentlichen Voraussetzungen, die den Fackeltanz wieder zur Tradition werden ließen. F. G.

Brandauer, K.: Über die volkskundlichen Grundlagen d. Erneuerung historischer Salzburger Brauchtänze. In: Der fröhliche Kreis, Vierteljahrsschr. f. Volkstanz u. Volkstumspflege, 23/1937. Graz, H. 1. S. 15f.

Fahnenschwingen in Neckenmarkt

Fronleichnamsonntag, Sonntag nach Fronleichnam, Beginn zwischen 7.00 und 8.00 Uhr morgens
Neckenmarkt, Ger. u. Pol. Bez. Oberpfullendorf, Burgenland

Schon zu Pfingsten wählt die Burschenschaft von Neckenmarkt neben ihren anderen Amtsträgern den »Fähnrich«. Mit der alten Burschenschaftsfahne übt er das schwierige Schwingen, denn die schwere seidene Eszterhazy'sche Fahne, die am Sonntag nach Fronleichnam im Mittelpunkt des Brauchgeschehens stehen wird, hängt in der Pfarrkirche. Sie wird erst am Vortag von den »Sterzträgern«, zwei Jungburschen, abgeholt und zum »Fähnrichmadl«, der Braut des Fähnrichs, gebracht; für seine Wahl war eine Hauptvoraussetzung, daß er »ein Madl hat«, mit der er verlobt ist.

Am Prozessionssonntag, etwa um 7.00 Uhr, treffen sich die Burschen in ihrem Burschengasthof. Der Fähnrich und die Vorsteher legen ihre überlieferte, dunkelblaue, goldverbrämte Heiduckenuniform an, dazu eine Pelzmütze und hohe Stiefel. Zur Tracht des Fähnrichs gehört außerdem das gefranste »Fürta« (eine Art Schürze) aus dunkelviolettem Brokat. Immer wieder kommen neue Uniformen dazu. Die Burschen tragen, wie zu anderen Anlässen auch, den langen Rosmarinstamm auf dem Hut.

Vom Burschengasthof geht es unter Vorantritt der Neckenmarkter Weinhauermusik zum Haus des Fähnrichmadels, wo die Fahne inzwischen mit Blumen und »Maschen« geschmückt worden ist. Der Fähnrich fordert »die Fahne«, sie wird mit der Mahnung, sie in »Ehren zu halten«, übergeben. Die Eltern des Mädchens bewirten die Burschen, die anschließend zum Kriegerdenkmal marschieren. Dort wird unter den Klängen des Liedes vom Guten Kameraden ein Kranz niedergelegt. Eine Ehrensalve gibt es freilich nicht, denn zu den Gewehren fehlt die Munition – dafür stecken Blumen in den Gewehrläufen.

Feierlich wird der Dechant vom Pfarrhof eingeholt, denn der Pfarrherr ist der Schutzherr der Burschenschaft. Mit ihm geht der Weg zurück zum Platz vor der Kirche, wo sich inzwischen die Zuschauer versammelt haben. Denn nun schwingt der Fähnrich zum erstenmal in der Öffentlichkeit die Fahne – unter Trommelwirbel dreimal rechts und dreimal links.

Die Burschen nehmen am festlichen Gottesdienst und anschließend am Umgang teil. Sie geben der Prozession um den Ortskern ein farbenfrohes Gepränge. Neben Kommandant und Fähnrich fallen noch die »Kellner« auf: zum Zeichen ihres Amtes (für Speis und Trank zu sorgen) tragen sie den »Rowisch«, Buschen und Band, am Stiefel.

Eine Reihe von Gängen und Märschen folgt den Tag über: Zum Bürgermeister etwa, zum Segen in die Kirche, zur Fahnenmutter; immer ist dazwischen das weitkreisende Schwingen der Fahne mit dem gestickten gekrönten Doppeladler, insgesamt 28- bis 30mal. Die »Sterzträger«, die auch den ganzen Tag über das Ehrengeleit des Fähnrichmadels bilden, bringen die Fahne wieder in die Pfarrkirche zurück. Festmahlzeit, Trunk und Unterhaltung im Burschengasthof beschließen den Tag.

Entstehung und Entwicklung dieses Brauches können genau verfolgt werden: Als sich Bethlen Gabor 1620 zum König von Ungarn (das Burgenland gehörte bis 1921 zu Ungarn) aufwarf, verweigerte allein Nikolaus Graf Eszterhazy dem Rebellen den Gehorsam. Er verschanzte sich in Lackenbach, unweit von Neckenmarkt, und erbat vom Kaiser Hilfe. Acht Tage hielten die Eszterhazy'schen der Belagerung stand. Als Tarody, der Feldherr des Rebellenkönigs, zum Angriff überging, tauchten in dessen Rücken kaiserliche Truppen unter Dampierre auf. Dadurch ermutigt, wagten die Eingeschlossenen einen Ausfall, die Neckenmarkter an der Spitze. Sie blieben siegreich und erbeuteten 14 Fahnen. Zum Dank für ihre Tapferkeit erhielten die Neckenmarkter das Privileg, »an Feiertagen in ihrer Heiduckentracht, in Waffen und mit der Eszterhazy'schen Fahne auszurücken«. Um diese Fahne entwickelte sich im Laufe der Zeit das Fahnenschwingen am Fronleichnamsonntag, gepflegt und besorgt von der Burschenschaft.

Das Burgenland verfügt wie Oberösterreich und das nördliche Niederösterreich noch heute über eine große Zahl von voll oder teilweise intakten ländlichen Burschenschaften. In den Begehungen um Fronleichnam finden wir in Neckenmarkt noch alle wesentlichen Pflichten und Rechte dieser Gemeinschaft der unverheirateten Männer: Pflege der wehrhaften und der religiösen Gesinnung, Schutz und Ausgestaltung der großen Feste des Jahres und Lebens (insbesondere der Hochzeit als Abschluß des Burschendaseins), das »Recht auf die Mädchen« und das »Recht auf Bewirtung«. Neben dem Fasching ist Fronleichnam der Haupttermin des Auftretens in der Öffentlichkeit. Das Fahnenschwingen von Neckenmarkt aber gehört zu den wenigen großen Schaubräuchen am Ostrand des Alpenlandes. B. P.

Petrei, B.: Lebendiges Brauchtum im Burgenland. Eisenstadt 1973. S. 32 f.

Fahnenschwingen und Umzug der Schützengarde in St. Peter am Kammersberg

Nächstliegender Sonntag zum 29. Juni (Peter und Paulstag) und Fronleichnam
St. Peter am Kammersberg,
Gmd. St. Lorenzen bei Knittelfeld,
Ger. u. Pol. Bez. Knittelfeld, St

Vor dem Gottesdienst (9.00 Uhr) marschieren die Ortskapelle in obersteirischer Tracht und die Schützengarde zur Kirche. Nach der hl. Messe formiert sich die Prozession wie folgt: Ortskapelle – Schützengarde – Schulkinder – Jugend – Kirchenchor – Allerheiligstes und Geistlichkeit – Männer und Frauen.

Die Prozession macht bei den vier Altären im Ort halt, wobei jeweils das Evangelium verlesen wird und die Schützen eine Salve schießen. Nach dem Umgang treten die Schützen und die Musikkapelle vor der Kirche an. Der Schützenhauptmann entsendet den Oberleutnant (oder den Leutnant) in die Sakristei und lädt offiziell die Geistlichkeit ein, vor die Kirche zu treten und eine Ehrensalve entgegenzunehmen. Dies geht – wie auch bei den anderen Ehrensalven (Generaldechargen) – folgendermaßen vor sich:

Der Schützenhauptmann kündigt die Generaldecharge an: »Die Schützengarde erlaubt sich, Herrn (oder Frau) N. N. anläßlich des Pfarrfestes (bzw. des Fronleichnamsfestes) eine Ehrensalve abzugeben. Vivat, N. N. lebe hoch!« Die Ehrensalve ertönt. Die Fahnenschwinger (zwei Mann) treten in Aktion. Sie schwenken abwechselnd die Fahnen; eine Fahne ist blaugrau, man sieht die Darstellung der Kirche und das Ortswappen auf dem Tuch. Die andere Fahne ist in den Staatsfarben Rot-Weiß-Rot. Das Fahnenschwingen geht unter Musikbegleitung vor sich.

Nach dem Aufenthalt vor der Kirche ziehen Musik und Schützengarde durch den Ort und machen halt vor Ehrengästen und wiederholen den oben beschriebenen Vorgang. Natürlich wird bei jeder Ehrensalve ein nicht zu kleiner Geldbetrag kassiert.

Der Umzug der Garde mit Musik dauert im ersten Teil bis zum Mittagessen; nach dem Essen werden Einheimische aufgesucht und eingeladen oder zufällig Herumstehende. Etwa um 16.30 Uhr ist der Marsch der Garde zu Ende.

Wie weit sich dieser Brauch geschichtlich zurückverfolgen läßt, ist ähnlich wie im nicht weit entfernten Ranten schwer oder nicht bestimmbar. In St. Peter am Kammersberg spricht man davon, daß die Schützengarde aus der Zeit der Franzosenbesetzung stamme (Anfang 19. Jh.), da man damals das Allerheiligste beschützen mußte. Die Annahme, daß es sich um einen Rest gegenreformatorischer Prang-Erscheinung handle, darf auch nicht abgetan werden.

Die Schützengarde, die in St. Peter am Kammersberg mitwirkt, ist nicht nur dem Namen nach eine Pöllauer Schützengarde; die meisten Mitglieder sind in der Nachbargemeinde Pöllau am Greim beheimatet. Früher rückte die Garde nur bei kirchlichen Festen aus, jetzt nimmt sie auch an weltlichen Veranstaltungen teil, z. B. am Villacher Kirchtag.

Die Gardisten sind uniformiert mit Tschako (mit braun gefärbten Hühnerfedern), blaugrauen Blusen, weißen Hosen. Die Chargen tragen braune Hosen mit roten Stiefeln.

Es handelt sich einmal um das Fest des Kirchenpatrons, zum anderen um Fronleichnam, einen Tag mit allen Beigaben und Kennzeichen der »Prang«. H. M.

Gasteiger, E.: Bürgergarden und Schützenkompanien. In: Bl. f. Heimatkunde 42/1968.

Fahnlschwingen in Südtirol

Termin nach Orten verschieden, vgl. unten Dorf Tirol, Pf. u. Gmd.; Algund, Pf. u. Gmd.; Lana, Dek.; Untermais und Obermais, Stadtteile von Meran; Schenna, Pf. u. Gmd. Südtirol.

Es ist zu unterscheiden zwischen seit langem feststehenden Zeiten und Orten und solchen, die von gewissen Veranstaltungen abhängig sind.

In Dorf Tirol findet das Fahnlschwingen regelmäßig nach der feierlichen Christi-Himmelfahrt-Prozession statt, meist gegen 10.30 Uhr vormittags und um 15.00 Uhr nachmittags auf der Festwiese.

In Algund findet es nach der feierlichen Fronleichnamsprozession statt, gegen 10.30 Uhr, beim Platzkonzert der Algunder Musikkapelle vor der neuen Pfarrkirche.

In Lana findet das Fahnlschwingen regelmäßig an Mariä Geburt, am 8. September, statt, nach der feierlichen Prozession auf dem Platz vor der Kapuzinerkirche, gegen 11.45 Uhr; anschließend vor dem Gasthaus Teiss und am Nachmittag nach der Andacht auf dem Platz zwischen Ober- und Unterwirt an der Grenze zwischen Ober- und Unterlana, gegen 16.30 Uhr.

In Untermais wird das Fahnlschwingen regelmäßig nach der Maria-Namen-Prozession vorgenommen; heute ist dieser Turnus unterbrochen, das gilt auch für die Fahnlschwinger von Obermais.

Neben diesem regelmäßigen Schwingen im Zusammenhang mit religiösen Veranstaltungen, wird das Fahnlschwingen vorgenommen bei Herbstfesten, nach Herbstumzügen, Tiroler Abenden, Brauchtumsabenden, beim Bauerngaloppreiten in Untermais und dgl., also nicht nur im Ort selbst, sondern auch außerhalb. In Schenna findet es gewöhnlich nach dem Herbstumzug und bei Festen im Schloß Schenna statt.

Das Fahnlschwingen wird mit einer eigenen Fahne vorgenommen, die aus leichtem Seidenstoff besteht, ungefähr die Maße 1,80 × 1,80 m hat und aus rot-weiß gewellten Streifen besteht. In Dorf Tirol hat die Fahne fünf weiße und sechs rote Streifen, in Algund ist sie am Rande weiß-rot gezackt. Die Fahne von Schenna ist weiß-grün gestreift. Der Fahnenschaft ist kurz, hat ein Bleigewicht eingelassen und ist in gewissen Abständen mit Nagelköpfen versehen. In Dorf Tirol marschiert der Fahnlschwinger zur Rechten des Tambourmajors der Musikkapelle, die hier übrigens keine andere Fahne als die des Fahnenschwingers hat. In Algund marschiert er zur Linken des Hauptmannes, der einen weiß-rot gefärbten Stab trägt, und zwar bei der Fronleichnamsprozession unmittelbar vor dem Himmel. In Lana ist er vom Adjutanten begleitet und geht ebenso vor dem Himmel. Während in Dorf Tirol die Fahnlschwinger die Burggräfler-Tracht tragen, tragen die Algunder eine violette Jacke mit roten Aufschlägen und einen breitkrempigen grünen Schützenhut.

Das Schwingen nehmen die Schwinger in einem Kreis vor, umgeben vom Publikum und der Musikkapelle. Geschwungen wird im Burggrafenamt nach Marschmusik. Dies im Gegensatz zum Fahnlschwingen in Welschnofen, Gadertal und Fassatal, wo nach Walzermusik geschwungen wird. In Klobenstein wird auch nach Märschen geschwungen, doch anders als im Burggrafenamt.

Die Fahnlschwinger von Dorf Tirol, Untermais, Lana und Schenna haben ungefähr die gleichen Figuren beim Schwingen, die Fahnlschwinger von Algund weichen verschiedentlich davon ab.

Das Fahnlschwingen in Dorf Tirol läßt sich in sieben Figuren einteilen, die jeweils voneinander geschieden sind durch eine sich wiederholende Zwischenfigur. Die Figuren sind: Gruß, Abmesser, Übersteiger, einfacher Kreibeler, Kreibeler, Überwerfer, Dank.

Das Fahnlschwingen in Algund besteht nur aus vier Figuren: dem Auftakt, dem Abmesser, dem der vereinfachte Kreibler folgt, dem Übersteiger und der Verbindungsfigur von Kreibler und Überwerfer. Die Zwischenfigur besteht zu Beginn aus einer Schwingung über dem Kopf nach links und nach rechts, wobei die Fahne nur mit einer Hand gehalten wird, und dann aus zwei Schwingungen nach links hin und zwei nach rechts, wobei die Fahne mit beiden Händen gehalten wird.

Das Fahnlschwingen geht angeblich auf die Landsknechte zurück, bei denen der Fähnrich gelegentlich mit der Fahne seine Geschicklichkeit und Bewährung zeigen konnte. Von diesen ging es dann auf die Schützen und dann auf die Musikkapellen über. Früher wurde das Fahnenschwingen vermutlich von Schwegelpfeifern begleitet, heute von Blasmusikanten.

Wenn das Fahnlschwingen heute nur noch selten und an wenigen Orten gepflegt wird, so war dies früher sicher anders. Es war nicht so sehr örtlich begrenzt, sondern wurde auch von Handwerksgruppen und Zünften geübt, die meist ja auch ihre eigene Fahne hatten. A. Gr.

Ladurner-Parthanes, M.: Hundert Jahre Algunder Musikkapelle 1837–1937. Algund 1937.
Lana, hrsg. v. einem Freundeskreis. Lana 1941. S. 124–128.
Ladurner-Parthanes, M.: Vom Fahnenschwingen, in: Dolomiten v. 20. 8. 1949.
Staffler, W.: Die Musikkapelle Lana von der Gründung bis zum ersten Weltkrieg (1832 bis 1914), in: 125 Jahre Musikkapelle Lana 1832 bis 1957. Lana 1957.

Das Fahnenschwingen im Burggrafenamt ist deutlich Ausdruck des Südtiroler Selbstverständnisses ▷

Fasching

Fasching – Fas(t)nacht – Karneval, diese drei Begriffe bezeichnen in verschiedenen Landschaften ähnliche oder nahezu dieselben Phänomene: Die Zeit zwischen Neujahr und Aschermittwoch mit ihrem Maskenbrauchtum, mit der Verstellung, Vermummung, der Entindividualisierung des einzelnen in der Maske.

Allein das Wort »Karneval« ist etymologisch klar faßbar: »carne vale« – »Fleisch, leb wohl«, heißt es zu Beginn der Fastenzeit; um 1700 wurde dieser Begriff aus dem Italienischen ins Deutsche übernommen und wird heute hauptsächlich im Rheinland verwendet. Auch »Fasnacht« und »Fastnacht« (im Südwesten Deutschlands verwendet), ein seit dem Jahr 1200 belegter Begriff, hat unmittelbar mit dem Beginn der Fastenzeit zu tun: »vastnaht, vas(e)naht« bedeutet »Fastennacht«. (Daneben wurde auch versucht, »Fasnacht« mit »faseln« = dummes Zeug schwätzen in Verbindung zu bringen.) Allein bei dem süddeutschen Wort »Fasching« werden die Erklärungen etwas problematischer, obwohl die Version von Kluge-Götze sehr einleuchtend klingt: »vastschang, vaschanc« bedeutet »Ausschenken des Fastentrunkes«.

Der Fasching beginnt nach Weihnachten, meist um Neujahr oder Dreikönig (in München seit Jahrzehnten traditionell bereits am 11. 11. um 11.11 Uhr) und endet am Aschermittwoch. Nicht die ganzen langen Faschingswochen sind für den Volksbrauch wichtig – nur die drei Donnerstage vor dem Sonntag »Estomihi« und die Zeit vom Faschingssonntag bis -dienstag um Mitternacht. Der letzte der drei Donnerstage, der »unsinnige Donnerstag«, wie er im Alpengebiet zumeist genannt wird, ist der Haupttag brauchmäßiger Faschingsbegehung.

Wichtigstes Requisit der Faschingszeit ist die Maske; unter diesem Begriff kann man sowohl die Gesichtsmaske an sich verstehen (im Alpengebiet »Larve« genannt), dann die ganze Verkleidung des Körpers und zuletzt den maskierten Menschen. Das Tragen einer Maske bedeutet dem Brauchträger Legitimierung zur Ausübung seines Tuns und Entindividualisierung; sie gibt ihm durch die Verwandlung Kräfte bis zur Ekstase und Rechte, die auf dem – fiktiven – Einswerden von Darstellendem und Dargestelltem beruhen. Anders aber verhält es sich bei den tradi-

Masken (Narro und Faselhannes) in Bad Waldsee

tionellen Masken der dörflichen oder – im Südwesten Deutschlands – der kleinstädtischen Faschings- und Fasnachtszeit. Mehrere verschiedene Arten der Vermummung sind im allgemeinen anzutreffen: zunächst Masken, die Menschen oder menschenähnliche Wesen darstellen (antropomorphe Formen); zwei Gegenpole treten hier auf: die schönen und die »schiachen«, die häßlichen Typen, wobei oft eine spielerische Übertreibung ins Groteske und Bizarre zu beobachten ist.

Als zweites begegnen Tiermasken (theriomorphe Formen); hier gibt es drei Gruppen: die eigentlichen Gesichtsmasken, die häufigeren Tierköpfe oder ganzen Tiere, die, auf einem Gestell montiert, von mehreren Burschen getragen werden und zuletzt die Gruppe, die oft nur noch mit dem Namen an ein Tier erinnert (z. B. Habergeiß und verschiedene Vogelmasken).

Als Material dieser Masken trifft man Stoff an für die Gewänder (oft bunte Flikken), Tierfelle, Stroh, Moos, Tannenbart; für die Gesichtsmasken gibt es folgende traditionellen Herstellungsstoffe: Holz, Rinde, Tierfelle, Leder, Metallblech, Stroh, Wachs, Tuch, Schleier, Karton, Papier, ausgehöhlte Kürbisse, Ton; schließlich tritt dazu noch die Schminkmaske. Hergestellt wurden und werden die Larven z. T. von berufsmäßigen Maskenschnitzern, die ihre Produkte heute auch an Touristen verkaufen, zum anderen Teil jedoch noch von den Trägern selbst. Bei größeren Gesellschaften liegt die Herstellung der oft wertvollen Kleider in den Händen der Vereinigung – sie sind daher auch meistens uniform.

Verbunden mit dem Tragen einer Maske sind – im traditionellen Bereich – bestimmte Rechte und Freiheiten; ein solches Privileg ist die Lärmerzeugung; Glocken, Klappen, Peitschen, Musikinstrumente, Topfdeckel, Ketten usw. dienen dazu. Ein weiteres Recht ist das des Rügens, der Volksjustiz, der scherzhaften Aburteilung bisher unentdeckter und daher ungeahndeter Vergehen. Hier werden auch Höhergestellte ungestraft gemaßregelt und lächerlich gemacht. Auch das Heischen, das Gabeneinsammeln, ja – einfordern, ist eine Freiheit der Maskenträger; heute sind es meist nur noch die Kinder, die mit Sprüchen und Liedern Krapfen, Würste, Äpfel etc. »herauslocken« wollen.

All diese Rechte gelten natürlich nur für die befristete Zeit des Faschings.

Die Maske steht nicht starr an ihrem Platz, sie bewegt sich; die Art der Bewegung trägt entscheidend zum Eindruck bei, den sie hinterläßt. Die auftretenden Formen

sind: Lauf in bestimmtem Rhythmus, Hüpfen, Springen (stets in vorgeschriebenen Formen, keineswegs ungeordnet und willkürlich), Stampfen, Tanzen.
Heute stellt sich ein Faschingszug in einer Großstadt freilich anders dar: an einem in Reihen am Straßenrand stehenden Publikum defilieren Gruppen vorbei, die zwar oft eine Szene oder eine kurze Spielhandlung darstellen, sich aber selten mit ihren Rollen identifizieren. N. G.

Fasching in Aussee

Faschingssonntag 14.00–20.00 Uhr,
Faschingsmontag 8.00–12.00 Uhr,
Faschingsdienstag 8.00–12.00 Uhr und 14.00–17.00 Uhr
Bad Aussee, Bez. Lienzen, St

Wer den Fasching in Bad Aussee miterleben will, sollte sich unbedingt drei Tage dafür Zeit nehmen. Alle lustigen Begebenheiten und Schildbürgereien werden das Jahr über registriert, um am Faschingssonntag von den »Faschingsbrief-Sängern« öffentlich bekanntgemacht zu werden. Wenn auch die Pointen manchmal nur für den Einheimischen verständlich sind, bereiten die phantasievolle Kostümierung, vor allem aber der kunstvolle Gesang, mit dem die Moritaten vorgebracht werden, besonderen Genuß. Im Stil der Bänkelsänger werden dazu noch Bildtafeln vom Geschehen gezeigt.
Am Sonntag tauchen in den Nachmittagsstunden zerlumpte Gestalten auf, die einen Korb über den Kopf gestülpt haben und einen Besen in der Hand schwingen. Wo eine erscheint, wird sie gleich mit einem vielstimmigen »Pläß« von den Buben gestellt und mit Schneebällen beworfen. Die »Pläß« versucht zwar, sich mit ihrem fetzenumwickelten Besen, den sie noch in Straßenpfützen taucht, zu wehren, doch vor der Übermacht der Buben muß sie fliehen.
Ein eigenartiger Zug von Frauen in altertümlichen weißen Nachthemden und Schlafhauben begegnet einem an den beiden nächsten Vormittagen: die »Trommelweiber«. Hinter den glatten lächelnden Larven stecken aber Männer, die unablässig auf großen Trommeln und ähnlichen Schlaginstrumenten den Takt zum „Ausseer Faschingsmarsch« schlagen. Vor bestimmten Häusern bringen sie ein Ständchen dar, wofür ihnen ein Wurstkranz, eine Flasche Wein oder ein Bund »Beugel« (Gebäck) an die Spitze der Faschingsfahne gehängt wird.
Unbestritten bilden die »Flinserl« mit ihren kostbaren Gewändern am Nachmittag des Dienstags den Höhepunkt im Ausseer Fasching. Die Kleider der »Flinserl« bestehen aus Rohleinen, auf das farbige Tuchflecken zu einem bunten Ornament aufgenäht sind. Diese verschieden zugeschnittenen Figuren, wie Blumen, Vögel, Herzen mit Dreisproß, Männchen und Weibchen usw., werden zusätzlich mit glänzenden Silberplättchen verziert, die erst den Reiz der Maske ausmachen und ihr den Namen verleihen. Die Herstellung eines Flinserlkostüms nimmt ein bis zwei Jahre in Anspruch, weshalb es sich meist um alte Familienstücke handelt.
Bei den »Flinserln« werden »Mandl« und »Weibl« unterschieden. Ein weibliches Kostüm, das im Gegensatz zu den Trommelweibern wirklich von einer weiblichen Person getragen wird, besteht aus einem Kittel, einer Jacke und gamaschenartigen

Beinkleidern. Das Gesicht wird durch eine exotisch anmutende Tuchmaske, die ebenfalls mit Flinserln besetzt ist, verdeckt. Die Gesichtsmaske wird in Bad Aussee »Gugel« genannt. Auf dem Kopf wird noch ein Spitzhut mit einem Büschel Rauschgold getragen. Die Flinserlmandl gehen in langen Hosen. In den frühen Nachmittagstunden versammeln sich 30 bis 40 Flinserl, um dann paarweise in einem Zug durch den Markt zu marschieren. Voran geht eine Streichmusik, die ebenso wie die »Zacherl« keine Gesichtsmasken tragen. Die »Zacherl« sind außerdem an ihrem Zylinderhut und an den »Saublasen«, die sie an einem Stock tragen, erkennbar.

Die »Flinserl« sind bald von Kindern umringt. Sie tragen nämlich in weißen Säken oder Polsterüberzügen Nüsse mit sich, um die die Kinder mit Geschrei und Sprüchen betteln. Als Belohnung werfen die Flinserl eine Handvoll Nüsse in die Luft und lassen die Kinder darum balgen. Worauf das Spiel von neuem beginnt, bis der Sack leer ist.

Über das genaue Alter und die Herkunft der Flinserl ist nichts bekannt. Man vertritt vielfach die Meinung, daß die Ausseer Salzfahrer die Anregung für die Flitterkostüme aus Venedig mitgebracht hätten. Wie alte Flinserlkleider zeigen, sind die Gold- und Silberplättchen erst eine jüngere Zutat. Ursprünglich waren nur kleine bunte Tuchflecken auf das grobe Leinen genäht. Nach und nach entwickelten sich daraus figurale Ornamente. Aus formalen Gründen müßte man den Ausseer »Flinserl« viel eher mit den süddeutschen Fasnachtsgestalten, etwa mit den Überlinger Hänsele, in Verbindung setzen. Viel deutet jedoch darauf hin, daß die Form des gabenspendenden Faschings, die im Salzkammergut öfter anzutreffen ist, eine bodenständige Erscheinung darstellt, denn im Hinterbergtal werden noch gegenwärtig die Masken mit Tuchfleckerl getragen.

Flinserlmasken in Aussee

Die »Zunft« der Trommelweiber läßt sich über 200 Jahre zurückverfolgen, denn auf der alten Ausseer Faschingsfahne ist die Jahreszahl 1767 vermerkt. Eine andere trägt die Inschrift »Hundert-jähriges Jubiläum 1878«. In Unterkainisch (Gmd. Bad Aussee) wurde die Gilde erst nach 1920 gegründet. Die Trommelweiber sind eine Männergemeinschaft, in die man nur nach Eidesleistung und bestandenen Prüfungen aufgenommen wird. F. G.

Wolfram, R.: Faschingsbräuche im Salzkammergut, in: Germanien 14/1942. S. 44 ff.
Burgstaller, E.: Über den Ausseer Flinserlfasching, in: Zs. f. Vkde. 52/1955. S. 171–204.
Stadler, F.: Brauchtum im Salzkammergut. Bad Aussee 1971. S. 12 ff.

Fasching in München

Wechselnde Termine
Landeshauptstadt München, Obb.

Fasching in München, dieser Begriff hat einen besonderen Klang; daß er noch heute von diesem unbestimmbaren Charme umgeben ist, verdankt der Münchner Fasching jedoch eher seiner Geschichte als seiner heutigen Gestalt. Obwohl der Ballkalender alljährlich Hunderte von Festen aufweist, ist der Münchner Fasching kaum noch das, was er einmal war. Einen schwachen Abglanz zeigen die Studenten- oder Künstlerbälle im Haus der Kunst (letztmalig 1974), die Traumkulisse der Münchner Kammerspiele, der Ball der Damischen Ritter, die Autler-Kirta des ADAC oder die exklusive Vorstadthochzeit.

Beim Faschingstreiben in der Innenstadt haben sich in den letzten Jahren einige Veränderungen ergeben; bis vor Jahren bewegte sich jedes Jahr am Vormittag des Faschingssonntags der Faschingszug, den man unberechtigt Gaudiwurm nannte, durch die Straßen. In Anbetracht der hohen Kosten entschloß man sich, statt dessen in der neuen Fußgängerzone (Neuhauser Straße, Kaufingerstraße, Marienplatz) vom Faschingssonntag bis -dienstag ein buntes Maskentreiben zu veranstalten. Häuserfassaden, Laternen und Bäume werden bunt geschmückt, Buden aufgeschlagen und im übrigen wird dem Publikum die Gestaltung des Festes überlassen, was sich bisher als sehr positiv erwiesen hat.

Eine Faschingsattraktion für die Münchner hat sich jedoch über Jahrzehnte erhalten: der Tanz der Marktfrauen auf dem Viktualienmarkt am Vormittag des Faschingsdienstags. In oft phantasievollen Kostümierungen sorgen die Standlfrauen für die erwartete echt-münchnerische Gemütlichkeit und Stimmung, die sich sehr schnell auf das zu Gaudi und Spaß bereite Publikum überträgt.

Es bleibt trotz bestimmter Typika unerklärlich, wie sich der weltweite Ruf des Münchner Faschings herausbilden konnte. Bereits im 15. Jh. traf sich die Münchner Bürgerschaft mit ihren Herzögen zum Faschingstanz im Tanzhaus, doch ist ungewiß, ob eine derartige Veranstaltung überhaupt mit dem heutigen Faschingsbegriff in Verbindung gebracht werden darf. Eine durch Quellen reichlich abgesicherte Geschichte des Münchner Faschings kann erst im 19. Jh. beginnen und trifft damit auch sehr bald auf die ersten Höhepunkte. Der Anfang wurde in den Jahren 1812/13 gemacht mit künstlerisch gestalteten Almanachen, die Ballkalender, Rätsel, Noten zu launigen Liedern, humoristische Kurzgeschichten, heitere Gedichte und von Künstlern entworfene Maskenvorschläge brachten. Hier also treten bereits Künstler als Faschingsgestalter auf, wie es in München später stets die große Gruppe der Maler, Bildhauer, Architekten, Dichter und Musiker war, die die Feste arrangierte; dazu gehören auch und vor allem die Akademieschüler.

Um 1810 bereits gab es eine »Polizey-Bekanntmachung«, in der vorgeschrieben wurde, »sich nur solcher Masken zu bedienen, welche weder gegen die Sittlichkeit laufen noch in anderen Rücksichten anstößig werden, jede Verunstaltung des Körpers, besonders des Gesichtes zu vermeiden, ...wodurch das physische Wohl oft sehr bedeutend gefährdet werde«.

Die 20er Jahre des 19. Jh.s brachten insofern eine Veränderung, als das Narrentreiben auf den Straßen abgelöst oder auch nur ergänzt wurde durch Gesellschaftsbälle bei Hofe und Künstlerfeste, die den Anstoß gaben zu der späterhin berühmten Münchner Kostümierfreude (der Einfluß Pilotys und seiner Schule ist hier nicht hoch genug anzusetzen). Der Hof war es weiterhin, der als Antriebsfeder fungierte, 1835 z. B. mit einem glänzenden Fest im Kgl. Hof- und Nationaltheater und einem Maskenzug innerhalb des Hauses, der die vier Weltteile Europa, Afrika, Amerika und Asien in funkelnder Pracht darstellte.

Die 70er Jahre brachten als neue Entwicklung Faschingsfeste in größeren Sälen für das allgemeine Vergnügen der gesamten Bürgerschaft – die »Großen Redouten« waren geboren! Studentenverbindungen luden zu Faschingsfesten ein, die Komiker- und Volkssängergesellschaften warteten mit besonderem Programm auf. Höhepunkt der gesellschaftlichen Veranstaltungen war im letzten Drittel des 19. Jh.s alljährlich der Armenball, der stets einen illustren Kreis wohlhabender Bürger vereinigte. Selbst die Cafés der Stadt versuchten bereits, mit Dekoration und Musik Faschingsgäste anzulocken. Auch der Maskenverleih blühte schon als neuer Münchner Geschäftszweig auf.

Um das Jahr 1880 begannen in München die privaten Faschingsfeste kleinerer Vereine, Gesellschaften, aber auch der Familien beliebt zu werden. Dieser Trend hielt in den folgenden Jahren an.

1893 wurde die »Münchner Karnevalsgesellschaft« gegründet. Der Name ist befremdlich, da München und Bayern von jeher Fasching feierten und nicht Karneval. Aufgabe dieser neuen Vereinigung war vor allem die Gestaltung eines Faschingszuges – einer vollkommenen Neuheit für München. Interessant ist die Programmfolge dieses ersten öffentlichen

Marktfrauen auf dem Viktualienmarkt

»Gaudiwurms«, der nahezu denselben Weg nahm wie die späteren:

1. 6 Fanfarenbläser
2. 1 Herold
3. Festwagen römisch
4. Standartenträger
5. Wagen: Weltfrieden
6. Wagen mit Musikkorps
7. Wagen: Almhütte
8. Wagen: Geräuschloses Pflaster
9. Der allgemeine Notstand (Kinderwagen)
10. Frau Wurzl vom Viktualienmarkt (Fiaker)
11. Trambahn: Hoftheater–Promenadeplatz
12. Kaminkehrerstreik
13. Wagen mit Musikkorps
14. Floßwagen mit Oberländlern
15. Der Maffei-Anger
16. Wagen mit chinesischen Mandarinen, Griechen mit Maßkrügen, einem Kaffern-Kral und dem Geheimsekretariat der Ratschkatl.

Ein Jahr später wurde der erste Münchner Faschingsprinz Gustl I., der Antiquitätenhändler August Humplmayr, mit einer feierlichen Inthronisation in sein Amt eingeführt. Weit reicher, länger, phantasievoller und prächtiger gestaltete sich nun auch der Faschingszug unter dem Motto »Allen zur Freude, niemand zu Leide«. Aber nicht nur den vom Volk bejubelten Zug gab es in diesem Jahr, sondern am Faschingsdienstag auch buntes Narrentreiben in der Innenstadt und allen dort befindlichen Gaststätten. München wurde eine Weltstadt des Faschings. Das Deutsche Theater hatte sich zum Hauptort der Feste entwickelt.

1950 war der erste Ball der »Damischen Ritter«; das Haus der Kunst wurde nun zum Hauptort von Künstler- und Studentenbällen, die in den 50er Jahren einen neuen Höhepunkt an Phantasie und Stimmung erlebten. N. G.

Hafner, M.: Der Münchner Fasching. München 1953.

Fasching in Schladming

Jedes zweite Jahr (gerade Zahl), Faschingszug ab 14.00 Uhr am Faschingssonntag
Schladming, Pol. Bez. Liezen, St

Zum Schladminger Fasching gehört neben dem Faschingszug ein Unterhaltungsabend mit dem Namen »Varieté, Varieté«, der in der Woche vor dem Faschingssonntag dreimal im Stadtsaal wiederholt wird, und als neuere Erscheinung die sogenannte Erstürmung des Rathauses, das kampflos dem Faschingsprinzenpaar und seinem Gefolge übergeben wird; man wird kurzfristig monarchistisch regiert.

Die Schladminger Lumpenfahne von 1846 (!) wird bei der Inthronisation des Prinzenpaares verwendet.

Der Schladminger Faschingszug besteht aus durchschnittlich 30 Gruppen, die von ortsansässigen privaten Personenkreisen und auch von Firmen der Stadt gestaltet werden. Die Zugspitze bildet eine Reitergruppe, dann folgt die »Schladminger Faschingsregierung«, das sind »Bürgermeister«, Mitglieder des Präsidiums, Prinzenpaar usw. In dieser Gruppe wird auch die Lumpenfahne mitgetragen. Es schließen sich dann in bunter Reihenfolge die weiteren Teile des Zuges an, wobei nicht nur gegenwartsbezogene Ereignisse verulkt werden, sondern auch Gruppen zu sehen sind, die traditionelle Bedeutung haben: die »Altweibermühle«, »böhmische Musikanten«. Nach Auflösung des Faschingszuges herrscht in der ganzen Stadt, vor allem in den Gaststätten, fröhliches Treiben, das sich, mit kurzen Unterbrechungen, bis zum Faschingsdienstag hinzieht, an dem dann das »Faschingseingraben« stattfindet. Nach einem Trauermarsch, der von der »Schladminger Faschingsregierung« angeführt wird, findet die öffentliche Verbrennung einer Strohpuppe in den Abendstunden des Dienstags statt.

Das Schladminger Faschingstreiben läßt sich aufgrund archivalischer Aufzeichnungen bis zum 18. Jh. nachweisen. Im Jahre 1775 wurde während des Faschings in Schladming ein »Faschingbau« vorgeführt, ein erster Pfluggang als Faschingszug, »vielfach noch im Schnee über die Felder und durchs Dorf . . .«*

Im Steiermärkischen Landesarchiv, Spezialarchiv Schladming, Schuber 12, Heft 61, wird er beschrieben: »Faschingbau . . . so den 27.ten Febr. 1775 . . . von . . . Handwerks Burschen vorgeführt worden«. Voraus ging ein Fasching im gewöhnlichen Anzug, mit 6 schweren Kuhglocken behangen, »der das Vor-Roß vorstellte«, und von einem vermummten Burschen »unter dem Namen eines Roßknechts an einer langen Schnur geführt wurde«. Diesen folgte der Schmied. In einer Hand trug er die Beschlag-Truhe, in der anderen das Beschneid-Messer. Begleitet wurde er von einem Gehilfen, der »Aufheber« genannt wurde und dessen Aufgabe es war, Mädchen auszusuchen und solche mit dem Schmied »gleich einem Roß beschlagen«. Dann kamen 8 Paar Burschen vor einem Pflug gespannt, unter dem Namen der »Knoderer«, alle »auf das Scheußlichste masqirt«. Beim Pflug, nahe den Pflugrädern, gingen zu beiden Seiten die zwei anderen Fasching, »so die Gerädt-Stier vorstelten«, dabei der Stierknecht mit einer langen Gaissel, um die »Knoderer« zusammenzutreiben. Der Pflug selbst wurde von dem Meier-Knecht gehalten, der mit einem großen »fliegenden Hut, comischen schwarzen Röckl, rothen Beinkleidern, und zweyfärbigen Strümpfen angethan, zugleich in der einten Hand eine Pflug Hacken trug«. Dahinter gingen der Bauer und die Bäuerin. Diese trug einen Korb, er eine Hacke, in seinem Fürtuch hatte er Sägescharten, die er den Zusehern über die Köpfe warf. Den Zug beschlossen die Meier-Dirnen, Rechen in der Hand tragend, womit sie den »Unflat« auf dem Boden sammelten und ihn den Leuten ins Gesicht warfen.

In der Zeit der Aufklärung waren Faschingsveranstaltungen untersagt, doch ignorierte man dieses Verbot. Wenn Anzeigen erstattet wurden, bestrafte man die an Faschingsumzügen Beteiligten mit Straßenarbeit in Ketten in der Dauer von drei Tagen. Der Umzug war bis vor 10 Jahren in jedem Jahr. Erst seit der Einführung des Unterhaltungsabends sind »Varieté, Varieté« und Faschingsumzug alternierend.

Der Schladminger Fasching zeigt, wie heute an vielen anderen Orten auch, karnevalistische städtische Eigenheiten. Das kaum über 1800 zurückgehende, auch in den Alpenländern mehr und mehr übernommene städtische Karnevalstreiben hat eigene Teilformen hervorgebracht: das Prinzenpaar, die Karnevalsgesellschaften (in Schladming das Karnevalspräsidium), die Mädchengarden. Die Varietéveranstaltung in Schladming dürfte wohl auch dem Karneval zuzuordnen sein. Das Verlesen von Artikeln aus der Faschingszeitung erinnert wiederum an die traditionellen Faschingsbriefe oder Faschingsbriefsänger des Ausseer Landes. In weitem Sinne könnte man natürlich überhaupt die parodistische Vorführung von aktuellen Ereignissen beim Varieté-Abend als Faschingszeitung in szenischer Form betrachten. Die einstigen Narrengerichte sind in moderner Form festgehalten in den Faschingszeitungen. H. M.

Gugitz, G.: Das Jahr und seine Feste im Volksbrauch Österreichs. 1. Bd. Wien 1949.
* Haberlandt, A.: Taschenwörterbuch der Volkskunde Österreichs, Der andere Teil. Wien 1959.
Fochler, R.: Von Neujahr bis Silvester. Volkstümliche Termine in Oberösterreich. Linz 1971.

Faschingsbegraben (Faschingseingraben) in Ober- und Niederösterreich

Faschingsdienstag, gegen Mitternacht, selten Aschermittwoch

Vom Faschingsbegraben gibt es die verschiedensten Spielarten: Teilweise kommt man oft nur im Wirtshaus zusammen, um bei Speis und Trank den Fasching symbolisch zu »begraben« (Marktgmd. Gresten, Pol. Bez. Scheibbs). Teilweise nennt man auch die letzte Faschingsveranstaltung am Faschingsdienstag »Faschingsbegraben«. Die modernste Form ist wohl die in der Marktgemeinde Frankenfels (Pol. Bez. St. Pölten), daß im Faschingsumzug auf dem letzten Wagen ein Sarg mit einem »Toten«, dem Fasching, mitgeführt wird. Am häufigsten wickelt sich das Faschingsbegraben in Form einer christlichen Begräbnisparodie ab: Dem Sarg folgt ein »Priester« und hält eine »Trauerrede«, die von den »Trauergästen« mit dem nötigen Gejammer gewürdigt wird.

In der *Marktgmd. Oberwaltersdorf (Pol. Bez. Baden)* veranstaltet der Burschenverein »Einigkeit«, der schon seit der Jahrhundertwende existiert, nach der Vorfeier in seinem Stammlokal am Faschingsdienstag um Mitternacht ein Faschingsbegraben. Der »Fasching«, eine überlebensgroße Strohpuppe, wird nach einem lautstarken Umzug (in Begleitung eines »Priesters« und der »Trauergäste«) durch den Ort angezündet und in der Triesting versenkt.

In der *Gmd. Mitterndorf an der Fischa (Pol. Bez. Baden)* wird am Faschingsdienstag gegen Mitternacht ein Sarg in Begleitung eines »Priesters« und zahlreicher »Trauergäste« unter lautem Trauergeheul bis zur Fischabrücke getragen, der »Leichnam« den Flammen übergeben und in der Fischa versenkt. Veranstalter ist der Sportverein (früher Radfahrverein).

In der *Gmd. Prein an der Rax (Marktgmd. Reichenau, Pol. Bez. Neunkirchen)* wird in einem Sarg eine mit allerlei Lumpen angezogene Puppe umhergetragen. Hinter dem Sarg gehen ein »Priester« sowie maskierte »Trauergäste«, die ein arges Geheul und Gejammer anstimmen und alle Zuschauer mit Wasser bespritzen.

In der *Kat. Gmd. Tattendorf (Marktgmd. Günselsdorf, Pol. Bez. Baden)* wird der Fasching am Aschermittwoch »eingegraben« unter Abhalten einer »Trauerrede«, die vom lauten Gejammer der »Trauergäste« begleitet wird.

In der *Gmd. Willendorf (Pol. Bez. Neunkirchen)* wird ein Sarg mit einer Puppe unter großer Anteilnahme der Anwesenden in ein vorbereitetes Loch im Garten versenkt.

In der Kat. *Gmd. Trattenbach, Gmd. Otterthal, Pol. Bez. Neunkirchen, NÖ* wird bei einer feuchtfröhlichen Zusammenkunft am Faschingsdienstag gegen Mitternacht der Fasching eingegraben. Nach der lautstark vorgetragenen Trauerrede, die vom Gejammer der Zuschauer unterbrochen wird, wird der Betrunkenste in einen Sautrog gelegt, im Kondukt unter lautem Gejammer hinausgetragen und auf einem Schneehaufen oder gar am Misthaufen abgeworfen.

An sich ist das Faschingsbegraben, verglichen mit den Faschingsumzügen, der altertümlichere und bodenständigere Brauch in Niederösterreich. Zahlreiche Verbote, vor allem von seiten der katholischen Kirche, die in der oft recht wahrheitsgetreuen Nachahmung eines christlichen Begräbnisses eine Verunglimpfung sah, konnten ihn nicht endgültig unterbinden. Freilich darf man das Alter des Brauches auch nicht zu hoch ansetzen, da der Aschermittwoch als Beginn der Fastenzeit erst in der frühen Neuzeit unter gegenreformatorischem Druck durchgesetzt wurde. Zum Teil scheint das Faschingsbegraben daher auch eine Reaktion auf die strengen kirchlichen Verordnungen zu sein. Ausführende waren früher meist die ledigen Burschen, die überhaupt Träger des Faschingsbrauchtums waren. Heute haben diese Aufgabe Vereine (Musikverein, Sportverein, Freiwillige Feuerwehr) übernommen.

Die Symbolhandlung des Faschingsbegrabens ist wohl nicht allzuschwer zu verstehen. Sie versinnbildlicht das endgültige Ende der lustigen Zeit. Daß es sich dabei tatsächlich nur um eine Personifizierung des »Faschings«, des Narrentreibens, handelt, mag auch dadurch bewiesen sein, daß der in einigen Gegenden nur vergrabene Fasching im nächsten Jahr wieder ausgegraben und als Sinnbild des närrischen Treibens umhergetragen wurde. H. F.-F.

Zeitschriften- und Fragebogenarchiv des Österr. Rundfunks, Studio Niederösterreich (Günter Richter).

Fragebogen der Niederösterr. Landesregierung Abt. III/2.

Teufelsbauer, L.: Jahresbrauchtum in Österreich, I. Niederösterreich. Wien 1935. S. 44.

Schmidt, L.: Volkskunde von Niederösterreich. 2. Bd. Horn 1972. S. 189.

Wolfram, R.: Die Jahresfeuer. Veröff. d. Kommission f. d. Volkskundeatlas in Österr. Hg. v. R. Wolfram. Bd. 3. Wien 1972. S. 57.

Faschingsrennen (Faschingslaufen) im oberen Murthal

Fastnachtsmontag, ca. 5.00–18.00 Uhr
Krakauschatten, Pol. Bez. Murau, St
Der Brauch findet auch in anderen Gemeinden, z. T. jährlich abwechselnd, statt: St. Georgen ob Murau, St. Peter am Kammersberg, Krakaudorf, Ranten;
alle Bez. Murau, St

Am Faschingsmontag ziehen im Gebiet nördlich der oberen Mur mehrere Maskenzüge den ganzen Tag von einem Bauernhof zum nächsten, tanzen jeweils ein sog. »Kranzl« und heischen Eier, Hafer und Geld. Der Zug von etwa 40 Personen besteht aus zwei Teilen, der »Schellfaschinggruppe« und der »Roßgruppe«, und einigen maskierten Begleitern (Arzt, Billiger Jakob, Modekaufmann, Friseur, Fotograf). Die erste Gruppe läuft meist im Gänsemarsch: vorweg der »Hühnergreifer« (in Federmaskierung mit Habichtkopf). Er schaut, ob vor den Häusern Eier und Hafer bereitgelegt sind und gibt, wenn ja, den Faschingen das Signal, ein »Kränzchen« zu drehen. Deren Anführer ist der »Wegauskehrer« (roter Anzug, rote Spitzmütze, langer Stab mit angebundenem kleinen Besen in der Hand). Ihm folgen sechs »Schellfaschinge« (weiße, überfallende Hemden mit seidenem Halstuch, über langen weißen Unterhosen eine kurze Lederhose und grüne Strümpfe, spitzer bunter Papphut mit Bändern, Schellengürtel, langer Bänderstab), dann der sog. »Wechsler« (mit größeren Glocken am Gürtel), wieder sechs »Schellfaschinge« und vier »Glockfaschinge« (statt der Spitzmütze einen mit Kunstblumen geschmückten Hut, in der einen Hand einen kurzen Stock, in der anderen eine große Kuhglocke). Nebenher rennen der »Schottenklaner« im Fleckengewand, der den Kindern rote Wasserfarbe ins Gesicht streicht, und zwei Eierträger mit Körben.

Zu Beginn des »Kränzchens« läuft der Wegauskehrer mit waagerecht gehaltenem Besen eine Kehre und schwenkt nach dem letzten Glockfasching in einen Kreis. Die Glockfaschinge stellen sich im Viereck beieinander mit dem Blick zur Haustür auf und läuten ihre (klanglich aufeinander abgestimmten) Glocken. Um sie herum laufen in einem äußeren Ring der Wegauskehrer mit sechs Schellfaschingen, in einem inneren Ring entgegengesetzt der Wechsler mit sechs Schellfaschingen. Nach einer Runde springt der Wegauskehrer, sich um sich selbst drehend, aus dem Kreis und stellt sich neben die Haustür, eine Runde später folgt der erste Schellfasching, dann der zweite usw., bis alle – abwechselnd links und rechts – aufgestellt sind und die vier Glockfaschinge durch dieses Spalier als erste ins Haus treten, wo die Burschen bewirtet werden. Besucht man das Bauernhaus nicht, fällt das abschließende Aufstellen weg und die Faschinge laufen in Richtung des nächsten Hauses weiter.

Die zweite Maskengruppe besteht aus einem Roßknecht, der ein »Roß« (zwei Burschen, einer mit Pferdekopfmaske und Ochsenfell, der andere mit angenähtem Schwanz am Rock) führt, einem Schmied und einem Schinder, jeweils mit einer (von Männern dargestellten) Frau. Außerdem gehören dazu zwei Haferträger sowie ein Trommler und ein Ziehharmonikaspieler. Unter Scherzreden wird das Roß stets erneut verkauft, der Schmied fordert Geld

für das Beschlagen, und wenn das Pferd dann, nachdem der Käufer es übernommen hat, zusammenbricht, verlangt auch der Schinder für den Abtransport noch seinen Lohn. Der besonders für die Faschinge sehr anstrengende Lauf (selten wird gegangen, weil dann die Glocken kaum läuten) führt von Etrach über Schattnerberg und Fresen nach Seethal (Bez. Tamsweg) bis zum Klausnerwirt und über Umwege zurück nach Oberetrach. Gelegentlich müssen die Faschinge hoch gespannte Seile überwinden, manchmal tanzen sie mit den weiblichen Hausbewohnern, im letzten Gasthaus führen sie eine drastische Zangengeburtsszene auf. Die Teilnehmer sind etwa zwischen 17 und 50 Jahre alt; die älteren stellen die Glockfaschinge oder Gestalten der Roßgruppe. Die Verteilung der Rollen geschieht bei einer vorhergehenden formlosen Zusammenkunft. Die Geldeinnahmen sowie der Erlös von Eiern und Hafer werden zur Feier des Fastnachtsdienstags verwendet, vor allem aber für einen größeren gemeinsamen Ausflug im Sommer.

Die Geschichte des Faschingsrennens ist noch dunkel; in der Mitte des 19. Jh.s wurde der Brauch im wesentlichen bereits in der heutigen Form beschrieben. Einige Variationen im 20. Jh., z. B. die Wiederbelebungsszene des Pferdes, sind möglicherweise durch den Rücklauf wissenschaftlicher (mythologischer) Deutungen beeinflußt. Die ältere Forschung sah im Faschingsrennen ein »heidnisches Treiben« mit Dämonenabwehr und Fruchtbarkeitskult, im »Kränzchen« einen alten Kulttanz. Vermutlich haben aber Arbeits- und Rechtsbräuche bei der Entstehung eine wichtige Rolle gespielt. Insbesondere die Kleidung und die Attribute der Schell- und Glockfaschinge lassen sich aus älterem Arbeitsbrauchtum herleiten, so daß wir hier wohl wenigstens teilweise keine eigentlichen Maskengestalten, sondern vielmehr ein Rollenspiel vor uns haben, welches ursprünglich ein rechtlich verankerter Sammelbrauch bäuerlicher Saisonarbeiter (Drescher) war. Das komplexe Brauchgeschehen muß nicht unbedingt (nur) in der Obersteiermark entstanden sein; es gibt untersuchenswerte Hinweise auf Zusammenhänge, z. B. mit dem Burgenland.

H. G.

Wolfram, R.: Bärenjagen und Faschinglaufen im oberen Murtale, in: Wiener Zs. f. Vkde. 37/1932. S. 59–81.
Stöffelmayer, K.: Das Obermurtaler Faschingrennen, in: Österr. Zs. f. Vkde. 56/1953. S. 37–45.
Hergouth, A.: Das Faschingrennen im oberen Murtal. Graz 1960.
Walter, S.: Faschingrennen und Bärenjagen. In: Vkde. u. Volkskultur. Festschrift f. R. Wolfram. Hrsg. v. H. Fielhauer. Wien 1968. S. 397–415.

Faschingsumzüge in Ober- und Niederösterreich

Faschingssonntag, -montag oder -dienstag

Die Entwicklung der Faschingsumzüge im südlichen Niederösterreich nahm in den letzten Jahren sprunghaft zu. In der Stadt Haag (Pol. Bez. Amstetten) z. B. gibt es seit 1967 in der Stadthalle drei Karnevalsabende mit Büttenrednern und Karnevalsgilden und -garden aus Niederösterreich und Oberösterreich. Für die Abhaltung der Umzüge kommen Faschingssonntag, -montag oder -dienstag in Frage. Ob die Umzüge regelmäßig jedes Jahr durchgeführt werden, hängt weitgehend von der Initiative einzelner Organisatoren ab.

In der Stadtgmd. Berndorf (Pol. Bez. Baden) lautet das Programm für die Faschingstage: Faschingssamstag 14.01 Uhr feierliches Hissen der Narrenfahne vor dem Rathaus. Der Bürgermeister übergibt den Stadtschlüssel dem Faschingsprinzenpaar. Faschingsdienstag 8.01 Uhr Beginn des Narrentreibens. Die Geschäftsleute sind maskiert, die Kunden werden gratis bewirtet. Um 14.59 Uhr begrüßt der Prinz vor dem Rathaus den Bürgermeister und den Stadtsenat und überreicht ein Ehrengeschenk. Der Bürgermeister hält eine Ansprache. Um 15.07 Uhr setzt sich der Faschingszug vom Rathaus weg in Bewegung und zieht durch die Stadt zum Gemeindehof. Am Hauptplatz findet eine »mystische Verbrennung der Faschingsgeister« statt. Am Umzug nehmen auch Maskengruppen von auswärts teil.

Der Faschingsrummel wurde 1970 von drei Berndorfer Geschäftsleuten ins Leben gerufen. Sie gründeten die Narrengilde »Brum-Brum-Brum-Berndorf«.

In der Marktgmd. Grünbach am Schneeberg (Pol. Bez. Neunkirchen) geht der Faschingsumzug von der Neubaustraße durch die Schneeberg-, Wr. Neustädter- und Bahnstraße zum Bahnhof Grünbach. Eine Besonderheit des Grünbacher Zuges mag sein, daß er auch einen historischen Faschingsbrauch der Gegend in den Zug miteinbezieht: Auf einem geschmückten Traktor fahren Maskierte durch die Ortschaften, machen Späße und erhalten dafür Selchfleisch, Wurst und Geld, das sog. »Fleischbetteln«, das in früheren Jahren ein Vorrecht der unverheirateten Burschen in der Faschingszeit gewesen war. Der Faschingsumzug wurde nach einer Pause seit dem Jahr 1929 erstmals 1972 wieder durchgeführt. Organisiert ist er von der Grünbach-Schrattenbacher-Faschingsgilde, die sich aus dem Grünbacher Musikverein und dem Ersten Eisschützenverein Groß-Schrattenbach konstituiert.

In der Stadtgmd. Waidhofen an der Ybbs (Pol. Bez. Waidhofen a. d. Y.) beginnt der Faschingsumzug um etwa 14 Uhr in der Allee und geht durch die Eder- und Ybbsitzerstraße stadteinwärts. Weiterer Verlauf: Graben-, Inführ-, Unterer Stadtplatz, Fresinger Berg, Oberer Stadtplatz. Vor dem Rathaus Durchführung einer Narrenzeremonie mit symbolischer Stadtübergabe. Um 19 Uhr Preisverteilung für prämierte Masken, anschließend eine Tanzveranstaltung.

In der Marktgmd. Gaming (Pol. Bez. Scheibbs) setzt sich der Umzug am Faschingssonntag um etwa 13 Uhr bei der Kartause in Bewegung und geht über die Bundesstraße zur Ortsmitte. Den Zug eröffnet die Prinzengarde, ihr folgt das Prinzenpaar und schließlich die verschiedenen Maskengruppen. Veranstalter ist die Freiwillige Feuerwehr.

In der Marktgmd. Purgstall an der Erlauf (Pol. Bez. Scheibbs) sind schon am Morgen des Faschingsdienstags Geschäftsleute und Gemeindebedienstete maskiert. Die Teilnehmer am Faschingszug treffen sich um 14 Uhr in der Busatisstraße.

In der Marktgmd. Kilb (Pol. Bez. Melk) findet ein Faschingsumzug mit Prinzenpaar statt.

Faschingszüge gibt es auch in: Pielachtal (Flußtal, dessen Orte sich zur Veranstaltung zusammengeschlossen haben). Gmd. St. Anton an der Jessnitz (Pol. Bez. Scheibbs). Marktgmd. Frankenfels (Pol. Bez. St. Pölten). Gmd. Loich (Pol. Bez. St. Pölten). Gmd. Annaberg (Pol. Bez. Lilienfeld). Marktgmd. Gresten (Pol. Bez. Scheibbs). Stadtgmd. Scheibbs (Pol. Bez. Scheibbs). Marktgmd. Wieselburg (Pol. Bez. Scheibbs).

Zu organisierten Faschingsumzügen kam es nur in den Städten. Im ländlichen Bereich gab es die »Faschingsnarren«, die unverheirateten Dorfburschen, die einzeln oder in kleinen Gruppen maskiert umherzogen und wohl auch manchmal ein Faschingsspiel aufführten. Erst im 19. und zu Beginn des 20. Jh.s wurden dort unter städtischem Einfluß Faschingsumzüge ins Leben gerufen. Lokale Berühmtheit erreichten dabei u. a. der Blindenmarkter Faschingsumzug und der Ybbser Umzug, an dem sich auch die umliegenden Ortschaften beteiligten. Nach dem Zweiten Weltkrieg begannen dann unter Einfluß der Massenmedien, die vor allem die rheinische Fasnachttradition (Prinz Karneval) verbreiteten, die Faschingsumzüge einen großen Aufschwung zu nehmen.

Bei den Faschingsumzügen handelt es sich meist um teils repräsentative, teils sitten- und zeitkritische Veranstaltungen, die nach Art von Rügegerichten Mißstände anprangern sollen. Ältere bäuerliche Traditionen, die sich zum Teil aus den Arbeitsschlußfesten entwickelt haben mögen, werden durch den neuen Trend in den Hintergrund gedrängt. H. F.-F.

Zeitschriften- und Fragebogenarchiv des Österr. Rundfunks, Studio Niederösterreich (Günter Richter).

Fragebogen der Niederösterr. Landesregierung, Abt. III/2.

Teufelsbauer, L.: Jahresbrauchtum in Österreich. I. Niederösterreich. Wien 1935. S. 39 ff.

Schmidt, L.: Volkskunde von Niederösterreich. 2. Bd. Horn 1972. S. 187 f.

Der Buttenträger gehört zu jenen Fasnachtsgestalten, die sich regional nicht begrenzen lassen. Man findet ihn in der schottischen Volkskultur ebenso wie in der Siziliens. Der besondere Effekt der Figur liegt darin, daß der im Korb steckende Mann die alte Hexe so geschickt an seinem Oberkörper befestigt hat, daß der Eindruck entsteht, der Mann würde von der Hexe getragen.
Die Aufnahme entstand beim Garmischer Fasching.

Fasnacht in Basel

Montag nach Aschermittwoch,
4.00 Uhr morgens, bis unmittelbar vor Ostern; Hauptaktivitäten Montag bis Mittwoch
Basel

Die »Schau- und Klangkulisse«** der Basler Fasnacht wird nicht erst am Montag nach Aschermittwoch aufgerollt, sondern beschäftigt schon Monate vorher weite Kreise der Bevölkerung in intensiver Weise; das Ende der fasnächtlichen Aktivitäten ist erst kurz vor Ostern.

Die Basler Fasnacht (ältere Schreibweise Fastnacht, z. T. heute noch verwendet) wird am Montag mit dem Morgenstreich um 4.00 morgens eröffnet. Alle Lichter in der Innenstadt werden gelöscht, riesige Laternen erleuchten die Szene. Die trommelnden und pfeifenden Cliquen, begleitet von den Trägern der zahllosen beleuchteten Steckenlaternen, bahnen sich ihren Weg durch die Menge. Die Cliquen tragen beim Morgenstreich nicht die gewohnten Einheitskostüme, sondern frei gewählte Kostüme (Charivari) und Gesichtsmasken, die z. T. von früheren Fasnachtsanlässen stammen.

Man zieht im Trommelschritt (90 Schritt pro Minute) durch die rechts- und linksrheinischen Altstadtquartiere. Es beteiligen sich neben den Cliquen die wohnquartiereweise gehenden »Buebezigli«, die »Jungi Garde«, die »Alti Garde« und die »Pfyffer- und Tambouregruppe«, nicht zu vergessen die »Chaisen« bzw. »Schääsen«, die »Ainzelmassge«, die »Gruppen« (z. B. »Die Labile: Mir spyre kai Rezession, Drägg hats iberall – sogar in Basel«), die »Wage« mit den »Waggis« (Waggis sind entweder Einzelgänger oder treten auf den Wagen in größeren Gruppen auf) und schließlich die »Muusige«. Zahlenmäßig am stärksten sind die Cliquen vertreten. Sie gehen in

Mitglieder einer Basler Clique ▷

genau festgelegter Ordnung: Der Vortrab, die Laterne (»das Herzstück der Clique«*), die von vier Männern getragen wird, der Requisitenwagen und die Pfeifer und Trommler, dazwischen der Tambourmajor. Nachdem Aktive und Gäste traditionell Mehlsuppe, Käse- und Zwiebelkuchen (Mählsuppe, Käs- und Zibelewaije) zu sich genommen haben, ist am Vormittag in Basel ein gewöhnlicher Arbeitstag. Am Nachmittag ziehen die Cliquen, gruppenkonform in neuer Gewandung (Sujet) nach genau festgelegtem Plan durch die Stadt, abends ist freie Routenwahl. Am gleichen Abend ziehen die Kleingruppen der Schnitzelbanksänger in ausgesuchte Wirtschaften und Hotels. Wie Moritatensänger tragen sie ihre Texte anhand bunter Tafeln vor, die sie mit sich führen.

Der Dienstag ist Arbeitstag, am Nachmittag wird die Kinderfasnacht gefeiert. Am Abend spielen die Guggenmusiken (auch Guggemuusig) – Blasmusik, die beim Morgenstreich nicht zugelassen ist, hier ist nur Trommel- und Pfeifenmusik erlaubt. Am Dienstag werden außerdem die Fasnachtslaternen in der Laternenausstellung gezeigt.

Am Mittwochnachmittag, ähnlich wie am Montagnachmittag, Vorbeizug der Cliquen bis in die Morgenstunden des nächsten Tages, außerdem treten die Schnitzelbankgruppen wieder auf.

An den Schlußabenden führen in abendfüllenden Veranstaltungen die Schnitzelbanksänger in »konzertanter, hochstilisierter Form ihre Persiflagen vor.«**

Am Schluß der offiziellen Fasnachtsaktivitäten steht der Schlußbummel der Cliquen, ein Ausflug mit Trommeln und Pfeifen, jedoch ohne Kostüme, bei dem an einem Sonntag vor Ostern Dörfer und Städte der Umgebung besucht werden.

Die Basler Fasnacht wird ohne staatliche Zuschüsse vom »Fasnachts-Comité« (Sitz Basel, Imbergäßlein 33) organisiert und von den Zünften, Gesellschaften und Cliquen getragen.

Die Öffentlichkeit wird schon vor dem offiziellen Termin auf die Basler Fasnacht nachdrücklich hingewiesen. Am Festtag der kleinbaslerischen Zünfte, am Tag des Vogels Gryff (13., 20. oder 27. 1.), treten deren Mitglieder öffentlich auf, wobei Trommler und Pfeifer die Maskengestalten Löwe, Widder, Wilder Mann und Vogel Gryff bei ihrem traditionellen Schrittanz begleiten.

Drei Wochen vor Fasnachtsbeginn ist das Preistrommeln (für Trommler und Pfeifer, einzelne oder Gruppen, altersmäßige Differenzierung) mit der Wahl des Trommelkönigs; in den cliqueeigenen Trommler- und Pfeiferschulen wird während des ganzen Jahres jede Woche einmal auf hölzernen Trommelblöcken geübt, das Trommeln auf der echten Fasnachtstrommel ist nur unmittelbar und während der Fasnachtszeit erlaubt.

In Trommelkonzerten wird vierzehn Tage vor Fasnachtsbeginn das erworbene Können gezeigt, man deckt durch den Kartenverkauf einen Teil der Unkosten.

Das Marschieren im vorschriftsmäßigen Trommelschritt wird ebenfalls eingeübt. An Sonntagen vor der Fasnacht halten die Cliquen ihre Marschübungen in den Wäldern vor der Stadt ab.

Die Laterne wird am Sonntagabend vor dem Morgenstreich vom Atelier des ausführenden Künstlers abgeholt. Es ist ein kunstvolles transparentes Gebilde. »Dem Könner unter den Laternenmalern gelingt es, seine Farben so zu wählen und aufzutragen, daß seine Laterne auch im Tageslicht tatsächlich zu strahlen scheint.«*

Bei der historischen Beschreibung der Basler Fasnacht gibt es drei Ansätze:

1. die Rückführung auf einen germanisch-heidnischen Totenkult (»Zuvorderst aber kommt der Vortrab oder die Platzmacher. Diese sind ein erwiesenes Relikt aus dem wilden Totenheer der alten Germanen, dem ähnliche Vorhuten vorausgingen« (s. Zirkular »Basler Fasnacht« des Fasnachts-Comités, Verf. Susanne Knecht), oder auf die Römerzeit, wobei eine Datierung – ca. 40 v. Chr. – angeboten wird;

2. der Versuch, mit Hilfe von Archivalien die Basler Fasnacht als spät- bzw. nachmittelalterlichen Brauch auszuweisen. Die Belege, z. B. für 1467, als Herzog Sigismund von Österreich »sin fasznacht zuo Basel« verbrachte, oder für 1531: »in wyssen kleyderen den Todtentanz getrieben«,* sagen nichts aus über die heutige Fasnacht, sondern zeigen lediglich, daß es fasnächtliche Aktionen in Basel zu dieser Zeit wie auch andernorts gegeben hat;

3. eine Interpretation, die im kulturellen Vergleich die Basler Fasnacht auf den Beginn des 19. Jahrhunderts zurückführt. So wird auf eine Schrift des protestantischen Pfarrers Johann Rudolph Huber in Basel von 1805 hingewiesen: »Gespräch zwischen einem bekehrten Hottentotten und einem europäischen Christen in der Fastnachtszeit.«** Hier wird ausgesagt, daß nicht nur – wie gewohnt – Kinder sich fasnächtlich verkleiden würden, sondern auch Erwachsene, »nur Heiden könnten sich auf so fürchterliche oder lächerliche Art vermummen«. Der Beleg von 1805 zeigt, wie es nach der Französischen Revolution üblich wurde, daß sich Erwachsene sowohl auf privaten Bällen als auch auf der Straße maskiert produzierten. »In Übereinstimmung mit den Verhältnissen in anderen Städten waren es vor allem oberschichtliche Freundeskreise, die sich die neuen Freiheitsrechte der nachrevolutionären Zeit für ihr gesellschaftliches Leben zunutze machten. In Basel spielte man etwa ›Jahrmarkt‹ oder stellte einen fürstlichen Hochzeitszug dar; man zeigte sich in den Trachten der Vorfahren, meinte damit die Kleider und Uniformen des vorangegangenen 18. Jahrhunderts und spielte sich die Zunftherrlichkeit in charadenartiger Aufmachung vor. Fugenlos konnten in Basel einige ältere Elemente zusätzlich ins neuartige fastnächtliche Brauchtum übernommen wer-

den, z. B. das Trommeln.« Weiter wird dazu ausgeführt, daß bis zur Franz. Revolution die Waffenübungen für die Jugendlichen in der Fasnachtszeit mit einer morgendlichen Musterung durchgeführt wurden. »Der Morgenstreich bildete das Gegenstück zum heute immer noch bekannten Zapfenstreich am Abend.«** Der Morgenstreich, nun unmilitärisch, wurde seit 1835 auf vier Uhr morgens festgelegt und von der Stadtbehörde genehmigt.

Nach den dreißiger Jahren des 19. Jahrhunderts zieht sich die einst fasnächtlich dominierende Oberschicht aus dem aktiven Fasnachtsbetrieb zurück, an ihre Stelle treten politische und Berufsgruppen oder die sog. Quartiervereinigungen (Stadtviertelgruppen). 1832 erste Schnitzelbänke. 1845 wurde das Tragen offener Fackeln verboten, geschützte Laternen, die Steckenlaternen kommen auf. Aus ihnen entstehen die großen Traglaternen, die seit den sechziger Jahren des 19. Jahrhunderts zur Basler Fasnacht gehören. 1905 erste Trommelschule; 1910 Gründung des Fasnachts-Comités; seit 1911 Bewertung der Darbietung der Cliquen, Zahlung von Prämien – damit starkes Konkurrenzverhalten. 1922 erstmals eigentliche, individuell hergestellte und bemalte Basler Künstlerlarven (in Basel spricht man statt von Masken von Larven) im Verkauf; seit den zwanziger Jahren kümmern sich Vertreter der Kunstgewerbeschule um die äußere Gestaltung der Fasnacht. Seit 1946 Laternenausstellungen.

Der Termin der Basler Fasnacht ist ungewöhnlich, die eigentlichen Aktivitäten beginnen erst nach dem offiziellen Fasching. Seit der Reformation gab es in der evangelisch-reformierten Stadt keine Fastenzeit mehr. Die baslerischen Herrenzünfte hielten jedoch und halten auch heute noch ihr Zunftmahl zum vorreformatorischen Termin am Aschermittwoch ab. Man war in der Terminwahl bei Mummereien frei. Durch Regierungserlaß im 19. Jahrhundert wurde bestimmt, das Faschingstreiben in den Straßen drei Tage nach der üblichen Fasnacht abzuhalten.

Mit der Basler Fasnacht hat Basel eine »typische Fastnachtsform gefunden, mit der sich die Stadt identifiziert. Die Fastnacht ist für Basel ein periodisches städtisches Fest der Selbstdarstellung geworden.«**

Dieser reich differenzierte städtische Großbrauch ist im Rahmen einer knapp zu fassenden Abhandlung nur schwer zu beschreiben. Die Angaben müssen deshalb selektiv und können nicht umfassend sein. Nähere Einzelheiten sind vor allem im jährlich erscheinenden »Rädä Bäng. Fasnachtsfiehrer usegä vom Fasnachts-Comité«, hier zitiert nach dem Fasnachtsfiehrer von 1976, zu finden. G. K.

Tanz des Vogels Gryff bei der Basler Fasnacht

* Christ, R. B., u. Meier, E. A.: Fasnacht in Basel (Basler Schriften Bd. 16). Basel 1968. Unsere Fasnacht. Basel 1971. (u. a. mit Beiträgen von Gantner, T., und Trümpy, H.)

** Gantner, T.: Basler Fastnacht – ein städtisches Fest. Sendung Süddt. Rundfunk Stuttgart, 15. 2. 1975. (Ms.)

Fasnacht in Luzern

Schmutziger Donnerstag (Do. vor Faschingssonntag) bis Güdisdienstag (Faschingsdienstag)
Luzern

»Die Luzerner Fasnacht wird nicht durchgeführt. Sie bricht herein und ereignet sich mit der elementaren Wucht eines Pilatusgewitters«.* Neben der Basler Fasnacht gehört die Luzerner Fasnacht zu den bekanntesten Faschingsveranstaltungen des deutschsprachigen Alpengebietes.
Offizieller Faschingsbeginn ist in Luzern der Dreikönigstag (6. 1.). Am Dienstag vor dem Faschingssonntag ist das Usgüügglete, ein großer Plaketten- und Programmverkauf, womit die hohen Unkosten teilweise gedeckt werden. Der eigentliche Faschingsbetrieb wird mit der »Tagwach« am Schmutzigen Donnerstag um 5.00 Uhr morgens vor dem Haus des Fritschivaters (s. u.) eröffnet. Zwischen 5.00 und 6.00 formieren sich die Guuggenmusigen (derzeit rund 2.500 Guugger) zu Musikkorps (rund 60). Der Fritschivater wird feierlich abgeholt. Er zieht mit seinem Gefolge von der Zunft »Zum Safran« (s. u.) vom Nölliturm auf den Weinmarkt. Hier ist die sog. Orangenschlacht, bei der vom Fritschiwagen aus Orangen unter das Publikum geworfen werden, aber auch Sägespäne werden über allzu Für witzige ausgestreut. Die Guuggenmusigen ziehen anschließend in einem Sternmarsch durch die Altstadt. Nachmittag um 14.30 Uhr wird der Große Fasnachtsumzug mit dem Fritschiwagen der Zunft »Zum Safran« abgehalten. Dauer etwa 2 Stunden. Der Umzug führt von der Pfistergasse, Burgerstraße, Hirschengraben, Winkelried-, Waldstätter-, Hirschmatt- und Pilatusstraße zur Seebrücke, Kapellplatz, Korn- und Weinmarkt, Hirschenplatz, Rößligasse und Mühlenplatz zur Grabenstraße, wo er sich nach der Orangenschlacht auflöst.
Der Güdismontag (güdis, von vergeuden, schlemmen) beginnt mit der Tagwach der Wey-Zunft (s. u.) ebenfalls um 5.00 morgens. Der Wey-Zunftmeister zieht mit seinem Gefolge auf dem Kapellplatz ein. Der anschließende Korso führt durch die Altstadt zum Löwenplatz. Anschließend auch hier die obligate Orangenschlacht. Wieder ziehen die Guuggenmusigen im Sternmarsch durch die Altstadt. Um 9.30 Uhr findet die Kostüm- und Maskenprämierung der Kinder statt. Um 14.30 Uhr wird auf der bereits erwähnten Route wie am Donnerstag der große Fasnachtsumzug mit der Kutsche des Wey-Zunftmeisters gehalten.
Am Güdisdienstag (Faschingsdienstag, auch Uslumpete genannt) findet um 20.00 Uhr das sog. Monsterkonzert der Vereinigten Guuggenmusigen Luzern auf dem Mühlenplatz statt. Der anschließende Korso bewegt sich durch die Altstadt, ausgehend vom Mühlenplatz über die Rößligasse, Weggisgasse, Grendel, Schwanenplatz, Kapellplatz und -gasse, Korn- und Weinmarkt über die Kramgasse zur Reußbrücke. Mit dem anschließenden Platzkonzert und dem Sternmarsch der Guuggenmusigen endet die Luzerner Fasnacht.
Die älteste Trägerin der Luzerner Fasnacht ist die Safranzunft. In der Zunft oder Gesellschaft »Zum Safran« waren ursprünglich Krämer und Apotheker zusammengeschlossen. Im 15. Jahrhundert wurden auch Bauhandwerker und andere Berufsgruppen aufgenommen. Seit 1581 war der Zugang zur Safranzunft jedem möglich. Die Zunft veranstaltete zu Beginn jeden Jahres, am Bärtelistag (Berchtoldstag), ein Festessen, das Bärteliessen. Seit dem Beginn des 19. Jahrhunderts wird das Bärteliessen am Sonntag nach Dreikönig abgehalten; nach Einbruch der Dämmerung wird der neue Zunftmeister von seinem Haus abgeholt und zum gemeinsamen Mahl begleitet.
Älter als das Bärteliessen ist der große Umzug der Safrangesellschaft. Er prägt heute als Kostümfest die Luzerner Fasnacht.
Erste Belege für den Safranumzug besitzen wir aus dem 15. Jahrhundert. Er war in dieser Zeit eine Waffenschau. Zum Auftakt zog ein Angehöriger der Zunft durch Luzern, begleitet von Musikanten. Er trug ein großes Weingefäß mit sich, das ursprünglich Kopf und später Fritschikopf genannt wurde. Aus diesem Kopf wurde Wein für die Zuschauer geschöpft. Die Zunft ging anschließend in Harnisch und Waffen mit dem Bruder Fritschi durch die Stadt und beschloß den Tag mit Nachtmahl und Tanz. Über die Herkunft des Namens Fritschi ist sich die Forschung nicht einig. Es könnte sich um eine Verballhornung des Namens des Luzerner Stadtheiligen St. Fridolin handeln. Über den Brauch in der zweiten Hälfte des 15. Jahrhunderts berichtet der damalige Luzerner Stadtchronist Diebold Schilling: »Von alter har ist ein löbliche Gewohnheit und järlicher fassnacht schimpf zuo Lucern gewäsen, uff eine gesellschaft und trinkstuben, genannt zum Fritschi. Die hand einen ströwinen man (Mann aus Stroh, Anm. d. Verf.), genannt bruoder Fritschi, den sy järlich uff den schmutzigen donstag vor der pfaffen fassnacht erlich in irem harnesch mit allen gesellschafften der Stadt Lucern mit eim vennli, pfiffen, trummen, tanzen und was sich mag zuo fröuden ziehen, infürend.«***
Der Erfolg des Fritschiumzuges brachte eine weitere Ausgestaltung; es wurden eigene Abteilungen der Waffentragenden aufgestellt, die der berittene Fritschihauptmann anführte. Fahnenträger, Trompeter, Trommler und Pfeifer kamen dazu. In den Luzerner Landesfarben sollte bald auch der Fritschi, nun beritten, folgen. Die Harnischschau wurde letztmals 1712 durchgeführt. Mit der »friedlichen Erstarrung der Alten Eidgenossenschaft«** wurde der Fritschiumzug der Safrangesell-

Der Fritschivater

schaft zum Maskenumzug nach italienischem Vorbild. Die Dirne, die Fritschi begleitet hatte, wandelte sich zur ehelichen Fritschin mit einen Fritschikind im Tragkissen. Das Paar erhielt zu Anfang des 19. Jahrhunderts ein entsprechendes Gefolge aus Kindsmagd, Bauer, zwei Narren und Spielleuten (Geige, Baß, Klarinette). 1803 verschwand der Rundgang mit dem weingefüllten Fritschikopf. »In eigenartiger Parallele zur Verknöcherung des eidgenössischen Staatswesens«** endete Fritschi »im Ancien Régime als alter, zahnloser Familienvater«.** Bei dieser Ausprägung der Figur sollte es bleiben. Die Fritschiumzüge begannen sich im 19. Jahrhundert grundlegend zu ändern. »Im 19. Jahrhundert suchte man zu belehren oder Begebenheiten zu veranschaulichen. Die geschichtlichen Themen resümieren gewissermaßen die Ereignisse des Jahrhunderts ... In der Schillerhuldigung von 1905, zum hundertsten Todestag des Dichters, erreichten diese Züge ihren Glanzpunkt. Mit dem Ersten Weltkrieg fand die Kette der Gesamtthemen ihr Ende.«** Dann begann die neue Ära der Kleingruppen. Basler Einflüsse sind dabei nicht zu übersehen, dies gilt z. B. für die Guuggenmusigen (die erste wurde 1947 begründet, ein Jahr später marschierte erstmals eine Basler Guuggenmusig mit großem Erfolg beim Zug mit), für das Monsterkonzert, das dem Basler Drummeli nachgebildet ist, oder für das Maskentragen, ein »freies, ungehemmtes Gestalten in Form, Farbe und Material«.***

Die Bewohner des Wey-Quartiers gründeten 1925 die Wey-Zunft, die seit diesem Jahr einen eigenen Umzug am Güdismontag durchführt. Symbolfigur der Zunft ist der Froschkönig, der an das einst sumpfige Gebiet der Wey erinnern soll.

Die Luzerner Fasnacht ist sicher nicht »auf dem unerforschten Boden altheidnischer Frühjahrsbräuche und Wintervertreibungen«* gewachsen, sondern integriert eine seit dem späten Mittelalter bekannte Fasnachtsfigur nicht genau feststellbarer Herkunft mit gängigen städtischen Faschingsmotiven, wobei man sich, auch in der Gestaltung der Masken, an Basel orientierte und orientiert. G. K.

* Annoni, M. u. Lüönd, K.: Trommeln. Träume. Illusionen. Die Luzerner Fasnacht in Wort und Bild. Luzern 1972.

** Beck, P.: Von alten Bräuchen im Laufe des Kirchenjahres (= Luzern im Wandel der Zeiten. Eine Schriftenreihe H. 3). Luzern 1956, S. 10 ff.

*** Cuoni, E.: Die Luzerner Fasnacht (= Luzern im Wandel der Zeiten H. 21). Luzern 1962.

Korr. Stadtarchiv Luzern 5/1977.

Fasnacht in Schwyz

Schwyz, Kt. Schwyz

Beim Fasnachtszug in Schwyz treten wie bei ähnlichen Veranstaltungen in anderen Schweizer Orten lebhaft geschmückte und durch Masken unkenntlich gemachte Figuren auf. Hier der »Nüssler« mit Vollmaske (geschnitzte Larve) und Schellengurt.

Fasnacht in Schwyz

Fasnachtsritt in die Mehrerau

»Bromiga Fritag« = Freitag in der Fasnacht, nm.
Bregenz, Kloster Mehrerau, V

Der neu gewählte Fasnachtsprinz zieht mit Gefolge (dessen Anhang sich von Jahr zu Jahr, je nach der Mitarbeit der Vereine, verändert) hinunter in das Kloster Mehrerau (O. Cist). Dort wird der Zug vom Vertreter des Klosters (meist vom Prior) empfangen und in den Festsaal geleitet, wo die Schüler des Gymnasiums ihre »Produktionen« vorführen. Dabei wird Wein in Maßen (nicht in Massen) ausgeschenkt. Nach etwa zwei Stunden kehrt der Zug wieder in die Stadt zurück.
Bis ins 16. Jh. zurück läßt sich ein Zug vermummter Gestalten verfolgen, der am Aschermittwoch mit Funkenbrennen auf dem zugefrorenen See endete. Das Kloster (damals O.S.B.) mußte nach altem Brauch Wein ausschenken. Die Weinspende ging später an die Stadt über, die nach 1773 den Brauch abwürgte. Seit einigen Jahren bemüht man sich, diesen Fasnachtszug wieder zu einem selbstverständlichen Narrenbrauch werden zu lassen. W. R.

Gmeiner, E.: Der Fastnachtsritt in die Mehrerau, in: Vorarlberg 4/1966. H. 1.
Rusch, W.: Der Bregenzer Fasnachtsritt nach dem Kloster Mehrerau. In: Vkde. u. Volkskultur. Festschrift f. Richard Wolfram. Veröff. d. Inst. f. Vkde. d. Univ. Wien. Bd. 2. Wien 1968.

Fasnatziestag in Oberstaufen

Faschingsdienstag, 10.30 Uhr
Oberstaufen, Lk. Oberallgäu, Rgbz. Schw.

Ab 8.00 Uhr versammeln sich unverheiratete jüngere Männer im Haus des sog. Bürgerfähnrichs, wo sie bewirtet werden. Jedem Besucher läuft der »Butz« besenschwingend entgegen und kehrt ihn ab. Mit Rufen »Es kut oinar, es kut oinar« (= Es kommt einer der Gäste), locken Kinder den Butz vor das Haus. Gegen 10.30 Uhr zieht eine Blaskapelle mit dem Trommlercorps vor dem Haus des Fähnrichs auf. Der Umzug durch die Straßen des Marktes formiert sich. Altfähnrich und Butz gehen vor der Fahne. Der Butz kehrt mit seinem Besen die Straßen frei. Vor dem Kirchplatz wird das Fahnenschwingen (des Fähnrichs) gezeigt. Nach einem Fanfarenstoß wird zum Gedenken der gefallenen Oberstaufner aus beiden Kriegen und an den Stifter des Brauchs, Graf Königsegg, die Fahne gesenkt.
Die Fahnengruppe geht dann zum Festlokal. Der Butz nimmt an einem gesonderten Tisch Platz, das Essen wird ihm in einem irdenen Topf serviert.
Um 14.00 Uhr beginnt die Ma- und Wibertour. (Matour = Männertour: Die verheirateten Männer werden von Mädchen zum Tanz aufgefordert; Frauen und Burschen dürfen den Tanzsaal nicht betreten, wofür der Butz zu sorgen hat. Wibertour Weibertour: Tanz der Burschen mit verheirateten Frauen.)
Um 17.00 Uhr bricht der Butz die Wibertour ab. Man geht in das Festlokal. Der Fähnrich unterbricht den Tanz beim Gebetläuten um 18.00 Uhr. Die Teilnehmer bilden einen großen Kreis, den der Butz dreimal umrundet, um schließlich »tot« zusammenzubrechen. Er wird von den Trommlern aus dem Saal getragen. Um 19.00 Uhr verläßt man den Saal. Die Fahne wird eingerollt.
Nach der Oberstaufener Lokaltradition wurde der Tanz am Faschingsdienstag anläßlich der Pest des Jahres 1635 von Graf Königsegg gestiftet (vgl. Stiftungssage der Münchener Schäffler etc.). Die Pest trat aber erst im Mai auf und dauerte bis zum Nikolaustag. Die Stiftungsurkunde soll von einem Oberstaufer Fähnrich Mitte des 19. Jh.s vernichtet worden sein.* Erst seit dieser Zeit läßt sich der Fasnatziestag nachweisen.
1867 wurde die alte Fahne durch eine neue, heute noch verwendete ersetzt. 1885 feierte man das 250jährige Bestehen des Brauches. Zum 300jährigen Jubiläum (1935) verschwanden Schiffshüte, Gehröcke, Degen und Zylinder, mit denen die männlichen Brauchteilnehmer bekleidet waren; man ersetzte sie durch die »Altstaufener Tracht«.* Seit 1951 gehen die Mädchen »in schmucker Staufner Tracht mit zierlichen Radhauben.«* Das Fest war seit Mitte des 19. Jh.s eindeutig ein vaterländisches Fest mit den entsprechenden Trinksprüchen.
Die Wahl von Fähnrich, Vizefähnrich, Fahnenbrüdern und Butz erfolgt jährlich vor der Kirchweih (3. Sonntag im Oktober). Der Fähnrich hat auch den Kirchweihtanz zu organisieren.
Das Recht, den Fasnatziestag abzuhalten, war den Oberstaufener Bürgersöhnen vorbehalten; der Fähnrich mußte z. B. hier geboren sein und Hausbesitz nachweisen können. Die Bauernsöhne feierten ihren eigenen Fasnatziestag. Seit 1971 feiern Bürger- und Bauernsöhne gemeinsam.
Der Staufner Fasnatziestag nimmt unter den Fasnachtsbräuchen des bayerischen Allgäus eine Sonderstellung ein. Auffallend ist, daß außer dem Butz keine Masken auftreten und auch nicht erwünscht sind. Der Butz weist in das sich heute geschlossen darstellende schwäbisch-alemannische Fasnachtsgebiet, so daß man Oberstaufen als östlichen Vorposten bezeichnen könnte. Man deklariert die Veranstaltung nicht als Faschings-, sondern als Erinnerungsfeier an die Pest 1635 und beruft sich dabei auf eine fiktive Verleihungsurkunde. G. K.

Korr. u. Int. Witzigmann, F., Oberstaufen. 10/1973 u. 1/1974.
*Stölzle, X.: Zum 325jährigen Jubiläum des Staufner Fasnatziestag am 1. März 1960. Oberstaufen 1960.
Ludewig, T.: Oberstaufen 868–1968. Heimatbuch des Marktes Oberstaufen und der ehemaligen Herrschaft Staufen. Weiler im Allgäu 1968. S. 179–187.

Fasnet in Schaan
Großer Narrenumzug

Fastnachtssonntag, Beginn nm., etwa 13.00 Uhr
Schaan, Liechtenstein

Der Umzug bewegt sich auf der Hauptstraße (Landstraße) der Gemeinde Schaan. Mit einer großen Anzahl von Wagen- und Fußgruppen wird alles verulkt, was im Dorf, im Land und etwa in der weiten Welt schiefging. Zahlreiche »Guggenmusiken« sorgen mit ihren schrillen Dissonanzen für eine akustische fastnächtliche Kulisse. Es machen alle Ortsvereine mit; reicher Zuzug kommt aus anderen liechtensteinischen Gemeinden sowie aus der Schweiz, Österreich und Deutschland. Nach dem Umzug der Narren ist Fastnachtsrummel in allen Gaststätten.

Immer schon waren in Schaan zu dieser Zeit Narrenumzüge (Fasnet-Butzi) zu sehen; diese aber waren jeweils spontan und ohne besondere Organisation zustande gekommen. Aus dieser Zeit stammt auch der alte Kinderreim: »Fasnetbutzi Dolfueß, freßt gern Törggamues.« Dieses Maskentreiben spielte sich vor allem am Fastnachtsmontag und -dienstag ab. Seit 1955 aber werden diese von einem Narrenkomitee geplant und auch durchgeführt. Im Jahre 1965 wurde eine eigentliche Narrenzunft gegründet und im Vereinsregister eingetragen. Eine Faschingszeitung, die jedes Jahr einen anderen Namen trägt, ergänzt das Treiben auf der Straße.

A. F.

Ferkelfest in Wessobrunn

1. Samstag im Juli, 20.00 Uhr
Wessobrunn, Lk. Weilheim-Schongau, Rgbz. Obb.

Der Ferkelclub Wessobrunn veranstaltet jährlich im Juli auf der Brünnerlwiese südwestlich von Wessobrunn in der Nähe des Stillerhofes das Ferkelfest, ein Waldfest, das besonders reizvoll wegen seiner improvisierten Atmosphäre und der schönen Lage der Wiese (alter Eichenbestand) ist. Auf zwei aneinandergerückten Heuwagen wird ein Musikpodium gebaut, die Trachtenkapelle Wessobrunn-Haid spielt zum Tanz. Die Jugend-Trachtengruppe gibt verschiedene Einlagen. Am Grill werden Schweinswürste und Koteletts gebraten, Bier wird vom Faß gezapft.

Die Mitglieder des Clubs, die sog. Ferkelfreunde, werden mit Spanferkel vom Spieß versorgt.

1967 wurde in Wessobrunn der Ferkel-Club von drei Stammtischbrüdern gegründet. Jedes Jahr wird ein Spanferkel von einem Mitglied gestiftet und von anderen Vereinsangehörigen bis zum Waldfest gemästet. Jedes Mitglied hat in seinem Geldbeutel ein kleines Ferkel mitzuführen. Wer es bei Vereinszusammenkünften vergißt, muß 50 Pfennig Strafe zahlen.

G. K.

Int. Geisenberger, J., Wessobrunn, 7/1973.

Fetzenfasching in Ebensee

Faschingsmontag, nm., ab 14.00 Uhr
Ebensee, Bez. Gmunden, OÖ

Kaum anderswo in Oberösterreich wird der Fasching so intensiv gefeiert wie in Ebensee. Sämtliche Vereine, Betriebe und sogar die öffentlichen Behörden unterwerfen sich in diesen Tagen der Regentschaft Prinz Karnevals, der Anfang Januar bei einem bunten Abend mit seiner Lieblichkeit inthronisiert wird. Die Übergabe der Insignien an das Prinzenpaar und seine Leibgarde ist ein Zugeständnis an den Karneval, der seit ca. 1955 in Österreich Eingang fand. Der Fasching würde sicher wie eh und je auch ohne diese symbolische Handlung von der Ebenseer Bevölkerung Besitz ergreifen, sie charakterisiert aber die Aufgeschlossenheit, mit der Tradition und neue Entwicklungen im Fasching verbunden werden.

Im Laufe der Jahre kristallisierte sich ein besonderer Veranstaltungsrhythmus heraus. Am Samstag werden die »heiligen Faschingstage« mit einem großen Kinderfaschingszug, der eine Heerschau des stattlichen »Narrensamens« ermöglicht, eröffnet. Am Sonntag findet alljährlich um 15.00 Uhr ein großer Faschingszug statt.

Seinen Ruhm als Faschingshochburg verdankt Ebensee aber den »Fetzen«, die am Montagnachmittag das Bild des Salinenortes beherrschen. In zerrissenen und zerlumpten Kitteln und geflickten Jacken treffen sich die Maskierten in der Ortschaft Kohlstatt bei der Station der Feuerkogelseilbahn, um in einem losen Zug in das Ortszentrum zu marschieren. An diesem Tag ist das Älteste und Ausgefallendste gerade gut genug. Das größte Augenmerk wenden die meist vollbusigen »Fetzen« aber ihren Kopfbedeckungen zu, Sonderleistungen an Einfallsreichtum und Phantasie. Viele verstecken ihr Gesicht hinter holzgeschnitzten Larven, unter denen die aus Rindbach eine besondere Tradition aufweisen. Um aber auf keinen Fall erkannt zu werden, reden die »Fetzen« nur mit Fistelstimme. An Requisiten tragen die »Fetzen« Besen oder alte, zerschlissene Parapluies, die im Takt zur inoffiziellen Hymne, dem »Paraplui-Marsch«, geschwungen werden. Unter den Klängen dieses »Fetzenmarsches« bewegt sich der Zug von der Kohlstatt durch das Langbathtal ins Ortszentrum. An der Spitze wird die »Fetzenfahne« getragen und die darum herumspringenden »Pritschenmeister« verdrängen die neugierigen Zuschauer von der Straßenmitte. Die kontaktfreudigen »Hutzen und Fetzen« schlagen mit ihren Besen in Pfützen und kehren dann die Schuhe der Schaulustigen »sauber«. Sie verladen weibliche Zuseher in mitgeführte Kinderwägen und kippen sie nach toller Fahrt in einen Schneehaufen.

Nach einigen Stunden verschwinden die »Hutzen und Fetzen« von den Straßen, um von den Gasthäusern Besitz zu ergreifen.

Der Hang zur Maskierung stellt ein Phänomen dar, das weit zurückreicht. Bei den Überlegungen über das Alter des Ebenseer »Fetzenfaschings« ist hier eine natürliche Zäsur gegeben, die eine zu frühe Datierung problematisch erscheinen lassen. Der Ort verdankt seine Entstehung nämlich dem Umstand, daß im Jahre 1607 eine Saline am Südufer des Traunsees errichtet wurde. Als Besonderheit Ebensees dürfte der »Fetzenfasching« allerdings erst im 19. Jh. den Einheimischen wie den Fremden, die für diesen Prozeß unbedingt notwendig waren, bewußt geworden sein.

Wenn sich im traditionellen Faschingsbrauchtum von Ebensee auch noch starke perchtenhafte Züge feststellen lassen, darf man nicht an einen vegetationskultischen Ursprung denken, sondern man wird die Erklärung weit eher im sozialen und psychologischen Bereich zu suchen haben. Geselligkeit und überschäumende Ausgelassenheit sind wesentliche Eigenschaften des Ebenseers, die im Fasching ein Ventil finden. F. G.

Wolfram, R.: Faschingsbräuche im Salzkammergut, in: Germanien, 14/1942. S. 42 ff.

Burgstaller, E.: Lebendiges Jahresbrauchtum in Oberösterreich. Salzburg 1948. S. 60 f.

Lipp, F.: Masken und Maskenbrauch im Salzkammergut. Mit besonderer Berücksichtigung der geschnitzten Larven. In: Österr. Zs. f. Vkde., N. S. 3/1949. S. 103 ff.

Mais, A.: Die Rindbacher Holzmasken, in: Österr. Zs. f. Vkde., N. S. 6/1952. S. 1 ff.

Fetzenmärkte in Graz

Lätarimarkt (Mittfastenmarkt) am Montag und Dienstag nach dem Mittfastensonntag = 4. Fastensonntag),
Portiunkulamarkt am Montag nach dem 1. August,
Ägydimarkt am Montag und Dienstag nach dem 1. September (ältester Jahrmarkt mit Kirchweihfestcharakter),
Andrämarkt am Montag und Dienstag vor dem 30. November (Jahrmarkt mit Kirchweihcharakter, seit 1514 bei der Andräkirche in Graz, 1518 als Hanf- und Flachsmarkt bezeichnet),
alle Märkte jeweils 6.00 – 18.30 Uhr.
Graz

Der Markt wird auf dem Parkplatz der Firma Interkauf, Graz, Lazarettgürtel 55, gehalten.

Den Auftakt zu den Grazer Fetzenmärkten bildet die am Vortag um 14.00 Uhr beginnende Zuweisung der Standplätze an Händler und »Private« (= Altwarenhändler und Bodenkramer). Für Händler und Private ist eine Aufstellungslänge von

Szenen auf dem Grazer Fetzenmarkt

2 500 m gesichert, d. h. 250 Verkaufsstände für gewerbliche Verkäufer, etwas weniger für private, da die Teilnehmerzahl der Bodenkramer (Hauskramverkäufer) ständig absinkt. Ein Publikumskorridor von 5 m Breite ist gesichert. An den beiden eigentlichen Fetzenmarkttagen beginnt der »illegale« Betrieb bereits in den frühesten Morgenstunden. Allen voran der Sammler und Liebhaber hilft den Marktbeschickern beim Auspacken der Ware, d. h. er findet mit dem Gespür des Fetzenmarktgehers die geeigneten Stücke für seine Sammlung. Leider wird dies von Jahr zu Jahr schwieriger, da die Marktfieranten mit Neuware überwiegen und die Altwarenhändler gegenüber den Bodenkramern horrende Summen für wertvolles Sammelgut verlangen. Die Ware wird an geschickt gebastelten Holzlatten- und Metallrahmenständen genauso angeboten wie auf alten Handkarren (Zwoaradlkarrn, Ziachkarrn) oder Leiterwagen, die als Beförderungsmittel und Markttisch dienen.

Neben den typischen Marktschreiern – Würstlstandlern, Maronibratern und Lebzeltern – finden sich auch Händler mit Gebrauchtteilen industriell gefertigter Ware, und es sind heute wie einst kommissionelle Verkäufer von Grazer Firmen unter ihnen. Den Höhepunkt bilden jedoch die Stände der Altwaren- und Antiquitätenhändler, vor denen sich Schwärme engagierter Besucher sammeln. Begleitmusik machen dazu die Sonderlinge wie der »Steirersepperl« und Kollege »Zündschnur«.

Der Fetzenmarkt stellt im Ablauf der Grazer Marktgeschichte eine Begleiterscheinung zu den beiden großen Jahrmärkten, dem Ägydi- und dem Philippi- und Jakobimarkt dar. Er entwickelte nach dem Niedergang der Jahrmärkte seit dem 19. Jahrhundert sein Eigenleben.

Feuilletonisten und Stadthistoriker des 19. Jahrhunderts, auch die Tagebücher Erzherzog Johanns berichten, daß vor jedem der beiden Jahrmärkte ein »großer Viehmarkt am Glacis und zugleich auch ein ganz eigentümlicher Trödelmarkt, Fetzenmarkt genannt, abgehalten" werde. Eine Petition der Grazer Trödlerinnung charakterisiert den Fetzenmarkt seit der Jahrhundertwende bis nach 1950, worin von Hausmeistern, Dienstmännern und Bedienerinnen die Rede ist, die verschiedene Gegenstände von Privaten billig erstehen und sie auf den Fetzenmärkten mit Gewinn wieder verkaufen.

Der Fetzenmarkt wurde ursprünglich im innerstädtischen Bereich (Hauptplatz) abgehalten und wird nach mehrfachen Verlegungen seit 1973 an der oben genannten Stelle durchgeführt. Das Wort Fetzenmarkt ist eine ältere Bezeichnung für Trödel- und Tandelmarkt. H. V.

Vitschar, Hildegard: »Markt unter freiem Himmel« in der Landeshauptstadt Graz. Diss. Graz 1970.

Fischerjahrtag in Dießen

29. Juni (Peter und Paul), 9.15 Uhr Abmarsch vom Unterbräu, 9.30 Uhr Festmesse in der Stiftskirche
Dießen, Lk. Landsberg am Lech, Obb.

Die Fischer des Ammersees versammeln sich am Peter-und-Pauls-Tag vor dem Gasthof Unterbräu in Dießen in der Mühlstraße. Sie ziehen mit ihrer Zunftfahne unter Begleitung einer Musikkapelle zum Fischeramt in die Dießener Stiftskirche. Während des Gottesdienstes werden aus dem in Besitz der Fischereigenossenschaft befindlichen Totenbuch die in den letzten zehn Jahren verstorbenen Fischer aufgerufen. Nach der kirchlichen Feier ziehen die Fischer wieder zurück in den Unterbräu zum Festmahl, an dem auch Vertreter des bayerischen Landwirtschaftsministeriums teilnehmen.

Der Fischertag wird alljährlich von der Fischereigenossenschaft veranstaltet. Die Fischer gingen früher in Tracht (gute Beispiele finden sich im Heimatmuseum Starnberg) zum Festgottesdienst. Sie standen nach einer Dießener Lokaltradition um den Altar und empfingen während der Kommunion Wein aus dem Kelch.

Der Zunftbrief der Fischer wurde am 25. 6. 1691 von der Hofkanzlei ausgestellt. Ein ursprünglich den Fischern vorbehaltener Brauch war das Banzenstechen, das meist mit dem Dießener Seefest (August) veranstaltet wird, aber mit dem Fischerjahrtag nichts zu tun hat. Kurz der Ablauf:

In der Nähe des Ufers wird eine Stange in den Seeboden gerammt, an deren Spitze ein Bierfaß (Banzen) drehbar befestigt ist. Reifen aus Weidenruten halten die Faßdauben zusammen. Der Pfahl wird mit Fischerbooten umfahren, in denen ein Mann im hinteren Ende des Bootes rudert und ein Fischer mit einer langen Lanze mit einer Metallspitze steht. Der Fischer versucht mit der Lanze den Banzen zu treffen und die Faßdauben anzustechen und zu lösen. Wer alle Faßdauben löst, so daß sie ins Wasser fallen, ist Sieger. Jeder Teilnehmer darf zunächst nur einmal stechen und muß dann den nächsten Teilnehmer an die Reihe lassen. Das Spiel wiederholt sich nacheinander so lange, bis die Faßreifen aufgestoßen sind. Ruderer und Fischer tragen ein weißes Gewand mit grünen Streifen, zuletzt ein weißes Hemd, eine weiße Hose und grüne Hosenträger. Der Reiz dieses agonalen Spieles besteht für die Zuschauer darin, daß durch den drehbar angebrachten Banzen der Lanzenstich abrutscht und der Fischer häufig ins Wasser fällt. F.-O. S.

Hugo, J. A.: Chronik des Marktes und der Pfarrei Dießen. Dießen 1901. S. 171–175.
Schnurer, Aquinata: Unser Brauchtum am Ammersee, in: Lech-Isar-Land 1976. S. 123 ff., bes. S. 130.
Korr. u. Int. Aquinata Schnurer OP, 7–8/1973.

Fischerstechen in Langenargen

Am ersten Sonntag im August, vm.
Langenargen, Lk. Tettnang, Rgbz. Südwürtt.-Hohenzoll.

Das Fischerstechen oder Fischerstoßen ist ein Lanzenkampf von Boot zu Boot auf dem Wasser. In zwei aneinander vorbeifahrenden Ruderbooten stehen jeweils am Bug zwei Männer, die mit langen, an der Spitze abgepolsterten Stangen bewaffnet sind. Wenn sie nahe genug sind, versucht jeder mit einem gezielten Stoß auf die Brust des Gegners, diesen ins Wasser zu stoßen. Der Wettbewerb dauert etwa eine Stunde.

Die Geschichte der Fischer- und Schifferwettkämpfe ist sehr alt. Die meisten dieser Vergnügungen kamen im 18. und 19. Jh. ab. An vielen Orten wurde jedoch nach dem Zweiten Weltkrieg Fischerstechen eingeführt, auch wenn es sich nicht um Wiederaufnahme alten Brauchtums handelte.

Das Fischerstechen ist die scherzhafte Nachahmung ritterlicher Turniere, wobei freilich nicht so sehr das agonale Element als vielmehr das spaßhafte im Vordergrund steht. Zum Teil führt man das Fischerstechen in historisierenden Kostümen aus. So auch in Langenargen, wo man historische Figuren, den Grafen von Montfort, Fürst von Waldburg und Dr. Faustus, in die Boote steigen läßt. Zuweilen maskieren sich die Teilnehmer auch als Neger oder beziehen andere Exotismen in diesen Brauch ein, wie es auch an Fastnacht üblich ist. L. P.

Eisler, R.: Fischer- und Schifferbräuche aus alter und neuer Zeit, in: Bay. H. f. Vkde. 1/1914. S. 209–226; 2/1915. S. 73–129.
Becker, A.: Schifferstechen und Gänsereißen am Rhein und anderwärts, in: Rheinisch-westfälische Zs. f. Vkde. 2/1955. S. 112 ff.

Fischerstechen und Fischertanz am Starnberger See

Alle 5 Jahre am Sonntag vor Maria Himmelfahrt. Bei schlechter Witterung Verschiebung auf Maria Himmelfahrt. Etwa 14.00–18.00 Uhr. Nächster Termin: 1977
Starnberg, Rgbz. Obb.

Die Veranstaltung findet auf der südlichen Starnberger Seepromenade bzw. in der Starnberger Bucht zwischen Dampfersteg und Seerestaurant »Undosa« statt. Ab etwa 14.00 Uhr spielt auf der Seepromenade eine Blaskapelle. Um 14.00 Uhr wird als Vorprogramm auf der Seepromenade der traditionelle Fischertanz gezeigt. Der Tanz wird von 12 Paaren ausgeführt, wobei 6 Paare die alte, historische Fischertracht (Starnberger-See-Tracht), 6 Paare die seit 1921 erneuerte Fischertracht tragen. Bei dem Tanz handelt es sich um einen Schreittanz, dem eine menuettartige Melodie unbekannter Herkunft zugrunde liegt. Die Tanzweise besteht aus 3 Teilen zu 16 Takten, denen 4 Auftakte vorangestellt sind. Nach jeweils 4 Takten ist Figurenwechsel, wobei die Paare nicht immer beieinander bleiben, sondern sich mischen und gegenseitig abwechseln. Es werden insgesamt 36 Figuren getanzt, die z. T. recht kompliziert sind. Die Reihenfolge und die Choreographie der Figuren ist genau fixiert und wird nicht verändert.

Der Tanz dauert ca. 5 Minuten. Inzwischen haben sich in einer Lokalität in Seenähe die Teilnehmer am Fischerstechen vorbereitet. Während des Vormittags wurden schon die alten Fischer-Flachboote (ohne Kiel) hergerichtet. Jeder Teilnehmer stellt sein eigenes Boot. Sie werden am Bootsrand und am Bug mit Fichtengirlanden, Schilf und Mooskolben dekoriert und erhalten für den Stecher ein Standbrett, welches 1 m über das hintere Ende des Bootes hinausragt und in seinen Abmessungen genau festgelegt ist. Die 2,80 m langen Stechlanzen werden vom Veranstalter zur Verfügung gestellt. Nach der Auslosung der Kampfgegner maskieren sich alle Teilnehmer. Es werden heute die üblichen bunten Masken bevorzugt, wie sie auch im Fasching zu sehen sind. Die Themenwahl ist frei. Früher waren mehr traditionelle Masken zu beobachten, die z. T. sogar noch dem Maskenideal des 18. Jh.s verbunden waren, wie z. B. Turko, Neger, Harlekin usw. Die Ruderer in den Booten tragen Fischertracht bzw. ihre Arbeitskleidung (hemdärmelig mit einem Schaber). Gegen 15.00 Uhr setzen sich die Teilnehmer in Begleitung einer Blasmusik in Richtung Kampfplatz in Bewegung. Um 15.00 Uhr etwa beginnen die Wettkämpfe. Sie stehen traditionsgemäß unter dem Ehrenprotektorat des Chefs des Hauses Wittelsbach. In der Nähe des sog. T-Steges beim »Undosa« wird im Wasser mit Pfählen und Stangen ein großes, quadratisches Kampffeld abgesteckt. Außerhalb der Absperrung befinden sich in Ruderbooten die Schiedsrichter und viele Hunderte von Zuschauern. Das Schiedsgericht setzt sich aus ehrenamtlichen Sachverständigen (meist Fischer) aus den Ufergemeinden zusammen. Dann beginnt das Stechen. Zuerst wird das »Königsstechen« ausgetragen, an dem sich nur Berufsfischer beteiligen dürfen. Es rudern jeweils 2 Boote gegeneinander. Dabei müssen die Stecher versuchen, den Gegner mit den Lanzen (gegen Verletzung mit einem gefütterten Knopf versehen) in das Wasser zu stoßen. Wer die vorgeschriebene Fläche auf dem Stehbrett verläßt, scheidet aus. Die jeweiligen Sieger kämpfen erneut gegeneinander. Wer zuletzt als Sieger übrigbleibt, ist »Fischerkönig«. Die ins Wasser gefallenen Kämpfer werden mit »Karpf« oder »Fisch« gehänselt. Seit 1950 existiert der Brauch, den Sieger sofort auf dem Kampfplatz durch die Fischerbraut zu krönen. Die Fischerbraut, in Tracht gekleidet, wird zum Fischerkönig gerudert und setzt ihm als Zeichen seiner Würde eine Krone auf. Der Fischerkönig erhält schließlich einen Ehrenpokal. Den ersten Pokal stiftete Prinzregent Luitpold 1907. Nach dreimaligem Gewinn sollte er dem Fischerkönig unwiderruflich gehören. Diese Bedingung wurde 1950 erfüllt. Wegen dieses Goldpokals heißt das Fischerstechen noch heute Luitpold-Fischer-Stechen. Seit der endgültigen Vergabe des Luitpold-Pokals stiftet S.K.H. Herzog Albrecht nunmehr für jedes Fischerstechen einen neuen Ehrenpreis, und zwar einen Silberteller. Außerdem erhält der Fischerkönig eine Urkunde des Schirmherrn. Auch die Teilnehmer, die auf die Plätze verwiesen wurden, erhalten Urkunden, dazu Ehrenpreise, gestiftet von den Landräten, den Gemeinden, der Industrie und von Privatpersonen. Die Ruderer erhalten ebenfalls Ehrengeschenke. Von ihrer Ruderkunst hängt sehr viel ab, erfahrene Ruderer sind deshalb sehr gefragt und werden schon lange vorher gebucht. Nach dem »Königsstechen« beginnt das »Allgemeine Stechen«, an dem sich auch Sportfischer und andere »Kampfeswillige« beteiligen können. Der Wettkampfmodus ist hier ein anderer. Sieger wird hier der Stecher, der sich am längsten innerhalb der vorgeschriebenen Fläche des Standbretts halten kann. Beim »Allgemeinen Stechen« gibt es am Ende Geldpreise, aber auch Ehrenpreise wie beim Königsstechen. Während der Kampfpausen spielen 2 Trachtenkapellen, eine auf der Seepromenade, die andere im Garten des »Undosa«. Um ca. 19.30 Uhr findet im »Undosa« ein Festball statt, auf dem die Preise verteilt werden. Dabei gibt es eine Polonaise der Fischerstecher und Ruderer. Auch auf der Seepromenade findet ein Sommernachtstanz statt. Gespielt werden nur alte Tänze (Ländler, Polka usw.). Dazwischen ein Lampion-Boots-Korso mit Prämierung der schönsten Boote.

Ausfischen der Memminger Ach ▷

Der Fischertanz ist seit mindestens Mitte 19. Jh. nachzuweisen. Er geht laut Lokaltradition auf die Zeit der höfischen Feste in Starnberg (Schloß Starnberg) zurück. Tanzweise und Choreographie sind zweifellos barock und machen eine Herkunft des Tanzes aus dieser Zeit wahrscheinlich. Der Tanz wurde um 1900 in allen Einzelheiten aufgezeichnet und hat sich seitdem in unveränderter Form erhalten. Er wird heute auch noch zu anderen festlichen Gelegenheiten aufgeführt. Fischerstechen sind an mehreren Orten in Bayern nachgewiesen, so in Ulm, Nürnberg und auf der Donau. Schon um 1530 wird von einem Fischerstechen in München (auf der Isar!) anläßlich eines Besuches von Kaiser Karl V. berichtet. Für Starnberg wird 1832 berichtet, daß das Fischerstechen hier noch bekannt sei, aber nicht mehr ausgeführt werde, da die Fischer meist nicht mehr schwimmen könnten. Um 1850 werden Fischerstechen in Starnberg wieder durchgeführt und beschrieben. Bis 1882 wurde das Stechen von der Würmsee-Fischereigenossenschaft anläßlich des Fischerjahrtages organisiert. Dann wurde der Brauch eingestellt, 1907 jedoch unter dem Protektorat des Prinzregenten vom Heimat- und Volkstrachtenverein Starnberg e. V. wieder aufgenommen. Die Durchführung und die Gestaltung des Brauches sind seitdem durch Satzungen festgelegt. Seit 1907 gab es regelmäßig Fischerstechen, mit Unterbrechung während der beiden Kriege. G. S.

Ansichten vom Starnberger See. München 1832.
Steub, L.: Wanderungen im Gebirge. München 1860.
Schmidt, M.: Die Fischerrosl von St. Heinrich. München 1885.
Schleifer, F.: In: Das Land 1921.
Eisler, R.: In: Bay. H. f. Vkde. 1924.

Fischertag in Memmingen

In der Woche vor den Sommerferien, meist Mitte Juli (früher am Mittwoch der Bartholomäuswoche)
Memmingen/Allgäu, Rgbz. Schw.

In der Festwoche wird freitags gegen 18.00 Uhr der Fischertag durch den Büttel ausgerufen; der Ausruf beginnt auf dem Marktplatz und wird von einer Musikkapelle begleitet. Abends ab 22.00 Uhr zieht wie in alter Zeit ein Nachtwächter durch die Straßen der Altstadt. Der eigentliche Fischertag wird frühmorgens um 6.00 Uhr mit dem Weckruf und der Versammlung der Fischer auf der Burg vor dem Ulmer Tor eröffnet. Die Fischer ziehen mit ihren Netzen und dem Ruf »Schmotz, Schmotz, Dreck auf Dreck, Schellakönig, wüste Sau« durch die Ulmer Straße zum Schrannenplatz, wo der Oberfischer in der Tracht des 16. Jh.s den Fischerspruch vorträgt und eine lustige Ansprache hält. Um 8.00 Uhr beginnt das Fischen mit einem Böllerschuß. Rund 700 bis 800 kostümierte Bürger, die Mitglieder des »Fischertagsvereins« sind, fischen nun den Stadtbach, die Memminger Ach, aus, bevor er wie alljährlich zur Reinigung abgelassen wird. Die Forellen werden in jedem Jahr neu eingesetzt. Im Bach stehend, fischen Knaben und Männer mit dem »Bäten« (handlichen Gabelnetzen) um die Wette, jeder Fang wird durch ein dreimaliges »Höh, höh, höh« verkündet. Die Fischer dürfen gegen Bezahlung eines Beitrages die gefangenen Fische behalten. Wer die größte Forelle gefangen hat, wird Fischerkönig. Nach dem Fischzug wird der Bach abgelassen und durch die »Schmotzen« (Bachräumer) gesäubert. Um 10.30 Uhr findet bei einem Krönungsfrühschoppen in der Stadthalle die Abdankung des alten und Krönung des neuen Fischerkönigs statt. Der alte Fischerkönig wird vom Thron gejagt und bekommt zum Trost einen Laib Brot, Wurst und einen Rettich. Der neue König wird gekrönt. In feierlichem Zug zieht am Nachmittag der neue Fischerkönig mit der Stadtgarde, dem Oberfischer und der Gruppe der Schmotzen in langem Rock und mit Dreimaster sowie in Begleitung mehrerer Musikkapellen vom Kemptner Tor durch die Stadt zur Festhalle. Alle fünf Jahre wird das Fest um den Sonntag erweitert, an dem ein historischer Festzug durchgeführt wird; der »große Fischertag«.

Der Fischertag ist durch einen Eintrag in das Ratsprotokoll schon 1551 belegt. 1556 kam es zu einer Auseinandersetzung, die vor den Rat der Stadt gebracht wurde, »als man jetzo den Bach abgeschlagen« und der Rat feststellte, »daß man von altersher allweg da gefischet«. Bis zu Beginn des 19. Jh.s durfte alljährlich eine andere Zunft den Stadtbach ausfischen. Die Zunftgesellen veranstalteten nach dem Fischen jeweils einen kleinen Umzug, während die Bürger nur am Rande beteiligt waren. In den 80er Jahren des 19. Jh.s wurde der Begriff Fischertag geprägt, während man vorher von Bachausfischen oder Bachablassen sprach. Um 1890 entstand der Fischertagsverein, der es sich zur Aufgabe stellte, diesen Brauch zu pflegen; dadurch wurde das Fest auf eine breitere Basis gestellt. Die städtische Oberschicht distanzierte sich bis etwa 1910 von dem kleinbürgerlich orientierten Festtag. 1954 wurde der alte Termin (Bartholomäustag, 24. 8.) aufgegeben. Heute nehmen rund 800 Bürger aktiv am Ausfischen teil. Fischen darf nur, wer in Memmingen geboren oder wenigstens drei Jahre hier ansässig und ein Jahr Mitglied des Fischertagsvereins ist.

Bei dem Fischertag handelt es sich um die festliche Ausgestaltung eines örtlichen Brauches. Es ist kein Fischerfest im ursprünglichen Sinne, wie es in Orten, in denen der Fischfang eine Rolle spielt, als Fest einer Zunft, der Fischer nämlich, gefeiert wird. Der Fischfang war kein Gewerbe in Memmingen, sondern nur Folge der jährlich notwendigen Reinigung des Stadtbaches. Ursprünglich waren abwechselnd alle Handwerkerzünfte am Ausfischen beteiligt; dieser Brauch wurde dann, wie erwähnt, am Ende des 19. Jh.s unter dem Einfluß des Fischertagsvereins zu einem Fest für die ganze Bürgerschaft erweitert. L. P.

Braun, U.: Brauchtum in und um Memmingen . . ., in: Schönere Heimat. München 61/1972. S. 193–196, bes. S. 194 u. 196.

Flohmarkt in München

Keine genau fixierbaren Termine
München, Blumenstraße, Jakobsplatz und andere Standorte

1973 wurde in München erstmals ein Flohmarkt abgehalten (21. 7. 1973) und wegen des großen Erfolges im September wiederholt. Er ist inzwischen zu einer ständigen Einrichtung geworden. Auf dem Flohmarkt, gestaltet nach dem Vorbild anderer Städte, sollen Altwaren und Kleinkram von Privaten angeboten werden. Dabei schleichen sich auch Münchener Antiquitätenhändler ein mit geringwertigem Angebot, die sich durch Bekannte usw. vertreten lassen. Die Preise für die sog. Antiquitäten liegen z. T. erheblich über denen der Auer Dult.

Ein weiterer Floh- und Kunstmarkt wird von den Händlern im Alten Hackerhaus, Sendlinger Straße 75, im Dezember durchgeführt. Ein Flohmarkt findet auch im Rahmen des Frühlingsfestes statt (s. u. Oktoberfest München).

Die Anregung zum Münchener Flohmarkt geht von den Flohmärkten in Paris, Barcelona etc. aus. München hinkt in Deutschland in gewisser Weise nach: Vorläufer waren z. B. in Nürnberg, Darmstadt etc. Berlin hält seit 1973 im stillgelegten Hochbahnteil der U-Bahn Nollendorfplatz in 16 alten U-Bahn-Wagen einen Flohmarkt ab, der von Antiquitätenhändlern bestritten wird.

Der Münchener Flohmarkt knüpft an die Tradition der Auer Dult an. G. K.

Flohmarkt in Wasserburg a. Inn

1. Samstag im August, 8.00 Uhr
Wasserburg a. Inn, Lk. Rosenheim, Rgbz. Obb.

Am 1. Samstag im August (sog. verkaufsoffener Samstag – verlängerte Ladenschlußzeiten) wird erst seit 1972 in Wasserburg in der Herrengasse im Altstadtbereich ein Flohmarkt abgehalten, den ein Mitarbeiter der Stadtverwaltung anregte.

Die Idee übernahm man von Nürnberg und Straubing, wo erstmals 1971 Flohmärkte stattfanden. Der Publikumserfolg ließ sie zu einer beliebten Einrichtung werden. In Wasserburg verkauft die Stadt die nicht abgeholten Fundsachen in einem eigenen Stand.

Der Markt beginnt offiziell um 9.00 Uhr, der Verkaufsbetrieb läuft seit mindestens 8.00 Uhr G. K.

Korr. Stadt Wasserburg (1. Bgm. Dr. Geiger) 8/1973.

Florianikirtag in Zell an der Ybbs

1. Sonntag im Mai, vm.
Zell an der Ybbs, Stadtgmd. Waidhofen a. d. Y., Pol. Bez. Waidhofen, NÖ

Zu dem Kirchweihfest mit Verkaufsbuden und Jahrmarktsrummel kommt vor allem die Landbevölkerung von weit und breit. Für die Feuerwehr (Schutzpatron hl. Florian, dem die Kirche geweiht ist) findet ein Festgottesdienst statt. Bei den Buden werden rote Wachsstöcke und »Florianiringerl«, das sind spiralenförmig aufgerollte rote Wachsschnüre, verkauft. An der Floriansstatue in der Kirche steht den ganzen Tag eine brennende Kerze, an der die käuflich erworbenen Wachsstöcke und Florianiringel ein wenig angebrannt werden. Sie gelten dann als geweiht und sollen Schutz vor Blitz, Feuer und ähnlichem Unheil bieten.

Seine besondere Ausformung erhielt der Festtag (eigentlich 4. Mai – Florian) dadurch, daß der hl. Florian hier auch als Schutzherr der Schmiede und Hammerherren gilt und Zell a. d. Y. mit Waidhofen a. d. Y. Mittelpunkt der niederösterreichischen Kleineisenindustrie war. H. F.-F.

Zeitschriften- und Fragebogenarchiv des Österr. Rundfunks, Studio Niederösterreich (Günter Richter).
Mitt. Dimt, G., Waidhofen a. d. Y.

Fohlenmarkt in Bad Aibling

Maria Geburt, 6. 9.
Bad Aibling, Lk. Rosenheim, Rgbz. Obb.

Der Bad Aiblinger Fohlenmarkt (Frauen-, Füllei- oder Heißenmarkt) war der größte Pferdemarkt Oberbayerns. Heute werden nur noch wenige Fohlen aufgetrieben, meist Haflinger. Man bietet statt dessen Rinder und Schweine an. Dem Markt ist eine landwirtschaftliche Maschinenverkaufsschau angegliedert.
Daneben gibt es einen Festbetrieb mit Bierzelt und Verkaufsständen.
Der Bad Aiblinger Fohlenmarkt ist seit dem 18. Jh. nachzuweisen. 1846 richtete die damalige Marktgemeinde ein Gesuch an die Regierung von Oberbayern, in dem sie um räumliche Verlegung des Fohlenmarktes in die Kolbermoorer Straße nachsuchte, wo er heute noch abgehalten wird (Freigelände und Halle). G. K.
Korr. Stadt Bad Aibling 7 u.8/1973.

Freilichttheater in Altusried (»Allgäuer Freilichtspiele«)

Letzte Spielsaison 1975
(meist fünfjähriger Turnus)
Altusried, Lk. Oberallgäu, Schw.

Die Freilichtbühne Altusried bringt seit 1878 vor allem Klassikeraufführungen. Die Spieler, ausschließlich Laien, kommen aus dem Gebiet der Marktgemeinde, die die gesamten Unkosten der Veranstaltungen trägt. Die großen Besucherzahlen (60 000 bis 100 000) pro Spielsaison gleichen die hohen Ausgaben für Technik und Personal wieder aus.
Eine »Theater-Gesellschaft Altusried« spielte um 1849 im Rößlewirtssaal in Altusried Schillers Räuber. Es gab auch in Altusried Stegreifspiele an Fasching, in denen lokale Ereignisse glossiert wurden.
Die erste Freilichtaufführung fand 1879 statt: »Der bayrische Hiesel« (9000 Besucher), wiederholt 1900. 1911, 1931 und 1933 »Andreas Hofer« mit 500 Mitwirkenden (1911 12 000 Besucher).
1949 »Götz von Berlichingen« mit 500 Mitwirkenden, 80 Pferden, 50 000 Besuchern. 1952 und 1954 »Wilhelm Tell«. 1959 »Andreas Hofer« von Alois Johannes Lippl; erste Abendvorstellungen. 1964 »Götz«, 1970 »Wilhelm Tell«; neue Beleuchtungsanlage. Nachtvorstellungen besser besucht.
Altusried arbeitet ohne Subventionen und ist auf das gute Einspielergebnis angewiesen, das auch vom Wetter der jeweiligen Saison abhängt. G. K.
Korr. Zimmermann, J., Altusried. 4/1974.

Szene aus dem Andreas-Hofer-Spiel in Altusried

Freischießen in Obergünzburg

Letzter Sonntag im August, 13.30 Uhr (Festzug); letzter Sonntag im August bis 1. Sonntag im September (Schützen- und Volksfest)
Obergünzburg, Lk. Ostallgäu, Rgbz. Schw.

Mit den Schießwettbewerben (Schützenverein Guntia und Feuerschützengesellschaft Obergünzburg) wird bereits am Freitag vor der Eröffnung begonnen.
Am Eröffnungstag findet in Obergünzburg um 13.30 Uhr der Festzug statt, an ihm nehmen auch historische Gruppen teil.
Das Schießen wird in der Turnhalle und am Johanniskeller, 1 km südlich von Obergünzburg, durchgeführt. Schützen aus Bayern, Württemberg und Österreich nehmen teil. Zum Schützenfest gehören auch ein Bierzelt und Fahrgeschäfte.
Das Obergünzburger Fest ist das älteste Schützen- und Volksfest des bayerischen Allgäus. Der erste Hinweis auf die Tätigkeit Obergünzburger Schützen datiert von 1526: Erwähnung einer Schießmauer bei der Gaststätte »Zum Schießgraben«. 1718 beteiligten sich Obergünzburger Schützen am Fronleichnamsfest, wo sie zur Ehrenwache am Allerheiligsten abgestellt wurden. In der Schützenordnung von 1733 ist ein Freischießen aufgeführt, das auch von auswärtigen Schützen besucht werden konnte.
Ein Schützenfestzug fand erst in den 20er Jahren unseres Jahrhunderts statt. Heute beteiligen sich 30 Schützenvereine und 10 bis 15 Musikkapellen aus dem Oberallgäu an dem Festzug. In bestimmten Zeitabständen wird ein historischer Festzug abgehalten, u. a. Darsteller des Fürstabts Eucharius von Wolffurt (1616–1631) von Kempten, der nach der Schützentradition als Stifter des Freischießens gilt; diese Ansicht ist insofern nicht unbegründet, weil der Abt unter dem Eindruck des heraufziehenden 30jährigen Krieges das regionale Schützenwesen sehr gefördert hat. Es nehmen auch der sog. Obergünzburger Haufen aus dem Bauernkrieg und Handwerkerabordnungen teil. G. K.

Int. Aichner, E., Obergünzburg, 1 u. 4/1974.
Gutbrod, F. X.: Geschichte der Pfarrei Obergünzburg. Kempten 1889.
Epplen, H.: Obergünzburger Chronik ... (= Allgäuer Heimatbücher Bd. 72). Kempten 1968.

Fridolinsfest (Fridlini) in Säckingen

Am 6. März und dem darauffolgenden Sonntag
Säckingen, Rgbz. Südbaden

Die Feier des Fridolinsfestes erstreckt sich auf zwei Tage. Am eigentlichen »Fridolinstag«, dem 6. März, findet im Münster ein Festgottesdienst statt, während in der Stadt ein großer Jahrmarkt abgehalten wird. Der nachfolgende Sonntag bildet jedoch den Höhepunkt der Festlichkeit, die Pilger und Zuschauer aus dem ganzen Oberrheingebiet, vom Hotzenwald und aus der benachbarten Schweiz nach Säckingen zieht. Ab 6.00 Uhr finden Wallfahrtsmessen statt. Mit einem Pontifikalamt im Fridolinsmünster beginnt die kirchliche Feier. Gegen 11.30 Uhr stellen sich die Gläubigen zur Prozession durch die Straßen der Stadt auf. Mittelpunkt dieser Prozession ist der sechs Zentner schwere kostbare Silberschrein mit den Gebeinen des hl. Fridolin, der von acht Männern getragen wird. Die Prozession hat eine feststehende Zugfolge, bei der außer dem Fridolinsschrein weitere Reliquien und Kleinodien des Kirchenschatzes (»Heiltümer«) mitgeführt werden: Ein Evangeliar aus dem 10. Jh., ein sog. Becher des hl. Fridolin (Kristallgefäß, 14. Jh.), der Hilariusschrein mit Reliquien des hl. Hilarius, des Patrons der

Säckinger Kirche, und zwei Reliquienkreuze aus dem 14. Jh. Weiterhin werden Erinnerungsfahnen und die alte Stadtfahne aus dem 18. Jh. mitgetragen. Als Herolde verkleidete Knaben tragen die Wappenschilder von Säckingen, Glarus und Irland; dies weist auf geschichtliche Bezüge hin (s. u.). Traditionelle Gruppen sind auch die Deutschordensritter, die in Erinnerung an die frühere Teilnahme der Deutschordenskommende Beuggen in historischen Kostümen mitgehen, sowie zahlreiche Trachtengruppen und Musikkapellen der Stadt und der benachbarten Orte. Nach der Prozession findet ein Empfang der Würdenträger und Honoratioren durch den Bürgermeister von Säckingen statt. Nachmittags wird die kirchliche Feier durch eine Predigt, die der jeweils anwesende Bischof oder Abt eines Klosters hält, abgeschlossen. Der Tag findet seinen Ausklang mit einem Volksfest auf dem Festplatz »in der Au«. Eine Beschreibung des Fridolinsfestes hat Joseph Viktor v. Scheffel im 3. Stück seines berühmten Romans »Der Trompeter von Säckingen« gegeben.

Der 6. März ist nach legendärer Überlieferung der Todestag des hl. Fridolin, eines irischen Missionars, der im 6. Jh. in Säkkingen ein Frauenkloster gegründet hat und dort starb. Die Legende erzählt, daß er auch die Landesherren von Glarus mit Namen Ursus und Landolph bekehrte. Ursus vermachte daher seinen Besitz dem von Fridolin erbauten Kloster. Sein Bruder wollte nach Ursus' Tod dessen Besitz jedoch nicht herausgeben und stellte falsche Zeugen auf. Deswegen ließ der Heilige den toten Ursus aus dem Grab erstehen, führte ihn vor das Gericht, das in Rankweil tagte und ließ ihn für die Schenkung Zeugnis ablegen. – Schon im Mittelalter entwickelte sich eine lebhafte Wallfahrt zum Grab des Heiligen, deren Einzugsgebiet die Landschaft am Hochrhein, der Südschwarzwald, Nordschweiz und das südliche Elsaß waren. Die Prozession wird erstmals im Jahr 1347 urkundlich erwähnt.

Fridolin ist neben dem hl. Hilarius Patron der Stiftskirche (Fridolins-Münster). Im ausgehenden Mittelalter überlagerte die Verehrung des hl. Fridolin den Kult des hl. Hilarius, der heute kaum noch eine Rolle spielt. Vom Ende des 19. Jh.s bis 1933 wurden jeweils am Abend des Festtages sog. »Lebende Bilder« gestellt, d. h. man führte Szenen aus dem Leben des hl. Fridolin auf. Seit 1933 verboten, wurde das Fest erstmals wieder 1946 gefeiert, und zwar mit einem von F. Jehle verfaßten Festspiel »Der Heilige und der Tod«. Dieses Legendenspiel wurde jedoch nur einmal aufgeführt. L. P.

Birkenbühl, M.: Das St.-Fridolins-Fest zu Säkkingen, in: Deutscher Hausschatz in Wort u. Bild, 26 (1899/1900), Nr. 33. S. 608–610.
Hermann, H.: Kirche und Fest des hl. Fridolin, in: Baden. Monographie einer Landschaft, 7/1955. Nr. 5. S. 10–12.

»Frisch-und-G'sund-Schlagen« in Österreich

Tag der Unschuldigen Kinder (28. 12.) vm. In Kärnten und in der Steiermark, im mittleren und südlichen Burgenland sowie im salzburgischen Lungau

Von 6.00 Uhr früh an laufen Schulkinder (am Lande nur Buben, in der Stadt auch Mädchen) mit Birkenruten oder anderen Gerten in die Häuser oder auf Straßen und Plätzen und geben jedem Erwachsenen ein paar Streiche, wobei sie gereimte Sprüche aufsagen, die mit den Worten »Frisch und g'sund« beginnen und Wünsche für die Gesundheit im kommenden Jahre, andere Zusprüche und Neujahrswünsche enthalten.

Am Mittag werden unter den in Gruppen laufenden Kindern, von denen eines die »Kassa« führt, die Geldstücke verteilt. Im ländlichen Bereich erhalten die Kinder auch Nüsse und Kletzen (Dörrfrüchte), gelegentlich auch Bäckereien. Was die Ruten betrifft, so sind im österreichischen Verbreitungsgebiet drei große Bereiche zu unterscheiden: Westlich von Klagenfurt sind es Nadelholzäste, vor allem Fichte und Tanne, seltener Wacholder; im Burgenland zum Viererzopf geflochtene Peitschen aus Weidengerten; im Ostteil Kärntens und in der Steiermark fast durchwegs Birkenruten, gelegentlich kommen auch hier Weide oder Hasel vor. Im gesamten Verbreitungsgebiet sind gegen 40 verschiedene Bezeichnungen für den Brauch üblich, die sich in zwölf Gruppen zusammenfassen lassen. Ausgangspunkt für die Benennung ist entweder die »Intention« des Brauches (»Frisch-und-g'sund«), oder die Tätigkeit des Schlagens, das Brauchtumsattribut (von Rute und Besen abgeleitete Zeitwörter), der Termin (»Kindleintag«), schließlich noch die erhoffte Belohnung in Form von Nüssen und Haselnüssen. Der Brauch macht weder an den Sprachgrenzen innerhalb der Bundesländer Kärnten und Burgenland noch an der südlichen und östlichen Staatsgrenze halt. Dabei gibt es eigenständige slowenische und magyarische Verse, während die kroatischen Sprüche im Burgenland als Übersetzung aus dem Deutschen erkennbar sind (»frizi budte, zdravi budte« = seid frisch, seid gesund).

Dem südöstlichen Termin »Tag der Unschuldigen Kinder« entspricht im norddeutschen Bereich ein Fastnachtstermin, im ostdeutsch-osteuropäischen Bereich das Osterdatum. S. W.

Graber, G.: Der Schlag mit der Lebensrute, in: Carinthia I, Bd. 100. Klagenfurt 1910. S. 1 ff.
Adrian, K.: Von Salzburger Sitt' und Brauch. Wien 1924. S. 37.
Leskoschek, F.: Frisch und gsund! – in: Bl. f. Heimatkunde 20/1946. H. 4. S. 27 ff.
Graber, G.: Volksleben in Kärnten. 3. Aufl. Graz-Wien 1949. S. 180 ff.
Walter, S.: Frisch-und-g'sund-Schlagen, in: Österr. Volkskundeatlas. 2. Lief. Wien 1965. Bl. 30, 31 u. Kommentar.
Schmidt, L.: Das Frisch- und Gesund-Schlagen im Burgenland. A. d. Arbeit am Atlas d. burgenl. Vkde., in: Wiss. Arbeiten a. d. Burgenland. H. 35 (Festschrift f. Alphons A. Barb Eisenstadt 1966. S. 522ff.

Fronleichnam

Das Fronleichnamsfest geht auf die Visionen der Juliana von Lüttich 1209 zurück. Das Fest der Eucharistie oder des Altarsakraments wurde 1246 eingeführt. Die mittelhochdeutsche Bezeichnung »fron leichnam« (Leib des Herrn) gab dem Fest seinen Namen. Im Mittelpunkt des Geschehens steht die Prozession. Ihre Wurzeln liegen im Mittelalter, in der figurierten Prozession, im Umzugsspiel.

Im 14. Jh. kamen zum Umzug die vier Stationen der Evangelienaltäre dazu. An diesen Altären werden die vier Wetterinitien gelesen, was der Prozession den Charakter eines Flurumgangs mit Wettersegen verleiht. Während in kleineren Bischofsstädten die Prozession auf die Anregung von Bischöfen oder Domherren zurückgeht, ist es in den größeren Handelsstädten das städtische Patriziat, das die Prozession ins Leben ruft und gestaltet.

Fronleichnam wurde, nachdem um 1600 das Fest mit der Prozession amtlich verbunden wurde, zu einem der wichtigsten kirchlichen Begehungen des süddeutschen Barock mit einer heute kaum noch nachvollziehbaren Prunkentfaltung. Es diente der Demonstration des Glaubens und des Selbstverständnisses ständischer Gruppen. Aus der Prozession entwickelten sich die Fronleichnamsspiele mit allegorischen und mythologischen Inhalten (vgl. das Münchener Fronleichnamsspiel des Daniel Holzmann von 1574). Von szenischen Intermezzi lassen sich eine Reihe von religiös motivierten Großbräuchen ableiten (z. B. Drachenstich in Furth im Wald oder Englmarisuchen in St. Englmar, beide nördliches Niederbayern).

Über Form und Inhalt dieser barocken, religiösen Trionfi sind wir durch gedruckte Prozessionsordnungen und Kupferstichfolgen unterrichtet, von denen die Landshuter mit zu den bekanntesten gehört (1733). N. G. u. G. K.

◁ *Fronleichnamsprozession in Partenkirchen. Mädchengruppe mit einer Immaculata des Rokoko*

Fronleichnamsprozession in Alberschwende

Fronleichnam und Sonntag nach Fronleichnam, 8.30 Uhr
Alberschwende, Bez. Bregenz, V

Die Fronleichnamsprozession mit Schützenkompanie und Feuerwehr führt, von der Pfarrkirche ausgehend, auf der Landstraße in Richtung Buch, schwenkt dann in der Parzelle Brugg auf die Bregenzer-Wald-Bundesstraße ab und kommt auf dieser zur Pfarrkirche zurück.

Während der beiden Festtage gibt es außer der feierlichen Prozession noch wiederholte Umzüge der beteiligten Vereine, jeweils ausgehend vom Gasthof »Löwen« im Unterdorf zum Dorfplatz, rund um die Dorflinde und zum Ausgangspunkt zurück.

Im Anschluß an den Vormittagsgottesdienst findet überdies jeweils am Kriegerdenkmal eine feierliche Kriegerehrung statt. Außerdem nehmen die Vereine und Formationen korporativ am Nachmittagsgottesdienst (Vesper) und am Sonntagnachmittag an der daran anschließenden Festversammlung teil.

Wiederholt wird bei diesen Anlässen von der Schützenkompanie mit ihren alten Gewehren, von den Axtschützen mit ihren (Schuß-)Äxten und mit Böllern geschossen.

Bei den Umzügen marschieren die Einheiten in festgelegter Reihenfolge.

Alle Formationen setzen sich ausschließlich aus Einwohnern von Alberschwende bzw. Mitgliedern der heimischen Vereine zusammen.

Die Uniformen der Schützenkompanie wurden in der Zwischenzeit nur geringfügig geändert. Es handelt sich um graue Kaiserjägeruniformen mit grünen Aufschlägen und schwarzem Hut mit Federbusch.

Besonders auffallend sind einige »Spezialeinheiten« innerhalb der Fronleichnamskompanie, vor allem die 6 Chorschützen mit schwarzer Hose, weißer Bluse und rot-weißem Federbusch auf dem schwarzen Hut. Sie bilden die Ehrenwache für das Allerheiligste. Während des Festgottesdienstes stehen sie, gemeinsam mit den verschiedenen Fähnrichen, im Presbyterium Spalier. Während der Prozession gehen sie links und rechts vom »Himmel« mit dem Allerheiligsten. Früher wurden für diese Ehrenfunktion nur ledige Männer herangezogen, die ihren Militärdienst beim Kaiserregiment (Garde) in Wien abgeleistet hatten. Auch heute noch werden in der Regel für diesen Dienst meist ledige Männer herangezogen.

Die Böllerschützen, deren Zahl wechselt, entsprechen den Kanonieren (Artillerie) des K. u. K.-Heeres. Sie tragen schwarze Uniformen mit roten Aufschlägen und schwarze Tschakos mit großem goldenem Doppeladler und Kokarde.

Die beiden Axtschützen mit schwarzen Hosen, weißen Blusen, weißen Schürzen und schwarzen Hüten mit Federbusch symbolisieren die Pioniere. Ihre besonderen Ausrüstungsgegenstände sind Schießäxte und Pulverhörner. Sie tragen außerdem regelmäßig Vollbärte, wozu die Pioniere durch ein Privileg Kaiser Franz Josefs ermächtigt waren.

Die Begleitung der Fronleichnamsprozession durch uniformierte Schützeneinheiten geht nach Alberschwender Tradition auf das Jahr 1809 zurück. Früher durften in die Schützenkompanie nur Männer aufgenommen werden, die ihren Militärdienst bereits abgeleistet hatten. Seit etwa 1919 nahm man auch jüngere Männer in die Kompanie auf. W. R. u. E. W.

Hertnagel, S.: Gründungszeit (der Kompanie): Die Franzosenkriege, in: 150 Jahre Musikverein Alberschwende. Alberschwende 1961. S. 22–25.

Fronleichnamsprozession in Doren

Fronleichnam und Sonntag nach Fronleichnam, 9.00 Uhr
Doren, Bez. Bregenz, V

In der Gemeinde Doren beginnt der Fronleichnamstag mit Böllerschüssen morgens 5.00 Uhr. Um 8.00 Uhr treffen sich alle Vereine im Vereinshaus. Der Bürgerschützen-Hauptmann übernimmt das Kommando. Um 9.00 Uhr ist feierlicher Umzug der Vereine und Einmarsch in die Kirche zum Gottesdienst. Die Bürgerschützenkompanie stellt sich neben dem Hauptaltar auf. Nach der hl. Messe ist dann die eigentliche Fronleichnamsprozession mit Wettersegen.

Die Prozession bewegt sich von der Kirche ca. 1 km weit entlang der Landstraße und über Felder, wobei an vier aufgestellten Altären ein Evangelium gelesen wird. Dabei werden von der Schützenkompanie Salven geschossen, und es wird der Flur und Wettersegen erteilt. Die Prozession dauert etwa eine Stunde.

Nach Beendigung der Prozession schießt auf dem Dorfplatz die Schützenkompanie Ehrensalven (für Geistlichkeit, Bürgermeister mit Gemeindevertretung usw.).

Um 20.00 Uhr ist Abend-Segensandacht.

Der Bürgerschützenverein Doren wurde 1827 gegründet und war sicher seit seiner Gründung an der Fronleichnamsprozession beteiligt. W. R.

Korr. Gmd. Doren. 1/1974.

Fronleichnamsprozession in Füssen

Fronleichnam, 8.00 Uhr
Füssen, Lk. Ostallgäu, Schw.

Die Prozession beginnt an der ehemaligen Stiftskirche und jetzigen Pfarrkirche St. Mang. Sammeln der Teilnehmer ab 8.00 Uhr. Der Aufbau der Prozession ist derzeit folgender: Prozessionskreuz mit zwei Prozessionsfahnen, Vereine, eine Abordnung der Bundeswehr, Stadtkapelle, Kirchenchor, Konvent des Füssener Franziskanerklosters, das Sanctissimum unter einem mit Straußenfedern geschmückten Traghimmel (Traghimmel von ca. 1910), Stadtrat, Bürgermeister, kirchliche und weltliche Behördenvertreter, dann die Stadtbevölkerung.

Die Prozession nimmt folgenden Weg: Pfarrkirche, Brotmarkt, Brunnengasse, Schrannenmarkt (1. Altar am Gasthof Krone), Reichenbach-/Schulhausstraße, am Gymnasium 2. und 3. Altar, Reichenbachstraße/Stadtbrunnen (4. Altar – Pfarrkirche). Beim Segen an den Altären werden jeweils drei Böllerschüsse abgegeben.

Man verwendet bei der Prozession z. T. noch barocke Fahnen (Bäcker-, Florians-, Stadt- und Armeseelenfahne) und Tragstangen (darunter Tragstange mit Rosenkranzmadonna um 1700). Auf einem Fahrgestell wird von Mädchen eine Muttergottes (Ende 18. Jh., bekleidet, flankiert von vier Putten) gefahren.

Obwohl inzwischen zwei Stadtpfarreien bestehen, hält Füssen an seiner Prozession fest, die von der ursprünglichen Pfarrkirche ausgeht. G. K.

Korr. Böhm, R., Füssen. 8/1973.

Fronleichnamsprozession in Hörbranz

Fronleichnam, 6.00 Uhr
Hörbranz, Bez. Bregenz, V

Der Tag beginnt mit dem Wecken des Schützenhauptmanns im Morgengrauen (4.00 Uhr), der eine Abordnung der Kompanie zu einem Frühstück in sein Haus einlädt. Es folgt dann der Frühgottesdienst der Schützen um 6.00 Uhr. Anschließend Pulverausgabe und Einteilung der Wachen. Um 7.45 Uhr versammeln sich die Vereine, Abordnungen, Behördenvertretungen und die Schützen am oberen Kirchplatz. Vor dem Hauptportal der Kirche wurde inzwischen ein Blumenteppich mit verschiedenen Emblemen ausgelegt (vorwiegend Pfingstrosenblätter und Sumpfdotterblumen). Einmarsch in die Kirche. Festgottesdienst. Nach dem Festgottesdienst formiert sich der Fronleichnamszug.

Die Schützenkompanie umfaßt 81 Mann (44 Schützen, 14 Artilleristen, 12 Grenadiere, 4 Tamboure u. a.). Die Schützen tragen dunkelblaue Jacken und Pantalons mit roten Besätzen. Sie begleiten das Sanctissimum und feuern bei den Evangelien Salven in die Luft, unterstützt von Böllerkanonen, die am Ortsrand aufgestellt sind.

Die Prozession bewegt sich von der Pfarrkirche in Richtung Osten, geht den Höhenweg entlang und kehrt wieder in das Dorf zurück.

Nach dem Nachmittagsgottesdienst folgt die Selbstdarstellung der Schützenkompanie mit einem Standkonzert des Musikkorps, Ehrungen, Ehrensalven und anschließendem Umzug der Kompanie, bei dem auf Lafetten die Böllerkanonen mitgefahren werden. Die Schützen treffen sich nach der Feier zu einem unter freiem Himmel arrangierten Bierfest, das auch der Öffentlichkeit zugänglich ist.

Die Prozession wird am Sonntag nach Fronleichnam wiederholt und führt durch den neuen Ortsteil von Hörbranz.

Schützengarden lassen sich im Rahmen der Landesverteidigung in Bayern und Österreich seit etwa dem 17. Jh. allgemein nachweisen. Sie beteiligten sich fast stets auch an den Fronleichnamsprozessionen zum Schutz des Sanctissimums.

Hörbranz besaß als nördlicher Vorposten von Bregenz gegen Einfälle aus dem Reich erhöhte strategische Bedeutung, so daß die Möglichkeit nicht ausgeschlossen wird, daß eine militärisch organisierte, bürgerliche Schützenkompanie schon zu Beginn des 17. Jh. bestand, vielleicht schon zur Blütezeit des Vorarlberger Schützenwesens im 16. Jh. Seit der Mitte des 19. Jh., als durch die Schaffung der Landesgendarmerie (1850) die Bürgerschaft der Orte von lokalen Sicherheitsdiensten entbunden wurde, blieb der Hörbranzer Schützenkompanie die feierliche Gestaltung des Fronleichnamstages.

Die Mehrzahl der Uniformen wurde in der ersten Hälfte des 19. Jh. angeschafft und z. T. nach französischem Vorbild entworfen. Die Gewehre stammen aus etwa dem gleichen Zeitraum. Die Kanonen wurden um 1850 gegossen. G. K.

Stolz, O.: Zur Geschichte der Landwehr in Vorarlberg, in: Montfort. Zs. f. Geschichte, Heimat- u. Vkde. Vorarlbergs. Bregenz 3/1948. H. 1 S. 1–33.

Kapfhammer, G. (unter Mitarbeit von Mayer, U. u. a.): Fronleichnamsprozession Hörbranz. Wiss. Film, gedreht 1972. Veröffentl. Wien 1977.

Fronleichnamsprozession in Kastelruth

Fronleichnamstag und Sonntag nach Fronleichnam, 8.30 – ca. 10.30 Uhr
Kastelruth/Castelrotto, Prov. Bozen, Südtirol

Die Fronleichnamsprozession geht von der Pfarrkirche Kastelruth aus. Man zieht am freistehenden Glockenturm der Kirche hinaus zur barocken Nepomukkapelle am Grondelboden.

Es ist ein immer wieder beeindruckendes Bild: die barocke Kapelle, davor die Prozessionsteilnehmer auf einer weiten grünen Fläche, im Hintergrund das Schlernmassiv. Die Prozession zieht dann den Wiesenpfad weiter in Richtung Osten und kehrt wieder in den Ortskern zur Kirche zurück.

Die Evangelien werden an der Nepomukkapelle und am Glockenturm gehalten. (Früher vier Evangelien, zusätzlich vor dem Gasthaus Wolf und der Feuerwehrhalle.)

Prozessionsordnung: Prozessionskreuz mit Leuchter, Schulkinder (Knaben), Kinderfahnen und -banner, Gruppe mit Aloisiusstatue, Mittelschüler, Michaelskreuz, Gruppe mit Michaelsstatue, Bundesfahne der Jünglinge, Gruppe der Schulzengelstatue, Banner der Jungmänner, Jungmänner in Tracht, Kirchenfahnen von St. Michael, St. Valentin von Seis und Tissens, weitere Jungmänner mit und ohne Tracht. Bundesfahne der Männer, Gruppe mit Statue des hl. Josef, Männer in Tracht, Gruppe mit Rosenkranzmuttergottesstatue, weitere Prozessionsteilnehmer mit und ohne Tracht, Vertreter der Sparkasse, Seiser Musikkapelle, Schützen von Kastelruth und Seis, Gruppe mit Herz-Jesu-Tafel, Musikkapelle Kastelruth, Sängerchor, Laternenträger, Sakramentsfahne, Ministrantenfahne, Pfarrgeistlichkeit mit Assistenz (vier Geistliche), vier Laternenträger vor dem Allerheiligsten, das Allerheiligste unter dem von vier Bauern (mit Blumenkränzen im Haar, schwarze Tracht, weiß plissierte Krägen) getragenen Baldachin, begleitet von Schützen, Vertretung der Stände von früher, Pfarrgemeinde und Gemeindeausschuß, Vertretung der Ordensgenossenschaften, Erstkommunikanten mit Blumen (Kommunionkinder in schwarzen und weißen Kleidern, weißen Blusen, weißen Schürzen, z. T. Schultertücher), Schulkinder, Mädchen mit Fahnen und Notburgastatue, Jungscharbanner, Bundesfahne und Jungfrauengruppe mit Statue der Unbefleckten, Schulmädchen in Tracht mit Blumenkörbchen, Mädchen und Frauen in Tracht, weitere Prozessionsteilnehmer ohne Tracht, Bundesfahne der Frauen, Frauen in Tracht.

Trachten:

1. Männer – alte Tracht:

Stotzhut mit Hutzelfedern (Straußfedern) oder Eichenlaub mit Nelke bzw. Geranienblüte, rupfenes (handgewebtes) Hemd mit Seidentuch und Ring oder Knopf, rotes Leibl, Knöpfe und grüne Hosenträger und Gurt, halbe Uhrkette, die man auf der linken Seite trägt. Kurze Trachtenhosen, gemusterte, handgestrickte Stiefelstrümpfe, Hosenbänder werden 2 cm unter dem Hosenrand und über die Strümpfe gebunden. Riedelstiefel (Riedel = Falten), Schässeljoppe.

Hochzeitstracht:

Mantel, schwarzer Filzhut mit großer Krempe nach oben. Hutschmuck nach An-

Fronleichnamsprozession in Völs ▷

laß. Doppelrupf mit Hochzeitsbuschen, Grünzeug sowie Hutschoggel (Nelke wird mit Stengel nach rückwärts aufgesteckt). Trachtenhemd mit kleinen Falten mit oder ohne Hohlsaum, seidenes Tuch mit Ring. Geblümtes Leibl (Samt) mit halber Uhrkette, die man im zweiten Knopfloch nach oben einhängt und im linken Leibtaschl befestigt. Gurt oder Bindl. Wenn die Tracht im Hemdärmel getragen wird, bleibt das Leibl offen und das Bindl wird darunter getragen. Lodenjoppe, kurze Hosenstrümpfe und Riedelstiefel.

Festtagstracht (z. B. Weihnachten, Ostern, Pfingsten): Schwarzer Filzhut mit Krempe nach unten, mit Grünzeug, Nelke oder Geranienblüte, Trachtenhemd mit den kleinen Falten usw. Seidentuch mit Ring oder Knopf, geblümtes Samtleibl mit ganzer oder halber Uhrkette, Lodenjoppe mit langen Lodenhosen, hohe Trachtenschuhe.

2. Frauen – alte Tracht:

Turnkappe, Gollerärmel, kleine Spitzengoller, Kittel, gewasserte schwarze Schürze, kurze karierte oder geblumte Bänder, rote bockfellene Schuhe mit grünen Maschen. Bei besonderen Anlässen (Hochzeiten) kann ein braunseidenes Tüchl getragen werden, im Sommer weiße Ärmel mit Stofftazeln.

Hochzeitstracht:

Grüner Hut, für Braut mit Kranz, schwarze Ärmel mit Samtansatz, Halbhandschuhe. Seidentüchl mit Fransen. Halsschmuck: Silberkette, fünfreihig. Goldenes Kreuz am Tüchl. Kittel, schwarze, gewasserte Schürze, bockfellene Schuhe, weiße Strümpfe, Schurzbänder passend zum Tüchl.

An der Feier des Fronleichnamsfestes läßt sich Konservatismus und Wandel der katholischen Kirche und ihrer Gläubigen deutlich ablesen. Es ist vor allem in ländlichen Regionen beeindruckend, wie die barocke trionfiartige Form des Flurumgangs und sentimentalische Attribute der Restaurationsphase des Katholizismus des 19. Jahrhunderts kombiniert werden mit durchaus aktuellen Elementen z. B. der Präsentation politischer Macht, so daß hier nur noch mit Einschränkungen von einem religiösen Brauch gesprochen werden kann.

Die Kastelruther Prozession gehört zu den eindrucksvollsten des gesamten deutschsprachigen Alpengebietes, vor allem wegen ihrer reich differenzierten Südtiroler Trachten, der langschäftigen bunten Kirchenfahnen des 19. Jahrhunderts, die von zwei Helfern mit Stricken gezogen werden, den Tragfiguren aus der gleichen Epoche, dem paramilitärischen Gepränge und vor allem wegen der reizvollen landschaftlichen Szenerie zu Füßen des Schlernmassivs. Die Prozession ist nicht zuletzt eine Schaustellung des Südtiroler Selbstverständnisses. Der große Besucherzustrom bringt Belastungen für die Prozession. Für manche ungewohnt, spricht der Bürgermeister vor der Prozession von einem Fenster des Rathauses aus zu den Zuschauern und bittet sie, den religiösen Charakter des Tages zu wahren. G. K.

Ausserer, C.: Die Besiedlung des Kastelruther Berges. Eine siedlungsgeschichtliche und namenskundliche Studie (= Schlern-Schriften 25). Innsbruck 1934.

Baur, J.: Volksfrommes Brauchtum Südtirols (Schlern-Schriften 192). Innsbruck – München 1959. (Fronleichnam S. 50 – 54).

Fronleichnamsprozession in Lenggries

Große Prozession am Fronleichnamstag (Donnerstag), Kleine Prozession am darauffolgenden Sonntag, jeweils um 9.00 Uhr Lenggries, Lk. Bad Tölz, Rgbz. Obb., Pf. Lenggries

Ihr farbiges Gepränge erhält die Prozession u. a. durch die Beteiligung der sog. »Antlaßschützen« in ihrer Vereinstracht, grüne Röcke, Lederhosen, weiße Strümpfe und hohe Stopselhüte. In Tracht marschieren auch die Blaskapelle und zahlreiche örtliche Vereine; dazwischen sieht man hier noch sehr viele Frauen in der schwarzseidenen Festtagstracht mit dem kleinen

schwarzen, goldgestickten und mit Goldborten und -fransen versehenen Hut.

Begleitet wird der Zug von 13 Tragfiguren, die von jeweils 4 Männern auf großen Tragbühnen mitgeführt werden. Alle Figuren sind alt; die wertvollste gehört dem Bauernverein; sie stellt den hl. Jakobus dar und wird Erasmus Grasser (Ende 15. Jh.) zugeschrieben. Jede Figur ist festlich mit Blumen geschmückt. Dem Allerheiligsten wird eine ca. 25 m hohe rote Fahne vorangetragen, die »Hochwürdig-Gut-Fahne«; früher diente sie als Anzeiger dafür, wo sich das Allerheiligste gerade befand.

Der Weg der Prozession führt von der Kirche nach dem feierlichen Hochamt durch die Hörwarthstraße zum Maria-Anna-Weg, zur Karwendelstraße und zurück zur Kirche; die Altäre sind aufgebaut: 1 am Hirschbach, 2 beim »Rinner«, 3 beim Wegscheider Kreuz und 4 am Kriegerdenkmal; sie sind mit Birkenbäumchen und Blumen geschmückt.

Auf dem Rückweg bleiben die Schützen auf dem Kirchplatz stehen und warten, bis die Geistlichkeit und der Altardienst das Kircheninnere erreicht haben. Dann werden die Ehrensalven abgefeuert; am Donnerstag gelten sie den einzelnen Geistlichen, dem Kirchpfleger und anderen Persönlichkeiten des kirchlichen Lebens, am Sonntag dem Bürgermeister, den Gemeinderäten usw. Die Schützen stellen sich auf, der Hauptmann gibt das Kommando: »Eine Salve wollen wir verehren unserem Hochwürdigen Herrn Pfarrer von hier – Vivat!« Dann krachen die Schüsse unter kurzem Trommelwirbel. Sind alle Ehrensalven abgegeben, ertönt das Kommando: »Schultert das Gewehr!« und die Schützen begeben sich noch einmal in die Kirche.

N. G.

Pioniere mit Axt und Lederschürze

Salutschießen der Gebirgsschützen ▷

Fronleichnamsprozession in Liechtenstein

Am Fronleichnamstag (Uesiherrgottstag), Beginn um 8.00 Uhr
Diese Prozession wird in allen zehn liechtensteinischen Pfarreien abgehalten.

Schon beim Morgengrauen wird mit dem Schmücken der vier Altäre begonnen. Dies ist ein altes Vorrecht bestimmter Familien. Der Verkehr wird umgeleitet. Die Straßen und die Bürgersteige werden sauber gefegt, die Häuser geschmückt und Heiligenbilder an den Fenstern gezeigt. Vor den Hauseingängen stehen Heiligenstatuen inmitten von Blumensträußen und brennenden Kerzen. Kunstvolle Blumenteppiche mit religiösen Motiven entstehen vor den Altären, Landes- und Gemeindefahnen flattern entlang der ganzen Prozessionsstrecke.

Unter dem Läuten der Glocken und dem Spiel der Dorfmusik verläßt die Prozession die Kirche. Alle Fahnen werden mitgenommen; sie verteilen sich gleichmäßig auf die Prozession. Die Prozessionsordnung variiert von Dorf zu Dorf. Die Schulkinder, die Vereine mit ihren Fahnen, die Trachten, die Pfadfinder, die vielen Ministranten usw. geben dem Zug eine farbenfrohe Note. Etwa in der Mitte der Prozession schreitet der Pfarrer mit der Monstranz unter dem von vier Gemeinderäten getragenen Baldachin. Erstkommunikantinnen in weißen Kleidern streuen Blumen. Die Blasmusik, Kirchenchor begleitet die Prozession, die ein feierliches Hochamt mit Tedeum abschließt.

Am Rande des Fronleichnamsfestes (Uesiherrgottstag) haben sich schon früh einige Bräuche angesiedelt. So wird in Schaan nach dem Hochamt an jedes Kind ein Schildbrötchen auf Gemeindekosten abgegeben. Ein Bürger schenkte der Gemeinde vor sehr langer Zeit eine Alpe mit der Auflage, daß die Gemeinde auf »ewige Zeiten« jedem Kind in der Gemeinde am »Uesiherrgottstag« ein weißes Brötchen schenke. Auch heute noch »stürmen« die Kinder in die Bäckerei, um das »Uesiherrgottsbrötchen« zu holen. A. F.

Die Fronleichnamsprozession ist heute der eindrucksvollste religiöse Brauch des katholischen Kirchenjahres.
Erteilung des Segens bei der Fronleichnamsprozession in Holzgau/Tirol.
(s. a. S. 84 f.)

Fronleichnamsprozession in München

Fronleichnam, 8.30 – 12.00 Uhr
Landeshauptstadt München, Rgbz. Obb.

Um 8.30 Uhr wird bei günstigem Wetter an der Mariensäule (Marienplatz, Fußgängerzone) ein Pontifikalamt vom Kardinal der Erzdiözese zelebriert. Um 9.15 Uhr setzt sich die Prozession in Bewegung: Dienerstraße, Ludwigstraße (Altar in Höhe der Schönfeldstraße), Theatinerstraße, Maffeistraße, Promenadeplatz, Karmeliterstraße, Dom. Vor dem Dom und auf dem Marienplatz Programm mit in- und ausländischen Folkloregruppen und Musikkapellen.

Die Stadt München konzentriert sich an diesem Tag auf das Fest, das in seiner Ausgestaltung die Tradition der alten, schriftlich überlieferten Prozession fortführt und dabei Neuerungen aufgeschlossen ist; das Pontifikalamt am Marienplatz wird erst seit 1975 gelesen, vorher fanden die einleitenden Feierlichkeiten im Dom statt.

In einer Münchener Kammerrechnung von 1343 werden Ausgaben »ad processionem corporis Christi« aufgeführt. In welcher Form das Fest durchgeführt wurde, ist für diesen Zeitraum nicht zu erschließen. Die erste Prozessionsordnung liegt für 1484 vor, die einen genauen Einblick in den Aufbau zuläßt. Seit 1597 sind wir durch gedruckte Ordnungen über die Entwicklung der Prozession unterrichtet. In der Gegenreformation erreichte die theatralisch-religiöse Ausstattung ihren Höhepunkt. Am Gelingen der Prozession waren im wesentlichen die Zünfte mit ihren lebenden Bildern beteiligt. Es waren etwa 2000 Teilnehmer aus allen sozialen Schichten der Stadt. 1780 meldete das Münchner Intelligenzblatt (9. 6.), daß im Zuge der aufklärerischen Maßnahmen unter Kurfürst Karl Theodor »Drachen, und andere papierne Ungeheuer, die diese heilige Handlung oft lächerlich machten, . . . wie

Prozession auf dem Weg zur Ludwigskirche, im Hintergrund St. Cajetan.

auch sämmtliche Engeln, und Ritter zu Pferd . . . gänzlich abgeschafft worden« sind; auf diese Dinge weist Friedrich Nicolai in seiner 1781 erschienenen berühmten Reisebeschreibung ausdrücklich hin.

Nach der Etablierung Bayerns als Königreich (1806) und der Verlegung des Bischofssitzes von Freising nach München (1818) erhielt die Münchener Fronleichnamsprozession ein besonderes Gewicht durch die Teilnahme des Königs, des Bischofs, der Hof- und Ministerialbeamten und des Magistrats der Stadt. Die Gruppen vor dem Sanctissimum bildeten traditionsgemäß die Gewerbevereine (früher die Zünfte), Bündnisse, Bruderschaften, Schulen, Institute sowie die in der Stadt etablierte Regular- und Säkular-Geistlichkeit.

An dieser Ordnung wurde im wesentlichen auch später festgehalten. Selbst die Zeit des Dritten Reiches brachte nur eine Reduzierung, keine grundlegende Änderung des Prozessionsschemas; es fehlten hier u. a. die Spitzen der staatlichen und städtischen Behörden zugunsten einer Gruppe »Die Bürgerschaft Münchens«, die sich aus Vertretern der Kirchengemeinde und der bürgerlichen Gewerbe rekrutierte.

Dem Himmel folgt heute die politische bayerische und Münchener Prominenz. An der Prozession beteiligen sich weiter u. a. Bundeswehr und Bundesgrenzschutz, die Ordensritter (Ritter vom Heiligen Grab und Malteserritter) mit ihren weißen Umhängen und eine Delegation Münchener Hochschullehrer. G. K.

Mitterwieser, A. u. Gebhard, T.: Geschichte der Fronleichnamsprozession in Bayern. München 1949.
Bauerreiß, R.: Wie es in Bayern zur Fronleichnamsprozession kam, in: Münchener Katholische Kirchenzeitung 57/1964, Nr. 22 v. 31. 5.
Hollweck, L.: München, Liebling der Musen (= Eine Stadt erzählt. Große Reihe Bd. 5). München, Hamburg 1971. S. 60 ff.

Fronleichnamsprozession in Schliersee

Fronleichnamstag, vm.
Schliersee, Lk. Miesbach, Rgbz. Obb.,

Am Vormittag des Fronleichnamstages findet in Schliersee eine Prozession statt. Beteiligt sind u. a. die katholischen Pfadfinder, der Veteranenverein mit z. T. sehr schönen alten Fahnen, die oft von drei Männern gleichzeitig getragen und gehalten werden müssen, die Gebirgsschützen in ihrer traditionellen Tracht, den langen grünen Röcken zur langen Lederhose und dem hohen dunklen Stopselhut, der Trachtenverein gekleidet in der »Miesbacher Tracht«, die Schalkfrauen (= die verheirateten Schlierseerinnen) im schwarzen »Schalk«, der gesmokten Seidenjacke, und der Gemeinderat.

Die Prozession nimmt ihren Weg durch den alten Ortskern; hier sind die Straßen z. T. mit Gras ausgelegt, aus den Fenstern der Häuser hängen mit Goldborten geschmückte rote Tücher, an den Hausecken stehen frischgeschlagene Birkenbäumchen, von deren Zweigen nach dem Umgang kleine Äste abgebrochen und – als gesegnetes Grün – mit heimgenommen werden. Zuweilen sieht man auch kleine private Hausaltäre oder einzelne Figuren vor den Häusern, mit Blumen geschmückt, stehen.

Vierergruppen von Männern tragen sog. Prozessionsfiguren, die das Jahr über in der Kirche aufbewahrt werden, auf großen Tragbühnen im Zug mit; die Figuren sind teils alt und wertvoll, teils auch neu angefertigt.

Der von einer Musikkapelle und dem Kirchenchor begleitete Zug setzt sich von der Kirche aus unter Glockengeläute und Böllerschießen in Richtung Schule in Bewegung; dort ist der erste Altar aufgebaut. Der zweite befindet sich beim »Staber« (bei der Münchner Straße), der dritte »beim Zanger«, der vierte und letzte schließlich beim Rathaus; hier legen Schulkinder und katholische Jugend aus verschiedenfarbigen Blüten und Blättern jedes Jahr einen Blumenteppich zu einem Thema der Biblischen Geschichte: auf diesem floralen Teppich stehend, zelebriert der Priester das letzte der vier Wetterinitien. Vom Rathaus geht der Weg dann zurück zur Kirche.

Es hat am Schliersee – im Gegensatz zu zahlreichen anderen bayerischen Seen – nie eine Seeprozession gegeben. N. G.

Hofmann, H. u. G.: Schliersee. Miesbach-Hausham-Schliersee 1969. S. 72, Abb. S. 114.

Fronleichnamsprozession Tegernsee

Fronleichnam, vm.
Tegernsee, Lk. Miesbach, Obb.

Die Tegernseer Fronleichnamsprozession gehört zu den eindrucksvollsten Trachtenprozessionen in Südbayern. Beteiligung der Tegernseer Gebirgsschützenkompanie in braunen Flügelröcken, Schalkfrauen usw.

Eine Tegernseer Fronleichnamsprozession wird bereits 1505 erwähnt: »Vor dem fest fronleichnam soll der prueder dy kubel, darein man dy püechen may setzt in den prunnen legen.« »Pürgschützen« sind in Tegernsee im Dreißigjährigen Krieg nachzuweisen. Die jetzt bestehende Kompanie wurde 1907 neugegründet.

Der Name »Gebirgsschützenkompanie Tegernsee« taucht erst nach 1848 auf, als unter dem Eindruck der politischen Ereignisse die Schützen neu organisiert wurden. 1848 erste größere Auftritte in der Öffentlichkeit mit Unterstützung des Königshauses. G. K.

(Vgl. Wackersberg; die allg. hist. Daten gelten auch f. Tegernsee.)

Rattelmüller, P. E.: Die Gebirgsschützenkompanie Tegernsee. Tegernsee 1970.

Fronleichnamsprozession Wackersberg

Fronleichnam, 8.00 Uhr
Wackersberg,
Lk. Bad Tölz-Wolfratshausen, Obb.

Die Schützen stellen sich um 8.00 Uhr beim Altwirt in Wackersberg zum Kirchenzug auf. Die Kompanie wird in 30 bis 40 Rotten eingeteilt (1 Rotte = 2 Schützen), dazu kommt der Fähnrich mit zwei Begleitern und die Blaskapelle. Voraus gehen 2 Pioniere mit Schurzfell und Hakken, der Hauptmann, 2 Zugführer und der Kassier. Beim Einzug in die Pfarrkirche Wackersberg wird das Kommando »Schultert's Gwehr« gegeben. Die Schützen stellen sich im Mittelgang der Kirche auf. Der Hauptmann gibt ein weiteres Kommando: »Kompanie halt! Bei Fuß's Gwehr! Ruht!« Der Kirchenchor singt ein festliches lateinisches Amt, beim Evangelium wird als Kommando »Kompanie Achtung! Schultert's Gwehr« und »Bei Fuß's Gwehr! Ruht!« gegeben.

Bei der Wandlung: »Kompanie Achtung – Zum Gebet«, Trommelwirbel. Nach der Wandlung: »Herstellt euch! Ruht!«

Nach dem Hochamt ziehen die Schützen als erste aus der Kirche.

Zur Prozession stellen sich die Schützen beim Hausjaka, am folgenden Sonntag beim Liebhart (Hausnamen) auf. Kinder eröffnen den Zug, es folgen Mädchen, Handwerker- und Veteranenverein, dann reihen sich die Schützen ein, die im Parademarsch vor dem Allerheiligsten defilieren.

Die Evangelien werden gelesen: 1. beim Pfarrhof, 2. beim ersten Kreuz an der Straße nach Bad Tölz, 3. beim Valtakreuz, 4. bei der Langbrunnenkapelle.

Am Kriegerdenkmal bei der Pfarrkirche wird ein letzter Segen erteilt.

Nach Schluß der kirchlichen Feier marschiert die Kompanie zum Altwirt. Vor dem Essen werden Ehrensalven gegeben.

Nach archivalischen Forschungen ist anzunehmen, daß Wackersberger Schützen im Bereich der Landesdefension seit 1605 tätig waren.* 1805 werden Wackersberger Bauern in einem »Corps baierischer Gebirgsschützen« gegen Österreich aufgestellt.**

Als am 29. September 1829 König Ludwig I. Bad Tölz besuchte, wurde eine 200 Mann starke Schützenabordnung aus Wakkersberg aufgeboten. 1835, zur Feier des 25jährigen Hochzeitsjubiläums des Königs, kamen die Wackersberger Schützen nach München zum Oktoberfest anläßlich des Trachten- und Schützenzugs.

Seit dem 19. Jh. ist ihre Teilnahme an der Fronleichnamsprozession gesichert. G. K.

* *Korr.* Pfarrer Bauer, A., Egling. 1/1973.

Noderer, J.: Die Gebirgsschützen im Isarwinkel, in: Bay. Heimatschutz. München 19/1921. S. 112–116.

** Rattelmüller, P. E.: Die Gebirgsschützenkompanie Wackersberg. Wackersberg 1970.

Fronleichnamsprozession Weyarn

Fronleichnam, 9.00 Uhr
Weyarn, Gmd. Wattersdorf,
Lk. Miesbach, Obb.

Nach dem feierlichen Hochamt in der ehemaligen Stiftskirche der Augustinerchorherren und jetzigen Pfarrkirche findet die Prozession statt. Sie wird eröffnet vom Kreuzgänger (Prozessionskreuz von Ignaz Günther von 1763). Trachtengruppen (Schalkfrauen) sind zahlreich vertreten. Mädchen in Tracht tragen u. a. eine der berühmtesten Ignaz-Günther-Figuren »Maria vom Siege«. Sie gehört zu den Figuren, die eigens für die Fronleichnamsprozession geschaffen wurden und die die lebenden Bilder, wie sie vor allem im 17. Jh. üblich waren, durch figurale Gruppen ersetzten. Der Segen wird mit der bekannten Weyarner Monstranz erteilt (1652 von Präpositus Valentin Steyrer gestiftet, Augsburger Arbeit – Meister Georg Ernst).

G. K.

Korr. Pfarrer Oberberger, E., Weyarn. 10/1973.
Gebhard, T.: Fronleichnamsprozession, in: Eucharistia. Deutsche Eucharistische Kunst. (Ausstellungskatalog) München 1960. S. 29–34, bes. S. 32.
Augsburger Barock. (Ausstellungskatalog) Augsburg 1968. S. 306 (Nr. 450).

»Maria vom Siege« von Ignaz Günther

Fronleichnamsschmuck in der Weststeiermark

Fronleichnamstag vm. (Arbeitsbeginn teilweise schon um 3.00 Uhr früh)
Pfarren des Koralpengebietes in der südlichen Weststeiermark bis zu den Marktgmd. Schwanberg und Eibiswald (BH. Deutschlandsberg) und zur Stadt Deutschlandsberg. Desgleichen auch im unteren Lavanttal in Kärnten (BH. Wolfsberg)

Zu beiden Seiten der Koralpe trifft man auf einen besonderen Schmuck entlang des Weges der Fronleichnamsprozession, der über das Aufstellen von Birkenbäumchen hinausreicht. Es werden an beiden Straßenrändern und vor den vier Altären teppichartige Mosaike aus frischen Blumenblättern oder Gräsern auf einen Fond gelegt, der aus Nadeln von Waldbäumen, grünen Blättern oder Farnkraut aufgeschüttet wurde. Außerhalb des Ortsgebietes sind es häufig nur Blumenscheiben um jeden Birkenstamm oder einfache Ornamente in den steirischen Landesfarben. In den Ortschaften werden diese Blumenteppiche immer breiter und bunter. Vor der Mitte eines Hauses oder vor dem seitlichen Haustor wird gerne ein religiöses Sinnbild aus Blumen gestaltet, wie etwa die bekannten Symbole für Glaube, Hoffnung und Liebe. Manchmal erscheinen auch Schriftbänder und Sprüche. Besonders umfangreich sind diese Blumenstreifen in den beiden Märkten Eibiswald und Schwanberg. In der Bezirkshauptstadt Deutschlandsberg hat sich seit etwa 1920 die Gestaltung von großen »Teppichen« vor den vier Prozessionsaltären herausgebildet, wobei entweder Nachahmungen von orientalischen Knüpfteppichen oder religiösen Sinnbildern üblich sind. Hier verwendet man als Farbmaterial Wiesenblumen und Gräser, während in den kleineren Orten Gartenblumen überwiegen. In Eibiswald wird um 3.00 Uhr früh mit allen Glocken Sturm geläutet, damit niemand die Arbeit verschlafen möge. Aber das wäre kaum notwendig, denn selbst drei- und vierjährige Kinder sitzen bereits mit verschlafenen Augen vor den Haustoren und helfen beim Blütenzupfen. Das Aufschütteln des grünen Fonds besorgen noch Männer und Burschen. Die Gestaltung der bunten Muster wird dann durch Mädchen und Frauen vorgenommen. Bis zur Frühmesse (durchschnittlich um 7.00 Uhr) sind diese Arbeiten beendet, hernach geht man schauen, was diesmal die Nachbarn gemacht haben. Man hat den Ehrgeiz, jedes Jahr neue Entwürfe durchzuführen. Der Umgang ist dann nach dem Vormittagsgottesdienst, meist um 10.00 Uhr.

In den Jahren 1939 bis 1944 war der geschilderte Fronleichnamsschmuck aus Naturschutzgründen verboten. Übrigens hatte schon im Jahre 1871 der freisinnige Bürgermeister von Schwanberg ein Verbot ausgesprochen. In der Chronik findet sich der Zusatz, »daß sich der hochw. Herr Dechant und das (Kapuziner-) Kloster nicht darnach kehrten ...«. Der 1867 in Eibiswald geborene Dichter Hans Kloepfer schildert die Fronleichnams-Blumenteppiche in seinen Kindheitserinnerungen, die also in die Zeit vor hundert Jahren zurückreichen. Nach dem geschlossenen Verbreitungsgebiet – außer den erwähnten Bereichen der Weststeiermark und Kärntens – gehörte früher auch das slowenische Grenzgebiet bis zur Drau mit den Hauptorten Dravograd (früher Unterdrauburg) und Radlje (früher Mahrenberg) sowie das ehemals kärntische Mießtal (Mežiška dolina) dazu – kann man auf ein Alter von mindestens 200 Jahren schließen. Es ist das geschlossene Bistumsgebiet der 1228 gegründeten Diözese Lavant, das 1786 durch Kaiser Josef II. aufgelöst wurde. Der Bischofssitz wurde später von St. Andrä im Lavanttal nach Marburg an der Drau verlegt. Damit sind die weststeirischen Fronleichnamsmosaike sichtlich älter als die erst in der 2. Hälfte des vorigen Jahrhunderts nach Freising gelangten, deren Vorbild das mittelitalienische Städtchen Genzano in der Nähe von Rom war. Dort nennt man als Anreger den vatikanischen Obergärtner Benedikt Drei, der im Jubeljahre 1625 ein Blumenmosaik im Petersdom schuf. Übrigens ist den von Italien ausgegangenen Blumenteppichen, die sich bis Spanien und Südamerika verbreitet haben, gemeinsam, daß sie immer in der Mitte des Prozessionsweges liegen, während sich die weststeirischen (mit Ausnahme der großen Altarteppiche) zu beiden Seiten des Umgangweges erstrecken. S. W.

Kohlbach, R.: Fronleichnam in Eibiswald, in: Grazer Volksbl. v. 30. 5. 1929. S. 1 f.
Riedl, N.: Das Brunnenschmücken im Burgenland. Ein alter Fronleichnamsbrauch in Großhöflein, in: Burgenländische Heimatbl. 18/1956. S. 27 ff.
Walter, S.: Weststeirischer Fronleichnamsschmuck, in: Vkde. im Ostalpenraum. Graz 1961, S. 135 ff.
Kloepfer, H.: Aus dem Bilderbuch meines Lebens, in: Werke. 1 Bd. Graz 1967. S. 92.

Fronleichnamsstangen in Rohr im Gebirge

Fronleichnamstag, vm.
Rohr im Gebirge, Ger. u. Pol. Bez. Wiener Neustadt, NÖ

Die Fronleichnamsstangen sind rund 4,5 m lange Stangen, die mit Blumengirlanden dicht umwunden und mit einem kunstvoll verfertigten und geschmückten Wipfel, dem »Wirl« oder »Gipfel«, gekrönt werden. Gewöhnlich 4, früher auch 6 oder 12 solcher Stangen werden von entsprechend vielen Burschen in der Fronleichnamsprozession vor und hinter dem Himmel mitgetragen. Die Vorbereitungen für den Brauch beginnen schon am Vortag. Kinder sammeln die notwendigen Wiesenblumen (vorwiegend roten Klee, Margeriten, Trollblumen und Löwenzahn), die dann am Vorabend des Fronleichnamstages von Frauen und Mädchen zu ein bis zwei Meter langen Girlanden, dem sog. »Kranz«, gebunden werden. Eine besondere Aufgabe fällt dabei den bekannten oder verwandten Mädchen der Stangenträger zu. Sie müssen den »Wirl« verfertigen: Ein Fichtenwipfel wird entrindet und die seitlich abstehenden Äste nach oben gebogen und festgebunden, so daß ein kugeliges Gebilde entsteht, das mit Blumen umwunden wird; daran wird, ähnlich wie beim Maibaum, ein mit bunten Papierbändern und -spiralen geschmückter Blumenkranz gehängt. Mit diesem Wirl finden sich die ledigen Burschen am frühen Morgen (etwa ab 6.00 Uhr) am Kirchplatz ein. Je zwei holen eine der hölzernen Stangen, die das Jahr über im Pfarrhof aufbewahrt werden, und beginnen sie mit den Girlanden zu umwinden, die von den inzwischen eintreffenden Kirchgängern gebracht werden. Ist die Stange dicht mit Blumen bedeckt, wird der Wipfel aufgesteckt. Eine besonders schöne Pfingstrose krönt die Blumenpracht. Dann wird die Stange mit Schwung aufgerichtet und die Burschen warten vor der Kirche, wo sich inzwischen das feierliche Hochamt seinem Ende nähert, auf den Beginn der Prozession. Es formiert sich der Umzug: Voran der Kreuzträger, Schulkinder, Feuerwehr, Musikkapelle, dahinter der Priester mit der blumengeschmückten Monstranz, gefolgt von den übrigen betenden und singenden Gläubigen. Die Stangenträger reihen sich in den Zug ein, der sich am Pfarrhof vorbei in weitem Bogen durch die Felder und Wiesen an der Peripherie des Ortes zu den ersten beiden Fronleichnamsaltären bewegt. Dann kehrt die Prozession auf der Hauptstraße (3. Altar) zu ihrem Ausgangspunkt, dem Kirchplatz (4. Altar), zurück. Hier werden die Stangen ihres Blumenschmucks entledigt und jeder erhält den von ihm verfertigten »Kranz« zurück, der sorgsam als segenbringend das Jahr über aufgehoben wird. Die Stangenträger – immerhin kann eine derartige Stange 20 bis 30 Kilogramm wiegen – erhalten von der Gemeinde ein Mittagessen, von einzelnen Prozessionsteilnehmern gelegentlich auch Wein oder Trinkgeld. Das Alter der Fronleichnamsstangen kann nicht festgestellt werden. Man kann den Brauch als spätbarock bezeichnen, wofür auch die farbenprächtige, fast prunkhafte Ausstattung spricht.

Über Herkunft und Bedeutung der Stangen erzählt man in Rohr folgende Sagen: a) Die Gemeinde Puchberg am Schneeberg (Pol. Bez. Neunkirchen) soll anläßlich einer Hungersnot oder Pest die Fronleichnamsstangen, die deshalb auch Peststangen genannt werden, nach Rohr »verlegt« haben. b) Aus dem gleichen Grund hätten die Rohrer versprochen, jährlich die blumengeschmückten Stangen in der Fronleichnamsprozession mitzutragen. Früher sei von jedem Hof eine Stange beigestellt worden. c) Wegen einer Hungersnot im Rohrer Gebiet sei man in die Nachbartäler um Brot betteln gegangen, welches man dann auf blumengeschmückten Stangen heimgetragen habe. d) Das erste Brot nach der Hungersnot habe man im Triumphzug auf blumengeschmückten Stangen umhergetragen.

Da sich keine Anhaltspunkte zur Bestätigung dieser Sagen finden, ist es wahrscheinlicher, daß der Brauch durch Salzburger Holzknechte, die in Josephinischer Zeit hier angesiedelt wurden, nach Rohr gebracht wurde.

Typologisch lassen sich die Stangen den Salzburger Prangstangen zuordnen, die teils zu Fronleichnam (Pongau) oder zu Sonnwend und Peter und Paul (29. Juni) (Lungau) in feierlicher Prozession herumgetragen werden. Von letzteren unterscheiden sie sich durch die einfachere Ausführung, was wohl durch die Schnelligkeit der Herstellung bedingt ist. Schon die rein formale Ähnlichkeit mit manchen Formen des Palmbuschens oder des Maibaums weist auf eine Entsprechung des Sinngehalts hin. Auch bei den Fronleichnamsstangen handelt es sich um ein Sinnbild für die Erneuerung des Lebens. Ein Hinweis darauf sind auch die nach der Prozession das Jahr über sorgfältig aufbewahrten Girlanden, die Haus und Bewohner vor Unbill, wie etwa Unwetter und Krankheiten, schützen sollen. H. F.-F.

Fielhauer, H.: Die Fronleichnamsstangen in Rohr im Gebirge, in: Jb. f. Landeskunde v. Niederösterr. Folge 36/1964. S. 832–843.
Wolfram, R.: Die Salzburger Prangstangen und ihre Verwandten. 6. Bericht v. d. Brauchtumsaufnahme im Lande Salzburg, in: Mitt. d. Gesellschaft f. Salzburger Landeskunde, 104/1964. S. 271–299.

Funkaabrenna in Montafon

»Funkensonntag« = 1. Fastensonntag, bei Eintritt der Dunkelheit
Montafon, alle Gemeinden des Tales, V

Das Abbrennen des »Funkens« ist der dritte Teil des Brauches, den die Burschenschaft des Tales durchführt.

Schon Tage vorher beginnen die Vorbereitungen: die Dorfkinder sammeln Holzabfälle und anderes Kleinholz, auch Scheiter für den Außenrand des Funkens, wobei sie mit besonderen Sprüchen herumziehen, die von Dorf zu Dorf variieren. Für den Brauch ist wichtig, daß das Kleinholz gebettelt worden ist. Der Dank der Kinder ist in allen Dörfern etwa der gleiche: »Eu söllen d' Küachle ufgoh wia an Pflumpfsack!« Aber auch die »Verwünschungen« für Häuser, in denen nichts gegeben wurde, richtet sich gegen die Küchele: »Eu söllen d' Küachle hocka blieba wia an Kratosack.«

Diese »Funkenküchele« (Backrollen oder (Hefeteigküchele) gehören denn auch unbedingt zum Funkensonntag. Das gesammelte Holz wird auf dem Festplatz gestapelt, der immer der gleiche ist, so daß sich teilweise bereits der Name »Funkenacker« oder »Kohlplatz« als Flurname eingebürgert hat.

Die Höhe und Größe des »Funkens« variiert. Er kann sogar achteckig sein, je nach dem vorhandenen Holz.

Der eigentliche Aufbau erfolgt dann am 1. Fastensamstag. Der verantwortliche »Funkenmeister« ist heute gewöhnlich der Feuerwehrhauptmann des Ortes.

An der Spitze des »Funkens« wird eine »Hexe« angebracht, die mit explosivem Material ausgestopft ist. Außerdem wird an dem Platz noch ein kleiner Scheiterhaufen zum Anzünden der Fackeln hergerichtet.

Bis zum Einbruch der Dunkelheit am nächsten Abend (Sonntag) muß der »Funken« dann bewacht werden, denn er darf nicht zu früh entzündet werden, was von der »Konkurrenz« mitunter versucht wird.

Am Sonntag ist dann der eigentliche Festtag. Nachdem sich die Burschen und Buben die Fackeln für den Abend besorgt haben, ist alles an Vorbereitungen erledigt.

Im häuslichen Kreis gibt es zum Nachmittagskaffee – in früheren Jahren traditioneller Verlobungstermin – die Funkenküchele. Dann beginnt der öffentliche Teil. Man versammelt sich und zieht der Musikkapelle folgend – in kleineren Orten ist wenigstens ein Musikant dabei – zum Funkenplatz. Dort wird erst der kleine Holzhaufen in Brand gesteckt; die Buben zünden ihre Fackeln daran an. Etwas später setzt der Funkenmeister den Funken in Brand. In kurzer Zeit lodert der gesamte Funken, und bald erreicht das Feuer auch die »Hexe«, die mit lautem Knall explodiert.

Zusätzlich werden die Fackeln in Kreisen und Figuren geschwungen. Teilweise kann man auch Feuerräder sehen. Das früher bei der Gelegenheit übliche Scheibenschlagen (s.a.a.O.) findet heute kaum noch statt. (S. a. den Artikel »Funkenfeuer«).

In der älteren Forschung laufen diese Feuer als Bestandteile »der ältesten Denkmäler der germanischen Kultur« im Rahmen der Frühlingsvertreibung der Dämonen. Belege finden wir erst für das späte Mittelalter, z. B. ein Bludenzer Ratsprotokoll vom 11. Febr. 1606, das erneut an das Verbot des Scheibenschießens erinnert. Ob das bereits in Verbindung mit dem Funken geübt wurde, bleibt dahingestellt. Dieser wird in einem kaiserlichen Patent vom März 1754 erwähnt, wonach der »schädliche« und »vom alten Heidentum herrührende Brauch« erneut untersagt wird, und die Eltern für ihre Kinder haftbar gemacht werden. Diese Verbote scheinen jedoch fruchtlos gewesen zu sein, denn bereits 1765 wird erneut die »unausbleibliche Straf« dafür angedroht. Die Verbote gehen unter wechselnden Regierungen weiter, ebenso wie der Brauch selbst. Auch eine von kirchlicher Seite angestrebte Verlegung in die Faschingszeit – aus der Fastenzeit heraus – ist nicht gelungen.

Die Verse, die früher beim Funken vorgetragen wurden, weisen auf die Auffassung der Brauchträger hin, daß es sich um ein Frühlingsfest handelt, das Gedeihen für das Jahr bringen soll, z. B.: »Flack us, flack' us,/ Über alle Spitz und Berg us! / Schmalz i dar Pfanna, / Kara (Korn) i dar Wanna, / Küachli i dar Schüßla, Pflueg i das Erda; Gott all's grota lot (geraten läßt) / Zwüschat alle Sega und Wega!«

W. R. u. M. G.

Barbisch, H.: Vandans, Eine Heimatkunde ... Innsbruck 1922.
Ilg, K.: Landes- und Volkskunde ... Vorarlbergs. Bd. III, Innsbruck 1961; Dort auch weitere Lit.
Heimat Rankweil, Rankweil 1967.

Funkenabbrennen in Außerfern

Am Abend des »Funkensonntags«, d. i. der 1. Fastensonntag, a.
Jungholz, Pinswang, Bez. Reutte, T

Auf einem Hügel nahe bei Jungholz, dem »Köpfle«, und am »Scheibenbichl« bei Pinswang werden etwa 3 m hohe Holzstöße für den Abend des Funkensonntags hergerichtet. Inmitten dieses Holzstoßes steckt eine ca. 5 m lange Stange, an deren Spitze eine Strohpuppe, die »Hexe«, in Lumpen gehüllt ist und eine Gesichtsmaske trägt. Nach Einbruch der Dunkelheit wird von dem ältesten der Funkenburschen, der bereits für das Sammeln der Holzscheiter und die Anfertigung der Strohpuppe verantwortlich war, der Holzstoß in Brand gesetzt. Jeder der vielen Anwesenden wartet gespannt, bis endlich das Feuer die Hexe erreicht und diese dann unter lautem Jubel verbrennt.

Neben diesem »Funken« werden in Jungholz von den Buben Reste des abglühenden Scheiterhaufens in Blechkübel, die mit Holzwolle gefüllt sind, getan. Die Kübel hängen an einem Draht und werden, sobald die Holzwolle glüht, geschwungen, so daß der Eindruck feuriger Räder entsteht; anderswo werden bei dieser Gelegenheit mit Stroh umwickelte Räder in Brand gesteckt und die Böschung hinabgelassen. In Pinswang ist mit dem Brauch des Hexenverbrennens auch noch das »Scheibenschlagen« üblich.

Das Abbrennen des »Funkens« in Orten des Außerferns ist identisch mit gleichen Brauchformen im alemannischen Raum und ist hier wie dort altüberliefert. D. A.

Ilg, K.: Ein Versuch zur Erklärung des Brauches vom Funkensonntag, in: Montfort, 2/1947. S. 101 ff.

Funkenfeuer (Fackel-, Scheiben-, Fastnachts-Funken)

Am Sonntag Invocavit (1. Fastensonntag), a. 18.20 Uhr)
Bayrisches Schwaben (bes. Allgäu), Baden-Württemberg (bes. Südschwarzwald und Bodenseegebiet bis Donau), Vorarlberg, Tirol, Schweiz

Am Sonntag Invocavit werden in den genannten Gebieten Funkenfeuer entzündet. Am Tag vorher sammeln Jugendliche im Ort Holz, Stroh, Autoreifen, Kisten usw. Oft übernimmt heute auch ein Verein die gesamte Organisation. Das gesammelte Material wird in der Regel auf eine Anhöhe gebracht und dort zu einem runden, sechs- oder achteckigen Haufen aufgeschichtet. Aus der Haufenmitte ragt eine lange, astlose Stange, an deren Spitze eine etwa 2 m hohe Strohpuppe, die Hexe, befestigt wird. Am Abend des Funkensonntags finden sich Kinder und Jugendliche mit Lampions und Fackeln sowie Erwachsene am Scheiterhaufen ein. Nach dem Entzünden verfolgen die Zuschauer aufmerksam das Brennen des Funkens. Der Höhepunkt ist erreicht, wenn die Hexe brennt und samt der Stange in die Flammen stürzt.

Als häufiger Begleitbrauch kommt das Scheibenschlagen (Scheibenfliegen, -jagen, -schieben, -schießen, -treiben, -werfen)

Hexe beim Funkenfeuer

auch heute noch vor. Hierbei werden entweder im Funkenfeuer selbst oder in einem kleineren Nebenfeuer Holzscheiben verschiedener Form (rund, viereckig, sechseckig, sternförmig gezackt) angeglüht. Mit Hilfe eines etwa 2 m langen Haselnußstockes (Scheibenstecken, Schwingstock, Sprengrute, Funkenstecken, Rodler) werden sie aus der Glut gefischt, durch die Luft geschwungen und über ein schräg in den Boden gerammtes Abschlagbrett (Scheibenbank, -stuhl, -bock, -lade, -Redlibank) in die Luft geschleudert. Jeder Bursche, der eine Scheibe schlägt, spricht unmittelbar vor dem Abschlagen einen Scheibenspruch, aus dem hervorgeht, wem er die Scheibe widmet. Man schlägt sie gewöhnlich seiner Freundin, aber auch dem Pfarrer, dem Bürgermeister usw. Außer diesen Ehrenscheiben kennt man auch Spottscheiben. Hierbei erinnert der Scheibenspruch an eine originelle, oft auch blamable Verhaltensweise einer allgemein bekannten Person. Scheiben werden auch bei Oster-, Sonnwend- und Johannisfeuer u. ä. geschlagen, am häufigsten aber beim Funkenfeuer.

Das Funkenfeuer mit seinen Begleitbräuchen besitzt eine lange Tradition. So soll am 21. 3. 1090 das Kloster Lorsch durch eine unachtsam geschleuderte Scheibe in Brand geraten sein. In Frankreich wurde seit 1222 der Sonntag Invocavit seiner Feuer- und Fackelbräuche wegen domenica brandonum, jour des brandons bzw. dies focorum genannt. Von Fackelgängen, Feuern, Scheibenschlagen und Küchlereichen berichten zahlreiche Baseler Urkunden und Verbote des 15. jh.s Aus dem 16. Jh. sind Zeugnisse u. a. aus Luzern, Basel, Zürich, Solothurn, Bern, St. Gallen, Innsbruck, Bregenz, dem Bodenseegebiet, Franken, Würzburg, Trier und Eisenach bekannt. Sie weisen erstmals auch auf das Rollen riesiger Feuerräder als Begleitbrauch hin. Die Belege des 17. Jh.s sind zahlreich, die des 18. Jh.s spärlicher, während das 19. und 20. Jh. durch die Intensivierung der Feldforschung eine wahre Materialflut bieten.

Der Ursprung der Bräuche liegt weitgehend im dunkeln. Sie waren zu Beginn des 2. Jtsd. bereits bekannt, was u. U. auf eine vorchristliche Herkunft schließen läßt. Innerhalb der Bräuche lassen sich verschiedene Motive erkennen. 1. Naturmachtmotiv: Man glaubte, durch jene Bräuche die für die Bauern lebenswichtigen Naturmächte positiv beeinflussen zu können. 2. Liebesmotiv: Freundschafts- und Liebesbeziehungen spielen in vielen Begleitbräuchen eine große Rolle. 3. Brandopfermotiv: Die Sonderstellung der »Hexen« als Scheiterhaufenmittelpunkt kann als Rest eines Brandopferritus gesehen werden. 4. Eßmotiv: Festessen und Schlemmereien bildeten oft den Abschluß des Funkensonntags. 5. Kampfmotiv: Ältere Zeugnisse legen die Verbindung mit jugendlichem Kräftemessen nahe. 6. Fastnachtsmotiv: Alle Frühjahrsfeuerbräuche in Invocavit sind in Wirklichkeit Fastnachtsbräuche, einmal, weil sie viele gleiche und ähnliche Begleitbräuche aufweisen, zum anderen, weil für die Priester bis ins 8. Jh., für die Laien noch mehrere Jh. länger die Fastnacht bis zum Sonntag Invocavit dauerte. Invocavit war also ursprünglich der Höhepunkt und Abschluß der Fastnacht.

In folgenden Orten Bayerisch-Schwabens werden u. a. Funken an Invocavit entzündet:

Lk. Oberallgäu (Sitz Sonthofen): Altusried, Buchenberg, Dietmannsried, Eschach, Fischen, Hindelang, Kempten, Martinszell, Mittelberg, Moosbach, Ofterschwang, Petersthal, Probstried, Schrattenbach, Sulzberg, Vorderburg, Waltenhofen, Wertach, Wiggensbach, Wildpoldsried.

Lk. Ostallgäu (Sitz Marktoberdorf): Immenthal, Obergünzburg, Schwangau, Stötten, am Auerberg, Unterthingau, Untrasried, Wald.

Lk. Unterallgäu (Sitz Mindelheim): Dietratried, Egg a. d. Günz, Fellheim, Grönenbach, Hawangen, Kronburg, Legau, Markt Rettenbach, Wolfertschwenden.

Lk. Lindau: Opfenbach, Reitnau, Schlachters, Stiefenhofen, Wasserburg im Bodensee, Weiler im Allgäu. K. B.

Freudenthal, H.: Das Feuer im deutschen Glauben und Brauch. Berlin, Leipzig 1931.
Atlas zur Schweizer Vkde., hrsg. v. Geiger, P./Weiss, R. u. Escher, W./Liebl, E. Kommentar Teil II, 1. Halbbd. Erlenbach-Zürich-Stuttgart 1950–1957.
Bucher, K.: Frühjahrsbrauchtum und Begleitbräuche unter besonderer Berücksichtigung der Funkenfeuer am Sonntag Invocavit im bayerischen Schwaben. München 1969. (Ms. im Inst. f. Vkde. München.)

Funkenfeuer in Liechtenstein

1. Fastensonntag (Funkasunntig), 20.00 Uhr
Alle liechtensteinischen Gemeinden

Schon bald nach Drei König bestimmen die Schulbuben eines Dorfes aus ihrer Mitte einen »Funkenmeister«, der das Holz- und Strohsammeln organisiert und den Aufbau des Funkens leitet. Der einmal gewählte Funkenplatz, eine weithin sichtbare Anhöhe, wird kaum mehr aufgelassen; er bleibt meistens über Generationen erhalten. Der Holzstoß (Funken) wird sachverständig rund um die hohe Funkenstange, an der die mit Pulver geladene Funkenhexe hängt, aufgebaut. Das dürre Holz wird zum größten Teil aus den nahegelegenen Wäldern geholt; das Maisstroh (Törggastroh) wird von den Schulbuben im Dorf gesammelt, wobei immer wieder der Ruf »Bördile, Bördile, Törggastroh, dörri Schiter nömer oh« zu hören ist. Der zweite Satz wird aber vielfach abgeändert in: »Alti Wiber nömer oh«.

Am Funkensonntagabend blitzt und kracht es rund um den lichterloh brennenden Funken. Die mitgebrachten Raketen, Schwärmer, Frösche, Sonnen, Vulkane und wie diese Dinge alle heißen, werden von den vielen Zuschauern abgebrannt. Das Schwingen von selbstgemachten Fak-

Funken in Schaan/Liechtenstein

keln (Kienholz) sieht man immer seltener. An das frühere Scheibenschlagen erinnert in Triesenberg noch der Flurname »Schibabüchel«; auf diesem recht ausgeprägten Hügel wird heute noch jedes Jahr ein großer Funken aufgerichtet.

Nachdem der Funken niedergebrannt ist, wird zu Hause den »g'waleten Küächle« eifrig zugesprochen. Der Funkensonntag heißt darum im Volksmund auch »Küächlesunntig«.

Heute bilden in einzelnen Gemeinden Erwachsene sogenannte Funkenzünfte, die den Schulbuben diesen Brauch teilweise aus den Händen nehmen. A. F.

Fischer, F.: Der Funken- und Küächlisonntag in Vorarlberg und Liechtenstein. Bregenz 1922.
Ilg, K.: Ein Versuch zur Erklärung des Brauches vom Funkensonntag, in: Montfort, 2/1947. S. 101.

Fußwaschung Bernbeuern

Gründonnerstag, 20.00 Uhr
Bernbeuern, Lk. Weilheim, Rgbz. Obb.

Während der Gründonnerstags-Abendmesse für die Pfarrgemeinde Bernbeuern sitzen in den vordersten Bänken die zwölf ältesten Männer der Gemeinde bereit, die sog. Apostel. Nach der Messe nehmen sie auf zwölf, teils auf der Evangelien-, teils auf der Epistelseite bereitgestellten Stühlen Platz, der Pfarrer nimmt an ihnen die rituelle Handlung der Fußwaschung – gemäß dem Evangelium des Tages – vor.

Anschließend werden die Dorfältesten auf Gemeindekosten in einem Gasthaus bewirtet.

Noch vor wenigen Jahren wurden die 12 Männer mit sog. »Apostelkleidern« kostümiert; heute jedoch ziehen sie es vor, in Alltagskleidung zu erscheinen.

Stirbt einer der »Apostel«, so ist es für die restlichen elf die Pflicht, ihm das letzte Geleit zu geben; außerdem muß dann ein neuer Apostel gewählt werden. N. G.

Gansabhauet in Sursee

11. 11., 15.00 Uhr
Sursee, Kt. Luzern

Es handelt sich um ein Spiel um eine am Rathausplatz an einem Draht aufgehängte tote Gans. Die Beteiligten haben die Aufgabe, sie bei verbundenen Augen mit einem einzigen Säbelhieb herunterzuschlagen. Dies gelingt in der Regel kaum dem ersten, der es unternimmt, sondern einem der später in der Reihe folgenden. Der jeweils Schlagende trägt einen roten Mantel und eine Sonnenmaske; er wird in Begleitung eines Paukenschlägers und eines Trommlers auf den Platz geführt. Dem Sieger winkt ein kleines Geschenk. Die Gans wird am Abend von der Korporationsbehörde, die sie gestiftet hat, verspeist. Dem zwischen 15.00 und 16.00 Uhr stattfindenden Brauch schließen sich Belustigungen der Jugend an: Sog. »Käszännen« (Grimassenschneiden), Sackspringen, Seilziehen, Stangenklettern.
Die Tradition hat offenbar ein hohes Alter, der genaue Ursprung ist allerdings nicht bekannt. Nach Unterbrechungen in der Mitte des 19. Jh.s und um die Jahrhundertwende wurde sie kurz vor 1914 neu belebt. Die Sonnenmaske ersetzt seit 1918 die ursprüngliche »Perro«- (= Pierrot?) Mütze.
Der »Gansabhauet« stellt die einzige Tradition in der Schweiz dar, welche die Martinsgans (ursprüngliche Zinsabgabe) öffentlich zu Ehren kommen läßt. E. Sch.

Gansabhauet in Sursee

Gassatengehen (»Türkenpfeiferl«) in Waidhofen a. d. Ybbs

Mitte Juli. (Genauer Zeitpunkt kann nicht angegeben werden)
Waidhofen a. d. Ybbs, Ger. u. Pol. Bez. Amstetten, NÖ

»Gassatengehen« bedeutet so viel wie »zur Nachtzeit unter Begleitung von Musik einen Umzug halten«. Mitte Juli zieht der Zechmeister der alten Sensenschmiede-Innung mit drei Musikanten, ebenfalls Sensenschmieden, die ganze Nacht bis in die frühen Morgenstunden von Haus zu Haus und erfreut die Bürger durch ein Ständchen. Die Männer sind in dunkle Straßenanzüge gekleidet und tragen als markantes Brauchattribut einen roten Fez, die türkische Kopfbedeckung, am Kopf. Als Instrumente führen sie zwei Querflöten, früher Schwegelpfeifen, und eine Trommel mit sich, auf welchen sie einen »türkischen« Marsch zum Vortrag bringen. Der vierte trägt eine Tasche zum Einsammeln der Geldspenden, welche die »Angespielten« zu geben verpflichtet sind.
Die vier Türkenpfeifer treffen sich gewöhnlich nicht direkt in Waidhofen, sondern in Zell an der Ybbs, dem jenseits der Ybbs gelegenen Nachbarort, im Gasthaus »zum Goldenen Kreuz«, etwa um 19.00 Uhr, wo sie ein gemeinsames Nachtmahl einnehmen. Schließlich beginnen sie mit dem Musizieren, zuerst vor dem Pfarrhaus in Zell, dann ziehen sie weiter nach Waidhofen, zum Haus des Bürgermeisters, zu den Häusern der Honoratioren des Ortes, zu denen der ehemaligen Hammerherren und denen ihrer Freunde und Bekannten. Sie wecken die Schlafenden mit dem Sensenschmiedmarsch und der Anführer ruft: »Auf in Gotts Nam, die Türken san da!« Nach der Geldspende wird den Geehrten noch ein Musikstück nach Wahl (Walzer, Marsch u. ä.) dargeboten. Anfänglich werden die Musikanten von einer größeren Menschenmenge begleitet, die sich aber nach und nach verliert, je weiter die Nacht

vorschreitet. Sie aber scheinen unermüdlich, nur gestärkt durch ein ab und zu verabreichtes Gläschen Schnaps, eine »Jause« und die obligate Geldspende. Erst am Morgen, nachdem auch der Gewinn noch redlich geteilt wurde, begeben sie sich zur Ruhe.

Name, Aufmachung und Musik weisen auf einen Zusammenhang mit den Türken hin. Tatsächlich sind in den Jahren 1529 bis 1532, den Jahren nach der Ersten Wiener Türkenbelagerung, Stoßtruppen der Türken, die sog. Akindschi oder »Renner und Brenner«, wie sie von den Einheimischen genannt wurden, bis in den Raum Amstetten-Waidhofen vorgedrungen. Die Waidhofner Sensenschmiede sollen sich bei der Verteidigung der Stadt besonders im September 1532 hervorgetan haben und mit Unterstützung der Bürger und Holzknechte eine zehnfache Übermacht der Akindschi auf der Schwarzen Wiese bei den Kreilhöfen, wenige Kilometer südlich der Stadt (wo heute zur Erinnerung das Kreilhofer Marterl steht, das 1774 errichtet und mit der Kopie des Gnadenbildes der nahen Wallfahrtskirche vom Sonntagsberg – Sonntagsberger Gnadenstuhl – versehen wurde), überrumpelt und in die Flucht geschlagen haben. Zur Ehrung ihrer Tapferkeit wurde ihnen daraufhin vom »Waidhofner Richter und Rat« das Vorrecht verliehen, jährlich den Heischebrauch durchzuführen und alle drei Jahre einen Jahrtag mit Umzug mit den Zunftkrügen, einem ausgiebigen Essen und feierlichem Hochamt in der Kirche abzuhalten. Der letzte festliche Jahrtag wurde in den 20er Jahren begangen, der Umgang der Türkenpfeifer hat sich bis heute erhalten, obwohl eigentlich der letzte Sensenhammer in Waidhofen schon in den 50er Jahren stillgelegt und im Ort als Denkmal aufgestellt worden war.

Vor allem die Abhaltung des Jahrtages, bei welchem Anlaß auch Innungsangelegenheiten erledigt, Lehrlinge freigesprochen und aufgedungen wurden, war reines Zunftbrauchtum, das sicher schon vor dem Türkeneinfall bestanden hatte; denn schon im frühen 15. Jh. hatten sich aufgrund seiner günstigen Lage in Waidhofen so viele Schmiede angesiedelt, daß sie es vorteilhaft fanden, sich zu einer Zeche oder Zunft zusammenzuschließen. Der Heischeumzug der Türkenpfeifer kann, aber muß nicht, eine spätere Zutat sein, die sich ätiologisch vom Türkeneinfall herleitet. Daß die Musik vielleicht wirklich etwas »türkisch« klingt, mag an den Instrumenten (Schwegelpfeifen bzw. Querpfeifen und Trommeln) liegen, oder daran, daß die militärische Marschmusik allgemein teilweise Impulse aus der Türkei erhielt. Allerdings sind Schwegelpfeifen und Trommeln durchaus heimische Instrumente des 16. Jh.s. Der Sensenschmiedmarsch leitet sich offensichtlich von dem »Grenadiermarsch der Pfeifer« im österreichischen Heer unter Maria Theresia ab, stammt also aus einer viel späteren Zeit, ist aber möglicherweise an Stelle einer älteren Pfeiferweise getreten. H. F.-F.

Frieß, E.: Die Osmanenabwehr von Waidhofen . . . Waidhofen a. d. Y. 1932.
Schröckenfuß, E.: Das Eisenwesen von Waidhofen a. d. Ybbs . . . Diss. Wien 1966.
Bieber, L.: Die Türkenpfeifer, in: Der Bote v. d. Ybbs, 86/1971. Nr. 29 (16. 7. 1971).
Schmidt, L.: Volkskunde von Niederösterreich. 2. Bd. Horn 1972. S. 489 f.

Gauderfest Zell am Ziller

1. Sonntag im Mai, 13.30 Uhr Beginn des Festzuges
Zell a. Z., im Zillertal, Bez. Schwaz, T

Nachdem bereits am Freitag zuvor das Gauderschießen beginnt und am Samstag nach dem Mittagläuten Böllerschüsse den Anstich des 20- bis 22grädigen »Gauderbieres« einleiten, ist am Sonntagnachmittag das eigentliche Fest. Der Festzug beginnt mit Vorreitern und der Gruppe der »Grasausläuter« (Burschen bzw. Buben in bäuerlicher Tracht, das Gesicht geschminkt, den breiten Glockengurt um den Leib geschnallt, wobei ihre ruckartigen Schritte die Schellen laut ertönen lassen). Es folgen einige Festwagen mit »Lebenden Bildern«: Szenen aus dem Volksleben, der lokalen oder der Landesgeschichte u. ä., begleitet von Musikkapellen in Trachtenuniformen. Nach Beendigung des Festzuges beginnen um ca. 14.30 Uhr auf der Festwiese verschiedene Wettkämpfe, so ein Widderstoßen und Hahnenkämpfe (unter veterinärbehördlicher Aufsicht). Den Höhepunkt dieses Veranstaltungsteils bildet das »Ranggeln«. Die Ranggler, eine Art Ringer, sind mit Hose und Hemd aus grobem Leinen bekleidet; die Hose wird von einem Ledergurt gehalten. Die Kämpfer sind barfuß. Nach genau überlieferten Regeln versucht einer den anderen mit verschiedenen Griffen, für die es eigene Mundartausdrücke gibt, niederzuringen. Rutscht einem der beiden Ranggler sein Hemd über den Kopf, gerät einer in den Zuschauerkreis oder macht einer einen Fehlgriff, so wird der Kampf unterbrochen. Wichtig für den Ranggler ist Reaktionsfähigkeit und Kraft.

Das »Gauderfest« ist das älteste Talfest im Zillertal, für das die Bierbrauerei in Zell schon vor Jahrhunderten das Privileg erhalten hatte, ein eigens hochgrädiges Bier zu brauen. Der Name des Festes geht vielleicht auf das bereits in einem Zillertaler Urbar von 1400 genannte »Gauderlehen« bei Zell zurück, auf dessen Wiesen das Fest abgehalten wird.

Beda Weber, der bekannte Tiroler Landestopograph (A. 19. Jh.), nennt zwar den Namen nicht, schildert jedoch gut die Vorgänge, so auch neben dem zu jener Zeit »minder bedeutenden« Widderstoßen das damals so beliebte »Kühestechen«, wobei die »Roblerin« – die Siegeskuh – die besten Almweiden genießen durfte.

Der Ursprung dieses Festes liegt im Wirtschaftsleben früherer Zeit: man traf sich einmal im Frühling, um wichtige Geschäfte zu erledigen, Verträge zu schließen oder zu erneuern usw. Daß damit beim lebensfrohen Zillertaler – wie der »Unterländer« (östlich von Innsbruck) geselliger, aufgeschlossener, polternder und ein kräftigerer Typ als der »Oberländer« – auch ein entsprechend heiteres Fest verbunden war, das seit der Verkehrserschließung des Tales dominant wurde, liegt auf der Hand. Man kann das Fest zu Recht auch in die Gruppe der Anfangsbräuche des Weidejahres einreihen.

Der Termin ist so gewählt, daß auch die Ahrntaler – südlich des Alpenhauptkamms – bereits wieder über das Joch gehen konnten. Mit dem Ahrntal bestanden bis vor der Abtrennung Südtirols (1919) besonders enge wirtschaftliche und verwandtschaftliche Beziehungen.

Das brauchtümliche Kräftemessen, das Ranggeln, war nach dem Zweiten Weltkrieg ziemlich zurückgegangen, wird aber nun seit einigen Jahren auch in anderen Orten des östlichen Nordtirols wieder öfters durchgeführt. Auffallend dabei ist, daß einige tradierte Ranggelplätze auf Bergkuppen liegen, z. B. auf der Hohensalve (1827 m, nördlich des Brixentales) oder am Hundstein.

Der Brauch des »Grasausläutens«, in Zell a. Z. mit dem Gauderfest verbunden, ist in vielen Orten des Unterinntales isoliert für sich anzutreffen und wird dort zumeist um Georgi (24. 4.) abgehalten. Der Festtag des hl. Georg (bis 1772 Landespatron von Tirol) ist auch ein wichtiger Lostag und zugleich der Beginn für die freie Viehweide. So wie die »Scheller« mit Lärm den Winter vertreiben sollten, sollte durch das »Grasausläuten« – wie der Name des Brauches sagt – das Wachstum beschleunigt werden. D. A.

Weber, B.: Das Land Tirol. 3. Bd. Innsbruck 1838. S. 525.
Stolz, O.: Geschichtskunde des Zillertales (= Schlern-Schr. 63). Innsbruck 1949. S. 221.
Schmidt, L.: Zu den Tierkämpfen beim Zillertaler Gauderfest, in: Tiroler Heimatbl., 25/1950. S. 134 ff.

Kuhstechen und Hahnenkampf beim Gauderfest

Geldbeutelwaschen (Gealdbüttelwösch) in Bregenz

Aschermittwoch, nach Eintritt der Dunkelheit
Bregenz, Ehregutaplatz (Oberstadt), V

Wenn es dunkel wird, ziehen Bewohnerinnen und Bewohner der Altstadt, mit weißen Papiermützen bekleidet, in den Händen Angelruten, mit ihren Geldbeuteln unter dem Vorantritt der Musikanten zum bunt beleuchteten Ehregutaplatz und stellen sich dort um den Brunnen auf. Der Chronist dieser kleinen Stadtgemeinschaft tritt ans Rednerpult und liest den Einwohnern in rhythmisch gebundener, kräftiger Mundartrede die Leviten wegen der Dummheiten und Bosheiten, die im verflossenen Jahre begangen wurden. Dann werden unter den getragenen Klängen des »Pompfuneberger-Marsches« die Geldbeutel im Becken des Hugo-v.-Montfort-Brunnens gewaschen. Den Abschluß bildet ein kleines, auf dem engen Platz jedoch sehr wirkungsvolles Feuerwerk.
Nach dem Ersten Weltkrieg brachte ein Oberstädtler namens Mehrwert den Brauch von Augsburg mit. Seither wird er ununterbrochen geübt. W. R.

Georgiritt am Auerberg

Sonntag nach dem 23. April (= Georgstag) vm., ab 10.30 Uhr
Auerberg, Lk. Weilheim, Rgbz. Obb.

Am Georgstag werden jedes Jahr ca. 10 000 – 12 000 Besucher erwartet. Nur wenige finden in der kleinen spätgotischen Kirche Platz, um dem Gottesdienst beizuwohnen; bei gutem Wetter wird eine Feldmesse abgehalten – auf einem südlich des Gipfelhanges gelegenen Waldhügel – damit alle Anwesenden an der Messe teilnehmen können.
In der ersten Reihe nehmen die Fahnenträger mit den alten, schwerseidenen Fahnentüchern Aufstellung; die Bernbeurer Musikkapelle begleitet die Messe.
Nach dem Schlußgesang erscheinen am Waldrand die ersten Reiter: der Zugführer und die Vorstandschaft des Georgi-Ritter-Vereins, hoch zu Roß, in Schwarz gekleidet, mit einem Zylinder auf dem Kopf. Sie reiten den Waldhügel hinunter und den Gegenhang zur Kirche hinauf, wo sie die – inzwischen ebenfalls berittenen – Priester, Mesner und Ministranten abholen. Nun tauchen am Waldrand – in drei Zügen aufgeteilt – die übrigen Reiter auf; der Kostümzug mit einer Fanfarengruppe, der Herold voraus, die Engel, die römischen Reiter in rot-gelben Uniformen und schließlich Ritter Georg selbst; er reitet auf einem Schimmel und hält die Fahne in der ausgestreckten Hand. Im zweiten Zug werden stets zwei Pferde ohne Reiter mitgeführt; sie tragen einen Stahlhelm auf dem Sattel und sollen an die Gefallenen der Auerberggemeinden erinnern. Es folgen die sog. »Altgeschlechter« (s. u.), die zum größten Teil die Wappenschilde ihrer Familien tragen. Im dritten Zug folgen die örtlichen Vereine: Veteranen, Landjugend, Trachtenvereine, Musikkapellen; hieran schließen sich die Einzelreiter an. Reiter und Pferde stellen sich nach dem Aufzug auf der Gipfelwiese auf; der Kreuzrittermarsch und die Festfanfare werden gespielt, der Priester erinnert noch einmal an die Bedeutung des Tages und reitet dann segnend durch die Reihen.

Anschließend folgt eine Gefallenenehrung. Nun formiert sich der Zug wieder zum Ritt um Kirche und Berg; auf der Festwiese löst er sich dann unter den Klängen des Fehrbelliner Reitermarsches auf.
Im 19. Jh. und noch nach der Jahrhundertwende wurde das Patroziniumsfest der Auerberger Georgskirche am Sonntag nach dem 23. April mit Hochamt und Predigt feierlich begangen.
Erst 1925 wurde dieser Bauernfeiertag mit einem Georgiritt mit Pferdebenediktion verbunden. Zur geordneten Durchführung des Rittes wurden um den Auerberg Gebietsabschnitte gebildet, für die einzelne Leiter bestimmt wurden. Die künstlerische Gestaltung des Ritts wurde dem Bernbeurer Bildhauer Martin Kraut übertragen (einheitliche Satteldecken, Beschaffung der historischen Gewänder, Aufbau der historischen Gruppe).
Die Auerberger »Altgeschlechter«, das sind ca. 14 traditionsbewußte Bauernfamilien, auf deren Höfen sich seit dem frühen 17. Jh. der Familienname nicht geändert hat, d. h. immer Söhne – niemals Töchter – den Hof übernommen haben. Die Altgeschlechter sind seit 1935 am Ritt beteiligt.
1951 wurde die erste Feldmesse gelesen.
Beim Auerberger Georgiritt handelt es sich

Am 23. August, am Vortag des Bartholomäustages, treiben die Hirten das auf der Alm Glöck-Saltnerhütte gesömmerte Vieh auf der »Schian« (Bild) zusammen. Am nächsten Tag wird es in den tiefer liegenden »Wolfrainer Pfarra« gebracht und an die Besitzer zurückgegeben.
(s. S. 110)

um eine völlige Neuschöpfung der 20er Jahre unseres Jh.s. Seither aber haben sich jedoch feste – traditionell zu nennende – Formen und Abläufe herauskristallisiert, die als verbindlich gelten und den Außenstehenden ein größeres Alter der Veranstaltung vermuten lassen. Keinesfalls aber darf der Auerbergritt mit der keltischen Frühbesiedlung dieses Gebietes in Verbindung gebracht werden. N. G.

Der Auerberg, in: Deutsche Gaue 2/1900. S. 59–72; 10/1909. S. 318.
Hinweise von Fröhlich, N., 8921 Bernbeuren.

Georgiritt in Tittmoning

Sonntag nach dem 24. April (Georgi), 13.30 Uhr
Tittmoning, Lk. Traunstein, Rgbz. Obb.

Die Aufstellung der Teilnehmer erfolgt ab 12.30 Uhr auf dem Stadtplatz, um 13.30 Uhr ziehen die Teilnehmer in Richtung Kirchheim. Der Zug wird von einem Herold und vier römischen Reitern eröffnet, dann folgt der hl. Georg auf einem Schimmel mit der Georgsstandarte des St.-Georgs-Vereins Tittmoning. Anschließend folgen Festwagen der Stadt mit der Stadtkapelle, eine Kutsche mit Gold- und Riegelhaubenträgerinnen. Kleine Mädchen, als Engel gekleidet, reiten auf Haflingern neben dem Geistlichen; Honoratiorenkutschen und weitere Teilnehmer in Wagen und zu Pferd folgen.

Vor der St.-Georgs-Kirche in Kirchheim wird der Segen erteilt und eine Messe gelesen.

Der Ritt wurde 1921 vom Distriktstierarzt Dr. Brixner neu eingeführt. G. K.

Korr. St.-Georgs-Verein Tittmoning (Hiltl, S.), 4/1974.

Georgireitergruppe in Tittmoning

Georgiritt in Traunstein

Ostermontag, 9.00 Uhr
Traunstein, Lk. Traunstein, Rgbz. Obb.

Zu Beginn des Traunsteiner Georgiritts ruft der Stadtherold:

»Hie gut allerweg,
alten Brauches Pfleg.
Nach Ettendorf wir reiten,
wie zu der Väter Zeiten.«

Die Kirchenglocken beginnen zu läuten, der Reiterzug formiert sich im Hof des Hofbräuhauses und beginnt dann seinen Weg durch die Stadt nach der nördlich von ihr liegenden Ettendorfer Kirche. Am Zug nehmen teil: Trommler und Pfeifer in Landsknechtstrachten, zu Fuß, die Traunsteiner Schwerttänzer, zu Pferd der sog. Lindl (der Lindl ist eine Brunnenfigur in Traunstein), der sog. Eiserne Ritter (der an den einstigen Stadthauptmann erinnert); die beiden Rittergestalten sind von Landsknechten umgeben. Ihnen folgt Hans von Schaumburg, ehemaliger Pfleger von Traunstein, dann die Gruppe der Geistlichkeit (Stadtpfarrer im Rauchmantel).

An sie schließt sich der hl. Georg an, der von römischen Reitern umgeben wird. Vor und nach den beiden Darstellern reiten auf Haflinger als Engel verkleidet Halbwüchsige. Nach den historischen Gruppen und einer Abordnung weiß-blau gekleideter Postillione gehen Oberbürgermeister, Landrat, Kirchen- und Stadtrat.

Am Ritt beteiligen sich Trachtengruppen zu Pferd, auch Reit- und Fahrvereine der Umgebung, die jeweils ihre Pferde in bestimmter Weise geschmückt haben, und mit Tannen geschmückte Wagen, auf denen Trachtenträger und Musikkapellen gefahren werden (meist vierspännig), sowie Einwohner aus Ettendorf mit zwei großen Opferkerzen.

Die Kirche in Ettendorf wird umritten, wobei der Stadtpfarrer von Traunstein die Teilnehmer segnet. Der Zug kehrt gegen 12.00 Uhr in die Stadt zurück und löst sich am Lindlbrunnen auf.

Eine Pferdesegnung ist seit 1762 in Ettendorf zu belegen. Es heißt in den dortigen Kirchenrechnungen: ». . . am Ostermontag als man die Pferdt zu gesegnen hiehero gebracht, 5 fl.« 1785 notiert der Traunsteiner Pfarramtsmesner Permaneder am Ostermontag: »Heut ist zu Ettendorf der gewöhnliche Ritt und ein von den Bauern bezahltes Amt um 7 Uhr, welches gemeiniglich Herr Pfarrer selbst haltet. Auch werden dort mehrere Votivmessen angepfrimt, daher man auch ein oder zwei Ministranten, mit Kelch, Hostien und Wein hinaufschicken muß.« Nach Schierghofer wurde in den 70er Jahren des vorigen Jahrhunderts »der Ritt sehr vernachlässigt.«*

Der Traunsteiner St.-Georgs-Verein (gegründet 1891) führte 1893 den Ritt wieder ein. Nach Ansicht des Vereins ist der Ritt kirchlicher Art, aber vorchristlichen Ursprungs.

In der jetzigen Form drückt der Ritt diese Einstellung des Reitervereins aus.

Die Werbung für den Ritt übernimmt der St.-Georgs-Verein. Die Gruppe, die am weitesten anreiste, war eine Reiterabordnung aus Kötzting! (Teilnehmer des Kötztinger Pfingstritts, der eine ähnlich weitreichende Publizität wie der Traunsteiner Ritt hat.) 1973 wurde auch ein Brauttruhenwagen aus dem Landkreis Laufen mitgeführt; Truhenwagen sind vor allem in Bad Tölz beim Leonhardiritt üblich (s. d.).

G. K.

* Schierghofer, G.: Der Oster- und Georgiritt in Traunstein. Eine volkskundliche Skizze. Traunstein 1911.
Bericht über den Traunsteiner Georgiritt am Ostermontag. Traunstein 1973.
Vereinszirkular über den Ritt mit eingearbeiteter Literatur.

Georgsritt in Steibis

Sonntag vor oder nach dem Georgstag (24. April), 9.30 Uhr
Oberstaufen, Ot. Steibis, Lk. Oberallgäu, Rgbz. Schw.

Reiter in erneuerter schwäbischer Tracht ziehen von Steibis in das südlich des Orts liegende Autal, wo eine Messe gelesen wird. Die Standarten der Reiterabordnungen werden am Altar (Feldaltar) abgestellt. Nach dem Gottesdienst ist eine Pferdebenediktion.

Der erste Ritt fand 1959 im Anschluß an eine Glockenweihe und nachfolgende Primiz statt. Es beteiligten sich die Orte Stiefenhofen, Grünenbach, Heimenkirch, Missen, Hopfen, Oberstaufen usw. Der Termin des Ritts richtet sich nach der Wetterlage; bei Schnee wird der Ritt nach dem 24. 4. gehalten, bei günstiger Witterung am Sonntag vorher.

Einzele Reiter(-gruppen) aus Steibis beteiligten sich an den Westallgäuer Umritten; es besteht eine »Arbeitsgemeinschaft Westallgäuer Umritte, mit Sitz in Weiler i. Allgäu, gegründet 1953.

Steibiser Reiter beteiligen sich auch am Blutritt in Weingarten. G. K.

Int. Probst, Steibis. 1/1974.

Gerichtsumgang in Villanders

Am Tag nach Fronleichnam, immer an einem Freitag, von 5.00 Uhr früh bis 17.00 oder 18.00 Uhr
Pfarrdorf Villanders, Gmd. Villanders, Bez. Klausen, Talgemeinschaft Eisacktal, Südtirol

Am sog. Großen Goldenen Freitag, dem Tag nach Fronleichnam, halten die Villanderer ihren Gerichtsumgang. Um 5.00 Uhr früh stehen ein Priester, der Mesner, die Ministranten und die Umgangsteilnehmer in der Pfarrkirche zu St. Stefan in Villanders bereit. Nach einem kurzen Gottesdienst mit den 4 Evangelien wird unter Glockengeäute in Richtung Norden, vorbei an gezierten Fenstern, abmarschiert. Nach einer halben Stunde bei der Filialkirche zu St. Valentin angekommen, werden wiederum die 4 Evangelien gelesen, dann geht es steil bergab zum Klausner Vorort Frag (früher ein Teil der Gemeinde und des 1826 aufgelassenen Gerichts Villanders), wo in der Loreto-Kirche wiederum die 4 Evangelien gelesen werden. Anschließend folgt man der belebten Brennerstraße südwärts bis knapp vor den Zargenbach. Hier am tiefsten und südlichsten Punkt (Meereshöhe 490 m) der Gemeinde zweigt man rechts ab nach Kalchgruben und steigt zum Weiler Sauders bergan. Ist der Priester alt oder gebrechlich, steht für ihn ein Pferd zur Verfügung. In der St.-Moritz-Kirche zu Sauders wiederum die 4 Evangelien, dann weiter bis zum Ansitz Pardell (Pflegerhof genannt), in der St.-Johann-Kapelle ein kurzer Gottesdienst, dann für eine Stunde Rast. Man hat etwa den halben Weg hinter sich, ißt aus dem Rucksack zu Mittag, Teilnehmer und Priester werden abgelöst, ganz Kräftige und Willige machen aber auch den 2. Teil des Umganges mit.

Der weitere Weg führt immer steil bergan bis zum Wetterkreuz am Hügel »Mohrentrott«, dann zu den Eisenquellen und ins alte Bergknappengelände. Nach Stunden ist mit Kote 1450 nach einer Überwindung von fast 1000 m Höhenunterschied der höchste Punkt des Umgangs erreicht. Es geht langsam bergab zum Kirchlein von St. Anna in der Rotlahn (1133 m), das 1736 von den Bergknappen errichtet worden ist. Hier wiederum die 4 Evangelien und nach einer weiteren Wegstunde erneut dasselbe in der St.-Ulrichs-Kapelle des Schlosses Gravötsch (Gschlosser-Hof). Von hier ab findet dann der feierliche Rückweg und Einzug nach St. Stefan/ Villanders statt. Fahnen, Schulkinder, viel Volk, Schützen und Musikkapelle in Tracht, der Klerus unter dem Traghimmel, so geht es unter feierlicher Musik und dröhnendem Glockengeläute über das »Antlaßplatzl« zum Hauptort zurück. Die älteren Frauen gehen noch in Tracht. In der Pfarrkirche als Abschluß kurzer Gottesdienst mit Evangelien und Segen.

Geschichtliche Daten über den Villanderer Gerichtsumgang fehlen weitgehend. Ein kurzer Hinweis findet sich im Kirchenkalender von 1590. 1611 heißt es dann, gelegentlich des Umgangs am Freitag nach dem »hl. Pluetstag« seien den Vorsängern je eine Maß Wein im Wert von 6 Kreuzern gespendet worden. 1708 wurden in der Loreto-Kapelle zu Frag die 4 Evangelien gestiftet. Es war lange Stolz der Bauern, Evangelien zu bestellen und zu bezahlen. Als ihre Zahl auf über 200 angestiegen war, machte man dem Allzuviel ein Ende (um 1953). Das Böllerschießen war schon vorher von der Behörde verboten worden. Das Volk beugte sich dem Vorschlag, nur noch bei den Kirchen Evangelien zu lesen, ging aber nicht auf den Vorschlag ein, den Umgangsweg zu verkürzen. H. F.

Fink, H.: Eisacktaler Sagen, Bräuche und Ausdrücke (= Schlern-Schr. 164). Innsbruck 1957. S. 276, 321.

Schguanin, J.: Der Villanderer Gerichtsumgang, in: Der Schlern. Bozen 1966. S. 280.

Glöck-Kirchtag-Markt am Ritten

24. 8., Tag des hl. Bartholomäus
Glöck-Alm über Pfarrdorf Lengmoos, Gmd. Ritten, Bez. Bozen, Südtirol

Zwischen dem Berggasthof »Auf der Tann«, dem Heidrichsberg (1659 m) und den Almweiden »auf der Schön« breitet sich über Lengmoos am Ritten die Alm Glöck-Saltnerhütte (rund 1800 m ü. d. M.) hin. Dort findet der Glöck-Kirchtag-Markt statt. Am 23. August, dem Vortag des Bauernfeiertages St. Bartholomäus, treiben die Hirten vormittags das auf die Alm »eingenommene« Vieh auf der etwas höher gelegenen Weide »auf der Schön« (af dr Schian) zusammen. Dort bleibt es über Nacht. Im Laufe des nächsten Vormittags wird es dann zum tiefer gelegenen »Wolfrainer-Pfarra« (Pferch) heruntergetrieben, wo sich die Viehbesitzer, aber auch viel Marktvolk und Interessierte aus Ritten und der weiten Umgebung eingefunden haben. Dort hat dann jeder Besitzer die Möglichkeit, sein Vieh anzuschauen und zu entscheiden, ob er es noch länger auf der Alm lassen oder mit heimnehmen will. Pferde und Ochsen werden oft abgetrieben, da man sie zur Feldarbeit braucht. Auf »Glöck« wird dann gehandelt und getauscht, es werden Pferde zur Probe vorgeritten. In der Saltnerhütte wird ausgekocht und ausgeschenkt. Auch kommen die Musikanten vom Dorf Wangen in ihrem »Bauerngewandtl« und spielen bis gegen Mittag zur Unterhaltung auf.

Nachmittag treibt man das Vieh, das auf der Alm bleiben soll, wieder höher bergan. Das Volk aber begibt sich zu den tiefer gelegenen Gasthöfen »Auf der Tann« oder »Pemmern« oder »Bad Süeß«, wo gekegelt, Karten gespielt und bis in die Nacht getanzt wird.

Am »Bartlmas-Tag« werden meist über 700 Tiere aufgetrieben (Rinder und Pferde).

Die Rittner behaupten, den Glöck-Kirchtag-Markt habe es schon »immer gegeben«. Volkskundler lassen ihn, ähnlich anderen (abgekommenen) Höhenmärkten, in die Zeit der frühesten Besiedlung des Landes zurückreichen, wo sich das ganze Leben auf den urbar gemachten Höhen abgewickelt hat. H. F.

Heyl, J. A.: Volkssagen, Bräuche und Meinungen aus Tirol. Brixen 1897.

Kiene, H.: Der Ritten, illustr. Führer von Ritten. Bozen 1950.

Staffler, R.: Der Rittner Almstreit, in: Der Schlern. 28/1954. 2. 541.

Fink, H.: Eisacktaler Sagen, Bräuche und Ausdrücke. (Schlern-Schr. 164). Innsbruck 1957. S. 268 ff.

Zingerle, I.: Sagen aus Tirol. Graz 1969. (Nachdruck der 2. Aufl.)

Glöcklerlauf in Stainach

5. 1., abends
Stainach, St

Bei Einbruch der Dunkelheit wird die Ortsbeleuchtung abgeschaltet und aus den in den Platz mündenden Gassen leuchten die Lichterkappen der Glöckler auf.

Einige Glöcklergruppen – »Passen« genannt – sind schon von weitem auf den Hängen des Grankensteins zu bemerken. Perchtenmasken mit Besen und Wisch treiben Unfug und Schabernack.

Ungefähr 120 Läufer kommen mit immer lauter werdendem Geläute auf den Hauptplatz zu. Die Glöckler formieren sich zu Spiralen und Kreisen. Advents- und Hirtenlieder werden von einigen Musikgruppen dargeboten. Ein Sprecher stellt die einzelnen Glöcklerpassen vor, die Symbole auf den Kappen werden erklärt, meist handelt es sich um Sternzeichen, Sonne, Mond, Sterne, Blumen, Tiere, das Wappen von Steinach, um den Steirischen Panther (das Wappentier der Steiermark) oder auch um kirchliche Symbole.

Der Glöcklerlauf in Stainach wurde von einem Schuldirektor aus Ebensee (Oberösterreich) hierher verpflanzt, wobei ihm aktuelle Bezüge auf den für den Brauch neuen Ort und auch allgemein auf den Zeitgeist abgestimmte Formen gegeben wurden. Es ist mehr eine Brauch-Schau, die seit den 30er Jahren alljährlich in Stainach vorgeführt wird.

Für die Stainacher steht jedoch fest, daß es sich um den echten, heute noch in verschiedenen Orten des Salzkammergutes geübten Brauch des Glöcklerlaufens handelt, den man in die Reihe der Abwehr- und Lärmumzüge zur Weihnachtszeit stellen kann. »Glöckler« wird volksetymologisch von »Glocke« abgeleitet, da das Schellen der Glocken beim Brauch zu hören ist. »Glöckeln« entstand jedoch aus dem althochdeutschen »klockon« (mittelhochdeutsch »klocken«), was soviel wie »anpochen« oder »klopfen« bedeutet.

Wie im Salzkammergut findet der Glöcklerbrauch auch in Stainach in der letzten Rauhnacht statt, also vom 5. auf den 6. Januar.

Träger des Brauches sind die schon genannten Passen, meist 25–30 Läufer, die weiß gekleidet sind; an einem Gürtelriemen ist am Rücken des Läufers eine Glocke befestigt.

Die Glöcklerkappen sind oft Familienstücke, doch werden und wurden immer wieder neue angefertigt, die traditionelle und auch auf die Gegenwart bezogene Motive aufleuchten lassen.

Ebensee in Oberösterreich kann als Ausgangspunkt des Glöcklerbrauches im Salzkammergut angesehen werden.* Von dort gingen Anregungen nach Gmunden, Bad Ischl, Traunkirchen, St. Wolfgang, Salzburg. H. M.

Geramb, V.: Deutsches Brauchtum in Oberösterreich. Graz 1926. S. 8 f.
Swoboda, O.: Lebendiges Brauchtum. Salzburg 1970. S. 22 f.
* Fochler, R.: Von Neujahr bis Silvester. Volkstümliche Termine in Oberösterreich. Linz 1971. S. 43 f.

Glöcklerlaufen in Ebensee

5. 1., 17.00–23.00 Uhr
Ebensee, Bez. Gmunden, OÖ

Dumpfes Dröhnen kündigt am Vorabend von Heilig Drei König das Nahen der »Glöckler« an, wenn aus allen Richtungen die »Passen« nach Einbruch der Dunkelheit beim Rathaus zusammenströmen. Die »Glöckler« sind mit einem weißen Hemd und einer langen weißen Unterhose bekleidet. Dazu tragen sie einen alten Hut. Um die Hüfte haben sie schwere Glocken angeschnallt. Die »Glöcklerkappen«, bizarre, von innen erleuchtete Kopfaufsätze, bestehen aus einem Gerüst von dünnen Stäben, die zu Sternen, Pyramiden, aber auch zu Kirchen, Wappen, Schiffen u. a. m. zusammengefügt sind. An der Spitze einer »Glöcklerpass« läuft in der Regel ein »Komet«. Für Ebensee sind die großen, halbkreisförmigen Sturmhauben typisch, die einen Durchmesser bis zu 2 m erlangen und mit einem dunklen, lichtundurchlässigen Papier überzogen sind, in das die »Glöckler« in wochenlanger, mühevoller Arbeit verschiedene Ornamente, Symbole, Figuren, ja ganze Landschaften geschnitten oder gestanzt haben, die dann mit buntem Seidenpapier verklebt wurden. Durch im Innern der Kappen brennende Kerzen entsteht der Effekt von Kirchenfenstern. Beim Laufen sieht das dann aus, als schwebe ein Zug von Lichterkappen in der Luft.

Eine »Glöcklerpass« besteht aus 10 bis 14 Mann, die von einem Vorläufer dirigiert werden. Der »Spion«, wie er auch genannt wird, trägt keine Glöcklerkappe, sondern nur eine Zipfelhaube. Als besonderes Kennzeichen hat er einen langen Stock bei sich, mit dem er den Weg frei macht. Zunächst ziehen die »Passen« im Ortskern ihre Schleifen, Kreise und Achter, um den hochgestellten Persönlichkeiten ihre Reverenz zu erweisen. Danach begeben sie sich auf ihre eigentliche Tour, die zu den verschiedenen Gasthäusern und zu den Honoratioren der »Pass« führt. Dort wird dann ein Kreis gelaufen. Der Spion gebietet mit seiner hellen Glocke Halt, worauf sich die Glöckler still nieder-

knien, um nach abermaligem Läuten des Vorläufers ihren Kreis unter lautem Gedröhn weiterzudrehen. Der Vorläufer wünscht dem Geehrten ein gutes neues Jahr, wofür die Glöckler meist mit einem warmen oder wärmenden Getränk und mit »Glöcklerkrapfen«, die extra zu diesem Anlaß gebacken werden, bedacht werden. Bei einer solchen Rast werden die Kappen abgenommen und abgebrannte Kerzen wieder erneuert. Nicht selten kommen die Glöckler erst nach 23.00 Uhr nach Hause. Weder Kälte, Schneegestöber oder gar Regen, der den Kappen besonders zusetzt, können sie hindern.

Anreiz zum Herstellen besonders schöner Kappen bietet die Prämierung der »schönsten Pass«.

Den ersten gesicherten Beweis für Glöckler mit Lichterhauben verdanken wir Karl Ritter, der in seiner Chronik 1873 den Volkscharakter und die Sitten von Gmunden schildert.

Damit läßt sich das Glöcklerlaufen 100 Jahre zurückverfolgen. Der Name Glöckler erscheint freilich schon wesentlich früher, etwa wenn Johann Steiner 1820 in seinem »Reisegefährten durch die österr. Schweiz« schreibt, daß die Glöckler in meist gut gewählten Masken in bekannte Häuser gingen und sich durch ihre stummen, komischen Gebärden Faschingskrapfen holten, oder wenn der Jesuitenpater Ferdinand Peimstingl 1757 in seinem Missionsbericht aus Traunkirchen nach Passau schreibt, er habe »endlich / gott sey dank / jenen von vielen Jahren her eingerissenen Mißbrauch des sogenannten Glöckhlens anitzo gänzlich in seinem Bezirk abgestellt«. Damit sind aber keine Träger von Lichterkappen gemeint, sondern jene maskierten Heischegänger, die uns noch heute in der Viechtau bei Gmunden begegnen. Wann und wo sich diese oft weiß gekleideten Perchten zusätzlich mit einer Lichterhaube schmückten, kann (noch) nicht gesagt werden. Es dürfte aber zwischen 1860 und 1880 im Raum um Ebensee gewesen sein.

Das »Glöcklerlaufen« stellt demnach eine Weiterentwicklung des Perchtenbrauches dar. Die Heischegänger schließen sich in »Passen« zusammen und erhöhen ihre Wirkung durch »wunderliche Formen auf den Köpfen« und durch unablässiges Laufen, das die umgehängten Glocken zum Dröhnen bringt.

Das Glöcklerlaufen wird außer in Ebensee noch in fast allen Orten des Trauntales, von Gmunden bis Bad Ischl und seit 1970 auch in Obertraun durchgeführt. Glöckler mit Lichterhauben trifft man am 5. 1. auch rund um den Wolfgangsee an, in St. Wolfgang, Zinkenbach und St. Gilgen, sowie im Ausseerland, in Bad Aussee, Altaussee, Grundlsee, im Salzkammergut, besonders auch in Bad Ischl, Gmunden, Altmünster, Neukirchen u. a. Orten. In der Stadt Salzburg wurde dieser Brauch von der Gruppe »Jung-Alpenland« aufgenommen, und auch in Stainach im Ennstal (s. d.) wurde das Glöcklerlaufen eingeführt. F. G.

Burgstaller, E.: Lebendiges Jahresbrauchtum in Oberösterreich. Salzburg 1948. S. 48 ff.
Wolfram, R.: Das Anklöckln im Salzburgischen. Gegenwartsform und Brauchdeutung, in: Mitt. d. Ges. f. Salzb. Landeskunde. 95/1955. S. 203–234.
Lipp, F.: Der Raum von Bad Ischl. Zugehörigkeit, Kulturbewegungen, Volkskunde, in: Bad Ischl. Ein Heimatbuch. 1966. S. 270 f.

Schützenscheibe von 1854 und Graf-Arco-Pokal von 1909

Graf-Arco-Schießen in Murnau

Ende Juli, Anfang August an 12 aufeinanderfolgenden Tagen, 13.00–23.00 Uhr
Murnau, Lk. Garmisch-Partenkirchen, Rgbz. Obb.

Das Graf-Arco-Schießen wird im Schützenhaus der königlich-privilegierten Feuerschützengesellschaft Murnau durchgeführt. Zugelassen sind Luftgewehre und Zimmerstutzen. Als Preise werden ausgegeben ein Pokal, Schützenscheiben (Graf-Arco-Festscheibe, Hauptscheibe, Glücksscheibe, Punktscheibe, Meisterscheibe) und Geldprämien.
Daneben werden weitere Preisschießen abgehalten (Vater-und-Sohn-Schießen, Er-und-Sie-Schießen). In der Schießhalle finden außerdem die Werdenfelser Gaumeisterschaften und verschiedene Lehrgänge für den Nachwuchs statt.
Die erste Erwähnung einer Schießstätte in Murnau datiert vom 7. 10. 1796. Erstmals wurde das Schießen durchgeführt, als Graf Arco Tiroler Truppen aus Murnau zurückgedrängt und den Markt vor der Einäscherung bewahrt hatte.*
Die Schützengesellschaft besitzt eine wertvolle Sammlung alter Schützenscheiben (ab ca. 1848). Ein Teil der Schützenscheiben wurde vor allem von Münchener Künstlern gemalt, die in Murnau am Staffelsee in einer Art Künstlerkolonie lebten. Die Schützengesellschaft besitzt außerdem einen neugotischen, von der Familie Arco gestifteten Goldpokal (1909, aus Anlaß des 100jährigen Bestehens des Schießens), und drei Fahnen: die Murnauer Marktfahne von 1758, eine undatierte Fahne des späten 19. Jh.s und eine von Carl Spitzweg gestaltete Fahne, die er 1854 zum hundertjährigen Distriktschießen auf Ruppen malte. G. K.

* Baumann, S.: Geschichte des Marktes Murnau. Murnau 1855.
Korr. Marktgmd. Murnau (Hubbauer, J.) 11/1973, 1/1974.

Grünsinker Feste

1. Fest am letzten Sonntag im Juli; 2. Fest am Sonntag nach Mariä Himmelfahrt im August; jeweils ca. 9.30–16.00 Uhr
Weßling, Wallfahrtskirche Grünsink, Lk. Starnberg, Rgbz. Obb.

Etwa 1,5 km nordwestlich von Weßling, an der Straße nach Etterschlag, liegt inmitten einer kleinen Waldlichtung in einer talartigen Senke (»grüne Senke«) die kleine Wallfahrtskapelle Grünsink. Während die alten Wallfahrten aus umliegenden Dörfern fast völlig erloschen sind, haben die beiden Grünsinker Feste noch sehr regen Zulauf. Zum ersten Fest kommen meist etwa 3000 bis 4000 Besucher, zum zweiten Fest merklich weniger, es sei denn das erste

Fest war verregnet. Die Besucher, noch zum guten Teil aus bäuerlichen Schichten, kommen vor allem aus der Umgebung und dem Lk. Fürstenfeldbruck, aber auch von weiter her (Weilheim, Ammerseegebiet), in zunehmendem Maße auch aus München. Die Messe findet im Freien statt. Am Fuß des Hanges, der gleich hinter der Kapelle aufsteigt, ist ein überdachter Altar aufgebaut. Die Teilnehmer stellen sich den ganzen Hang hinauf unter schattigen Buchen auf.
Das Gnadenbild wird heute zur Messe nicht mehr aus der Kapelle genommen, auch die Baumkanzel, die sich früher auf einer weitastigen Buche befand, existiert nicht mehr.
Eine Besonderheit der Grünsinker Feste ist das eigens für Grünsink geschaffene Lied »Das Glöcklein von Grünsink«, gedichtet von Alfons Burger, vertont vermutlich von Pfarrer Wenger von Weßling (ca. 1880).
Zum Mittelpunkt der Grünsinker Feste sind schon seit langem die sorgfältig ausgearbeiteten Predigten geworden, wofür regelmäßig profilierte Prediger geholt werden.
Nach der Messe beginnt der Markt, der noch den ganzen Nachmittag dauert. Die verschiedenen Buden liegen etwa 100 m abseits der Kapelle.
Grünsink wird möglicherweise schon um 1060 in Tegernseer Literalien »Cruvinsinga« genannt. Quellenmäßig kann der Name erst im 18. Jh. gesichert werden.
Die Grünsinker Feste haben der Überlieferung nach folgenden Ursprung: Um etwa 1760 verirrte sich ein Jäger der Herrschaft Seefeld hierher und verlor in der einbrechenden Dunkelheit im dichten Wald die Orientierung. Da seine Lage wegen der vielen Wölfe nicht ungefährlich war, betete der Jäger in seiner Not zu U. L. Frau und gelobte, ein Marienbildnis aufzustellen, wenn er sicher den Etterschlager Weg erreiche. Der Jäger fand schließlich den Weg und kam nach Schluifeld. Beim dortigen Einödbauern fand er ein altes Muttergottesbild und erhielt es zum Geschenk. Er stellte es in der grünen Senke in einem hohlen Baum auf.
Bald entwickelte sich daraus eine kleine Wallfahrt, die den Bau einer Kapelle nötig machte. Diese wurde am 10. August 1763 feierlich geweiht. Dabei wurde das Gnadenbild aus dem hohlen Baum in die neue Kapelle übertragen. Das zweite Grünsinker Fest wird deshalb als Translationsfest gefeiert. Das erste Grünsinker Fest hat seinen Ursprung in einem vollkommenen Ablaß, der am 17. 2. 1779 von Papst Pius VI. gewährt wurde. Der Ablaß mußte alle sieben Jahre neu in Rom beantragt werden. Damit dieser Ablaß aber nicht mit dem Portiuncula-Ablaß zusammenfiel, wurde er am 17. 12. 1825 von Papst Leo XII. auf den letzten Sonntag im Juli verlegt und gleichzeitig auf ewige Zeiten gewährt.
Auch der Markt besteht seit Beginn an beiden Festen. Neben der Kapelle entstand 1774 zur Betreuung der Wallfahrten eine Klause. Sie war zugleich die erste Weßlinger Schule. Als sie 1802 wieder einging, zog in das an die Kapelle angebaute Häuschen ein weltlicher Mesner. Das Kirchlein mußte infolge der zunehmenden Wallfahrt schon bald erweitert werden.
Der Innenraum, in leichtem, reizvollem Rokoko gehalten, wurde 1962 restauriert. Die Deckenfresken von J. Otto und H. Kirzinger sind bezeichnet und datiert. Auf dem kleinen, aber reichen Hochaltar befindet sich unter Glas das Gnadenbild, eine Kopie des 18. Jh.s nach einem Bild von Lukas Cranach in der Innsbrucker Pfarrkirche. In der Kirche befanden sich etwa 500 Votivbilder des 18. und 19. Jh.s Sie wurden bis auf einen Rest von ca. 70 bei der Restauration entfernt, z. T. auch schon früher gestohlen. G. S.

Pfarrarchiv Weßling.
Schöppner, A.: Sagenbuch der Bayerischen Lande. 2. Bd. München 1874.
Kalender für katholische Christen auf das Jahr 1898. Sulzbach 1898.

Gumpiger Donnerstag Oberstaufen

Donnerstag vor Faschingssonntag, nm. Oberstaufen, Lk. Oberallgäu, Rgbz. Schw.

Heute finden maskierte Skiabfahrten von Oberstaufen nach Bad Rain statt im Stil des Firstalmfaschings, die wohl auf dessen Anregungen zurückgehen.
Der Gumpige Donnerstag (gumpen = lustige Sprünge machen) wurde früher von maskierten Dorfgemeinschaften gefeiert; es gab maskierte Schlittagen und Kaffeekränzchen. In einem Zelt in Oberstaufen soll ein Bottich aufgestellt worden sein, in dem die Besucher einen Esel etc. sehen

konnten – in Wirklichkeit war es ein Bottich, der mit Wasser gefüllt war und in dem jeder sein Spiegelbild sah. G. K.

Korr. und Int. Witzigmann, F. X., Oberstaufen. 10/1973 u. 1/1974.
Ludewig, T.: Oberstaufen 868–1968. Heimatbuch d. Marktes Oberstaufen u. d. ehemaligen Herrschaft Staufen. Weiler im Allgäu 1968. S. 184 (kurze Notiz).

Haberfeldtreiben in Benediktbeuren

Faschingsdienstag nm.
Benediktbeuren, Lk. Bad Tölz-Wolfratshausen, Rgbz. Obb.

In Benediktbeuren werden am Faschingsdienstag vom Balkon eines Hauses am Hauptplatz dörfliche Ereignisse in Reimform glossiert. Der Vorgang wird Haberfeldtreiben genannt, hat aber in dieser Form mit den ländlichen Rügegerichten nichts zu tun. Wenn der Vortragende ein Ereignis aus der Gemeinde beschreibt, fragt er die um ihn versammelten Haberer, die durch künstliche Bärte und Schwärzung des Gesichts unkenntlich gemacht sind: »Buam, is des wahr?« Worauf geantwortet wird: »Ja, wahr ist's!« Dabei schütteln die Haberer große Kuhschellen. G. K.

Rattelmüller, P. E.: Ein bairisch Jahr, München 1962.

Haflinger Galoppreiten oder Bauerngaloppreiten in Untermais

Ostermontag, 10.00–10.45 Uhr Umzug in der Stadt mit den am Rennen teilnehmenden Pferden; 14.00 Uhr Beginn des Rennens
Untermais-Meran, Südtirol

Die Tschöggelberger (Halfing, Vöran, Mölten, Flaas, Jenesien und Afing), die Sarntaler und die Rittner reiten nach Meran. Hat ein Besitzer mehrere Pferde, die am Rennen teilnehmen, so nimmt er für die freien Pferde Burschen oder Mädchen als sog. Marketenderinnen.

Am Vormittag erfolgt um 10.00 Uhr in einem Umzug die Vorstellung der Pferde und der Reiter. Man zieht vom Tennisplatz in Untermais aus über die Matteottistraße, Romstraße und Rombrücke zum Sandplatz, durch das Bozner Tor hinauf zu den Lauben, hinunter zum Rennweg, zum Theaterplatz und über die Freiheitsstraße wieder in Richtung Sandplatz und kehrt über die Romstraße zum Ausgangspunkt zurück. Voran marschiert eine Musikkapelle, dann kommen die Reiter, die in Dreiergruppen aufgestellt sind, dann wieder eine Musikkapelle. Reiter und Musikkapellen sind in Tracht.

Das eigentliche Rennen beginnt um 14.00 Uhr auf dem großen Pferderennplatz in Untermais, der zu zwei Drittel seiner Bahn durchritten wird. In drei oder vier Vorläufen erfolgt die Ausscheidung. Hat der Starter mit seiner Fahne das Zeichen gegeben, so setzen sechs bis zehn Reiter zum Rennen an und galoppieren über eine Strecke von ca. 1000 m. Die ersten drei dürfen sich am Entscheidungslauf beteiligen. Dieser bildet den Höhepunkt und zugleich den Abschluß des Rennens. Bis zu 18 Pferde waren bisher beim Entscheidungslauf am Start. Die ersten sechs Pferde bekommen im Anschluß an das Rennen in feierlicher Form einen Preis.

Damit die Pferde in ihrem Lauf möglichst schnell sein können, bestellen sich die Besitzer zum eigentlichen Rennen junge Burschen von 14–15 Jahren. Im Entscheidungslauf werden nur 4jährige Stuten geritten; am Vorlauf können sich auch die 3jährigen beteiligen.

Vor Beginn der Vorläufe treten drei Burggräfler Fahnenschwinger auf.

Das erste Bauerngaloppreiten in Meran fand im Jahre 1896 auf der Wiese südlich vom Hotel »Meraner Hof« statt, wo man einen provisorischen Rennplatz eingerichtet hatte. An diesem Rennen, bei dem es ziemlich urwüchsig zuging, indem viele Bauern sich zum Rennen erst kurz vorher anmeldeten und auch ohne Sattel, nur mit einem aufgeschnallten Schaffell erschienen waren, beteiligten sich an die 40 Pferde.

Als am 21. Oktober 1899 in Untermais der neue Sportplatz eröffnet wurde, war das Bauerngaloppreiten ein Hauptattraktionspunkt. Man beschloß nun, es in jedem Jahr zu veranstalten, und arbeitete dafür auch klare Bestimmungen aus: Am Rennen sollten sich nur Haflinger aus den Gemeinden der Umgebung von Meran und Bozen beteiligen und ihre Reiter sollten in der jeweiligen Ortstracht erscheinen.

Zeit und Häufigkeit des Rennens haben im

Lauf der Jahre gewechselt. Heute findet es einmal jährlich am Ostermontag statt.

Wenn dem Gast in Meran von 1892 bis 1914 durch die »Meraner Volksschauspiele« ein theatralisches Angebot gemacht wurde, so durch das Bauerngaloppreiten ein sportliches, bei dem man zudem die Gelegenheit hatte, die Qualität der einheimischen Pferde, der Haflinger, auch im Galoppreiten zu zeigen. Die Haflinger hatten damals schon auf dem Tschöggelberg ihr wichtigstes Zuchtgebiet. 1904 wurde in Mölten die »Erste Haflinger Pferdezuchtgenossenschaft« gegründet.

Zur Entstehung des Bauerngaloppreitens in Meran mögen Anregungen von dem 1882 in Meran gegründeten Reitklub ausgegangen sein, wohl aber auch von den Galoppreitern in verschiedenen Orten des deutschen Sprachraums, die im Laufe des 19. Jh.s zur Entfaltung gekommen sind.

A. Gr.

Pretz, L. v.: Die Haflinger Pferdezucht (Schlern-Schr. Bd. 10. Innsbruck 1925. S. 26 u. 68. Anm. Nr. 4.

Neueste Zeitung, Illustrierte Abendausgabe der »Innsbrucker Nachrichten« 1934. Nr. 90. S. 3 (mit 4 Abb.).

Haggeri im Kanton Zürich

30. 12., abends und nachts

Richterswilerberg, vor allem in Samstagern über Richterswil, Kt. Zürich; ferner in den Gemeinden Hirzel und Schönenberg, Kt. Zürich, hier unter dem Namen Chlungeri

Das »Haggeri«-Jagen durch Gruppen junger Burschen sind Lärmumzüge mit Schellen und Peitschenschlag (»Geißeln«); im Mittelpunkt steht jeweils ein »Haggeri«, ein an einer langen Stange gehaltener, mit klapperndem Kiefer versehener, von innen erleuchteter hölzerner Pferdekopf. Er wird vor die Fenster des ersten Stocks der einzelnen Häuser geführt, und die Bewohner legen Geldstücke in eine am Kopf angebrachte Öffnung.

E. Sch.

Hausherrenfest in Radolfzell

Dritter Sonntag im Juli. Dauer von Samstagabend bis Montag
Radolfzell, Lk. Konstanz, Rgbz. Südbaden

Als »Hausherren« Radolfzells werden die drei Stadtpatrone Theopont, Senesius und Zeno bezeichnet; ihre Reliquien werden seit dem 9. Jh. in Radolfzell verehrt.
Das Fest, eines der größten Kirchen- und Volksfeste am Bodensee neben dem Fridolinsfest in Säckingen, wird am Samstagabend um 17.00 Uhr feierlich eingeläutet; es folgt ein Hochamt und ab 20.00 Uhr ein Festkonzert. Am »Hausherrensonntag« werden die Einwohner Radolfzells gegen 6.00 Uhr von Böllerschüssen und durch die Turmbläser der Stadtkapelle geweckt. Nach den feierlichen Gottesdiensten setzt sich die Hausherrenprozession durch die Straßen der Altstadt in Bewegung. Den Mittelpunkt bildet der prächtige Hausherrenschrein aus dem Jahr 1540, der die Reliquien der drei Stadtpatrone enthält. Das Reliquiar, das während der übrigen Zeit im Radolfzeller Münster zu besichtigen ist, enthält auf 10 gravierten Platten die Märtyrerlegenden der beiden Heiligen Theopont und Senesius. Nach der Prozession finden Konzerte an der Seepromenade und im Stadtgarten statt. Der Abend wird von den Vereinen der Stadt mit einem bunten Programm bestritten. Gegen 22.30 Uhr werden die Lichter der Stadt gelöscht, und es findet ein Gondelkorso mit illuminierten Booten statt. Der Montag dient der Teilnahme an der »Mooser Wasserprozession« (s. dort). An Nachmittag wird an der Karl-Wolf-Schießstätte, Altbohl, ein Fest mit Musik und Unterhaltung für die Kinder veranstaltet. Abends wieder ein Unterhaltungskonzert an der Seepromenade und Tanz.
Das Fest zu Ehren der Heiligen Theopont, Senesius und Zeno ist seit dem Jahr 1542 urkundlich nachweisbar. Durch den Gründer der Stadt, Bischof Radolf, waren um 830 die Reliquien Theoponts und Senesius' in die noch junge Siedlung gebracht worden. Durch Bischof Walter von Verona kamen im Jahr 1052 die Reliquien des hl. Bischofs Zeno nach Radolfzell. So wurden die Stadt und das Münster zu einem der wichtigsten Wallfahrtsorte am Bodensee. Noch im 18. Jh. wallfahrteten viele Gemeinden aus den angrenzenden Landschaften, aus dem Linzgau, Hegau, von Baar und Schwarzwald zu den Radolfzeller Hausherren, vor allem, wenn eine Viehseuche ausgebrochen war oder in anderen bäuerlichen Anliegen.
Das Hausherrenfest ist ein Kirchenfest, das den eigentlichen Kirchweihtag Maria Himmelfahrt sowohl was seine Bedeutung betrifft als auch hinsichtlich seiner Popularität weit übertroffen hat. Obwohl der Charakter des Patroziniums mit feierlichen Gottesdiensten und Prozession im Vordergrund steht, zeigt das Fest alle Charakteristiken eines typischen Volksfestes. L. P.

Berner, H.: Radolfzell, Das Tor zum Bodensee. Radolfzell 1952.
Ders.: 500 Jahre Münsterkirche Unserer Lieben Frau zu Radolfzell. Radolfzell 1966.
Götz, F.: Geschichte der Stadt Radolfzell. Radolfzell o. J.

Hedwigswallfahrt der Schlesier nach Andechs

Andechs, Gmd. Erling–Andechs, Lk. Starnberg, Rgbz. Obb.
Termine waren ursprünglich dem Hedwigstag (16. 10.) oder dem Fest der Reliquientranslation (28. 8.) benachbarte Sonntage, später der 1. Septembersonntag, sowie ein Sonntag im Frühsommer (Termin variabel). Dauer von der Hauptgottesdienstzeit vm. bis zum frühen Nachmittag.

Die schlesischen Pilgergruppen ziehen in einer Prozession in die Kirche ein, wo sie an dem Sondergottesdienst (deutsches Amt) teilnehmen. Während der Messe ist eine Hedwigsreliquie ausgesetzt und steht eine Hedwigsstatue auf der Evangelienseite des Gnadenaltars. Nach dem Amt wird die Reliquie den Pilgern zum Kuß gereicht. An dem Konkurs beteiligen sich auch Schlesier evangelischer Konfession, die gleichzeitig mit dem katholischen im Fürstensaal des Klosters einen evangelischen Gottesdienst feiern.
Die Hedwigsverehrung in Andechs lebte erst mit der Schenkung einer Schädelreliquie hierher auf (1929). Die erste Hedwigsprozession fand 1943 anläßlich der 700-Jahresfeier des Todestages der Heiligen statt. Die eigentl. Hedwigswallfahrt beginnt jedoch erst 1946 als planmäßige Neueinführung durch die Ausgewiesenenseelsorge der Dz. Augsburg. Sie, die Eichendorffgilde sowie die Schlesische Landsmannschaft bleiben Träger der regelmäßigen Wallfahrten nach Andechs.
Vorgeschichte, Anfänge, Entfaltung, Verfestigung und Variabilität dieser Brauchinnovation sind klar überschaubar und charakterisiert durch gelehrte – historische und theologische – Anknüpfung an örtliche Gegebenheiten, sowie durch den Wunsch einer Traditionsverlagerung der Hedwigsverehrung von dem schles. Kloster Trebnitz; dabei Verpflanzung heimischer Brauchelemente (»Hedwigsrufe«). Die Wallfahrtsfrequenz überflügelt zeitweilig sogar die der örtlichen Marienverehrung.

Archivalien: Bundesarchiv Koblenz Z 18/109, fol. 28; 176, fol. 18–22.
Karasek-Langer, A.: Hedwigswallfahrt nach Andechs. in: Volksbote 5 (Mchn 1953) 35, S. 6.
Jokiel, R.: Die St.Hedwigs-Wallfahrt nach Andechs. in: D. schles. Katholik 12 (Mchn 1963) 7/8, S. 11–13.
Schroubek, G. R.: Wallfahrt u. Heimatverlust. Marburg 1968 (= Schriftenr. d. Komm. f. ostdte Vkde i. d. Dt. Ges. f. Vkde. 5.), S. 32–36 et passim.

Heiligblutfest in Bad Wurzach

Zweiter (oder dritter) Freitag im Juli (Blutfreitag)
Bad Wurzach, Lk. Wangen, Rgbz. Südwürtt.-Hohenzoll.

In der Frühe des Blutfreitags wird gegen 6.30 Uhr die Blutreliquie in der Stadtpfarrkirche abgeholt und in einer blumengeschmückten Kutsche, begleitet von ca. 40 Reitergruppen und 20 Musikkapellen aus Dörfern der Umgebung auf den Gottesberg, eine Wallfahrtskirche bei Bad Wurzach, gefahren. Dort wird ein Pontifikalamt zelebriert. Um 14.00 Uhr ist die Festpredigt mit anschließender Segnung. Die Kapelle auf dem Gottesberg wurde 1709 gebaut und zunächst von drei Brüdern des Paulaner-Ordens betreut. Sie brachten auch den Reliquienschatz des böhmischen Fraters Theophilus Miller de Malkowitz, darunter auch eine Heiligblutreliquie, auf den Gottesberg. Sie soll aus dem Privatbesitz Papst Innozenz XII. (1691–1700) stammen. 1806 wurde die Wallfahrtskapelle säkularisiert; damit ging die bis dahin blühende Wallfahrt zurück. Im Jahre 1921 übernahmen Salvatorianer die Wallfahrtskapelle und förderten besonders die Verehrung des Heiligen Blutes. Schließlich wurde in Anlehnung an den Blutritt in Weingarten im Jahr 1928 das Heiligblutfest mit Reiterprozession, Flurumritt und feierlichem Gottesdienst eingeführt. L. P.

Walzer, A.: Oberschwäbische Reiterprozessionen, in: Schwäbische Heimat 2/1951. S. 89 ff.

Heiligblutfest auf der Reichenau

Montag nach dem Dreifaltigkeitssonntag (letzter Sonntag im Mai)
Insel Reichenau, Lk. Konstanz, Rgbz. Südbaden

Vor dem Festgottesdienst im Reichenauer Münster (Marienmünster) findet eine Pa-

Heiligblutfest auf der Reichenau ▷

rade der historischen Reichenauer Bürgerwehr mit Musikkapelle und Spielmannszug auf dem Münsterplatz statt. Nach dem feierlichen Pontifikalamt setzt sich die Heiligblutprozession vom Münster aus durch Mittelzell in Bewegung. Den Mittelpunkt der Prozession bildet die Blutreliquie, ein Kreuz mit blutgetränkter Erde von Golgatha, das in einer Barockmonstranz gefaßt ist. In der Prozession werden die alten Klosterschätze, Reliquiare und Fahnen mitgetragen.

Das Blutfest soll auf das Jahr 925 zurückgehen; doch liegen die Wege, auf welchen die Blutreliquie (über Karl den Großen) in das Reichenauer Kloster gelangte, im dunkeln.

Es handelt sich um eine liturgische Prozession, in deren Mittelpunkt eine Blutreliquie steht. Im Gegensatz zu ähnlichen »Blutprozessionen« hat sie keine Ausweitung durch Verbindung mit anderen Kultformen (Reiter- und Feldprozession an den Bittagen) erfahren. L. P.

Beyerle, K.: Die Kultur der Abtei Reichenau. München 1925.

Monstranz mit der Blutreliquie

Heiliges Grab in Höglwörth

Karfreitag, 11.00 Uhr bis Karsamstag 17.00 Uhr, dreijähriger Turnus (1972, 1975)
Höglwörth, Gmd. Anger, Lk. Berchtesgadener Land, Rgbz. Obb.

Das Heilige Grab in der Kirche Höglwörth füllt das Presbyterium der Kirche aus. Es erinnert in seinem Aufbau an barocke Guckkästen. Vor dem Heiligen Grab befindet sich ein ca. 3 m tiefer Graben mit Ziersträuchern und einem Springbrunnen. Die Kulissen des Grabes verjüngen sich nach rückwärts. Die erste Kulisse reicht fast bis zum Gewölbe des Presbyteriums, von dem ein mit Öllichtern erleuchtetes Kreuz hängt. Den Abschluß der Kulissen bildet das Felsengrab mit einem Thron für die Monstranz. Im Hintergrund ist ein aus Glasperlen gebildetes Sonnenrad montiert, das drehbar ist und von Glühbirnen erleuchtet wird. Um die Monstranz kreisen etwa 6 bis 12 cm große Engel, die brennende Kerzen und Leidenswerkzeuge in Händen halten. Sonnenrad und Monstranz werden durch ein aufziehbares Uhrwerk betrieben. Die Szenerie wird von 81 Glaskugeln, die mit farbigem Wasser gefüllt sind und hinter denen Öllämpchen brennen, erleuchtet (Fassungsvermögen der größten Kugel 62 l).

Das Heilige Grab wird am Karfreitag um 11.00 Uhr geöffnet. Um 19.00 Uhr ist eine Kreuzwegandacht. Am Karsamstag ab 12.00 Uhr Rosenkranz. Stille Einsetzung des Sanktissimums um 17.00 Uhr.

Bis zur Liturgiereform fand am Gründonnerstag um 19.00 Uhr eine Ölbergandacht statt mit den damals üblichen Chorgesängen von den drei Fällen Christi. Im Heiligen Grab hing ein Transparent vom Ölbergsleiden Christi. Das Grab wurde am Karfreitag um 12.00 Uhr geöffnet. Um 19.00 Uhr folgte eine feierliche Kreuzwegandacht mit Chorgesang (Passionslieder). Am Karsamstag wurde das Grab um 13.00 Uhr geöffnet. Um 16.00 Uhr begann die Auferstehungsfeier mit Kirchenprozession und theophorischer Musik. Die Auferstehung lief in folgender Weise ab: Das Sonnenrad im Heiligen Grab blieb stehen, Monstranz und Monstranzengel verschwanden, der Leichnam Christi wurde aus dem Grab entfernt. Sobald der Geistliche, die Monstranz haltend, zum Volk gewandt dreimal »Christus ist auferstanden« anstimmte und der Kirchenchor unter Trompetenbegleitung mit Alleluja antwortete, fielen die Wächter am Grab um, die »Urständ« (Auferstandener, Anfang 17. Jh.) erhob sich langsam mit Blumen und Lichtern bekränzt. Dabei wurde das Grab mit bengalischer Beleuchtung erhellt und die Verdunkelungsvorhänge im Chor heruntergelassen. Die Illusion des Ostermorgens war gegeben. Die Prozession hatte sich inzwischen in Bewegung gesetzt, in der Grabhöhle erschien ein weißer Engel, dann kamen drei Frauen an das Grab (alles mechanisch bewegte Figuren), die sich suchend hin und her wendeten und Taschentücher tränentrocknend zu den Augen führten. Keine Familie aus der näheren Umgebung versäumte es, mit den Kindern das Grab zu besuchen.

Die bayerische Säkularisation und die Verbote der österreichischen Aufklärung unter dem Salzburger Erzbischof Colloredo (Höglwörth war bis zur Neugliederung Bayerns österreichisch und wurde als letztes bayerisches Kloster säkularisiert) konnten den Brauch nicht einstellen. Die Liturgiereform brachte eine Reduzierung des Heiligen Grabes. Das Heilige Grab in Aschau (Chiemgau) z. B. wurde nach der Liturgiereform nicht mehr aufgebaut.

Eine Karfreitagskomödie läßt sich anhand eines undatierten Inventars des Stifts Höglwörth durch Ausgaben für »comediaklaider«, »creuztragerkutten« und »gaißlen« nachweisen. Die älteste Erwähnung eines Heiligen Grabes findet sich in einem Inventar von 1652: »Allerlei sachen, so jährlich beim grab gebraucht werden«. Nächste Erwähnung 1762.

Der vorderste Prospekt der Bühne zeigte eine klassizistische Tempelarchitektur, stammt also aus der Zeit vor der Säkularisierung des Klosters, die erst 1817 erfolgte. Der Prospekt wurde in den letzten Jahren mit einer Waldszenerie übermalt. Um 1830 wurde das Heilige Grab erneuert – die mechanische Anlage wurde wahrscheinlich in dieser Zeit angefertigt. Barock sind die Figuren: Christus, weinende Frauen, Engel. G. K.

Korr. u. Int. Pfarrer Hunklinger, G., Ainring, 9/1973.
Hunklinger, G.: Anger-Höglwörth (= Kleine Kirchenführer 553). München, Zürich 1972 (2. Aufl.).

Heiliges Grab in St. Michael, München

Gründonnerstag bis Karsamstag 12.00 Uhr
St. Michael, München

Nach der Liturgie des Gründonnerstages wird, um ein Beispiel für viele zu nennen, in der Michaelskirche in München das Allerheiligste in feierlichem Zug in die Fürstengruft gebracht und dort über dem bereits geschmückten Heiligen Grab zwischen zwei knienden Engeln aufgestellt.

Ein Meer von bunten Blumen umsäumt die Grabstelle, in der eine lebensgroße hölzerne Christusfigur liegt – das Original wurde im Krieg zerstört, wurde jedoch sehr bald nachgeschnitzt. Hohe Kerzen erleuchten die Gruft, in die alljährlich in diesen wenigen Tagen Tausende von Menschen strömen.

Man darf als sicher annehmen, daß der Jesuitenorden einer der ersten war, der in seinen Kirchen die barocken Scheinarchitekturen und Prachtaufbauten des Heiligen Grabes errichtete, so wird wohl auch die Tradition des Hl. Grabes in St. Michael in die Barockzeit zurückreichen. Als die Jesuiten 1921 nach München zurückkehrten, stellten sie das Ostergrab zunächst in der Kreuzkapelle auf; nach dem Krieg fanden sie im Bürgersaal Zuflucht und erst 1953 konnte die vom Krieg schwer getroffene Michaelskirche wieder eröffnet werden. Das Heilige Grab wurde damals zunächst in einer Seitenkapelle errichtet und dann in die Fürstengruft verlegt. N. G.

Heiliges Grab in Stadl

Gründonnerstag 16.00 Uhr
bis Karsamstag 11.30 Uhr
Stadl, Gmd. Vilgertshofen,
Lk. Landsberg a. Lech, Rgbz. Obb.

In der Pfarrkirche wird in den letzten Kartagen das vermutlich von Johann Baader (vulgo Lechhansl) gemalte Heilige Grab aufgebaut, eine dreifach gestaffelte Szenerie des Rokoko. Sie füllt den gesamten Chorraum der Kirche aus.

Der Maler Baader ist erst seit 1749 mit Arbeiten nachweisbar. Das Grab wird mit 1748 datiert. Von Baader stammen die Fresken und das Altargemälde der Kirche, datiert 1751. Mit Sicherheit werden Dießener Vorbilder (s. *Heiliges Grab* und *Weihnachtskrippe* Dießen) aufgenommen. Die Bühnenarchitektur gibt den Blick frei auf ein Felsengrab mit einem Grabchristus des 18. Jh.s.

Die Anlage wurde mehrfach restauriert. Die Restaurierungen sind durch Aufschriften an den Balken und auf den Leinwänden genau zu überprüfen. Die umfangreichste Restaurierung war 1879, damals wurde auch das Felsengrab von »Philipp Jos. Huber neu gemalt Jenner 1879«. G. K. u. St. H.

Korr. Gmd. Vilgertshofen 8/1973.
Müller-Hahl, B.: Heimatbuch Stadt- und Landkreis Landsberg a. Lech. Landsberg a. L. 1966. S. 620.

Heimatabend Schliersee

Während der Sommersaison jeden Donnerstag, außerhalb der Saison 14tägig.
Beginn 20.00 Uhr, Ende ca. 22.30 Uhr
Marktgmd. Schliersse, Lk. Miesbach, Rgbz. Obb.

Der Schlierseer Trachtenverein ist bemüht, die Tradition, die durch das Bauerntheater mit Xaver Terofal begonnen wurde, soweit das heute möglich ist, fortzusetzen. Die Heimatabende sind in bunter Folge angefüllt mit zahlreichen Programmpunkten, die – nur durch knappe Ansagen miteinander verbunden – flott und zügig über die Bühne gehen. Mit einem Couplé, einem Einakter oder kleinen Sketch wird begonnen; eine Tanzlmusi (Klarinetten und Saiteninstrumente) leitet weiter zu den Darbietungen der Tanzgruppe, die abwechselnd alte und neue Tänze vorführt, wie etwa Bandltanz, Schuhplattler, Mühlradl, Sterntanz, Bankl- und Holzhackertanz. Eine Stubenmusi (Zither, Hackbrett, Gitarre) spielt ruhigere Weisen und begleitet auch die Solosängerin und Jodlerin sowie die Schlierseer Buam, ein Trio, das sowohl überlieferte Volkslieder als auch neue, selbst komponierte und getextete Stücke bringt. Eine Maultrommelmusi lockert das Programm auf, sowie weitere Mitglieder des Trachtenvereins, die mit verschieden gestimmten Kuhglocken Melodien spielen. Eine große Attraktion bilden die Goaßlschnalzer, 5 bis 6 Männer, die ihre kurzstieligen Peitschen im Takt knallen lassen. N. G.

Hofmann, H. u. G.: Schliersee. Miesbach-Hausham-Schliersee 1969. S. 79.

Herbergssuche und Frauentragen in Starnberg

4. Adventssonntag, 17.00–18.00 Uhr
in der Kirche St. Joseph
Starnberg, Rgbz. Obb.

Mit Beginn des Advents wird in Starnberg in Erinnerung an die Herbergssuche der Hl. Familie eine Marienstatue von Haus zu Haus getragen. Die Statue wird von einer Familie für einen Tag und eine Nacht beherbergt, dann der nächsten Familie weitergegeben. Sie wird an einem bevorzugten Platz des Hauses (z. B. Herrgottswinkel) aufgestellt. Die Figur kehrt erst am Samstag vor dem 4. Advent in den Pfarrhof zurück. Am 4. Adventssonntag findet in der Starnberger Barockkirche St. Joseph eine abschließende Feier statt. Die Muttergottesstatue wird von 3 Burschen des Volkstrachtenvereins, den sog. Frauentragern, in erneuerter Burschentracht mit Stopselhut, abgeholt und zur Kirche gebracht. Einer trägt die Figur, die beiden anderen begleiten ihn mit brennenden Kerzen. In der Kirche findet dann um 17.00 Uhr ein Adventsingen statt. Dargeboten werden Adventlieder und Lieder der Herbergssuche (Volksgesang), Vokalquartette, Instrumentalstücke (Volksmusikgruppen) und Bläserchoräle. Auch Jugendgruppen sind zu hören. Die Sänger und Instrumentalisten stellen sich im Presbyterium auf, sie tragen größtenteils Tracht. Die musikalischen Darbietungen umrahmen ein Herbergssuchespiel. Maria und Joseph bitten von draußen um Einlaß. Ein 1. und ein 2. Wirt verweigern die Aufnahme. Nach kleinen musikalischen Zwischenspielen, in denen das harte Los der Hl. Familie besungen wird, kommen die Frauentrager mit der Muttergottesfigur, sprechen mahnende Verse an das Volk und bitten um Erbarmen. Dann gewährt der Pfarrer den Einlaß. Die Muttergottesfigur wird nun zusammen mit den Kerzen auf den Altar gestellt und findet so Herberge. Anschließend der 2. Teil des Singens.

Die Herbergssuche besteht seit dem Ersten Weltkrieg und fand seitdem ohne Unterbrechung statt. Heute sind noch etwa 30 meist alteingesessene Starnberger Familien daran beteiligt. Die Feier in der Kirche wird erst seit 1958 abgehalten. G. S.

Herz-Jesu-Feuer in Tirol

Samstag oder Sonntag nach dem Herz-Jesu-Fest (d. i. 2. Freitag nach Fronleichnam), ca. 21.00 Uhr
Auf Berghöhen im ganzen Land, v. a. um Innsbruck, T

Entweder vor oder nach den Sonnwendfeuern – je nachdem, auf welchen Termin Ostern und alle davon abhängigen Festzeiten fallen – werden nach Einbruch der Dunkelheit auf den Berghöhen Feuer entzündet. Bei den Herz-Jesu-Feuern sind die Brauchträger hauptsächlich religiös gebundene Vereine, aber auch Pfadfindergruppen, Schützen, Naturschutzjugend und der Peter-Mayr-Bund.

Neben den auf den Berghöhen angelegten Feuerstellen werden an exponierten Hängen Zeichenfeuer abgebrannt; es sind dies religiöse Symbole wie das Herz mit Kreuz, das Christusmonogramm (IHS) oder ein einfaches Kreuz. Wie bei den Sonnwendfeuern muß das Brennmaterial dort, wo es keine Bergbahnen gibt, mühsam auf die Bergspitzen getragen werden. Der Abstieg in der Nacht ist im felsigen Gelände äußerst schwierig und gefahrvoll.

Die ersten Herz-Jesu-Feuer dürften im Jahre 1876 anläßlich der 80-Jahr-Feier der Weihe des Landes Tirol an das Heiligste Herz Jesu (1796) entzündet worden sein. Bei der Säkularfeier am 1. Juni 1896, die in Bozen abgehalten worden war, wurden

Herzförmiges Feuer in den Tannheimer Bergen

auch die heute noch dargestellten Symbole abgebrannt; zum Herz-Jesu-Fest am 14. Juni 1896 loderten Bergfeuer im ganzen Land. Bei den am 21. Juni in Innsbruck abgehaltenen Schlußfeierlichkeiten kam es beim Abbrennen der Herz-Jesu-Feuer zur ersten direkten Konfrontation mit dem Brauch der Sonnwendfeuer, die ebenfalls an diesem Tage von einigen Vereinen entzündet wurden.

Da die Sonnwendfeuer um die Jahrhundertwende für antikirchliche Propaganda mißbraucht wurden, wandten sich die kirchlichen Stellen dagegen und erreichten, daß im Jahre 1900 in der Umgebung von Innsbruck 46 Gemeinden die Sonnwendfeuer in ihrem Gebiete verboten haben, womit gleichzeitig die Herz-Jesu-Feuer gefördert wurden.

Vorläufer der Herz-Jesu-Feuer waren in

den Berichten zur Säkularfeier des »Ewigen Bundes« vermerkt, die alten »Kreidfeuer«, mit denen von bestimmten Stellen aus durch das ganze Land Alarm gegeben wurde, so auch beim Einmarsch feindlicher Truppen anno 1796.

Da für das Herz-Jesu-Fest kein eigener Feiertag genehmigt worden war, verlegte man das Fest auf den darauffolgenden Sonntag. Auch heute noch wird in vielen Orten Tirols dieses Fest in traditioneller Weise mit Hochamt, Prozession und eben dem Abbrennen von Feuern abgehalten.

Ähnlich den bei den Herz-Jesu-Feuern abgebrannten Zeichen werden gelegentlich am Vorabend einer Primiz, dem ersten Meßopfer eines Neupriesters in seiner Heimatgemeinde, Freudenfeuer in Form eines Kelches mit Hostie entzündet. D. A.

Waitz, S.: Tirol im Jubeljahre seines Bundes mit dem göttlichen Herzen Jesu. Gedenkbuch d. Säkularfeier im J. 1896. Brixen 1897.

Grass, N.: Zur Geschichte der Sommer-Sonnwendfeuer in Tirol, in: Ber. über d. 5. österr. Historikertag in Innsbruck, 1960. S. 106 ff.

Himmelbrotschutzen auf der Salzach

Fronleichnamstag, bei schlechter Witterung am darauffolgenden Sonntag
Oberndorf, Ger. Bez. Oberndorf, S

Alljährlich findet am Fronleichnamstag auf der Salzach das sog. Himmelbrotschutzen statt, das einen festen Bestandteil der Oberndorfer Fronleichnamschützen bildet. Mit einer »Tagreveille« am frühen Morgen wird das Hauptfest des Schifferschützenkorps eingeleitet. Es folgt um 6.00 Uhr das feierliche »Schützenamt« für die verstorbenen Mitglieder (früher für alle an der Schiffahrt Beteiligten) in der Pfarrkirche, wobei alle Schifferschützen in der Mitte des Kirchenschiffes Aufstellung nehmen. Neben dem Altar steht ein Ehrenoffizier mit vier weißgekleideten Buben, mit roter Schärpe um die Hüften und rotem Barett. Die Buben halten das sog. »Schutztuch«, ein reichbesticktes quadratisches Tuch, auf welchem sich ein Buchskranz befindet.

Nach dem Amt benediziert der Zelebrant vier Hostien und legt diese in den Kranz.

Bei der vormittägigen Fronleichnamsprozession bietet sich dann ein farbenprächtiges Bild. Das gesamte Schifferschützenkorps in unterschiedlichen Uniformen (Trachtengruppe, Salzburger Bürgertracht des 18. Jh.s) nimmt daran teil, ebenso die Vereinigung der Goldhaubenfrauen und die Landbevölkerung in ihrer Salzburger und Innviertler Tracht. Die Uniformen der Schifferschützen werden unterteilt in drei Gruppen: Altertum, Mittelalter und Neuzeit. Erstere mit langem, scharlachrotem Rock, weißen Knöpfen, weißer Weste, schwarzer Samtkniehose (ehemals aus Bockleder), weißen Strümpfen und schwarzen Schnallenschuhen, rundem aufgestülptem Hut mit schwarzgelber Rosette und rotgrünem Federbusch; als Waffen trägt diese Mannschaft über der linken Schulter Partisanen. Diese Kleidung ist dem 18. Jh. (nicht 1629) zuzuordnen. Das »Mittelalter«, Grenadiere von ca. 1800, ist folgendermaßen bekleidet: roter Spenzer, schwarzer Kragen mit Aufschlägen, gelben Knöpfen, weiße lange Hose, aufgestülpter Hut mit grünem Federbusch, weißes Kreuzriemenzeug; die Bewaffnung besteht aus einem Steinfeuergewehr. Die als »Neuzeit« bezeichnete Uniform stammt vom Jahre 1853: scharlachroter Waffenrock mit weißen Einsatzstreifen, gelben Knöpfen, weißen Fangschnüren, lichtgraue Hose, weißes Kreuzriemenzeug, Korsikanerhut und weißer Federbusch nebst Ankerabzeichen; die Waffen bestehen aus Säbeln und Vorderladegewehren. Die Offiziere tragen Schleppsäbel und Federhüte.

Bei der Prozession gehen die vier Buben, deren jeder einen Zipfel des Schutztuches hält, vor dem Himmel her. Vier Mann der Altmannschaft (Altertum) tragen den Himmel, sechs weitere schreiten als Ehrengarde neben dem Sanctissimum her.

Während der Priester auf dem Marktplatz das erste Evangelium verkündet, entfernen sich die vier Buben mit einem Offizier und besteigen oberhalb der Brücke eine geschmückte Zille, die von vier Schifferschützen gerudert wird. Die Prozession zieht inzwischen zur Mitte der Staatsbrücke, an deren Geländer ein aus Buchs- und Tannenzweigen geflochtener Bogen errichtet ist. Sobald sich der Priester mit der Monstranz an dieser Stelle befindet, verstummt das laute Beten, die Prozessionsteilnehmer drängen sich an das Brükkengeländer. Auf dem Fluß steuert das Boot dem Brückenpfeiler zu. Die Buben halten das gespannte Tuch, auf welchem der Kranz mit den Hostien liegt. Der Priester gibt unter lauten Böllerschüssen und Gewehrsalven mit der erhobenen Monstranz den Segen über den Fluß. Im selben Augenblick schlägt der im Boot befindliche Ehrenoffizier mit dem flachen Ruder von unten gegen das Schutztuch und im hohen Bogen fällt der Kranz mitsamt den benedizierten (nicht konsekrierten) Hostien in das schäumende Wasser. Gewehrsalven folgen noch, und die Prozession setzt sich auf der Brücke laut betend wieder in Bewegung. Das Boot legt weiter unterhalb der Brücke am Ufer an.

Wie vielfach in ländlichen Gegenden, sind die Häuserfronten mit jungen Birken und Buchenzweigen, mit Kränzen, Girlanden und roten »Fronleichnamstüchern« geschmückt. In die Fensternischen werden kleine Hausaltäre, Bilder und Figuren, z. T. zwischen brennende Kerzen und Blumen gestellt. Bei älteren Bewohnern gilt noch der Brauch, die Fenster offen zu lassen, damit »der Segen hinein kann«.

Allgemein wird dieser Brauch mit heidnischen Flußopfern in Verbindung gebracht, was jedoch zu bezweifeln ist. Selbst daß dieser Brauch – wie es die örtliche Tradition wissen will – ins 13. Jh. zurückreicht, dürfte lediglich vom Gründungsjahr des Schifferschützenkorps, das 1278 von Erzbischof Friedrich II. zum Schutze des Flußverkehrs gebildet wurde, fälschlich abgeleitet worden sein. Die eucharistische Verehrung, in welcher der symbolische Akt begründet ist, setzt in dieser Form erst wesentlich später ein. Es ist daher anzunehmen, daß dieser Brauch in der heute bekannten Überlieferung frühestens im 15. Jh., vielleicht erst während der Gegenreformation seinen Anfang genommen hat, wenngleich wahrscheinlich ist, daß bereits vorher »Wasserweihen« zu Beginn der jährlichen Schiffahrt üblich waren, wie solche für das 17. und 18. Jh. archivalisch belegt sind. Offensichtlich wurden jedoch früher konsekrierte Hostien dem Wasser übergeben, wofür das reichbestickte Schutztuch (auch »weißes Tuch«), das Hineinschnellen ins Wasser (die Hostien werden nicht berührt), wie auch der Name selbst sprechen. Die Bezeichnung »Himmelsbrotschutzen« leitet sich von der volkstümlichen Ausdrucksweise »Himmelbrot« (Herrgottsbrot) für den in der Meßfeier verwandelten Leib Christi in Brotgestalt ab.

Der Ursprung dieses Brauches dürfte im Gedenken an die auf dem Fluß verunglückten Mitglieder der Schiffergemeinde – und es waren deren jährlich viele – begründet sein. Gerade am Fest des in der Brotgestalt gegenwärtigen »Herrenleibes« (Fronleichnam) sollte symbolisch auch jenen das Sakrament zuteil werden, die unvorbereitet eines jähen Todes in den Fluten des Wassers starben.

Archivalisch läßt sich diese Brauchübung erst seit dem 19. Jh. nachweisen, was jedoch über das Alter und die Kontinuität nichts besagt, zumal als Träger nicht die Kirche, sondern die Schiffergemeinde auftritt und deshalb auch keine Ausgaben hierfür in den Zechschreinrechnungen der Pfarrkirche Laufen angeführt sind. Seit der Jahrhundertwende haben sich geringfügige Wandlungen in der Brauchübung ergeben. So waren es ehemals vier kleine Kränze, die ins Wasser geschutzt wurden (analog zu den vier Hostien), wie auch früher die vier Buben die Kränze mit den Hostien ohne zusätzliche Hilfe durch ein Ruder in das Wasser »schutzten«.

Himmelbrotschutzen auf der Salzach

Im Gegensatz zum Schifferstechen und zur Piratenschlacht nehmen an dieser Brauchübung verhältnismäßig wenig Fremde teil. H. R.

Hartmann, A. u. Abele, H.: Volksschauspiele. Leipzig 1880. S. 75.

Arnold, H.: Das »Himmelbrotschutzen« zu Laufen, in: »Stadt Gottes«. Jg. 1889. Beilage zu Nr. 1. S. 17 ff., mit Abb.

Gundringer, M.: Fronleichnamsbräuche in Oberndorf bei Salzburg, in: Das Salzfaß, 4/1925. S. 41 ff.

Hirten Ave in Liechtenstein

Während des Alpsommers,
am Abend vor dem Eindunkeln
Alpe Turna, Triesenberg und Malbun,
Vaduz, Lichtenstein

Das Singen des Sennen-Ave am Abend vor dem Eindunkeln ist alter Alpbrauch. Meistens singt es der Senn in der Nähe des Alpkreuzes ohne instrumentale Begleitung. Zur Verstärkung der Stimme wird hin und wieder ein Seihtrichter verwendet. Auf vielen Alpen ist der alte Betruf schon verstummt (fremdes Alppersonal). Auf der Triesenberger Alpe Turna und im Vaduzer Malbun ist er aber noch zu hören.

Das Sennen-Ave unterscheidet sich ganz merklich durch die Anrufung lokaler Fürbitter von anderen Betrufen.

Frühe urkundliche Erwähnungen sind nicht bekannt. In der liechtensteinischen Volkshymne, die in der Zeit des Deutschen Bundes entstand, heißt es u. a.: »Wo frei die Gemse springt, kühn sich der Adler schwingt, der Senn das Ave singt.«

Eugen Nipp hat erstmals im Jahre 1910 den Text des alten Betrufes in schriftdeutscher Sprache im »Liechtensteiner Volksblatt« veröffentlicht. Sicher hat früher eine Dialektfassung bestanden, die jedoch in der Zwischenzeit verlorenging, da die Hirten sich an den schriftdeutschen Text gewöhnt haben. A. F.

Jb. d. Historischen Vereins f. d. Fürstentum Liechtenstein 1916 (Bericht v. E. Nipp) u. 1931 (Bericht v. A. Mayr).

Alpsegen auf der Alp Malbun, in: 5 Bericht d. Vereins ehemaliger Schüler d. Kusterhofes Flawil 1919.

Hirtenspiel in Niederaudorf

(nicht genau fixierbarer Turnus, letzte Aufführungen Dezember 1968 und 1973) Kloster Reisach, Gmd. Oberaudorf, Lk. Rosenheim, Obb.

Das Niederaudorfer Hirtenspiel wurde in Niederaudorf, Flintsbach, Kiefersfelden und in Kössen (Tirol) aufgeführt.* Wie so häufig bei Volksschauspielen stammen die verschiedenen Teile aus anderen älteren Spielen des 16. Jh.s, so aus dem Bayerischzeller, Schlaupitzer (Schlesien), Obergrunder (Schlesien), Seebrucker und Wessener sowie aus dem Kremnitzer (Deutsch-Ungarn), Zuckmanteler (Schlesien) und Käsmarker (Deutsch-Ungarn) Weihnachtsspiel. Stellenweise wird man auch an das Oberuferer Weihnachtsspiel erinnert.* Die Schäferlieder und anderes stammen aus einer jüngeren Periode.

Angesichts der relativ vielen Belegorte für das Niederaudorfer Hirtenspiel ist anzunehmen, daß es eine ganze Anzahl von Vorlagen, Varianten gegeben haben muß. Es sind jedoch nur drei verschiedene, wenn auch fast gleiche Fassungen, bekannt geworden: Spiel 1, das in Handschriften aus Kiefersfelden und Kössen stammt; Spiel 2, das sich in einer »weit über hundert Jahre alten Handschrift im Oberaudorfer Pfarrarchiv« fand**; und schließlich Spiel 3, das sich auf eine von Sebastian Gruber, »Füscher und Schumacher in Niederaudorf«, »Direckter des Hierten-Spills«, wie er sich selbst bezeichnet, stammende Handschrift bezieht. Auf welches Original sich Gruber stützt, ist unbekannt; jedenfalls vermerkt er im Vorwort seines »Hierten-Buchs«: »Das Hiertenspil habe ich Unterzeichneter verbessert mit neue Gatroben, Buch, und andrer verschiedenen Zeig, das zu diesen Zweck gehöre, = auch ein Infentar, – u. Rolln in Jahr pro 1868/69«.

Das Niederaudorfer Hirtenspiel ist an sich ein Stubenspiel, bei dem erwachsene Darsteller an den drei Donnerstagen vor Weihnachten von Haus zu Haus zogen und es in den großen Stuben der sog. Hoagaschtplätze (Heimgartenplätze) zur Darstellung brachten. Nach der Vorführung erhielten sie eine kleine Entlohnung in Form von Schnaps und Kletzenbrot. An einem Abend konnten zwei bis drei Bauernhöfe aufgesucht werden. Das Niederaudorfer Hirtenspiel wurde jedoch nicht jedes Jahr regelmäßig gespielt. Noch bis vor dem Ersten Weltkrieg wurde es an den besagten brauchmäßig terminierten Tagen vorgeführt, bis es infolge der Kriegsjahre in Vergessenheit geriet. Erst 1927 stößt ein eifriger Heimatforscher auf eine Handschrift im Pfarrarchiv Oberaudorf, nach der zu Weihnachten 1926 »vier Spielveteranen des alten Niederaudorfer Hirtenspiels ... dieses originelle in unserer Gegend seit alters bodenständige Hirtenspiel der Vergessenheit entrissen und wieder vorgeführt haben, wie sie es in ihrer Jugendzeit vor einem Menschenalter getan«.** Es wird dann erst 1934 abermals gespielt, um schließlich wegen widriger Zeitläufe 14 volle Jahre ganz zu verstummen. 1948, 1953, 1965, 1968 und 1973 gelangte das Niederaudorfer Hirtenspiel wieder zur Aufführung, und zwar nach der kaum veränderten Version Grubers. Träger der Aufführungen waren und sind die Burschen von Niederaudorf.

Traditionsgemäß wurde es noch 1948 an den bestimmten Terminen als Stubenspiel aufgeführt, 1952 und 1965 jedoch in den großen Saal des Gasthauses Keindl in Niederaudorf verlegt. 1968 und 1973 wurde es in Zusammenhang mit anderen musikalischen Beiträgen vor einer zahlreichen Zuhörerschaft in der Klosterkirche zu Reisach, einem Ortsteil Niederaudorfs, gezeigt.

Das Niederaudorfer Hirtenspiel wird von fünf bis sechs Personen gespielt, drei Hirten, einem Engel, einem Prologsprecher und einem Nachtwächter. Der Prologsprecher hatte beim Stubenspiel eine Krippenkiste mit der Darstellung des Stalls und den Heiligen Drei Personen zu tragen,

weswegen er als »Staiträger« bezeichnet wurde. (Seit 1953 werden Josef und Maria durch Personen ersetzt, was sich allein durch die Verlegung von der intimen Stube in den weiträumigen Saal als Notwendigkeit ergab.) Der Prologsprecher hat als erster die Stube zu betreten. Der Stall wird nicht eher aufgemacht, bis die Hirten zum Stall gehen.*** Der Stall war also verdeckt. Der Reihe nach treten dann auf: die Hirten, Stöfl, Klaußl, Lenzl (der Nachtwächter) und der Engel.

In 392 Verszeilen, in die sieben Lieder eingestreut sind, läuft die allgemein bekannte Handlung ab. Das Versmaß sind Jamben, die Schlußwörter werden gereimt, wobei die Rollen der Hirten offenkundlich mit wesentlich weniger Sorgfalt behandelt sind als die des Engels. Dennoch besticht das relativ kurze Spiel durch die Treuherzigkeit der spielenden Hirten und durch ihren naiven, unverdorbenen Humor. Wie in der Sprache, so bemühen sich die Niederaudorfer Burschen auch heute noch in der Kleidung um ein möglichst altertümelndes Aussehen.

Die Lieder, manchmal als Arien bezeichnet, verwenden ebenfalls teils Schriftdeutsch, teils Audorfer Mundart und werden drei- und vierstimmig gesungen, auch dies schreibt Gruber vor.

Als reines Stubenspiel wurde das Niederaudorfer Hirtenspiel 1948 zum letztenmal in verschiedenen Bauernstuben gespielt. Seine ehemalige Funktion als Umzugsspiel mit Heischecharakter hat sich durch die Verlegung in einen Saal und in die Kirche grundlegend gewandelt.

Seit 1953 bestand der Wunsch, ein abendfüllendes vorweihnachtliches Programm mit einer einzigen Aufführung des Hirtenspiels einem größeren Publikum zu bieten. So wurde schon von diesem Jahr an gewissermaßen als Vorspiel das Kiefersfelder Lied von der Herbergssuche »Wer klopfet an?« gesungen und szenisch dargestellt. In das originale Spiel wurden zwei weitere alpenländische Weihnachtslieder eingestreut. 1968 und 1973 verlegte man, da man einen sehr starken Zuschauerstrom erwartete, die Vorführung in die Klosterkirche zu Reisach.

Nach der mündlichen Überlieferung soll das Spiel aus der Steiermark stammen, ca. 300 Jahre alt und ursprünglich in Behamgrub, einem Ortsteil von Niederaudorf, aufgeführt worden sein. Da die Varianten aus Kiefersfelden, Kössen und Oberaudorf eine sehr enge Verwandtschaft mit der Gruber-Fassung erkennen lassen, bleibt die Frage nach dem Woher des Originals für Gruber zunächst ungeklärt. A.-J. E.

* Hartmann, A.: Weihnachtslied und -spiel in Oberbayern, in: Oberbay. Archiv 34/1874. S. 145.

** Schierghofer, G.: Das Niederaudorfer Weihnachtsspiel, in: Audorfer Heimgarten 4/1927. S. 20.

*** Unveröffentlichtes Ms. d. Sebastian Gruber, Niederaudorf 1868.

Eichenseer, A. J.: Volksgesang im Inn-Oberland. (= Quellen u. Darstellungen zur Geschichte d. Stadt u. d. Landkreises Rosenheim Bd. 4). Rosenheim 1969.

Hubertusjagd in Leutstetten

3. 11., ca. 13.00–16.00 Uhr
Leutstetten, Lk. Starnberg,
Rgbz. Obb.

Am 3. November, dem Fest des hl. Hubertus, findet in Leutstetten die Hubertusjagd statt, veranstaltet vom Gestüt Leutstetten. Teilnahmeberechtigt ist jeder Reiter, der sich einfindet und in der Lage ist, die recht schwierige Strecke zu meistern. Die Reiter tragen meist den traditionellen Reitrock, die Herren in Rot, die Damen in Schwarz, dazu die weiße Hose und Reitstiefel. Man sieht aber auch Reiter in Tracht, in bestimmten Vereinsfarben und in Uniform sowie Reiter des Staatsgestütes Achselschwang in ihren blauen Gestütsuniformen. Die Teilnehmer treffen sich in den Gestütskoppeln inmitten des Ortes (beim Schloß Leutstetten) zum sog. Stelldichein. Vor Beginn bekommt jeder ein Gläschen Schnaps. Dann bläst eine berittene Bläsergruppe auf den großen Parforce-Hörnern zum Aufbruch. Ein Schleppenleger reitet voraus und legt die Spur. Er hat zwei Kanister bei sich, aus denen ständig Geruchsstoff auf den Weg tropft. Hat er etwa 1 km Vorsprung, darf die Verfolgung aufgenommen werden. Voraus reitet der Master, der traditionsgemäß nicht überholt werden darf. Er wird unterstützt von zwei Piqueuren, die das Feld während der Jagd seitlich begrenzen. Die Spur wird sofort von der Meute aufgenommen. Sie besteht aus etwa 20 englischen Foxhounds (Cappenberger Meute) und wird von einem Huntsman geführt. Die Jagd geht auf einem ca. 15 km langen Kurs, der meist um Leutstetten herumführt. Der Kurs wird jedes Jahr geändert und hat auch stets ein anderes Ziel, das nicht in Leutstetten selbst liegen muß. Die Strecke ist vorbereitet und mit möglichst vielen natürlichen Hindernissen versehen (Wasserläufe, Stangenhindernisse). Dabei geht es im Galopp über Wiesen, über Moorgräben und quer durch die Bestände der umliegenden Fichten- und Buchenwälder. Eine Besonderheit der Leutstettener Jagd ist dabei, daß die Hindernisse nicht umgangen werden können, dafür aber nicht höher als 1 m sind. Die Hindernisse sind meist so breit, daß etwa 20 Pferde gleichzeitig springen können. Die Jagdstrecke teilt sich in zwei bis drei Etappen, zwischen denen Pausen liegen. Am Ziel ruft der Master das Halali aus, die Bläser verkünden das Ende der Jagd. Nun bekommen die Hunde ihren Lohn, das sog. Curée. Es besteht aus Rinderpansen mit Blut, und wird meist etwas versteckt, damit es die Hunde suchen müssen. Auch die Reiter bekommen einen kleinen Lohn, Würstchen mit Bier. Bevor man sich in einem nahegelegenen ländlichen Gasthaus zum abendlichen Zusammensein trifft, werden die Pferde versorgt bzw. heimgeritten.

Die Leutstettener Hubertusjagd wird seit 1946 regelmäßig veranstaltet. Sie hat hier keine unmittelbaren historischen Wurzeln, greift aber eine Tradition auf, die bei den Schlössern Leutstetten und Starnberg zweifellos lange bestand. Sie entspricht dem Stil der englischen Fuchsjagd, vermischt mit französischen Elementen, und zeichnet sich vor anderen Hubertusjagden durch Umfang und besonders sorgfältige Gestaltung aus.

Obwohl diese Jagd im Grunde privaten Charakter trägt und damit kein eigentlicher Volksbrauch ist, bietet sie ein außergewöhnlich farbiges Bild und vermag einen lebendigen Eindruck von den bunten Jagden höfischer Vergangenheit zu vermitteln. G. S.

Irgnritt in Ruhpolding (Georgiritt)

1. Sonntag September, 9.30 Uhr
Ruhpolding, Lk. Traunstein, Rgbz. Obb.

Von Ruhpolding aus bewegt sich der Festzug mit Reitern und Betern, mit geschmückten Festwagen und Musikkapellen sowie Trachtengruppen zu der etwa 2 km entfernten Wallfahrtskirche St. Valentin. Dort findet ein Feldgottesdienst statt. Im Anschluß an den Gottesdienst ziehen Pferde und Reiter an dem Geistlichen vorbei, der sie segnet.

Das Alter dieser Pferdeprozession ist urkundlich nicht feststellbar. Der Überlieferung nach handelt es sich um eine Gelöbniswallfahrt bzw. einen Bittgang aus Anlaß einer Viehseuche, der im Laufe der Zeit – wahrscheinlich in Angleichung an die Leonhardsumritte – zu einem Pferdeumritt mit anschließender Benediktion wurde.

Die Wallfahrtskapelle stammt in ihrem romanischen Teil aus dem 13. Jh. und war ursprünglich dem heiligen Leonhard geweiht. Der Ritt wurde vor einigen Jahren von der Heiligkreuzzeit im Mai auf den oben genannten Termin verlegt, weil man Wert auf eine zeitliche Trennung zum Traunsteiner Georgiritt legte. L. P.

Mayer-Westermayer I, 559.

Isidorprozession in Untermieming

1. Sonntag im Juli, nm.
Untermieming, Pf. u. Gmd. Mieming, Bez. Imst, T

Von der Pfarrkirche Maria Himmelfahrt aus führt die Prozession über die Fluren des Ortes. Nach der überlieferten Prozessionsordnung gehen die einzelnen Lebensstände gesondert; voran geht der Herold in gesticktem Gewand, in der Hand den Kreuzstab. Jede Gruppe trägt neben Fahnen ein Standbild des jeweiligen Standespatrons mit: Schutzengel Schulbuben, Alois Burschen, Josef Männer, Maria Immaculata Mädchen, Notburga Jungfrauen, Anna Frauen. Besondere Aufmerksamkeit gilt dem großen Ferkulum mit der Schnitzfigur des hl. Isidor, die von 2 kleinen Buben flankiert wird, die in ihrer prächtigen Kleidung an die Rokokoengel der »gekleideten Krippen« erinnern; die beiden Engel haben ein geschnitztes Pfluggespann vor sich (vgl. Legende).

Der 1. Sonntag im Juli ist das Hauptfest der Isidor-Bruderschaft zu Mieming, das mit einem feierlichen Hochamt in der Pfarrkirche beginnt. Diese Bruderschaft wurde um 1634 gegründet und zählte 1751 ca. 2000 Mitglieder. Unter Kaiser Joseph II. wurde sie aufgehoben und ihr Vermögen für den Religionsfond eingezogen. Sie bestand jedoch im stillen fort und ist auch heute noch, wie die feierliche Begehung des Hauptfestes beweist, aktiv. 1900 erhielt die Pfarrkirche aus Madrid eine Reliquie des Titelheiligen der Bruderschaft.

Der hl. Isidor war Bauer in der Gegend von Madrid; er starb 1130. Sein Festtag ist der 10. 5. Seine Verehrung breitete sich insbesondere nach der Heiligsprechung im Jahre 1622 nicht zuletzt durch die Förderung des Kultes durch die (spanischen) Jesuiten aus; schon ein Jahrzehnt nach der Kanonisierung wurde im kleinen Pfarrdorf Mieming eine Bruderschaft eingerichtet.

Eine legendäre Vita berichtet, daß eines Tages, als Isidor in einer Dominikanerkirche die hl. Messe besuchte, zwei Engel für ihn pflügten, um ihn vor den Vorwürfen seiner Herrschaft zu bewahren. Diese Szene ist nicht nur im z. T. lebenden Bild, das bei der Prozession mitgetragen wird, zu sehen, sondern auch häufig auf Bildtafeln in Bauernkapellen. D. A.

Tinkhauser, G./Rapp, L.: Beschreibung der Diözese Brixen. 3. Bd. Brixen 1886. S. 241.
Hochenegg, H.: St. Isidor und seine Verehrung in Tirol, in: Heiligenverehrung in Nord- und Osttirol (= Schlern Schr. 170). Innsbruck 1965. S. 51 ff.
Grass, F.: Die Isidoriprozession zu Mieming, in: Studien z. Sakralkultur u. kirchlichen Rechtshistorie Österreichs (= Forsch. z. Rechts- u. Kulturgesch. Bd. 2). Innsbruck 1967. S. 145 f.

Kätheri-Jagen in Nunningen

24. 11. (Vorabend des Katharinentages)
Nunningen, Kt. Solothurn

Der in den Abendstunden zu beobachtende Brauch besteht in einer Art Jagd der Jugend nach einem bösen Winterdämon, der hier eigentümlicherweise in Gestalt der hl. Katharina verkörpert erscheint. Ein oder zwei ältere Schüler verkleiden sich als »Kätheri« (altmodische Frauenkleidung, Gesicht verrußt oder unter Maske); sie werden von den Buben und Mädchen unter Schellengeschüttel und Geißelknallen durch das Dorf getrieben. Der Ursprung der Tradition läßt sich nicht feststellen. E. Sch.

Fringeli, A.: Die Kätheri im Gilgenberg. Jurabl. 15/1953. H. 11.

Kassiansprozession in Brixen

2. Sonntag nach Ostern, vm.
Brixen, Südtirol

Am zweiten Sonntag nach Ostern wird in der ehemaligen Bischofsstadt Brixen feierlich des hl. Kassian, eines der Diözesanpatrone, gedacht (Fest des Heiligen am 13. August).

Zahlreiche Besucher aus bäuerlichen Kreisen aus dem Brixener Raum, aber auch aus ferneren Tälern finden sich zum Amt im Dom zu Brixen ein. Die Pfarreien der umliegenden Gemeinden pilgern als Kreuzgang zum hl. Kassian, den sie als Brotvater verehren; er hat, nach einer frommen Legende, die ersten Getreidekörner ins Eisacktal gebracht. Manchmal wird der Kreuzgang von der Musikkapelle des betreffenden Dorfes begleitet.

Der Umgang beginnt nach dem Amt im Dom und zieht den gewöhnlichen Prozessionsweg durch die Stadt. Mittelpunkt des Ganzen ist die Büste des hl. Kassian mit den Reliquien der Martersäule aus der Stadt Imola.

Ursprünglich fand die Prozession am 13. August statt, aus noch nicht geklärten Gründen wurde sie aber 1733 oder 1734 auf den zweiten Sonntag nach Ostern verlegt. H. Gr.

Matscher, H.: Heilige im Südtiroler Volksleben. (An der Etsch und im Gebirge 20). Brixen 1961.
Fink, H.: Volkskult und Ahnenbrauch in Südtirol. Innsbruck-Wien-München 1969.

Katharinentag und -markt im Kanton Luzern

25. 11. bzw. Montag nachher oder
letzter Donnerstag im November
Verschiedene Gemeinden des Kts. Luzern

Manchenorts im Kanton Luzern ist der 25. 11. offizieller Tanztag, so in Ebersecken bei Altishofen anläßlich des Patronatsfestes der Wallfahrtskapelle.

In Beromünster ist der 25. 11. ein wichtiger Jahrmarktstermin – wenn er auf einen Freitag, Samstag oder Sonntag fällt, findet der Markt am darauffolgenden Montag statt.

In Willisau ist der Katharinenmarkt am letzten Donnerstag im November.

Im genannten Ebersecken fand einst mit Vorliebe am 25. 11. eine auf dem Einfluß alter Knabenschaften fußende »Buebechilbi« statt. E. Sch.

Hunkeler, H.: Die Buebechilbi im Luzerner Hinterland. Schweiz. Archiv. f. Vkde., 10/1906.

Kinderfest in Leutkirch

Dritter Dienstag im Juli
(Beginn Samstag zuvor)
Leutkirch, Lk. Wangen,
Rgbz. Südwürtt.-Hohenzoll.

Das Fest dauert vier Tage. Am Samstag findet die feierliche Eröffnung gegen 17.00 Uhr auf dem Marktplatz statt. Am Sonntag ist das sogenannte »Große Kinderfest« mit folkloristischen Veranstaltungen auf der Wilhelmshöhe. Am Montag folgt das »Kleinkinderfest« mit Spielen der Grundschulkinder auf der Wilhelmshöhe, während der Dienstag als Hauptfesttag gilt. Nach dem Wecken durch den Spielmannszug um 6.00 Uhr sammeln sich gegen 10.00 Uhr die Teilnehmer am Festzug in der Oberen Vorstadtstraße/Süd. Von hier aus zieht der Festzug, in dessen Mittelpunkt historische Gruppen aus der Reichsstadtzeit Leutkirchs stehen, zum Festplatz auf der Wilhelmshöhe. Hier werden nach der Begrüßungsansprache des Bürgermeisters Vorführungen des Spielmanns- und Fanfarenzuges gegeben. Am Nachmittag und Abend finden Vergnügungsspiele und Wettspiele der Kinder statt.

Das Kinderfest fand im 18. Jh. im Mai statt und wurde Maienfest genannt. Es war ein Fest der Schüler, das im Anschluß an den jährlichen Schulabschluß gefeiert wurde. Ab 1808 beging man das Fest im größeren Rahmen und erweiterte es auf drei Tage.

Möglicherweise steht das Fest im Zusammenhang mit den Ruten- und Stabenfesten anderer alter Reichsstädte (vgl. Ravensburg), wofür auch der frühere Termin im Mai spricht. L. P.

Kinderfest in Memmingen

Am Donnerstag der letzten Woche vor den
Sommerferien (einen Tag vor dem
Fischertag), Mitte Juli
Memmingen, Rgbz. Schw.

Das Fest wird am Mittwochabend durch den Zapfenstreich in den Straßen der Stadt eröffnet. Am Donnerstag um 6.00 Uhr ist der Weckruf, um 8.00 Uhr versammeln sich die ersten sechs Klassen der Memminger Volksschulen im Hallhof zu einer gemeinsamen Morgenandacht. Danach ziehen sie auf den Marktplatz, um dort vor dem Bürgermeister, Eltern und Lehrern Choräle zu singen. Am frühen Nachmittag wird ein Festzug aufgestellt, an dessen Ausgestaltung sich die Schüler mit eigenen Ideen beteiligen. Das Symbol des Festes ist das »Stängele«, das jeder Klasse vorangetragen wird. Es ist ein bunter Kranz von Sommerblumen, der an vier Bändern an einer Stange befestigt ist. Der Festzug zieht vom Hallhof zum Festplatz im Stadion, wo an alle Kinder Geschenke verlost werden. Der Tag schließt mit Vorführungen von Tänzen und einem Konzert der Stadtkapelle in der Festhalle.

Das Memminger Kinderfest ist historisch nicht genau faßbar; es soll in kleinerem Rahmen, jedoch in ähnlicher Form, bereits im 16. Jh. gefeiert worden sein.

Dieses typische Schulfest gehört zweifellos in die Gruppe der Ruten- und Stabenfeste (vgl. Ravensburger Rutenfest), die sich im 16. Jh. in vielen Städten Süddeutschlands aus dem Gang der Schüler vor die Stadt, um Ruten zu schneiden, entwickelten. Die Haselruten wurden den Magistern übergeben und dienten das Jahr über der Schulzucht. Mit der Zeit wurde dieser Rutengang immer festlicher ausgestaltet und, soweit er bis heute fortgeführt oder wieder erneuert wurde, als Fest für alle Kinder veranstaltet. L. P.

Falk, F.: Die Schul- und Kinderfeste im Mittelalter. Frankfurt 1880.

Kindernikolausballonstart in Sonthofen

Dezember, Sonntag vm.
Sonthofen, Lk. Oberallgäu, Rgbz. Schw., Rathausplatz

Alljährlich findet an einem Sonntagvormittag in der Weihnachtszeit ein Kindernikolausballonstart statt. Nachdem der Nikolaus zu den Kindern gesprochen und zahlreiche kleine Geschenke verteilt wurden, besteigt er den bereitstehenden Ballon und entschwebt; ein für die Kinder immer wieder sehr eindrucksvolles Erlebnis.

Der erste Kindernikolausballonstart fand im Jahre 1967 statt. Die Idee stammt vom Alpen-Ballonsport-Club Allgäu e. V., der dafür auch den Heimatdienst Sonthofen gewonnen hat. K. K.

Kirchleintragen in Eisenkappel (im Volk auch »Ante pante« genannt)

1. Februar
Eisenkappel-Vellach, Ger. Bez. Eisenkappel, Pol. Bez. Völkermarkt, K

Am Vorabend von Maria Lichtmeß versammeln sich in der Abenddämmerung meist Buben, aber auch Mädchen bei der Kirche Maria-Dorn; ab und zu befinden sich auch Erwachsene darunter. Alle tragen sie auf Stecken aus durchscheinendem und Glanzpapier über einem Holzgerüst gestaltete Modellkirchen, die mit Kerzen von innen her erleuchtet sind. Bis zum Anbruch der Dunkelheit hat sich ein langer Zug formiert, der sich dann durch den Ort in Bewegung setzt. Dazu wird ein seltsamer Vers mit starker rhythmischer Betonung gerufen:

»Ante pante populore,
Kozelna vrate cvilelore.«

Kirchleintragen in Eisenkappel ▷

Es bilden sich verschiedene Gruppen, die den Spruch im Gleichklang, aber gegen die vorhergehenden und nachfolgenden Gruppen kanonartig abgesetzt, rufen. So entsteht für den Zuschauer neben dem märchenhaften optischen ein sonderbar wellenartiges Klangbild.

Durch die Vellacher Straße ziehen die Kinder bis zur Brücke an der Vellach, an die Grenze des alten Marktburgfriedes Kappel, wo die Kirchlein von den Stöcken heruntergenommen und dem Wasser übergeben werden. Einige Zeit noch blicken alle den auf den Wellen schaukelnden hellbeleuchteten Kirchlein nach, wie sie den Bach hinuntergleiten und, das eine früher, das andere später, verlöschen oder in den Wellen verschwinden.* Aus dem Verhalten der schwimmenden Lichter wird vielfach die Zukunft gedeutet.**

Diese Meinung ist vielen nicht mehr bekannt, und nur ein ganz kleiner Teil der Modellkirchen wird wirklich dem Wasser überantwortet. Die meisten Buben vollziehen diese Geste nur symbolisch oder überhaupt nicht, um ihre kostbaren Modelle behalten und im nächsten Jahr wieder verwenden zu können. Den Brauch des »Lichterschwemmens« wird in Europa zu verschiedenen, darunter zu Frühlingsterminen, geübt; ein solcher ist auch Maria Lichtmeß. Noch zwischen 1820 und 1830 beteiligten sich die Erwachsenen in großer Zahl und brachten mitunter so große Kirchen herbei, daß sie von fünf Männern getragen werden mußten. An der Spitze des Zuges ging ein alter Mann, der den Lobgesang aus dem Evangelium des Lichtmeßtages vortrug, in dem es u. a. heißt: »Quia viderunt oculi mei salutare tuum, quod parasti ante faciem omnium populorum.« Verballhornt finden sich Wörter aus diesem Satz im heutigen Spruch. Dieser soll Ende des vorigen Jahrhunderts als Rache eines Knechtes für den Geiz seines Bauern entstanden sein. Dieser Knecht stiftete die Kinder, auf die der Brauch längst übergegangen war, an, auf den Vers »ante faciem omnium populorum« statt mit »Gloria patri« mit dem windischen (slowenisch-deutscher Mischdialekt) »Kozelna vrate cvilelore«, d. h. »beim Kozel« (so war der Hausname des für die fettarme Kost berüchtigten Bauern) »quietschen die Türen«, zu antworten.

Angesichts der schon erwähnten deutlichen Verwandtschaft mit anderen Begehungen des »Licht-ins-Wasser-Tragens« erscheint die örtliche Deutung nicht wahrscheinlich. Nach ihr soll diese Lichterkirchen-Prozession und das Aussetzungsopfer auf ein Verlöbnis der Bewohner von Eisenkappel als Dank für die Errettung aus Hochwassernot zurückgehen. Auf die verschiedenen Schwemmbräuche und Lichterbräuche am Winterende deutet auch ein früherer, heute vergessener Name des Brauches in Eisenkappel hin: »Das Feuer ins Wasser tragen« (weil vom Lichtmeßtag an nicht mehr bei Licht gearbeitet wird). B. P.

Gugitz, G.: Fest- und Brauchtums-Kalender. Wien 1955. S. 15.
* Graber, G.: Volksleben in Kärnten. 2. Aufl. Graz 1949. S. 202 ff.
** Swoboda, O.: Lebendiges Brauchtum. Salzburg 1970. S. 46 f.

Kirchtag in Mitterolang

Erster Sonntag im September (Egidius)
Mitterolang, Gmd. Olang, Südtirol

In der Nacht vor dem Kirchweihsonntag werden die Mitterolanger durch langes Glockenläuten aus dem Schlaf gerissen; dieses feierliche Gebetläuten um 3.00 oder 4.00 Uhr früh bedeutet, daß der Kirchtag – ein hoher Festtag – beginnt. Zu diesem Zeitpunkt steht der »Michl« auf dem Dorfplatz: ein ca. 25 m hoher, geschälter Baum wurde nach Art des bayerischen Maibaumaufstellens mit verschieden langen Stangen aufgerichtet. Auf seiner Spitze steht – nur mit einem Fuß, den anderen frei balancierend – eine lebensgroße Puppe in Pustertaler Tracht: Weiße Strümpfe, schwarze Knielederhose, federkielgestickter Gürtel, weißes Hemd, rote Joppe und großer grüner Schattenhut. In den emporgehobenen Händen hält sie eine Flasche Wein und einen »Kirchtagskrapfen«; das ist ein Gebäck aus salzigem Teig, das groß aufgeht und innen hohl ist.

Am Sonntag in der Früh findet dann die Erntedankfeier statt. An einem Kreuzweg außerhalb des Dorfes ist inmitten von Mais- und Haferfeldern ein Feldaltar aufgebaut. Nach dem Gottesdienst bewegt sich ein feierlicher Zug dorthin: Voran die zentnerschwere, riesengroße Fahne – von einem jungen Mann getragen, von zwei weiteren an Seilen gehalten; dahinter die Männer und Buben – alle in städtischer Kleidung –, ebenso die Frauen und Mädchen, die den Zug beschließen. Dazwischen geht die Musikkapelle in der Pustertaler Tracht. Ihr folgt der Erntewagen, von einem Pferd gezogen, mit den Früchten der einheimischen Landschaft ausgeschmückt. Am Feldaltar zelebriert der Geistliche, begleitet von zahlreichen Ministranten, eine kurze Andacht mit Dankgebet und Segnung der Felder und Fluren. Dann reiht er sich wieder in den Zug ein – er trägt unter dem Himmel die Monstranz – und unter den Klängen einer kirchlichen Weise führt der Weg zurück zur Kirche.

Dort fällt die Musik plötzlich in einen Marsch – das Zeichen dafür, daß der weltliche Teil des Kirchtages beginnt.

Um 2.00 Uhr nachmittags bewegt sich ein kleiner Festzug mit Reitern, Musikkapellen und Trachtengruppen aus den umliegenden Orten durch Mitterolang. Die Kapellen nehmen anschließend im Musikpavillon ihre Plätze ein und unterhalten abwechselnd den ganzen Nachmittag und Abend das Publikum.

Der Montagabend bringt für die Burschen des Ortes eine weitere Attraktion: Der »Michl« muß wieder heruntergeholt werden. Bis zum Jahr 1972 geschah das in umgekehrter Weise wie die Aufstellung; man lockerte den Baum, legte ihn um,

montierte den Michl ab – wobei sich die umstehenden Buben um den letzten Kirchtagskrapfen in der Hand der Puppe prügelten – und nahm ihn mit ins Wirtshaus zur feuchtfröhlichen Nachfeier.
In der beschriebenen Form wird der Mitterolanger Kirchtag erst seit dem Jahr 1955 durchgeführt; früher war er ein Familienfest.
Den Kirchtagsmichl gibt es nachweislich seit 1900; er hat sich seither kaum verändert, nur die Stange wird von Jahr zu Jahr höher.
In ganz Südtirol wird heute »Kirchtag« gefeiert – jedes Dorf hat sein herbstliches Fest. N. G.

Kirchtagmichl im Ahrntal

Kirchweihfest des jeweiligen Dorfes
Ahrntal, Südtirol

In einigen Dörfern des Ahrntales wird am Kirchweih-Sonntag der Kirchtagmichl aufgestellt. Die Burschen schlagen heimlicherweise einen Baum – in früheren Zeiten wurde er gestohlen – und schaffen ihn am Samstag abends zum Dorfplatz. Der Stamm wird in seiner ganzen Länge (ca. 20 m) belassen und entrindet und geglättet. Die Mädchen richten den »Michl« her: Um zwei kreuzweis gelegte Stöcke wird aus Stroh eine Puppe angefertigt und in Trachtenstücke gekleidet – weißes Hemd, Lederhose, weiße Kniestrümpfe, Schuhe, grüne Hosenträger, weiße Handschuhe und Hut. Kürbis und Brotlaib, öfter aber eine Weinflasche werden der Figur in die Hand, ein Kirchtagskrapfen an den Hut gebunden. So wird der »Michl« an der Spitze des Stammes befestigt; dieser wird dann von den Burschen unter Lärm und mit Kraftanstrengung aufgestellt. Da die Burschen der Nachbargemeinden den Michl stehlen möchten, muß er die ganze Nacht bewacht werden. Tagsüber bildet er dann den Stolz des Dorfes. Am Abend des Kirchtags wird der Baum versteigert und die Puppe eingeholt.

Der »Michl« am Wirtsplatz/Steinhaus

Für das Alter des Brauches gibt es keine archivalischen Belege. Er wird mit bayerischen Stammeseigentümlichkeiten und mit dem Maibaum in Verbindung gebracht. H. Gr.

Tschurtschenthaler, P.: Bauernleben im Pustertal. Bozen 1935.
Fink, H.: Der Kirchtagmichl, in: Der Schlern 42/1969. S. 283 ff.
Fink, H.: Volkskult und Ahnenbrauch in Südtirol. Innsbruck-Wien-München 1969.
Haider, F.: Tiroler Volksbrauch im Jahreslauf. Innsbruck-Wien-München 1968.

Kirchweihmusik und Betteltanz in Unterbrunn

Am Kirchweihsonntag,
ca. 12.00 – 18.00 Uhr
Unterbrunn, Lk. Starnberg, Rgbz. Obb.

Am Kirchweihsonntag zieht in Unterbrunn traditionsgemäß die Unterbrunner Blaskapelle von Haus zu Haus. Sie spielt dabei in der einheimischen Stammbesetzung, die auswärtigen Mitglieder der Kapelle gehen nicht mit. Die Musiker tragen alle Miesbacher Tracht. Nach dem Spiel legen die Leute ein paar Mark in die Musikerkasse. Bier und Schnaps werden heute nur noch selten gegeben. Ein Schwarm Kinder läuft den ganzen Nachmittag mit der Musik mit. Es gehört in Unterbrunn zur richtigen Kirchweih, daß das Dorf den ganzen Nachmittag über mit zünftiger Blasmusik erfüllt ist. Am Kirchweihmontag, abends 20.00 Uhr, findet im Saal des Gasthauses der traditionelle Betteltanz statt. Dabei spielt wieder die Blaskapelle. Den Namen »Betteltanz« kann heute in Unterbrunn niemand mehr erklären. Die Besonderheit des Betteltanzes ist, daß an diesem Abend fast durchgängig Damenwahl ist. Zum Betteltanz erscheinen regelmäßig auch Auswärtige.
Beim Betteltanz mußten früher die Damen jede Tanzrunde bestellen, eine Tanzrunde kostete jeweils 1 Mark. G. S.

Kirchweihsingen in Unterammergau

Kirchweihsamstag (Ende Oktober), 20.00 bis ca. 21.30 Uhr
Unterammergau, Lk. Garmisch-Partenkirchen, Rgbz. Obb.

Am Abend des Kirchweihsamstages sammeln sich am unteren Ortsausgang von Unterammergau, beim Schiele-Paula-Haus, ca. 25 bis 30 Männer zum Kirchweihsingen. Sie tragen die alte Ammergauer Wetzsteinmachertracht: aus selbstverarbeitetem Material hergestellte »wirchane« Hemden und Hosen (die Hemden weiß, die Hosen in einem verwaschenen Blau), lederne Hosenträger, das spitzzulaufende Wetzsteinmacher-Hütl, mit weißen Gockelfedern geschmückt. Begleitet werden sie von einem »Nachtwächter« im dunklen Umhang, mit großer, alter Laterne und einer eisernen Hellebarde. Auch eine von innen beleuchtbare Tragtafel ist dabei – sie zeigt auf der Vorderseite eine Ansicht der Dorfkirche und einiger alter Höfe und auf der Rückseite die Abbildung einer für diesen Brauch bedeutsamen Inschrifttafel. Sind alle Sänger zusammengekommen, stellen sie sich im Kreis auf, nehmen Nachtwächter und Tragtafel in die Mitte, und dann hebt zum erstenmal das Kirchweihlied an. Sein älterer Teil ist ein traditionsreicher Ammergauer Nachtwächterruf; wenn es darin heißt: »Der Hammer hat acht Uhr g'schlag'n«, ertönen acht Schläge auf einem dröhnenden Gong. Der alte Liedteil wird umrahmt von 4stimmigen Strophen. Zum Schluß rufen die Sänger: »Halts guat Kirta!« und die umstehenden Kinder antworten: »Bis in' Mirta!« (Mittwoch). Dann wird in den umliegenden Höfen gesammelt. Unter Fakkelbeleuchtung setzt sich der Zug nun in Bewegung; durch die »Au« geht es zum Dorfplatz und dann zum Kriegerdenkmal; hier wird das Kirchweihlied vertauscht mit »Ich hatt' einen Kameraden«. Gemeinsam mit dem Pfarrer beten die Sänger ein Vaterunser für die gefallenen und vermißten Mitglieder ihrer Runde. Weiter geht es zum »Katzenwinkel«, durch die obere Dorfstraße, wo bei der großen, alten Dorflinde gesungen wird, dann zum »Gidi«; wieder hinunter zum Ammerkistler, durch die Bahnhofstraße zum Filser und zum Schluß zum Gasthof Stern. Auf diesem Weg wird das Lied bis zu 11mal gesungen, ebenso oft ertönt der lautstarke Wunsch nach einer ausgiebigen und festlichen Kirchweih. Im Wirtshaus hält der Verein der Sänger dann stets noch eine kleine Nachfeier.

Die Überlieferung erzählt folgende Entstehungsgeschichte des Unterammergauer Kirchweihsingens: Im Jahr 1836, am Kirchweihsamstag, wurde durch auslaufendes heißes Schmalz ein Brand entfacht, dem 41 Häuser des Dorfes zum Opfer fielen. Auch mit dem Schmalz hatte es eine besondere Bewandtnis. In ihm sollten die »Küchl'n« (Kirchweihkrapfen) herausgebacken werden, die jeder Bauer an Kirchweih dem Berghirten als Dank für das Hüten und Pflegen seines Viehs auf den Sommerweiden schenkte. Da es sich bei dem Unterammergauer Kirchweihlied um ein Nachtwächterlied handelt, liegt die Annahme nahe, daß dieser Brauch eine Art Gelöbnis darstellt – das Versprechen, jedes Jahr an diesem Tag besonders achtsam mit Feuer und Licht zu sein und in gesteigertem Maße auf das mahnende Lied des Nachtwächters zu hören. Dafür spricht auch die Tatsache, daß zu Anfang nur der – damals noch berufsmäßige – Nachtwächter mit drei anderen Sängern umherging, um den Ruf zu singen. Allmählich übernahmen dann die Wetzsteinmacher von den Ammermühlen diese Aufgabe; sie waren durch ihre Tätigkeit in Steinbruch und Schleiferei und durch das enge Zusammenleben in den Mühlen eine geschlossene Gemeinschaft, zudem sehr geübt in Musik und Gesang. So kommt es, daß die Kirchweihsänger, die heute fast ausschließlich dem Trachtenverein angehören, immer noch die Arbeitstracht der Wetzsteinmacher tragen.

Das Kirchweihsingen in Unterammergau, eine sonst nirgends in dieser Form übliche Brauchhandlung, erfolgte – mit Ausnahme der Kriegszeiten – kontinuierlich. N. G.

Klaramarkt auf der Stubalpe

12. August (wenn dieser Tag auf einen Sonn- oder Feiertag fällt, muß der Markt am darauffolgenden Wochentag abgehalten werden)
Maria Lankowitz, Ger. u. Pol. Bez. Voitsberg, u. Judenburg, St

Der ursprünglich bedeutsame Viehmarkt verlor zugunsten des Krämermarktes inzwischen an Bedeutung; noch 1948 war, wie die Weststeirische Volkszeitung berichtete, das braun- und schwarzgefleckte Vieh »aufgereiht wie die Perlen an der Schnur«. Von besonderem Reiz sind die Budenstraßen auf dem Almboden. Beliebt war und ist heute noch zum Gaudium aller das Versteigern von »Weiberschürzen«, die von übermütigen Marktbesuchern den Frauen weggezogen werden. Die Schürzen werden an eine Stange gebunden und wie Fahnen durch die Luft geschwenkt.

Der Markt wird seit 1865 abgehalten. Er war ursprünglich ausschließlich Viehmarkt. Die zuständige Gemeinde war bis 1950 Kemetberg, nach der Gemeindezusammenlegung ist es Maria Lankowitz.

Die k. k. Statthalterei schreibt mit Datum 21. 7. 1865 an das k. k. Bezirksamt Voitsberg, daß der Gemeinde Kemetberg jährlich am 12. August, und wenn auf diesen Tag ein Sonn- und Feiertag fällt, am nächsten Werktage ein Viehmarkt auf der Stubalpe »ohne Einhebung eines Handgeldes« bewilligt werde. Der Krämermarkt wurde erst 1953 von der Steiermärkischen Landesregierung genehmigt.

Bis in die Jahre nach dem Zweiten Weltkrieg zählte man 600–1000 Rinder und Pferde, oft über 8000 Personen. Heute sind es meist ca. 4000 Menschen, die den Markt besuchen, die Beliebtheit des Klaramarktes hat also kaum nachgelassen. Der Viehbestand beim Klaramarkt sank allerdings in letzter Zeit stark ab.

Der Markttermin im August ist deshalb sehr günstig, da das zur Sömmerung auf den umliegenden Almwiesen befindliche Vieh leichter herangeschafft werden kann.

Zur Bezeichnung »Klaramarkt« kursiert eine Art Sage. Man erzählt sich, daß beim Alten Almhaus eine mannstolle Sennerin namens Klara gelebt habe, bei der Knechte und Bauern gern zukehrten.

Bei diesen Treffen wurde auch Vieh gehandelt. Nach dem Tode der Sennerin soll zu ihrem Gedenken der »Klara«-Tag zum jährlich begangenen Viehmarkt geworden sein.

Den Markt in Verbindung zu bringen mit der hl. Klara dürfte wohl nicht möglich sein, da aus der Lebensgeschichte der Ordensgründerin, aus ihrem Wirken und ihren Wundertaten, keine Bezüge zum Markt auf der Alm in der Weststeiermark herzustellen sind. H. M.

Archiv d. Marktgmd. Maria Lankowitz.

Klaubaufgehen in Matrei

Vorabend des Nikolausfestes, 5. 12.
Matrei in Osttirol, Bez. Lienz, T

Wie in vielen anderen Orten zieht auch hier St. Nikolaus am Vorabend seines Festtages mit Begleitern durch den Ort. Die Begleitung des hl. Bischofs macht aber das Besondere aus und gibt dem Brauch auch seinen Namen. Die etwa 30–40 »Klaubäufe« tragen große Gesichtsmasken, bei weitem nicht so kunstvoll geschnitzt, wie z. B. die Imster oder

Matreiner Klaubauf ▷

Nassereither Fasnachtslarven, jedoch wesentlich furchterregender und mächtiger. Eine Larve stellt einen Totenkopf dar. Die Brauchgestalten sind in zottige Fellmäntel gehüllt und haben einige Schellen an einem Gurt am Rücken um den Leib geschnallt. Oberhalb des Marktplatzes treffen sie sich und stürmen in ein bestimmtes Haus. In der Stube warten einige starke Männer, die den Maskierten verwehren wollen, den Stubentisch ins Freie zu zerren. Gelingt es ihnen jedoch, so tanzen sie wild darauf herum, als ob sie ihn zertrampeln wollten. Nach dieser Episode stürmen die Klaubäufe zum Hauptplatz, wo eine Riesenbalgerei beginnt, die sich auch in Seitenwegen fortsetzt. Gegenüber diesen Gestalten tritt die Nikolausfigur stark in den Hintergrund. In seiner Begleitung befinden sich noch der »Lotter« und die »Lotterin« mit einem »Poppele« (Kleinkind; eine Puppe) am Arm, Bettlergestalten, die Spenden einsammeln. Wer sich weigert, etwas zu geben, kann sicher bald eine enge Bekanntschaft mit einem Klaubauf machen. Die aus dunklen Ecken hervorspringenden, plötzlich aus dem »Nichts« auftauchenden Gestalten erwecken beim Betrachter vielleicht noch am ehesten jene Stimmung, die den Hintergrund alter Mittwinterbräuche erleben lassen.

Während sowohl der Name der Maskengestalten wie auch ihre Fellverkleidung (ursprünglich auch Fellmasken) jahrhundertelang tradiert sind, kamen die geschnitzten Holzmasken erst vor gut 100 Jahren auf. Ein gewisser Zipper im Ot. Zedlach schnitzte die ersten dieser Larven; die Überlieferung berichtet, daß sich die sonst unerschrockenen Matreier damals derart davor gefürchtet hätten, daß der Schnitzer den Ort verlassen mußte. Die Klaubaufgeher bemächtigten sich jedoch dieser neuen Form und einige Träger schnitzten und schnitzen auch heute noch selbst ihre teuflische Larve.

Nicht selten vorkommende Verletzungen veranlaßten natürlich die Obrigkeit häufig, gegen diesen Brauch einzuschreiten. In Kals wurde er als »Berchten- oder Stockspringen« 1807 strikt verboten. Nach dem Zweiten Weltkrieg, als der Brauch wieder mit aller Urgewalt durchgebrochen war, zogen die Matreier Klaubäufe sogar bis nach Lienz hinaus.

Das Klaubaufgehen entspricht dem Perchtenwesen und ist in seinen Ursprüngen der Funktion alten Fasnachtsbrauchtums anderer Orte ähnlich. Noch heute erhalten ist die Funktion als Rügebrauchtum; die Ranggeleien der Klaubäufe sind lebendige Volksjustiz, ausgeführt durch die anonyme Maske. Die Rauferei um den Tisch, der unter dem Herrgottswinkel in der Stube steht und dem damit starke Symbolkraft zukommt, wird als Kampf gegen das Böse gedeutet. Es galt als schlechtes Omen für das kommende Jahr, wenn es den Klaubäufen gelang, ihn außer Haus zu zerren. Konnten sie es nicht, so mußten sie einen Wacholderzweig im Herrgottswinkel anbringen, der im nächsten Jahr vor dem Brauchtermin verbrannt wurde; der Rauch sollte helfen, in diesem Jahr einen neuen Zweig zu gewinnen. D. A.

Kollreider, F.: Lebendiges Brauchtum in Lienz und Umgebung, in: Lienzer Buch (= Schlern-Schr.). Bozen 1952. S. 22 ff.

Pfaundler, W.: Die Klaubauf von Matrei in Osttirol, in: Das Fenster, Tiroler Kulturzs. 6/1969/70. S. 483.

Klausentreiben in Oberstdorf

5./6. 12., 19.30–22.00 Uhr
Oberstdorf, Lk. Oberallgäu, Schw.

Bis etwa 1950 war das Klausentreiben ausschließlich Sache alteingesessener Oberstdorfer, die das Recht, den Brauch auszuüben, von Generation zu Generation weitervererbten.

Unter Leitung des Trachtenvereins zog eine Gruppe von Klausen, schellen- und kettenrasselnd, an Türen und Fensterläden schlagend, unter ihrem Führer auf bestimmten Wegen durch den Ort. Ein fremder »Klaus« wurde nicht geduldet und mit Prügel verjagt. Die Straßen waren leer an diesem Abend, da es nicht ratsam war, den Klausen zu begegnen. Ihre Kleidung war wesentlich differenzierter gestaltet als heute. Sie trugen teils Hirschgeweihe, teils alle möglichen Tierköpfe, Holzmasken waren nicht üblich. Ihre Gesichter waren durch Fellappen verdeckt, in denen nur Löcher für die Augen vorhanden waren. Der Oberkörper war in Felle gehüllt und die Hosen ganz mit Fell benäht. Von 18.00 bis 20.00 Uhr waren sie zumeist in den Häusern und zogen erst anschließend bis nach Mitternacht durchs Dorf. Das Kostüm war oft schon sehr alter Besitz der einzelnen Klausen. Vom Trachtenverein, zu dem wiederum nur alte Oberstdorfer Familien Zutritt hatten, zwar veranstaltet, gab es jedoch keine finanzielle Unterstützung.

Heute ist das Klausentreiben wohl auch durch die starke Unterwanderung durch Neuzugezogene ein Schauspiel, das sich die schaulustige Menge nicht entgehen lassen will. Auch bei den Klausen ist es kein »Klausengehen« mehr, sondern ein Austoben, für das der Trachtenverein nicht mehr als Veranstalter auftritt. Da Ausschreitungen vorkamen, wurde mehrmals an ein Verbot durch die Polizei gedacht. Um das Treiben nun einigermaßen unter Kontrolle zu halten, gibt es:

1. eine generelle Zeitbeschränkung: 19.30 bis 22.00 Uhr.
2. in manchen Jahren aufgrund vorangegangener Ausschreitungen eine Meldepflicht in der Turnhalle, bei der gegen Abgabe des Namens und der Adresse eine deutlich am Handgelenk zu tragende Nummer vergeben wird. Auf diese Weise ist es möglich, gegen einzelne Klausen vorzugehen.

Bestimmte Oberstdorfer Interessengruppen sehen in einem generellen Verbot des Klausentreibens seine einzige Rettung. Dem Trachtenverein wäre es somit durch eine Sonderregelung möglich, das Klausentreiben als »echtes Brauchtum« wieder aufzunehmen. K. K.

Klausjagen in Küßnacht und Arth

Werktag vor dem 6. 12., oft Samstag (in Arth 1. Samstag im Dezember), 20.00 Uhr
Ortszentren von Küßnacht und Arth, Kt. Schwyz

An den beiden Orten hat sich ein bedeutender Klausumzug herausgebildet. Gruppen von »Trichlern«, d. h. Schellenschwingern und Geißelklepfern, nehmen daran teil.
Hauptkennzeichen ist vor allem in Küßnacht eine große Zahl von Burschen (etwa 40), Begleit-»Kläusen«, die zum Teil übermannshohe, kunstvoll mit der Laubsäge geschnitzte und von innen erleuchtete »Iffeln« (= Infuln, d. h. Kopfaufsätze nach Art einer Mitra) tragen. Sie treiben sich hinter einer Schar von »Geißelklepfern« und vor der Gestalt des St. Niklaus und des »Schmutzli« durch die Straßen, mit kurzen Vor- und Seitwärtsschritten, mit den Händen ihre Last abstützend und so das Gleichgewicht wahrend. Der Umzug wird von der Ortsmusik angeführt und von den »Trichlern« abgeschlossen.
In Arth bildet der »Iffel«-geschmückte, berittene St. Niklaus den Mittelpunkt des rund 500 Teilnehmer aufweisenden Zuges, der sich von Oberarth nach und durch Arth begibt und in dem auch verschiedenartig ausstaffierte Wagen mitgeführt werden.
1928 wurde in Küßnacht, 1932 in Arth eine St.-Niklausen- bzw. »Clausen«-Gesellschaft gegründet. Dank deren Initiative und Aufsicht entwickelte sich der Brauch, der als reine Lärmsitte darniederlag, zur jetzigen Form. Die St.-Nikolaus-Figur im Bischofsgewand wurde neu hinzugefügt.
E. Sch.

Heim, W.: Die Wiederbelebung des Klausjagens in Küßnacht am Rigi. Schweizer Archiv f. Vkde., 54/1958. H. 2.

Klausjäger mit Tricheln, Schellen und Hörnern (Abb. links)
Iffelträger in Küßnacht (Abb. rechts)

Klausjagen in der Schweiz

Meist 5., seltener 6. 12.,
teilweise auch vorher
Verschiedene Orte der Inner-, Nordost- und Nordwestschweiz sowie des Oberwallis (Goms)

Das »Klausjagen« (vgl. »St. Niklaus«) ist vor allem in den folgenden Gebieten ausgeprägt:
Im Tal von Schwyz ziehen junge Burschen an den Abenden während einer oder zweier Wochen vor dem 6. 12., mit Höhepunkt am 5. 12., um die Ortschaften und machen mit Schellen, Hörnern, kurzgestielten Peitschen (»Geißeln«) usw. Lärm. Gelegentlich, so in Rothenturm (Kanton Schwyz), tragen sie »Iffeln«, das sind einer »Inful« (= Mütze des Bischofs) nachgebildete Lichterhüte:
Im Kanton Luzern ziehen »Trichler« mit Schellen an mehreren Abenden vor dem 6. 12. um: im Entlebuch und um Hochdorf sowie im Wiggertal; in der Gegend von Luthern erst zwischen dem 6. 12. und Weihnacht.
In Wolhusen (Kanton Luzern) begleitet die Maskengestalt des »Röllinarren« die Trichlergruppe.
In Weggis (Kanton Luzern) ist der Umzug durch das Dorf am Abend des 4., 5. oder 6. 12., wobei zahlreiche Begleit-»Kläuse« von innen beleuchtete »Iffeln« als Hüte oder auf Stöcken mit sich tragen und mit Geißeln und Tricheln Lärm erzeugt wird.
In den beiden Halbkantonen von Unterwalden ist das Klausjagen in der Form des »Trinklens« (in Obwalden) und des »Trichelns« (in Nidwalden) weithin üblich; auch hier sind an mehreren Abenden vor dem 6. 12. Lärmumzüge mit Schellen und Hörnern, vor allem außerhalb des Kerns der Dörfer, wobei die Ausübenden vielfach Geld einkassieren gehen.
In Stans (Kanton Nidwalden) ziehen am letzten schulfreien Nachmittag vor dem 6. 12., in der Regel an einem Mittwoch, die Primar- und Sekundarschüler klassenweise mit »Tricheln« umher und begeben sich in die Häuser, um einen Tribut zu fordern, den die sog. »Tschiferler« einsammeln. Unter den Beteiligten sind mehrere »Geiggel« oder »Geigle« – Zwischending zwischen Bischof und Hanswurst –, mit Pferdegeröll und »Hüfälä« = »Iffel«, die nach oben in eine Narrenkappe umbiegt. Am 5. 12. nach 18.00 Uhr ist das »Tricheln« der Gewerbeschüler.
Im Kanton Zug wird das »Klausjagen« einzig noch in Ober- und Unterägeri ausgeübt. Nur das »Klepfen« mit den sog. »Schafgeißeln« hat sich auch in den übrigen Gemeinden erhalten. In Ägeri sind am Nachmittag Umzüge der Kinder, auch größerer und kleinerer Gruppen junger Burschen mit »Tricheln«, Hörnern, »Schafgeißeln«. In Oberägeri ist zusätzlich dazu das »Klauseseln«. Jede Klausgruppe führt hier einen »Klausesel« mit, einen an langer Stange gehaltenen hölzernen, mit Bändern geschmückten Eselskopf, in dessen auf- und zuklappenden Rachen aus den Fenstern der Häuser Geldstücke gesteckt werden.
In Hirzel (Kanton Zürich) führen die Schulkinder in den frühen Abendstunden des 1. Dienstag im Dezember eine Art »Klausjagen« mit Lärm und Heischen von Gaben durch.
In Altstätten (Kanton St. Gallen) und in dessen Umgebung, rheintalaufwärts bis Frümsen, sind am 6. 12. Schellen- und Heischeumzüge der Jugend.
In Weesen (Kanton St. Gallen) und den umliegenden katholischen Dörfern tritt St. Nikolaus am 6. 12. oder kurz vorher auf. Dagegen hat der altüberlieferte Weesener Thomas-Markt (21. 12) in den benachbarten protestantischen Gemeinden des nördlichen Kantons Glarus ein Verschieben des Klaustermins auf den 21. 12. ausgelöst, das zum Teil aber wieder rückläufig geworden ist.
In Amden (Kanton St. Gallen) erscheinen am 25. und 30. 11. sowie am 4. und 6. 12. in den Abendstunden St. Niklaus und der ihn begleitende »Schmutzli«; urtümlicher sind daneben einzeln oder in Gruppen herumziehende »Kläuse« mit Schellen und in primitiver Verkleidung aus »Tannchries«, Hobelspänen usw.
In manchen Teilen des Kantons Solothurn ist meist am Abend des 5. 12. »Klausjagen« in Zusammenhang mit dem Auftreten des St. Niklaus. Oft erscheint dabei das »Geißelklepfen« besonders ausgeprägt. So verfolgt eine Reihe von »Geißelschwingern« und schellenschüttelnden Buben verschiedene St.-Niklaus-Gruppen von Haus zu Haus und »jagt« sie im Laufschritt von einem Besuch zum andern. Zum Schluß vereinigen sich alle zum stürmischen Eilgang durch die Hauptgasse.
In Grindel (Kanton Solothurn) ist das »Klausjagen« am 5. 12. nach 20.00 Uhr: Der Zug des St. Niklaus, der eine hohe Mütze aus farbigem Papier trägt, und des »Schwarzen« (= »Schmutzli«) geht von Haus zu Haus. Voran ziehen die »Esel«, das sind kleinere schellenschwingende Knaben, die von anderen größeren mit »Geißeln« »gejagt« werden.
Ähnlich vollzieht sich der Brauch in Erlinsbach, Hägendorf, Kleinlützel, sowie am 6. 12. in Welschenrohr.
In Gösgen und Stüsslingen durchzieht die Jugend mit einer Art »Kesslete« (vgl. a. a. O.) mit Lärminstrumenten die Straßen.
In der Stadt Solothurn ist am 6. 12. um 20.00 Uhr auf dem Rathausplatz »Geißelklepfen«; in den Hauptgassen werden gleichzeitig »Frösche« und anderes Feuerwerk zum Knallen gebracht.
In Liestal (Kanton Baselland) ist am Abend des 6. 12. Schellenumzug der Jugend.
Im südlichen Freiamt und in der Umgebung von Baden wie vereinzelt im Fricktal (Kanton Aargau) ist an mehreren Abenden vor dem 6. 12. ebenfalls »Klausjagen« junger Burschen mit Schellen und vor allem »Geißeln«.

In Seengen (Kanton Aargau) begibt sich am Abend des 6. 12. eine aus Siebt- und Achtkläßlern gebildete Schar von »Kläusen« – Maskengestalten wie das »Herrchen«, das »Jüngferchen«, der »grüne Teufel«, der »Nachtwächter« und der »Großvater« – mit viel Lärm von Haus zu Haus.
In Zofingen (Kanton Aargau) findet eine Art von »Klausjagen« durch einige als sog. »Höötsch« verkleidete, schellenschwingende Burschen bereits an den Abenden vor dem 6. 12. statt.
Was Lenzburg und seine Umgebung anbelangt, vgl. »Klausmarkt in Lenzburg«.
Im Goms (Kanton Wallis), d. h. im Rhonetal oberhalb von Brig, gehört das Auftreten des St. Niklaus im Rahmen von Lärm- und Heischeumzügen der Jugend zur alten Tradition. Datum ist in den meisten Gemeinden der 5., in Münster der 6. 12. Im obersten Teil des Tales sind die Umzüge zuweilen an mehreren Abenden üblich. Die Großzahl der Beteiligten trägt ein weißes Hemd und Hose, farbige Hosenträger und eine weiße oder farbige Papiermütze (»Santiglaishuet«). An der Spitze des Zuges marschiert oft ein Kommandant in historischer Uniform; in der Mitte folgt St. Niklaus als Bischof, und hinter ihm ziehen ein bis mehrere »Esel« mit primitiv-hölzernem Tierkopf und klapperndem Kiefer, sowie die »Schwarzen« als »Eseltreiber«.
Der Ursprung des »Klausjagens« läßt sich in den wenigsten Fällen mit einer Jahreszahl belegen. Man weiß höchstens von der Wiederaufnahme des neuorganisierten Brauches: so etwa in Weggis 1945 auf Initiative des Schwimmklubs und Turnvereins, in Balsthal 1885 durch den Turnverein, in Liestal 1930 durch den Jugendfestverein und einzelne Lehrer; in Amden ist das Auftreten des St. Niklaus und des »Schmutzli« neu erst seit 1946. E. Sch.

Geiger, P./Weiss, R.: Atlas der Schweizer Volkskunde II.
Seengen: Ein heimatlicher Brauch, das Klausenlaufen. Schweizer Vkde. 26/1936. H. 6 f.
Trüb, R.: Der Klaus-Termin in Weesen (Kt. St. Gallen) und Umgebung. Schweizer Archiv f. Vkde. 45/1948. H. 3., mit kurzem Nachtrag 46/1949. H. 1.
Strübin, E.: Baselbieter Volksleben. Basel 1952.
Koch, H.: Innerschweizer St.-Niklaus-Bräuche. Zuger Kalender 1954.
Hugger, P.: Das Klauslaufen von Amden. Schweizer Archiv f. Vkde. 1958. H. 1.

Klausmarkt in Glarus

1. Dienstag im Dezember
bzw. nach dem 30. 11.
Stadt Glarus, Kt. Glarus

An den Termin des Klausmarktes (eigentlich Andreasmarkt) knüpft sich im Kanton Glarus das »Klausen«. Es besteht in Lärm- (Schellen-) und Heischeumzügen der Jugend, namentlich an den beiden Vorabenden im ganzen Kanton, teilweise am Sonntagabend mit Höhenfeuer. In der Stadt Glarus gehen die Kinder tagsüber in Gruppen quartierweise schellen und kleine Gaben sammeln. Abends von 17.30 bis 19.00 Uhr ist das offizielle »Klauseinschellen«: ein reich gegliederter Umzug der Schüler, die auf verschiedenen Instrumenten Lärm machen. Zur Belebung des Zuges tragen auch Fackel- und einige »Iffel«-Träger bei, die sich den lärmenden Jugendlichen anschließen bzw. in deren Gruppen einreihen.
Die Höhenfeuer waren bis in den Anfang des 20. Jh.s Tradition, unterblieben dann aber und wurden erst in den letzten Jahren zum Teil wieder entzündet.
Der Brauch in der Stadt Glarus wurde 1952 erneuert. E. Sch.

Böcke, F.: Festliches Brauchtum im alten Glarus. Schweizer Archiv f. Vkde., 43/1953. H. 1 f.
Geiger, P./Weiss, R.: Atlas der Schweizer Volkskunde II.

Klausmarkt in Lenzburg

2. Donnerstag im Dezember,
zwischen 17.30 und 20.00 Uhr
Lenzburg und Nachbarorte, Kt. Aargau

Der Lenzburger Klausmarkt gibt im untern See- und Bünztal Anlaß zu abendlichem »Klausen« und zum Erscheinen verschiedener »Kläuse«. Das schon zuvor, vom Ende November an in allen Gemeinden der Gegend übliche, meist auf Anhöhen praktizierte »Chlauschlöpfern« (Peitschenknallen) mittels langer, kunstfertig hergestellter »Geißeln« erreicht an diesem Abend seinen Höhepunkt.
In Lenzburg ist ein Wettbewerb im stilgerechten Ausüben der Kunst des Geißelklepfens (auf der Schützenmatte) und eine Konkurrenz unter den bestgeschnitzten »Räbenlichtern«, die in einem Jugendumzug abends durch die Stadt getragen werden. Ein »großer« bescherender und ein »kleiner« bestrafender »Klaus« ziehen mit einem gabentragenden Esel von Haus zu Haus.
Niederlenz kennt vier Kläuse: den »Schwarzen« in rußbestrichenem Kaminfegerkostüm, an dem zahlreiche Schellen befestigt sind; zwei »Weiße«, und das beschenkende, das Christkind symbolisierende »Fräulein« in weißem Rock und goldener Papierkrone. Überdies wirken beim Klausen einige Geißelklepfer mit.
In Ammerswil begeben sich zwei »Weiße« in hohen gezackten Kronen und mit einem Schlittengeröll über dem weißen Hemd durchs Dorf.
In Hallwil bilden die Sechs- bis Achtkläßler eine Art Geheimbund. Nach 17.00 Uhr zieht die Gruppe, aus der verschiedene maskierte Gestalten wie der »Herr« und die »Jumpfere«, der »Jöggeli« (ursprünglich »Harlekin«), der rotgekleidete »Tüfel« und der schwarze schellenschüttelnde »Möhrech« (= Mohr) herausragen, mit Höllenlärm im Laufschritt vor die einzelnen Häuser, einen »Tribut« heischend.

»Clauschlöpfern« (Peitschenknallen) beim Klausmarkt in Lenzburg

In Hendschiken »klausen« nach 19.00 Uhr zwei »Weiße«, zugleich strafende und schenkende Figuren. Der eine von ihnen trägt eine Papierlaterne mit dem Wappen der Gemeinde, der andere eine Krone. Gegen 20 Begleiter machen Lärm – der jüngste traditionellerweise als »Pfannendeckler«; ferner treten die Maskengestalten des »Jod« und der »Löötsch« auf, mit strohgefüllten Schulsäcken und rußbeschmierten Tannreisbesen.

In Hunzenschwil ist um 19.00 Uhr Lärmumzug der Achtkläßler. Der größte der »Kläuse« ist weiß gekleidet und trägt eine »Rondöle« genannte Kartonlaterne mit ausgeschnittenen Figuren.

In Refenthal spielt ein »Esel«, der sich möglichst wild zu gebärden hat, die Hauptrolle. Unter den übrigen Gliedern der nach 20.00 Uhr durchs Dorf tollenden Gruppe befinden sich ein »Wächter«, zwei »Weiße«, zwei »Alte«, zwei »Herren« und mehrere schellenschwingende Begleiter; wie in Hunzenschwil wird ein »Rondöle« mitgetragen.

Der Brauch ist z. T., so in Hallwil, nach dem Zweiten Weltkrieg auf alter Grundlage erneuert worden. E. Sch.

Klausumzug in Uznach

Jedes 5. Jahr am 4. Samstag im November, ca. 17.30 – 21.00 Uhr
Uznach, Kt. St. Gallen

Anlaß des Auftretens ist der Uznacher Klausmarkt. Nach Uznach begeben sich aus dem benachbarten Kaltbrunn die Figur des St. Niklaus und 11 Begleitkläuse, alle in weißen Hemden und Hosen, mit roten Krawatten und hohen, ausgeschnitzten und von innen beleuchteten »Infeln« (aus Karton und bemaltem Papier hergestellte Kopfaufsätze). Die Kläuse versinnbildlichen die 12 Monate. Mit großen Tricheln machen sie Lärm; sie besuchen die meisten Häuser und vollführen dabei Tänze und allerhand Kapriolen.

Daten hinsichtlich des Aufkommens des Brauches sind nicht feststellbar. In den 20er Jahren wurden die Maskierungen erneuert.

Ihrer Aufmachung nach fügt sich die Sitte in die Reihe der Mittwinterbräuche; sie ist z. B. verwandt jener von Stäfa (Kanton Zürich) an Silvester. E. Sch.

Klöckln (Anklöpfeln) in Südtirol

Letzte drei Donnerstage im Advent, nm. u. a.
Reinswald, Sarntal und Schalders, Vahrn, Südtirol

Am späten Abend der letzten drei Donnerstage im Advent gehen in Reinswald, seltener auch in Schalders, die »Klöckler« um.

In Reinswald versammelt sich ein halbes Dutzend vermummte Burschen außerhalb des Dorfes. Zwei von ihnen sind oft mit Stroh umwickelt: das »Zußlmanndl« und das »Zußlweibele«. Sie tragen Lärminstrumente (z. B. Bockshörner), einer trägt den Sack für die Gaben (Lottersack). So ziehen sie lärmend und johlend zu den Häusern, stellen sich im Kreis auf – wenn die Gruppe groß genug ist, die beiden Zußler in der Mitte – und singen ihr Klöckllied, das mit einem deutlichen Hinweis auf die erwartete Wurst endet. An den Gesang schließen sich noch gereimte Wechselreden an, manchmal anzügliche Sticheleien. Die Klöckler erhalten von der Bäuerin etliche Würste oder auch Geld, singen das Dank-

lied und verschwinden dann mit großem Lärm wieder in der Nacht.
In Schalders gehen die Mitglieder des Kirchenchores als Klöckler um. Sie vermummen sich bis zur Unkenntlichkeit und verstellen auch die Stimmen. Sie ziehen nicht lärmend, sondern still von Haus zu Haus, im übrigen ist der Ablauf gleich wie in Reinswald.
In Feldthurns und Weitenthal ist der Brauch vor nicht allzulanger Zeit erloschen. Da sich beim Klöckln mehrere Brauchelemente vermischen, ist die Einordnung schwer. Fasnacht, Gabenheischen, Rügegericht, Heimgarten und das Absingen eines barock-frommen Liedes, verbunden mit Neujahrswünschen, verschmelzen sich beim »Klöckln« zu einem kaum entwirrbaren Ganzen. Archivalische Belege für diesen Brauch liegen bislang nicht vor.
H. Gr.

Hörmann, L. v.: Tiroler Volksleben. Stuttgart 1909.
Haider, F.: Tiroler Volksbrauch im Jahreslauf. Innsbruck-Wien-München 1968.
Fink, H.: Volkskult und Ahnenbrauch in Südtirol. Innsbruck-Wien-München 1969.

Klöpfelsnacht (»Kröpfesnacht«) in Unterbrunn

Am 1. und am letzten Donnerstag im Advent, ab ca. 13.00 Uhr den ganzen nm.
Unterbrunn, Lk. Starnberg, Rgbz. Obb.

Am ersten Donnerstag des Advent gehen die Unterbrunner Kinder zwischen 4 und 10 Jahren zum Klöpfeln. Am ersten Donnerstag gehen fast alle Kinder, auch die der erst vor wenigen Jahren zugezogenen Dorfbewohner; am letzten Donnerstag vor Weihnachten gehen meist nur noch die ganz Eifrigen, vor allem die Bauernkinder, bei denen der Brauch von zu Hause her noch aktiv unterstützt wird. Die Kinder gehen in beliebiger Reihenfolge von Haus zu Haus, auch zu Nichtbauern. Sie sind dabei fast den ganzen Nachmittag unterwegs. Masken werden nicht getragen. Die Kinder läuten oder klopfen fest an den Haustüren und schreien dann mehrmals möglichst laut im Chor: »Kröpfesnacht«. Warum »Kröpfesnacht« und nicht, wie es richtig heißen müßte, »Klöpfesnacht« gerufen wird, ist nicht zu sagen. Vielleicht läßt sich »Kröpfesnacht« mit r statt l bei lautem Schreien besser artikulieren? Versuche, den Brauch durch kleine Verse etwas zu verschönern, hatten wenig Erfolg. Nur der Vers »Äpfel, Nuß und Mandelkern, essen kloane Kinder gern« ist dann und wann zu hören. Die älteren Leute sind in Erinnerung an ihre eigene Kinderzeit der Meinung, das laute und eindringliche »Kröpfesnacht« allein sei am schönsten; es sollte jedesmal ein unüberhörbarer Hinweis auf das baldige Weihnachtsfest sein. Verse werden als fremde Zutaten sogar abgelehnt. Die Kinder bekommen allerlei Süßigkeiten, mitunter auch Selbstgebackenes, Äpfel und Orangen. Die besseren Sachen werden z. T. schon auf dem Weg gegessen, der Rest wird heimgetragen. Dabei geht es den Kindern letztlich mehr um das Herumziehen bis in die Dunkelheit hinein, als um ein paar Süßigkeiten. Auch die meisten Erwachsenen sind positiv eingestellt, es gibt kaum ein Haus, wo den Kindern nicht aufgemacht wird. Besonders bei den Bauern gehört das Klöpfeln zur Vorweihnachtszeit. Auch heute noch weiß jede Bäuerin, daß sie sich an diesen Donnerstagen nicht allzuviel vornehmen kann. Die Klöpfelsnacht gibt es in Unterbrunn und Oberbrunn schon so lange sich die ältesten Dorfbewohner erinnern können, also mindestens seit dem letzten Viertel des 19. Jh.s. Der Brauch hat nie eine Unterbrechung erfahren. Art und Weise der Durchführung haben sich nicht geändert. Früher liefen die Kinder, auch bei schlechter Witterung, noch nach Oberbrunn. Auch da wurde nur »Kröpfesnacht« gerufen, manchmal auch »Kröpfesnacht, gebt's ös was!« Die Klöpfelsnacht dürfte ihren Ursprung darin haben, daß mit diesem Brauch den ärmeren Kindern Gelegenheit gegeben wurde, sich in der Weihnachtszeit auch mit den entsprechenden Süßigkeiten einzudecken. G. S.

Klosen in Stilfs

5. 12., 3.00–24.00 Uhr
Stilfs, Südtirol

Gegen drei Uhr nachmittags versammeln sich die »Scheller«, 10 bis 15 Burschen im Alter zwischen 15 und 25 Jahren, in einer Talsenkung oberhalb des Ortes. Sie erscheinen ganz in helle Tierfelle gehüllt und tragen um die Leibesmitte einen Riemen voll von Kuhschellen. Unter dem Klang der Schellen wälzen sie sich mit dem Gebärden von Eseln auf dem Boden. Auf dem Wege, bei der oberen Mühle, tauchen dann die »Schiachen« auf. Diese sind in dunkle mit Tuchfetzen behangene Lumpen gehüllt und tragen eine möglichst schreckhaft geschnitzte Holzmaske. Sie schreiten mit tänzelnden Schritten und dumpfe Laute ausstoßend durch die Gassen, schlagen mit den in den Händen befindlichen schweren Ketten an die Türen und Fenster und belästigen jeden Zuschauer mit Fragen über seine Aufführung. Sobald sich die beiden Gruppen treffen, beginnt ein scheinbares Losgehen gegeneinander, doch weicht man sich aus. Der ganze Zug zieht nun durch die Gasse, lärmt und schreit und schellt im Dorf herum bis spät in die Nacht. Oft einzeln oder in ganzen Gruppen tauchen sie auf, verschwinden und nehmen jeden, der sich sehen läßt, mit in das Gasthaus, wo er sich durch Bezahlung von Getränken »erlösen« kann. Gegen Mitternacht läuft die ganze Gruppe der Scheller durch das Dorf, die Schellen ertönen zum letztenmal. Vor dem Klosen und einige Tage nachher sind die Schulbuben noch bemüht, das unheimliche Schellen der Kloser nachzumachen.
Die dritte Gruppe, der Santaklos und sein Gefolge, ist heute eine Nebensächlichkeit. In früherer Zeit, als die Kloser noch in die Häuser eingelassen wurden, war der

»Heilig Mann« eine ehrwürdige Bischofsgestalt und hatte den Rutentrager, die Gabenspender, den Lichttrager und eine Anzahl von »Esel« bei sich. Sobald er in ein Haus geladen wurde, setzte er sich mit dem Gefolge vor der Haustür auf die »Esel« (in Felle gehüllte Burschen), ritt dann in die Stube ein und begann dort, abgestiegen, die Kinder nach ihren Lernerfolgen (Religion), die Eltern nach der Aufführung der Kinder auszufragen. Je nachdem die Antwort ausfiel, wurde der Spender der Gaben und der Ruten beauftragt, seine Sachen auszuteilen (Nüsse, Ruten, Feigen, Orangen, Äpfel u. dgl.). War es einigen »Schiachen« gelungen, in das Haus einzuschleichen oder wurden sie zum Schrecken der Kinder eingelassen, so verkrochen sich die Schiachen unter dem Tisch und kamen auf Anruf hervor, packten das unfolgsame Kind und gaben es einem Mann, der es in seinen Ruckkorb zu einer mitgetragenen Strohpuppe steckte. Nach dem Verteilen der Gaben ritt der Santaklos wieder aus der Stube in das Freie. Während die anderen zwei Gruppen bis spät in die Nacht fortlärmten, beendete der heilige Nikolaus mit dem Gefolge seine Tätigkeit als Gabenspender. Wo er nicht hinkam, stellten die Kinder in irgendeinen Winkel, meist vor das Fenster, eine Milchschüssel, Schuhe, Strümpfe, Kappen u. dgl. und erwarteten die Füllung am frühen Morgen. Damit der heilige Mann nicht vorbei ging, war es üblich, im Hausgang eine Schüssel voll guter Milch, ein Glas Schnaps und für den Esel ein Büschel Heu aufzustellen. Als Gaben fanden sich dann am Morgen vor: Äpfel, Nüsse, Feigen, mitunter auch kleinere Kleidungsstücke wie Hausschuhe, Strümpfe, Pulswärmer und Schulsachen, nicht zu vergessen auch gewöhnlich eine Birkenrute.

J. P.

Dörrer, A.: Tiroler Fasnacht. Wien 1949. S. 164 ff.
Haider, F.: Tiroler Volksbrauch im Jahreslauf. Innsbruck, Wien, München 1969, S. 447 f.

König-Ludwig-Feier in Berg

13. 6. oder der diesem Tag nächstliegende Sonntag, 9.00 Uhr
Berg, Lk. Starnberg, Rgbz. Obb.

Die mutmaßliche Stelle, an der König Ludwig II. von Bayern am 13. Juni 1886 ertrank, ist durch ein Kreuz im See südlich der Ortschaft Berg gekennzeichnet.
1900 wurde auf dem Hochufer über dem See in einer weitläufigen Parkanlage die sog. Votivkapelle (neuromanischer Zentralbau) zum Andenken an den König eingeweiht, während bereits ein Jahr nach dem Tod Ludwigs die Mutter des Königs eine Gedenksäule mit Totenleuchte setzen ließ.
Am Todestag wird am Ufer, zwischen Votivkapelle und Totenleuchte, eine Messe gelesen, an der Vertreter des Hauses Wittelsbach, politische Prominenz, zahlreiche Trachtenvereine und Abordnungen der ehemals königlichen Regimenter teilnehmen. Höhepunkt der Feier ist meist der Kronentanz des Gebirgstrachtenerhaltungsvereins »König Ludwig II. – Schloß Berg – Stamm«. Die Tänzer tragen einen

Der König in der Seerose

Stab mit sich, auf dessen Spitze eine Seerose montiert ist. Am Schluß des Tanzes wird, während das König-Ludwig-Lied (»Auf den Bergen wohnt die Freiheit ...«) von einem Bläser gespielt wird, die Seerose mit einem Zugmechanismus geöffnet und die Büste des Königs in Generalsuniform erscheint.

Die 1913 gegründete Vereinigung »König Ludwig II. – Deine Treuen« ließ bis 1919 in Berg eine stille Messe lesen. Seit 1919 die »Vereinigung zum Gedenken König Ludwig II. von Bayern« zustande kam, wurden Feiern größeren Stils in Berg abgehalten, an denen sich Trachtenvereine und Musikkapellen beteiligten. Als 1961 das neue Holzkreuz im See eingeweiht wurde, entstand das bis heute tradierte Ludwigsfest mit der damals sehr beachteten Vorführung des Kronentanzes und der überraschenden Öffnung der Seerose.

Inzwischen haben weitere drei Trachtenvereine diesen Seeroseneffekt übernommen.

Der Tanz wurde auch bei Feiern in Herrenchiemsee gezeigt. G. K.

Int. und Korr. Widemann, A., Leutstetten, 4/1974.

Kräuterweihe in Lenggries

Mariä Himmelfahrt (15. August) 9.00 Uhr
Lenggries, Lk. Bad Tölz, Rgbz. Obb.,

Am Tag Mariä Himmelfahrt beginnt in der Lenggrieser Pfarrkirche um 9.00 Uhr ein feierliches Hochamt mit Kommunion, an dessen Ende der Pfarrer die Kräuterweihe vornimmt: Er segnet mit Weihwasser und Weihrauch dreimal die mitgebrachten Sträuße, auf daß die darin enthaltenen Pflanzen Heilwirkung gewinnen und das Haus vor Blitz und Unwetter schützen mögen. Viele Bäuerinnen kommen in der alten Lenggrieser Tracht, dem schwarz-seidenen Kleid mit bunt-seidener Schürze, auf dem Kopf das kleine runde schwarze Hütchen mit Goldborten und -quasten. In Taschen und Körben bringen sie die Kräuterbüschel zur Weihe; meist sind es farbige Sträuße mit Pfefferminze, Wacholder, roten Schafgarben, gelbem Enzian, Königskerzen, Huflattichblättern und vielen anderen »Kräutln«. Sie werden nach der Weihe in den Stall gehängt oder unter den First des Hauses. Diejenigen Pflanzen, aus denen man Tee machen kann, werden sofort nach der Weihe ausgekocht und der entstandene Tee hauptsächlich den Kindern gegeben. N. G.

Lenggrieser Bäuerin mit Kräuterbüschel

Krapfenbetteln in Pfunders

11. 11., ca. 17.00–22.00 Uhr
Pfarrdorf Pfunders, Gmd. Vintl,
Bez. Brixen, Südtirol

Am Abend des 11. November, dem Fest des hl. Martin (Kirchenpatron in Pfunders, Pfunderer Kirchtag), findet in Pfunders der Brauch des Krapfenbettelns statt. Burschen und junge Männer – niemals Kinder oder Frauen – finden sich zu kleineren Gruppen von 3 bis 5 Personen zusammen und gehen bis zur Unkenntlichkeit verkleidet und maskiert von Hof zu Hof, pochen an die Tür und werden von der Hausfrau unter dem Ruf »La inna (nur herein), wenn's Krapfnbettla sein!« in die Stube gelassen. Dort warten bereits die Hausleute, Kinder und weitab wohnende Verwandte auf die »Kuttn« (Gruppen), die ohne Zeitplan kommen.

Immer mit verstellter Fistelstimme wird an der Tür die Bitte um die üblichen »Sauern Krapfen« (viertelmondförmige hohle Roggenkrapfen) vorgebracht. Darauf nimmt die Bäuerin die bereitgehaltene Schüssel und läßt die Bettler herausnehmen. Die Krapfen werden entweder sofort gegessen oder in eine Tasche oder in einen Korb gesteckt. Dann benehmen sich die Beschenkten absichtlich dumm und kindisch, lachen, singen, gehen reihum und lassen die Leute raten, wer hinter der Maskierung stecke. Man gibt sich aber niemals zu erkennen. Manche tragen auch ein Musikinstrument (Mund- oder Handharmonika) bei sich und spielen, man reißt kurz auch Mädchen zum Tanz her. Oft ist auch eine Gruppe von Bläsern aus der Dorfkapelle beisammen. Sobald sich eine neue Gruppe meldet, geht die erste polternd ab. Man hört die Abschiedsworte »Vergelt's Gott für die armen Seelen!« oder es besprengt einer die Leute mit Weihwasser und sagt: »Damit Enk die Krapfenbettler net vertragen!«

Es können bis zu 15 Gruppen auftreten. Ihren Ausgang nehmen die Krapfenbettler

stets bei den Schattenseithöfen, zuletzt gehen sie zu den Sonnenseithöfen, seit neuestem zu den Talwirten.
Eine Organisation steht nicht hinter dem Brauch, man geht nach Belieben. Der Zeit angepaßt, haben sich auch die Vermummungen geändert. Nun sieht man weniger Bauern, Holzfäller oder Hirten; es tauchen Handwerker, Vertreter, Krämer, Soldaten und Kraftfahrer auf, aber auch Hexen, Akademiker, am meisten aber Frauen und Püppchen. Ortsfremde Zuschauer sind selten zu sehen. Man sagte früher, je mehr Krapfenbettler, desto mehr Feldsegen.
Bis einschließlich 1961 wurde das Krapfenbetteln am Vorabend von Allerheiligen gehalten. Dann hat man den Leuten nahegelegt, der Kirchtag eigne sich besser. Über das Alter des Brauches weiß man nichts, es heißt: »Er ist immer gehalten worden!«
Nach der Sage habe man die erbettelten Krapfen ursprünglich im Friedhof auf Gräber gelegt, später dann an Dorfarme verteilt, sofern die Bettler nicht selbst arm waren. Heute geht es weniger um die Gaben, sondern um Brauch und Unterhaltung. H. F.

Fink, H.: Die Krapfenbettler in Pfunders, in: Südtiroler Tagbl. »Dolomiten« Nr. 258. S. 5; Südtiroler Heimat 1962. Nr. 11, S. 7, u. Nr. 12, S. 8.
Haider, F.: Tiroler Volksbrauch im Jahreslauf. Innsbruck, Wien, München 1968. S. 398.

Kreuzziehen Tresdorf

Gründonnerstag und Karfreitag,
jeweils ca. 17.30–18.30 Uhr
Tresdorf, Gmd. Stall,
Bez. Spittal a. d. Drau, K

Am Gründonnerstag treffen sich nach der Feldarbeit einige Männer auf dem Dachboden eines Stadels, um die dort aufbewahrten Masken und Kostüme anzulegen. Bald darauf schreitet Christus im blauen Mantel mit drei Jüngern den Weg hinauf zur Kirche über dem Ort. Er betet vor dem Altar, die Jünger schlafen ein. Als Jesus mit ihnen nach einer Weile wieder aus der Kirche tritt und diese umschreitet, sind inzwischen Judas und die Häscher herbeigezogen. Jesus wird gefangengenommen und vor Kaiphas und Pilatus gezerrt – Barabbas statt seiner freigelassen –, gegeißelt und verspottet. Pilatus bricht den Stab über ihm. Dann ziehen die Spieler wieder ins Dorf.
Am Karfreitag abends um die gleiche Zeit wird Jesus, ein schweres Kreuz ziehend, von römischen Soldaten – die auch die beiden Schächer mit sich führen – den Weg zur Kirche gestoßen. Christus fällt dreimal unter dem Kreuz. Von seitwärts am Feldzaun treiben die Soldaten Simon von Cyrene herbei, der das Kreuz in die Kirche und schließlich wieder ins Dorf hinunter tragen hilft.
Die Leidensdarstellung – am Donnerstag mit kurzen Texten, am Freitag stumm – kennt als Publikum fast ausschließlich Einheimische, vor allem Kinder aus der näheren Umgebung. Die zehn bis fünfzehn Darsteller kommen direkt von der Arbeit, es gibt keine Proben, die Texte lesen sie vom Blatt; sind zuwenig Spieler anwesend, wird notfalls noch schnell jemand herbeigeholt und in eine Häscher- oder Soldatenuniform gesteckt.
Das Alter der Passionsdarstellung ist unbekannt. 1891 erhielt das Spiel eine neue Form: Text, neue Kostüme und Requisiten. Seit den 1960er Jahren wird von einem örtlichen Schnitzer hin und wieder eine Holzmaske gestiftet, um die älteren Pappmasken zu ersetzen.
Das Kreuzziehen gehört in den Rahmen des ehemals sehr viel reicheren und äußerst vielfältigen Kärntner Passionsbrauchtums, besonders der Karfreitagsprozessionen. Es vermittelt gerade durch die laienhafte, völlig selbstverständlich wirkende und kaum auf Zuschauer berechnete Darstellung einen tiefen Eindruck. H. G.

Maierbrugger, M.: Heimliches Kärnten. Wien 1966. S. 22 ff.

Krippendörfer in der Umgebung von Innsbruck

Weihnachten bis Maria Lichtmeß
(25. 12.–2. 2., in Thaur gelegentlich nur bis Mitte Januar)
Thaur, Rum, Zirl, Götzens u. a.,
Bez. Innsbruck-Land, T

Tirol (einschließlich Südtirol) ist seit langem eine ausgesprochene »Krippenlandschaft«. Die genannten Orte sind nur gleichsam Repräsentanten für viele andere, in denen zur Weihnachtszeit ebenfalls neben öffentlichen (Kirchenkrippen) eine Unzahl privater Krippen in den Stuben der Bauern- und Bürger-, aber auch der Arbeiterhäuser aufgestellt werden. In diesen Orten, besonderen Zentren der Krippenbewegung, sind viele Häuser neben dem Eingang durch ein mit Tannenzweigen geschmücktes Schild mit der Aufschrift »Weihnachtskrippe« gekennzeichnet. Damit wird ausgedrückt, daß die Besitzer eine (zumeist besonders große und schöne) Krippe aufgestellt haben und zu deren freien Besichtigung einladen. Sie ist in der Regel in der Stube aufgestellt und nimmt nicht selten bis zu einem Drittel der Fläche ein. Nicht nur, daß allein schon dadurch die Stube, der in älteren Bauernhäusern einzig beheizbare Raum, wesentlich verkleinert wird, die Krippenfreudigkeit geht so weit, daß man auch die Mühen auf sich nimmt, die die vielen Besucher gerade im Winter mit sich bringen. Der Krippenberg zeigt in der Regel einen dreiteiligen Aufbau. Auf der »Bühne« ist links vom Betrachter der »Hirtenberg« mit der Verkündigungsszene aufgebaut, in der Mitte der Stall (oft eine Burgruine) mit der Geburtsszene, rechts der »Stadtberg«, von dem am 6. 1. die Hl. Drei Könige kommen. Im gemalten Hintergrund der »Landschaft« findet er seine oft nahtlose Fortführung. Der Boden wird in Thaur und Umgebung mit dem sog. »Krippelepudel« (selbstgefärbtes, feines Sägemehl) bestreut, im Zirler Raum jedoch mit feinem Steinmoos ausgelegt oder mit zerhacktem Moos bedeckt. Besondere Sorgfalt wird auch der Nachbildung von Bäumen zugewandt. Die Krippenfiguren sind entweder geschnitzt, auf Papier gemalt oder es sind bekleidete Figuren, bei denen die Köpfe aus Wachs modelliert, Hände und Füße aus Holz geschnitzt und die Kleidung auf einem Draht- oder Holzgestell befestigt ist. Besonders großartige »gekleidete Krippen« sind z. B. in den Pfarrkirchen von Götzens, Birgitz und Axams zu sehen. Als eifrigster Tiroler Maler von Krippenfiguren gilt Georg Haller (1770–1838) aus Götzens. Die bedeutendsten Krippenschnitzerfamilien sind die Giner aus Thaur, unter denen Johann G. d. Ä. (1756–1833) der hervortretendste ist, und die Probst aus Sterzing bzw. Innsbruck, die durch ihre nur etwa 5 cm hohen Figürchen zumeist aus Lindenholz auffallen (zumeist in »Kastenkrippen« aufgestellt). Die Giner-Tradition in Thaur wird von Johann Laimgruber vulgo Mundi, Romed Speckbacher u. a. fortgesetzt. Unter dem Einfluß der »Nazarener« arbeiteten in Thaur Romed Riedmüller (1855–1890), Johann Plank (1845 bis 1913), die beiden Zirler Schnitzer Johann Kleißner vulgo Plätz (1814–1885) und Alexander Öfner vulgo Xander (1865 bis 1945) und der auch sonst bedeutende Innsbrucker Künstler Max Gehri (1847 bis 1909). Viele Tiroler Krippenschnitzer und -maler (v. a. für die »Landschaft«) pilgerten ins Heilige Land und schufen unter diesem Eindruck den Typ der »orientalischen Krippe«, so auch der Wörgler Schnitzer Johann Seisl (1869–1933) und die Thaurer Hintergrundmaler Franz Pernlochner (1839–1888) und Felix Zimmerling (1812–1869), deren Tradition Johann Kramer vulgo Mundler, Johann Farbmacher, die Zirler Franz Seelos d. Ä. (1873–1941) und F. S. d. J. (1905–1962) fortführten. Im Gegensatz dazu begann Josef Bachlechner (Christkindleinzug in Innsbruck) das heilige Geschehen wieder in die Tiroler Heimat zu verlegen. Auch in der Gegenwart, den neuen Verhältnissen angepaßt, sind in Tirol noch viele Krippenschnitzer tätig. In vielen Krippen werden die Hauptfiguren ausgewechselt, so vor allem für die Anbetung der Könige; weitere Wechselszenen sind die Flucht nach Ägypten bis zur Hochzeit zu Kanaa. Die Fortsetzung der Weihnachtskrippe findet sich in einigen noch erhaltenen »Fastenkrippen« (z. B. in der Pfarrkirche Götzens, im Romedikirchl oder Thaur, im Zirler Kalvarienbergkirchlein u. a. m.). In Zirl ist es ein weit verbreiteter Brauch, vor dem Krippenstall ein kleines Körbchen oder ein Tellerchen aufzustellen, in das gleichsam als Weihegaben an das Christkind kleine Krapfen oder Taubeneier gelegt werden. Das Krippenwesen ist in Tirol seit langem brauchtümlich. Die ersten Hauskrippen wurden wohl durch die Verbannung der Krippen aus den Kirchen durch ein Verbot Kaiser Josephs II. aufgestellt, da in diesen Kirchenkrippen nicht selten politische und andere allzu weltliche Szenen Platz gegriffen hatten. Als Ende des 18. Jh.s auch

Krippe von Johann Giner d.Ä. in Thaur

in den Kirchen wieder Krippen aufgestellt wurden, war die Hauskrippe bereits volkstümlich geworden. Im Jahre 1909 konstituierte sich in Tirol ein »Verein der Krippenfreunde«, in dem sich Geistliche, Berufsschnitzer wie Laienbastler und andere Freunde des Krippenwesens zusammenschlossen. Durch Krippenkurse in den Schulen wird bereits bei den Kindern durch eigene Arbeiten der Krippengedanke gefestigt. Als »älteste« überkommene Krippe Tirols gilt die »Marxenbauer-Krippe« in Thaur, die der Überlieferung nach aus dem Haller Damenstift stammt und etwa um 1600 entstanden ist (18 cm hohe, geschnitzte Figuren).

Als Vorläufer der »Krippe« sind die vielen Darstellungen der Geburt Christi und der Anbetung der Könige auf gotischen Schnitzaltären sowie weihnachtliche Volksschauspiele anzusehen, die im Brauch des »Kindlwiegens« wurzeln. Der Krippengedanke ist so stark, daß z. B. beim großen

Dorfbrand in Zirl (1908) manche Familien nur ihre Krippe als das für sie Wertvollste retteten. Auch stand er lange der Einführung des Christbaumes entgegen, der in abgelegeneren Gebieten Tirols erst nach dem Zweiten Weltkrieg Eingang gefunden hat.

Krippenorte mit Hausbesuch gibt es auch in größerer Zahl in Oberösterreich, so z. B. Ebensee, Gmunden, Altmünster, Neukirchen, Bad Ischl, Lauffen, Hallstatt usw.

D. A.

Colleselli, F.: Die Weihnachtskrippe in Tirol, in: Weihnachtskrippen aus Österreich (hrsg. v. Grass, N.). Innsbruck 1966. S. 11 ff.
Ringler, J.: Alte Tiroler Weihnachtskrippen. Innsbruck-München 1969.
Beiträge i. d. Zs. »Der Krippenfreund«. Innsbruck.

Krippenspiel in Ischl

Zu Weihnachten, Aufführungen alle 4 Jahre. Letzte 1975
Bad Ischl, Bez. Gmunden, OÖ

In Abständen von 4 Jahren gelangt in Bad Ischl zur Weihnachtszeit ein Spiel von der Geburt Christi zur Aufführung. Das in gleicher Weise durch die Schlichtheit der Hirten wie durch die kostbare Ausstattung der Könige bestechende Stück wird von einer eigenen Spielgemeinschaft gepflegt. Im Sinne des traditionellen Volksschauspiels spannt das Ischler Krippenspiel einen Bogen von den Verheißungen der Propheten David, Malachias, Isaias, Michäas, Daniel und Zacharias, die zum Prolog auftreten, bis zur Anbetung der Könige. Es erscheinen nicht nur römische Soldaten, um das Edikt des Kaisers Augustus zu verkünden, sondern auch König Herodes mit seinem Kämmerer Khusa. Joas, der Oberste der Leibwache, meldet Herodes die Ankunft der Könige aus dem Morgenland, die den neugeborenen König der Juden sehen möchten. Die herbeigerufenen Hohen Priester und die Schriftgelehrten Eliakim und Jonathan berichten von den Weissagungen und nennen Bethlehem als Geburtsort des Messias, worauf die Magier wieder abziehen, um das Kind in der Krippe anzubeten. Herodes aber plant den Mord. Wenn diese Szene auch zur ältesten Spieltradition des Weihnachtsgeschehens zählt, so bilden doch die Auftritte der Hirten mit ihren Frauen den Kern des Stückes. Neben dem urtümlich-naiven Spiel der Hirten Riapl, Stöffl, Hoisl und Seppal, dem Hirtenbuben, müssen Maria und Josef zurückstehen. Mit ihrem schlichten Gehaben, besonders aber mit ihrem altertümlichen Dialekt, der nicht einer gewissen Komik entbehrt, etwa wenn die Hirtenweiber miteinander »trüfeln« (plaudern), verkörpern sie die alte Spieltradition des Salzkammergutes. Ihre Lieder erklingen nicht nur auf der Bühne, sondern auch im familiären Kreis. Die Vorliebe für die weihnachtliche Thematik findet auch in den unzähligen Weihnachtskrippen mit ihren auswechselbaren Figuren ein sichtbares Zeugnis. Daher geht man in den Jahren, in denen das Ischler Krippenspiel nicht aufgeführt wird, zum Ersatz »Kripperlschauen«.

Über die Frühzeit des Ischler Krippenspiels ist so gut wie nichts bekannt. Es ist zwar anzunehmen, daß das Hirtenspiel auch über die traditionellen Bühnen der damaligen Zeit, wie Stuben, Wirtshauszimmer oder Dachböden, ging, doch die erste gesicherte Nachricht von einer Aufführung des Weihnachtsspiels findet sich erst 1864. Der Eindruck, den das Spiel bei den Zuschauern hinterließ, muß so gewaltig gewesen sein, daß man es von Weihnachten bis Lichtmeß 14mal wiederholte. Das mag Pfarrer Auböck, dem diese Aufführung zu verdanken ist, bewogen haben, das Krippenspiel im nächsten Jahr über die Bühne des berühmten Kurtheaters gehen zu lassen. Zu Ehren des Kaisers wurde das Spiel 1870 sogar mitten im Sommer an seinem Geburtstag aufgeführt. Es sollte allerdings für lange Zeit die letzte Aufführung sein, denn erst 1921/22 tauchen die Spielhandschriften wieder auf und, gestützt auf ehemalige Mitwirkende, konnte das Krippenspiel 1923 wieder vollständig aufgeführt werden. Seither wurde regelmäßig gespielt und nach 1945 ein vierjähriger Turnus festgelegt (letzte Aufführungen 1971/72 und 1975/76).

Dank der eifrigen Sammeltätigkeit des Florianer Chorherrn Wilhelm Pailler kann das Ischler Krippenspiel bis in das 17. Jh. zurückverfolgt werden. Er erhielt nämlich aus Ischl eine Handschrift mit dem sog. »Salzkammergütler-Spiel«, die mit 1654 datiert war. Leider ging sie verloren, denn die gedruckte Wiedergabe dürfte eine Kombination mit einer jüngeren Handschrift aus Ebensee sein.

Das Ischler Krippenspiel steht in der Tradition der barocken Spielkultur, die in den nahen Klöstern Lambach und Kremsmünster, wo schon 1603 ein »Weyhnacht-Spill« mit musikalischer Besetzung von »Pfeiffen und geygen« stattfand, eine bedeutende Pflegestätte hatte. Ganz besonders dürften aber wieder die Jesuiten von Traunkirchen durch ihre Förderung der Weihnachtskrippen günstige Voraussetzungen für die Entstehung von Hirtenspielen, die ursprünglich unter geistlichem Patronat standen, geschaffen haben. Es gab nämlich früher im Salzkammergut ein rundes Dutzend Weihnachtsspiele. Das Ischler Krippenspiel ist der letzte Rest aus dieser einst so blühenden Spiellandschaft.

F. G.

Pailler, W.: Weihnachtslieder und Krippenspiele aus Oberösterreich und Tirol. 2 Bde. Innsbruck 1881 u. 1883.
Raab, R.: Das Ischler Weihnachtsspiel, in: Heimatgaue 5/1924. S. 165–184.
Prochaska, H.: Das alte Ischler Weihnachtsspiel, in: Wr. Zs. f. Vkde., 28/1932. H. 4. S. 75.
Lipp, F.: Das Ischler Krippenspiel. Zur 300. Wiederkehr d. J. seiner ersten Aufzeichnung. Hrsg. v. Ischler Heimatverein. Linz 1954.

An den letzten drei Donnerstagen im Advent gehen die Anklöpfler oder Klöckler im Sarntal zu den Häusern, wo sie mit Lärminstrumenten (Bockshorn, Schelle) um Gaben bitten. Beim Klöckeln sind eine Reihe von Brauchelementen gemischt: Fasnacht, Gabenheischen, Rügegericht und Neujahrswünschen sind miteinander zu einem kaum entwirrbaren Ganzen verschmolzen. Der Sinn des Brauches wird wohl im Erbitten von Gaben liegen, das Vermummen in dem Bemühen der Bittsteller, sich nicht erkennen zu geben, der Lärm soll auf die bettelnden Gruppen aufmerksam machen.
(s. a. S. 136 f.)

Kufenstechen Feistritz im Gailtal (štehvanje) und Lindentanz (rej)

Früher Nachmittag des Pfingstmontags (Begegnung teilweise schon vm.) Feistritz an der Gail, Ger. Bez. Villach, Pol. Bez. Villach Land; ähnlich an verschiedenen Orten des Gailtales zum Kirchtag, z. B. Saak, Göriach, Nötsch. K

Schon am Morgen oder am frühen Vormittag holen sich die einzelnen Burschen ihr Kirchtagszeichen (heute ein in Goldfarbe getauchtes Ährenbüschel) bei ihren Mädchen. Sie reiten dann auf ungesattelten Pferden zur Kirche, wo der Kirchtagswein geweiht wird. Das eigentliche Kufenstechen findet nach dem Mittagessen statt. Es beginnt mit dem Aufzug der »Konta«, der Burschenschaft, auf ungesattelten schweren Pferden, unter der Dorflinde. Die Reiter werden von Musik begleitet und stimmen das traditionelle Reiterlied an (hier slowenisch, in Nötsch in einer deutschen Übersetzung: »Heut bin ih's a Gailtaler Reiter, weit uma der fescheste Bua. Heut hol ih beim Stechn das Kranzl, und morgn das Diandle dazua.«). In einiger Entfernung ist in der »Reitergasse« ein kurzer Pfahl aufgerichtet, auf dessen oberstem Ende die »Kufe« drehbar aufgesteckt ist – ein Fäßchen von etwa 45 cm Höhe und 35 cm Durchmesser. Die Burschen tragen zu ihrer Tracht die alte Zipfelmütze. Nach dem Lied reiten sie einer nach dem anderen die Dorfstraße hinauf und schlagen im Vorbeigaloppieren mit einer schweren Eisenkeule nach der Kufe. Neben dem Pfahl steht ein Mann, dessen Aufgabe es ist, das Fäßchen weiterzudrehen, wenn es auf einer Seite angeschlagen ist. Das Spiel wiederholt sich so lange, bis die Kufe in Trümmer fällt, wonach ein »Ringelstechen« nach den Reifen des zerschlagenen Fäßchens veranstaltet wird. Aber auch das ist nur der Vorläufer des sog. »Kranzelstechens«: Zwei Mädchen in Gailtaler Mädchentracht haben einen Kranz bereitgehalten, den nun eines den neuerlich anstürmenden Reitern entgegenhält. Immer wieder zieht es ihn weg, bis es ihn dem »ausgemachten« Sieger entgegenhält, der es auf seine – etwa 70 cm lange – Keule nimmt, den Zuschauern zeigt und damit wegreitet – dem Wirtshaus zu, in dem die Reiter ihre Pferde versorgen. Alle kehren dann zur Linde zurück, wo die übrigen Burschen das »Lindenlied« angestimmt haben, das den alten Lindentanz ankündigt. Der Sieger eröffnet ihn mit dem Mädchen, das den Kranz gehalten hat. Der Lindentanz läuft in der Art des »Steirischen« ab: Abwechselnd wird getanzt und schreiten die Paare im Kreis, eine Strophe singend. Während dieser Tag den Unverheirateten vorbehalten ist, treten tags darauf die Verheirateten auf den Plan; sie ahmen das Kufenstechen und den Lindentanz nach – allerdings tritt an die Stelle der ernsten Würde des burschenschaftlichen Brauches der Scherz und sozusagen parodistische Züge. B. P.

Kretzenbacher, L.: Ringreiten, Rolandspiel und Kufenstechen. Sportliches Reiterbrauchtum von heute als Erbe aus abendländischer Kulturgeschichte. Klagenfurt 1966.

Lägelisnacht in Flawil

Dienstag nach dem 16. 11.,
18.00–19.00 Uhr
Flawil, Kt. St. Gallen

Großer Umzug der »Räbenlichter« tragenden Kinder nach 18.00 Uhr durch die Ortschaft. Eine Handharmonikagruppe wirkt mit und auch Wagen werden mitgeführt.
Der Brauch besteht in der jetzigen Form seit 1927. Vorher trugen einzelne Kinder »Räbenlichter« herum. Vor allem kam man, wie auch heute zum Teil nach dem Umzug, familienweise zusammen zum Genuß des neuen Mosts oder Weins, von Nüssen und Brot. Diese in der übrigen Ostschweiz ehemals stärker verbreitete Sitte – heute findet sie sich nur noch vereinzelt – entspricht dem sog. »Oeperlen« = »Othmärlen«.
Der hl. Othmar ist nach der Legende am 16. 11. 759 auf der Insel Werd im Untersee in Gefangenschaft gestorben. Er wird mit einem Weinfäßchen (»Lägel«) unter dem Arm dargestellt; nach der Überlieferung soll zwei Mönchen, die seinen Leichnam von der Insel nach St. Gallen brachten, während der stürmischen Fahrt über den See der Wein in dem mitgenommenen »Lägel« nie ausgegangen sein. Der Bezeichnung »Lägel« liegt jene der »Lägelisnacht« zugrunde. E. Sch.

Scheu, A.: Die »Lägelisnacht« in Flawil. Schweizer Vkde. 31/1941. H. 5.

Laternenvisitation in Wil

31. 12., zwischen 18.00–19.00 Uhr
Wil, Kt. St. Gallen

Umzug der meist klassenweise geordneten Schuljugend mit Lampions und Papierlaternen, unter Anführung von Tambouren und der Stadtmusik, durch das Städtchen: vom Kirchplatz zum Hofplatz der Altstadt, dann die Hauptstraße hinunter zum Schwanenplatz, ins Bahnhofquartier und durch die Toggenburgerstraße an den Ausgangspunkt zurück. Auf dem Hofplatz, dem Schwanenplatz und bei der »Rose« wird angehalten und einige Lieder werden gesungen. Die Fenster der Häuser sind oft mit originell ausgestalteten Lämpchen dekoriert; die Straßenbeleuchtung ist ausgeschaltet.
Der Umzug ist verhältnismäßig junger Entstehung (1920er Jahre), während das Aushängen der Lampen auf einer alten Feuerpolizeiverordnung gründet. Nach dieser hatte die Bevölkerung bei einem Brandausbruch mittels Sturmlaternen für Licht zu sorgen; die Kontrolle (Visitation) der Laternen fand jeweils am Silvesterabend statt. E. Sch.

Laurenzi-Brotweihe in Niederheining

10. August
Laufen, Ot. Niederheining,
Lk. Berchtesgadener Land, Rgbz. Obb.,

Am 10. August, dem Fest des hl. Laurentius, findet alljährlich in der Filialkirche in Niederheining am Patrozinium die sog. »Laurenzi-Brotweihe« statt. Nach dem feierlichen Amt (früher vormittags, neuerdings abends) versammeln sich die Gottesdienstbesucher der Filialgemeinden Heining und Treibenbach vor der Kirche um einen Tisch, auf welchem sich zwei Körbe mit geschnittenem Brot befinden. Das »Spendbrot«, bis vor wenigen Jahren noch selbstgebackene Laibe, heute ausnahmslos Wecken aus den Stadtbäckereien, wird von den Bauern vor dem Gottesdienst dem Kirchenpfleger übergeben, der es dann in dicke Scheiben aufschneidet und in die Körbe legt. Der Priester, angetan mit Albe und Stola, »weiht« – im theologischen Sinne segnet – das Brot, besprengt es mit Weihwasser und teilt es anschließend, zusammen mit dem Kirchenpfleger (!) unter die Anwesenden aus, die an den Tisch herantreten. Bei den Kindern, die immer in großer Zahl an dieser Brauchübung teilnehmen, gilt das »Scherzl« als besonders begehrenswert. Das Brot wird z. T. gleich, also unmittelbar vor der Kirche, verzehrt, z. T. mit nach Hause genommen und unter den Daheimgebliebenen aufgeteilt. Ehemals wurde es auch den Pferden und Rindern in kleinen Stücken unter das Futter gemischt (vgl. Ostern, Speisenweihe).
1553 erstmals erwähnt (»... am tag Laurenti collectura in prott und gelt ...«), dürfte dieser Brauch jedoch wesentlich weiter zurückzuführen sein; in diesem Jahr setzten die Kirchenrechnungen ein! 1618 wird berichtet, daß ein Hofbesitzer das Spendbrot verweigert, obwohl die Abgabe ein »von alters yeblich herkhomen« sei, noch »bei allen underthanen im brauch gehalten« werde und »yed nach gelegenheit seines guettes etliche laibbroth auf S. Laurentij thag« zur Kirche bringe. 1797 wird im Zuge der Aufklärung und der Reformbestrebungen unter dem Salzburger Fürsterzbischof Hieronymus von Colloredo dieser Brauch zeitweise unterdrückt, ein ausdrückliches Verbot ist jedoch nicht bekannt. Fortführung, wohl ohne Unterbrechung, bis zur Gegenwart.
Der Ursprung der Brotspende ist auf den Kirchenpatron, den hl. Laurentius, zurückzuführen, der sich als römischer Erzdiakon – der Überlieferung nach – besonders der Armen annahm. Das ganze Mittelalter hindurch genießt dieser Heilige besondere Verehrung und wird ikonographisch mit dem Rost, seinem Marterwerkzeug, aber auch als Almosen austeilender Diakon, mit Geldbörse oder Brot in Händen, dargestellt.
Der Brauch der Brotspende entspricht der spätmittelalterlichen Frömmigkeitsbezeugung, durch mildtätige Stiftungen der caritativen Pflicht (leibliche Werke der Barmherzigkeit) nachzukommen und für die Notleidenden der Kirchengemeinde zu sorgen. Dies zeigt sich auch darin, daß schon im ersten archivalischen Beleg neben der Brotspende bereits eine Geldspende angeführt wird. Ehemals, wohl bis Anfang des 19. Jh.s, wurde das Spendbrot nur unter den Armen ausgeteilt, später jedoch und bis zur Gegenwart wird es in Stücke geschnitten und allen Anwesenden

gereicht, wobei das dörfliche Zusammengehörigkeitsgefühl besonders deutlich zum Ausdruck kommt. Der ursprüngliche Sinn der Brotspende ist den Teilnehmern nicht bekannt, es wird dieser Brauchübung allgemein der eucharistische Gedanke zugrunde gelegt.
Außerhalb der Filialgemeinde, z. B. der Bevölkerung in der nur wenige Kilometer entfernten Stadt Laufen, ist die »Laurenzi-Brotweihe« unbekannt. An dieser Brauchübung, die ohne jegliche Vorbereitung, aber mit einer bewußten Selbstverständlichkeit stattfindet, beteiligt sich lediglich die ortsansässige Bevölkerung. H. R.

Diepolder, G.: Altbayerische Laurentiuspatrozinien, in: Aus Bayerns Frühzeit. Friedrich Wagner zum 75. Geburtstag. München 1962. S. 371–396 (allgem. zur mittelalterlichen Laurentiusverehrung in Bayern).
Roth, H.: Laurentius-Brotweihe in Niederheining, in: Das Salzfaß 3/1969, H. 2 S. 41 f.

Ledersprung in Leoben

Sonntag nächstgelegen zum Barbaratag am 4. 12. Am Vormittag Hochschul-Festakt mit der Inauguration des neuen Rektors Leoben, St

»Das Präsidium setzt sich aus den Erstchargierten sämtlicher Leobener Verbindungen zusammen. In der Mitte des Saales ist der Tisch der Erstsemestrigen, die vom Fuchsmajor in den Saal geführt werden und von der Corona mit dem Lied ›Was kommt dort von der Höh?‹ begrüßt werden. Es folgen die Begrüßung der Ehrengäste, Salamander, Bergmannslied und Reden. Dann ertönt ›Silentium, wir schreiten zum feierlichen Ledersprung!‹. Die Chargierten bilden eine Gasse zu dem bereitgestellten Bierfaß, von dem aus der Sprung zu wagen ist. Die Füchse werden vom Fuchsmajor angeführt, zuletzt folgen die nichtcorporierten Studenten, die sog. ›Finken‹. Es folgt nun der Ledersprung jedes neu immatrikulierten Studenten. Er besteigt das Bierfaß, in der rechten Hand ein volles Bierglas. Der Vorsitzende (er wird jedes Jahr von einer anderen Verbindung gestellt) stellt ihm die Fragen:
Dein Name?
Dein Stand? (Bergmann, Hüttenmann ...)
Deine Heimat?
Dein Wahlspruch?
Darauf der Vorsitzende: ›So leere dein Glas und springe in deinen Stand und halte ihn stets in Ehren‹. Das Arschleder wird von zwei Ehrengästen gehalten, darüber springt der Fuchs, nachdem er sein

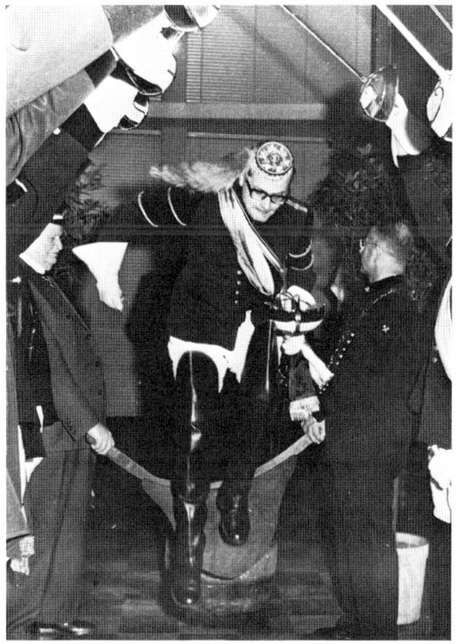

Sprung über das Arschleder

Glas Bier ausgetrunken hat. Nach Beendigung der Feier zieht die ganze Corona zum Bergmannsbrunnen auf dem Hauptplatz, woselbst die Figur des Brunnens von den neu eintretenden Studenten mit einem Kuß begrüßt wird. Die übrigen Studenten, Professoren, Bürger umstehen den Brunnen, der zu dieser Jahreszeit zum Glück für die darauf Herumkletternden ohne Wasser ist. Damit endet der feierliche Tag.«*
Der Ledersprung dürfte schon im 16. Jh. im oberungarischen Erzbergbaurevier bei der Aufnahme von Bergleuten in die Bergmannszunft oder Bergbruderschaft üblich gewesen sein. Im 19. Jh. war er in Schemnitz allgemein bekannt. Von dort kam er durch Studenten nach Leoben und von hier verbreitete sich die Sitte des Ledersprungs auch nach Příbram, nach Eisenerz, Köflach, Grundlsee, Laibach, Agram sowie in die umliegenden Bergbaugebiete Sloweniens. Kirnbauer hat selbst beobachtet, wie in Slowenien beim Ledersprung Bergmannslieder nach deutschen Melodien mit slowenischen Texten gesungen werden.
Der Ledersprung ist ein Aufnahmeritus, eine Initiationsfeier, die ähnlich auch bei Handwerkszünften bekannt ist. Man wird in die Gesellschaft aufgenommen.** Das Bergleder (Arschleder) ist »neben der Tracht bzw. als Bestandteil derselben seit Jahrhunderten gewissermaßen zum Symbol der Bergmannsehre« geworden. »Die Aufnahme in den Bergmannstand erfolgt durch den Sprung über das Leder. Ein Bergleder, gerollt und auf einer Stange der Knappschaft vorangetragen, galt als Zeichen des Aufruhrs.«*** Die Akademiker in Leoben, die heute allein diese Brauchträger sind, haben für die Stadtvolkskunde sehr große Bedeutung, sie sind die »brauchtumsmäßigen Traditionsträger zur Bergmannskultur«.**** H. M.

* Hinner, E. K.: Corps und Verbindungen an der Montanistischen Hochschule Leoben. Ms. im Inst. f. Vkde. d. Univ. Graz. 1971.
** Kirnbauer, F.: Der Ledersprung. Leobner Grüne He. H. 39. Wien 1962.
*** Kirnbauer, F.: Bergmännisches Brauchtum in Österreich. Leobner Grüne He. H. 85, Wien 1965.
**** Haid, W.: Lebendiges Brauchtum in Leoben, in: Steirische Berichte. Graz 1965.

Leiden-Christi-Singen in Großarl

Gründonnerstagnacht, 20.00–4.00 Uhr, Karfreitagnacht 20.00–4.00 Uhr Großarl, Bez. St. Johann i. P., S

In Großarl beginnen die Leiden-Christi-Sänger am Gründonnerstag um 8.00 Uhr abends ihren Rundgang, den sie zu jeder vollen Stunde bis 4.00 Uhr früh wiederholen. Jede Strophe ihres Gesanges wird mit der Bekanntgabe der Stunde durch den Vorsänger eingeleitet: »Merkt auf ihr Herrn und laßt euch sagn, hat 8 Uhr g'schlagn.« Ablauf, Text und Melodie entsprechen mit einigen Abweichungen dem Antlaß-Singen von Traunkirchen, Oberösterreich.

Die Besonderheit des Leiden-Christi-Singens in Großarl liegt darin, daß der Umgang in der folgenden Nacht von Karfreitag auf Karsamstag wiederholt wird, wobei einzelne Strophen vom weiteren Geschehen der Passion berichten:

> . . . Seht Jesus hat wirklich sein Leben beschlossen.
> Es wird mit der Lanze sein Herz noch durchstoßen.
> Seht wie er uns liebet, daß er sogar gibet
> sein letzt Tröpflein Blut, uns zu gut.
> Hat 8 Uhr g'schlagn! . . .
>
> Nun wird Jesu Leichnam vom Kreuz abgenommen,
> in Mariens Schoß gelegt, mit Blut überronnen.
> Ach sehet, was Schmerzen die Mutter im Herzen,
> um ihr liebes Kind empfing.
> Hat 9 Uhr g'schlagn! . . .
>
> Wir wollen aufstehen, die Zeit ist vorhanden.
> Betrachten was Jesus bei uns ausgestanden.
> In Gottes Namen erwachet, das heilige Kreuz machet.
> Ist alles vollbracht, diese Nacht.
> Hat 4 Uhr g'schlagn!

Bemerkenswert ist hier auch die Tatsache, daß dieser Brauch von zwei verschiedenen sozialen Gruppen und an zwei verschiedenen Plätzen durchgeführt wird. In der ersten Nacht rekrutiert sich die Sängerschaft aus dem Bauernstand, die außerhalb des Marktes ihren Umgang hält, in der Freitagnacht ist es dagegen die nichtbäuerliche Bevölkerung des Marktes, die innerhalb des Ortes das Leiden Christi besingt. (Siehe Traunkirchen). F. G.

Adrian, K.: Das Großarler Leiden-Christi-Singen, in: Mitt. d. Ges. f. Salzburger Landeskunde. 53/1913. S. 327 ff.
Adrian, K.: Von Salzburger Sitt' und Brauch. Wien 1924. S. 103–111.
Adrian, K./Schmidt, L.: Geistliches Volksschauspiel im Lande Salzburg. Salzburg 1936. S. 228–237.
Deutsch, W.: Vom geistlichen Liedgut in Großarl im Pongau, in: Jb. d. Österr. Volksliedwerkes. 15/1966. S. 15–31.

Leonhard

Der hl. Leonhard starb nach der Legende 559 als Abt des von ihm gegründeten Klosters Noblat (heute Saint-Léonard-de-Noblat) bei Limoges. Er wurde zunächst vor allem als Patron der Gefangenen und Gebärenden verehrt und erst seit dem

Eisenvotiv aus Bauerbach

17. Jh. als Tierpatron. Das Pferdepatronat scheint besonders im 18. Jh. ausgebaut worden zu sein; das Initiationszentrum der neuen Kultbewegung darf wohl im südlichen Niederbayern gesucht werden.

Die Verehrung des hl. Leonhard (Fest am 6. November) ist heute im wesentlichen auf das deutschsprachige Alpengebiet mit Ausschluß des schweizerischen Territoriums beschränkt. Bekannt wurde schon im 19. Jh. die Tölzer Leonhardifahrt. Neben Tölz gibt es in Österreich und Bayern südlich der Donau eine große Zahl von Fahrten oder Ritten, die sich vor allem seit dem Barock nachweisen lassen.

Die Begriffe Fahrt und Ritt werden oft synonym gebraucht; von Fahrt spricht man in engerem Sinn dann, wenn überwiegend Truhenwagen (wie z. B. in Bad Tölz) verwendet werden, von Ritt, wenn Einzelreiter oder Reitergruppen das Bild des Brauchs bestimmen.

Die vorliegenden Beschreibungen stellen nur eine kleine Auswahl dar. G. K.

Leonharditruhen

Unter Leonharditruhen versteht man kastenförmige Aufbauten auf den landesüblichen vierrädrigen Wagengestellen, die man bei den Leonhardifahrten einsetzt. Für gewöhnlich dienen sie als Sitzgelegenheit für Frauen und Mädchen. Der erhaltene Bestand an älteren Truhen reicht nicht über die Mitte des 18. Jh.s zurück. Die Außenwände der Truhen wurden mit religiösen Themen und Ornamenten im Zeitstil bemalt. Um die Mitte des 19. Jh.s treten auch profane Themen, wie die vier Jahreszeiten, auf. Stilistisch bewegt sich die Malerei zwischen der Möbel- und der Wandmalerei (Lüftlmalerei). Sie war sicherlich in der Regel Werk der in den Märkten Tölz und Miesbach, möglicherweise auch Aibling, Rosenheim und Grafing, ansässigen Maler. Die schönste Leonharditruhe wird heute im Heimatmuseum Bad Tölz aufbewahrt. Sie wird alljährlich bei der Tölzer Leonhardifahrt verwendet. Vorbild für die heute noch üblichen Truhenwagen waren ohne Zweifel die barokken Fronleichnamsprozessionen, in denen solche Truhen zum Teil für die lebenden Bilder eingesetzt waren. T. G.

Karlinger, H.: Bayern (= Deutsche Volkskunst Bd. IV). München 1925.
Gröber, K.: Die Süddeutsche Volkskunstausstellung . . ., in: Jb. 1937 d. Bay. Landesvereins f. Heimatschutz. München 1937. S. 5–12.
Gierl, J.: Altbayerische Wagen, in: Bay. Jb. f. Vkde. 1951 (Festschrift Josef Maria Ritz). S. 164 ff.

Leonhardiwagen im Tölzer Heimatmuseum ▷

Leonhardifahrt in Bad Tölz

6. 11., 9.00–11.00 Uhr
Bad Tölz, Lk. Bad Tölz-Wolfratshausen, Rgbz. Obb.

Am Fest des hl. Leonhard, dem 6. November, wird von Bad Tölz und den Orten der Umgebung aus eine Prozessionsfahrt mit Pferdegespannen zu dem bei Tölz gelegenen Kalvarienberg ausgeführt. Die Fahrt eröffnen die sog. Vorreiter. Die Familienangehörigen und andere Teilnehmer der Prozessionsfahrt sitzen auf vierspännigen bemalten Leiterwagen. Außerdem werden Figuren des Heiligen mitgeführt sowie Festwagen mit Aufbauten nach religiösen Motiven. Musikkapellen sowie Einzelwallfahrer und Reiter sind weitere Teilnehmer an dieser größten oberbayerischen Leonhardifahrt. Um 10.00 Uhr wird in der Votivkapelle auf dem Kalvarienberg eine hl. Messe zelebriert. Vor und nach dem Gottesdienst umfahren die Burschen in schnellem Tempo mit ihren Leonhardiwagen die Kapelle. Anschließend wird der Leonhardisegen erteilt. Die Burschen vergnügen sich mit Goaßlschnalzen (Peitschenknallen).

Die Votivkapelle auf dem Kalvarienberg (früher Höhenberg) wurde im Jahr 1718 von der Zunft der Tölzer Zimmerleute aufgrund eines Gelübdes gebaut. Die Zimmerleute hatten 1705 während des Spanischen Erbfolgekrieges gelobt, nach glücklicher Heimkehr eine Kapelle zu Ehren der schmerzhaften Muttergottes aus eigenen Mitteln zu erbauen. Als Nebenpatrone galten der hl. Joseph, Johannes der Täufer und der hl. Leonhard. Mit der Zeit kam es zu einem Patronatswechsel, die Verehrung des hl. Leonhard als Vieh- und Pferdepatron trat in den Vordergrund. Für die Stadtpfarrkirche Mariä Himmelfahrt ist dies bereits 1485 durch ein Leonhardsbenefizium belegt. Sehr früh muß jedoch auch die Kapelle auf dem Höhenberg in die schon im 16. Jh. in der Umgebung üblichen Leonhardifahrten einbezogen worden sein. Ein Votivhufeisen mit der Jahreszahl 1719 spricht dafür, wie auch die Tatsache, daß die – leider durch einen Brand in den 50er Jahren unseres Jahrhunderts vernichtete – älteste »Leonharditruhe« des Gaißacher Jägerwirts die Jahreszahl 1732 trug. Die eiserne Votivkette, mit der die Kapelle umgeben, »gegürtet«, ist, wird bereits 1805 erwähnt. Noch um die Mitte des 19. Jh.s begann das Fest mit Einzelumritten um die Kapelle vor der

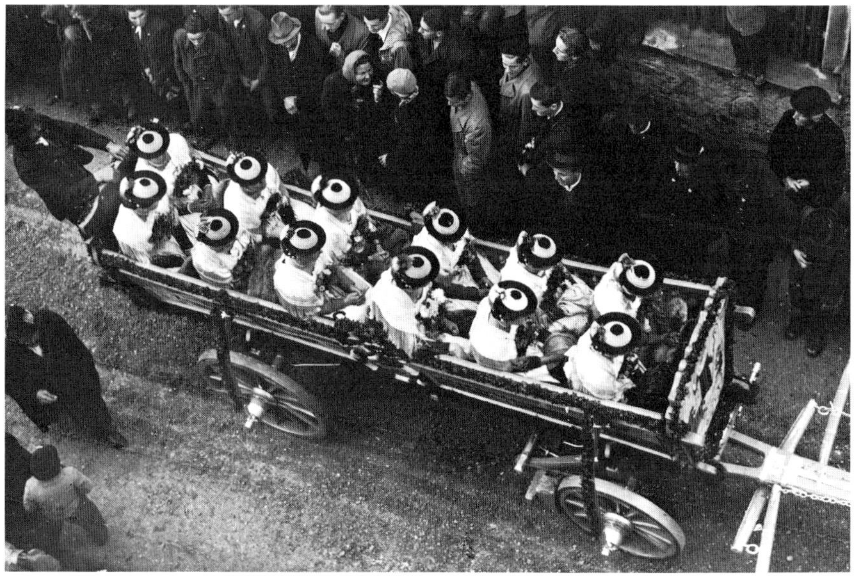

eigentlichen Prozession. Im Jahre 1856 ordnete der Tölzer Pfarrer Pfaffenberger den durch Auswüchse in Mißkredit geratenen Brauch der Leonhardifahrt neu; in dieser Form wirkte sie beispielgebend auf viele benachbarte Orte, wie Murnau, und wird im wesentlichen noch heute so veranstaltet. In der Kapelle befinden sich nur wenige Votivgaben, vorwiegend in Form von Hufeisen, sowie einige Votivtafeln mit dem hl. Leonhard bzw. der schmerzhaften Muttergottes. Die Eisenkette soll das Weihegeschenk eines Bauern vom Oberhof sein.

Die Tölzer Leonhardifahrt entspricht im Aufbau und Ablauf den in Oberbayern üblichen Leonhardifahrten. Mit der die Kapelle umgebenden Eisenkette gehört sie zu den heute seltenen Beispielen einer kultischen Umgürtung, die in dieser Form nur an Leonhardskapellen zu finden sind. In der Brauchtumsgrundform entspricht die Kirchengürtung der kultischen Umkreisung, wobei es im Falle des hl. Leonhard nahe lag, ihm als Viehheiligen Stallketten und Hufeisen zu opfern, auch Ketten befreiter Gefangener, mit denen man dann in Anlehnung an andere Gürtungen die Leonhardskapelle umgab. Meist schmiedete man die eisernen Votivgaben zu Ketten um. L. P.

Schierghofer, G.: Altbayerns Umritte und Leonhardifahrten. München 1913.
Schierghofer, G.: Umrittbrauch und Roßsegen, in: Bay. He. f. Vkde. 8/1921.
Hindringer, R.: Weiheroß und Roßweihe. München 1932.
Schierghofer, G.: St. Leonhard auf dem Höhenberg, eine Votivkapelle für 1705, in: Bürgerbl. München. Nr. 13. Juli 1955.

Leonhardifahrt in Benediktbeuern

Sonntag vor oder nach 6. 11.
9.30–10.15 Uhr
Benediktbeuern, Lk. Bad Tölz-Wolfratshausen, Rgbz. Obb.

Am Sonntag vor oder nach Leonhard – um am Leonharditag in Bad Tölz dabeisein zu können – bewegt sich die Fahrt nach Aufstellung in der Schwimmbadstraße über die Dorfstraße, B 11 und Prälatenstraße zum Klosterhof. Dort ziehen die Festgespanne und Reiter an dem segnenden Geistlichen vorbei; danach ist Festgottesdienst im St.-Benediktus-Münster. Nach der Messe formiert sich der Wallfahrtszug erneut und zieht über den Weiler Pechlern zurück zur Ortsmitte, wo er sich auflöst. Die Musikkapellen verteilen sich nunmehr in den verschiedenen Gaststätten, während die Burschen noch ihre Geschicklichkeit beim Schnalzen mit den schweren, bis zu fünf Meter langen Fuhrmannspeitschen zeigen. In den Nachmittags- und Abendstunden werden dann die bis dahin vor den Höfen zur Besichtigung abgestellten auswärtigen Gespanne mit Musik zum Ortsende geleitet und dort vom Bürgermeister und Pfarrer mit Dank für die Teilnahme auf den Heimweg entlassen.

Es kommen u. a. aus folgenden Ortschaften Festgespanne und Reiter: Bad Tölz (Truhenwagen mit Frauen in Alttölzer Tracht), Beuerberg, Bichl, Eurasburg, Großweil, Habach, Kochel, Oberbuchen, Penzberg, Staatsgestüt Schwaiganger, Sankt Heinrich, Wallgau, und selbstverständlich auch aus Benediktbeuern selbst. 15 000 Besucher geben oft dem Festzug einen eindrucksvollen Rahmen.

Die frühesten Kultanfänge gehen auf eine Laurentius-Stephanuskirche zurück: Probst Ratold errichtete um 1000 neben dem Münster ein Laurentiuskirchlein. Es nahm später St. Stephanus und auch das Hl. Kreuz (ca. 15. Jh.) als weitere Patrozinien an. Die unter Anrufung des hl. Stephanus vollzogene Segnung und der Umritt verschoben sich in der Neuzeit allmählich auf den Leonhardstag. So erhielt auch um die Mitte des 17. Jh.s dieses Laurentiuskirchlein einen Altar mit Leonhardsgemälde. Stephanus und Laurentius waren die Assistenzfiguren. Beim Bau der jetzigen Abteikirche wurde das Laurentiuskirchlein abgebrochen. St. Leonhard bekam dafür in der jetzigen Kirche die rückwärtige Seitenkapelle zugewiesen. Diese Kapelle erhielt ca. 1780/90 einen neuen Altar, in dem jenes frühbarocke Leonhardbild verblieb. Den ehemaligen Standort des Laurentiuskirchleins zeigt nun die um 1690 zur Fortsetzung des Umritts errichtete Leonhardisäule an. Die ursprünglich auf dieser Säule befindliche Leonhardsfigur wird im Kloster verwahrt.

Benediktbeuern kann also seit dem Spätmittelalter als Kultzentrum der Pferdeweihe betrachtet werden – auch eine Kultübertragung vom Bichler Georgshügel wird für möglich gehalten –, konnte sich doch in

Truhenwagen und Gespanngruppen in Benediktbeuern

der Barockzeit kein eigenständiges Brauchtum mit Wallfahrt und Votivgaben entwickeln, da die dortige Anastasiawallfahrt zu dominierend war und selbst den Benediktuskult in den Hintergrund drängte. Bis um 1800 war deswegen wohl auch die Leonhardsverehrung höchstwahrscheinlich auf die Pfarrei bzw. deren nächste Umgebung beschränkt und griff erst allmählich auf entferntere Orte über. In der zweiten Hälfte des 19. Jh.s, seit etwa 1880, entstand dann die Benediktbeurer Leonhardifahrt in ihrer jetzigen Form als Nachahmung der Tölzer Fahrt. Bei dieser Erweiterung des Kults vom ursprünglichen Umritt zur Leonhardifahrt verlor auch die alte Leonhardisäule ihre Bedeutung, doch wurden noch 1912 trächtige Stuten um sie geritten.

Finanziert und organisiert von der Gemeinde in Zusammenarbeit mit dem Pfarramt, ist diese aufwendige Fahrt mit ihren fast durchwegs stilvoll gestalteten Motiven und den prächtig geschmückten Festgespannen ein besonders eindrucksvolles Beispiel oberbayerischen Brauchtums.

M. B.

Mitt. Mindera, P.
Mitt. Gmd. Benediktbeuern.
Biller, M.: Der hl. Leonhard und seine Verehrung im Oberbayerischen Pfaffenwinkel. 3. Bde. München 1967 (Ms. im Inst. f. Vkde. München).
Biller, M.: Die Benediktbeurer Leonhardi-Fahrt, in: Lech-Isar-Land 1975. S. 123 ff.
Mindera, K.: Benediktbeuern, Kulturland und Kirchen. 3. Aufl. München/Zürich 1970.

Leonhardifahrt in Börwang

Sonntag vor oder nach dem 6.11., 14.00 Uhr
Börwang, Lk. Oberallgäu, Schw.

Die Leonhardifahrt in Börwang (spätgotische Kapelle, Kirchenpatron St. Leonhard) hat seit der Motorisierung der Landwirtschaft an Bedeutung als Tag der Pferdeweihe verloren. Es beteiligen sich einige wenige Reitpferde und Ponys. Wichtig ist heute die Fahrzeugsegnung (Pkws und Traktoren). Die Fahrzeuge werden zwischen Kapelle und Schule abgestellt und vom Geistlichen, der durch die Fahrzeugreihen geht, gesegnet. Ein feierlicher Gottesdienst wird am Vormittag vor der Leonhardskapelle gehalten.

Die Fahrt wurde 1921 erstmals durchgeführt. Damals nahmen 140 Pferde an der Fahrt teil. 1950 zählte man rund 125 Reiter; 1973 waren es nur noch 4 Reitpferde und 4 Ponys.

Die Leonhardskapelle in Börwang wurde in der zweiten Hälfte des 15. Jh.s erbaut. Das Deckenfresko von 1821 von Johann Becherer von Überbach zeigt den hl. Leonhard vor der Hl. Dreifaltigkeit, das Hochaltarbild den hl. Leonhard mit der Inschrift: »Anno 1700 ist Zue Ehrn Deß H. Leonhardi von einer Ehrbaren gemeindt Alhier Disser Altar auffgericht worden.« 1627 berichtet Pfarrer Johann Wörz von Hopferbach an den Generalvikar, er habe während seiner Studienzeit gehört, daß viele Wallfahrtszüge die Kapelle in Börwang besucht hätten.

Der Tag des Heiligen wurde nach einer Niederschrift von Pfarrer Martin von 1705 besonders festlich begangen; man habe »wegen eingerissener schädliche Contagion durch welche sehr vil Berwang(er) hinweg gerisse worden, diße Tag, nämbliche St: Leonharty Abbatio festag, so hoch zue feyre vnd zue halte« versprochen.

Ein älterer Umritt ist nicht zu belegen. 1921 schuf man unter dem Eindruck verwandter Ritte die Börwanger Leonhardifahrt, die in den ersten Jahren nach ihrer Gründung erfolgversprechend verlief, aber, wie erwähnt, heute zur Fahrzeugweihe umfunktioniert wurde. Auch die Struktur der Gemeinde änderte sich seit 1950 grundlegend. Der Anteil der Landwirte an der Gesamtbevölkerung betrug 1974 20%, 1950 waren es noch 80%. G. K.

Korr. Flach, F., Börwang, 1/1973 u. 4/1974.
Flach, F.: Die Kapelle zu Börwang. Börwang o. J. (Ms.).

Leonhardifahrt in Grafing

6. 11. bzw. darauffolgender Sonntag, 9.30 Uhr
Stadt Grafing bei München, Lk. Ebersberg, Rgbz. Obb.

Die Leonhardifahrt der Stadt Grafing bei München beginnt um 9.30 Uhr mit Feldmesse und Predigt am Vorzeichen der gotischen Leonhardskirche an der Münchener Straße (erbaut um 1400; das Vorzeichen ist mit einer Kette umschlossen, die nach bekannten Vorbildern – z. B. Ganacker/Niederbayern – in jüngerer Zeit angebracht wurde). Daran schließt sich der dreimalige Zug durch die Stadt mit jeweiliger Segnung der Teilnehmer an der Leonhardskirche an. Der erste Umzug führt über die Leonhard-, Mühlen-, Rosenheimer, Griesstraße, Marktplatz; der zweite und dritte Umzug werden kürzer gehalten, letzterer löst sich am Marktplatz auf.

Die Zahl der Teilnehmer ist relativ hoch: 1972 waren es z. B. 211 Pferde, 31 Ponys, 2 Ochsen, 1 Esel, 40 Wagen. Durchschnittlich nehmen 10 000 Zuschauer teil.

Die Leonhardifahrt wird in Grafing – belegbar – seit 1708 durchgeführt (Ratsprotokolle des Marktes Grafing vom 23. 11. 1708). Die Fahrt fand jedoch nicht am Leonhardstag, sondern »verwichen Jacobi« (Juli) statt.

1905 erwarb ein Grafinger Schmiedemeister Bretter zu einem Truhenwagen, der im Besitz eines Bauern von Ilching war; die Bretter sind mit 1735 datiert. Wenn der Truhenwagen hier und nicht in Siegertsbrunn eingesetzt wurde, haben wir einen weiteren Beleg für die Grafinger Fahrt. Für 1776 ist »die gewöhnliche Benediction der Pferde und des Viehes« zu belegen, ebenso 1777–1779, 1786, 1787.

1802 sollte die Leonhardskirche abgebrochen werden. Der Grafinger Kaufmann Johann Peter Vazanni erwarb sie um 250 fl. und schenkte sie dem damaligen Markt Grafing. Es wurde zum Unterhalt des Baus die »St.-Leonhards-Kirchenstiftung« ge-

gründet. 1816, am 25. 6., bittet der Markt Grafing in einem Schreiben an das kgl. Landgericht Ebersberg, den Brauch – »besteht seit undenklichen Zeiten das Herkommen, daß jährlich einmal die umliegende Paurschaft mit ihren Pferden sich eingefunden« – zu genehmigen, nachdem in Bayern volksreligiöse Handlungen allgemein untersagt worden waren.
Von 1878 an wird die Fahrt statt am 25. Juli am 6. November abgehalten und seit der Jahrhundertwende immer intensiver durchgestaltet. 1949 kam zur 250. Jubiläumsfahrt ein besonders großes Aufgebot an Reitern und Wagen: 224 Pferde, 45 Wagen und Kutschen mit Beteiligung der bayerischen Staatsregierung. Organisiert wird die Fahrt vom 1908 gegründeten Leonhardiverein Grafing, der Werbefahrten bis in den Chiemgau und nach Mühldorf unternimmt. G. K.

Korr. Oswald, M., Grafing b. München, 8/1973 u. 4/1974.
Oswald, M.: Chronik der Leonhardifahrt in Grafing 1708–1966 (= Grafinger Heimatkundliche Arbeiten H. 4). Grafing 1967.

Leonhardifahrt in Guntersberg

Sonntag nach dem 6. 11.
Guntersberg, Gmd. Höslwang,
Lk. Rosenheim, Rgbz. Obb.

An der Guntersberger Leonhardifahrt beteiligen sich heute ausschließlich Warmblutpferde. Die Reiter, die mit ca. 60 Pferden aus den umliegenden Gemeinden Höslwang, Halfing und Endorf kommen, umkreisen unter Leitung des Standartenträgers zweimal die spätgotische Guntersberger Kirche.
Vor der Mechanisierung der Landwirtschaft wurden durchschnittlich 100 Arbeitspferde um die Kapelle geritten, auch zwei oder drei Wagen mit religiösen Darstellungen mitgeführt.
1949 wurde die – archivalisch nicht zu belegende – 350-Jahr-Feier der Leonhardifahrt begangen. G. K.

Korr. Mitterer, B., Straß, 4/1974.

Leonhardifahrt in Hundham

1. Samstag im November, 10.00 Uhr
Hundham, Lk. Miesbach, Rgbz. Obb.

Die Teilnehmer stellen sich beim »Farber« (Bauernhof) in Griesbach auf. Der Umritt beginnt um 10.00 Uhr. Nach dem zweiten Umritt wird an der Leonhardikapelle eine Feldmesse gelesen. Anschließend ist die Pferdesegnung.
Die Teilnehmer kommen aus den um Hundham liegenden Gemeinden wie Wörnsmühl, Fischbachau, Feilnbach, Parsberg, Schliersee und Bayerischzell, zur Zeit mit 150 bis 200 Pferden und Fest- und Figurenwagen, die zwei- oder vierspännig gefahren werden. Auf den Festwagen fahren u. a. die Gebirgsschützen und die sog. Schalkfrauen (Schalk = gefälteltes Trachtenoberteil für Frauen, schwarzes Tuch).
Die Reiter aus der unmittelbaren Umgebung von Hundham beteiligen sich an den Leonhardifahrten von Fischhaus-Neuhaus und Lippertskirchen.
Die Hundhamer Leonhardikapelle wurde vor 1604 erbaut und gehört zu Elbach. Sie steht in einer Wiese südlich des »Alten Wirts«. Die erste Fahrt wurde 1886 abgehalten. Als ein Jahr später an diesem Tag auch ein Tanz abgehalten wurde, schaffte der damalige Ortspfarrer Schauer den Umritt ab. Pfarrer Leonhard Sulzbacher führte den Ritt 1933 wieder ein. G. K.

Korr. Kohlmann, R., Elbach, 9/1973 u. 4/1974.
Brunnhuber, J.: Die Chronik des oberen Leitzachtales. Birkenstein, Fischbachau 1923. S. 496.

Leonhardifahrt in Kreuth

6.Nov., ca. 9.00–11.00 Uhr
Kreuth, Lk. Miesbach, Rgbz. Obb.

Leonhardifahrt der umliegenden Gemeinden Rottach-Egern, Tegernsee, Bad Wiessee, Gmund, Dürnbach sowie der Einheimischen zu der Leonhardskirche in Kreuth. Dreimalige Umfahrung der Kirche mit anschließender Benediktion der Pferde und Wagen.
Die Leonhardifahrt in Kreuth gilt als die älteste in Bayern. Der Überlieferung nach soll Abt Ruprecht I., Graf von Neuburg Falkenburg, im Jahr 1184 dem hl. Leonhard eine Steinkirche erbaut haben. Diese wäre die älteste geschichtlich bekannte Leonhardskirche in Bayern.
Ursprünglich war hier wohl nur ein individuell ausgeführter Umritt um die Kirche »unter dem Leonhardistein«, der besonders bei Viehkrankheiten bzw. Unglück mit Pferden ausgeführt wurde, üblich. Schon 1469 rügt ein Tegernseer Mönch in dem »Thesaurus pauperum« den Aberglauben des Umritts. Kreuth liegt an der Achenstraße, einem alten Handelsweg, der für den Transport des Silbers von Tirol (Schwaz) nach Bayern von großer Bedeutung war. Die Fuhr- und Roßknechte konnten in der Leonhardskirche in Kreuth um Gelingen ihrer Fahrt bitten.
Die Leonhardifahrt in Kreuth löste in den 20er Jahren unseres Jahrhunderts eine Neubelebung dieser Kultform in verschiedenen bayerischen Orten aus. Doch erst in jüngster Zeit hat sich die Form der Fahrt in geschmückten Truhenwagen durchgesetzt, an der alle Familienmitglieder bzw. Hofangehörigen teilnehmen. L. P.

Leonhardifahrt in Leonhardspfunzen

Samstag vor oder nach dem 6.11., 9.00 Uhr
Leonhardspfunzen, Gmd. Stephanskirchen,
Lk. Rosenheim, Obb.

In der Filialkirche St. Leonhard in Leonhardspfunzen wird am genannten Termin um 7.30 Uhr ein Frühamt gehalten, um 9.00 Uhr ein levitiertes lateinisches Hochamt, daran schließt sich der Leonhardiritt mit Pferdesegnung an. Die Segnung erfolgt unter der alten Linde vor der Wallfahrtskirche, die dreimal umfahren wird. Die Zahl der Reiter hat in den letzten Jahren zugenommen (derzeit ca. 70 Pferde). Sie kommen aus den Gemeinden Stephans-

kirchen, Vogtareuth, auch aus Rosenheim. Beteiligung von Reitvereinen.
In Leonhardspfunzen besteht »eine alte, schon im 15. Jh. nachweisbare Leonhardswallfahrt mit Umritt.* In der Kirche fanden sich »eiserne Mändl« (wie z. B. auch in Aigen am Inn u. a. O.).* Ende des 17. Jh.s wollte der Zaisinger Kooperator die Figuren im Inn versenken lassen, »um denen Pfarrkhindtern, die habendte Superstition zu benehmen«. Die Figuren wurden jedoch auf Weisung des Ordinariats (1697) in der Kirche belassen.
»Die Bedeutung der Wallfahrt war jedoch nie groß und erreichte bei weitem nicht die von St. Leonhard bei Nußdorf.«*
Nach mehreren Quellen besteht die Leonhardifahrt seit 1436 und soll ursprünglich am Jakobitag (25. 7.) stattgefunden haben.** (Vgl. Siegertsbrunn.)
Archivalische Forschungen haben den Nachweis erbracht, daß der Ritt mit Benediktion in der zweiten Hälfte des 18. Jh.s (lat. Funktionarium) am jährlichen Kirchweihfest (= Sonntag nach Jakobi) stattfand: »Dominica post festu S. Jacobi Dedicat. in Pfuntzen hor. 7. prima missa, qua finita benedicuntur equi, qui in maxima copia adveniunt.«*** In den Verkündbüchern des 19. Jh.s (bis 1895) ist die Benediktion in der Regel zwischen dem Frühamt (6.30 Uhr) und dem 9.30-Uhr-Gottesdienst.
Seit 1897 wird der Ritt am 6. 11. durchgeführt.
Der Ritt wurde 1959 wegen zu geringer Beteiligung eingestellt und erst 1971 wieder aufgenommen; die Anregung ging von Pferdehaltern und der Geistlichkeit aus.
G. K.

Bomhard, P.: Die Kunstdenkmäler der Stadt u. des Landkreises Rosenheim I. Teil, Rosenheim 1954, S. 349–354.
** Bechert, H.: Aus der Geschichte Leonhardspfunzen, in: Bay. Inn-Oberland (Rosenheim) 24/1953. S. 91–106.
*** *Korr.* Kurat Vogt, J., Zaisering, 10/1973 u. 4/1974.

Leonhardifahrt in Lippertskirchen

6. 11., 10.30 Uhr
Lippertskirchen, Gmd. Feilnbach, Lk. Rosenheim, Obb.

Gegen 10.30 Uhr sammeln sich die Reiter mit den geschmückten Pferden und die Gespanne mit den Festwagen auf einer Wiese in der Nähe der Kirche. Um 11.00 Uhr findet ein Feldgottesdienst mit Predigt statt, dann ziehen die Reitergruppen mit den Wagen zweimal um die Kirche, wo die Pferdesegnung erfolgt. Die verheirateten Teilnehmerinnen tragen noch den traditionellen Schalk, die Mädchen das Mieder. Auch die Ministranten, Schützen, Kinder und die Musikkapelle haben ihre eigenen Wagen. Dazwischen sind Wagen mit figürlichen Darstellungen.
Neuerdings beteiligen sich auch die Bundeswehr (Garnisonen Mittenwald und Reichenhall) mit Reit- und Tragtieren (Haflinger) sowie der lokale Reitverein.
In der Gottesdienstordnung der Pfarrei Au findet sich um 1740 folgender Eintrag: »Am Leonharditag khommen vill leuth mit den pferden zusammen.« Dort heißt es weiter, daß die »devotion erst vor etlichen jahren bey ihm eingepflanzt« worden sei. Unter Devotion sind vermutlich Gottesdienst und Predigt zu verstehen. Die kirchliche Benediktion wurde wohl später eingeführt.*
Die Leonhardiverehrung ist in Lippertskirchen länger nachzuweisen. 1640 wurde bei der Errichtung eine bereits vorhandene Leonhardstatue in einen der Seitenaltäre übernommen. 1778 wurde die an der Südseite des Langschiffs der Kirche angebaute Leonhardskapelle (geweiht 1349) wegen Baufälligkeit abgebrochen.
Die Leonhardifahrt fand früher zu einer späteren Tageszeit statt. Nach dem 13.00-Uhr-Rosenkranz wurden Pferde und Reiter gesegnet, die dreimal die Kirche zu umkreisen hatten. Der Kirchenchor fuhr auf einem Wagen mit. Das Einzugsgebiet reichte bis Dettendorf, Kematen, Au, Litzldorf, Brannenburg, Flintsbach und Wiechs; Wiechs, heute Ortsteil von Feilnbach, war bekannt für seine Pferdezucht.
G. K.

* *Korr.* Stadler, G., Feilnbach, 10/1973.
Dachauer, S.: Beiträge zur Chronik mehrerer Ortschaften Oberbayerns aus der Umgebung von Brannenburg, in: Oberbay. Archiv 5/1844. S. 395.

Leonhardifahrt in Murnau-Froschhausen

6. 11., 9.00 Uhr
Murnau – Gmd. Weindorf, Ot. Froschhausen, Lk. Garmisch-Partenkirchen, Rgbz. Obb.

Am 6. November, dem Fest des hl. Leonhard, wird in Murnau eine Leonhardifahrt nach dem nahegelegenen Kirchdorf Froschhausen durchgeführt. Die Teilnehmer tragen überwiegend die traditionellen oberbayerischen Trachten im Miesbacher Stil, z. T. auch historische Trachten des Staffelseegebietes. Auf den Wagen werden, soweit sie nicht ausschließlich zum Transport der Teilnehmer eingesetzt sind, bestimmte, auf das Fest und die Fahrt bezogene oder allgemein-religiöse sog. lebende Bilder aufgebaut, z. B. der hl. Leonhard in Ketten, Maria in der Lourdes-Grotte, pflügender Bauer und Engel usw. Die Fahrt (eigentlich Prozession) wird von Vorreitern und Schulkindern eröffnet, ihnen schließen sich die beiden Honoratiorenkutschen an: 1. Kutsche: Pfarrer mit Ministranten; 2. Kutsche: Bürgermeister, Landrat, Landtagsabgeordneter. Dann folgen die übrigen Zugteilnehmer auf Wagen oder zu Pferd. Der Zug führt von der Seidelstraße ausgehend die Marktstraße abwärts und biegt in die Johannisstraße in Richtung Froschhausen ein. Nach der Ankunft in Froschhausen zieht die Prozession zum Froschhausener Schloß und kehrt dann wieder in den Ort zurück. Der Zug benützt nun die Dorfstraße von Froschhausen in Richtung Riegsee. Teilnehmer und Pferde werden vor einem Feldkreuz östlich der Kirche gesegnet. Anschließend

findet im Beisein aller Teilnehmer, Tiere und Wagen auf einer östlich des Froschhausener Sees liegenden Wiese ein Feldgottesdienst mit anschließendem Leonhardisegen an alle Teilnehmer statt.
Die Teilnehmer treffen sich dann vor und in der Gastwirtschaft von Froschhausen, die neben der Kirche liegt, und erhalten dort eine kostenlose Brotzeit. Das Bier wird im Freien ausgeschenkt. Auf einer Wiese neben der Gastwirtschaft wird gleichzeitig ein sog. Goaßlschnalzen (Peitschenknallen) abgehalten.
Am gleichen Tag findet in Murnau der Leonhardimarkt statt (Warenmarkt).
Die aktive Teilnahme an der Prozession beschränkt sich auf die unmittelbare Umgebung von Murnau/Froschhausen, passive Teilnehmer (= Zuschauer) sind nur in geringem Maße vertreten, weil zur gleichen Zeit die berühmte Bad Tölzer Leonhardifahrt abgehalten wird.
Die Leonhardifahrt Murnau-Froschhausen wurde 1927 auf Anregung eines Murnauer Bürgermeisters und einer Murnauer Malerin erstmals abgehalten, wobei die Tölzer Fahrt und die Leonhardifahrten von Orten der näheren und weiteren Umgebung die Anregung gaben. Möglicherweise war eine Pferdebenediktion bereits vor diesem Zeitpunkt üblich, aber genaue Hinweise fehlen sowohl im Pfarrarchiv wie auch in der Literatur. Der Leonhardstag war in der zur Murnauer Pfarrei gehörenden Froschhausener Kirche schon immer ein Tag besonderer geistlicher Aktivitäten; die Patroziniumsfeier wurde mit Predigt und Amt begangen. Froschhausen war und ist noch heute mit seiner spätgotischen, im 18. Jh. barockisierten Leonhardskirche ein besuchter Wallfahrtsort, dessen größte Frequenz in der zweiten Hälfte des 18. Jh.s lag. Ein relativ reicher Votivtafelbestand, darunter auch Hinterglas-Votivbilder aus dem 17. bis 19. Jh., zeugt davon.
Die Leonhardifahrt Murnau-Froschhausen ist nach der Quellenlage und nach neueren Explorationen eine Schöpfung der späten 20er Jahre dieses Jahrhunderts. Sie entspricht in Aufbau und Ablauf den in Oberbayern üblichen Leonhardifahrten, wobei bestimmte Elemente fehlen, z. B. das dreimalige Umreiten bzw. Umfahren der Kirche; auch die Votation eiserner Votivtiere ist dabei nicht zu verzeichnen.

G. K.

Biller, M.: Der heilige Leonhard und seine Verehrung im obb. Pfaffenwinkel, 3 Bde. München 1967 (Ms. im Inst. f. Vkde., München).
Kapfhammer, G.: Leonhardifahrt Murnau-Froschhausen. Göttingen 1972. (Wiss. Film d. Inst. f. d. Wiss. Film u. Begleittext)

Leonhardifahrt in Peißenberg

Sonntag vor Leonhard, 9.30 Uhr
Peißenberg, Lk. Weilheim, Rgbz. Obb.

Die Leonhardifahrt vom Hauptort zur Aichkirche findet in folgender Zugordnung statt: Vorreiter (1 Pferd), Vorstandschaft (3 Pferde), Standartenträger (3 Pferde), Ministranten (2 Pferde), Geistlichkeit (3 Pferde: Pfarrherr, Kaplan und Pfarrer vom benachbarten Polling), mehrere Landauer mit Ehrengästen (Bürgermeister, Landrat, Landtagsabgeordnete), Knappschaftskapelle und dann die übrigen Festgespanne (insgesamt 14) und etwa 90 Reiter; dazu noch Musikkapellen von Forst, Huglfing und Polling. Nach Erreichen der Aichkirche stellt man sich vor dem Gotteshaus zur Feldmesse auf. Auf dem Altar steht die Leonhardsfigur von A. Sturm, die sich sonst am Seitenaltar der Kirche befindet. Nach dem Gottesdienst findet nur die Pferdesegnung statt; dann kehrt man zum Hauptort zurück. Nachmittags und abends ist im Gasthaus »Zur Post« noch ein Festkonzert.
Hier in Peißenberg kam es vermutlich aufgrund eines Verlöbnisses wegen einer Maul- und Klauenseuche am 6. November 1898 erstmals zu einer Leonhardifahrt zur Aichkirche.* Die Aichkirche mit einem Deckengemälde von M. Günther wurde von J. Schmuzer erbaut und ist eine in den letzten drei Jahrhunderten viel besuchte Marienwallfahrtsstätte.
Seit 1898 werden die Leonhardiritte kontinuierlich durchgeführt. Unterbrochen waren sie nur durch Kriege, Inflation und Maul- und Klauenseuche. Die Organisation führt der 1899 gegründete Leonhardiverein durch. Die Zahl der Beteiligten lag in all diesen Jahren zwischen 70 (1913) und 300 (1948) Pferden und 1 (1924) und

Votive aus der Aichkirche

39 (1929) Festwagen. Einige ältere Votivtafeln lassen auch hier auf frühere Verlöbnisse schließen.

Mag auch ein Verlöbnis den Anstoß für die Fahrt gegeben haben, so ist doch die Impulskraft von Orten wie Tölz oder Benediktbeuern nicht auszuschließen. Ein rühriger Leonhardiverein, ein Peißenberger Reitstall, Reitclubs und Reitställe aus Polling, Waitzacker, Ammerhöfe und Huglfing sowie freundschaftliche Nachbarvereine aus Ammerhöfe, Hohenpeißenberg, Etting, Forst, Huglfing und Böbing, in manchen Jahren bis aus Murnau, sorgen mit ihrem Pferdeangebot zusammen mit einer interessierten Bevölkerung bei finanzieller Unterstützung durch Gemeinde und Privatleute für das Gelingen der Fahrt.

M. B.

Mitt. Peißenberger Leonhardiverein.
Biller, M.: Der hl. Leonhard und seine Verehrung im oberbayerischen Pfaffenwinkel. München 1967. (Ms. im Inst. f. Vkde., München).
* Schierhofer, G.: Tabelle der Umrittsorte, Ms. im Inst. f. Vkde., München o. J.

Leonhardifahrt in Pietzenkirchen

Sonntag vor oder nach dem 6. 11., 13.00 Uhr
Pietzenkirchen, Gmd. Pietzing, Lk. Rosenheim, Obb.

Um 13.00 Uhr stellen sich die Teilnehmer beim Gasthof Moosen auf und ziehen unter Begleitung einer Musikkapelle zur etwa 400 m entfernt liegenden neugotischen Filialkirche Pietzenkirchen (Patrone: Stephanus und Laurentius). Die Kirche wird nach einer kurzen Ansprache dreimal umritten, der Geistliche nimmt die Segnung am südlichen Friedhofausgang unter der alten Linde vor. Nach dem Umritt kehren die Teilnehmer nach Moosen und in den dortigen Gasthof zurück.

Die Leonhardifahrt Pietzenkirchen wurde noch in den 50er Jahren mit durchschnittlich 30 Pferden durchgeführt. Ein neuer Aufschwung war in den letzten Jahren zu verzeichnen: 1972 kamen 100 Pferde, außerdem einige Wagen mit biblischen Darstellungen. Zur Sicherung des Rittes wurde 1972 der St.-Leonhard-Verein Pietzenkirchen gegründet, der auch Mitglieder aus dem norddeutschen Raum hat.

Daneben existiert eine Annawallfahrt, die bis ins 17. Jh. zurückreicht und nach Gründung einer Bruderschaft (1750) großen Aufschwung nahm. Eine ältere Leonhardifahrt ist archivalisch noch nicht nachgewiesen.

G. K.

Korr. Reithwieser, J., Moosen, 9/1973, u. Eilenstein, R., Moosen, 4/1974.
Bomhard, P.: Die Kunstdenkmäler der Stadt u. des Landkreises Rosenheim I. Teil, Rosenheim 1954, S. 239–242.

Leonhardifahrt in Reichersdorf

2. Sonntag im Oktober, 10.00 Uhr
Reichersdorf, Gmd. Irschenberg, Lk. Miesbach, Rgbz. Obb.

Die Teilnehmer sammeln sich auf der Sollerspöckwiese östlich der Leonhardikirche. Dem Vorreiter mit der Leonhardstandarte folgen Reiter der örtlichen Reit- und Fahrvereine, dann zwei Landauer mit der Geistlichkeit und den Ministranten sowie mit den Bürgermeistern der ausgedehnten Pfarrgemeinde. Es schließen sich an der Festwagen mit der Blasmusik, die Figurenwagen (Hundham mit hl. Florian, Parsberg mit Hubertushirsch, Agatharied mit Fischhauser Leonhardikirche, Landjugend Neukirchen mit Erntekrone) sowie die Wagen mit Zugteilnehmern (Trachtenvereine, Schalkfrauen, Burschenvereine). Die Wagen werden z. T. sechsspännig gefahren.

Auf einem Hügel nördlich der Leonhardikirche wird ein Feldgottesdienst nach der ersten Umfahrt um die Kirche gehalten. Segnung der Zugteilnehmer nach der Festpredigt, Segen auch nach der zweiten und dritten Umfahrt.

Die Reichersdorfer Leonhardikirche wurde Ende des 15. Jhs. erbaut und zwischen 1760 und 1772 barock umgestaltet. (Dekkenfresko mit Darstellung des Kirchenpatrons um 1760. Hochaltar mit Plastik des Heiligen.)

1524 erwähnt die Sunderdorfsche Matrikel die »Filiakirche des hl. Leonhard in Reichersdorf«.

Die Leonhardifahrt wurde bis ins 19. Jh. am Sonntag vor dem Fest Maria Magdalena (22. 7.) abgehalten.

Der früheste bis jetzt ermittelte Beleg für die Fahrt datiert von 1654: In den Strafregistern und Verhörsprotokollen des Valleyer Gerichts wird 1634 berichtet, daß der Untermüller von Naring den Holzollinger Wirt bei der Leonhardifahrt mit einem »Mazkandl« verletzt habe.

Das Reichersdorfer Functionarium Cooperatoris von 1797 erwähnt ein Bittfest zu Ehren des hl. Leonhard und die Leonhardsfahrt. Das Pfarrbuch Neukirchen vom gleichen Jahr nennt zusätzlich ein Festamt mit Festpredigt des Weyarner Stiftsdekans, 10 Geistliche, die größtenteils zur Beichte eingesetzt waren, sowie 8 studentische Ministranten. In einem Schreiben von Pfarrer Thomas Hirschbichler von Neukirchen an das Dekanatsamt Schliersee (15. 11. 1847) heißt es, daß die Bauern ursprünglich krankes Vieh zur Leonhardikirche brachten und Geld in den Opferstock einlegten. 1847 kamen die Bauern nicht mit kranken, sondern geschmückten Pferden und mit Wagen. Eine Pferdesegnung fand nicht statt.

Um die Jahrhundertwende wurde die Leonhardifahrt vom Juli auf den 6. November verlegt. Nach dem Ersten Weltkrieg bemühte sich ein Bauer des Ortes um die Organisation. 1951 kamen 115 Pferde, 1966 nur noch 5. Man baute deshalb in dieser Zeit zusätzlich eine Fahrzeugsegnung ein. Heute nehmen 120 Pferde und Ponys teil.

G. K.

Korr. Kretschmer, E., Neukirchen, 10/1973.
Schrems, J. B.: Reichersdorf . . ., in: Kalender f. katholische Christen a. d. J. 1860. Sulzbach 1860. S. 114–117, bes. S. 114 f.
Mayer, A. u. Westermayer, G.: Statist. Beschreibung des Erzbisthums München-Freising. 2. Bd. Regensburg 1880, S. 45.

Leonhardifahrt von Schliersee nach Fischhausen

Sonntag nach 6. 11.
Fischhausen, Marktgmd. Schliersee, Lk. Miesbach, Rgbz. Obb.

Die Vorbereitungen der Einheimischen und aller direkt Beteiligten für den Leonhardiritt beginnen jedes Jahr schon lange vor dem 6. November. Die 30 bis 40 eigens für die Prozession aufbewahrten Wagen – ca. 20 davon sind Vierspänner, die übrigen leichte Chaisen – werden mit Girlanden aus Isländischem Moos, Fichten, Tannen, Latschen, durchsetzt mit präpariertem Almrausch und Strohblumen, geschmückt. Zwei verschiedene Arten von Wagen fahren bei diesem Zug mit: Erntewagen, auf denen die Frauen und Kinder sich in zwei langen Reihen gegenübersitzen, und Truhenwagen, auf denen die Bänke in Fahrtrichtung hintereinander angeordnet sind. An den Längsseiten der Wagen sind aus dem Holz große Muster ausgeschnitten (Kreise, Rauten oder Kreuze), die durch farbige, dahinter gelegte Tücher zur vollen Wirkung kommen. Hinten auf den Wagen steht der »Brettlrutscher«, dessen Aufgabe das Ansetzen des Bremsschuhs ist. Vorne ist meist ein Gemälde oder eine Figur angebracht, die oft den heiligen Leonhard oder einen anderen populären Heiligen darstellt. Unter den Fahrzeugen findet man auch neuere vollgummibereifte Wagen, auf denen ganze Szenen aufgebaut sind: Mit Hilfe von Figuren und Requisiten wird die Verehrung des Tagesheiligen durch die Bauersleute oder ein ähnliches Thema dargestellt.

Die Aufstellung des Zuges erfolgt am Sonntag früh um 9.00 Uhr am Bahnhof in Schliersee; von dort bewegt sich die Prozession auf der Seestraße (bei gesperrtem Verkehr) dem kleinen Ort Fischhausen und seiner einsam in einer Wiese stehenden Leonhardskirche zu. Dort parken bereits Hunderte von Autos, die wartende Menge läßt nun den Zug an sich vorbeidefilieren: Voran ein Reiter mit der alten Leonhardistandarte; ihm folgt der Pfarrer von Schliersee in vollem Ornat hoch zu Roß; dann mischen sich in bunter Folge die einzelnen geschmückten Wagen, besetzt mit den Schalkfrauen, den Mitgliedern des Trachtenvereins – verheiratete Frauen ebenfalls im Schalk, unverheiratete im Mieder, beide jedoch mit dem großen wollenen Schultertuch – in Vereinstracht.

Dazwischen reihen sich die ländlichen Reitvereine der Umgebung ein in ihrer traditionellen rot-schwarzen Reitertracht. Seit dem Zweiten Weltkrieg fährt auch jedes Jahr eine Abordnung der Tiermedizinischen Fakultät der Universität München in ihrer dunkel-violetten Amtstracht in einer leichten Chaise mit.

Hat der Zug Fischhausen erreicht, nehmen die beiden Geistlichen von Schliersee und Fischhausen nebeneinander vor der Kirche Aufstellung; die Prozession bewegt sich nun an ihnen vorbei dreimal um die Bauerngemeinschaftsweide, die die Leonhardskirche umgibt; dabei erhalten die Tiere mit Weihwasser und Monstranz den Segen der beiden Pfarrer. Eine Feldmesse schließt sich an, ein Trio singt dazu alte Leonhardslieder.

Schon während der Messe geht es oft in den hinteren Reihen munter zu; die Frauen, die in ihren »Kittlflaschen« Schnaps mittragen, sind besonders gern gesehen. Nach dem Gottesdienst löst sich der Zug auf und der Weg führt in verschiedene, durch die Tradition bestimmte Wirtshäuser.

N. G.

Leonhardifahrt in Siegertsbrunn

2. Sonntag im Juli, 8.30 Uhr
Siegertsbrunn, Lk. München, Rgbz. Obb.

Am Samstag und Sonntag kommen traditionsgemäß folgende Gemeinden in Wallfahrerzügen, z. T. zu Fuß, nach Siegertsbrunn: Buch am Buchrain, Rechtmehring, Perlach (Fußwallfahrt), Hohenbrunn (desgl.), Putzbrunn, Egmating, Pframmern, Harthausen, Zorneding, Helfendorf (zu Fuß), Aying, Hofolding (desgl.). Der Wallfahrtszug der Besucher läßt sich seit 1802 nachweisen.

Reiter und Wagen aus der näheren Umgebung nehmen teil. Die Festwagen werden von örtlichen Vereinen gestaltet; Siegertsbrunn bringt eine Nachbildung der Leonhardikirche. Außerdem sind zu sehen: ein hl. Florian, von einem Buben dargestellt, ein Wagen mit Hirsch usw.

Von Siegertsbrunn ziehen die Teilnehmer durch die Leonhardistraße hinaus zur Leonhardskirche Siegertsbrunn, südlich des Ortes auf einer freien Wiese. Die Kirche wird zweimal umfahren. An der östlichen Kirchenwand ist ein Freialtar errichtet, mit der Statue des Heiligen und auf einer Leuchterbank zwei Bischofsdarstellungen. Unter dem Altartisch fließt eine künstliche Quelle in Form eines Springbrunnens. Das Wasser gilt als heilkräftig und wird heute noch verwendet. Am Tag der Fahrt wird ein gußeisernes Pferd (es ist 20 cm hoch, stammt aus dem 19. Jh. und hat einen Tragegriff) ohne abzusetzen dreimal um den Hochaltar getragen. Dabei wird der Heilige um Schutz vor allem für das Vieh angerufen.

Am gleichen Tag findet zwischen Kirche und Ort, bis in die Leonhardstraße reichend, ein Warenmarkt statt; es werden vor allem auch Werkzeuge, die in der Landwirtschaft Verwendung finden, angeboten.

Die Wallfahrtskirche erhielt ihre letzten baulichen Veränderungen im Klassizismus ab 1785. Augustin Demmel malte das Deckenfresko: St. Leonhard als Wundertäter. Das Fresko im Langhaus stammt vom Münchener Hofmaler Christian Winck – Glorifikation des hl. Leonhard. Bemerkenswert ist der zweigeschossige Annex an der Nordseite. In der Kirche ist »die ganze Fülle ländlicher Kirchenkunst mehrerer Jahrhunderte vereint«.*

Siegertsbrunn gehört zu den bedeutendsten Wallfahrten im Süden der Stadt München. Die Wallfahrtstätigkeit läßt sich an Hand des sehr reichen und qualitätsvollen Votivtafelbestandes und eiserner Votivgaben bis zur Mitte des 17. Jh.s nachweisen; doch ist die Wallfahrt sicher älter.

Eine erste Beschreibung der Fahrt bringt der Sulzbacher Kalender 1859: »Nachdem schon tags zuvor (am Samstag) viele Landleute mit ihren Füllen (Fohlen) erschienen und die entferntesten Wallfahrtszüge mit ihren Geistlichen und mit Fahnen und Kreuzen sich eingefunden, laufen am Morgen des Festtages aus weitem Umkreise die zahlreichen Wagen an, welche entweder mit Waldgesträuchen geziert oder mit gefärbter Leinwand überspannt, meist von vier stattlichen Pferden gezogen und von einem Vorreiter angeführt werden. Viele dieser gewöhnlich sehr reichbevölkerten Festwagen sind sogar mit einem eigenen Musik-Corps versehen. Auch wird Samstags und Sonntags großer Markt abgehalten.

Nachdem die berittenen und fahrenden Wallfahrer ihre Gebete verrichtet und ihre mitgebrachten, meist sehr schönen Pferde sowie das in ihren Stallungen zurückgelassene Vieh dem heil. Leonhard zu fortdauerndem Schutze empfohlen oder für Erkranktes um Hülfe angerufen, setzen sie sich nach beendigtem Gottesdienste wieder zu Pferde oder zu Wagen, und der feierliche Umzug geht nun dreimal um die Kirche, womit der festliche Act sein Ende erreicht.« G. K.

Inventar der Wallfahrt Siegertsbrunn Inst. f. Vkde. 1952 (mit Bericht über Fahrt 1952).

Kalender für katholische Christen auf das Jahr 1859. Sulzbach 1859. S. 117 ff.

Zauner, F. P.: Siegertsbrunn, seine Leonhardi-Wallfahrtskirche und die Leonhardifahrt. Siegertsbrunn o. J.

* Lippert, K.-L.: Kirchliche Kunst aus acht Jahrhunderten, in: Landkreis München. München-Aßling 1968. S. 178–202.

Leonhardifahrt in Unterammergau

Letzter Sonntag im Oktober, 9.00 Uhr
Unterammergau,
Lk. Garmisch-Partenkirchen, Obb.

Die Leonhardifahrt beginnt um 9.00 Uhr vor der Pfarrkirche und zieht durch den Ort zur Kappelkirche nördlich von Unterammergau.

Auf einer Wiese über der Kirche wird eine Feldmesse gelesen, anschließend findet die Pferdebenediktion statt.

An der Fahrt beteiligen sich rund 90 Pferde, überwiegend Arbeitspferde, aber auch Reitpferde, die in Transportwagen gebracht werden.

Am Brauch nehmen mehrere Musikkapellen, Trachtenvereine mit Fahnenabordnungen und zwei Ehrenkutschen teil (politische Prominenz). Nach der Fahrt geselliges Beisammensein in einer Gaststätte in Unterammergau, abends Leonhardiball.

Die Fahrt wird seit 1963 durchgeführt und von der in diesem Jahr gegründeten Leonhardigemeinschaft organisiert. Wegen der großen Zahl der Arbeitspferde ist die Fortdauer der Fahrt gesichert. Zur barocken Kappelkirche – Stukkaturen und Seitenaltare von Franz Xaver Schmuzer, Deckenfresko von Franz Seraph Zwinck, dem Oberammergauer »Lüftlmaler« – führte eine bekannte Heilig-Blut-Wallfahrt (seit dem 17. Jh.). Eine Leonhardswallfahrt bestand nicht. Die Leonhardifahrt hat keine lokalen Vorbilder, sondern nimmt solche der näheren Umgebung auf (oberbayerische Leonhardifahrten). G. K.

Int. Speer, A. u. Götschl, H., Unterammergau, 10/1973.

Mois, J.: Unterammergau. Ottobeuren 1969.

Leonhardifahrt in Wonneberg

6. 11. oder Sonntag vor dem 6. 11.
St. Leonhard am Wonneberg,
Gmd. Wonneberg, Lk. Traunstein, Obb.

Zur Leonhardifahrt in St. Leonhard am Wonneberg treffen sich die Teilnehmer in Klöpfelsberg, einem Weiler östlich von St. Leonhard. Im Zug wird u. a. ein Festwagen mit der Figur des Heiligen mitgeführt. Der Zug führt von Klöpfelsberg über den sog. Hochweg zur Einöde Rußdorf und wieder zum Dorf zurück. Die Segnung findet an der Kirche vor der Friedhofsmauer statt. Anschließend zieht der Zug noch einmal durch das Dorf.

Der Brauch war während der Regierungszeit des Salzburger Erzbischofs Hieronymus Colloredo 1794 verboten worden, offensichtlich aber ohne Erfolg. Genauer fixierbar ist er erst seit 1847. Der Pfarrer von Waging schrieb in diesem Jahr an das Ordinariat: »Nur in der Pfarrei Waging bestehen bei der Filialkirche St. Leonhard diese Umritte. Die ältesten Leute erinnern sich des immerwährenden Bestehens derselben, so daß eine Unterbrechung hierorts nie stattgefunden hat. Am Leonharditag selbst halten immer einige aus der Pfarrgemeinde Waging diesen herkömmlichen Ritt.« Nach seiner Angabe wallfahrten die Orte Teisendorf (25. 7.), Siegsdorf (Kreuzerhöhung, 3. 5.), Laufen (Johannes d. Täufer, 24. 6.), Traunwalchen (Donnerstag nach Pfingsten), Ostermiething (beide Oberösterreich, Samstag nach Dreifaltigkeitssonntag) und Inzell (Bartholomäus, 25. 8.) nach St. Leonhard am Wonneberg. Die Benediktion erfolgte noch 1848 in Latein nach einem handschriftlichen Eintrag im Rituale des Pfarrers von St. Leonhard.

1968 wurde der Ritt zum letztenmal abgehalten, es waren damals noch 60 Reiter beteiligt (aus Waging, Otting, Taching und Traunstein), 1973 wurde er wieder aufgenommen und zur organisatorischen Absicherung im gleichen Jahr ein Leonhardiverein gegründet. G. K.

Korr. Wimmer, L., St. Leonhard am Wonneberg, 12/1973 u. 4/1974.

Leonhardiritt in Almau

Sonntag vor oder nach dem 6. 11.,
vm. 9.30–11.00 Uhr
Almau, Lk. Traunstein, Rgbz. Obb.

Am Sonntag vor oder nach dem Fest des hl. Leonhard wird in Almau ein Leonhardiritt abgehalten. Um 9.30 Uhr versammeln sich die Reiter beim Anwesen Almfischer und ziehen zur Leonhardskirche nach Almau. Nach dem Festgottesdienst mit Predigt werden beim zweimaligen Umritt um die Kirche die Pferde gesegnet. Die Segnung durch den Pfarrer von Übersee erfolgt von der Tennenausfahrt des Zimmerer-Guts. Den Reiterinnen und Reitern, häufig in Chiemgauer Tracht auf Haflingern und Arbeitspferden, folgen geschmückte Ponys mit Kindern oder auch Ponys, die zweirädrige Wagen ziehen. Die Reihenfolge der Teilnehmer ist nicht festgelegt. Die musikalische Umrahmung gibt die Überseer Blaskapelle.

Die dem hl. Leonhard geweihte Kirche, bereits 928 im Codex Odalberti erwähnt, war im Spätmittelalter neben der Streichenkirche (Pf. Schleching) eine der reichsten im Chiemgau. Durch das umliegende Pferdezuchtgebiet – die Gebiete um Feldwies und die angrenzende Schöneggart waren außerdem Freiweiden – wurde die Leonhardsverehrung gefördert. Ein Großteil der Tafeln aus dem Votivbestand datiert aus der Mitte des 18. Jh.s: »Zu den heil. Lehrnhart auf allmau hat sich verlobt Josef Wagner Gelltzemel in der Feltwüß wegen krankche rösser, ist durch vorbitt heil. Lehrnhart wieder bößer worden, Gott sei Dank gesagt, Amen Anno 1750« (auf der Tafelrückseite wird der Votantenname als Übername »gilts ain Mehl« erklärt, den der Votant als Wettbruder erhalten hat). In Urkunden des Pfarrarchivs Übersee wird der Pferdesegen 1779 erwähnt, seit dem Jahre 1860 gibt es dann genauere Beschreibungen.

Der Leonhardiritt von Almau entsprach wie der von Mietenkam (Pf. Grassau) als chiemgauische lokale Kleinform dem großen Leonhardiritt von St. Georgen bei Traunstein. Wurde in Almau im 19. Jh. noch mit vielen Beteiligten (150 und mehr), mit Heiligenfiguren (Leonhard, Bruder Konrad) und lebenden Bildern (Knabe als hl. Isidor, Mädchen als Engel) der Leonharditag begangen, so trat im 20. Jh. eine Abnahme der Teilnehmer und der Gestaltungselemente ein. In jüngster Zeit erfährt der Leonhardiritt in Almau neue Beliebtheit durch die Teilnahme Jugendlicher und das folkloristische Interesse auswärtiger Zuschauer. B.-D. I.

Brunner, M. u. A.: Übersee am Chiemsee. Seine Geschichte, 2 Bde. Übersee 1967.

Leonhardiritt in Bauerbach

6. 11., ab 9.30 Uhr
Bauerbach, Gmd. Haunshofen,
Lk. Weilheim, Rgbz. Obb.

Am 6. 11. findet um 9.30 Uhr der Festgottesdienst statt. Anschließend erfolgt die Aufstellung von Roß und Reiter vor der Friedhofsmauer, wo der Geistliche mit dem Leonhardsreliquiar den Segen erteilt. Danach werden die Kirche und der Friedhof unter nochmaliger Pferdesegnung dreimal umritten. Reiter und Pferde (1972 waren es 34) kommen aus der näheren Umgebung wie Wolfetsried, Magnetsried, Jenhausen, Kerschlach, Unterholz, Wielenbach, Pähl. Die Rösser sind überwiegend Sport- und Reitpferde, meist auch von den Bauern aus Liebhaberei und nur noch selten als Arbeitspferde gehalten. Wegen der Kürze des Umritts sind die Tiere nicht besonders aufwendig geschmückt. Die Reiter tragen oberbayerische Tracht, Reitdreß, aber auch Alltagskleidung. Einen besonderen Akzent verleiht dabei dem Bauerbacher Festtag das in manchen Jahren noch geübte »Anschießen« des Tages mit einem Böller durch den Kirchenpfleger und die Verteilung der auch heute noch gelegentlich als »Stallsegen« verwendeten Abbildung des hl. Leonhard, neuerdings in Form einer Ansichtskarte.

Älteste Datierung der Kirche: 1352. 1456 wird das Gotteshaus, von 1356 bis zur Säkularisation zum Kloster Bernried gehörend, in einer Bulle Papst Callixtus III. bereits als Kirche des hl. Leonhard bezeichnet. Schon aus dem Jahre 1631 ist aktives Leonhardsbrauchtum überliefert: 9 Pfund Eisen werden verkauft, d. h. wohl auch hier wieder in natura oder zu Votiven verformt gegen ein Geldopfer abgegeben, wie es auch Andree allgemein beschreibt. Aus der Mitte des 18. Jh.s berichtet der Raistinger Dekan Gailler in seiner »Vindeliciae Sacrae« über eine große Menge von Pferden am Patrozinium, außerdem erwähnt er Naturalienopfer (Getreide). Zahlreiche Votivbilder aus den Jahren 1705 und 1853 schlagen dann die Brücke zu ältesten mündlichen Überlieferungen: Erzählungen vom einstigen Reichtum an Eisenopfern oder von Wallfahrten mit Ackergeräten bis zum Ostufer des Würmsee (Münsing).

19 meist gute Votivbilder, 3 Leonhardsfiguren aus Spätgotik, Barock und 19. Jh., eine kostbar gefaßte Reliquie und ein letztes Eisenopfer geben zusammen mit guten Deckengemälden der 1965 renovierten Kirche ein besonderes Gepräge.

M. B.

Gailler, F. S.: Vindeliciae Sacrae. Augsburg 1756.
Andree, R.: Votive und Weihegaben des katholischen Volks in Süddeutschland. Braunschweig 1904.
Biller, M.: Der heilige Leonhard und seine Verehrung im oberbayerischen Pfaffenwinkel. 3 Bde. München 1967. (Ms. im Inst. f. Vkde. München.)
Klosterliterale von Bernried, Staatsarchiv für Oberbayern, Fasz. 126, Nr. 15.
Mitt. Huber, J., Bauerbach.
Mitt. Strehle, L., Weilheim

Leonhardiritt in Forst

6. 11., 10.15 Uhr
Hauptort St. Leonhard der Gmd. Forst, Lk. Weilheim, Rgbz. Obb.

Am 6. 11. findet nach dem Festgottesdienst die Aufstellung zum Ritt nahe der Kirche in folgender Ordnung statt: Vorreiter, Standartengruppe Forst, Pfarrherr zu Pferd, Standartengruppe Peißenberg, Musikwagen, ein Landauer mit dem Bürgermeister und dem ältesten Leonhardnamensträger der Gemeinde, dann die übrigen Reiter. Nun erfolgt zuerst ein Ritt um den Weiler Tempelhof mit anschließender Pferdesegnung. Erst zum Schluß wird dann die Kirche dreimal umritten. – Die Pferde kommen aus Forst, auch aus Peißenberg, Hohenpeißenberg und Birkland. Die Organisation des Festtages obliegt dem Forster Leonhardiverein.

Der Ortsgeschichte, die über die Gründung von Wessobrunn (753) hinausreicht – Forst gehörte vor der Gründung Wessobrunns zu Rott, danach bis 1803 zu Wessobrunn und wurde 1805 selbständige Pfarrei –, entspricht auch eine weit zurückreichende Tradition im Glaubensleben: Bereits 1443 vollzog Abt Leonhard I. von Wessobrunn für seinen Namenspatron den Neu- bzw. Umbau einer Kirche (gotischer Stilrest im Turm, gotische Leonhardsfigur am Hochaltar), die zuerst dem hl. Ulrich geweiht gewesen sein soll. Wegen zunehmender Wallfahrt wurde das Gotteshaus unter Abt Bernhard von Wessobrunn ab 1643 vergrößert. Abt Tassilo veranlaßte dann 1735 (Weihejahr) einen fast vollkommenen Neubau; von der früheren Kirche blieben nur noch einige Reste erhalten. Der Andrang der Wallfahrer muß zu jener Zeit groß gewesen sein, denn Leuthenmayr zitiert aus einem Wallfahrtsbüchlein aus dem 18. Jh., wonach jährlich vier-, fünf-, ja sechshundert Pferde zur Kirche des Viehpatrons gebracht wurden. Dieser Verehrung kommt auch das Augsburger Rituale von 1764 mit einem »Roßsegen« entgegen, dem sich dann Forst mit einem eigenen – Wessobrunner – Formular anschloß.

In seiner »Volkskunde der Altbayrischen Gnadenstätten« zählt Rudolf Kriss die Leonhardskirchen zu Inchenhofen und St. Leonhard am Forst zu den berühmtesten Leonhardskirchen im oberbayerischen Raum. Dementsprechend ist auch die Gnadenstätte zu bewerten: Der Bau von Wessobrunner Hand (Baumeister noch unbekannt), das große Deckenfresko von Math. Günther, das Chorfresko von J. M. Heigl, einem Schüler von J. B. Zimmermann, Altäre von Tassilo Zöpf, die gotische Figur des Kirchenpatrons und ein ansprechendes Votivgemälde geben dieser altbayerischen Gnadenstätte gerade auch an dem immer noch besonders stilvoll gefeierten Leonharditag ein besonderes Gewicht. Mit prächtigen Pferdegeschirren aus Forster Werkstätten trägt der alte Wallfahrtsort außerdem dazu bei, daß auch andernorts der Festtag des Pferdepatrons noch in festlicher Weise begangen werden kann. M. B.

Mitt. Hauptlehrer Hellmer, Forst.
Kirchenführer Nr. 15 »St. Leonhard am Forst« v. Schnell, H., München o.J.
Leutner, C.: Historia Monasterii Wessofontani. Augsburg, Freiburg i. Br. 1753.
Leuthenmayr, J. B.: Forst oder St. Leonhard. Neuburg a. D. 1881.
Schierghofer, G.: »Altbayerns Umritte und Leonhardifahrten«, in: Bayerland 23/1912.
Schierghofer, G.: Tabelle der Umrittsorte. Ms. Inst. f. Vkde. München o. J.
Wallfahrtsbüchlein aus dem 18. Jahrhundert: »Kurz abgefaßtes Lob des hl. Beichtigers, Abten und großen Wunders-Mann Leonardi, Sambt einem kurtzen Bericht von der uralten ehrwürdigen Bildniß, bey welcher dieser Heilige in dem Gottes-Hauß Zu St. Leonhard ab dem Forst, Dem Closter Wessobrunn Ord. S. Benedicti einverleibt, Von zahlreicher Menge frommer Wallfahrtheren andächtig verehret wird und durch seine mächtige Vorbitt mit vilfältigen Gutthaten leuchtet, Mit angehängter Litaney von eben diesem Heiligen. Permissu Superiorum. Landsperg, gedr. bey Joh. Lorentz Singer 1745.«

Leonhardiritt in Holzhausen

Pfingstmontag, von 10.00–11.00 Uhr
Holzhausen, Lk. Berchtesgadener Land, Rgbz. Obb., Pf. Teisendorf

Zu Ehren des Kirchenpatrons St. Leonhard findet in der Filialkirche zu Holzhausen alljährlich am Pfingstmontag ein Umritt statt. Um 9.30 Uhr versammeln sich die Pferdehalter auf einer dem Dorf nahegelegenen Wiese (Kurheim Seidl) und stellen sich zum Festzug, der um 10.00 Uhr beginnt, auf. An der Spitze reitet der Leonhardi-Fähnrich. Ihm folgt ein hl. Georg mit Helm, rotem Umhang, weißer Hose und Reitstiefeln auf einem Schimmel. Auf Haflingerpferden der Bundeswehr reiten die Ministranten mit dem Pfarrer. Ein Festwagen mit der sitzenden Figur des hl. Leonhard (spätgotisch, um 1520) vom Mittelschrein des barocken Hochaltars schließt sich an; weitere geschmückte Wagen mit den Honoratioren, der Musikkapelle und den Mitgliedern des Trachtenvereins, Reitergruppen, darunter auch Ponys und vereinzelt Zugpferde, folgen. Dreimal wird mit den Pferden um die Kirche geritten, wo zuletzt der Priester den Segen erteilt.

Am Nachmittag folgt der gesellige Teil des Umritts. Zahlreiche Zuschauer aus der weiteren Umgebung finden sich zu den Reiterspielen ein. Vorgeführt werden von den Reitvereinen Quadrillen, u. a. eine Tandem-Quadrille, Geschicklichkeitsspiele, wie das Stuhl- oder Sesselreiten, und Ringelstechen, wofür vom Leonhardi-Verein, dem Veranstalter dieser Spiele, an die Sieger Preise vergeben werden. In einem eigens für diese Veranstaltung errichteten Bierzelt findet der Abschluß dieses Festes statt.

Die Mitführung der Figur des hl. Georg läßt darauf schließen, daß es sich ursprünglich um einen Osterritt handelte, der am Ostermontag stattfand und wohl durch den Ettendorfer (Traunsteiner) Ritt beeinflußt wurde. Auch in Wimpasing am

Holzhausen

Tachinger See, in St. Leonhard am Wonneberg, in Brünning bei Palling und in Kay bei Tittmoning (dort am Osterdienstag) wurden ähnliche Umritte abgehalten. Im Gegensatz zu diesen letztgenannten Osterritten läßt sich die Entstehung des Holzhausener Umritts archivalisch belegen. In einem Gesuch des Ortspfarrers vom 26. März 1689 an das erzbischöfliche Konsistorium in Salzburg wird um die Erlaubnis zur Abhaltung einer Messe am Ostermontag außerhalb der Kirche mit folgender Begründung gebeten: »Bey der Filialkhürchen in der Teisendorferischen Pfarr als bey St. Leonhard zu Holzhausen ist auf unser aldortiger Nachbarschafft anbegehren aus einer Spezial andacht vor etlich (!) Jahren hero am Oster Montag ein heilige Mess gehalten worden, weilen sich aber seithero die andacht in wenig Jahren herumb daselbst also vermehrt, daß an obbemeltem Tag der mehrere Thaill Pfarrkhünder der Teisendorferischen Gmain sambt vil hundert Pferdten (!) sich alldahin begibet, aldortiges khleine Gottshaus aber nit die zehende Persohn in sich begriffen khann, also werde unser ... anlagen und bitten ... damit das heyl. Messopfer an diesem ainzigen Ostermontag ausserhalb diser khleinen khirchlein in aldortigem vorhoff mit denen gewohnlichen requisitis gehalten werden möge ...« Weiter wird noch angeführt, daß dadurch »auch an der Khürchen Einkhonfft vil ein mehrers zuerheben were«. Unterstützt wurde dieses Gesuch durch ein weiteres Schreiben des zuständigen Teisendorfer Dekans Wolf Ferdinand Khirchoffer vom 6. April 1689, der anführt, daß »vor etwelchen Jahren mit grossen concursu angefangen Wahlfahrth und Enge des Gottshaus aldorten ausser derselben in dem Vorhofe Mess zu halten« erlaubt würde.

Daraus geht hervor, daß der Umritt in den Jahren um 1680/85 entstanden sein dürfte und innerhalb weniger Jahre sich großen Zulaufs erfreute, der bis ins späte 18. Jh. andauerte. Im Zuge der kirchlichen Re-

formbestrebungen des Salzburger Erzbischofs Hieronymus von Colloredo wurden 1785 derartige Umritte verboten. Auf ein Gesuch des Teisendorfer Dekans zur weiteren Abhaltung des Umritts wird am 29. März 1786 vom Konsistorium mitgeteilt, daß jeder Osterritt ein für allemal aufgehoben bleibt und, weil »statt dessen vorgeschlagener Kreuzgang nach Holzhausen wegen mit unterlaufender Störung des pfarrlichen Gottesdienstes nicht genehmigt werden kann«, auch auf kein weiteres Surrogat oder Vorschlag einer anderen Andacht mehr Bedacht genommen werden möge. Nach dem Ende des Erzstifts 1803 setzt, wie in vielen Fällen nachzuweisen ist, eine Wiederaufnahme der verbotenen Brauchübungen ein. Der Holzhausener Osterritt büßte jedoch im 19. Jh., nicht zuletzt durch die Konkurrenz des Ettendorfer Rittes, seine Bedeutung ein. Deshalb ist auch die Verlegung des ursprünglichen Termins auf Pfingstmontag, die vermutlich erst zu Beginn unseres Jahrhunderts erfolgte, verständlich. H. R.

Ordinariatsarchiv München, Akten des Dekanats Teisendorf.

Leonhardiritt in Kirchweidach

1. Sonntag im November; wenn dieser Tag auf Allerheiligen fällt, am 2. 11.

Kirchweidach, Lk. Altötting, Rgbz. Obb.

Reiter und Festwagen stellen sich am Stutthal an der Ortsausfahrt nach Trostberg auf. Den Zug eröffnet der Herold mit der Leonhardifahne. Die Festwagen werden von einheimischen Vereinen gestaltet, darunter der Wagen mit dem hl. Leonhard, der von einem Kirchweidacher Einwohner dargestellt wird, und der Wagen mit der verkleinerten Nachbildung der St.-Veits-Kirche von Kirchweidach.

Der Zug führt durch das Unterdorf und das Oberdorf, an der Pfarrkirche vorbei, biegt in Höhe des alten Krankenhausgebäudes in die Schulstraße ein, benützt die Leonhardi- und Neukirchnerstraße und erreicht das Unterdorf am Friedhofseingang. Der Geistliche segnet von einer Tribüne aus die Teilnehmer. Der Zug löst sich am Gasthof zur Post auf.

Am Tag des Umritts wird im Ort ein Warenmarkt abgehalten.

Der hl. Leonhard ist zweiter Kirchenpatron der barocken Pfarrkirche von Kirchweidach. Auf dem rechten Seitenaltar ist er in einem Gemälde des Malers Franz Joseph Soll von 1795 dargestellt. Nach einer Lokaltradition geht der Brauch auf eine Viehseuche des Jahres 1714 zurück, bei der der Ritt gelobt wurde. »Diese Kirche gelangte nun allmählich und ohne Zweifel durch das große Vertrauen der Gläubigen zum heiligen Leonhard, welches sie bei dessen Bilde, das den rechten Seitenaltar ziert, nicht nur durch ihre Andacht, sondern auch durch Opfer zu erkennen gaben, zu einem bedeutenden Vermögen.«*

Den Ritt organisiert ein Leonhardiverein, der durch den Verkauf von Festzeichen den Transport der etwa 100 Pferde, die nach Kirchweidach gebracht werden, finanziert. (Die Lösung ist allgemein üblich, z. B. auch in Unterammergau.) G. K.

Korr. Hintermeier, H., Kirchweidach, 4/1974.
* Klämpfl, J.: Topographisch-historische Beschreibung der Pfarrei Feichten, k. Ldgchts. Burghausen, in: Oberbay. Archiv (München) 14/1853–54. S. 224 ff. Kirchweidach S. 238 bis 247.

Leonhardiritt in Kundl

Sonntag nach dem 6. 11.,
9.30 bis ca. 11.00 Uhr
Filialkirche St. Leonhard,
Gmd. u. Pf. Kundl, Bez. Kufstein, T

Vom Kirchplatz in Kundl aus beginnt um 9.30 Uhr der Leonhardiritt zur 2 km sw. gelegenen Filialkirche St. Leonhard. Hinter dem Reiter mit dem Vortragskreuz reiten die einzelnen Gruppen, Bauern aus Kundl und aus Orten der näheren und weiteren Umgebung, aber auch Angehörige von Reiterclubs mit ihren Wimpeln. Nach den ca. 80 bis 100 Reitern in der jeweiligen Ortstracht bzw. im Clubdreß folgt eine Kutsche, in der der Zelebrant der anschließenden Feldmesse und evtl. einige Honoratioren Platz genommen haben, die Musikkapelle in Trachtenuniform und die übrigen Prozessionsteilnehmer. Außer einem schön aufgeputzten großen Erntewagen wird manchmal auch eine Statue des hl. Leonhard auf einem Festwagen mitgeführt.

Gegenüber der Kirche formiert sich der Zug um den im Freien aufgestellten Altar, auf dem die Festmesse zelebriert wird, es spielt die Musikkapelle; nach dem Gottesdienst segnet der Zelebrant die Pferde. Vor und vor allem nach der Messe werden 23 × 32 cm große Blechtafeln verkauft, die ein Bild des hl. Leonhard als Patron der Rinder, Pferde, Schweine, Schafe, Ziegen und Hühner zeigen und die Inschrift »Heiliger Leonhard, beschütze unser Vieh« tragen.

Veranstalter des Leonhardirittes sind der Tiroler Viehzuchtverband und die Pfarre Kundl. Die Reihung und die mitgeführten Wagen sind nicht starr festgelegt. Anstelle des Wagens mit der Erntekrone trugen 1966 vier Burschen die Erntekrone.

Leonhardiritte wurden früher auch in Thiersee, Niederndorf und anderen Orten, in denen eine lokale Leonhards-Kultstätte besteht, abgehalten. In Kundl wurde er 1963 auf Initiative des Tiroler Tierzuchtverbandes zusammen mit der Gemeinde und Pfarre Kundl wieder eingeführt; neben über 100 Reitern waren damals ca. 3000 Bauern aus Kundl und Umgebung zusammengeströmt. Äußerer Anlaß dazu war die dringend notwendig gewordene Restaurierung der gotischen Leonhardikirche, die der Legende nach auf eine Gründung Kaiser Heinrich II., 1012, zurückgeht: Als der Kaiser sein Verlöbnis, hier eine Kirche zu bauen, nicht gleich einlöste, hätte ihn, als er wieder einmal an dieser Stelle vorbeikam, sein Pferd durch ein Zeichen daran erinnert (Motiv der weisenden Tiere). Der ursprüngliche Bau wurde 1020 von Papst Benedikt VIII. bei seiner Reise durch Tirol geweiht. In der Mitte des Presbyteriums steht die 1481 bez. steinerne Sitzfigur des hl. Viehpatrons, die schon lange das Ziel zahlreicher Wallfahrer ist. Der jetzige Bau stammt aus dem frühen 16. Jh.; an der Nordwand befindet sich ein Fresko aus dieser Zeit, ein Stifterbild, das den Kundler Pfarrer Johann Alexinger mit einer Kreuzgruppe zeigt. Die jüngsten Renovierungsarbeiten wurden neben verschiedenen Subventionen aus öffentlicher Hand aus dem Erlös der obengenannten Blechtafeln mit dem Bild des hl. Leonhards bestritten. Schon im 18. Jh. hatten rührige Bauern den vorgesehenen Abbruch dieser Filialkirche verhindert.

Der Kundler Leonhardiritt ist eigentlich eine Prozession zu Ehren des Titelheiligen der gotischen Filialkirche, der neben seiner Funktion als Viehpatron – in einer vorwiegend auf Viehzucht ausgerichteten Landschaft verständlich – hier als allgemeiner Bauernheiliger verehrt wird. Es ist ein Zielritt zur Kultstätte des Heiligen, doch ist im Mitführen eines Erntewagens eine gewisse Umfunktionierung des Brauches als Erntedankfest zu erkennen, wozu auch der Termin Anlaß bietet.

Leonhardi-Tafeln zum Schutz für das Vieh wurden in Krambuden auch in bayerischen Leonhardi-Wallfahrtsorten schon früh angeboten. Durch den mit großem Erfolg durchgeführten Verkauf der neuen Blechtafeln nicht nur in Kundl und Umgebung, sondern im ganzen Bl. Tirol wurde die Verehrung des hl. Leonhards als Viehpatron auch in Gebiete getragen, in denen bisher andere Viehheilige (Martin, Wendelin, Antonius Eremit) bekannt waren. D. A.

Bachmann, H.: Zur Entstehung der Kirche St. Leonhard auf der Wiese bei Kundl, in: Beiträge z. Landeskunde Tirols (= Schlern-Schr. 150). Innsbruck 1956. S. 21 ff.

Leonhardiritt in Lenggries

Nächstliegender Sonntag zum 6. 11.
Lenggries, Lk. Bad Tölz-Wolfratshausen,
Rgbz. Obb.

Ein kleiner, nur von Ortsansässigen durchgeführter Leonhardiritt findet alljährlich in Lenggries statt. Er muß ausdrücklich als »Ritt« bezeichnet werden, denn den 22 bis 24 Pferden, die geritten werden, steht nur ein einziger Wagen gegenüber, in dem die Geistlichkeit mit den Ministranten Platz findet.

Da die Veranstaltung eine reine Männerangelegenheit ist, sind keine besonders schönen, auffallenden Trachten zu sehen. Prunkvoll ist aber die Leonhardistandarte, welche dem Zug vorausgetragen wird, wenn sich die Prozession nach dem Gottesdienst in der Pfarrkirche formiert hat. Der Weg führt nun auf der Fahrstraße nach Hohenburg zur dortigen Dionysiuskapelle, die eine vielverehrte Leonhardifigur beherbergt und auch – wie viele Leonhardskirchen – mit einer eisernen Kette umspannt ist. Seltsam ist nur, daß die Kette – wofür Hohenburg das einzige Beispiel ist – innen angebracht wurde statt außen, wie das sonst allgemein üblich ist. Vor der Kapelle nimmt der Geistliche die Pferdesegnung vor, der Zug formiert sich wieder für den Rückritt zur Pfarrkirche, wo er sich dann auflöst. N. G.

Leonhardiritt in Oberbuchen

Sonntag nach der Benediktbeurer und Tölzer Leonhardifahrt, 13.00 Uhr
Königsdorf, Ot. Oberbuchen, Lk. Bad Tölz-Wolfratshausen, Rgbz. Obb.

Der früher am Leonharditag abgehaltene Ritt findet seit 1960 am Sonntag nach der Leonhardifahrt von Bad Tölz und Benediktbeuren statt, da viele Pferde auch dort teilnehmen.

Ab 13.00 Uhr erfolgt die Aufstellung an der unterhalb des Osthanges des Kirchberges liegenden Wiese. Um 13.30 Uhr ist in der Kirche eine Andacht, an die sich der dreimalige Umritt mit Pferdesegnung anschließt. Nach dessen Beendigung findet noch ein Goaßlschnalzen statt.

Der Umritt erfolgt in folgender Gruppierung: Pfarrer auf Haflinger, Oberländer Hengste der Zuchtgenossenschaft Bad Tölz und der Stadt Bad Tölz, wieder »Oberländer«, Haflinger, andere Reitpferde, Ponys. Während des Umrittes spielt die Königsdorfer Blaskapelle Choräle. Nach dem Umritt bekommen die Teilnehmer eine Erinnerungsplakette für die Stalltüre.

Der nähere Anlaß für die Entstehung dieses Leonhardirittes ist nicht bekannt. Votivgaben, die historische Hinweise geben könnten, sind nicht vorhanden, doch erwähnt eine 1870 gedruckte Pfarrchronik bereits eine kleine Leonhardifahrt. Auch in G. Schierghofers »Altbayerns Umritte und Leonhardifahrten« wird der Oberbuchener Umritt im Anhang erwähnt.

M. B.

Korr. Kath. Pfarramt Königsdorf.
Genghamer, J.: Pfarrchronik. Oberbuchen 1870.

Leonhardiritt in Reichling

1. Samstag im November, 9.30–11.00 Uhr
Reichling, Lk. Weilheim-Schongau, Rgbz. Obb.

Am 1. Samstag im November findet nach dem Hochamt, das um 9.30 Uhr zelebriert wird, um 10.30 Uhr die Aufstellung bei der Kirche zum Festzug statt. Dieser zieht mit Blasmusik zum Dorfplatz, wo man sich im Kreis zur Pferdesegnung gruppiert. Anschließend ist im Dorf der Umritt, am Leonhardidenkmal vorbei.

Am Ritt beteiligen sich auch Pferde, die aus den Orten Altenstadt, Asch, Leeder, Schongau und Westenried kommen. Die Organisation des Festtages besorgen Pfarramt und Leonhardiverein.

Wie ein altes Wallfahrtsbild »Wahre Abbildung des heil. Abbaten Leonardi, so schon 1435 zu Reichling andächtig verehrt wird. Großer Wundersmann in allen Angelegenheiten des Leibes und der Seelen« bekundet, wurde St. Leonhard in Reichling schon 1435 verehrt. Auf dem Bild ist auch jene alte Leonhardskapelle zu sehen, die 1780 wahrscheinlich wegen Baufälligkeit abgebrochen wurde. Zur Erinnerung stellte man ein Leonhards-Bildstöckl auf, das 1935 vom Leonhardiverein durch ein Denkmal aus Tuffstein ersetzt wurde.

Einen besonderen Akzent bekamen in den vergangenen Jahrzehnten die Reichlinger Umritte durch die Verwendung bändergezierter Kronawittstecken; sie sollen das Scheuen der Pferde bannen und ihnen außerdem ausdauernde Kraft verleihen.

Die große Zahl von Rössern beim Umritt, die Verteilung von »Stallsegen« (geweihte Leonhardibildchen, die an den Stalltüren befestigt werden), kostbares Sakralgut (spätgotische Leonhardsfigur in der Pfarrkirche St. Nikolaus), ein starker Leonhardiverein und Hunderte von Festgästen legen ein beredtes Zeugnis für die Reichlinger Leonhardsverehrung ab. M. B.

Mitt. Kölbl, H., Reichling.
Hofmann, S.: Über die Leonhardifahrt in Reichling, in: Lech-Isar-Land 1936.
Hofmann, S.: Der Landkreis Schongau. München 1959.
Schierghofer, G.: Tabelle der Umrittsorte, o. O. u. J., Ms. Inst. f. Vkde., München.

Leonhardiritt in Rottenbuch

Sonntag vor oder nach dem 6. 11., 9.30–11.15 Uhr
Rottenbuch, Lk. Weilheim, Rgbz. Obb.

Die Teilnehmer (Festwagen und Pferde aus Rottenbuch, Bayersoyen, Böbing, Schönberg, Wildsteig und vom Schongauer Reitverein) stellen sich im Hoffeld in dieser Reihenfolge auf: 3 Vorreiter mit der Leonhardistandarte, Pfarrherr, Kutsche mit Ehrengästen (u. a. Kreisheimatpfleger), Musikkapelle, Reiter und Festgespanne. Dann geht der Ritt zum Klosterhof, wo beim Kriegerdenkmal die Feldmesse mit Umritt – innerhalb des Klosterhofes um das Kriegerdenkmal – und Pferdesegnung abgehalten wird. Abends findet der Leonhardi-Ball statt.

Seit alter Zeit hielten die Bauern von Schönegg und Solder (Pfarrei Rottenbuch) am Fest des hl. Leonhard einen Bitt- bzw. Dankgang zur Pfarrkirche ab. 1903 wurde beim Mufferhof im Krummengraben eine Leonhardskapelle erbaut. Nunmehr war diese Kapelle das Ziel des Bittganges; im Jahr ihrer Errichtung beteiligten sich 81 Personen daran. Da jedoch der althergebrachte Bittgang von Jahr zu Jahr weniger Teilnehmer aufwies, wurde er 1948 auf Anregung des Pfarrherrn in einen Leonhardiritt mit Gottesdienst, Pferdesegnung und Umritt im Klosterhof umgewandelt.

Wenn auch kein Ritt um die Kirche selbst stattfindet und die Organisation des Leonharditages ohne einen Leonhardiverein nur durch die Gemeinde und einzelne Bauern (Pferdehalter) besorgt wird, so kann doch der verhältnismäßig junge Rottenbucher Leonhardiritt durch jene früheren althergebrachten Bittgänge als ein organisch gewachsener bäuerlicher Brauch angesehen werden. M. B.

Mitt. Pfarramt Rottenbuch.
Mitt. Köbele, A., Rottenbuch.
Biller, M.: Der heilige Leonhard und seine Verehrung im oberbayerischen Pfaffenwinkel. 3 Bde. München 1967 (Ms. im Inst. f. Vkde., München).

Leonhardiritt in Utting

Sonntag vor oder nach dem 6. 11., 9.30–13.00 Uhr
Utting, Lk. Landsberg a. L., Rgbz. Obb.

Am Sonntag um 9.30 Uhr ist die Festmesse, bei der noch bis vor ca. 20 Jahren die Leonhardsreliquie ausgesetzt und dem Volk zum Kuß gereicht worden ist. Nach der Messe findet die Pferdesegnung und der dreimalige Umritt um die Leonhardskirche statt. Reiter aus Utting, Dießen, Entraching und Achselschwang kommen, Hunderte von Zuschauern säumen den Weg des Umritts.
Nach dem Ritt um die Leonhardskirche bewegt sich der Zug der Reiter zur Bahnhofstraße und zurück zum Seefelderhofberg, um sich dort aufzulösen. Noch vor einigen Jahren sollen während der Feier an die Schulkinder aus Wacholderzweigen geflochtene Peitschen verteilt worden sein.
Nachmittags um 14.00 Uhr findet dann eine feierliche Leonhardiandacht statt.
Bereits aus der zweiten Hälfte des 15. Jh.s wird von der Existenz einer Leonhardskapelle berichtet, die dann aber abgebrochen wurde. Es folgte der Bau der jetzigen Leonhardskirche (erbaut 1707–1712 von dem Dießener Klosterbaumeister in Landsberg, Michael Natter. Auf einer Tafel in der Kirche heißt es zur Baugeschichte: »Eine erste Kapelle stand schon um 1500. 1707 wurde mit dem jetzigen Bau begonnen, 1708 war der Rohbau fertig. ... Der Stukkator kam aus Wessobrunn und hieß Pontian Finsterwalder. Die Altäre stammen von Heinrich Hett, Dießen, die Altarbilder schuf ein Maler von Oberalting ...«). Dieser Neubau der Kirche ließ aktives Leonhardsbrauchtum (wieder?) entstehen: Uttings Leonhardiritt läßt sich nämlich bis in diese Zeit zurückdatieren. Dies bestätigen auch die Kirchenrechnungen aus den Jahren 1700 bis 1750, wo für den Leonhardstag immer wieder Getreideopfer verzeichnet sind, wie z. B. in einer »Khürchen-Rechnung« aus dem Jahr 1703: »Fehrners saind an gemelten tag dem Gottshauß geopfert worden 16½ Mezen Khorn ... dan 3½ Mezen Müllkhorn ...«. In einer Rechnung aus dem Jahr 1711 wird dann neben Korn auch »ain halbes Kalb« als Opfer verzeichnet. Einen Höhepunkt im Glaubensleben scheint das Jahr 1715 gebracht zu

Leonhardsreliquie in Utting

haben, wo sich in der betr. Kirchenrechnung folgender Eintrag findet: »An S. Leonhardstag vor 1000 kleine Oblaten.« Kulttradition und Kirchenausstattung sichern Utting einen bedeutenden Platz unter den Leonhardsgnadenstätten Oberbayerns. M. B.

Korr. Kath. Pfarramt Utting.
Kreisheimatpfleger W. Neu.

Biller, M.: Der heilige Leonhard und seine Verehrung im oberbayerischen Pfaffenwinkel. 3 Bde. München 1967 (Ms. im Inst. f. Vkde., München).
Klosterliteralien Dießen, Nr. 4½ = Saal Und Stüfftbüech aus Khürchen Rechnungen Über daß Würdige S: Leonhards Gottshauß Und Filial Khürchen zu Utting angefang Anno 1700.
Lieder- und Wallfahrtsbüchlein: »St. Leonhard, der große Nothelfer«. Altötting 1937.

Leonhardiritt in Wengen

Am Samstag vor dem 6. 11., 9.30 Uhr
Wengen, Gmd. Dießen,
Lk. Landsberg a. Lech, Rgbz. Obb.

Am Samstag vor Leonhard um 9.30 Uhr Messe mit anschließender Pferdesegnung und dreimaliger Ritt um die Leonhardskapelle. 1972 kamen zum Umritt 36 Pferde, hauptsächlich vom Reitverein im nahegelegenen St. Georgen; Festgespanne sind hier nicht gebräuchlich. Nach der Feier wird auch heute noch das »Gansviertelauspaschen« veranstaltet: Gans- bzw. Entenviertel können innerhalb einzelner Gruppen durch Würfelspiel gewonnen werden. Um 13.00 Uhr ist dann eine letzte Andacht in der Leonhardikapelle.
Ein Arnold von Massenhausen, der 1323 seine Gattin unschuldig verstoßen hatte, soll als Buße die Leonhardskapelle erbaut haben, auch ein Gelübde nach einer Viehseuche im Jahre 1723 spricht für eine alte Tradition der Gnadenstätte, die auch hinsichtlich Umritt und Pferdeweihe bestätigt wird (s. Schierghofer).
Es gibt keinen Leonhardiverein, aber eine interessierte Ortsbevölkerung (über der Zufahrtsstraße wird am Festtag ein großer Triumphbogen aus Tannengrün errichtet) und ein aktiver Reitverein in St. Georgen lassen die Patroziniumsfeier auch heute noch zu einem besonderen Ereignis in Wengen werden. M. B.

Auskünfte v. Kath. Pfarramt Dießen u. v. Steinle, H., Wengen.
Schierghofer, G.: Tabelle der Umrittsorte, o. O. u. J., Ms. im Inst. f. Vkde., München

Leonhardiritt in Wildsteig

Ende Oktober (am Sonntag, der dem 20. 10. am nächsten liegt)
Wildsteig, Lk. Weilheim, Rgbz. Obb.,

Berittene Bauern aus Steingaden, aus Bayersoien und aus zahlreichen Weilern, die zum Teil schon zur Gemeinde Trauchgau gehören, finden sich Ende Oktober mit ihren Pferden in Wildsteig ein; es kommen jedes Jahr ca. 80 geschmückte Pferde zusammen. Die Reiter – alle bäuerlicher Herkunft – tragen ihre traditionelle Sonntagstracht. Um 8.30 Uhr beginnt die Aufstellung im Ortsteil Unterbauern; von dort bewegt sich der Zug, begleitet von Pfarrer und Kaplan hoch zu Roß, den Kirchberg hinaus zur Schulwiese. Ein Feldgottesdienst mit Predigt und Pferdesegen schließt sich an. Dann formiert sich der Zug wieder, um zweimal im weiten Bogen um den Kirchberg zu reiten; beim dritten Umritt wird eine große Schleife ausgeritten, vorbei an der Raiffeisenkasse zum Ortsteil See, weiter nach Unterbauern und wieder herauf zur Kirche. Anschließend treffen sich Reiter und Zuschauer in den Wildsteiger Wirtshäusern zu geselligem Beisammensein.
Der Leonhardiritt in Wildsteig wurde 1925 vom damaligen Lehrer eingeführt; seither findet er regelmäßig statt, und zwar Ende Oktober aufgrund der oft sehr schlechten Witterungsverhältnisse am eigentlichen Leonhardstag im November. N. G.

Lesung der Konfirmanden in Ziefen

1. Sonntag im November = Reformationstag
Ziefen, Kt. Baselland

Die Konfirmanden werden im Rahmen des Morgengottesdienstes vor versammelter Gemeinde in die Unterweisung aufgenommen. Sie haben dabei eine Bibelstelle zu finden und vorzulesen.
Das exakte Datum des Aufkommens des Brauches ist nicht nachzuweisen. Es ist event. schon im 16., in seiner jetzigen Form wohl erst im 17. Jh. anzusetzen.
E. Sch.

Alder, Ph.: Ziefen und seine Kirche, in: Der Hochwächter. Bern 1954. H. 12.

Lichterschwemmen in Fürstenfeldbruck
(Luzienhäuschenschwemmen, Luziahäuslschwimmen)

13. 12., 17.00 Uhr
Fürstenfeldbruck, Lk. Fürstenfeldbruck, Rgbz. Obb.

Das Lichter- oder Luzienhäuschenschwemmen findet am Luzientag als Brauch der Fürstenfeldbrucker männlichen Schuljugend statt. Die Schüler der Oberstufe der Volksschulen der Stadt bauen im Werkunterricht Nachbildungen ihrer Wohnhäuser, von öffentlichen Gebäuden der Stadt oder ihres Umlandes (Rathaus, Kirche, Schule, Kindergarten usw.). Die Fensteröffnungen dieser Gebäude werden mit Transparentpapier beklebt. Die Innenbeleuchtung erfolgt mit Wachskerzen. Ein geringerer Teil der Häuser wird auch von Eltern noch nicht schulpflichtiger Kinder oder von Schülern, die die Volksschule bereits verlassen und an eine höhere Schule der Stadt übergewechselt sind, gebaut. Besonders gut gelungene Schöpfungen werden in der kath. Knabenschule aufbewahrt.
Die Schüler versammeln sich am 13. 12. gegen 17.00 Uhr vor der genannten Schule (Philipp-Weiß-Straße) und ziehen mit den erleuchteten Häusern durch die Hauptstraße zur Pfarrkirche St. Magdalena. Um 18.00 Uhr werden in einer sog. Lichtfeier nach der Predigt die Häuser geweiht. Nach Abschluß des Gottesdienstes gehen die Schüler, wieder unter Begleitung von Lehrern, amperaufwärts in die Lederergasse. An ihrem oberen Ende wurde von der Stadtverwaltung gegenüber der Kneippinsel ein Steg in die Amper gebaut. Arbeiter der Stadt übernehmen die Häuser und setzen sie in die Amper ein. Die Häuser schwimmen unter der großen Amperbrücke durch, vorbei an der Pfarrkirche und verschwinden in Richtung Nordosten in der Dämmerung.
1933 publizierten Archivalien von 1621 und 1624 ist zu entnehmen, daß in Fürstenfeldbruck Brauchhandlungen an Luzia bestanden (1621: »Luzia 1 fl.«, 1624: »Luziae den Schuelkhindern zu Prugg wie breichig 1 fl.«). Neue Untersuchungen erbrachten einen Beleg für 1566 »... mit dem stern zu singen fürs thor khummen ...«
Durch einen weiteren Archivalienfund von 1972 im Erzbischöflichen Archiv München kann der Vorgang nun genauer gefaßt werden: 1706 verlangte der Freisinger Bischof Johann Franz Eckher von Kapfing Aufklärung über die »am Sanct-Lucia-Fest in die Glon (= Amper) gelegt(e) papierene häuser, worin ein Licht brennt und die man miteinander das wasser hinunterschwimmen laßt«. Die Schüler gingen nach dem Lichterschwemmen »in den markh von haus zu haus«, wo »allerhandt verehrung und erfrischungen von der burgerschafft eingesamblet« wurden. Es wird ausdrücklich mitgeteilt, »dass diss schon ein altes herkhommen seye, nemme seinen ursprung von einer beschehenen ausgiessung der Ammer«.
Das Lichterschwemmen bestand bis 1871, es war nach der von Jakob Dirnagl etwa 1878 angelegten Stadtchronik seit 1785 ein Erwachsenenbrauch; in dieses Jahr verlegte Dirnagl die Entstehung. Auch bei Dirnagl wird auf eine Sage Bezug genommen, der Brauch bestehe auf einem Verlöbnisgrund nach einer Hochwasserkatastrophe: »Es geschah dieses gewissermaßen als Sühne der Amper gegenüber, damit bei künftigen Hochwassern die Anwesen des Markts verschont bleiben sollten.«
Die Wiederaufnahme erfolgte 1949, wobei der Brauch (ohne Kenntnis der früheren Bedingungen) zum Schülerbrauch umfunktioniert wurde.
Wildenroth, Gmd. Grafrath, Lk. Fürsten-

feldbruck, hat den Fürstenfeldbrucker Brauch 1952 übernommen. Er läuft dort in ähnlicher Weise ab.

Bis zur Einführung des Gregorianischen Kalenders (1582) war der Luzientag der Tag der Wintersonnenwende; auf ihn konzentrierte sich eine Reihe von Brauchhandlungen, bei denen das im Wasser schwimmende Licht eine wesentliche Rolle spielte. Lichterschwemmen ähnlicher Art lassen sich im österreichisch-slowenischen Grenzgebiet heute noch nachweisen.

Fürstenfeldbruck bietet (abgesehen von der Nachahmung in Wildenroth) das einzige im südlichen Bayern erhaltene Lichterschwemmen. Verwandte Bräuche, wie sie z. B. für Wasserburg am Inn im 16. und frühen 17. Jh. und 1541 für Regensburg nachgewiesen werden konnten, sind heute erloschen. G. K.

Moser, H.: Archivalische Belege zur Geschichte altbayerischer Festbräuche im 16. Jahrhundert, in: Staat u. Volkstum. Neue Studien z. bairischen u. deutschen Geschichte. Festgabe K. A. v. Müller, Dießen 1933. S. 167–189, bes. S. 189.

Ders.: Der St.-Luzien-Tag im alten Wasserburg, in: Heimat am Inn. Rosenheim 1952. S. 75 ff., bes. S. 75.

Kretzenbacher, L.: Santa Lucia und die Lutzelfrau. Volksglaube und Hochreligion im Spannungsfeld Mittel- und Südosteuropas (= Südosteuropäische Arbeiten Bd. 53). München 1959. bes. S. 75 f.

Kapfhammer, G.: Lichterschwemmen in Fürstenfeldbruck. Göttingen 1972 (Wiss. Film d. Inst. f. d. Wiss. Film, E 1769/1972 u. Begleittext).

Böhne, C.: Der Lucienkult in Bruck, in: Amperland. Dachau 9/1973. S. 324 f.

Weihe der Luzienhäuschen und Einsetzen in die Amper

Lichterprozession in Bernried

Mariä Himmelfahrt, 19.00 Uhr
Gmd. Bernried, Lk. Weilheim, Obb.

Das Fest Mariä Himmelfahrt wird in Bernried am Starnberger See besonders festlich begangen; es ist der Patroziniumstag der alten Pfarrkirche. Der Tag beginnt mit einem feierlichen, musikalisch begleiteten Festgottesdienst mit levitiertem Hochamt, das stets von einem eigens für diesen Tag anreisenden Bischof gehalten wird.

Festlich sind für diesen Tag die drei Stationen der Prozession geschmückt: die große Pfarrkirche mit alten Fahnen, Standarten, grünen Girlanden, Gladiolen in verschiedenen Rottönen, Kerzen und Birkenbäumchen, die alte Pfarrkirche mit ihrem vielverehrten Gnadenbild in der linken Seitenkapelle und die kleine See-

kapelle mit ihrem Gnadenbild, das die »liabwoanat Frau vom See« genannt wird. An der Uferpromenade findet der Besucher unzählige kleine Scherenschnittlaternen, die die Büsche und Sträucher zieren, und dazwischen auf einem kleinen freien Platz von Schwestern und Kindern gelegt einen großen quadratischen Blumenteppich, in dem Tausende von farbigen Blüten auf grünem Blattgrund die Worte: »Oh, Maria hilf« formen. Der Zug verläßt nach der durch Lautsprecher in die Gartenanlage des ehemaligen Klostergevierts übertragenen Messe die erleuchtete Kirche. Voraus tragen drei Ministranten alte Fahnen und ein Kreuz, katholische Männervereinigungen und Schwestern reihen sich an; es folgen 8–10 Ministranten, dahinter der Himmel, von vier Männern getragen, eskortiert von 8 Feuerwehrleuten mit brennenden Fackeln; darunter schreitet der Bischof im Ornat mit dem Allerheiligsten; ihn begleiten Pfarrer und Kapläne – sie stimmen jeweils die Marienlieder (»Maria wir rufen zu Dir«) und die Gebete (Englischer Gruß und »Oh, Maria hilf«), an, denn auf dem ganzen Weg wird ununterbrochen gesungen und gebetet. Dann kommen die übrigen Prozessionsteilnehmer (3000 bis 4000 sollen es jährlich sein, die teilweise mitgehen, teils den Prozessionsweg säumen). Sie alle halten in den Händen brennende Kerzen, die mit einem blauen, roten, gelben oder grünen Windschutz versehen sind. Der Weg führt von der Pfarrkirche zum Dampfersteg hinunter am Ufer entlang, an der Seekapelle mit ihrem Blumenschmuck vorbei, wieder hinauf über eine hölzerne Treppe und durch das Dorf, dessen Häuser nun Tausende von bunten Lichtern tragen; auf den Fensterbänken stehen sie, auf den Lauben, sie bilden Kreuze und andere christliche Symbole und erleuchten auch die Gärten. Durch den ebenfalls mit Lichtern besteckten Friedhof der alten Pfarrkirche führt der Weg weiter durch das Kircheninnere, bei der Seitentüre hinaus und durch den ehemaligen Klosterhof zurück zur großen Pfarrkiche. Dort werden die Wallfahrer von Glockengeläut empfangen. Der Bischof erteilt den Segen.

Die Marienkirche zu Bernried zählte im 17. Jh. zu den beliebtesten Wallfahrtskirchen des Gebietes zwischen Ammersee und Isar. Andechs hat es dann allmählich in seiner Bedeutung überflügelt; die alljährlich zum Patroziniumstag Mariä Himmelfahrt stattfindenden Wallfahrten mit Prozessionen wurden deshalb immer weniger besucht. Erst 1949 machte sich ein Münchner Kaufmann daran, das Patroziniumsfest erneut festlich auszugestalten; heute liegt die Organisation bei der Kirche. Seit ihrem Bestehen hat sich die Lichterprozession zu einem festen Bestandteil des kirchlich-brauchtümlichen Lebens des südlichen Starnberger Sees entwickelt; sie erscheint heute als traditionell gebunden und in ihren Formen verbindlich festgelegt. N. G.

Lichterprozession in Bernried

Mauthe, W.: Kloster- und Wallfahrtsgeschichte von Bernried. Weilheim 1959.

Lichterkläuse in Zürich

6. 12., von Einbruch der Dunkelheit bis ca. 19.00 Uhr
Bestimmte Außenquartiere der Stadt Zürich sowie Horgen, Küsnacht, Thalwil, Uster, Kt. Zürich

Im Außenquartier Wollishofen geht der Umzug der Kläuse kreuz und quer durch die Wohnviertel, ursprünglich bis in das Zentrum der Stadt Zürich hinein. An der Spitze geht der sog. »Hinterklaus« in Zipfelmütze und dunkler Pelerine, dahinter folgen 80 bis 100 jugendliche Teilnehmer in weißen Hemden und Lichterhüten. Mit Hörnern, Schellen usw. wird Lärm gemacht.

Zur gleichen Zeit und in ähnlicher Aufmachung ziehen die »Lichterkläuse« der städtischen Quartiere Oberstraß und Wipkingen vom sog. Milchbuck her zum Stadtviertel Höngg und wieder zurück.

Dieselbe Tradition hat sich in den Seegemeinden Horgen, Küsnacht und Thalwil sowie zu Usten im Glattal eingebürgert; am letztgenannten Ort werden Spitäler, Altersheime und ähnliche Institutionen aufgesucht und deren Insassen beschenkt.

Der Brauch der Wollishofener Kläuse fand 1921 dank der Initiative von E. Stauber Eingang, der der Lichtkläuse von Milchbuck kam 1926 auf. Kaum jünger ist der von Uster, während sich an den übrigen Orten die Sitte etwas später, gewissermaßen als Kopie, einbürgerte.

Da die Lichthut-Veranstaltung sich eng an ähnliche zürcherische Bräuche anlehnt, die ans Silvesterdatum gebunden sind (vgl. a. a. O.), darf man auf eine mit Absicht vor rund 50 Jahren in Szene gesetzte Rückentwicklung auf den ursprünglichen Nikolaustermin schließen. E. Sch.

Lourdesprozession in Obergünzburg

Samstag nach dem 12. 9.
(Fest Maria Namen) 19.15 Uhr
Marktgmd. Obergünzburg, Lk. Oberallgäu, Rgbz. Schw.

10

Magdalenenfest in Walleshausen

Sonntag vor oder nach dem 22. 7. (Magdalenentag)
Walleshausen, Gmd. Geltendorf, Lk. Landsberg am Lech, Rgbz. Obb.

Das kirchliche Fest mit Prozession wird zu einem kleinen örtlichen Festtag erweitert, an dem auch ein Jahrmarktsbetrieb mit Verkaufsbuden stattfindet.

Um 1900 kamen noch elf Pfarreien der Umgebung in Prozessionen nach Walleshausen, wo acht Geistliche die Kommunion austeilten und ein vollkommener Ablaß gegeben wurde. Der früher an diesem Tag übliche Pferdeumritt entfällt heute.

Walleshausen ist typisch für die jetzige Entwicklung ursprünglich kirchlicher Feste. Die kirchlichen Aktivitäten reichen häufig nicht mehr über das Gebiet der Pfarrgemeinde hinaus. Das Marktgeschehen bleibt das meist einzige nach außen sichtbare Zeichen für den Festtag. G. K.

Korr. Welz, H. sen., Walleshausen, 9/1973.
Skrabal, G.: Der Magdalenenkult zu Walleshausen, in: Landsberger Geschichtsbl. 45/1955. S. 71–76.

Magdalenentag beim »Kreuzvater« (Magdalientog beim »Schwarzen Herrgott auf Ritzlor«)

22. 7., Tag der hl. Magdalena, ganztägig
Wallfahrtsort zum »Latzfonser Kreuz«, Pfarrdorf Latzfons, Gmd. Klausen, Talschaft Eisacktal, Südtirol

Das »Latzfonser Kreuz«, im Volksmund genannt »beim Kreuzvater« oder »beim Schwarzen Herrgott auf Ritzlor«, liegt etwa drei Wegstunden über dem Pfarrdorf Latzfons (1160 m) zu Füßen der Kassianspitze (2581 m). Er ist der höchste (2298 m) Wallfahrtsort Südtirols. Es stehen dort in der windausgesetzten Almlandschaft die Kirche »Hl. Kreuz auf Ritzlor« (ein Gegendname) und das dazu gehörende Schutzhaus »Kreuzherberge« (2302 m), Besitz der Pfarrei Latzfons.

Um 9.00 Uhr früh am Magdalenentag (Almkirchtag) treffen sich die Wallfahrer aus Latzfons, Feldthurns, Reinswald und Schalders (vereinzelt kommt man auch aus anderen Orten) in der Kirche, von wo sich dann im Beisein eines Priesters der Zug hinüber bewegt zu einem in freier Weite stehenden Kreuz, bei dem dann ein feierlicher Gottesdienst (Predigt und Amt) mit Umrahmung von Gesängen des Latzfonser Chores und Musikstücken der Latzfonser Trachtenkapelle abgehalten wird. Im Anschluß daran zieht man zur »Kreuzkirche« zurück, wo der legendenumwobene »Kreuzherrgott« über dem Altar hängt.

Mancher der einstigen Kreuzgänger, der sich in aller Frühe da hinaufbewegte, ist ausgeblieben, und es ziehen nun schon viele vor, sich mit einem geländegängigen Wagen von Latzfons hinauffahren zu lassen. Das letzte schlechte Wegstück nach dem Blankenbach muß man allerdings noch heute zu Fuß zurücklegen (eine halbe Stunde). Die restlichen Stunden nach dem Gottesdienst füllen dann Beisammensein und ein Konzert der Latzfonser aus.

Eine Wallfahrt ist ab 1700 nachgewiesen. Um 1743 ließ ein frommer Bauer anstelle eines ersten Kreuzes in freier Natur eine Kirche erbauen. 1860 wurde das mittlerweile baufällig gewordene Gotteshaus erneuert, der jetzige Altar ist von 1870. Um 1928 riß ein Sturm dem einfachen Kultbau das halbe Dach weg. Es wurde im folgenden Jahr repariert.

1936 täfelte man das Kircheninnere und stellte neue Kreuzwegtafeln auf. Das jetzige Gasthaus wurde 1952 fertiggestellt, nachdem ein altes 1850 abgebrannt und ein 1936 begonnenes infolge der Wirren des Zweiten Weltkrieges nicht zum Abschluß gebracht werden konnte.

Die Kirche wird jedes Jahr am 15. Juni, dem Vitustag, geöffnet, und am Gallustag, dem 16. Oktober, wieder geschlossen. Über diese Zeit bleibt der »Kreuzherrgott« oben. Dann wird er in die Kirche von »St. Peter im Wald« gebracht und am folgenden Sonntag in feierlicher Prozession von dort zur Pfarrkirche getragen. Das Mirakelbild ist eine Holzschnitzerei aus der Zeit vom Übergang der Romanik zur Gotik. Es ist schwarz und nimmt, nach der Volksmeinung, keine andere Farbe an. Ein wilder Stier soll es aus der Erde gescharrt haben, und es selbst habe durch Klopfzeichen den Platz bestimmt, wo es in freier Höhe aufgestellt werden wollte. Die Pfarrchronik sagt, der »Kreuzherrgott« stamme aus der Latzfonser Totenkapelle und sei 1700 in feierlichem Umgang nach Ritzlor gebracht worden. Zur Zeit der Zwangsoption für die Südtiroler stritten sich Deutschlandoptanten und die »Bleiber« um »ihren Herrgott«. Mädchen sollen ihn in ihrer Schlafkammer verborgen gehalten haben. H. F.

Egger, A.: Prähistorische und römische Siedlungen im Rienz- und Eisacktal. Brixen 1947.
Neuner, L.: Das Latzfonser Kreuz. Brixen 1953.
Fink, H.: Der »Schwarze Herrgott auf Ritzlor«. Bozener Hauskalender 1967. S. 141.

Maibaum

Der Maibaum gehört heute zum Signum der oberbayerischen Landschaft, vor allem der Region südlich von München; hier findet man die optisch am wirkungsvollsten gestalteten Bäume. Der Maibaum wird in diesem Gebiet meist weiß-blau bemalt und mit Handwerkerzeichen versehen, die auf angeschraubten Halterungen montiert sind. An der Spitze wird ein grüner Fichtenstamm befestigt.

Figurierte Maibäume in der uns bekannten Weise lassen sich erst seit dem 18. Jh. nachweisen. Sie fanden besonders im 19. Jh. nach der Etablierung des bayerischen Königreiches und der Bildung politischer Gemeinden weite Verbreitung, sie symbolisierten das neuerwachte nationalbayerische Selbstbewußtsein. Weitergehenden Interpretationen ist mit Skepsis zu begegnen.

Maibäume werden meist von burschenschaftlichen Verbänden gestohlen und gegen eine bestimmte Gegenleistung (Freibier usw.) wieder an die Bestohlenen zurückgegeben. Dieser erst in jüngerer Zeit stärker etablierte Brauch wird durch die Massenmedien attraktiv gemacht und gewinnt fortlaufend neue Anhängerschaft.

G. K.

Maibaumaufstellen und -stehlen als Kinderbrauch, ein Beispiel aus Unterbrunn

Mai

Unterbrunn, Lk. Starnberg, Obb.

In Unter- und Oberbrunn üben schon die kleinen Buben das Maibaumaufstellen und das Maibaumstehlen. Fast jedes Jahr stellen sie im Hof oder im Garten eines Bauern einen kleinen Maibaum auf. Im allgemeinen bilden sich dazu mehrere Gruppen, die etwa den auch sonst bestehenden Freundeskreisen entsprechen. Deshalb gibt es meist auch mehrere Maibäume, mitunter 3 bis 4. Die Intensität dieses Brauches schwankt bei den Buben stark und hängt vor allem davon ab, wie sehr sie sich gegenseitig aufstacheln. Wenn die Großen einen neuen Maibaum aufstellen, ist natürlich bei den Buben eine besondere Aktivität zu beobachten. Die Initiative geht auch hier von den Bauernkindern aus, die anderen Kinder werden aber ohne weiteres beteiligt. Wenn es der Vater erlaubt, wird ein dürrer Baum aus dem Wald geholt (Stangenholz), sonst tut es auch eine geeignete Stange (Länge etwa 2 bis 5 m) aus dem Holzlager eines Bauernhofes. Der Baum wird dann fachmännisch mit dem Schepser oder dem Schnitzeisen abgeschält. Das Holz bleibt entweder roh oder es wird, wenn Farben aufzutreiben sind, weiß oder weiß-blau angestrichen. Der Schmuck des kleinen Maibaumes soll soweit wie möglich dem des großen entsprechen. Oben wird manchmal wie beim Dorfmaibaum ein kleines Gipfelwappen aus Sperrholz oder Blech aufgesetzt, meist ein weiß-blaues Rautenschild. Ein mit Papierstreifen oder Stoffschleifen geschmückter Kranz darf nicht fehlen. Vielfach werden dazu ein paar Tafeln aus Pappe oder Sperrholz angebracht und mit einfachen Bildern oder Symbolen versehen. Auch sie entsprechen meist denen des Dorfmaibaumes. Unten findet man solche mit Sinnsprüchen, etwa dem bekannten: »Einigkeit macht stark!« oder mit einem Hinweis auf die, welche den Baum aufgestellt haben, so z. B.: »Aufgestellt von einer geheimen Burschenschaft«. Das Gemeinschaftserlebnis, das hier ganz besonders in Geheimniskrämerei eingebettet ist, spielt eine große, speziell dieser Altersstufe gemäße Rolle. Die Sache wird mit Eifer und Ernst in Angriff genommen. Auch wenn das Ergebnis nur den geringen Möglichkeiten der Kinder entspricht, ist die Befriedigung über das Werk doch stets sehr groß. Nach dem Aufstellen geht ein Bierkrug mit Limonade oder auch Bier herum.

Nachdem das Maibaumstehlen in Unterbrunn eine große Rolle spielt, wird auch hier das ganze Gehabe der Großen nachgeahmt. Allerdings wird davon weit mehr gesprochen als letztlich in die Tat umgesetzt. Da eine so leichte Stange in einem Bauernhof ja sehr einfach zu verstecken ist, ist es nicht so leicht, den Maibaum zu stehlen. Das hindert die Buben jedoch nicht, tagelang, besonders in der Schule oder auf dem Heimweg, zu tuscheln, geheime Besprechungen abzuhalten und ständig die neue Lage zu erörtern. Mitunter sitzen auch welche den langen Nachmittag im Versteck und warten auf die Maibaumdiebe. Die Sache wird also sehr ernst genommen und prägt einige Tage das Denken und Handeln der Buben. Kommt es dann wirklich einmal zum Diebstahl eines solchen Maibaums, wird er in der Regel auch ausgelöst, meist mit einer Maß Bier oder auch nur einer Radlermaß. Freilich gelingt dabei die Übernahme der Spielregeln der Erwachsenen noch nicht immer ganz. Manchmal gibt es Streit, manchmal wird damit gedroht, den Baum mit Gewalt zurückzuholen. Es kann aber auch vorkommen, daß man versucht, die Schmach nur mit fadenscheinigen Ausreden abzuwenden: »Des is ja gar net unser Maibaum, der is ja ganz wo anders!« oder »Was wollt's denn, mir stelln ja heuer gar koan Maibaum auf!«

G. S.

Der Maibaumdiebstahl

Als 1. Beispiel: Der Maibaumkrieg zwischen Frieding und Aschering 1973, Lk. Starnberg, Obb.

Anfang April 1973 entführten die Friedinger Burschen den Maibaum der Ascheringer. Als Lösegeld forderten sie zwei Hektoliter Bier, wären aber bereit gewesen, es auf 150 Liter zu ermäßigen.

Die Ascheringer waren jedoch nicht bereit, ihren Maibaum wieder auszulösen, angeblich weil die Friedinger dabei Weidezäune zerstört hatten, was als unverschämt empfunden wurde. Daraufhin fuhren die

Friedinger Burschen am folgenden Tag nach Aschering, reparierten alle verursachten Schäden und beschlossen, den gestohlenen Maibaum in Frieding aufzustellen, und zwar neben ihrem eigenen Maibaum.

Der Ascheringer Maibaum war bereits grundiert. Er bekam nunmehr im unteren Viertel eine einfache Fichtengirlande, am Gipfel wurde ein langer schwarzer Trauerflor befestigt, als Zeichen der Trauer über die Verständnislosigkeit bzw. Humorlosigkeit der Ascheringer. Zuletzt wurde am Maibaum in ca. 3 m Höhe noch eine größere Tafel angebracht. Darauf sah man die Maibaumdiebe, wie sie gerade den Ascheringer Maibaum entführten, dazu in einem Bett die Ascheringer Wache in tiefem Schlaf. Darunter war der Vers zu lesen:

»Am falschen Platze steht er hier,
Aschering wäre sein Revier.
Doch aus verletzter Eitelkeit
fanden die sich nicht bereit,
einen schönen Brauch der Alten
in ihrem Dorfe zu erhalten.
Ein traurig Zeichen unsrer Zeit,
wenn der Humor nicht mehr gedeiht.
Gott schütze unser Bayernland
und seine alten Bräuche!«

Die Ascheringer ließ diese Schmach jedoch nicht ruhen. Aber anstatt den Maibaum doch noch dem Brauch entsprechend auszulösen, kamen sie während der Nacht und versuchten, ihn umzuschneiden. Ein gefährliches Unterfangen mitten in einem Dorf! Sie wurden jedoch rechtzeitig entdeckt und mußten von ihrem Vorhaben ablassen. Der Einschnitt war deutlich zu sehen. Auch ein zweitesmal wurden sie rechtzeitig entdeckt. Als die Frist für die Einlösung verstrichen war, versteigerten die Friedinger Burschen den Maibaum, wodurch eine hübsche Summe in die Burschenkasse kam. Die Ascheringer hatten sich inzwischen einen neuen Maibaum aus dem Wald geholt. G. S.

Als 2. Beispiel: Unterbrunn,
Lk. Starnberg, Rgbz. Obb.
Im April, meist kurz vor dem 1. Mai

Lange vor dem 1. Mai versuchen die Unterbrunner Burschen herauszubekommen, wo ein Maibaum aufgestellt werden soll. Sind ein paar Ortschaften gefunden, die in Frage kommen, wird durch Kundschafter festgestellt, wo sich die günstigste Gelegenheit bietet, den Baum zu stehlen. Vor allem muß genau beobachtet werden, wo der Baum liegt, ob er bewacht wird, wie sich evtl. Wachen verhalten und ob der Baum befestigt ist. Das Auskundschaften ist ein sehr wichtiger Teil des Maibaumstehlens; denn von der Sorgfalt der Späher hängt das Gelingen des späteren Unternehmens wesentlich ab. Haben die Späher dann einen günstigen Zeitpunkt gefunden, werden alle Burschen des Ortes geweckt. Das Unternehmen findet meist nach Mitternacht statt und kann sich bis in die Morgenstunden hinziehen. Beteiligt sind etwa 40 bis 45 Burschen, es fahren aber auch verheiratete Männer mit. Die Zahl muß deshalb so groß sein, weil bei dem Gewicht des Maibaums das Wegtragen und Verladen sonst mit zu großen Gefahren verbunden wäre. Vor der Abfahrt wird noch rasch ein Anhänger mit Gummireifen zu einem Langholzwagen umgebaut und hinter einen Traktor gespannt. Nach dem Eintreffen in der fremden Ortschaft wird äußerste Ruhe bewahrt. Der Wagen wird abgehängt und lautlos durch die Ortschaft geschoben. Der Maibaum wird je nach Geländesituation ein kleines Stück getragen und dann aufgelegt. Ist der Maibaum angehängt oder eingesperrt, werden Ketten oder Schlösser aufgezwickt (und natürlich die Schäden später ersetzt). Wenn es gelungen ist, die Ortschaft ungesehen zu verlassen, kann der Traktor wieder vorgespannt werden. Wird der Zug jedoch noch innerhalb der Flurgrenze der betroffenen Ortschaft entdeckt, es genügt schon ein entsprechender Anruf, so muß der Maibaum sofort zurückgebracht werden. Wieder zu Hause, werden die Burschen an der Flurgrenze von der Unterbrunner Blaskapelle abgeholt. Die Burschen sitzen alle im Reitsitz auf dem Maibaum und tragen brennende Fackeln. Mitunter wird auch geschossen. Der ganze Zug fährt nun durch die Hauptstraßen des Ortes, dabei wird gesungen, damit alle Leute aufwachen. Anschließend wird der Maibaum im Hof des Gasthauses Böck abgelegt und bis zur Auslösung bewacht. Noch vor dem Abladen wird der Wirt aus dem Bett geholt. Es gibt eine gute Brotzeit, der Wirt stiftet gewöhnlich ein Faß Bier.

Sobald die Gegenpartei den Diebstahl bemerkt hat, schickt sie Unterhändler, die über die Auslösung verhandeln. Verlangt wird stets ein Hektoliter Bier. Heute sträubt sich kaum jemand mehr gegen diese Forderung. Meist bereitet der Diebstahl auch der Gegenpartei Freude. Sobald man sich geeinigt hat, wird der Maibaum zurückgebracht, meist an einem der letzten Samstagnachmittage vor dem 1. Mai. Beginn etwa 12.00–13.00 Uhr. Der Maibaum wird mit weiß-blauen Fähnchen und Tannenzweigen geschmückt. Auch der Traktor und das Fahrzeug werden dekoriert. Vor dem Maibaum fährt ein geschmückter Wagen mit Blaskapelle. Die Abordnung der bestohlenen Ortschaft fährt meist ebenfalls mit. Die Burschen sitzen dabei wieder auf dem Maibaum. Die Blaskapelle trägt Miesbacher Tracht. Zu dieser »Zeremonie« finden sich gewöhnlich viele Zuschauer aus dem Dorf ein; die Kinder begleiten den Maibaum oft noch bis zum Ortsende. In der gegnerischen Ortschaft wird dann am Abend das Faß Bier gemeinsam mit der Gegenpartei vertrunken. Allerdings bleibt es dabei meist nicht bei diesem einen Faß. Die Blasmusik spielt bis Mitternacht. Dabei wird nicht getanzt, sondern nur gesungen. Die Unterbrunner sind in der gesamten Umgebung als die geschicktesten Maibaumdiebe berühmt. Das Maibaumstehlen hat hier eine gute Tradition, schon vor dem Ersten Weltkrieg wurden Maibäume gestohlen. Nach 1945 lebte der Brauch wieder stark auf. Greller Auftakt war der berühmte Maibaumkrieg mit den Gautingern anno 1949, bei dem die Gautinger den Brauch des Maibaumstehlens mißverstanden und ihren Maibaum in der Nacht zum Ostermontag mit Gewalt zurückholten. Die Unterbrunner waren in letzter Zeit wieder sehr erfolgreich und konnten fast jedes Jahr einen Maibaum heimführen. Die letzten Entführungen gelangen in Maisach, Stockdorf, Planegg, Krailling, Pentenried, Martinsried, Unterpfaffenhofen und sogar zweimal aus der Landeshauptstadt München.

Die Unterbrunner selbst stellen alle drei Jahre einen neuen Maibaum auf, was jedesmal ein richtiges Dorffest wird. Das Aufstellen eines Maibaums scheint auch in der hiesigen Gegend schon sehr lange Brauch zu sein. Bereits 1669 wird in einem Gautinger Verhörprotokoll ein »Maypaumb« ausdrücklich erwähnt.

Das Maibaumstehlen spielt bei der Unterbrunner Burschenschaft eine große Rolle. Dabei ist ihnen keine Anstrengung zuviel. Der Brauch wird entsprechend mit Begeisterung ausgeübt. Allerdings ist hier schon nicht mehr allein eine dann und wann sich ergebende günstige Gelegenheit Anlaß des Brauches, sondern ein gewisser Zwang zum regelmäßigen Erfolg. Desgleichen erscheint der besonders hohe Aufwand dem Außenstehenden als unverhältnismäßig. Das Gemeinschaftserlebnis bei Nacht spielt zweifellos eine dominierende Rolle. Der Brauch wird in guter Form ausgeübt. Fairneß und Kameradschaft sind selbstverständlich, die Spielregeln werden genauestens beachtet. G. S.

Zum Gautinger Bauernkrieg s. Krämer, W.: Geschichte der Gemeinde Gauting. Gauting 1949. Zum Maibaumdiebstahl s. Kapfhammer, G.: Brauch und Rechtsprechung. Zum Mai- und Hochzeitsbaumdiebstahl in Südbayern, in: Schönere Heimat. München 65/1976, S. 221 BIS 227.

Einige Beispiele für den Maibaumbrauch

Maibaumaufstellen in Riegsee bei Murnau

Maibaum in Scheidegg

30. 4., ca. 20.00 Uhr
Scheidegg, Lk. Lindau (Bodensee), Rgbz. Schw.

Der Westallgäuer Heimatverein stellt am Vorabend des 1. Mai den Maibaum, den die Marktgemeinde stiftet, in der Ortsmitte auf. Der Baum wird mit Handwerkerzeichen und Wappen geschmückt. Darbietungen der Musikkapelle und des Singvereins umrahmen den Akt.
Der Brauch ist erst seit der Mitte der 30er Jahre üblich. 1941 während des Krieges wieder eingestellt, griff man ihn 30 Jahre später neu auf.
Der Westallgäuer Heimatverein bemüht sich bei dieser Gelegenheit, dem Publikum heimatkundliche Informationen zu vermitteln – der Ortsheimatpfleger spricht anläßlich der Aufstellung über Ursprung und Sinn des Maibaums. G.K.

Korr. Achberger, G., Scheidegg. 12/1973.

Maibaum in Schleching,

1. 5. vm.
Gmd. Schleching, Lk. Traunstein, Rgbz. Obb.

Der Schlechinger Maibaum wird vor dem »Haus des Gastes« aufgestellt. Es beteiligen sich dabei Mitglieder des örtlichen Trachtenvereins, Schuhplattlertänze werden vorgeführt, gelegentlich treten auch Alphornbläsergruppen auf.
Erstmals wurde der Brauch in den 30er Jahren durchgeführt. Die ersten Maibäume waren nur mit Kranz, Girlanden und Fahne geschmückt und ahmten die Vorbilder der Umgebung nach (Mai- und Hochzeitsbäume). Dann folgten nach 1945 Grassau (Figurenmaibaum) und Marquartstein. Heute ist der Schlechinger Maibaum einer der am reichsten ausgestalteten Maibäume Oberbayerns (Stamm naturbelassen, 14 Figurengruppen, u. a. Alphornbläser, Almabtrieb).
Als in Schleching der alte Pfarrhof abgebrochen und ein »Haus des Gastes« neu gebaut wurde, wählte man als Standort des Maibaums den Platz vor dem Neubau. G. K.

Korr. Bachmann, V., Schleching. 1/1974.

Maibaum in Seeshaupt

1. 5., vm., vierjähriger Turnus (1976, 1980)
Gmd. Seeshaupt, Lk. Weilheim-Schongau, Obb.

Der Seeshaupter Maibaum wird weiß-blau bemalt – »geringelt«. An seiner Spitze befestigt man einen hölzernen Fisch – einen Karpfen (Seeshaupt ist ein alter Fischerort). Die Handwerkerzeichen, die früher am Baum befestigt waren, wurden gegen ein Trachtenpaar ausgetauscht. Inschrifttafel: »Der Alten Rat, der Jugend Tat, des Volkes Mut ist immer gut.«
Der Baum wird in der üblichen Weise mit Zangen – Schwaibeln – und dazwischen gebundenen Hanfseilen aufgestellt. Mädchen schmücken den Baum mit Girlanden. Am Nachmittag wird von den Mädchen eine Fahne durch den Ort getragen und am Maibaum aufgezogen. Mädchen und Burschen stellen sich in zwei Reihen in einiger Entfernung einander gegenüber auf. Die Burschen müssen auf ein Zeichen hin über ein Seil springen und eines der Mädchen schnell zu erreichen suchen, das sie dann abends zum Maitanz begleiten. Der Wettbewerb ist so angelegt, daß ein Bursche übrigbleibt, der einen Besen als Trostpreis bekommt.
Nach dem Tanz um den Maibaum ziehen

Maibaumaufstellen in Wegscheid bei Lenggries (s. a. S. 177)

die Burschen und Mädchen zur Gaststätte, wo die Mädchen die Burschen zechfrei halten müssen. Abends ist Maitanz. (Zum Wettbewerb vgl. Antdorf – Mailaufen.) G. K.

Korr. Pfarrer Heggenstaller, P., Seeshaupt. 10/1973.

Maibaum in Traunreut

30. 4., 15.00 Uhr (Aufstellen)
31. 5., 15.00 Uhr (Fällen)
Stadt Traunreut, Lk. Traunstein, Rgbz. Obb.

In der Stadt Traunreut, die am 1. 10. 1950 als Heimatvertriebenensiedlung gegründet wurde (Heimarvertriebene anfangs 80%, jetzt etwa 50% Anteil) und vor allem von Schlesiern und Sudetendeutschen bewohnt ist, gibt es heute noch einen Brauchkatalog, der sich an brauchtümlichen Erscheinungen der Herkunftsgebiete orientiert, z. B. Sommersingen der Schlesier (20 Kinder mit Mundarttexten, 4. Fastensonntag); Ostermontag, 20.00 Uhr, Entzünden von Lichtern am Friedhof; Sonnwendfeuer durch die Landsmannschaften mit Fackel- und Lampionzug; Klopfengehen jeden Donnerstag im Advent – Kinderbrauch, jeweils drei vermummte Kinder. (Ähnliche Brauchveranstaltungen lassen sich auch in den Neugründungen Waldkraiburg und Geretsried [z. B. Geretsried, Feuerwehrspiel am 1. 5.] feststellen.)
Ein weitertradierter schlesischer Brauch ist auch das Maibaumaufstellen und -fällen. Am letzten Tag im April wird in einer Grünanlage an der Adalbert-Stifter-Straße ein Maibaum errichtet und mit Girlanden und Bändern geschmückt. Am letzten Maitag fällt man den Baum. Im Rahmen des Holzhackerspiels (verkleidete Akteure, gespieltes Abmessen des Maibaums, Jäger treibt mit Dackel die Arbeiter an usw.) fällt der Baum, die farbigen Bänder, mit denen er geschmückt war, werden an Traunreuter Familien verteilt. G. K.

Korr. Ebert, F., Traunreut. 11/1973.

Maibaumsetzen in Niederösterreich

1. Mai
Scheibbs, Pol. Bez. Scheibbs, NÖ

Der von der Stadtgemeinde zur Verfügung gestellte Baum wird am Sportplatz aufgestellt. Um 14.15 Uhr marschiert die Jugendtrachtenkapelle vom Rathausplatz durch die Stadt zum Sportplatz, wo um 14.30 Uhr die Maifeier beginnt. Als Einleitung Vorführung eines »Bandltanzes« durch die Volkstanzgruppe des Ländlichen Fortbildungswerkes, dann Maibaumkraxeln. Der Sieger erhält einen Preis. Ab 17.00 Uhr ist Maitanz im Hotel Hofmarcher. 1971 wurde nach 33 Jahren zum erstenmal in Scheibbs wieder ein Maibaum aufgestellt.
In Orten der Umgebung läuft der Maibaumbrauch in etwas anderer Art ab, z. B.:
Oberndorf an der Melk, Pol. Bez. Scheibbs
Das Maibaumaufstellen ist eine Sache des ganzen Ortes: Der Baumeister stellt den Bagger zum Ausheben des Loches für den Baum zur Verfügung, der aber noch händisch aufgerichtet wird. Obligat ist ein Maibaumkraxeln. Der Eintritt ist frei, man bittet nur um freiwillige Spenden.
Ähnliche Veranstaltungen am 1. Mai bzw. am Vorabend finden auch statt in: *Marktgmd. Mank, Pol. Bez. Melk, Marktgmd. Rabenstein an der Pielach, Pol. Bez. St. Pölten, Gmd. Kematen an der Ybbs, Pol. Bez. Amstetten, Stadtgmd. Neunkirchen, Pol. Bez. Neunkirchen, Gmd. Biberbach, Pol. Bez. Amstetten, Gmd. Kleinzell, Pol. Bez. Lilienfeld.*
Durchgehend handelt es sich um Neueinführungen in den letzten Jahren, denn abgesehen von der nationalsozialistischen Zeit gab es in Niederösterreich keine »offiziellen Maibäume« dieser Art. Maibäume waren wohl üblich, sie wurden aber heimlich in der Nacht – meist gestohlen – vor dem Wirtshaus, am Dorfplatz oder vor dem Haus von Leuten, die man ehren wollte (was natürlich entsprechend honoriert werden mußte und muß), aufgestellt. Der Art nach waren sie wohl ähnlich den neueingeführten: ein hoher geschälter Stamm, dem man nur den Wipfel beließ und den man mit einem bunten Kranz schmückte. Je höher der Baum war, desto größer die Ehre des Dorfes und der Neid der Nachbarorte. H. F.-F.

Zeitschriften- und Fragebogenarchiv des Österr. Rundfunks, Studio Niederösterreich (Günter Richter).
Mliner, J.: Vom Brauchtum in Rohr im Gebirge, in: Heimatkunde d. Verw. Bez. Wr. Neustadt. Bd. 2. Wiener Neustadt. o.J. S. 147.
Heimatkunde des Bezirkes Baden. Wien 1928. S. 95.
Schmidt, L.: Volkskunde von Niederösterreich. Bd. 2. Horn 1972. S. 217 ff.

Maibaumschneiden in Niederösterreich

Semmering-, Schneeberg-, Wechselgebiet und Bucklige Welt. Eine genaue Ortsangabe ist unmöglich, da die Spiele, die sich großer regionaler Beliebtheit erfreuen, nicht immer und auch nicht in regelmäßigen Abständen durchgeführt werden. Belege für eine Durchführung in den letzten Jahren gibt es aus:

Kath.Gmd. Prein a. d. Rax (Marktgmd. Reichenau a. d. Rax, Pol. Bez. Neunkirchen), Kat. Gmd. Hochneukirchen (Gmd. Hochneukirchen-Gschaidt, Pol. Bez. Wr. Neustadt), Kat. Gmd. Ungerbach (Marktgmd. Kirchschlag i. d. Buckligen Welt, Pol. Bez. Wr. Neustadt), Kat. Gmd. Natschbach (Gmd. Natschbach-Loipersbach, Pol. Bez. Neunkirchen), Gmd. Semmering (Pol. Bez. Neunkirchen), Gmd. Rohr im Gebirge (Pol. Bez. Wr. Neustadt).

Der Brauch wird geübt am letzten Sonntag im Mai, manchmal auch an Pfingsten.

Der Ablauf ist nicht immer gleich und variiert nach vorhandenen Personen und Möglichkeiten. Doch im allgemeinen vollzieht sich der Spielablauf wie folgt: Nach dem »Segen«, dem nachmittägigen Gottesdienst, treffen sich die Leute, die den Maibaum umschneiden sollen, entweder gleich beim Maibaum oder gehen im geschlossenen Zug dorthin. Es sind durchwegs maskierte Männer oder Burschen. Voran geht der »Polizist«, der mit lauter Stimme für Platz sorgt. Ihm folgt die Musikkapelle. Dann in den Wagen, manchmal auch schon im Auto, der »Graf und die Gräfin«, der »reiche Bauer« und der »Doktor«. Ihnen folgen auf einem schäbigen Karren, meist in Lumpen gekleidet, die »Holzknechte« mit Arbeitsgeräten aus Holz und Pappe. Es kommen der »Bauer« mit einem riesigen Kropf (Schweinsblase mit Sägespänen gefüllt), die »Bäuerin« mit ihrem »tepperten Buam« (oft auch nur eine Puppe), schließlich der »Herr Oberförster mit den Jägern«, die »Wildschützen«, mitunter auch in einem Wagen eine vielköpfige »Zigeunerfamilie«. Maskierte Figuren, der »Bajazzo« oder »Kasperl«, sammeln mit einem Klingelbeutel fleißig Almosen ein. Teilweise wird auch eine »Habergeiß« als Ziegenattrappe mitgeführt oder von zwei oder mehreren Burschen dargestellt. Im Wechselgebiet tritt auch des öfteren ein »Bär« mit seinem »Bärenführer« auf.

Der Zug bewegt sich aber nicht in festgesetzter Reihenfolge, sondern die Beteiligten schwärmen umher und machen ihre Späße mit den Zuschauern. Schließlich versuchen die »Wilden Holzknechte« mit ihren untauglichen Instrumenten den Baum zu fällen. Sie geraten mit dem Förster wegen der Besitzrechte an dem Baum in Streit, der schließlich vom Grafen geschlichtet wird. Es kommt auch vor, daß der Graf oder der Bauer den Baum kaufen wollen und daß deswegen das Streitgespräch entbrennt. Man einigt sich schließlich darauf, den Baum versteigern zu lassen. Inzwischen sind aber die anderen abenteuerlichen Gestalten nicht untätig. Des Bauern Kropf muß operiert werden, die Holzknechte wollen unbedingt ihren Sterz essen, der von den Zigeunern oder der Bäuerin auf einem immer explodierendem Feuerchen gekocht wird, wozu aber erst noch die Habergeiß gemolken werden muß. Ist dann endlich nach vielem Hin und Her der Maibaum umgeschnitten, versuchen einige Burschen den Wipfel zu stehlen, der erst durch ein Lösegeld oder einen Ehrentanz zurückgewonnen werden kann. Oft wird der Maibaum unter den Zuschauern auf amerikanisch »verlizitiert« (versteigert). Schließlich ziehen alle ins Wirtshaus, wo beim Tanz der Erlös aus der Sammelbüchse des Kasperls verzehrt wird.

Historische Angaben über den Brauch sind äußerst schwierig, da es praktisch keine Nachrichten gibt, die über das letzte Viertel des vorigen Jahrhunderts hinausgehen. Allerdings wird aufgrund verschiedener Gestalten (Graf, Gräfin) schon ein Bestehen vor dem Jahr 1848, das die Auflösung der Grundherrschaft mit sich brachte, angenommen. Umgekehrt aber sind gewisse sozialkritische Momente der szenischen Darstellung vor diesem Zeitpunkt eigentlich unmöglich. Einige Maskentypen (Bär, Habergeiß) weisen freilich auf ein höheres Alter hin, doch läßt sich nicht feststellen, wann und wie sie in das Spiel um den Maibaum hineingekommen sind.

Früher wurde der Brauch von den unverheirateten Burschen durchgeführt, heute wird er großteils von Vereinen organisiert (Freiwillige Feuerwehr, Fremdenverkehrs-, Musikverein etc.). Diese vereinsmäßige Durchführung führt teilweise auch zu einer Programmänderung, die sich von der älteren, vorwiegend von den Holzknechten getragenen Darstellung einigermaßen entfernt. So veranstaltet die Marktgmd. Puchberg am Schneeberg (Pol. Bez. Neunkirchen) in Zusammenarbeit mit dem Landesverband der Trachten- und Heimatvereine ein festliches Maibaumumschneiden: Es beginnt schon vormittags mit einem Frühschoppen im Kurpark. Nachmittags findet dann ein Umzug mit Musikkapelle, mehreren Festwagen, Trachten-, Kinder- und Reitergruppen statt. Beim Fallen des Maibaums versucht jeder die Wipfelfahne zu erhaschen, da ein Preis winkt. Schließlich wird der Maibaum verlost.

H. F.-F.

Moses, H.: Das Maibaumumschneiden im Semmeringgebiete, in: Zs. f. österr. Vkde. 14/1908.

Halberstadt, A.: Eine originelle Bauernwelt. Das Volksleben im Semmeringgebiet. Wien 1912. S. 60 f.

Teufelsbauer, L.: Das Jahresbrauchtum in Österreich. I. Niederösterreich. Wien 1935. S. 65 f.

Schmidt, L.: Das Verhältnis der Volkskunde zur Urgeschichte und zur Völkerkunde. Beiträge Österreichs zur Erforschung der Vergangenheit und Kulturgeschichte der Menschheit. Symposion 1958. Horn 1959. S. 94 ff.

Steiniger, H.: Das rituelle Brauchspiel beim Maibaumumschneiden in Oberösterreich, in: Unsere Heimat. Wien 37/1966. S. 129–141.

Klier, K. M. u. Mayerhofer, J.: Volksleben im Land um Wien. Niederösterr. Volksleben. Bd. 4. Wien-München 1969. S. 34.
Fielhauer, H.: Die Habergeiß, in: Mittwintermasken in Niederösterreich. Wien 1974.
Mliner, J.: Vom Brauchtum in Rohr im Gebirge, in: Heimatkunde d. Verw. Bez. Wr. Neustadt. 2. Bd. Wiener Neustadt o.J. S. 147.

Mailaufen in Antdorf

1. Sonntag im Mai, ca. 12.00 Uhr bis zum Abend; 3jähriger Turnus (1973, 1976)
Antdorf, Lk. Weilheim-Schongau, Rgbz. Obb.

Um die Mittagszeit werden die Mädchen des Dorfes »zusammengetrieben«, zum Sammelplatz beim Gasthof Orterer gebracht und von dort mit Musik zum Festplatz geführt, wo sich die Burschen schon für den Lauf bereitgemacht haben. Auch Besen und Laternen für die Burschen, welche später leer ausgehen, fehlen nicht. Einheitlich in der Tracht gekleidet, doch ohne Joppe, haben die jungen Männer auf einer langen Bank Platz genommen, mit dem Rücken den Mädchen zugewandt. Um ca. 15.00 Uhr rennen auf ein Trompetensignal hin die Mädchen über eine gewisse Distanz auf die Burschen zu, denn jede junge Antdorferin muß sich nun ihren Partner für den nachfolgenden Maitanz »erlaufen«. Die solcherart zusammengekommenen Paare marschieren dann, angeführt von der Musikkapelle, zum Gasthaus »Petermichl«, wo sie zuerst noch einige Tanzrunden im Freien drehen. Bis 19.00 Uhr muß jedes Mädchen seinen »erlaufenen« Burschen zechfrei halten.
Über die Entstehung dieses Mailaufens ist nichts bekannt. Es kann jedoch angenommen werden, daß der Brauch seit 1793 besteht, denn seit dieser Zeit wird in Antdorf regelmäßig ein Maibaum aufgestellt. Der Brauch des Mailaufens existiert, soweit bekannt, so nur in Antdorf, wo er von Generation zu Generation bis in die heutige Zeit fortgeführt wurde. M. B.

Auskünfte von Bm. Nägele, Antdorf.

Märkte

Märkte dienen nicht nur dem Umsatz von Waren, sondern auch der Kommunikation. In besonderen Fällen bietet auf den Märkten vor allem landwirtschaftliches Gesinde zu bestimmten Terminen (z. B. Lichtmeß – 2. 2.) seine Arbeitskraft einem neuen Arbeitgeber an. Der Kontraktschluß erfolgt ähnlich wie beim Viehhandel durch Handschlag.

Märkte boten in ländlichen Bereichen oft die einzige Möglichkeit, einmal oder mehrere Male während des Jahres Waren in größerem Stil einzukaufen und freundschaftliche Kontakte zu erneuern. Eine wichtige Rolle spielten hier die Wallfahrtsmärkte am Hauptfesttag der Heiligen.

Die Bedeutung vor allem ländlicher Märkte mit ihrem breitgefächerten, nicht spezialisierten Angebot geht ständig zurück, bedingt durch die größere Mobilität der Käufer, das differenzierte Angebot regionaler Einzelhandelsunternehmen und das massive Vordringen der Großversandhäuser.

Die zwei hier vorgestellten Märkte sind nur eine kleine Auswahl aus einer Vielzahl regional unterschiedlich häufig abgehaltener Märkte. Hierbei sind auch die anderen Marktbeschreibungen zu beachten, z. B. Christkindlmarkt in München! G. K.

Märkte in Sonthofen

Krämermarkt im September
Gallusmarkt im Oktober
von ca. 8.00–18.00 Uhr
Sonthofen, Lk. Oberallgäu, Rgbz. Schw.

Auf den Märkten findet man Dinge des täglichen Gebrauchs sowie Blumenwagen, Spielzeug- und Würstlbuden. Auch der besonders geschätzte Gewürzstand fehlt nicht. Jedem Stand, jeder Bude ist ein numerierter Platz zugewiesen. Sie gruppieren sich, nicht streng nach Warenangebot getrennt, an beiden Straßenseiten, in der Straßenmitte und entlang dem Rathausplatz. Am Markttag ist dieses Gebiet für jeglichen Verkehr gesperrt.

Im Jahre 1429 erhielt Sonthofen von Kaiser Sigismund das Marktrecht und die Hochgerichtsbarkeit. An Gerichts- und Markttagen war die heute noch erhaltene gold-rote Fahne als Symbol dafür ausgehängt, daß der Markt »kayserlich gefreyt« war, d. h. jedes Marktvergehen wurde viel höher bestraft als an normalen Tagen. Bereits im Jahre 1544 hatte Sonthofen (und auch Oberstdorf) zwei Jahrmärkte. 1763 erhielt es einen dritten. Das Recht, einen Wochenmarkt abzuhalten, war offenbar umstritten. 1580 erhielt Sonthofen trotz des Einspruchs der Grafschaft Rothenfels sein Wochenmarkt-Recht zurück, gab es aber aufgrund der nachfolgenden Kriege wieder auf, um es 1659 abermals zurückzuerlangen. Nach erneutem Verlust gibt es erst seit der Erhebung Sonthofens zur Stadt 1963 wieder Wochenmärkte. Die Sonthofer Märkte waren weithin bekannt. Bis aus der Schweiz und dem Elsaß kamen Kaufleute angereist. Am berühmtesten waren aber wohl die Viehmärkte Sonthofens (ca. 4000 Stück Vieh pro Markttag). Sogar aus Rußland, Ungarn, Polen, Frankreich, Holland und Skandinavien stellten sich Käufer ein. Erst der Erste Weltkrieg nahm Sonthofen seine Vorrangstellung.

K. K.

Rottenkolber, J.: Geschichte des Allgäus. 4. Bd. Kempten 1938. S. 578.

Markt in Stegen

26. – 28. 10., ganztägig
Ortschaft Stegen, Gmd. Bruneck, Bez. Bruneck, Talschaft Pustertal, Südtirol

Im Dorf Stegen, das sich eine Viertelgehstunde von der Stadt Bruneck am Zusammenfluß der Rienz mit der Ahr ausdehnt, findet vom 26. bis zum 28. Oktober der Stegener Markt statt, das größte ländliche Wirtschaftstreffen Südtirols. Der Pustertaler nennt ihn in seiner Mundart »Stega Marscht«, die Ladiner des Gadertales heißen ihn »marcié de San Sciomúng«, d. h. St. Simon Markt, da der letzte Tag auf das Fest des hl. Simon (28. 10.) fällt.

Der Stegener Markt ist nicht nur für die Leute der Gegend ein Erlebnis einmaliger Art, sondern auch volkskundlich von besonderem Interesse. Der erste Tag gilt dem Auftrieb, den Ausstellungen und Versteigerungen des Viehs; der zweite Tag steht im Zeichen der Händler und Krämer; der dritte Tag heißt allgemein »Menschenmarkt«, an dem sich alles trifft, was jung und unternehmungslustig ist, was Geld hat und »die Nase mitten im Gesicht«.

An den drei Markttagen werden am Platz Weinschenken und Küchen errichtet. Man backt Krapfen, siedet Würste, röstet Kastanien im Freien, gelegentlich wird auch musiziert oder getanzt. Wie bei anderen Jahrmärkten treten Possentreiber und Taschenkünstler, Wahrsager und Reimer auf, es werden Karussells und Ringelspiele aufgebaut, ab und zu kommt auch ein Zirkus mit Menagerie, oder es wird ein Preisranggeln organisiert.

Der Pustertaler rechnet den Stegener Markt zu den Festtagen des Jahres. Das Hauptkontingent der Besucher stellen das Pustertal mit seinen verschiedenen Nebentälern, das Eisacktal und Ladinien. Krämer und Händler kommen aus ganz Oberitalien. Man sagt, wer den Stegener Markt besucht hat, sei leicht zu »wintern«.

Über die Entstehung des Marktes gibt es verschiedene Meinungen: Am 7. Juni 1027 verlieh Kaiser Konrad II. dem Bischof von Brixen die Grafschaft »Norital« (Eisack- und Inntal). Dieser Schenkungsakt habe in Stegen stattgefunden. Dazu habe sich viel Landvolk eingefunden und sich daraus der Markt entwickelt. Gegen diese Meinung sprechen verschiedene Gründe, nicht zuletzt der Termin, wurde die Schenkung doch im Juni durchgeführt, der Markt aber fällt auf den Oktober.

Andere Forscher nehmen an, das »Pusterer Oktoberfest« reiche weiter zurück als der Kaiserbesuch, vielleicht sogar in die früheste Zeit der »bajuwarischen Landnahme«, die ins 6. Jh. gelegt wird.

Urkundlich ist dieser Markt 1398 zum erstenmal zu belegen. Stegen wurde oft vom Hochwasser der beiden Flüsse heimgesucht. Um diese Schäden zu decken, habe die Ortschaft das Recht bekommen, den großen Markt abzuhalten. H. F.

Tschurtschenthaler, P.: Das Bauernleben im Pustertal. Bozen 1935. S. 27.
Hoeniger, K. Th.: Zur Geschichte des Stegener Marktes . . ., in: Der Schlern 23/1949. S. 143 ff.
Fink, H.: Der Stegener Markt oder »Marcié de San Sciomúng« der Ladiner, in: Verzaubertes Land. Innsbruck 1969. S. 267.

Maria-Geburts-Prozession in Oberlana

8. 9., Fest Mariä Geburt, 9.00 Uhr
Oberlana, Gmd. Lana, Südtirol

Am 8. September, dem Fest Mariä Geburt, findet in Oberlana eine feierliche Prozession, das Hochfest von Oberlana, statt. Klerus, Schützen und Musikkapelle in Burggräflertracht, Feuerwehr sowie alle Verbände des Ortes treffen sich mit einer großen Volksmenge vor dem Gotteshaus der Kapuziner.

Unter dem Klang der Glocken wird das Mirakelbild aus der Kirche getragen. Der erste Altar für die Evangelien steht vor der Kapuzinerkirche, der zweite beim Oberwirt, bei der Abzweigung Ultnerstraße der dritte, bei der St.-Johannes-Kirche der vierte. Häuser und Straßen von Oberlana zeigen Festschmuck: Blumen, Fahnen, farbige Tücher, Heiligenbilder.

Dem Zug voraus flattert die Maria-Hilf-Fahne von Oberlana, getragen von einem Mann in Tracht. Anschließend Kinder mit dem »Christus-Ferggele« (Traggestell mit Christusfigur), Bauern in Tracht tragen den »Schutzengel«, es folgen die »Bubenfahne«, dann die Himmelskönigin, getragen von weißärmeligen und rotbestrumpften Mädchen, die um den Kopf frische Laubkränze gewunden haben. Es schließen sich nun an: die Statue des hl. Michael, des hl. Sebastian, die Männerfahne von Niederlana; die Statue des hl. Urban kommt hinterher, sie ist besonders schön geziert, denn der hl. Urban ist der Schutzherr von Reben und Wein. Burschen in Tracht und mit blauen Strümpfen tragen ihn, und man hat ihm für diesen Tag frühreife Trauben in die Hand gegeben.

Es folgt ein Erzengel, dann Mädchen als Genien verkleidet. Eine Statue der hl. Familie wird von Männern getragen. Dieser schließen sich an die Kirchenfahne von Niederlana und die Skapulier-Muttergottes. Einer weißen Herz-Jesu-Fahne folgen dann die Vereine und der »Weinmesser-Fahn«, sowie das Mirakelbild. Kapuziner und Deutschordenspriester gehen hinterher, dann die Ortskapelle in Tracht, an ihrer Spitze ein Fahnenschwinger und Marketenderinnen. Den Mittelpunkt der Prozession bildet der Priester mit dem Allerheiligsten unter dem Traghimmel. Den Abschluß bildet die Jungfrauenkongregation mit der Statue der Unbefleckten, Schulmädchen und das Volk.

Die Prozession zu Maria Geburt in Oberlana gilt als der größte und feierlichste Umgang im Burggrafenamt. Nach dem Umzug zeigt ein Fahnenschwinger auf dem Oberwirtsplatz unter den Klängen der Musikkapelle seine Kunst, nachmittags tritt er vor dem Gasthaus Theiß noch einmal auf.

Das Fest Maria Geburt von Oberlana reicht zurück ins Jahr 1641, wo ein Kapuziner namens Angelus aus Meran Sonntag für Sonntag nach Lana kam, um dort zu predigen. An einer Schießhütte, die dort stand, wo sich heute die St.-Johannes-Kirche findet, befestigte er eines Tages ein Maria-Hilf-Bild, malte mit Kohle »Maria Hilf« darunter und verrichtete davor eine Andacht. Seinem Beispiel folgten bald viele Leute, es kam zu Gebetserhörungen, und schließlich gelang es dem Pater, die Schützen von Lana dazu zu bringen, den Schießstand in eine Kapelle umzuwandeln. Ein Herr von Wolfsturm stiftete das Altarbild. Nach fünf Jahren riß das Hochwasser der Falschauer das junge Heiligtum weg, nur das Bild konnte gerettet werden. Daraufhin erbauten die Lananer die heutige Johanneskirche, die aber 1786 zur Zeit des Josephinischen Kirchensturmes gesperrt wurde. Das Gnadenbild hat man auf den Hochaltar der neuen Maria-Hilf-Kirche der Kapuziner übertragen. Die erste Prozession zu Maria Geburt wurde am 8. September 1667 abgehalten; aus ihr entwickelte sich langsam das Hochfest von Lana. 1687 wurde an der ehemaligen Maria-Hilf-Kirche in Lana (heutige Kapuzinerkirche) die Bruderschaft »Marianische Liebesversammlung« nach dem Vorbild der seit 1684 an der Peterskirche in München bestehenden Bruderschaft errichtet. 1713 hatte die Bruderschaft über 26 000 Mitglieder, darunter eine große Zahl Geistlicher und Adeliger. Der Maria-Geburtstag wurde als Bruderschaftsfesttag festgelegt. Daraus entwickelte sich ein Landesfest, das aus allen Talschaften Südtirols besucht wurde und heute noch wird. Die letzten Aufnahmen in die Bruderschaft erfolgten 1913.

Nach der Sage habe sich an der Stelle, wo nun das Kapuzinerkloster von Lana steht, einst eine Schwarz- oder »Kreuzschule« befunden, bei der sich zu gewissen Tagen von 11.00 bis 12.00 Uhr nachts Leute einfanden, um die Kunst der Hexerei zu erlernen. Später wurde die Steinplatte, auf der man tanzte, entfernt, unheimlich soll es aber noch länger geblieben sein.

H. F./W. St.

Heyl, J. A.: Volkssagen, Bräuche und Meinungen aus Tirol. Brixen 1897. S. 534.
Lana, Privatdruck eines Freundeskreises. Lana 1941. S. 122.

Marienprozession in Lenggries

Sonntag nach Mariä Geburt (zwischen 8. und 12. September), vm.
Gmd. Lenggries, Lk. Bad Tölz, Rgbz. Obb.

Kleiner als die Fronleichnamsprozession, doch ebenfalls festlich ausgestattet, bewegt sich am Sonntag nach Mariä Geburt eine Prozession nach dem Pfarrgottesdienst von der Kirche weg durch die Kirchstraße zur Gebhardstraße; von dort zum Rathaus, wo der Segen erteilt wird, weiter durch die Geierstein- zur Marktstraße und zurück zur Kirche. Beteiligt sind u. a. die Schützen in ihrer traditionellen Tracht mit langen grünen Röcken zur Lederhose, weißen Strümpfen und hohen Stopselhüten, sowie verschiedene andere Vereine in alter Isarwinkler Tracht. Zwei Figuren werden jedes Jahr mitgetragen: eine Schutzengelgruppe und eine Muttergottesfigur.

Es handelt sich bei dieser Prozession um eine Lenggrieser Eigenheit, die in der Umgebung keine vegleichbare Parallele hat.

Man hält hier schon sehr lange an diesem Brauch fest; die Anfänge – der Anstoß ging möglicherweise von einer Marianischen Kongregation aus – sind nicht mehr nachweisbar; sie können im 19. Jh., aber auch wesentlich früher liegen. N. G.

Martini-Lichterprozession in Schleis

11. 11., 17.30–18.30 Uhr
Fr. Schleis und Gmd. Mals, Vintschgau, Südtirol

Am 11. 11., dem Fest des hl. Martin, wird in Schleis eine Lichterprozession zu dem unter dem Polsterhof gelegenen Bildstöckl des hl. Martin abgehalten, an der die Schleiser sich jedes Jahr zahlreich beteiligen.

Symbol des Martinsabends ist das Licht. Auch das vorbereitende Basteln der Martinslaternen gehört dazu. Schon Wochen vorher beginnen deshalb die Schulbuben und einzelne Erwachsene für diese in Südtirol einzig dastehende Feier zu rüsten. Schön gewachsene Kürbisse werden sorgfältig ausgehöhlt und außen allerhand Verzierungen oder eine Anrufung des hl. Martin eingekerbt. Der Boden des Fruchtgehäuses wird durchlocht, um von unten eine Stange einführen zu können, die als Träger des Leuchtkörpers dient. Eine innen angebrachte Querleiste verleiht dem ganzen die nötige Festigkeit. Auf ihr wird auch eine Kerze angebracht, deren Licht die eingekerbte Zeichnung zur Geltung bringt. Auch Acker- und Runkelrüben, ja sogar rote Rüben dienen mitunter diesem Zweck. Kleine Buben und Mädchen bevorzugen die schaukelnden Lampions, manche Frau benutzt die sonst außer Gebrauch gekommene Laterne.

In dieser Weise mit Lichtern ausgerüstet, treffen sich die Teilnehmer um 17.30 Uhr auf dem Dorfplatz und ziehen, laut den Rosenkranz betend, den steilen und holprigen Weg hinauf bis zum Bildstock am Waldrand. Voran schreiten die Männer mit dem Kreuz. Ihnen folgen die Buben, die Ministranten und der Pfarrer. Beim Bildstöckl angekommen, wird vom Pfarrer die Allerheiligenlitanei vorgebetet und ein Marienlied angestimmt. Nach der Andacht geht es wieder heimzu. Vor dem wuchtigen lebensgroßen »Engele Kreuz« am Dorfplatz wird gemeinsam der »Engel des Herrn« gebetet; mit der anschließenden Segnung die Teilnehmer endet die Feier.

An der Prozession nehmen nur Schleiser teil, es sind wegen der späten Tageszeit fast keine Zuschauer zu sehen.

Auch die Malser halten das Andenken des hl. Martin in Ehren. Sie besitzen eine Martinskirche aus dem 12. Jh., wohl einstens eine königliche Eigenkirche, die bis zum 17. Jh. neben der Maria-Himmelfahrts-Pfarre als eigene Pfarre aufscheint und einen eigenen Friedhof besaß. Im Jahr 1267 übergab Graf Meinhard II. von Tirol die St.-Martins-Pfarre dem Kloster Stams im Oberinntal. Am St.-Martins-Tag unternahmen die zehentpflichtigen Gemeinden der Umgebung einen Kreuzgang nach St. Martin in Mals. Die Tartscher blieben diesem Brauch bis 1971 treu. Heutzutage wird am 11. 11. in Mals der Martinimarkt abgehalten und in der Martinskirche das Patroziniumsfest gefeiert. Früher war der Martinstag in Tirol ein sogenannter Bauernfeiertag, an dem die Dienstboten nicht gearbeitet haben. An diesem Tag wurde dann vielfach unter den Bauern die Pacht geregelt und der Zins einkassiert.

Keine Schrift gibt Aufschluß über den Ursprung und das Alter der Lichterprozession in Schleis. Jedenfalls gilt St. Martin, der beliebte Volksheilige, bei den Schleisern nicht nur als Viehpatron, sondern er wird von ihnen auch in anderen Nöten des Lebens oft und gern angerufen, so namentlich bei der gefahrvollen Holzarbeit in den umliegenden steilen Wäldern. Das mag einer der Beweggründe gewesen sein, der die Bauersleute Johann Punt und Florin von Porta von Schleis im Jahre 1696 veranlaßte, ihm zu Ehren an aussichtsreicher Stelle neben dem steil zum Polsterhof ansteigenden Weg ein Bildstöckl zu errichten. R. W.

Lahner, H.: Die Lichterprozession der Schleiser, in: Der Schlern 30/1956.

Martinimahl oder Rechenmahl der Zünfte in Zürich

Anfang bis Mitte November, meist Samstagabend
Stadt Zürich

Es handelt sich um ein Essen und geselliges Beisammensein der Mitglieder von Zünften und verschiedenen anderen Vereinigungen; in der Regel folgt es anschließend an die Jahresversammlung und Rechnungsablage – daher auch »Rechenmahl«. Oft wird zur Mahlzeit die Martinigans aufgetragen.

Der Ursprung der Martinimähler ist vermutlich im späten Mittelalter anzusetzen;

Der Maibaum ist eines der Wahrzeichen Oberbayerns und seiner Dörfer. Die Ausgestaltung des Maibaumes übernimmt meist die Dorfgemeinschaft, die auch das Aufstellen des Baumes am 1. Mai besorgt. Die kunstvoll gearbeiteten Zeichen berichten von den im Dorf ansässigen Handwerks- und Gewerbebetrieben.
(s. a. S. 172 f.)

die Martinsgans war Naturalabgabe am 11. 11. als dem Zinstag.
Die Zünfte walteten in Zürich von 1336 bis 1798 als Träger der Staatsgewalt. Ihre Rechnungsablagen fanden einst mehrheitlich am Montag statt, wie jetzt noch bei der Schmiedenzunft (sog. Pflegermahl). Die Anlässe anderer Körperschaften datieren erst aus dem 20. Jh. E. Sch.

Martinskilbi in der Schweiz

Sonntag an oder nach dem 11. 11.
Verschiedene Orte der Zentral- und Ostschweiz sowie des freiburgischen Sensebezirks

Es handelt sich um Ortsfeste mit Zusammensein der Bewohner in z. T. von weither gekommenem Verwandtenkreis, mit Tanz, der zum Teil erst am anschließenden Montag stattfindet.
Auf diese Weise findet die Kilbi statt in Altdorf und Gurtnellerberg (Kt. Uri), Rothenburg und Wolhusen-Markt (Kt. Luzern), in den Gemeinden des Sensebezirks (Kt. Freiburg) und in Jonschwil (Kt. St. Gallen). In Tafers (Kt. Freiburg) wird dem Pfarrer, in Anlehnung an den ehemaligen Zehnten, Geflügel überreicht. In Baar (Kt. Zug) fügt sich am Montag ein Jahrmarkt an den Anlaß.
Wie die »Räbenchilbi« in Richterswil knüpft sich die »Martinskilbi« an den genannten Orten an die Feier des Kirchenpatrons. E. Sch.

Martinsmarkt in der Schweiz

Werktage um den 11. 11.
Verschiedene Orte in der Schweiz

Bedeutsame Jahrmärkte sind an den Namen des hl. Martin und die Zeit um den 11. 11. geknüpft: am 11. 11. in Muri (Kt. Aargau) und Stalden (Kt. Wallis); am Montag vorher in Einsiedeln (Kt. Schwyz) und Lichtensteig (Kt. St. Gallen); am Dienstag vor dem oder am 11. 11. in Berneck (Kt. St. Gallen); am Donnerstag vor dem 11. 11. in Altdorf (Kt. Uri), Burgdorf (Kt. Bern) und Sargans (Kt. St. Gallen); am Mittwoch nächst dem 11. 11. in Andelfingen (Kt. Zürich; einziger Jahrmarkt), Brienz (Kt. Bern), Herzogenbuchsee (Kt. Bern), Schüpfheim (Kt. Luzern) und Weinfelden (Kt. Thurgau); am Dienstag nach dem 11. 11. in Schaffhausen (Budenstadt auch über das folgende Wochenende); am Mittwoch nach dem 11. 11. in Sissach (Kt. Baselland); am 2. Dienstag nach dem 11. 11. in Glarus (bedeutendster Markt des Jahres); am Montag der 3. Novemberwoche in Arbon (Kt. Thurgau; Budenstadt und Jahrmarktskonzert bereits am Sonntag).
Zum Teil halten sich diese Märkte an ein einstiges Fest des Kirchenpatrons, mehrheitlich aber an den überlieferten Zinstermin. E. Sch.

Martinsritt in Bregenz

11. 11.
Altstadt von Bregenz (Oberstadt), V

Am Vormittag zelebriert der zuständige Pfarrer in der St.-Martins-Kapelle (Fresken aus der Mitte des 14. Jh.s) eine Messe. Anschließend gibt die Stadtmusik, die den Gottesdienst begleitete, ein Platzkonzert am Martinsplatz. Gegen Abend wird nach einer Andacht in der Kapelle ein Umzug durch die Altstadt abgehalten. Voran reitet St. Martin mit Helm und Schwert, ihm zur Seite der Bettler. Dann folgen Schulkinder mit Laternen, die sie mit Eltern und Lehrern angefertigt haben. Nach dem Umzug erhalten die Kinder Wurst und Brot.
Der Brauch wurde um 1920 aus Augsburg übertragen. W. R.

Martinsritt in Obergünzburg

11. 11. (Martinstag), wenn dieser Tag auf einen Samstag fällt, sonst am nächstliegenden Samstag, 13.30 Uhr
Marktgmd. Obergünzburg, Lk. Oberallgäu, Rgbz. Schw.

Der Ritt führt von der Wiesmühle, wo sich die Reiter treffen, durch den Ort zur Pfarrkirche. Der Marktplatz wird zweimal umritten. Beim ersten Umreiten spielt die Jugendkapelle Marschmusik, beim zweiten werden Martinslieder gesungen, der Ortsgeistliche segnet die Teilnehmer.
Der einzige kostümierte Teilnehmer ist der Darsteller des hl. Martin in »römischem Gewand«. Es beteiligt sich zu Pferd die

gesamte Geistlichkeit des Dekanates Obergünzburg. Ein Pferd wird ohne Reiter mitgeführt. Es ist mit einer schwarzen Schabracke abgedeckt, auf der ein Stahlhelm

liegt zum Gedächtnis der gefallenen Kavalleristen.
Der Ritt wurde 1922 oder 1929 zum erstenmal durchgeführt. Die Anregung dazu ging von Kavalleristen des Ersten Weltkriegs aus.
Der hl. Martin hatte ursprünglich eine Begleitgruppe aus 4–6 römischen Legionären. Man ritt von Immenthal aus über die Wiesmühle nach Obergünzburg. (In Immenthal wohnte die Initiantengruppe.)
Vor dem Zweiten Weltkrieg war die Beteiligung wesentlich höher. Man zählte damals 300–400 Pferde; in den letzten Jahren waren es nur rund 70. Die Reiter wurden nach Pfarreien eingeteilt, Vorreiter trugen jeweils die entsprechenden Pfarreistandarten. G. K.

Int. Geistl. Rat Schmid, A., Obergünzburg, 1/1974, u. Aichner, E., Obergünzburg, 1 u. 4/1974.

Martinsritt in Stiefenhofen

Sonntag um den 15. 10., 9.30 Uhr
Stiefenhofen, Lk. Lindau (Bodensee), Rgbz. Schw.

Der sog. Obere Reiterzug (Reiter aus den westlich und südlich von Stiefenhofen liegenden Ortschaften) sammelt sich in Stiefenhofen, der sog. Untere Reiterzug (aus den Orten östlich von Stiefenhofen) in Burkatshofen. Der Obere Reiterzug verläßt Stiefenhofen um 9.30 Uhr, der Untere Reiterzug schließt sich von Burkatshofen kommend an. Die Reiter treffen gegen 10.15 Uhr in Hopfen ein.
Am Zug beteiligen sich derzeit ca. 90 bis 100 Pferde, überwiegend Arbeitspferde (meist Haflinger).
In Hopfen wird zunächst eine »Martinsszene« gespielt, ein kurzer Dialog zwischen dem hl. Martin (einziger Reiter in Kostümierung – in römischer Kleidung) und dem Bettler. Nach dem Gottesdienst werden die Reiter gesegnet.
1935 beschloß Hopfen (Ot. von Stiefenhofen), das Patrozinium der Martinskapelle, erbaut um 1800, mit einem Umritt zu feiern; so hielt man am 8. 11. 1935 den ersten Umritt mit Festgottesdienst und Pferdesegnung ab, an dem 32 Pferde beteiligt waren. 1938 wurde der Umritt wegen einer Viehseuche unterlassen; 1945 war die erste Feldmesse. 1957 waren es bereits 180 Pferde und 2000 Besucher. 1969 wurde zum erstenmal die Martinsszene gespielt.
Seit 1969 wird der Ritt oft wegen der winterlichen Wetterlage erheblich früher durchgeführt. G. K.

Int. Pfarrer Mader, H., Stiefenhofen. 1/1974. Scheller, L.: Das Umrittbrauchtum im Westallgäu. Weiler i. Allgäu o. J. S. 1 f., S. 15 f.

Martinszug mit Martinsspiel in Stockdorf

Am 11. November, ca. 17.00–18.00 Uhr
Stockdorf, Gmd. Gauting, Lk. Starnberg, Rgbz. Obb.

Am 11. November, dem Fest des hl. Martin, findet in Stockdorf ein Martinszug statt mit anschließendem Martinsspiel.
Der Zug, der durch die Straßen Stockdorfs führt, beginnt an der kath. Kirche (Ende Waldstraße), bewegt sich dann die Waldstraße herab zur Bahnstraße, dann die Bahnstraße nach Osten, die Zugspitzstraße wieder herauf und kommt über die Waxensteinstraße zurück in die Waldstraße und zur Kirche. Die Kinder tragen bunte, erleuchtete Lampions an langen Stäben. Dazu werden Lieder gesungen, z. B. »Laßt uns froh und munter sein« oder das rheinische Lied »St. Martin«.
Während sich der Zug noch durch die Straßen bewegt, wird auf dem Platz vor dem Kindergarten (hinter der Kirche) ein Holzfeuer angezündet. Nach der Rückkehr des Zuges stellen sich die Teilnehmer um das Feuer herum. Nun kommt aus dem Kindergarten ein Bettler in zerlumpter Kleidung und geht auf das Feuer zu. Gleichzeitig erscheint aus dem Wald hinter dem Kindergarten St. Martin auf einem Schimmel. Das Pferd ist normal aufgezäumt, der Reiter erscheint als römischer Legionär. Er trägt Brustpanzer und Beinschienen, ein langes Schwert und einen römischen Legionärshelm samt Helmzier, über dem Panzer einen weiten weißen Mantel. Der Reiter bewegt sich ebenfalls auf das Feuer zu, wo der Bettler inzwischen auf die Knie gesunken ist und wortlos bittend die Hände erhebt. Ohne Zögern teilt St. Martin mit dem Schwert seinen Mantel und gibt eine Hälfte dem Bettler. Ohne ein Wort zu sprechen, entfernen sich dann beide wieder. Damit ist das eigentliche Spiel beendet. Anschließend werden die Kinder noch beschenkt. Sie erhalten von den Kindergartenschwestern kleine Säckchen mit Lebkuchen, Süßigkeiten und Äpfeln. Wenn das Feuer niedergebrannt ist, löst sich die Versammlung auf.
Martinszug und Martinsspiel wurden erstmals 1950 auf Initiative der Kindergartenschwestern abgehalten. Der aus dem Rheinischen kommende Brauch hat sich in Stockdorf infolge des hohen Anteils zugewanderter Bevölkerung rasch durchgesetzt. Umzug und Spiel fanden seitdem ohne Unterbrechung statt, bei sehr schlechter Witterung werden sie um ein paar Tage verschoben.
Die Anteilnahme der Bevölkerung ist gut, es finden sich auch Zuschauer aus benachbarten Ortschaften ein. Die Organisation des Brauches, insbesondere die Gestaltung der Requisiten, liegt bei den Schwestern. Die Lampions werden von den Kindern des Kindergartens vorher gebastelt, von den übrigen Kindern von zu Hause mitgebracht (zum Teil gekauft).
Martinibrauchtum dieser Art als rheinische Adaption ist im Alpenbereich weit verbreitet. Nicht in allen Fällen kommt es, wie in Stockdorf, zu einer ausgebauten Spielhandlung, sondern man beschränkt sich auf einen Laternenumzug, bei dem die Kinder Martinslieder singen. G. S.

»Maschta-Singen« in der Weststeiermark (= Marter-, Leiden-Christi-Singen)

Ostersonntag, 8.00–9.00 Uhr (Mooskirchen) bzw. 9.00–10.00 Uhr (Hitzendorf)
Mooskirchen u. Hitzendorf, beide Ger. u. Pol. Bez. Voitsberg, Stm

Am Ostermorgen ziehen aus fünf weststeirischen Dörfern vorwiegend oder nur aus Männern und Burschen bestehende Scharen zum Hauptgottesdienst in die Pfarrkirche, wobei das vorangetragene Vortragkreuz österlich bunt geschmückt und mit einer Art von »Dachstuhl« versehen ist, unter dessen blauer, violetter oder schwarzer Brokatbedeckung eine größere Anzahl schwerer Wachskerzen festgebunden oder an den Dochten pendelnd aufgehängt sind. Beim Zug in die Kirche werden Passions- und Osterlieder gesungen, die nach Text und Melodie noch ins ausgehende Mittelalter zurückreichen.

In Mooskirchen sind es die Dorfscharen von Fluttendorf, Großsöding, Kleinsöding und Stögersdorf, in Hitzendorf nur die Gruppe aus Attendorf. Die Kirchwege sind zwischen zwei und fünf Kilometer lang. Nach dem Einzug in die Pfarrkirche wird das Kreuz an die Wand gehängt, dort bleibt es bis vor Fronleichnam, dann erst werden die Kerzen heruntergenommen und am Altar verwendet.

Die Liedertexte sind in handschriftlichen Aufzeichnungen erhalten, die Melodien nach dem Gehör überliefert. Die beiden Vorsinger (Tenor und Baß) singen jeweils eine Zeile vor, alle singen sie nach. Es handelt sich um zweizeilige Strophen mit nachgestellten Anrufungen wie »Kyrie eleison«, »Bitt Gott für uns, o Maria« oder »Alleluja«. Teilweise sind sie schon im ältesten katholischen Gesangbuch der Diözese Graz-Seckau (von Nikolaus Beuttner, 1602) unter den »Kirchenfahrter-Rufen« enthalten, jedoch mit anderen, jüngeren Melodien.

Bis zur Änderung der Osterliturgie im Jahre 1956 war noch eine dritte Pfarre (Tobelbad, BH. Graz – Umgebung) am »Maschta-Singen« beteiligt. Dorthin zog die Dorfschar von Haselsdorf. Während der beiden Weltkriege war der Brauch unterbrochen. In Fluttendorf hatte man nach dem Ersten Weltkrieg das Singen nicht wieder aufgenommen. Seither zieht diese Dorfschar nur noch betend mit dem »Maschta-Kreuz« nach Mooskirchen. In Großsöding war der Gesang nach dem Zweiten Weltkrieg verstummt. Aber eine Rundfunksendung über das Maschta-Singen veranlaßte ein paar jüngere Männer, Ende der sechziger Jahre wieder mit Singproben zu beginnen und danach mit einer besonders stattlichen Singschar zu Ostern aufzutreten.

Vor einem Vierteljahrtausend waren noch weitere Nachbarpfarren, wie St. Johann ob Hohenburg und Stallhofen (beide Voitsberg), mit dabei, wie aus einem Schreiben der Grazer »Repräsentation und Kammer« im Namen der Kaiserin Maria Theresia vom 31. März 1751 hervorgeht, in welchem der Pfarrgeistlichkeit aufgetragen wird, diesen Umgang, der teilweise ein Umritt mit Fackeln war, von der Osternacht auf eine passendere Tageszeit zu verlegen.*

In Mooskirchen und Umgebung wußte man noch von einem Zusammenhang des Maschta-Singens mit der Pest. Es wurde mit der 1736 datierten Sebastiansstatue am Pestfriedhof zwischen Höllberg und Södingberg in Verbindung gebracht.** Dagegen war in Hitzendorf und Attendorf die Meinung verbreitet, es handle sich um eine Kirchenstrafe aus der Zeit der Gegenreformation.

Tatsächlich ist das Maschta-Singen eine öffentliche Bußprozession aus der Zeit des ersten Auftretens der Pest in den Jahren 1348 und 1349. Die gleichzeitigen steirischen Klosterannalen, das »Anonymi Leobiensis chronicon« mit seiner deutschen Fortsetzung für die beiden Jahre 1347 und 1348 sowie die »Continuatio Novimontensis« aus dem Zisterzienserstift Neuburg an der Mürz für die Jahre 1329 und 1355 bringen nicht nur die frühesten Berichte über die Einschleppung der Pest aus Venedig, sondern auch Nachrichten über die Bußprozessionen, bei welchen auch die 1260 in Perugia erstmals aufgetretenen Geißler wieder auflebten. In den Neuburger Annalen findet sich auch die Stelle: »uiri congregati de ciuitatibus et uillis ... bini et bini incedentes ... ecclesias cum deuocione uisitabant, *uociferantes materna lingwa de passione domini pulchras cantilenas«:* sie sangen in der Muttersprache schöne Lieder vom Leiden des Herrn. Besser könnte man das Maschta-Singen nicht erläutern.

Übrigens wütete die erste Welle der Pest am ärgsten in einem Bereich, der durch die Eckpunkte Graz, Gratwein, Voitsberg und Stainz eingeschlossen wird, vor allem aber im weststeirischen Kainach- und Södingtale, also genau dort, wo heute noch das österliche Maschta-Singen gebräuchlich ist. S. W.

Pez, H.: Scriptores rerum Austriacarum ... 1. Bd. Leipzig 1721. Sp. 968.
Zahn, J.: Anonymi Leobiensis chronicon. Graz 1865. S. 46 f.
Peinlich, R.: Geschichte der Pest in der Steiermark. 1. Bd. Graz 1876. S. 336.
** Radl, J.: Neues zur Geschichte der Pest im Kainachboden, in: Bl. f. Heimatkunde, 3/1925. Nr. 3 f. S. 32.
Walter, S.: Das »Maschta-Singen«, in: Zur Kulturgeschichte Innerösterreichs (Festschrift f. Koren, H.). Graz 1966. S. 102 ff.
Beuttner, N.: Catholisch Gesang-Buch, hrsg. von W. Lipphardt. Graz 1968. (Vollständige Faksimile-Ausgabe der ersten Ausgabe. Graz 1602.)
* Diözesanarchiv Graz-Seckau, Faszikel »Seelsorge und Gottesdienst« der Pf. Stallhofen.

Maskenskilauf in Lilienfeld

Faschingsdienstag
Lilienfeld, NÖ

Die »Bergbahnen Lilienfeld« veranstalten am Faschingsdienstag einen Maskenskilauf. Es handelt sich dabei um einen Slalom oder Abfahrtslauf maskierter und kostümierter Skifahrer. Start um 12.00 Uhr mittags. Die Liftbenützung ist für Teilnehmer und Zuschauer gratis. Die Siegerehrung findet um 17.00 Uhr in einem Gasthaus statt. Ähnliche Maskenskiläufe werden auch in Kat. Gmd. Neuhaus (Marktgmd. Gaming, Pol. Bez. Scheibbs) (seit 1950 durch das Volksbildungswerk), in Marktgmd. Reichenau an der Rax (Pol. Bez. Neunkirchen) (erstmals 1973 auf der Wiese beim Gasthof Flackl) und in Marktgmd. Türnitz (Pol. Bez. Lilienfeld) veranstaltet. H. F.-F.

Zeitschriften- und Fragebogenarchiv des Österr. Rundfunks, Studio Niederösterreich (Günter Richter).

Maxlan-Markt in Niederwölz

Samstag, Sonntag und Montag vor oder nach dem 12. 10. (Maximilian-Tag) (Umzug nur Sonntag und Montag, am Montag in vereinfachter Form, d. h. ohne Verlesung der Marktbewilligungsurkunde).
Niederwölz, Ger. Bez. Oberwölz,
Pol. Bez. Murau, St

Der Markt dauert drei Tage. Samstag ist stiller Beginn, der Haupttag ist Sonntag, der »Maxlansonntag«. Früher war der Montag der bedeutendere Tag. Nach dem Hochamt am Sonntag wird die Freyung ausgetragen. Die Freyung, als Zeichen kaiserlicher Markterlaubnis, ist eine fast 4 Meter lange Stange, an deren oberen Ende sich die Nachbildung eines ausgestreckten Armes mit Degen befindet. Der kaiserliche Adler ist an dem Schild der Freyung angemalt. Geschmückt mit Blumen wird die Freyung vom Quartier beim Stinglbauer feierlich mit Musik durch den Ort getragen und auf der Marktwiese »eingesetzt«, d. h. sie wird in einen mit einem Schloß versehenen Holzpflock gesteckt. Der Zug bewegt sich in folgender Ordnung: a) der »Auskehrer«, b) die Sänger (Männerchor), c) die Musikkapelle, d) die Freyung, c) der Gemeinderat.

Beim Einholen der Freyung erscheint der Herbergsvater (der Stinglbauer) auf dem Gang seines Hauses und gibt die Freyung herunter, dann übernimmt sie der Träger. In diesem Moment erklingt ein Marsch, anschließend ist der Freyungsgruß. Der »Auskehrer« springt dem Zug voraus und schafft Platz unter Scherzworten und Späßen, vor allen mit dem Halsen der Mädchen und mit Beschmieren durch Ruß. Bei jedem Gasthaus und beim »Unteren Krämer« wird gehalten, die Kellnerin kommt mit Wein für die Gemeindevertretung, die Musik und die Sänger, die wiederum überall ein Lied zum besten geben. Der »Auskehrer« tritt auch hier in Aktion, er tanzt mit der Kellnerin. Am Marktplatz angelangt, wird die Freyung »eingesetzt«. Bei dieser Gelegenheit wird noch einmal der Freyungsgruß gesungen, dann wird die Marktbewilligungsurkunde aus dem Jahre 1536 verlesen. Das Verlesen der Urkunde wird mit Humor gewürzt, so daß dieser traditionelle Akt nie langweilig werden kann. Nach diesen überlieferten Handlungen, die fast den ganzen Vormittag dauern, beginnt das eigentliche Marktleben mit Handel, Tanz und anderen Vergnügungen, die besonders am Samstag und Sonntag bis in den nächsten Morgen hinein dauern.

Urkundlich belegt ist der Maxlan-Markt ungefähr ein halbes Jahrtausend. Laut Angabe in der verlesenen sog. 2. Marktbewilligungsurkunde vom 18. 11. 1536, gegeben von Ferdinand I., ist der Jahrmarkt schon von Kaiser Friedrich III. (1440 bis 1493) am »s. Maximilianstag« bewilligt worden. Jene 1. Urkunde ist aber durch »Brunst jüngstlich des Spanischen Kriegsvolks durchzugshalber« verdorben, weshalb um eine neuerliche Bewilligung angesucht wurde. (Die Originalurkunde befindet sich im Steiermärkischen Landesarchiv.)

Der Name des Jahrmarktes leitet sich ab vom Kirchenpatron, da der Markt am Kirchweihfest (Patroziniumstag, 12. Oktober) bzw. zu einem diesem Datum nähergelegenen Freitag, Samstag und Sonntag abgehalten wird. Es ist also ein »Maximiliansmarkt«, wie anderswo der »Leonhardi-, Anna- oder Klaramarkt«. Dem Steirer war aber der Name Maximilian zu lang, er hat ihn daher gekürzt auf zwei Silben, also auf »Max-lan« – in der hiesigen Mundart »Maxlaun«, wobei das Schluß-»n« bei offenem Mund nasal ausklingt. Auf den Plakaten wird der Markt als »Maxlaunmarkt« bezeichnet. Die Bezeichnung »Maxlonmarkt«, die man oft liest und auch hört, ist eine kärntische Dialektfärbung, vermutlich aus der Zeit, als der größte Teil der heutigen Bezirkshauptmannschaft noch zum Herzogtum Kärnten gehörte und viel Kärntner Landvolk als Dienstleute bei den Bauern Arbeit fand. Der Markt galt im Mittelalter als der »größte Kirchtag im Oberen Murtal«.* Er war weniger bedeutend als Viehmarkt, zum Unterschied vom Klaramarkt auf der Stubalm. Welches Ereignis der Maxlanmarkt einstmals gewesen ist, geht auch aus den im vorigen Jahrhundert noch lebendigen Veranstaltungen hervor, die diesem Kirchtag ein buntes Gepräge gaben: ein Schwerttanz wurde aufgeführt, Reiftänze und Bandltänze konnte man ebenso miterleben wie Aufführungen von Volksschauspielen, die selbstverständlich waren in einer auch heute zum Teil noch durchaus vorhandenen Spiellandschaft des oberen Murtales (z. B. Steirisch-Laßnitz). Der Höhepunkt des Marktes, das Austragen der »Freyung«, ist geblieben. Die Volksüberlieferung sagt heute noch, daß die Freyung gehütet werden müsse (wenn es auch keine Wächter mehr wie früher gibt), würde sie an einen anderen Ort verbracht werden, ginge das Marktrecht dorthin. Über versuchte Verbringungen kursieren Erzählungen und Schwänke. Die frühe Erteilung des Marktrechtes dürfte auch darin zu sehen sein, daß Bergbau und Handel mit dem Wölzertal und seinen Bewohnern eng verknüpft sind. Schon die »altillyrische Bevölkerung suchte bergbauergiebige Gebiete und gute Positionen an Handelswegen«, ebenso hinterließen die Römer und die Slawen Spuren. (H. Ebner) H. M.

Krauss, F.: Die eherne Mark. 2. Bd. Graz 1897. S. 453 f.
Geramb, V.: Deutsches Brauchtum in Österreich. Graz 1924. S. 15 f., S. 87 f.
* Steiner-Wischenbart, J.: 400 Jahre »Maxlaunmarkt« in Niederwölz, in: Tauernpost v. 10. 10. 1936 u. 17. 10. 1936.
Hb. d. historischen Stätten Österreichs, 2. Bd. Stuttgart 1966. S. 116 (Beitrag von H. Ebner).
Mitt. Schuldirektor i. R. Ackerl, A., Niederwölz. 7/1973.

Morgartenfeier (Morgartengedenktag) in der Schweiz

15. 11., ab 8.00 Uhr
Sattel und Morgarten, Kt. Schwyz, Morgartendenkmal am obern Aegerisee, Kt. Zug

Der Gedenktag beginnt um 8.00 Uhr mit einem Gedächtnisgottesdienst in der Pfarrkirche von Sattel. Anschließend ist ein Festzug mit historischen und Trachtengruppen, militärischen Fremdendelegationen und den Regierungsvertretern von Schwyz und Zug zur Schlachtkapelle auf Schornen, an der Straße von Sattel zum Aegerisee. Dort wird der Schlachtbrief gelesen und werden Jahrzeit und Ansprachen gehalten. Eine Schlacht-»Jahrzeit« (Seelenmesse) findet am gleichen Tag auch in der Pfarrkirche von Schwyz statt.

Beim nahen, aber auf Zuger Boden, nicht auf dem eigentlichen Schlachtfeld gelegenen Denkmal findet von 8.00 bis 15.00 Uhr das historische Morgarten-Schießen unter einer Beteiligung von über 1000 Schützen in Gruppen zu je 10 Mann statt. Um Mittag wird aus Feldküchen der »Spatz« serviert; nach 15.00 Uhr versammelt man sich in einer Festhütte und die »Schützenlandsgemeinde« hält Ansprachen.

Anlaß zur Feier ist das Gedenken an die Schlacht am Morgarten (15. Nov. 1315), in der die Waldstädte Schwyz, Uri und Unterwalden über die Ritter Herzog Leopolds I. von Österreich siegten. Die Morgartenfeier wurde ursprünglich nur alle 5 Jahre durchgeführt und findet erst seit 1957 jährlich, und zwar in größerem Rahmen statt. E. Sch.

Morgartendenkmal am obern Aegerisee

Mullerlaufen in Thaur

Jedes 3. bis 5. Jahr an einem Sonntag im Fasching, 14.00 bis ca. 18.00 Uhr
Gmd. Thaur, Bez. Innsbruck-Land, T

An 6 bis 7 Plätzen entlang der Dorfstraße, beginnend am westlichen Ortsende, wiederholt sich das eigenartige Treiben der verschiedenen Masken. Sie kommen hier z. T. auch aus Nachbarorten, vor allem aus Rum und Absam. Das früher auch als »Huttlerlaufen« bezeichnete Brauchtum hat seinen Namen von den Lumpen, Stofffetzen, Pflanzen, mit denen viele Masken bekleidet sind. »Muller«-Laufen wird von »amulln« abgeleitet – die Zottler usw. berühren nach einem kräftigen Ausholen zu einem Schlag mit der flachen Hand den Rücken der Zuschauer, vor allem der weiblichen.

Zur Gruppe der »Huttler« oder »Muller« gehören die Zottler (am Gewand lange Fransen, z. T. geknüpft, der radartige Kopfputz ist mit Truthahn- und Pfauenfedern geschmückt, in der Hand eine kurze Peitsche mit langer Schnur), Flöckler (an Hemd und Hose kleine dunkle Stoffflecken), Zaggeler (jugendlich-freundliche Maske; dunkelblaues Kostüm mit gelbroten Fransen und blauen »Zaggeln« = Quasten), Klötzler (am Gewand farbige, schindelartige aufgenähte Holzklötzchen, die beim Springen laut klappern), Glöggler (an den Gewandnähten Schlittenglöckchen). Gesichtsmaske und Kopfputz sind bei den »Huttlern« in einem gehalten.

Im Gegensatz dazu ist die Gruppe der »Tuxer« in Alt-Zillertaler Tracht gekleidet. Besonders prächtig sind die »Altar- (oder Spiegel-)Tuxer«, deren Kopfschmuck ein hoher, mächtiger Aufbau (der Altar) aus Kunstblumen ist, in der Mitte ein Spiegel, rundherum ein gutes Dutzend Spielhahn- oder Pfauenfedern und viele weiße Hahnenfedern; vom Altar hängen hinten bunte Seidenbänder über das seidene Rückentuch herab; die Gesichtslarve ist jugendlich-männlich mit Schnurrbart. Zu dieser Gruppe gehören weiter der »Melcher«, Sennerinnen, Wirt und Kellnerin, also Tiroler Volkstypen.

Die dritte Gruppe bildet das »Fasserrößl« (ein großer Mann mit einer krinolinenartigen Roßattrappe, der Kopf des Pferdes ist geschnitzt, es entsteht so der Eindruck von Roß und Reiter), begleitet vom Schmiedemeister und seinen Gesellen, die immer wieder versuchen, das unbändige Pferd zu beschlagen. Den Übergang zu den karnevalistischen Festwagen bildet die »Altweibermühle«. Alte Weiber – ebenfalls von Burschen dargestellt – werden in die Mühle gesteckt und kommen jugendlich wieder heraus.

Über das »Hudlerlaufen« in Thaur existiert die älteste eingehende Beschreibung eines Tiroler Fasnachtbrauches. Sie ist ein Teil der zum Großteil verloren gegangenen Sammlung von Volksliedern, Tänzen und

Bräuchen, die, angeregt von Erzherzog Johann, die Gesellschaft der Musikfreunde in Wien 1819 in Tirol durchführen ließ. Der von Franz Ziska verfaßte Bericht über das »Hudlerlaufen« erschien im gleichen Jahr in einer Breslauer Zeitschrift.
Obwohl Thaur in der Bannmeile der Landeshauptstadt Innsbruck liegt, konnte sich hier trotz vieler Verbote im 18. Jh. das Fasnachtsbrauchtum erhalten, wie Thaur auch sonst noch viel Brauchtümliches lebendig bewahrt hat (Krippendörfer, Palmeselprozession). Die Organisation der Veranstaltung, an der jeweils 400 Personen aktiv mitwirken, liegt hier in den Händen der örtlichen Schützenkompanie.
Altes Lärmbrauchtum ist auch bei den Schellenschlagern und den Peitschenknallern enthalten. Dem Brauch des Winteraustreibens mit Peitschengeknall begegnen wir nicht nur in anderen Fasnachtsbräuchen, sondern – besonders eindringlich – im »Aperschnalzen« in Innsbruck, Ot. Hötting (bis 1938 eigene Gmd.), wo Burschen an bestimmten höhergelegenen Stellen an Wintertagen mit ihren langen Peitschen »schnöllen«; es verstummt am Aschermittwoch. Die Behauptung, daß der Spiegel im Kopfputz der »Altartuxer« der Abschreckung böser Dämonen diene, die darin ihre eigene Häßlichkeit erblicken und so abgeschreckt werden sollen, ist sehr fragwürdig, da Spiegel noch nicht so lange gebräuchlich sind. Der Brauch ist auch hier zu einem eigenartigen Volksschauspiel geworden, in dem auf verschiedenste Weisen der Winter vertrieben und der Frühling geweckt wird, wobei in dieses Schauspiel im Laufe der Zeit auch immer wieder neue Schwankelemente einbezogen wurden. Das Treiben des »Fasserrößls« wurde von einem ehemaligen Brauch in der Salinenstadt Hall übernommen, den die Zunft der (Salz-)Faßbinder (vgl. Stadtwappen von Hall) am »Unsinnigen Donnerstag« ausübte. D. A.

Dörrer, A., Tiroler Fasnacht. Wien 1949. S. 352 ff., S. 371 ff.

Mullerlaufen in Thaur

Musikantenfasnacht in Escholzmatt

Mittwoch vor dem 1. Adventsonntag (zwischen 23. u. 29. 11.)
Escholzmatt im Entlebuch, Kt. Luzern

Es handelt sich um ein kleines Dorffest mit Feier der Feldmusik, des Gemischten Chors und Orchestervereins. Deren Mitglieder begeben sich um 9.00 Uhr mit klingendem Spiel und mit den Fahnen zu einem Gedächtnisgottesdienst in die Pfarrkirche. Anschließend kurzes Platzkonzert und Fahnenschwingen vor der Festwirtschaft, dann »Znüni« und Tanz bis Mittag. Abends findet um 20.00 Uhr ein großes Freikonzert mit Theaterproduktionen statt.
Der Brauch ist vermutlich in der ersten Hälfte des 19. Jh.s aus frohem Zusammensein junger spiel- und singfreudiger Leute hervorgegangen, das sich an ein einstiges Weihnachtssingen knüpfte. 1855 wurde er im Protokoll des Musik- und Gesangsvereins verankert. In den Anfängen hieß das Fest »Spiellütefasnacht«. E. Sch.

Narrengericht in Stockach

Während der Fastnachtszeit
Stockach/Baden

Am Dreikönigstag beginnt die Stockacher Fasnacht mit dem Einzug in das (alljährlich wechselnde) Narrenwirtshaus. Diese Narrenversammlungen, zu denen das Narrengericht mit lärmendem Fackelzug und Musikbegleitung durch die nächtlichen Straßen zieht, finden drei- bis viermal statt. Hier werden die Planungen für die Fasnacht beraten und die Rollen verteilt. Die feierliche Verkündigung der Fasnacht findet acht Tage vor dem Fasnachtssonntag statt. Einer der Höhepunkte ist dann der Donnerstag vor dem Fasnachtssonntag, der sogenannte »schmutzige Donnerstag«, an dem unter großer Beteiligung der Bevölkerung und der Narrenzunft der Narrenbaum gesetzt wird. Anschließend wird ein Umzug mit dem Narrenbüttel, der Stadtmusik und dem ganzen Narrengericht veranstaltet. Der Narrenbaum besteht aus einer schlanken Tanne, deren Äste abgeschlagen wurden, sie trägt eine Tafel mit der Inschrift: »Stammbaum aller Narren«. An den Fasnachtstagen von Sonntag bis Dienstag wird das öffentliche Narrengericht abgehalten. Es besteht aus dem Narrenrichter, dem Laufnarrenvater, dem Narrenschreiber, dem Narrenbüttel und 15 Gerichtsnarren. Bei der Aufnahme von hohen Amtspersonen in die Narrenzunft wird eine närrische Gerichtsverhandlung abgehalten. Ankläger und Verteidiger müssen aus dem Stegreif sprechen, was die Dialoge oft sehr witzig macht. Der Fasnachtsdienstag ist einer der Haupttage der Stockacher Fasnacht. An diesem Tag wird ein närrischer Festzug mit allerlei Verkleidungen und Anspielungen auf Ereignisse der lokalen und überregionalen Politik veranstaltet. Am Aschermittwoch wird zwischen 18.00 und 19.00 Uhr die Fasnacht begraben. In dunklen Kleidern, unter kläglicher Musik und dumpfen Trommel-

wirbeln zieht die Zunft dreimal um den Narrenbaum herum und begräbt symbolisch die Fasnacht. Der Narrenbaum wird am Sonntag Lätare frühmorgens gefällt.

Die Stockacher Narrenzunft, »das Hohe Grobgünstige Narrengericht« (e. V.) führt ihre Entstehung auf ein Privileg zurück, das der Hofnarr Herzog Leopolds, Hans Kuony von Stockach, 1315 für einen witzigen Rat erhalten haben soll. Vor der Schlacht bei Morgarten gegen die Schweizer sagte er nämlich bei einem Kriegsrat auf die scherzhafte Frage des Herzogs, was er davon halte: »Ihr ratet alle, wie wir in das Land Schweiz hinein, aber nit wie wir wieder heraus kommen wollen.« Mit Mühe und Not rettete der Herzog sein Leben nach der verlorenen Schlacht; als er sich des weisen Rates seines Narren erinnerte, versprach er ihm, einen Wunsch zu erfüllen. Kuony erbat sich das Privileg zur Gründung einer Narrenzunft mit alljährlicher Abhaltung eines Narrengerichts in seiner Heimatstadt Stockach. Das Privileg wurde ihm 1351 durch den Bruder des verstorbenen Leopold, Herzog Albrecht den Weisen, ausgestellt. So erzählt die lokale Überlieferung. Diese Stiftungsurkunde ist freilich längst verschollen. Es existiert eine aus dem Jahr 1743 stammende Urkunde, die eine Abschrift der »Statt Stokhachischen Narren-Gerichts-Privilegien und Freyheiten« sein soll. Ursprünglich wurde das Gericht am Aschermittwoch gehalten, aber meistens, wie auch heute, auf den Fasnachtsdienstag verlegt. Das Narrengericht hat viele Wandlungen erfahren, blieb jedoch im Kern immer so erhalten, wie es die Statuen von 1743 vorschreiben.

Besteigen des 28 m hohen Narrenbaumes in Stockach

Das Stockacher Narrengericht gehört zu den fastnächtlichen Rügegerichten, bei denen Vorkommnisse des vergangenen Jahres in lustiger Form, anlehnend an den Verlauf einer Gerichtsverhandlung, gerügt werden. Diese »Gerichts-Parodien« waren im 17. und 18. Jh. verhältnismäßig weit verbreitet, aber nur wenige haben sich, in unterschiedlicher Form, bis heute erhalten; damit kann das Stockacher Narrengericht zweifellos als eines der ältesten gelten.

L. P.

Bettinger, H.: Die Stockacher Fastnacht. Stockach 1930.
Bender, G.: Das hohe grobgünstige Narrengericht zu Stockach, in: Fasnet im Hegau. 1959. S. 136–145.
Sachs, K. Chr.: Das Narrengericht zu Stockach. Bericht des Oberamtsrates Raiser um 1799, in: Fasnet im Hegau. S. 131–135.
Wagner, H.: Vom Hofnarrentum. Skizzierungen einer Grundlage der Stockacher Fasnacht, in: Fasnet im Hegau. S. 126–130.

Neujahrseinläuten in Seengen

1. 1., von Mitternacht an ½ Stunde
Seengen im Seetal, Kt. Aargau

Mit großen Kuhglocken, die an einem breiten Ledergürtel getragen werden, läuten rund 20 bis 30 Burschen das Neujahr ein.

E. Sch.

Neujahrsschreien in Südtirol

1. 1., ganztägig, aber besonders in den Morgenstunden
Südtirol, vorwiegend Pustertal

Am Neujahrsmorgen gehen Kinder einzeln oder häufiger gruppenweise in die Häuser, um den Nachbarn und Dorfbewohnern ein gutes neues Jahr zu wünschen. Der Wunsch wird in Gedichtform vorgetragen, selten gesungen. Die alten Sprüche, die offen auf das wirtschaftliche Gedeihen anspielen und die Forderung nach Belohnung enthalten, werden von allgemein gehaltenen Wunschgedichten, die dem Schullesebuch entnommen sind, verdrängt. Je kleiner die Neujahrsschreier sind, desto lieber sind sie gesehen, weil nach der weit verbreiteten Volksmeinung Kinderwunsch und Kindergebet leichter »durch die Wolken dringt«. Die Belohnung besteht in Geld oder sonstigen Gaben (Äpfel, Schokolade usw.), wobei Geld von den Heischenden bevorzugt wird.

Der Brauch wird von vielen als Bettelei angesehen, er bildet sich daher stark zurück.

Das Neujahrsschreien ist in dieser Form nicht sehr alt, sondern ein auf die Kinder abgesunkener Rest winterlicher Heische- und Rügebräuche. H. Gr.

Haider, F.: Tiroler Volksbrauch im Jahreslauf. Innsbruck-Wien-München 1968.
Furggler, R.: Neujahrschreien in St. Johann im Ahrntale, in: Der Schlern 46/1972. S. 96.

Neujahrssingen der Knabenschaft in Jenins

1. 1., von Mitternacht bis gegen 3.00 Uhr
Jenins, Kt. Graubünden

Das Singen, zu dem sich die »Knaben« (erwachsene, aber noch unverheiratete Burschen) kurz vor Mitternacht versammeln, beginnt bei der oberen Mühle und wird von Haus zu Haus durchgeführt, wobei zwei, vor bestimmten Häusern drei Strophen eines bestimmten Neujahrsliedes vorgetragen und durch die 12 jüngsten Mitglieder, die sog. »Wünscher«, Naturalgaben (Gebäck, Fleisch, Wein), seltener Geld, »eingezogen« werden. Einige »Knaben« läuten im Kirchturm das Neujahr ein. Im »Knabenhaus« (Privathaus, gewöhnlich bei älteren Leuten mit kleinem Haushalt) werden darauf die Gaben, zu denen bereits im Herbst gekaufter Wein kommt, bis zum folgenden Sonntag »verneujährlet«.

In Jenins besteht die einzige fest organisierte »Knabenschaft« des nordöstlichen Kantonteils; doch beschränkt sich ihre öffentliche Wirksamkeit auf die Neujahrsnacht. Im rätoromanischen Bereich Graubündens, und hier vor allem in den katholischen Gemeinden, haben die »Knabenschaften« (Compagnias de mats) oft über die gesellige hinaus eine sittenrichterliche Funktion bewahrt. Sie erfüllen auch im kirchlichen und politischen Leben eine gewisse Rolle (etwa Teilnahme an Prozessionen, mit Paraden in historischen Uniformen). In Domat/Ems (im Rheintal oberhalb von Chur) wird den »Knaben« in der Neujahrsnacht durch das Los ein Mädchen als »Mündel« zugeteilt, über das sie ein Jahr lang »Vormund« sind. E. Sch.

Caduff, G.: Die Knabenschaften Graubündens . . . Chur 1932.

Neujahrssingen in Planeil

31. 12., 24.00–3.00 Uhr
Planeil und Gmd. Mals, Vintschgau, Südtirol

In Kortsch, Eyrs und Tschengls wird am Silvestertag um 12.00 Uhr mittags das Neujahr eingeschellt. Eine große Schelle umgehängt, zieht die Jugend von einem Dorfende zum anderen, laut schellend von Bauer zu Bauer. Nachdem dann die Kinder die Gaben in ihren Säcken verstaut haben, verabschieden sie sich mit dem allgemein gebräuchlichen Dank: »Vergelt's Gott in Himmel aui!«

In den Bergdörfern Planeil, Stilfs und Tanas beglückwünschen die Burschen des Dorfes die Bewohner in der Silvesternacht mit alten Neujahrsliedern religiösen Inhaltes, worin sie Gott danken für das Gute, das er im abgelaufenen Jahr beschert hat, und nun für alle Einwohner wiederum um ein gutes neues Jahr bitten. Die meisten Haustüren werden in der Silvesternacht nicht zugesperrt, damit die Burschen im Hausflur vorübergehenden Schutz gegen Kälte und Schneetreiben finden können. Beim Pfarrer, der als die wichtigste Persönlichkeit des Dorfes gilt, wird das Neujahrssingen begonnen. Den Sängern stehen drei inhaltlich verschiedene, aber mit gleicher Melodie gesungene Eingangslieder zur Verfügung, die sie nach ihrem Gutdünken verwenden. Für gewöhnlich beginnen sie:

Auf Christen, auf Christen,
vom Schlafe erwacht,
das Jahr ist verflossen
in der heutigen Nacht.
Auf Christen, auf Christen,
jetzt schwingt's euch empor
und lasset uns singen
mit dem himmlischen Chor
und lasset uns singen
mit der englischen Schar,
daß Gott uns verleihe
ein glückseliges Jahr.
Kniefällig zu danken
sind stets wir bereit
für tausend Geschenke,
die Gott uns verleiht.
Gib all' auch, o Höchster,
uns wieder den Segen
im künftigen Jahr . . .

oder:

Lost auf ihr Herrn, lost auf ihr Frauen,
ihr Jünglinge und Jungfrauen!
Lost auf ihr Bürger und Handwerksleut,
so reich oder arm ihr seid!
Schon wieder ist ein Jahr verflossen
in ganz kurzer Zeit . . .
Gott der Vater soll uns segnen,
vom Himmel lassen regnen
ein glückseliges neues Jahr
und alles, was wir wünschen,
der Wunsch, der werde wahr.

Nach diesen frommen Eingangsliedern folgen passende Glückwünsche an die einzelnen Hausbewohner. Alle werden reichlich mit goldenen Dingen beschenkt. Beim Pfarrherrn stimmt der Vorsänger an:

»Was wünsch'n wir dem
Herrn Pfarrer zum Neujahr?
Die Monstranz in der Hand,
damit er die Gemeind'
recht segnen kannt.«

Dann fallen alle mit dem Kehrreim ein, der bei jedem Wunsch wiederholt wird:

»Mit Freud'n wohl
ein ins Neu – Neujohr
und alles, was wir wünschen,
der Wunsch werde wohr.«

Es folgen die anderen Wünsche des Vorsängers nach Bedarf:

»Dem Hausvater wünsch'n wir
an goldenen Huet,
drunter hat Plotz viel Ehr und Guet.«

oder:

». . . an goldenen Pflueg,
daß die Eard kann wear'n
recht fein und klueg.«

oder:

»Der Hausmutter wünsch'n wir
an goldenen Tisch,
auf allen vier Egg'n an gebrotenen Fisch,
und mitten drein
mueß wohl das liebe Christkind sein.«

Die Burschen verabschieden sich schließlich bei jeder Familie mit einem Vers des Dankes für die Gaben, die sie bei den Bauern in Form von Korn einige Tage danach einsammeln werden.

»Jetzt ziehen wir den Faden
wohl um das Haus,
wünsch'n 's Glück eini
und 's Unglück hinaus.
Für alles, was ihr gegeben,
sei euch viel Dank und Segen.
Glückseliges neues Johr!
Unser Wunsch, der werde wohr!«

Unbeantwortet bleibt die Frage nach dem Verfasser dieser Neujahrslieder. Texte und Melodie entstehen in der Bevölkerung und erleben oft, verschieden nach Zeit und Ort, nicht unbedeutende Veränderungen. Es scheinen auch die Verse der Obervintschgauer Neujahrssänger ein Anklang an die Glückwunschreime der Sarner Klöcklsänger zu sein. R. W.

Der Schlern 3/1922 u. 11/1930.
Bossi Fedrigotti, A.: Vinschgau. Bozen 1968. S. 39.
Winkler, R.: Lebendiges Brauchtum im Vintschgau.
Haider, F.: Tiroler Volksbrauch im Jahreslauf. Innsbruck, Wien, München 1968.

Nikolaus

Der kommerzialisierte Weihnachtsbetrieb erreicht alljährlich schon erheblich vor dem 6. Dezember einen ersten Höhepunkt, wenn Nikoläuse in Kaufhäusern und Fußgängerpassagen, auf Märkten und in Gaststätten Werbegeschenke verteilen und Kinder und Eltern zum Kaufen verlocken.
Nikolaus, Bischof von Myra in Kleinasien, hat um 300 gelebt. 1078 wurden seine Reliquien in die Krypta der Basilika San Nicola in Bari verbracht. Seine Popularität verdankt der Bischof von Myra neben seiner eigenen reichen Lebensgeschichte und zahlreichen Legenden der unbewußten Verbindung und Verschmelzung mit einem zweiten Nikolaus, einem Abt von Sion, der im 6. Jh. lebte. Aus dieser Vermischung heraus entstand in kürzester Zeit der meistverehrte Heilige des Morgenlandes; im 10. Jh. schon kam seine Verehrung zuerst über das Rheinland nach Deutschland. Das Mittelalter sah ihn dann bereits als Patron von mehr als 2000 Kirchen; seine Heiligtümer säumen Häfen ebenso wie Landstraßen und Brücken. Er wurde zum Patron der Seeleute, Schneider, Weber, Metzger, Notare, Advokaten, Schüler, Gefangenen und Heiratslustigen. Seine Attribute sind 3 Brote, 3 Äpfel, 3 goldene Kugeln, Schiff und Anker oder drei Kinder in einem Faß. Es sind verschiedene Legenden, die zu diesen Attributen und zur Gabenbringerrolle des Heiligen führten.
Zum Kinderfest wurde der Nikolaustag bereits im Mittelalter durch die Verbindung mit dem Fest des »Kinderbischofes« (episcopus puerorum), einer ausgelassenen Schülerfeier, bei der die Klosterschüler einen aus ihrer Mitte zum Bischof für einen Tag wählten.
An den gütigen, gabenbringenden Bischof haben sich an manchen Orten finstere Gestalten angeschlossen, die wohl außerchristlichen Ursprungs sind: Knecht Ruprecht, Klaubauf, Pelzmärtl oder Buttnmanndln. In manchen Gegenden spielen diese Gestalten die unbestreitbar überwiegende Rolle – sie nehmen einen Teil der Maskenfreiheit des Faschings voraus.
N.G.

Niklaus in der Schweiz

5. und 6. 12., event. auch kurz davor
Verschiedene Orte in der ganzen Schweiz

In den katholischen Gegenden, mit Zentrum in den Kantonen der Innerschweiz, tritt St. Nikolaus in der Regel im Bischofsornat auf und begibt sich in die einzelnen Häuser, auch in Schulen und Anstalten. Er ermahnt die Kinder folgsam zu sein – in der Innerschweiz erhält er oft die von ihnen auf Holzstäbchen, den »Chlausebei«, vermerkten guten Taten vorgewiesen – und teilt dann Äpfel, Nüsse und Süßigkeiten aus. Sein oder seine abschreckend gekleideten Begleiter, der »Schmutzli« (vor allem Innerschweiz) oder »Ruprecht« (vor allem Ostschweiz), bedeuten das strafende Element.
Häufig erscheinen die genannten Gestalten in einem größeren Klausumzug, zuweilen

auch in Verbindung mit einer Horde junger Burschen, die mit Glocken, Schellen, Hörnern, Peitschen usw. Lärm machen (vgl. Klausjagen).

In den protestantischen wie in manchen katholischen Gebieten zeigt sich St. Nikolaus in zugleich strafender wie beschenkender Funktion, als alter bärtiger Mann in Kapuze oder Pelzmütze und weitem Mantel. An bestimmten Orten der Nordostschweiz präsentieren sich andererseits Kläuse, außer des Namens bar jeder Assoziation mit der Heiligenfigur, als schrekkende und heischende Lärmgestalten erst an Silvester.

Die Figur des St. Nikolaus, einstigen Bischofs von Myra und Patron der Schiffsleute, haben die überlieferten Liebes- und Wundertaten und mittelalterliche und barocke Klosterschülerfeste, in deren Mitte ein Schülerbischof stand, zu überaus großer Popularität als Kinderfreund verholfen. Doch werden sie bzw. ihre Begleiter auch durch Kennzeichen anders gearteter Bräuche charakterisiert wie Lärm, Strafen, Tributforderungen usw. E. Sch.

Geiger, P./Weiss, R.: Atlas der Schweizer Volkskunde II. Kommentare.

Niklausmarkt in der Schweiz

Werktag zwischen der 1. und 3. Woche im Dezember
Verschiedene Orte in der Schweiz

Bedeutende Jahrmärkte sind an den Namen von St. Niklaus und den Termin um den 6. 12. geknüpft: am 6. 12. in Sursee (Kt. Luzern); am Donnerstag vor dem 6. 12. in Altdorf (Kt. Uri); am Dienstag vor oder an dem 6. 12. in Lachen (Kt. Schwyz); am Samstag vor oder an dem 6. 12. in der Stadt Zug; am Montag nach dem 6. 12. in Flawil (Kt. St. Gallen); am Dienstag nach dem 6. 12. in Berneck (Kt. St. Gallen); am Donnerstag nach dem 6. 12. in Altstätten (Kt. St. Gallen); am 1. Montag im Dezember in Frauenfeld (Kt. Thurgau); am 1. Dienstag im Dezember in Laufen (Kt. Bern); am 1. Samstag im Dezember in der Stadt Freiburg; am 2. Dienstag im Dezember in Biel (Kt. Bern) und Brugg (Kt. Aargau); am 2. Mittwoch im Dezember in Weinfelden (Kt. Thurgau); am 3. Donnerstag im Dezember in Winterthur (Kt. Zürich); am Mittwoch 14 Tage vor Weihnacht in Appenzell.

z. T. halten sich die Märkte an ein einstiges Fest des Kirchenpatrons.

Klausmarkt in Glarus und in Lenzburg vgl. a. a. O. E. Sch.

Niklaus-Umzug in der Schweiz

5. und 6. 12., event. auch kurz davor
Bestimmte Orte der Inner- und Ostschweiz und des Aargaus, sowie Stadt Zürich

In Altdorf (Kt. Uri) ziehen am Sonntag kurz nach 17.00 Uhr feierlich der berittene St. Nikolaus, der »Schmutzli« und ein weiterer Begleiter mit einem geschenkbeladenen Wagen durch den Ort.

In Kriens (Kt. Luzern) findet an einem Sonntag Anfang Dezember die Kinderbescherung statt und gegen 16.00 Uhr ein Umzug, den die nach dem früheren Gemeindemann Rüttimann-Galli, dem sog. »Murgalli«, benannte »Gallizunft« veranstaltet.

In der Stadt Luzern zieht am 6. 12. nach 15.00 Uhr die von Schülern des Leodegarstiftes dargestellte Gruppe des »Hofsamichlaus« durch die Altstadt. Mehrere Hundert Kinder folgen ihr mit Tricheln (Schellen) und erhalten am Schluß kleine Geschenksäcke.

Ein festlicher Aufzug des Heiligen findet auch in Root, Sempach und Sursee (Kt. Luzern) statt.

In Willisau (Kt. Luzern) werden in dem am 6. 12. abgehaltenen Nikolausumzug mit christlichen Symbolen oder Gestirnen verzierte Transparentlaternen mitgeführt.

In Engelberg (Kt. Obwalden) ist meist am 5. 12. ein Umzug mit dem Heiligen unter großem Baldachin, mit »Schmutzli« und weiterem Gefolge, darunter zahlreichen »Trinklern«, wie die »Trichler« hier heißen, der am Nachmittag zu den Häusern der Außenbezirke und nach 18.00 Uhr vom Kloster aus zu jenen des Dorfes führt.

In Sarnen (Kt. Obwalden) ist am 5. 12. nach 20.00 Uhr ein Umzug mit rund 40 »Trinklern«, ferner zwei »Leviten« als »hellen« Begleitern des berittenen St. Nikolaus und zwei »Harliging«, von denen der eine für Ordnung sorgt.

In der Stadt Zug ist am Samstag vor oder am 6. 12. abends das Nikolausmahl der vier noch bestehenden Stadtzünfte, verbunden mit dem Auftreten des Zunft-St.-Nikolaus in prächtigem Ornat. Die vier Niklausgestalten besuchen im Schein der Zunftlaternen und in Begleitung der »Schmutzli« in einer bestimmten Kehrordnung die anderen Zünfte.

In Rapperswil (Kt. St. Gallen) formieren sich am 5. 12. gegen 17.30 Uhr, nachdem sie zuvor die Schulen besucht haben, rund 20 Klausgruppen (je mit dem Heiligen, dem »Schmutzli« und einem »Esel«) zum gemeinsamen Umzug vom Schloß herab durch die Altstadt. Am Schluß werden in einer »Austeilete« die Kinder bedürftiger Familien beschenkt.

In Kreuzlingen (Kt. Thurgau) ist am Sonntag nächst dem 6. 12. um 16.00 Uhr Aufmarsch mehrerer St.-Nikolaus- und »Schmutzli«-Gruppen auf dem Löwenplatz. Anschließend werden einige Familien besucht.

Im Bremgarten (Kt. Aargau) ist ein größerer Niklausaufzug am 6. 12. anläßlich des Festes des Kirchenpatrons.

Klausumzug in Uznach ▷

Umzüge finden auch in Klingnau, Laufenburg (hier 4 Klausgruppen zu je 3 Mann) und Rheinfelden (Kt. Aargau) statt.
In der Stadt Zürich ist in der Regel am ersten Adventsonntag zwischen 17.00 und 19.00 Uhr ein Umzug mit Herolden, berittenem St. Niklaus und mehreren weihnachtlich dekorierten Wagen durch die Altstadt. Die Gruppe beschert bedürftige und kranke Kinder in Kinderkrippen, Waisenhäusern, Jugendheimen, Spitälern usw.
Die Tradition in Altdorf kam um 1910 neu auf; dem vom Verein »Nächstenliebe« organisierten Anlaß wich das zuvor ausgeprägte »Klausenjagen«.
Soweit sie einen fürsorgerischen Zweck verfolgen, sind auch die übrigen genannten Klausumzüge verhältnismäßig junger Entstehung: der in Kriens 1926, in Sarnen zu Beginn, in Rheinfelden zu Ende der 30er Jahre, in Zürich 1948.
Einzelne Elemente weisen auf vermutlich ältere Riten, so etwa die beiden »Harliging« in Sarnen, die etymologisch »Harlekinen« entsprechen und hinter deren Namen vermutlich der Rest der Vorstellung vom »Wilden Heer« verborgen ist. E. Sch.

Geiger, P./Weiss, R.: Atlas der Schweizer Volkskunde II.
Koch, H.: Innerschweizerische St.-Niklaus-Bräuche. Zuger Kalender 1954.
Heim, W.: 50 Jahre Krienser Galli-Zunft. Schweizer Vkde. 62/1972. H. 4.

Niklaus-Umzug in Freiburg

1. Samstag im Dezember, nach 17.00 Uhr
Stadt Freiburg, Kt. Freiburg

Am Abend des Nikolausmarktes zieht ein Zug von verkleideten Studenten und der von Pfeifern und Trommlern angekündigte, auf einem Esel reitende St. Niklaus durch das Bahnhofsquartier und durch die Altstadt bis vor die St.-Niklaus-Kathedrale. Dort wird eine Ansprache gehalten und alte Lieder erklingen. Während sich auf dem Notre-Dame-Platz inmitten des Markttreibens eine Konfettischlacht entwickelt, kehrt der Zug ins Kollegium St. Michael zurück.
Die Tradition des Umzuges des von einem Schüler des St.-Michael- (einstiges Jesuiten-)Kollegiums dargestellten Heiligen hielt sich früher an das Datum 6. 12. als Festtag des Kirchen- und Stadtpatrons. Sie war seit 1764 unterdrückt und wurde 1906/07 durch Schüler der 6. Literaturklasse des Kollegiums wieder aufgenommen, jedoch an den Termin des inzwischen vorverlegten Niklausmarktes geknüpft.
Dem Brauch wohnen Kennzeichen eines der im Mittelalter auf- und in der Barockzeit zu neuer Blüte gekommenen Feste inne, an denen ein »Schülerbischof« die Hauptrolle spielte. E. Sch.

Jordan, J.: Elle arrive – la St. Nicolas. Fribourg 1956.

Nikolaus-Aufwecken in Mals

5. 12., 15.30–16.30 Uhr
Marktgmd. Mals, Vintschgau, Südtirol, Pf. Mals

Im ganzen Vintschgau kennt man den gabenbringenden heiligen Bischof Nikolaus. Damit er sein Kommen nicht versäume, wird er in Mals und in anderen Ortschaften des Vintschgaus von Schulbuben am 5. Dezember abends aufgeweckt. Beim Umzug durch den Marktflecken tragen die 6- bis 8jährigen Kuhschellen, die 8- bis 10jährigen blasen aus Leibeskräften auf ihren Bockshörnern und die 10- bis 14jährigen sind mit Stecken bewaffnet; denn sie sorgen für Ordnung und schützen den Umzug vor den oft mit Hinterlist angreifenden Klaubaufen oder Krampussen.

Schon einige Tage vorher hört man in Mals das fleißige Proben mit den Bockshörnern. Oft kosten die ersten Versuche viel Anstrengung, um den Hörnern die richtigen Töne zu entlocken.

Am Nikolausabend versammelt sich die männliche Schuljugend um 15.30 Uhr auf dem Schießstand, einer Anhöhe oberhalb des Marktes. Dort ordnet sich der Zug, dann geht's den Weg hinab an den obersten Häusern entlang und durch eine hohle Gasse zum westlichen Dorfende hin. Weiter bewegt sich der eigenartige Zug durch »Rußland« – so wird nämlich der kälteste Dorfteil von Mals genannt – hinunter in das Unterdorf und von dort durch »Grotses« herauf bis zum Ortseingang im Osten, wo früher die Nikolauskirche stand. Dort wird vor dem am Haus Nr. 1 in flacher Mauernische angebrachten alten, auf Holz gemalten Nikolausbild haltgemacht und der beliebte Kinderfreund unter lautem Getute und großem Schellenlärm aufgeweckt. Bei dieser Handlung zieht die ganze Bubenschar geordnet dreimal im Kreise herum. Inzwischen ist die Abenddämmerung eingetreten. Der Zug der Buben, auf dem ganzen Weg umbrummt von dem dumpfen Getute der Bockshörner, in das sich die hellen und die dunklen Töne der im Weitergehen noch eigens geschwungenen Schellen mischen, strebt jetzt, von einer großen Menge begleitet, die enge Straße hinein dem von mehreren alten Gasthöfen umgrenzten und gegen Westen von der hohen Renaissancefront des stattlichen Ansitzes »Lichtenegg« beherrschten »Platz« zu. Weiter zieht die Bubenschar hinauf in das Oberdorf, um nach links durch das zur Nachtzeit unheimliche, enge »Lorggengaßl« zum Sonnenwirt hinüber und zur »Puniger Seit« hinunterzukommen. Wieder auf dem Platz angelangt, wird dort neuerdings ein weiter Kreis gebildet und in Gegenwart zahlreicher Begleiter und Zuschauer aus Leibeskräften gelärmt, zuerst getutet, dann geblasen und zuletzt von allen Buben gemeinsam ein Höllenlärm veranstaltet. Dann wirbeln die Buben nach allen Richtungen auseinander und man hört noch längere Zeit hindurch in den Gassen die laut tönenden Schellen.

Es kommt beim Umzug gerne vor, daß wilde Krampusse aus einer alten Scheune oder hinter einer Hausecke hervorstürmen und Verwirrung in die erschreckte Bubenschar bringen. Meistens folgt eine Rauferei, bei der schließlich doch die Übermacht der Knaben siegt. Manchmal müssen die Klaubauf mit verbeulten Köpfen und mit vom Gesicht gerissenen Larven eiligst die Flucht ergreifen. Die Mädchen ziehen oder sehen dem Zuge respektvoll nach. Ihnen obliegt die Aufgabe, die von den Geschäftsleuten den »Santa-Klos-Wekkern« geschenkten Süßigkeiten einzusammeln. Beim Betläuten müssen dann Buben und Mädchen zu Hause sein; denn jetzt beginnt erst so richtig das tolle Treiben der Krampusse in den Gassen. Daheim stellen die Kinder ihren Teller mit dem Wunschzettel auf den Stubentisch und erwarten das Kommen des heiligen Nikolaus. Endlich kommt er; in manchen Häusern ungesehen, in anderen in seinem vollen Bischofsornat – meist begleitet von einem furchterregenden Krampus, Vertreter und Bestrafer des Bösen, jedoch gefügiger und folgsamer Diener des Gottesmannes. R. W.

Mang, H.: Volksbrauch in Südtirol. Brixen 1948.
Bossi Fedrigotti, A.: Vintschgau. Bozen 1958. S. 39.
Haider, F.: Tiroler Volksbrauch im Jahreslauf. Innsbruck, Wien, München 1968.
Winkler, R.: Lebendiges Brauchtum im Vintschgau.

Nikolauseinzug in Innsbruck

5. 12., Vorabend des Nikolausfestes, ab 17.20 Uhr
Ot. Hötting, Stadtpf. St. Nikolaus, Stdtgmd. Innsbruck, T

Um 17.20 Uhr ertönt das große Geläute der Pfarrkirche St. Nikolaus am linken Innufer. Um 17.30 Uhr singen die »Nachtwächter«, ein kleiner Männerchor, einige Lieder, und aus dem Kirchentor tritt unter Assistenz die Gestalt des hl. Nikolaus – zumeist ein Theologe aus dem nahegelegenen Priesterseminar. Nach einem Lied der »Engelschar« (Schulkinder) und einer kurzen Ansprache von St. Nikolaus formiert sich der Zug: Nachtwächter mit Laternen, Bläsergruppe, Engel, Ministranten, Nikolaus und Knecht Ruprecht, der ein von einem Esel oder von einem Pony gezogenes Wägelchen mitführt, aus dem die vielen Spalier stehenden Kinder entlang des Weges mit Äpfel beschenkt werden. Der Zug führt von der Pfarrkirche durch die St.-Nikolaus-Straße (beleuchtet durch die vielen in die Fenster gestellten Kerzen) und die Innstraße, über die Innbrücke zum Marktgraben und durch die Herzog-Friedrich-Straße (Altstadt) zum »Goldenen Dachl«, wo er um ca. 18.00 Uhr eintrifft. In diesem Augenblick werden zum erstenmal die Lichter des großen Weihnachtsbaumes in der Altstadt angezündet (Christkindleinzug). Vom Balkon des Goldenen Dachls aus spricht der »Nikolaus« zu den zahlreich versammelten Kindern und Erwachsenen. Am Domplatz löst sich der Zug auf.

Der Brauch ist eine Neueinführung nach dem Zweiten Weltkrieg (1947) und war zunächst auf das Pfarrgebiet von St. Nikolaus (zur ehm. selbständigen Gmd. Hötting gehörend, die erst 1938 Innsbruck eingemeindet wurde) zur Verherrlichung des Kirchenpatrons beschränkt. Initiator war die Handarbeitslehrerin Frieda Hofman zusammen mit dem zuständigen Pfarramt. Seit aus dem Nikolausumzug ein Nikolauseinzug in die Innsbrucker Altstadt wurde, wird der Brauch in Zusammenarbeit mit dem Jugendrotkreuz durchgeführt.

Frauen aus St. Nikolaus gingen in den 70er Jahren des 19. Jh.s vor Weihnachten in Häuser der Altstadt, wo sie alte »Kindlwiegenlieder« sangen. Schon in den städtischen Raitbüchern des 16. Jh.s sind Ausgaben für Weihnachtsliedersängerinnen verzeichnet.

Der Schaubrauch des Nikolauseinzuges, der von »seiner« Kirche in die Altstadt führt, wo mit dem zu diesem Zeitpunkt angesetzten ersten Aufleuchten der Lichter am öffentlichen Christbaum gleichsam das Weihnachtsfest eingeleitet wird, ist zwar in dieser Form eine relativ junge Einführung. Das Nikolausbrauchtum an sich ist jedoch auch in Tirol sehr alt (Klaubauflaufen). Auch in Innsbruck sind, wie wir aus gelegentlichen Verboten wissen, um den 6. 12. Nikolausgestalten mit Krampussen in den Straßen der Stadt verbreitet gewesen. 1738 bittet ein Innsbrucker Bürger den Rat um eine Beisteuer zur Reparierung der St.-Nikolaus-Kleidung, um am Abend des Heiligen »denen Kindern agieren zu können«. Die Begleitung des hl. Bischofs – der Geschenke verteilende Knecht Ruprecht mit einem Esel – ist in der vorliegenden Form keine bodenständige Erscheinung, sondern kommt aus dem Mitteldeutschen. D. A.

Fischnaler, K.: Innsbrucker Chronik. Bd. 3 Innsbruck 1930. S. 328 f.
Meisen, K.: Nikolauskult und Nikolausbrauch im Abendlande (= Forschung z. Vkde. 9–12). Düsseldorf 1931.

Nikolauseinzug, Nikolausfeier in Niederösterreich

6. Dezember, später nm.

Wie bei den Faschingsumzügen, Erntedankfesten und Sonnwendfeiern ist es schwierig, die offiziellen Nikolausfeiern in ihrer Gesamtheit zu erfassen, da ihre Veranstaltung von der Initiative der einzelnen Gemeinden abhängt. Doch werden auch Nikolauseinzüge und -feiern, wie alle von öffentlichen Organisationen durchgeführten Veranstaltungen, durch Anschläge, in der Kirche und in der Lokalpresse bekannt gemacht. Die von der Geistlichkeit initiierten Feiern laufen gewöhnlich nach dem gleichen Schema ab: Ein Geistlicher zieht, als Nikolaus verkleidet, feierlich in die Kirche oder den Pfarrsaal ein, spricht von der Bedeutung des Heiligen, examiniert die Schulkinder, segnet sie und verteilt dann kleine Gabensäckchen. Neben diesen kirchlichen Feiern sind es kommunale Kulturreferate, Heimat- und Sportvereine, die einen feierlichen Nikolauseinzug in die Stadt organisieren: Der Nikolaus zieht zu Pferd, mit Kutsche oder Schlitten meist zum Hauptplatz vors Rathaus, wo ihm gelegentlich der Rathausschlüssel übergeben wird (nur in größeren Gemeinden), und verteilt kleine Geschenke an die Kinder. Die Liste der nachfolgenden Orte mit Nikolausfeiern ist nicht vollständig:

Stadtgmd. Traiskirchen (Pol. Bez. Baden). Die Filialkirche ist dem hl. Nikolaus geweiht; an der Westseite befindet sich ein Torvorbau mit einer Statue des Heiligen. Nach dem Abendgottesdienst und einer Nikolausfeier in der Kirche teilt St. Nikolaus seine Gaben an die Kinder aus.

Stadtgmd. Wilhelmsburg (Pol. Bez. St. Pölten). Feierlicher Einzug des Nikolaus in die Pfarrkirche. Die Pfadfinder und Wölflinge (Untergruppe der Pfadfinder) bilden ein Spalier, der Kinder- und Jugendchor trägt durch Lieder zur Veranstaltung bei. Abhaltung eines Wortgottesdienstes. Der Nikolaus examiniert die Kinder und verteilt seine Gaben.

Kat. Gmd. Tradigist (Marktgmd. Rabenstein a. d. Pielach, Pol. Bez. St. Pölten). Der Heimat- und Trachtenverein veranstaltet eine »Nikolaus- und Krampusfahrt« durch den Ort. Sie endet in den Abendstunden vor dem Gasthaus Gonaus. Hier werden die zahlreichen Kinder, die sich eingefunden haben, vom Nikolaus beschenkt.

Marktgmd. Frankenfels (Pol. Bez. St. Pölten). Nikolaus und Krampus fahren in einem Schlitten (bei Schneelage, sonst in einem Wagen) durch den Ort und beschenken die Kinder. Veranstalter: Heimat- und Trachtenvereine.

Marktgmd. Aspang Markt (Pol. Bez. Neunkirchen). Der Skiklub veranstaltet einen »Krampusritt«.

Marktgmd. Kirchberg a. d. Pielach (Pol. Bez. St. Pölten), Marktgmd. Rabenstein a. d. Pielach (Pol. Bez. St. Pölten), Marktgmd. Warth (Pol. Bez. Neunkirchen). Nikolaus und Krampus fahren auf Pferdewagen durch die drei Ortschaften und beschenken die Kinder.

Marktgmd. Lilienfeld (Pol. Bez. Lilienfeld). Der Nikolaus fährt im Landauer durch den Ort. Veranstalter ist die Ortsgruppe der Österr. Volkspartei.

Die Nikolausfeier war nicht von jeher ein bäuerlich-ländlicher Brauch, sondern entstammt dem adeligen, dann bürgerlichen und geistlich-schulischen Milieu. Auf dem Land war er in Niederösterreich teilweise bis vor wenigen Jahrzehnten unbekannt. Zum genannten Termin liefen evtl. in Pelze oder dunkle Lumpen gehüllte Burschen mit Pelzlarven oder rußverschmierten Gesichtern in den Orten umher, die man »Krampus« oder »Niglo« nannte. Allerdings kannte man in sozial höher gestellten, »besseren« Familien auch den Nikolaus, der oft in spielhafter Form mit Engelbegleitung in die Stube einzog, um die Kinder zu belehren und zu beschenken.

Jedoch herrschten bis zum Zweiten Weltkrieg die Krampusse vor (z. T. auch »offizielle« sog. »Krampuskränzchen«), wobei es oft zu Ausschreitungen kam, so daß schließlich die Krampusse, wohl auch unter dem Druck von Kirche und aufgeklärten Pädagogen, behördlich verboten wurden. Organisierte Neuformungen (Nikolausfeier, -einzug) begannen sich zu häufen. Die Anregung kam dazu offensichtlich schon von katholischen Liturgiereformern vor dem Zweiten Weltkrieg, vorerst wohl nur im kleineren Kreis (Nikolausfeiern in der Schule, im Kindergarten, bei den Pfadfindern wurde aber durch die Nationalsozialistische Zeit unterbrochen. Erst in jüngster Zeit geht die Entwicklung dahin, daß die Gemeinden selbst, wohl im Sinne einer Fremdenverkehrs- und Absatzförderung, zum Teil auch zur ideologisierten Erhaltung und Pflege des Brauchtums, Nikolauseinzüge veranstalten. Es mag sein, daß auch hier einerseits über die Massenmedien Anregungen von den niederländischen Nikolaus- und den anglo-amerikanischen Santa-Claus-Einzügen gekommen sind, andererseits von den oben erwähnten heimischen Nikolausspielen.

Die Nikolausfeiern kann man als jungen, rein christlich-kirchlichen Brauch einordnen. Die Zentralgestalt des hl. Nikolaus, die die Forschung oft weit – bis auf heidnischen Ursprung – zurückzuverfolgen können glaubte, hat sich als christlicher Heiliger erwiesen, was sich allerdings von seinen ehemaligen Begleitgestalten (Krampus, Habergeiß, Nikolausfrau u. a.) nicht behaupten läßt. Seine spielhafte Darstellung entwickelte sich hauptsächlich im schulischen Milieu schon im Mittelalter und breitete sich immer weiter aus, blieb aber, wie erwähnt, bis in die jüngste Zeit herauf den sozial höher gestellten Schichten vorbehalten. H. F.-F.

Zeitschriften- und Fragebogenarchiv des Österr. Rundfunks, Studio Niederösterreich (Günter Richter).
Meisen, K.: Nikolauskult und Nikolausbrauch im Abendlande. Düsseldorf 1931.
Fielhauer, H.: Der Nikolaus und seine Begleiter, in: Mittwintermasken in Niederösterreich. Wien 1974.

Nikolausspiel in Neufahrn

5. 12., a., 5jähriger Turnus (1972, 1977)
Neufahrn, Gmd. Egling,
Lk. Bad Tölz-Wolfratshausen, Obb.

In Neufahrn und in Humbach, Gmd. Dietramszell, Lk. Bad Tölz-Wolfratshausen, wird in 5jährigem Turnus das Nikolausspiel, ein Stubenspiel, von Einwohnern der beiden Orte aufgeführt. Nach lokalen Traditionen ist das Neufahrner Spiel das ältere, das von dem Humbachern übernommen wurde. (Humbach und Neufahrn liegen ca. 8 km voneinander entfernt.)

Nach der Diktion dürfte das Spiel in der jetzt vorliegenden Form zu Beginn des 19. Jh.s niedergeschrieben worden sein. Heute liegt eine Abschrift von 1949 vor. Der Schreiber bemerkt dazu: »Viele Sätze sind in einem fehlerhaften Deutsch und in unvollständigen Sprachsätzen niedergeschrieben. – Es wird den Spielern anempfohlen, die Sätze besser zu vervollständigen.« Die Akteure sprechen entweder ein bairisch vokalisiertes Hochdeutsch oder die Umgangssprache der Region.

Es treten auf: Jäger, Hirtenbua, Pilgram, Mohrenkönig, Nikolaus, 1. und 2. Bettler, Bettelrichter und Klaubauf.

Die Spielergruppe geht von Hof zu Hof. Das Spiel eröffnet der Jäger, der die Anwesenden begrüßt und u. a. den Nikolaus als Gabenbringer ankündigt. Der Hirtenbua warnt vor der Sünde: ». . . O, daß wir die Sünde überwinden, um einst den seligen Tod zu finden.« Der Pilgram – »Ich aber muß meinen Stab noch weiter setzen und werde mir dabei keinen Fuß verletzen« – übergibt an den Mohrenkönig, der die Kinder zurechtweist: ». . . Frisch auf ihr frechen unnützigen Gassenbuben, vielleicht sind schon gebaut für euch die tiefen Höllengruben . . .« Der Nikolaus zeigt sich zunächst in der gewohnt gütigen Weise. Der 1. Bettler geht ihn an: »Heiliger Nikolaus, i tet di recht schön bitten, wennst ma a bißl was tast in mein Hütl einschütten.« Die beiden Bettler kommen sich in die Haare: ». . . Du schwarzkopfats Miligsicht, warum haust du mir ins Gsicht . . .« Der Bettelrichter mischt sich ein: ». . . Ich bin de als Betlrichter genannt, daß ich die Betlleut vertreib aus dem ganzen Land.« Die beiden Bettler beginnen zu singen und beschreiben ihr Leben; sie versuchen den Bettelrichter zu bestechen und bieten ihm »a Schnitza Schnaps und a Glasa(l) Speck«. Der Bettelrichter unterbricht sie: »Was macht ihr da ihr Teufelsgschmoas? . . .« Die Bettler opponieren gegen ihn: »Husch da Bonabax, schmeiß ma'n naus.« Der Mohrenkönig greift ein und sagt: »Heiliger Nikolaus, du Wundersmann, tu dich ein wenig bedenken und tu diesen boshaften Kindern nicht gar so viele schöne Sachen schenken, wie sie auf Straßen und auf Gassen das Bosheittreiben nicht sein können lassen.« Der Nikolaus läßt sich von ihm überzeugen und holt den Klaubauf.

Damit ist das Spiel beendet bzw. bricht ab. Der Auftritt dauert etwa 15 Minuten. Die Kinder beten anschließend und werden dann in der üblichen Weise beschenkt.

Nikolausspiele dieser Art sind im altbairischen Bereich vorerst nur in den beiden genannten Orten nachzuweisen, doch »gibt es besonders in Tirol, Salzburg und der Obersteiermark ausgesprochene Nikolausspiele mit größeren Sprechrollen«.* Sie waren in der Kontaktlandschaft zu Bayern, dem österreichischen Inntal, weit verbreitet. Nach den publizierten Texten zu schließen, wird man nicht über das 18. Jh. hinausgehen können, »kein Zeugnis kennt Nikolausspiele in unserem Sinn aus dem 17. Jh«.*

Das Problem, woher das Neufahrner bzw. Humbacher Spiel kommt, ist vorerst nicht zu klären, möglicherweise kam es im Zug der überregionalen Mobilität von Handwerkern oder wohl eher von ländlichem Gesinde aus dem österreichischen Inntal in das Wolfratshauser Gebiet.

Es handelt sich mit Sicherheit um eine heute nicht mehr vollständige Textfassung. Zentrale Bedeutung kommt dem Bettlerlied zu. Das Lied schildert die immerwährende Auseinandersetzung der Bettler mit der Obrigkeit. Der zitierte Bestechungsversuch ist eine bewußte Verdrehung, die auch im Schnaderhüpfl zu finden ist. G. K.

* Schmidt, L.: Adventspiel und Nikolausspiel, in: Wr. Zs. f. Vkde. 40/1935. H. 6. S. 97–106, bes. S. 103 ff.
Schmidt, L.: Das deutsche Volksschauspiel. Berlin, Bielefeld, München 1962.
Korr. Gmd. Egling 3/1975. Der Text des Spiels findet sich in einer Kopie im Institut für Volkskunde, München.

Notburgaprozession in Eben

Sonntag nach dem Notburgafest (14. 9.), nm.
Pf. u. Gmd. Eben am Achensee, Bez. Schwaz, T

Zur Prozession im kleinen Kirchweiler Eben kommt alljährlich eine stattliche Anzahl von Wallfahrern, vor allem Bauern und die wenigen noch vorhandenen Dienstboten, aus der engeren Umgebung, aber auch Teilnehmer aus anderen Berufsschichten. Vom Balkon des »Mesnerhauses«, einem stattlichen Unterinntaler Bauernhof gegenüber der Pfarrkirche, wird die Predigt gehalten, da die Kirche die Menge bei weitem nicht fassen könnte. Anschließend formiert sich in überlieferter Ordnung die Prozession; in der Mitte unter dem Himmel wird das Sanctissimum mitgetragen. Es ist eine Flurprozession.

Durch die vielen Frauen in der typischen Unterinntaler Tracht (dunkles, langes Kleid, bunte Seidenschürze, schwarzer Zylinderhut, lange, bestickte Bänder), die mitgetragenen Prozessionsfiguren (das

Ferkulum mit der Notburga-Statue tragen die Jungfrauen) und vor allem die Schützenkompanie und die mit der gleichen Trachtenuniform eingekleidete Musikkapelle erhält die Prozession ihr besonderes Kolorit. Nach der Rückkehr des Zuges in die Kirche findet ein kurzer Abschlußsegen statt.

Das von der Ritenkongregation in Rom 1862 gefällte Urteil im Heiligsprechungsprozeß der schon jahrhundertelang vom Tiroler Volk als Heilige verehrten Dienstmagd Notburga ergab zwar nur eine Anerkennung des Kultes, nach den Worten des Fürstbischofs Vinzenz Gasser von Brixen war dies aber »einer förmlichen Canonisation gleich zu achten«. Der Festtag der hl. Notburga (14. 9.) wurde daher besonders feierlich begangen. An der Prozession beteiligten sich über 10 000 Pilger. Damals wurde auch zum erstenmal vom Söller des Mesnerhauses aus gepredigt. Eine Woche dauerten auch die Feierlichkeiten anläßlich des 600. Todestages der Heiligen im Jahre 1913.

Notburga wurde um 1265 in Rattenberg geboren, wo man noch am Stadtplatz ihr Geburtshaus zeigt. Die bis ins 17. Jh. zurück zu verfolgende Legende besagt u. a., daß sie auf Schloß Rottenburg Dienstmagd war, den Armen viel Gutes tat und dabei manche Schwierigkeiten hatte (Hobelspänewunder), nach dem Tod ihrer Herrin zu einem Bauern nach Eben kam, bei dem sie einmal nach dem Feierabendläuten am Samstag noch Weizen schneiden sollte, aber dem Gebot Gottes mehr gehorchte (Sichelwunder), schließlich aufs Schloß zurückging, wo sie 1313 starb; ihr Leichnam wurde von zwei Ochsen, die noch nie unterm Joch standen, auf Eben geführt (Motiv der weisenden Tiere) und im Rupertus-Kirchlein begraben.

Eine unvollständige Legendenerzählung (ohne die beiden Wunder) soll zwischen 1464 und 1491 Franz Gezner geschrieben haben (in Abschrift aus der 2. Hälfte des 16. Jh.s erhalten), auf der der bedeutendste Notburga-Biograph, der Haller Stiftsarzt H. Guarinoni (1622) aufbaute.

1434 wurde der Neubau der Kirche auf Eben zu Ehren der hl. Notburga geweiht, ein wichtiger Beleg für die frühe kultische Verehrung der hl. Dienstmagd, die gerade in Tirol, wo freie Bauern lebten, zur Patronin der bäuerlichen Dienstboten werden konnte. Die Reliquien wurden 1718 aufgefunden und am Hochaltar der 1736 bis 1738 neuerbauten Kirche aufgestellt.

L. Schmidt beschäftigte sich auch ausführlich mit dem Sichelwunder und stellte eine Verbindung zu mythischen Sichelgestalten, die gleichzeitig als Mond- wie als Erntewesen auftraten, her. D. A.

Schmidt, L.: Gestaltheiligkeit im bäuerlichen Arbeitsmythos, Studien zu den Ernteschnittgeräten und ihrer Stellung im europäischen Volksglauben und Volksbrauch. Wien 1952.

Ilg, K.: Zur volkskundlichen Bedeutung des Sonntags, in: Zs. f. Vkde. 51/1954. S. 196 ff. (Ilg sieht Notburga u. a. als heilige Vertreterin der mühsam erkämpften Sonntagsruhe.)

Kirchenführer von Eben am Achensee (= Christl. Kultstätten Österreichs, Nr. 9). Salzburg 1960.

Pfaundler, W.: Sankt Notburga, eine Heilige aus Tirol. Wien-München 1962.

Nünichlingler in Ziefen

24. 12., 21.00 Uhr
Ziefen, Kt. Baselland

Am 24. 12. findet um 21.00 Uhr der Umzug der »Nünichlingler« durch das Dorf statt. Die rund 40 bis 50 Burschen, die den Brauch jetzt in erneuerter Form hochhalten, tragen z. T. meterhohe Zylinderhüte, lange Mäntel und z. T. Nikolausbärte; mit Schellen und Kuhglocken machen sie im Takt Lärm.

In ähnlicher Weise gibt es auch einen Umzug im benachbarten Arboldswil sowie in Reigoldswil.

Die ursprüngliche Sitte, zu schrecken (etwa mit verrußten Lumpen Umstehende zu erwischen) und auch Tribut zu fordern, ist eingegangen. Die »Nünichlingler« läuten heute »die Weihnacht ein«. Die Tradition war einst im oberen Baselbiet weiter verbreitet.

Vermutlich handelt es sich um einen Schreck- und Heischebrauch der Mittwinterzeit, der im Mittelalter an das Nikolausdatum gebunden war, in der Folge der Reformation aber auf die Tage des Jahresendes, hier auf den Weihnachtsvorabend, verlegt wurde. Darauf deutet jedenfalls die Aufmachung, die jener eines »Schmutzli« oder »Schwarzen« verwandt ist. E. Sch.

Strübin, E.: Baselbieter Volksleben. Basel 1952.

Nuß-Nuß in Aarau

Samstag vor oder nach Mitte November, ca. 13.30 Uhr
Aarau, Kt. Aargau

Vor dem »Absenden«, d. h. der Preisverteilung, die dem Endschießen folgt, werden seitens der Aarauer Schützengesellschaft, von deren Sitzungs- und Eßlokal im ersten Stock des Café »Bank« an der Bahnhofstraße Nüsse sowie Ein- und Zweirappenstücke unter die draußen versammelte Jugend geworfen. In Sprechchören ruft diese »Nuß, Nuß, Nuß, und Schilling obedruff« und sucht dabei die Gaben, auch an Schnüren herabhängende Würstchen, zu erhaschen.

Die Schützen genehmigten ursprünglich in ihrer Schützenstube an der Rathausgasse vor dem Auszug auf den Schießplatz zum Endschießen und »Absenden« eine »Morgensuppe«; dabei wurden Würstchen, Nüsse und neue Kupfermünzen unter die Jugend geworfen, in der Meinung, diese sollte auch ihr Teil an dem Vergnügen der Gabenausschüttung haben. Diese Sitte geht auf die ersten Jahrzehnte des 19. Jh.s zurück. Eingeschlafen, wurde sie durch die 1824-Schützengilde um die Jahrhundertwende aufgefrischt. E. Sch.

Däster, A.: Ein Aarauer Schützenbrauch aus dem vorigen Jahrhundert. Schweizer Vkde. 41/1951. H. 2 f.

Rössli
Toboggan

Das größte Volksfest der Welt, das Münchner Oktoberfest, die »Wiesn«, wie sie die Einheimischen nennen, entwickelt sich immer mehr zu einem hochtechnisierten Vergnügungsapparat, wodurch der ursprüngliche Volksfestcharakter verloren geht. Ihm verdankt die »Wiesn« aber ihren Ruf.
(s. S. 203 f.)

Oktoberfest (Wies'n) in München

3. Samstag im September, 12.00 Uhr
Dauer 16 Tage. (Das Oktoberfest ist mit dem Zentrallandwirtschaftsfest verbunden, das in zweijährigem Turnus abgehalten wird – ungerade Jahre)
Landeshauptstadt München, Theresienwiese

Das Münchener Oktoberfest, das im September gefeiert wird, gilt als das größte Volksfest der Welt. Die Budenstadt auf der Theresienwiese zu Füßen der Kolossalstatue der Bavaria bietet das, was man vor allem im Ausland unter bayerischer Gastlichkeit versteht.

Zentrum ist die Straße mit den 7 Bierzelten, in denen sog. Oberlandler Kapellen für die nötige Stimmung sorgen und den Bier- und Brathendlkonsum steigern. Die Zahl der Fahrgeschäfte und Schaustellerbuden übersteigt die Zahl 800. Es werden im Durchschnitt 40 000 hl Bier getrunken und über 530 000 Brathühner verzehrt.
Das Oktoberfest wird mit dem Festzug der Wiesenwirte eröffnet, die am Samstag um 12.00 Uhr in der Bierzeltstraße ankommen. Böllerschüsse werden abgefeuert, der Münchener Oberbürgermeister zapft im Schottenhamelfestzelt den ersten Banzen an und gibt das Startzeichen zum 16tägigen Festbetrieb.

Festbierwagen beim Trachtenzug

Am ersten Oktoberfestsonntag findet der Trachten- und Schützenfestzug statt, bei dem Teilnehmer aus zahlreichen europäischen Ländern vom Maxmonument zur Theresienwiese ziehen.
Das Fest wurde erstmals 1810 anläßlich der Verheiratung des bayerischen Kronprinzen und nachmaligen Königs Ludwig I. mit Prinzessin Therese von Sachsen-Hildburghausen (seitdem Theresienwiese) gefeiert und am 17. Oktober mit einem Pferderennen abgeschlossen. Die Pferderennen wurden bis nach der Jahrhundertwende beibehalten. 1811 wurde das Land-

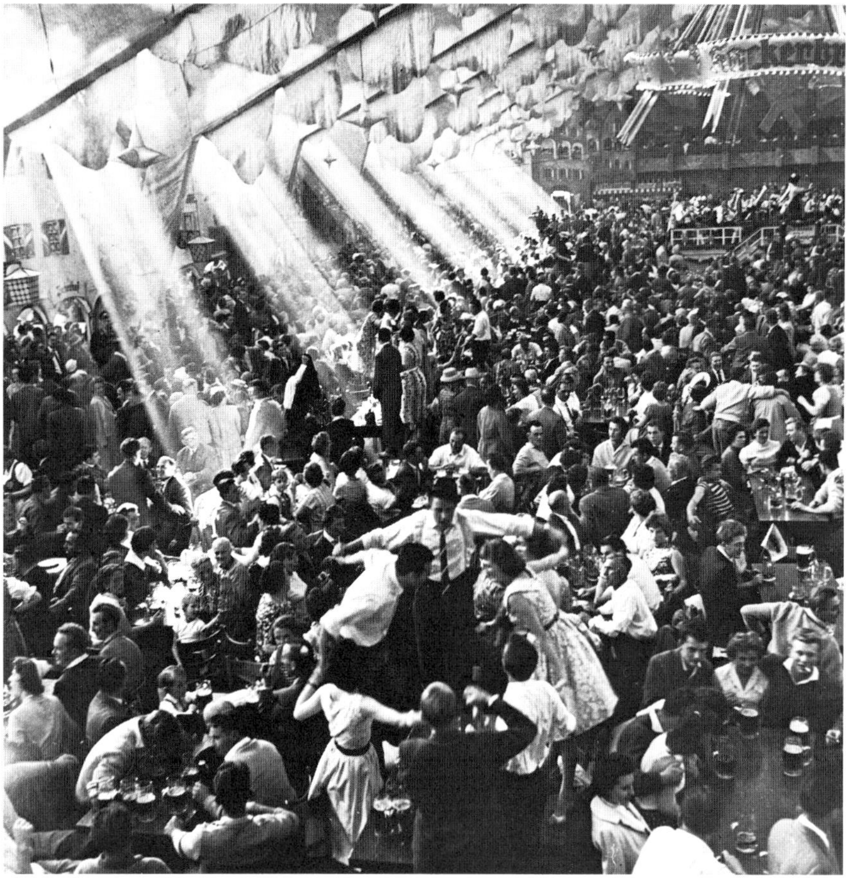

Bierzelt auf dem Oktoberfest

wirtschaftsfest des Landwirtschaftlichen Vereins mit dem Oktoberfest zusammengelegt. Aus dem Zug der Schützen, die am Fest teilnahmen, entwickelte sich der Trachten- und Schützenfestzug. 1829 nannte Achim von Arnim das Oktoberfest eine »neue, mir völlig fremde Stadt ... wirklich eine neue Stadt«*. 1835 fand zur silbernen Hochzeit des Königspaares das Jubiläumsfest statt (Schützenwettbewerbe, römisches Wagenrennen usw.). 1842 wurden aus Anlaß der Hochzeit des Kronprinzen und späteren Königs Maximilian II. mit Prinzessin Marie von Preußen 35 Brautpaare eingeladen, die in der Tracht der jeweiligen Regionen, aus denen sie kamen, auftraten. Diese Trachtenvorführung blieb nicht ohne Einfluß auf die bayerischen Trachtenerhaltungs- und -erneuerungsbestrebungen.

Ein besonderer Anziehungspunkt war bereits vor der Jahrhundertwende (seit 1872) der »Schichtl« mit der »Hinrichtung einer lebenden Person«. Diese Schaubude gehört heute noch zu den wirklichen Wiesenattraktionen. G. K.

* Hoferichter, E. u. Strobl, H.: 150 Jahre Oktoberfest 1810–1960 ... München 1960.
Baur, K.: Oktoberfest. München 1970.

Ostern

Der Osterfestkreis beginnt mit dem Palmsonntag (dominica palmarum). Er erinnert mit Palmweihe und Eselritt an den Einzug Christi in Jerusalem. Die Palmbuschen werden in Alpenraum aus den Kätzchen der Salweide, aus Zweigen von Wacholder, Buchsbaum, Immergrün und verschiedenen anderen Kräutern gebunden und meist auf hohen Stangen befestigt, wenn sie nicht als Handsträuße zur Weihe getragen werden. Die Verzierung erfolgt je nach Landschaft in verschiedenartiger Form: mit Äpfeln, Orangen, Feigen, Gebildbroten, gefärbten Eiern, Kunstblumen, kleinen Kränzen, bunten Bändern und farbigen, zu Locken gedrehten Hobelspänen. Die Segnung findet oft vor den Kirchentüren im Freien statt. Anschließend werden Teile der Palmbuschen auf den Gartenzaun, auf die Felder, hinter den Spiegel, in den Herrgottswinkel oder auf den Dachfirst gesteckt; auch im Stall finden sich oft geweihte Palmzweige. Bei drohenden Gewittern werden einige Palmkätzchen im Herdfeuer verbrannt – ein Apotropaion gegen Blitzschlag.

In wenigen Orten Österreichs (vgl. Thaur und Puch/b. Hallein) gibt es bis heute einen Palmeselumzug: ein lebensgroßer, holzgeschnitzter Esel, auf einem kleinen Wagen oder einer Tragbühne montiert, darauf die ebenfalls hölzerne, oft aber mit Stoffgewändern bekleidete Christusfigur, wird von Ministranten durch den Ort geführt. Früher wurde zuweilen ein lebendiger Esel verwendet, auf dem ein Geistlicher oder ein Ministrant – als Christus verkleidet – ritt; anschließend durften dann jeweils auch die Kinder des Ortes auf dem heiligen Tier reiten, hinterher wurden Gaben eingesammelt.

Der Brauch artete allmählich zu einem regelrechten Volksfest aus, was schließlich zu zahlreichen Verboten führte. Einen »leibhaften« Eselritt kann man heute noch in einigen Passionsspielen erleben (vgl. Oberammergau).

Der Gründonnerstag oder Antlaßtag bringt in ländlichen Gegenden heute noch die »Kräutlsuppe« auf den Tisch; sie soll aus 7, 9 oder 12 verschiedenen Gewürzkräutern hergestellt werden. Grünes zu essen entstand aus der Fehlinterpretation des »dies viridium« (12. Jh.), dem »Tag der Grünen« (Farbe des Büßergewandes). In der katholischen Kirche werden am Gründonnerstag das Ewige Licht und alle Altarkerzen gelöscht; die Kirchenglocken verstummen und »fliegen nach Rom«. Bis zum Gloria am Karsamstag übernehmen nun die »Ratschen« die Aufgaben des Geläutes; das sind hölzerne Hand-, Flügel- oder Kasteninstrumente.

Der kirchliche Brauch des Gründonnerstags lebt heute mancherorts wieder auf: die Fußwaschung. Zwölf alte Männer der Gemeinde – zuweilen in sog. »Apostelgewänder« gehüllt, heute aber meist in Alltagskleidung – nehmen zur Messe auf der Evangelien- bzw. Epistelseite Platz. Dort vollzieht der zelebrierende Pfarrer an ihnen – an den Dienst Christi an seinen Jünger erinnernd – die Fußwaschung. Oft werden die Dorfältesten danach auf Gemeindekosten in einem Gasthaus bewirtet.

Der Karfreitag ist überall im Alpenraum dem Besuch der Heiligen Gräber vorbehalten, vor denen früher das 40stündige Gebet gehalten wurde. Heilige Gräber werden heute wieder in vielen Kirchen vor einem der Seitenaltäre aufgebaut: Auf einem Podest steht – umgeben von Blumen und manchmal auch bunten Glaskugeln – die verschleierte Monstranz. Darunter liegt in einer Grabkufe eine von Wundmalen überdeckte Christusfigur.

Die Tradition dieser theatralischen Aufbauten reicht bis ins ausgehende Mittelalter zurück und führt geographisch gesehen in den Süden, nach Italien. Barocke Impulse erhielt die Idee dort durch Bernini und durch die Scheinarchitekturen Andrea Pozzos; in der so ausgebildeten Form wurde der Brauch nordwärts der Alpen aufgenommen.

Beim Gloria am Karsamstag beginnen – nach der neuen Osterliturgie – die Glokken wieder zu läuten. Zu verschiedenen Tageszeiten wird heute in Bayern vor den Türen der katholischen Kirchen das Osterfeuer entzündet. Der Geistliche zieht mit dem Altardienst hinaus, segnet das Feuer und entzündet die Osterkerze, mit der dann in der dunklen Kirche die Altarkerzen angebrannt werden.

Seit der Liturgiereform wird das heilige Feuer nicht mehr in der Osternacht in die Häuser gebracht, sondern meist am Sonntag in der Frühe, wenn der Holzstoß mit der Osterkerze ein zweites Mal entzündet wird. Mit Bündeln von Buchenscheitern oder mit Baumschwämmen, an der heiligen Glut angesteckt, wird das Feuer zu den Öfen transportiert – dies ist, wie das Palmbuschentragen, ein Privileg der männlichen Jugend. Wie die Palmkätzchen werden auch Teile der Schwämme oder des Holzes in Haus, Stall und Feld verteilt – ebenfalls zum Schutz vor Blitzschlag.

Auch das Taufwasser wird in der katholischen Kirche zu Ostern neu geweiht. Es war und ist den Gläubigen gestattet, davon in Kannen und Flaschen mit heimzunehmen, zum Schutz des Hauses und zur Förderung des Gedeihens in Feld und Garten.

Durch die Verlegung der Karsamstagmesse in die Osternacht bzw. auf den frühen Morgen des Ostertages fällt sie mit der Auferstehungsfeier zusammen. Diese Messe bildet den Höhepunkt des kirchlichen Osterbrauchtums. Die Kirche ist festlich geschmückt, das Altarblatt mit einem Vorhang verhängt, davor steht die Figur des Auferstandenen mit einer roten Siegesfahne. Meist wird eine feierliche

Karfreitagsratschen in Habach (oben)
Speisenweihe im Kleinen Walsertal (unten)

Singmesse mit Orchesterbegleitung aufgeführt.

Frauen und Kinder bringen Körbchen mit zur Kirche, die angefüllt sind mit Eiern, Salz, Osterfladen, Schinken, Meerrettich und Butter, in der Mitte das Osterlamm aus Baiser oder Biskuit. Diese Speisenkörbe werden meist, auf den Stufen des Altarraumes aufgestellt, gesegnet. Österliche Hauptattraktion für Kinder sind die »Nester« mit gefärbten und verzierten Eiern und gebackenen Hasen und Lämmern. Seinen Anfang nahm der Brauch des Eierschenkens in bürgerlichen und vor allem klösterlichen Kreisen und wurde erst relativ spät allgemein üblich. Heute noch existieren zahlreiche verschiedene Eierspiele (Eierringeln, Eierpecken, Eierrollen, Eierscheiben usw.).

Früher wurden an Ostern vielfach Flurumgänge oder -umritte abgehalten, die mit der Bitte um Gedeihen der Felder und Fluren verbunden waren. Heute werden ähnliche Veranstaltungen zuweilen zu Georgiritten umgewandelt (vgl. Georgiritt in Traunstein). N. G.

Osterfeuer in Lenggries

Karsamstag, 21.00 Uhr,
Ostersonntag, 9.00 Uhr
Gmd. Lenggries, Lk. Bad Tölz, Rgbz. Obb.

Die Liturgiereform hat durch die Verlegung der Osterfeuerweihe von der Samstagnacht auf die Frühe des Ostersonntags eine weitere barocke Tradition der katholischen Kirche abgebrochen. Die Gemeinde Lenggries setzte, um die Tradition zu wahren, die Feier auf den Abend des Karsamstags fest.

Den Nachmittag über laufen vor der Kirche die Vorbereitungen: ein großer Holzstoß wird aufgebaut und gegen Abend entzündet (nicht mehr – wie früher – mit Stein und Stahl, sondern mit Zündhölzern), so daß (bis 21.00 Uhr) genügend Glut vorhanden ist, wenn die Osterliturgie beginnt. Aus der dunklen Kirche ziehen dann Geistlichkeit und Altardienst hinaus, das Feuer wird feierlich geweiht, die an der Glut entzündete Osterkerze wird unter Gesang in gemessener Prozession wieder in die Kirche gebracht, wo nun die Altarkerzen (zuerst am Hauptaltar, anschließend an allen Nebenaltären) ebenfalls angesteckt werden. Jetzt beginnt die übliche Osternachtliturgie.

Am Ostersonntag in der Frühe wird das Feuer des Holzstoßes mit der Osterkerze noch einmal entfacht und an dieser Glut werden nun Baumschwämme entzündet, die Buben des Dorfes von Hof zu Hof tragen, damit jedes Haus sein geweihtes Feuer bekommt.

Heute ist es für die Lenggrieser männliche Jugend eine Art sportlicher Wettstreit, wer zuerst in den Besitz der heiligen Glut kommt. Im Nachbarort Gaißach hält man sich nämlich noch weniger an die Liturgiereform als in Lenggries selbst, und dort werden die Baumschwämme wie eh und je in der Karsamstagnacht entzündet. Gelingt es einem Lenggrieser Buben nun, nach Gaißach zu kommen und das Feuer unversehrt nach Lenggries zurückzubringen, so kann er sich rühmen, dem Dorf als erster das geweihte Feuer gebracht zu haben. N. G.

Osterfeuerlaufen in Kochel

Karsamstag, 18.00 Uhr
Kochel am See,
Lk. Bad Tölz-Wolfratshausen, Rgbz. Obb.

Um 18.00 Uhr entzündet der Pfarrmesner neben der Pfarrkirche ein Holzfeuer, das vom Geistlichen gesegnet wird. Etwa 25 Buben im Alter zwischen 10 und 12 Jahren, die Tage vor der Entzündung des Osterfeuers Schwämme von alten Buchen abgeschlagen und sie mit einem halbmeterlangen steifen Draht mit Handschlinge versehen haben, glühen diese Schwämme im Feuer durch und erhalten durch Schwingen die Glut. Die Buben laufen dann von Haus zu Haus und legen kleine Stücke des glühenden Schwammes in die Herd- oder Ofenfeuerung. Sie erhalten dafür Geld oder gefärbte Eier.

G. K.

Korr. Verkehrsamt Kochel a. See (Resenberger, S.) 4/1974.

Osterfeuerlaufen in Kochel

Othmars-Markt in der Schweiz

Werktag an, vor oder nach dem 16. 11.
Verschiedene Orte der Ost- und Nordwestschweiz

Bedeutende Jahrmärkte sind an den Termin des Othmarstages (16. 11.) geknüpft: am Montag vor dem 16. 11 in Breitenbach (Kt. Solothurn); am Montag an oder nach dem 16. 11. in Diessenhofen (Kt. Thurgau, einziger Jahrmarkt), in Thal (Kt. St. Gallen) und in Wilchingen (Kt. Schaffhausen; Kilbi am vorangehenden Sonntag); am Dienstag an oder nach dem 16. 11. in Wil (Kt. St. Gallen; sog. »Tobismärt«, Jahrmarkt mit großen Zustrom). E. Sch.

Palmeselprozession in Hall

Palmsonntag, vm.
Hall, Ger. Bez. Solbad Hall in Tirol,
Pol. Bez. Innsbruck, T

Vor der Palmsonntagsmesse findet vor der alten Pfarrkirche St. Nikolaus am Oberen Stadtplatz die Weihe der »Palmen« – entweder Ölzweige oder mit verschiedenen Kräutern, Bändern und Früchten verzierte Stangen – statt. Bei der anschließenden Prozession werden nicht nur diese Palmlatten und die schönen spätbarocken Zunftstangen mitgetragen, sondern es wird auch eine gotische Figur, Christus auf einem Esel reitend (um 1420 entstanden), auf einem Radgestell mitgeführt. Die Palmprozession mit dem Palmesel zieht vor der Kirche zum Brunnen am Oberen Stadtplatz, durch die Wallpachgasse, Krippgasse und Bachlechnergasse wieder zurück zur Stadtpfarrkirche.

Der früher in vielen Orten geübte Brauch, bei der Palmprozession einen »Palmesel« mitzuführen, ist in Solbad Hall seit dem 15. Jh. bis zum Jahre 1826 nachzuweisen, ist aber wahrscheinlich um einiges älter. 1968 wurde er durch den Stadtpfarrer von Hall, Dekan Bernhard Praxmarer, wieder eingeführt und findet seither jährlich unter großer Beteiligung der Bevölkerung statt.

Mit dem »Palmesel« wird die Liturgie Christi in Jerusalem, bildlich dargestellt. Ursprünglich war es vielleicht auch hier ein sprünglich war es vielleicht auch hier ein echter Esel, auf dem ein Christusdarsteller – ähnlich wie in Passionsspielen noch heute – ritt, doch schon in der Gotik wurde die heute noch benützte Holzskulptur verwendet. Die Figur des Haller Esels hat im Bauch einen Hohlraum, in den früher vor der Prozession geweihte Brote hineingelegt wurden. Wenn der Palmesel über das Steinpflaster polterte, fielen die Brote zur Freude der Kinder nach und nach bei der geöffneten Klappe heraus. D. A.

Pfaundler, W.: Der Palmesel in Hall. Ein Bildbericht, in: Das Fenster. Tiroler Kulturzs. Innsbruck 1970. H. 7.

Palmeselprozession in Thaur

Palmsonntag, 12.00 Uhr
Thaur, Ger. Bez. Solbad Hall in Tirol, Pol. Bez. Innsbruck, T

Vormittags findet sowohl in Thaur wie in Rum die allgemein übliche Palmweihe im Zusammenhang mit der Palmsonntagsliturgie statt. Dabei fallen u. a. »Palmlatten« auf, bei denen am oberen Stockende ein Brettchen befestigt ist, auf dem eine kleine, manchmal sehr kunstvoll geschnitzte Gruppe steht: ein Esel, darauf eine Christusfigur sitzend; an den Ecken des Brettchens sind Ölzweige oder anderes angebracht, die über der Figurengruppe zusammenlaufen. Schnitzer dieser Figuren sind Thaurer Krippenschnitzer.

Neben der Palmweihe hat sich in Thaur kontinuierlich die zusätzliche Palmprozession gehalten, die um 12.00 Uhr bei der Thaurer Pfarrkirche beginnt. Bei dieser Prozession werden die geweihten Palmlatten mitgetragen; Zentralfigur ist jedoch der holzgeschnitzte Palmesel – lebensgroße Figuren, Christus auf dem Esel reitend –, der auf einem vierrädrigen Wagengestell von Ministranten in ihren Chorröcken gezogen wird. Hinter dem »Palmesel« geht der Geistliche. Von der Pfarrkirche führt die Prozession über zum Teil steile Wiesenwege hinauf zum Romedi-Kirchlein (790 m), wo eine kurze Andacht stattfindet. Das Romedi-Kirchlein birgt die Kopfreliquie des Thaurer Lokalheiligen Romedius, dessen bedeutendste Kultstätte die Einsiedelei und die Kirche San Romedio bei Sanzeno am Nonsberg ist. Im Romedi-Kirchlein steht übrigens auch eine schöne »Fastenkrippe«. Von dort zieht die Prozession hinunter zur Pfarrkirche von Rum und nach kurzem Aufenthalt zurück nach Thaur.

Um 1900 soll nur mehr in Thaur der Brauch des Palmeselumzuges abgehalten worden sein. Bis ins 19. Jh. war er auch im benachbarten Solbad Hall, in Matrei, Imst u. a. Nord-, Süd- und Osttiroler Orten üblich.

Die Figur des Palmesels ist die Veranschaulichung des in den Evangelien berichteten Einzuges Christi in Jerusalem. Die weite Strecke, die bei der Thaurer Palmprozession durch Wiesen und Felder zurückgelegt wird, veranlaßte schon L. v. Hörmann von einer »alten christianisierten Flurbegehung oder Flurprozession« zu sprechen, doch ist für eine solche hier kein gesicherter Anhaltspunkt zu finden. D. A.

Grass-Cornet, Marie: Von Palmeseln und tanzenden Engeln, in: Ostern in Tirol, hrsg. v. Grass, N. (= Schlern-Schr. 169), Innsbruck 1957. S. 155 ff.

Palmeselprozession in Thaur

Palmsonntag in Hohenems und Lustenau

Palmsonntag, vm.
Marktgmd. Hohenems u. Lustenau, Bez. Feldkirch, V

In Hohenems und Lustenau werden am Palmsonntag hohe »Palmen« geweiht. Man verwendet dazu junge, hochgewachsene Tannenstämme. Der Stamm wird geschält und schlangenförmig mit bunten Papierstreifen umwunden. Die Äste werden dann zu dem jeweils höher stehenden Astkreis aufgebunden. Dadurch entstehen drei bis vier Kronen, die sich nach oben verjüngen. Mit langen Ketten aus buntem Papier, Heiligenbildern (»Hörgli«), ausgeblasenen Eiern und Äpfeln (an der untersten Krone befestigt) werden die Palmen geschmückt. Auf die Spitze der Palmen kommt ein buntes Fähnchen. Die Art dieser Palmen erinnert an die beim Almabtrieb verwendeten Fuikeln (vgl. z. B. Almabtrieb Königssee Obb.).

Die Stämme holt man in der Nähe der Tobelmühle oberhalb Berneck. Um die Jahrhundertwende gingen die Halbwüchsigen, deren Brauch das Palmentragen im wesentlichen war, zum Dornbirner Berg.

Einige Palmzweige werden in manchen Familien noch aufbewahrt und bei Gewitter ins Herdfeuer geworfen. Am Abend vor dem 1. Mai (Maisobot) ging man mit rauchenden Palmzweigen unter den Obstbäumen hindurch. Man erhoffte sich davon eine gute Obsternte. W. R. u. M. G.

Grabher, H.: Unser Brauchtum. Lustenau 1956. Ilg, K.: Landes- und Volkskunde Bd. 3. Innsbruck 1961.

Palmweihe in Bad Ischl

Palmsonntag, 8.00–10.00 Uhr
Stadtgmd. Bad Ischl, Bez. Gmünden, OÖ

Unter den mannigfaltigen und prächtigen Ausformungen des Palmbuschens sind besonders jene von Bad Ischl hervorzuheben. Hier gewinnt man den Eindruck, als bewegte sich nach der Weihe der »Palmen«, die bei Schönwetter um 8.00 Uhr vor dem Kurmittelhaus vorgenommen wird, bei der anschließenden Prozession ein ganzer »Wald« von Palmweiden durch die Stadt.

Die Palmbuschen bestehen in Bad Ischl aus zwei bis drei kräftigen, dicht verzweigten Ästen, die oft schon Wochen vor dem Palmsonntag abgeschnitten werden, damit die weißen Palmkätzchen nicht aufblühen. Um den Stamm dieser Äste, die mit einem blauen Leinenband zusammengehalten werden, bindet man traditionell einen Strauß mit sieben verschiedenen Pflanzen: Sendl (Erika), Schroadl (Stechpalme), Buchsbaum, Segenbaum, dürres Eichenlaub, Siglent (Seidelbast) und Kranewitt (Wacholder). Im verästelten Teil des

Palmbuschen befestigt man noch zwei Stäbchen mit aufgesteckten Äpfeln, denen der ganze Stolz gilt. Die Bauernburschen wetteifern nämlich, wer die schönsten und meisten Äpfel auf seinem »Krampen«, wie der Palmbuschen wegen seiner dichten Verästelung genannt wird, trägt.

Diesem »Krampen« steht in Bad Ischl noch eine städtische Form gegenüber, der »Stanglpalm«. Er wird von kleinen Buben getragen. Der »Stanglpalm« besteht aus einer ca. 2 m langen gehobelten Stange, auf die am oberen Ende 3 oder 4 dünne Haselstäbe genagelt werden. Auf diese werden wiederum je zwei Äpfel gesteckt, wodurch die Haselstäbe schräg nach oben auseinander gedrückt werden. Dazwischen kommt ein Wacholderwipfel und unterhalb der Äpfel wird wieder ein Strauß aus den genannten 7 Pflanzen festgebunden und mit einer langen Schleife verziert. Charakteristisch für den Stanglpalm sind aber die bunten Bänder, die kreuzweise die Haselstäbe verbinden, so daß eine Art Korb entsteht, aus dem der Wacholderwipfel herausragt.

Früher war der Prozession der Einzug in die Kirche verwehrt. Mit dem Kreuzstab wurde dreimal an die versperrte Kirchentür geklopft und diese erst nach einer Wechselrede geöffnet. Diese theatralische Handlung fehlt heute. Die Palmprozession zieht mit dem Lied »Hosianna, dem Sohne Davids« in die Kirche ein, wo anschließend ein feierlicher Gottesdienst gehalten wird, während dem an Stelle des Evangeliums die Passionsgeschichte mit verteilten Rollen gelesen wird.

Danach werden die Palmbuschen nach Hause getragen und einige nach einem Umgang um das Bauernhaus auf die Felder gesteckt, damit der Segen auf sie übergehe. Die restlichen Pflanzen steckt man in den Herrgottswinkel und in den Stall, um Mensch und Tier vor Unheil zu bewahren. F. G.

Burgstaller, E.: Lebendiges Jahresbrauchtum in Oberösterreich. Salzburg 1948. S. 78 ff.

Palmweihe in Lenggries

Palmsonntag, 9.00 Uhr
Lenggries, Lk. Bad Tölz-Wolfratshausen, Rgbz. Obb.

Am Palmsonntag werden in der Lenggrieser Pfarrkirche kleine Sträuße von Palmzweiglein geweiht, die dann mit nach Hause genommen werden. Gegen 9.00 Uhr treffen die Buben des Ortes ein mit ihren prächtigen Palmstangen und stellen sich wie ein Spalier zu beiden Seiten des Tisches auf. Ihre Palmbüschel sind reich mit Äpfeln geschmückt und auf langen, mit Efeu umwundenen Stangen befestigt; die höchste Stange zu haben bringt unter den Altersgenossen die größte Ehre ein.

Zu Hause werden die Palmzweige an verschiedenen Stellen des Hauses aufbewahrt. N. G.

Palmprozession in Eschenlohe bei Garmisch

Palmweihe in München St. Michael

Palmsonntag vor dem Amt
Landeshauptstadt München,
St. Michael

Schon vor den Portalen der Michaelskirche in München kündigt sich jedes Jahr der Palmsonntag deutlich an: dort steht ein Tisch mit Hunderten von Palmkätzchensträußen und kleinen Gestecken aus abgelösten Kätzchen, die auf einen mit Silberpapier umwickelten Holzstab geklebt und mit bunten Papierschleifen durchsetzt sind. Sie werden zum Verkauf angeboten. Es ist der Bevölkerung einer Großstadt kaum möglich, selbst Palmzweige zu pflücken.

Vor dem Amt versammelt sich die Festgemeinde in der Kirche und empfängt die Weihe der Palmzweige. Dann folgt unter den Klängen des Chorals »Pueri Hebraeorum« eine Prozession der Priester und Ministranten – mit Palmsträußen in den Händen – durch die Kirche; daran schließt sich das feierliche Palmsonntagsamt an.

In dieser Form mit dem »Palm«-Verkauf wird die Weihe seit 1953 – seit der Wiedereröffnung der im Zweiten Weltkrieg schwer beschädigten Kirche – durchgeführt. Es scheint jedoch als gesichert, daß seit der Erbauung von St. Michael, also ca. seit 1600, eine ähnliche Palmprozession stattgefunden hat. N. G.

Palmweihe in St. Wolfgang

Palmsonntag, 8.00–10.00 Uhr
Marktgmd. St. Wolfgang,
Bez. Gmunden, OÖ

In St. Wolfgang findet die Weihe der »Palmen« am Platz vor dem Postamt statt. Die Burschen und Männer tragen hier 5 bis 6 m lange Palmstecken. Am oberen Ende der schwankenden Haselnußstecken ragt ein dichter Wacholderwipfel, der mit bunten Bändern behangen ist, aus einem Turm von aufgespießten Äpfeln. Unterhalb der Apfelsäule wird ein Buschen aus Palmzweigen, Segenbaum, Schratl (Stechpalme) und Eichenlaub gebunden, und dazu werden auf dünnen Zweigen noch Äpfel gesteckt. Die überaus hohen Palmstecken bieten zusammen mit dem weltberühmten Flügelaltar von Michael Pacher in der Kirche bei der abschließenden Messe ein schönes Bild.

In St. Wolfgang müssen die geweihten Palmstecken noch vor 12.00 Uhr auf die Felder zu deren Schutz gebracht werden.

F. G.

Passionsspiel in Kirchschlag

Im Abstand von 4 Jahren; 1976, 1980.
Spielzeit von Mitte Mai bis Ende Oktober, jeden Sonntag nm.
Kirchschlag, Ger. Bez. Ottenschlag, Pol. Bez. Zwettl, NÖ

Ein Spiel von der Leidensgeschichte Christi. Verfasser Josef Neumair. Darsteller sind Laienschauspieler aus dem Kreis der Kirchschlager Bevölkerung. Manche davon haben ihre Rollen schon seit vielen Jahren inne. Es gibt ca. 370 Mitwirkende. Die Kirchschlager Passionsspiele gehören zu den jüngsten in Österreich. Sie wurden 1932 von Pfarrer Füssl ins Leben gerufen. Anlaß dazu waren die schlechten Zeiten, die den Pfarrherrn zu folgender Eintragung im Gedenkbuch der Pfarre veranlaßten: »Die große Not geht durch unser Land, Arbeitslosigkeit und Elend; über all dem die innere Zerrissenheit der Menschen ...« Das Vorhaben fand begeisterten Anklang, vor allem bei den Burschen. Die alte Scheune des Pfarrhofes wurde abgetragen und eine Spielhalle geschaffen, deren Kosten sich trotz Mitarbeit der Bevölkerung auf 60000 Friedensschillinge beliefen. Sie dient heute noch als Pausenbuffet. Die Erstaufführung im Jahre 1932 war ein so großer Erfolg, daß das Passionsspiel in den Jahren 1933 und 1935 wiederholt werden mußte. Es war ein Fünfjahreszyklus geplant, der aber durch den Zweiten Weltkrieg unterbrochen wurde. 1950 regte dann Dechant Lothar Kodeischka, der schon als Kaplan bei der Gründung des Spiels dabei gewesen war, die Wiederaufnahme der Spiele an. Der Erfolg war wiederum groß, 1950 konnte die neue Spielhalle eröffnet werden.

Obwohl das Kirchschlager Passionsspiel in der Fachliteratur nicht erwähnt wird, gestattet die oben angeführte Motivierung der Einführung des Spieles eine Gegenüberstellung mit der niederösterreichischen Passionsspieltradition, die – wohl mit langen Unterbrechungen – immerhin vorhanden war: In den niederösterreichischen Klöstern (Herzogenburg, Melk und Klosterneuburg) gab es im 15. Jh. ein »Osterspiel«, das offensichtlich in die Liturgie einbezogen war. In Wien übernahm in den 80er Jahren des 15. Jh.s die Gottsleichnamsbruderschaft die Aufführung eines Passionsspiels am Karfreitag und am Fronleichnamstag, dessen Text aber nicht erhalten ist. Die Spielanweisungen einer barocken Handschrift jedoch lassen deutlich die Aufführungsweise in der Kirche erkennen; alle Szenen werden bei den entsprechenden Altären bzw. beim Grab Christi gespielt. Am Wiener Vorbild orientierten sich die niederösterreichischen Städte, deren Tradition jedoch durch die Wirren der Reformation (vor allem der niederösterreichische Adel stellte sich auf Seite der Protestanten) unterbrochen wurde. Im Barock kam es – meist wieder auf klösterliche Anregung – zu einer Renaissance der Passionsspiele in Niederösterreich, die aber schon durch die frühesten theresianischen Spielverbote (Mitte 18. Jh.) praktisch im Keim erstickt wurde. Übrig blieben höchstens Kleinformen, die sich im geistlichen Puppenspiel manifestierten. H. F.-F.

Zeitschriften- und Fragebogenarchiv des Österr. Rundfunks, Studio Niederösterreich (Günter Richter).
Heimatkunde des Verwaltungsbezirkes Wiener Neustadt. Wiener Neustadt o. J. S. 80.
Kretzenbacher, L.: Passionsbrauch und Christi-Leidenspiel. Salzburg 1952.
Schmidt, L.: Das deutsche Volksschauspiel. Berlin 1962. S. 332 ff.

Passionsspiel in Oberammergau

10jähriger Turnus; nächste Spielzeit Mai bis September 1980
Oberammergau, Lk. Garmisch-Partenkirchen, Rgbz. Obb.

Das »geistliche Festspiel in drei Abteilungen mit 18 lebenden Bildern« geht auf den Text von J. A. Daisenberger (1860) zurück und verwendet die Musik von Rochus Dedler (1815).
Das Spiel beginnt mit dem Aufzug des Chores vor dem Vorhang der Freilichtbühne und einem Baß-Solo als Vorspiel. Ein »lebendes Bild« – die Vertreibung aus dem Paradies – schließt sich an, gefolgt vom Prolog und einem weiteren »lebenden Bild« – der Verehrung des Kreuzes. Nun öffnet sich der Bühnenvorhang zur ersten Abteilung, die mit dem effektvollen, bunten und lärmenden Einzug Christi in Jerusalem beginnt und mit der Gefangennahme endet. Stille Passagen werden dabei immer wieder von stürmischen Massenszenen abgelöst, deren Wirkung beeindruckend ist.
Es folgt der Abschied von Bethania mit Prolog und Handlung – alle Abteilungen sind auf diese Weise gegliedert. Hauptthema der 3. Abteilung: der letzte Gang nach Jerusalem. Erster Höhepunkt der Aufführung ist das Heilige Abendmahl mit Begleitszenen über Leben und Absichten des Verräters Judas. Es folgt – ebenfalls eine eindrucksvolle Szene – Jesus am Ölberg.
An diesen Vormittagsteil schließt sich eine längere Mittagspause an. Nachmittags folgt die Gefangennahme im Ölgarten bis zur Verurteilung durch Pilatus. Die 8. Szene bringt die Verurteilung Christi durch den Hohen Rat und das reuevolle Erscheinen des Judas in der Ratsversammlung; daran schließen sich drei kurze Szenen (Prolog, Vorbild und Handlung) über des Judas Verzweiflung an. Die 10. Szene »Christus vor Pilatus« bringt die Szenen mit Kaiphas und Pilatus, Christus vor Pilatus, Christus vor Herodes, die Wahl des Volkes zwischen Christus und Barrabas und endlich die Geißelung. Es folgt die Verurteilung zum Kreuzestod.
Die dritte Abteilung ist überschrieben: »Von der Verurteilung durch Pilatus bis zur glorreichen Auferstehung des Herrn.« Die Szenenfolge lautet: Der Kreuzweg, Jesus auf Golgatha und schließlich »Die Auferstehung«. Das Spiel endet mit dem Schlußbild: »Triumph und Verherrlichung Christi« und dem Chor: »Halleluja. Preis, Ruhm, Anbetung, Macht und Herrlichkeit sei Dir von Ewigkeit zu Ewigkeit.«
Die einzelnen Vorstellungen werden durch 18 sog. »lebende Bilder« verbunden, die als Prophezeihungen des Alten Testaments auf Ereignisse erscheinen (Präfigurationen). Gruppen von Darstellern, umgeben von entsprechenden Bühnenbildern, ausgestattet mit Requisiten, verkörpern – jeweils nur wenige Sekunden lang – stumm und starr die entsprechende Bibelstelle.
Das Sprechspiel wird untermalt durch die Orchestermusik und den Chor sowie Solopartien der Sänger.
Nach der Überlieferung entstand das Oberammergauer Passionsspiel im Jahr 1633, als mitten im 30jährigen Krieg das bayerische Oberland von schwedischen Truppen und von der Pest hart bedrängt wurde. Kaspar Schisler, ein Oberammergauer, der sich in Eschenlohe als Knecht verdungen hatte, konnte am Vorabend des Kirchweihtages die Sehnsucht nach seiner Familie nicht mehr bezähmen und schlich sich auf geheimen Bergpfaden ins schwer bewachte Oberammergau, das bis dahin von der Pest verschont geblieben war. Zwei Tage später starb er, und ihm folgten innerhalb der nächsten drei Wochen 84 Ortsbewohner in den Schwarzen Tod. Unter dem Eindruck dieser vielen Toten gelobte die Dorfgemeinschaft, alle zehn Jahre die Passion des Herrn aufzuführen, wenn die Pest keine Menschenleben mehr forderte; von Stunde an erkrankte niemand mehr an der Seuche.
Nun begannen also die Vorbereitungen zur Aufführung, die keineswegs als Theater, sondern als eine besondere Art von Gottesdienst empfunden wurde, der seine Wurzeln zu gleichen Teilen im volkstümlichen Kultbrauch und der liturgischen Feier hatte.
Gespielt wurde ein Text, den man der Überlieferung nach von den Benediktinerpatres in Ettal erhielt; ursprünglich jedoch war er im Kloster Ulrich und Afra derselben Kongregation in Augsburg beheimatet gewesen.
Schauplatz der ersten Spiele war der Friedhof. Dort wurde im zehnjährigen Turnus gespielt – bis 1680; diesmal also nur sechs Jahre nach der letzten Aufführung; die Gründe für diese Vorverlegung sind nicht bekannt, doch von da an wurde die runde Zehnerzahl Tradition. In den 1670er Jahren wurde eine Bühne errichtet, auf der fortan die Passion – bzw. »der« Passion, wie die Oberammergauer sagen – aufgeführt wurde. 1750 wurde Pater Ferdinand Rosner aus Ettal mit der Neufassung des Textes beauftragt. Der Titel seines Werkes lautete: »Bitteres Leyden, Obsiegender Todt und Glorreiche Auferstehung des Eingefleischten Sohn Gottes Einer christlichen Versammlung vorgestellt.«
Das Jahr 1770 brachte nicht nur für Oberammergau, sondern auch für zahlreiche andere Orte im damaligen Chur-Baiern eine überraschende Wende: Max III. Josef verbot am 31. März sämtliche Aufführungen der Passionstragödie im Lande. Die Aufklärung hatte damit begonnen, konkret in die Traditionen des religiösen Brauchtums in Baiern einzuwirken. Die Oberammergauer überbrachten daraufhin dem Geistlichen Rat Heinrich Braun in München eine Petition mit dem Hinweis, daß die Aufführung der Passion Erfüllung eines Gelübdes sei; doch konnten sie weder bei Braun noch beim Kurfürsten einen Erfolg verbuchen. Man gab ihnen

folgenden Bescheid: »Die Supplicanten seynd mit dem Passionsspill ab, somit an die vergangene Verordnung mit dem Anhang verwiesen, was wenn dieses ein Votum, so sollen sie dieses in eine andere gottesdienstliche Handlung, Predigt oder Stundgebeth und dergleichen verwandeln.« Doch die Oberammergauer hielten fest an ihrer Passion, nicht nur wegen inzwischen über 100 Jahre zurückliegenden Gelübdes ihrer Vorfahren, sondern auch wegen der wirtschaftlichen Bedeutung.

Bei einer zweiten Petition an Kurfürst Karl Theodor fehlt dementsprechend auch ein Hinweis auf den volkswirtschaftlichen Nutzen nicht. Als Pater Magnus Knipfelberger aus Ettal den Text »eingesehen und examiniert« und ihn der nüchternen Denkweise seiner Zeit angepaßt hatte, erreichte man tatsächlich ein auf den Ort Oberammergau beschränktes Spielprivileg. Doch allzu lang konnten sich die bayrisch-schwäbischen Spieler ihres Vorrechtes nicht erfreuen, denn Kurfürst Max IV. Josef, zusammen mit seinem Berater Montgelas, verbot das Spiel für 1810 erneut. Diesmal machte sich Pater Othmar Weis an die Überarbeitung des Textes, indem er ihn einem vorbarocken Vorbild anglich und eine große Anzahl von Bibelstellen im Originalwortlaut einflocht; auch wählte er nun die Prosaform im Gegensatz zu den vorher üblich gewesenen Versen.

Eine neue Bittschrift wurde aufgesetzt. Jetzt erreichte man für das Jahr 1811 eine einjährige Sondergenehmigung. Zum letztenmal wurde der Text überarbeitet, und zwar von Pfarrer Alois Daisenberger. Diese Fassung ist heute noch Textgrundlage.

1850 erfolgte der Neubau des Hauses durch den Maschinerie-Direktor des Münchner Hoftheaters, Karl Lautenschläger. 1900 schließlich wurde der Zuschauerraum – für 4500 Menschen – überdacht. Die Bühne befindet sich noch heute unter freiem Himmel.

Das 1920 wegen der zunehmenden Inflation ausgefallene Spiel wurde 1922 nachgeholt. Im selben Jahr kam aus Amerika das Angebot von 1 Million Dollar für das Verfilmungsrecht – doch das Dorf Oberammergau lehnte ab.

1930 erfolgte ein grundlegender Stilwandel in der Auffassung der Passion: eine schlichte Bühne löste die alte ab, neue Kostüme wurden angefertigt, der Text gekürzt. 1934 feierte man das 300jährige Jubiläum der Erstaufführung.

Nach dem Zweiten Weltkrieg dauerte es fünf Jahre, bis wieder an ein Passionsspiel zu denken war. Das Dorf war zwar von Kriegseinwirkungen weitgehend verschont geblieben, aber ca. 100 wichtige Mitwirkende befanden sich noch in Kriegsgefangenschaft.

1950 schließlich konnte ein neuer Anfang gewagt werden, doch unter großen Schwierigkeiten. Die Tradition war für 16 Jahre unterbrochen gewesen, das brachte erneut Probleme mit sich. Das Passionsspieljahr 1950 verlief jedoch erfolgreich.

Die Problematik Oberammergaus setzt nicht, wie man vermuten könnte, in den 60er Jahren unseres Jahrhunderts mit dem von Amerika ausgehenden Streit um antisemitische Textstellen ein, sondern bereits beim Jahr 1634, das als erstes Spieljahr angegeben wird. Ganz abgesehen davon, daß die Legende des Kaspar Schisler nicht als bezeugt angesehen werden kann und zudem in den Schweden- und Pestjahren um 1630/40 überall im Land Votationen aufgrund der drohenden Gefahr entstanden, ist es doch seltsam, daß der älteste auffindbare Text aus dem Jahr 1662 stammt und sich seinerseits als eine Mischung aus einem Volksschauspiel der 2. Hälfte des 15. Jh.s und einem Werk des protestantischen Augsburger Meistersingers Sebastian Wild entpuppte. Diese Tatsache legt die Vermutung nahe, daß bereits im 15. Jh. (wie in anderen Orten Bayerns auch) in Oberammergau die Passion aufgeführt wurde. Es wäre denkbar, daß diese Tradition dann durch Pest und Schwedengefahr unterbrochen wurde.

N. G.

Trautmann, K.: Oberammergau und sein Passionsspiel. Bamberg 1890.

Blondel, M. u. Bremond, H.: Oberammergau und das Geheimnis der Passion. München-Freiburg 1950.

Rappmannsberger, F.: Oberammergau-Legende und Wirklichkeit. München 1960.

Weiss, H.: Oberammergau – Geschichte der Passion, in: Bayerland 68/1966. S. 43–46.

Das Passionsspiel Oberammergau; Offizieller Bildband herausgegeben anläßlich der Passionsspiele 1970 von der Gemeinde Oberammergau.

Passionsspiel in Waal

Mai–Oktober, meist Samstag und Sonntag im Abstand von 7–8 Jahren
Waal, Lk. Ostallgäu, Rgbz. Schw.

Nach einem Text aus dem Jahre 1815 wird in 19 Bildern die Passion Jesu Christi dargestellt. Es wirken ca. 180 Spieler mit, organisiert in der Passionsspielgemeinschaft Waal e. V.

Das Passionsspiel, ältestes Volkstheater Schwabens, soll der Überlieferung nach auf die Pestzeit im Jahr 1626 zurückgehen. Im Mai jenes Jahres wurde ein Kreuzpartikel in die Pfarrkirche übertragen, und die Bevölkerung von Waal soll zur Abwendung der Pest das Gelübde gemacht haben, die Passion auszuführen. Urkunden hierüber sollen bei einem Theaterbrand vernichtet worden sein. Urkundlich belegbar sind die Passionsspiele seit 1791. Zunächst spielte man in einem Freilichttheater, dann in einem Theaterbau, der jedoch 1885 wegen Baufälligkeit nicht mehr benutzt werden durfte. Im Jahr 1961 wurde ein neuer Theaterbau mit 1000 Sitzplätzen eingeweiht.

Das Waaler Spiel ist ein Volksschauspiel, das den Passionsbericht des Neuen Testaments dramatisiert. Wie die meisten dieser religiösen Schauspiele legitimiert es sich durch ein Gelübde, das in Notzeiten abgelegt wurde.

L. P.

Pelzmarti in Kandersteg

31. 12., vm.
Kandersteg, Kt. Bern

Umzug vermummter Gestalten, die z. T. mit Schellen Lärm erzeugen: u. a. des »Pelzmarti« in Fellbekleidung und hochragendem Kopfputz, des »Heri« (»Herrchen«), in schwarzem Frack, weißen Beinkleidern und Zylinder, des »Plätzlimaa«, in zusammengenähten bunten Lappen, des »Chartemaa«, in einem Kleid, das aus alten Spielkarten besteht, des »Chriesmarti«, in einem Aufzug aus Tannästen, des »Huttefroueli«, d. h. einer Figur, die eine weitere, ausgestopfte, in einem Tragkorb (»Hutte«) am Rücken trägt, und des »Kindlifressers«, in Pelzmontur und mit mächtigem Gebiß.

Der Brauch war ursprünglich im ganzen Tal von Frutigen verbreitet; sog. »Pelzer« traten auch im unteren Simmental auf. Termin der Tradition war einst vor allem der 24. 12. Einzig in Kandersteg, wo die Sitte kurz nach 1900 wie anderswo eingegangen war, ist sie nach 1945 wieder aufgegriffen und nun an Silvester erneuert worden.

Wie die »Haggeri« und weitere ähnliche Figuren ist der »Pelzmarti« vermutlich aus dem Mittelalter überliefert. E. Sch.

Rubi, C.: Winterbräuche im Kanton Bern. Bern 1957.

Perchtenlauf in Kirchseeon

Erste drei Samstage und Sonntage im Dezember, 6. 1., 16.00 Uhr
Marktgmd. Kirchseeon, Lk. Ebersberg, Rgbz. Obb.

An den ersten drei Samstagen und Sonntagen im Dezember und an Dreikönig (6. 1., gelegentlich auch 7. 1.) laufen die Kirchseeoner Perchten nach einem bestimmten, vorher festgelegten Plan durch das Gebiet der Marktgemeinde. Der Lauf beginnt meist um 16.00 Uhr und dauert im Durchschnitt bis 20.00 Uhr. An ihm beteiligen sich 15 bis 20 junge Männer.

Die Perchtenläufer tragen grotesk übersteigerte geschnitzte Masken und Fell- und Stoffgewänder, z. T. unter Verwendung alter Trachtenstücke. Zwei der Akteure bedienen ein Glockenspiel, mit dem die Sprungtänze untermalt werden. Man verwendet Melodien des Perchtentanzes von Salzburg und Zell am See, außerdem zwei Eigenkompositionen (Kirchseeoner Perchtentanz von Markus Kramer, Mitglied der Ebersberger Volksmusik). Vor Beginn des Tanzes singen die Perchten:

»Heit is Rauhnacht,
wer hots aufbracht?
A oida Mo
hot a rote Hosn o.
Is üwa d'Stiagn owekrocha,
hot eahm d'Händ und d'Füaß obrocha.
Krapfa raus, Krapfa raus,
sonst schlogn ma enk a Loch ins Haus.«

Während des Tanzes wird als Tanzlied die sog. »Luznacht« (Luzia) gesungen:

»D'Luznacht is die längst Nacht,
da Baua wieda andas lacht,
denn es wachst, es wachst da Dog,
so wia i's jetzt grod sog:
Weihnachtn an Hahnatritt,
Dreiköni an Mannaschritt.
Sebasti um an Hirschsprung,
Lichtmeß a ganze Stund.

D'Sunn steigt auf üwan Woid,
denn es werd gent liachta boid,
vui gspüarst, gspüarst not net davo,
awa es geht, es geht voro:

Die Kirchseeoner Perchten mit ihren grotesk übersteigerten Masken

Weihnacht an Mucknstutz,
Dreiköni an Apfebutz,
Sebasti um an Jungfansprung,
Liachtmeß a ganze Stund.«

Während der Tanzvorführungen brennen zehn Fackeln, die die pittoreske Vorführung stimmungsvoll beleuchten.

Der Perchtenlauf in Kirchseeon wird seit 1954 nach alpenländischem Muster durchgeführt. Initiatoren waren der Ebersberger Kreisheimatpfleger Dr. Dr. Heinrich Kastner (†) und Hans Reupold, Kirchseeon. Man führte den ersten Perchtenlauf anläßlich der Versetzung einer Badstube aus Hochstett bei Ramerberg (Lk. Rosenheim, Obb.) nach Kirchseeon durch. Die Masken schnitzte damals H. Reupold, darunter eine Sonnenmaske (Vorbild war nach H. Moser eine Maske aus einem Luis-Trenker-Film der dreißiger Jahre.) Von Reupold stammen auch die beiden fahrbaren Glockenwagen, der sie frei, ohne sich an bestimmten Vorbildern zu orientieren, gestaltete.

Bei der Schaffung des Brauchs verarbeitete man Bild- und Textinformationen aus dem volkskundlichen Bereich und griff dabei auf Klopferbräuche des Kirchseeoner Gebietes zurück, wo auch Perchtenmasken beteiligt gewesen sein sollen.*. »Nach dem Ersten Weltkrieg zogen an den Donnerstagen im Advent und besonders am 5. Dezember die Burschen, in Pelzmäntel vermummt, andere in alten Kleidern, mit rußgeschwärzten Gesichtern, selbstgemachten Stoffmasken oder Papplarven durch die Straßen. Mit Ruten, Säcken, Kuhglocken, Hafendeckeln und Ketten bedrohten sie Kinder und Erwachsene und machten dabei einen großen Lärm ... Nach dem Zweiten Weltkrieg war es nicht mehr so wie früher ... Durch Nachschleudern von Ketten wurden Leute immer wieder zu Fall gebracht und teils erheblich verletzt. Bei Gesprächen in Bauernstuben und Wirtshäusern wurde von Älteren immer wieder erzählt, daß es früher viel schöner war und daß gesungen, gesprungen oder getanzt wurde.**«

Junge Männer, die dem Trachtenverein nahestanden oder Vereinsmitglieder waren, studierten unter Leitung von Reupold den Tanz ein. Der Erfolg ließ den Brauch zu einem festen Bestandteil des Kirchseeoner Jahreslaufs werden. Die Perchten treten, inzwischen durch Presse, Rundfunk und Fernsehen bekannt geworden, in Adventsingen auf (Ebersberg, Moosburg, Dingolfing, Augsburg).

Die Auftritte erfolgen kostenlos. Geldgeschenke werden entgegengenommen und mit einer Maske gesammelt, in die man Geld einwerfen kann. Diese Einkünfte werden zum Unterhalt der Badstube verwendet, die als Vereinshaus des Trachtenvereins dient. In der Badstube werden auch die Masken geschnitzt und die Perchtengewänder genäht. G. K.

* *Int.* Kastner, H., Ebersberg, 12/1972.
** *Int. u. Korr.* Reupold, H.: Kirchseeon, 10/1973 u. 4/1974.
Moser, H.: Der Folklorismus als Forschungsproblem der Volkskunde, in: Hessische Bl. f. Vkde. 55/1964. S. 9–57, bes. S. 13–19; hier auch Verweise auf weitere Aufsätze Mosers zu diesem Problem.

Während der Perchtenlauf in Kirchseeon eine jüngere Schöpfung ist, hat der Pongauer Brauch eine weit längere Tradition.

Pestkerzenumgang in St. Benedikten

Herz-Jesu-Sonntag (3. Sonntag im Juni)
St. Benedikten, Gmd. St. Lorenzen bei Knittelfeld, Ger. u. Pol. Bez. Knittelfeld, St

Auf dem Kirchanger, der sog. Kühbreinwiese hinter der Kirche, werden vier Feldaltäre errichtet. An einem Altar wird der Gottesdienst gehalten, bei den anderen wird der Segen erteilt. Der Weg, den die Prozession nach der Feldmesse nimmt, ist mit kleinen Birkenbäumchen gesäumt, die Altäre sind mit Blumen und Heiligenbildern geschmückt. Auch die Kapellen und die Eingänge der Bauernhäuser in der Siedlung sind mit Blumen und bunten Bändern geziert.

In der Predigt weist der Pfarrer auf die Entstehung dieses Umgangs hin. Vor der Messe läuten Glocken, Böllerschüsse ertönen; nach dem Gottesdienst wird der Wettersegen gegeben und dann beginnt die Prozession, bei der die Pestkerze mitgetragen wird. Diese »Kerze« ist eigentlich eine 14 m lange Holzstange, die spindelförmig mit Wachs überzogen ist. An der Spitze ist eine Laterne mit einer Kerze angebracht. Bänder und Blumen zieren die Pestkerze, die von Stützstangen getragen wird, die ebenfalls mit grünen Kränzen und farbigen Bändern geschmückt sind. Diese Stangen werden von Männern gehalten, deren Einteilung durch 12 Besitzer aus den Ortschaften St. Benedikten, Ritzendorf und Gottsbach vorgenommen wird, wobei jeder Besitzer je nach Größe seines Grundes zwei Träger oder einen Begleiter beistellt. Früher hatten diese Aufgabe die Knechte übernommen. Wenn in einer Besitzerfamilie jemand gestorben ist, wird eine Stützstange mit schwarzen Bändern eingebunden; ist ein minderjähriges Kind gestorben, wird die Tragstange mit blauen Bändern versehen. Acht weiß gekleidete verschleierte Mädchen tragen und begleiten eine Marienstatue.

Die Pestkerze liegt über die ganze Länge des Kirchenschiffes an der Decke, da die geringe Höhe des Kirchraumes es nicht erlaubt, sie stehend aufzubewahren.

In einer Volkssage heißt es: »Die Pestkerze in St. Benedikten. Heuschrecken hatten die Saatfelder zerstört. Hierauf kamen die Türken ins Land und wüteten am Murboden gar schrecklich. Es entstand eine große Hungersnot, so daß die Leute Baumrinde statt des Brotes essen mußten. Auch die Pest kam ins Land. Die Bewohner von St. Benedikten gelobten, wenn sie von all diesem Ungemach befreit würden, eine mehrere Zentner schwere Wachskerze zu opfern. Ihre Bitte wurde erhört und das Unglück abgewendet. Die Armut der Bewohner aber gestattete es nicht, eine so schwere Kerze anzuschaffen und sie mußten es mit einer Nachahmung bewenden lassen, indem sie eine lange Stange mit dünnen Wachskerzen spindelförmig überzogen. Als nun nach einiger Zeit die Türken wieder in die Gegend kamen und in der Kirche St. Benedikten die merkwürdige Kerze sahen, nahmen sie diese weg und vertauschten die Stange mit einer pulvergefüllten Blechröhre, in dem Glauben, die Bewohner würden diesen Tausch nicht merken und die Kerze würde, angezündet, explodieren und die Kirche mit den Andächtigen in die Luft sprengen. Zum

Pestkerze in St. Benedikten

Glück jedoch wurde dieser ruchlose Anschlag noch rechtzeitig entdeckt.«*

Schon im 15. Jh. kamen sehr viele Seckauer als Pestflüchtlinge nach St. Benedikten. Anfang des 18. Jh.s wurde das Kirchlein ebenfalls Zufluchtsort aus Angst vor der Pest.

Die Prozession entstand, wie viele andere Prozessionen auch, aus der Zeit der Not. Wie die vielen Pestsäulen, Pestkreuze und andere Gedenkstätten, so ist die Pestzenprozession in St. Benedikten eine lebendige Erinnerung an schwere Zeiten.

Auffallend ist die Ähnlichkeit des Brauchs mit der Bogenberger Kerzenwallfahrt (von Holzkirchen bei Vilshofen bis zum Bogenberg bei Straubing), bei der ebenfalls eine überdimensionierte »Kerze« – ein 12,40 m langer, mit rotem Wachs umwickelter Fichtenstamm – z. T. aufrecht jeweils von einem einzelnen Träger ohne Assistenz getragen wird. Der Bogenberger Brauch geht nach Meinung der Beteiligten auf ein Verlöbnis bei Borkenkäferbefall zurück. Das Kerzentragen ist dort seit dem Ende des 17. Jh.s nachzuweisen.

Die zwölf Bauern, die für die Durchführung des Umganges mitverantwortlich sind, weisen auf eine Bauerngemeinde hin, eine Einrichtung, die noch vor der Gemeindereform im Jahre 1848 das Leben der Dorfbewohner wesentlich beeinflußte und lenkte und vor allem verantwortlich war für bestimmte Handlungen der Gemeinschaft. Es gibt heute noch – nur vereinzelt – Bauerngemeinden, die neben der politischen Gemeinde gewisse Funktionen des dörflichen Lebens innehaben. Wahrscheinlich gab es in der Kirche einen Pestpatron; der heilige Benedikt hat mit dem Pestabwehrglauben unmittelbar nichts zu tun. H. M.

* Köchl, K.: Steirisch Land und Leute in Wort und Bild. 6. Bd. Aichfeld und Pölstal. Graz 1927.

Gugitz, G.: Österreichs Gnadenstätten in Kult und Brauch. 4. Bd. Wien 1956. S. 231.

Freundl. Mitt. Grabmaier, S., Rachau, u. Pfarramt St. Benedikten.

Pestkreuzgang von Welsberg nach Enneberg

Ende Mai in der Bittwoche (Woche, in die Christi Himmelfahrt fällt)
Pfarrdorf Welsberg, Gmd. Welsberg, Ger. Bez. Welsberg, Talschaft Pustertal, Südtirol, und Pfarrdorf Enneberg-La Pli, ital. Pieve di Marebbe, Bez. Bruneck, Südtirol

Ende Mai in der Bittwoche halten die Welsberger ihren altverlobten Pestkreuzgang nach Enneberg ab. Um 23.00 Uhr wird die Einwohnerschaft durch Abläuten der großen Kirchenglocke geweckt, dann sammelt man sich im Gotteshaus; um Mitternacht beginnt der Zug. Das Kreuz wird vorangetragen, es folgen: Vorbeter, Männer, Frauen, Kinder. Der Priester mit älteren Leuten ist dem Zug meist am Vortag voraus gezogen.

Der Weg der Wallfahrer führt die Pustertaler Landstraße westwärts bis »Goste«, überquert die Rienz und hält beim Oberolanger »Peststöckl« kurz an. Dann geht es unter Geiselsberg talein nach Bergfall und von dort steilan – nun ohne Gebet – zum Übergang Furggl (1778 m), wo man gegen 4.30 Uhr eintrifft. Hier am Paß brennt nach altem Brauch ein Feuer, neben dem einige »schlafende« Männer liegen, zur Erinnerung an die erste Wallfahrt 1636, wo man sich an den neben ihrem Feuer schlafenden Pestwächtern heimlich vorbeigeschlichen hatte.

Abmarsch von der Furggl um 5.00 Uhr früh. Knapp vor Erreichen des Pfarrdorfes Enneberg (ladinisch La Pli, d. h. Pfarre; 1284 m Meereshöhe) werden die Wallfahrer von den Glocken »eingeläutet«. Der Klerus kommt, begleitet von wehenden Fahnen, entgegen. Bei der Pfarrkirche angelangt, wird diese dreimal umkreist, dann begibt man sich nach einer hl. Messe zu einem Frühstück, das meist aus Suppe mit Wurst besteht (früher kochte man aus selbst mitgebrachtem Teig Knödel).

Der feierliche Gottesdienst um 9.00 Uhr wird eingeleitet von einem jahrhundertealten Gebet, es wird die große »Welsberger Kerze« angezündet, die die Pilger alle zwei Jahre mitbringen (ca. 1 m lang, 2–2,5 kg schwer). Diese brennt in Enneberg auch an jedem Sonn- und Feiertag und darf von jedem Welsberger, der während des Jahres nach Enneberg kommen sollte, angezündet werden. Der Rückweg der Wallfahrer führt wieder über die Furggl und Oberolang; von da ab ging man 1973 – um dem Autoverkehr auszuweichen – erstmalig über den schattseitig gelegenen Weiler Saller. In Welsberg trifft der Zug gegen 18.00 Uhr ein und wird von Glockengeläute empfangen.

Der Kreuzgang der Welsberger über die Furggl ins ladinische Dorf Pfarre-La Pli/Enneberg/Maréo wurde im Pestjahr 1636 gelobt und seither jedes Jahr abgehalten. Alle 100 Jahre (letztmalig 1936) fand eine große Jubiläumsfeier statt. Es wurde ein Gemälde gestiftet, auf dem deutlich der Wandel der Volkstrachten ersichtlich ist. 1936 wurden 1200 Pilger gezählt. In Welsberg gilt von den »Zugereisten« erst der als Dorfbürger, der wenigstens einmal mit nach Enneberg gewallfahrtet ist.

Man beabsichtigt in Zukunft den Bittgang auf den 2. Juni zu fixieren.

Nach der Legende waren die ladinischen Pestwächter neben ihrem Feuer auf dem Übergang Furggl eingeschlafen, so daß es den Welsbergern gelang, vorbeizuschleichen. In Enneberg angekommen, fanden sie die Kirchtüre versperrt. Sie umkreisten die Kirche dreimal, dann fingen die Glokken von alleine an zu läuten und die Tür sprang auf.

Nach altem Aberglauben müsse jeder, der erstmalig über die Furggl geht, dort »eine Kette durchbeißen«. H. F.

Mitt. Hellweger, J., Welsberg. 11/1973.

Pfingsten

Fünfzig Tage nach Ostern feiert die Kirche die Herabkunft des Heiligen Geistes; fünfzig Tage – griechisch: pentekosté heméra; daraus bildete sich unsere Bezeichnung Pfingsten.
Die kirchliche Liturgie hat nur noch wenig Einfluß auf die Feierlichkeiten der Pfingsttage; sie sind zu einem Sammelpunkt für alle Maifeste geworden, auch wenn Pfingsten nicht mehr in den Mai fällt. Als Ursache für diese Entwicklung dürfen klimatische Gründe angenommen werden.
Einer der bekanntesten Bräuche im kirchlichen Bereich ist wohl das »Heilig-Geist-Schwingen«. Zur Verdeutlichung der Bibelstelle von der Herabsendung des Heiligen Geistes wurde in vielen bayerischen und österreichischen Pfarrkirchen beim Pfingstgottesdienst, während die Gemeinde sang »Komm, Schöpfergeist . . .«, durch das Heilig-Geist-Loch in der Kirchendecke eine hölzerne Taube herabgelassen. Es wurden auch »feurige Zungen« in Form brennender Wergflocken von oben herabgeworfen. Zwar sieht man noch in vielen Kirchen im ersten Gewölbejoch hinter dem Chorbogen das kleine runde Loch, durch die Liturgiereform ist aber dieses religiöse Brauchtum völlig abgebaut worden. Ebenfalls in den kirchlichen Bereich gehören die Flurumritte und Wettersegen, von denen man sich Gedeihen der Saat und Schutz vor Unwettern erhoffte. Beliebt waren und sind an Pfingsten auch Wallfahrten, die einst meistens mit größeren Märkten verbunden waren.
Eine weit größere Anzahl von Pfingstbräuchen gehört aber dem weltlichen Bereich an. Das junge Grün, mit dem man Häuser, Ställe, Wirtshäuser, aber auch Baugerüste schmückt, soll den darin Lebenden und Arbeitenden Gesundheit bringen. Der Ehrenmaien für die beliebten Mädchen des Dorfes, aber auch für den Lehrer, und der Schandmaien für die Unbeliebten oder diejenigen, die sich etwas zuschulden kommen ließen, sind ebenfalls eine Abwandlung dieses Grüns.
Zum Zeichen dafür, daß jetzt der Sommer kommen muß, findet an Pfingsten oft der erste Austrieb des Weideviehs statt; zumindest hatte man eine Weide aufgespart, die das Vieh erst an diesem Fest betreten darf. Oft wird der erste Austrieb in einem feierlichen Zug symbolisch wiederholt. Der schönste Ochse in der Herde wird dafür prächtig geschmückt und daher kommt der bekannte Ausdruck: »Aufgeputzt sein wie ein Pfingstochse«. Der letzte Hüterbub aber wurde »Pfingstlümmel« genannt und war an diesem Tag allgemein dem Spott ausgesetzt.
Der Pfingstmontag ist heute zu einem beliebten Tag für Schützenfeste geworden: Das Preisschießen auf Taube oder Scheibe als Herausforderung an Geschicklichkeit und Kraft des Schützen.
Im südostösterreichischen Gebiet hat sich an Pfingsten ein besonderer Brauch bewahrt: das Kufenstechen im Gailtal – wieder ein Geschicklichkeitsspiel, ein Erproben von Schnelligkeit und Kraft. Es ist mittelalterliches Turnier und Bauernspiel zugleich. Burschen und Männer in Tracht und mit einer Zipfelmütze auf dem Kopf, versuchen in scharfem Ritt auf schweren Ackergäulen ein Faß, die Kufe, das auf einen Pfahl gestülpt ist, mit Eisenlanzen durch Schlag oder Stoß zu zertrümmern. Zuletzt werden die abgelösten Faßreifen zum Ringstechen verwendet; der Sieger bekommt von einem Mädchen einen gesteckten Kranz aus künstlichen Blumen und bunten Glasperlen auf den Kopf gesetzt. Anschließend ist auf dem Dorfplatz Tanz, den der Sieger mit demjenigen Mädchen eröffnet, das ihm den Kranz überreicht hat. N. G.

Pflugziehen in Stilfs

Unsinniger Pfinztig (Donnerstag vor Faschingssonntag), 12.00–18.00 Uhr
Stilfs, Südtirol

Im alten Vintschgauer Knappenort Stilfs beteiligen sich Dorfburschen im Alter von 15 bis zu 35 Jahren am Unsinnigen Pfinztig beim Pflugziehen. Sie erhalten keine finanzielle Hilfen, sondern freiwillige Reichnisse der Dorfbewohner, meist Speck, Eier, Brot, Mehl, Wein zur Zubereitung des Abschlußmahles.
Die Teilnehmer scheiden sich in zwei Gruppen, von denen jede eine bestimmte Aufgabe zu erfüllen hat. Die ältesten Burschen stellen eine »geschlossene Hofgemeinschaft« – Bauer, Bäuerin und Ehhalten – dar, die eine auf dem Getreidebau beruhende Tätigkeit ausübt und deshalb mit entsprechenden Geräten, vor allem dem Pflug mit Gespann (7 bis 13 Burschen) ausgestattet ist. Diese Gruppe erscheint durchwegs in Festtagstracht und legt ein selbstbewußtes Gebaren an den Tag. Ihr gegenüber steht das »Gesindel«, die schwächeren und jüngsten der Mitspieler, paarweise als Mann und Frau in Lumpen gekleidet, buckelige, krumme, alte und stumme Gestalten und ohne eigentliche Führung.
Die Hofgemeinschaft beginnt mit der Arbeit, der Bauer führt den Pflug, die Ehhalten säen, dreschen und rechen. Nach einiger Zeit macht sich in den Gassen des Ortes das Gesindel bemerkbar. Es beschäftigt sich mit den Zuschauern, nicht mit der Hofgemeinschaft, beginnt dann die Ehhalten zu belästigen und versucht, immer wieder verfolgt, in die Nähe des »Ochsengespannes« zu kommen. In der Zwischenzeit wird der Bauer arbeitsunwillig. Er fängt mit der Bäuerin und den Ehhalten Streit an, der Bäuerin wirft er Kinderlosigkeit und schlechte Wirtschaftsführung vor, sie dagegen erklärt ihn für unfähig, gut zu arbeiten. Die Ehhalten mischen sich in den Streit ein. Die Knechte ergreifen für den Bauern, die Mägde für die Bäuerin Partei. Den offenen Streit nützt das Gesindel aus. Nachdem sich niemand mehr um den Hof kümmert, gelingt es ihm, das Ochsengespann wild zu ma-

chen und damit zu flüchten. Die Bäuerin kann die Ehhalten beruhigen. Sie holen das Gespann wieder in ihre Gewalt. Mit Zustimmung der Ehhalten wird dem Bauern die Entscheidungsgewalt entzogen und der Bäuerin übertragen, die nun als Zeichen ihrer neuen Macht den Pflug führt. Der Bauer muß sich unterordnen. Zuletzt versammelt sich die Hofgemeinschaft zum Schmaus, an dem sich das Gesindel nicht beteiligen darf.

Es wird besonders darauf geachtet, daß der Pflug weder beschädigt noch entwendet wird. Das beliebte Anschwärzen der Mädchen ist ausschließlich Sache des Gesindels, aber erst nach Beendigung des Spiels.

Der Unsinnige Pfinztig in Stilfs gehört in jene Gruppe der Faschingsspiele, in denen die bestehende hierarchische Ordnung für einen Tag in einer grotesken Szene außer Kraft gesetzt wird. Störfaktor und auslösendes Element ist eine marginale Gruppe, das sog. Gesindel, das sich typischerweise aus den jüngsten Teilnehmern rekrutiert. J. P. / G. K.

Dörrer, A.: Tiroler Fasnacht. Wien 1949. S. 193.
Pardeller, J.: Die Vorzeitsiedler im Brauchtum, in: Der Schlern 28/1954. S. 84.
Haider, F.: Tiroler Volksbrauch im Jahreslauf. Innsbruck, Wien, München 1968. S. 80.

Piratenschlacht oder Banditenfangen in Oberndorf

Letzter Sonntag im Juli, ab 12.00 Uhr
Oberndorf, Ger. Bez. Oberndorf, S

Im Abstand von drei Jahren (zuletzt 1974) findet am letzten Julisonntag die sog. »Historische Piratenschlacht« auf der Salzach statt. Veranstalter ist das Schifferschützenkorps Oberndorf, dessen aktive Mitglieder vollzählig an diesem Spiel teilnehmen. Für die Räuberbande wie für die Gerichtsszene werden zusätzlich noch Mitwirkende aus Oberndorf und z. T. aus Laufen (Bayern) benötigt. Schauplatz des Spiels ist Oberndorf entlang der Salzach, mitunter auch die Staatsbrücke und der Stadtplatz von Laufen, vor allem aber die Salzach selbst, auf welcher die eigentliche Schlacht zwischen der Schiffergarde und den Piraten ausgetragen wird.

Um 12.00 Uhr zieht die Räuberbande, eine verwegen gekleidete Männergruppe, mit Flintenweibern in einem Planenwagen durch den Ort, wobei die am Wege liegen-

den Gasthäuser »geplündert« werden. Unterhalb der Staatsbrücke, auf einer Kiesbank nahe dem Fluß, befindet sich das Räuberlager, eine aus Reisig und Stroh errichtete Hütte. Begleitet von Zigeunermusik zieht der Räuberhauptmann »Seidlano zu Aglassing« mit »Gräfin Marie zu Fucking aus dem Innviertel« in sein Lager ein, um Hochzeit zu halten. Lautstark ist das Treiben im Lager. Es wird getanzt, geschossen, Hühner werden am Spieß gebraten und auch getrunken wird entsprechend. Da meldet ein Späher die Ankunft eines Salzschiffes, das dann überfallen wird, wobei die armen Schiffer unter Freudengeschrei von den Räubern gefesselt und abgeführt werden. Anschließend beginnen die Räuber mit der Beschießung der Stadt Laufen, was zur Folge hat, daß sich auf einem kleinen Schiff einige Gardisten nähern. Diese werden sogleich von den Piraten abgefangen. Einer davon muß sein Leben lassen und liegt, allerdings als Stoffpuppe, mitleiderregend im Wasser. Im Räuberlager wird weitergefeiert und nicht bemerkt, daß nun ein Vortrupp der Schiffergardisten anrückt, um die Gefangenen zu befreien. Nach einem kurzen Gefecht werden die Räuber in die Flucht geschlagen, das Lager wird niedergebrannt, wobei durch nasses Stroh und andere Hilfsmittel (Gummireifen) eine starke Rauchentwicklung erzeugt wird. Der Räuberhauptmann zieht sich samt seinen Gefährten flußaufwärts in die Salzachauen, zum Oichtenbach zurück, wo sich auch das getarnte Räuberschiff befindet. Von den Schifferschützen entdeckt, versuchen die Räuber nun salzachabwärts zu entfliehen, werden jedoch von zehn Zillen verfolgt und ständig beschossen. Eine Plätte mit der Blaskapelle schließt sich an, die sich vergebens Gehör zu verschaffen sucht. Im Ortsteil Altach, nach der starken Flußschleife, landet das Räuberschiff am Ufer. Um die schwarze Fahne mit dem aufgemalten Totenkopf geschart, aber auch vereinzelt flüchten die Räuber zu Fuß am Ufer entlang flußabwärts. Ebenso flink nehmen die Gardisten, die in der Überzahl sind, die Verfolgung auf. Mitunter dauert es lange, bis der Räuberhauptmann und seine Gefährten gefangen sind. Mit Musik und unter starker Bewachung werden sie dann von der Altach, entlang des Salzachdammes und somit für die Zuschauer gut sichtbar, bis zum Wasserturm (früher Hauptschule in Neuoberndorf) geführt, wo die Hinrichtung stattfinden soll. Sehr pathetisch verkündet der Schiffrichter das Urteil, die standrechtliche Erschießung der Räuber. Der Hauptmann dagegen soll gehängt werden, wofür bereits ein wackeliger Galgen errichtet ist. Gerade als das Urteil vollstreckt werden soll, trifft ein

Bote des Landesherrn, des Alzburger Fürstbischofs, ein, der eine Strafmilderung gewährt: Ertränken in Bier! Und dieser »Strafe« kommen Räuber wie Gardisten in der Folge gleich gerne nach. Mit Musik ziehen sie alle in einen Biergarten, Freund und Feind wohl vereint!

Archivalisch läßt sich dieser Brauch vor dem 19. Jh. nicht belegen. Der Laufener Pfleger J. A. Seethaler erwähnt in seiner umfangreichen handschriftlichen Chronik (1802) diese Brauchübung nicht, obwohl er weit weniger augenfällige Bräuche genau anführt. Es ist daher anzunehmen, daß erst in der Zeit der Romantik, während des endgültigen Niedergangs der Schiffahrt und der Rückbesinnung auf die ehemalige geschichtliche und wirtschaftliche Bedeutung der Orte Laufen/Oberndorf dieses Spiel in der heutigen Form entstanden ist, beeinflußt nicht zuletzt durch die Laufener Schifferkomödianten. Das Schifferschützenkorps wurde bereits 1278 unter Erzbischof Friedrich II. von Walchen zum Schutze der Salztransporte eingesetzt und bildete somit eine Art Bürgerwehr, praktisch bis zum Ende des Erzstiftes. Aus diesem geschichtlichen Bewußtsein heraus ist auch die Handlung des Spiels erklärlich. 1880 wurde dieser Brauch erstmals ausführlicher beschrieben und die ortsüblichen Bezeichnungen »Durchfahren« oder »Banditenfangen« angeführt. Erstere läßt auf den wahrscheinlichen Ursprung dieses Spiels, auf einen Umzug zu Wasser schließen, aus welchem sich dieser Brauch herausentwickelt haben dürfte. Die Bezeichnung »Piratenschlacht« wurde erst um den Ersten Weltkrieg geprägt, ist heute jedoch allgemein üblich.

Ursprünglich wurde dieses Spiel am Fronleichnamstag oder am darauffolgenden Sonntag aufgeführt. Der »Antlaßtag«, wie er in Oberndorf heute z. T. noch genannt wird, spielte im Festkreis des Jahres bei der Laufener und Oberndorfer Bevölkerung eine besondere Rolle (»Großer Kranzltag«). Beginnend mit der »Schützenmesse«, der Jahresmesse für die verstorbenen Schiffer, folgte die große Prozession mit dem »Himmelbrotschutzen«. Es ist daher verständlich, daß auf den religiösen Teil des vormittags ein weltlicher Teil am Nachmittag folgte.

Vor dem Zweiten Weltkrieg wurde zuletzt 1928 dieser Brauch durchgeführt. Eine weitere Aufführung des Spiels war in der Folge aus politischen und finanziellen Gründen nicht möglich. Erst nach dem Krieg setzte eine Neubelebung ein, und seither wird das Spiel in den genannten Zeitabständen aufgeführt.

* Hartmann, A., u. Abele, H.: Volksschauspiele. Leipzig 1880. S. 75 ff.
Adrian, K.: Salzburger Volksspiele, Aufzüge und Tänze, in: Mitt. d. Ges. f. Salzburger Landeskunde 45/1905. S. 99 f.
Zinnburg, K.: Salzburger Volksbräuche. Salzburg 1972. S. 144 ff.

Prangstangen im Land Salzburg

Die Prangstangen zählen zu den schönsten Schöpfungen des alpenländischen Brauchtums. Ihr Hauptverbreitungsgebiet ist das Land Salzburg, wo man sie im Lungau und im Pongau findet. Obwohl die Funktion der Prangstangen in beiden Gebieten gleich ist, unterscheiden sie sich hinsichtlich ihrer Form, ihrer Auszier und des Verwendungstermins. Die Lungauer Stangen sind gerade und ausnahmslos mit Girlanden aus echten Blüten und Blättern kunstvoll umwunden, im Pongau sind sie in der Regel mit farbiger Wolle umwickelt und an der Spitze halbkreisförmig herabgebogen. Im Bogen hängen bunte Tücher und Fähnchen. F. G.

Die Prang(er)stangen im Lungau

Sonnwendtag (24. 6., Johannes d. Täufer), 8.30–11.00 Uhr
Zederhaus, Bez. Tamsweg, S

In Zederhaus findet der Prangtag mit dem Umgang der Prangstangen am 24. Juni statt. Nach dem feierlichen Hochamt um 8.30 Uhr nimmt die Prozession Aufstellung. Die Musik, die 1968 neu konstituierten »Himmelschützen« in ihren historisierenden Uniformen, besonders aber die Träger des Himmels in ihren roten Bruderschaftsmänteln mit gelber Kapuze und gelben Stulpen an den Ärmeln ergeben ein prächtiges Bild. Unzweifelhaft wird dieser »Prang« aber von den blumengeschmückten Stangen, die sich auf die ganze Prozession verteilen, übertroffen.

Nach einer langen Schleife versammelt sich die Prozession noch einmal bei der letzten Station vor der Kirche, wo auch die Prangstangen geschlossen Aufstellung nehmen. Nach dem Segen werden die Stangen umgelegt, in die Kirche getragen und beiderseits des Ganges in den dafür vorgesehenen Halterungen befestigt. Hier bleiben sie bis zum Großen Frautag (15. 8.) stehen.

Die Herstellung einer Prangstange nimmt etliche Tage in Anspruch. Zunächst müssen die Blumen gepflückt werden, wovon man große Mengen benötigt: in erster Linie »Sunnawendla« (Margeriten), gelbe Arnika, rote Steinnelken, den blauen Enzian, den Frauenmantel und als wichtigsten Bestandteil des Blumenschmuckes die Pfingstrose. Das Sammeln ist Aufgabe der Kinder, das Binden der Girlanden Gemeinschaftsarbeit der Hofleute. Oft helfen sogar mehrere Höfe zusammen, denn das Binden würde sonst zu lange dauern und die Blumen inzwischen verwelken. Dennoch sind die Leute damit eineinhalb Tage beschäftigt. Bei den Girlanden unterscheidet man solche, die nur aus einer Blumengattung gebunden werden und sog. »stückige Kränze«, bei denen verschiedenfarbige Blüten und grüne Blätter einander in kurzen Abständen ablösen. Nach dieser mühsamen Arbeit beginnt das Wickeln, von dem die Wirkung der Prangstange abhängt. Der »Wickler« braucht daher nicht nur große Fertigkeit, sondern auch künstlerische Phantasie. Zum Wickeln müssen die 6 bis 8 m langen Stangen immer gleichmäßig gedreht werden. Zuerst wird die Stange bis zu ⅔ ganz dicht mit Margeriten umwunden, so daß ein weißer Untergrund entsteht. Oberhalb der freibleibenden Griffstange gibt man eine grüne »Manschette« aus Frauenmantel. Anschließend beginnt man das »Überwind« spiralenförmig um die Stange zu wickeln. Durch das Aneinanderreihen von 5 bis 7 verschiedenen Blütengirlanden entstehen dabei bunte Blumenbänder, die einander überkreuzen. Dazwischen bleiben Rauten aus Margeriten frei, in deren Mitte Knospen von Pfingstrosen stecken. Auch in der oberen Hälfte bleibt ein breiter Streifen von Margeriten vom »Überwind« frei, in den das Christusmonogramm gesteckt wird. Der weitere Teil bis zum »Knopf«, einem scheibenartigen Verbindungsstück, in dem der Wipfel steckt, wird zickzackförmig umwunden. Diese Muster nennt man »Fünfer« oder wegen der Farbzusammenstellung auch »Regenbogen«. Zuletzt werden der »Knopf« und der Wipfel mit Blumen geschmückt. In Zederhaus werden die fertig gewickelten Stangen noch am späten Nachmittag des Samstages (23. 6.) in die Kirche getragen und aufgestellt, um am nächsten Morgen dem Hochamt bereits ihren Glanz zu verleihen.

Die gewickelten Stangen wiegen um die 50 kg. Das Tragen verlangt daher viel Kraft und Geschicklichkeit. Die Träger hängen deshalb die Stangen mit Hilfe einer kurzen Eisenstange in die weiße Schärpe, die sie um die Schulter geknüpft haben.

Muhr, Bez. Tamsweg, S
Peter und Paul (29. 6.), 8.30–11.00 Uhr

In Muhr werden die Prangstangen erst am Festtag (29. 6.) in der Frühe zur Kirche getragen. Man stellt sie aber während des Gottesdienstes noch nicht in die Kirche, sondern lehnt sie außen an die Kirchenmauer. Bei der Prozession gehen die Prangstangen geschlossen vor dem Traghimmel. Im Gegensatz zu den konisch verlaufenden Prangstangen von Zederhaus behalten die blumengeschmückten Stangen von Muhr bis zur Spitze annähernd die gleiche Stärke. Der wesentliche Unterschied liegt aber in der Form des Wipfels. In Muhr ziert ein kleines Nadelbäumchen die Spitze der Prangstangen.

Nach der Prozession werden die Stangen in der Kirche aufgestellt und wie in Zederhaus erst am 15. 8., am Großen Frauentag, nach Hause getragen, wo sie von den Herstellern »abgeheut« werden.

Pongauer Prangerstangen

Die Pongauer Prangerstangen, wie sie hier bezeichnet werden, sind höher und schlanker als die Prangstangen von Zederhaus und Muhr. An Stelle von frischen Blumen sind sie meist mit bunter Wolle oder gerafftem Stoff umwickelt, weshalb sie Jahre hindurch nicht erneuert werden müssen. Zum Umgang wird nur der gebogene und mit Fähnchen behängte Wipfel mit Blumen geschmückt. Eine Ausnahme bilden zwei jährlich mit frischen Blumen umwickelten Prangerstangen von Bischofshofen. Ein Unterschied zum Lungau besteht auch darin, daß die Pongauer Prangerstangen bei mehreren Prangprozessionen umgetragen werden und daß sie nicht am 15. 8., sondern erst beim Erntedankfest, Anfang Oktober, aus der Kirche entfernt werden.

Bischofshofen, Bez. St. Johann i. P., S
Fronleichnamstag, 8.45–11.00 Uhr

In Bischofshofen werden die Prangerstangen am Fronleichnamstag umgetragen. Die 5 Stangen – 2 werden jedes Jahr mit Naturblumen gewickelt, 3 sind mit Wolle und gerafftem Stoff umgeben – werden von den Rotten Buchberg, Haidberg, Gainfeld, Gaisfeld und Laideregg gestellt, in denen sich die verschiedenen Höfe von Jahr zu Jahr beim Herrichten ablösen. Die Prangerstangen gehen gesammelt am Beginn der Prozession, die sich nach dem Gottesdienst (8.45 Uhr) vor der Frauenkirche, wo das 1. Evangelium gelesen wird, zum Feuerwehrplatz (2. und 3. Station) und wieder zurück zur Kirche bewegt. In der Prozession werden auch die »große und kleine Frau« (Muttergottesstatuen) mitgetragen. Die Prangerstangen bleiben bis zum Erntedankfest um den 12. Oktober, das mit dem Patrozinium (Maximilian) zusammenfällt, in der Kirche stehen.

Hüttau, Bez. St. Johann i. P., S
Fronleichnamstag, 8.30–11.00 Uhr,
Skapulierfest (1. Sonntag im Juli),
8.30–11.00 Uhr

Hüttau besitzt 6 Prangerstangen, die zu Fronleichnam und am Festtag der Skapulierbruderschaft jedes Jahr von anderen Burschen der Fraktion Iglsbach, Fritzerberg, Sonnberg, Sonnhalb, Bairau und Loizenbach in der Prozession mitgetragen werden. Die wollumwickelten Stangen gehen neben dem Himmel. Nach dem Erntedankfest werden die Stangen hinter den Altar gestellt und knapp vor dem nächsten Umgang zum Schmücken abgeholt.

Prangstangen in Zederhaus (s. a. S. 223) ▷

Pfarrwerfen, Bez. St. Johann i. P., S
Dreifaltigkeitssonntag, 8.00–11.00 Uhr,
Fronleichnamstag, 8.30–11.00 Uhr,

Früher wurden in Pfarrwerfen an die 10 Prangerstangen vor dem Himmel bei der Prozession mitgetragen. Gegenwärtig sind es nur noch 3 Stück, die von den Rotten Ellmauthal, Laubichl und Lehen gestellt werden. Die Prangprozession am Dreifaltigkeitssonntag ist wesentlich feierlicher als zu Fronleichnam, denn da gehen sämtliche Vereine (2 Musikkapellen, die Schützen, die »Heimkehrer«, die Burschen und die Mädchenschaften, die mit einer Marienstatue den Zug eröffnen) mit. Früher gab es auch noch zum Erntedank (Sonntag nach Michaeli) einen Umgang, nach dem die Stangen wieder verwahrt werden.

Werfenweng, Bez. St. Johann i. P., S
Fronleichnamstag, 8.30–11.00 Uhr,
Herz-Jesu-Sonntag (1. Sonntag im Juli), 8.30–11.00 Uhr (früher auch noch am Annatag – 26. 7.)

In Werfenweng flankieren die 4 Prangstangen, die von den Ortsteilen Eulersberg, Lampersbach, Zaglerwinkl und Wengerau hergerichtet werden, die Muttergottesstatue. Die über 10 m langen Stangen, die mit Wolle und Blumen umwunden sind, bleiben fast das ganze Jahr über in der Kirche aufgestellt.
(Im Markt Werfen gehen die Prangerstangen nicht mehr!)

Das Alter der Prangstangen läßt sich nicht genau feststellen. Bei R. Wolfram, der diesen Brauch eingehend untersuchte und anhand ähnlicher Erscheinungen sein Wesen aufzeigte, findet man den Hinweis auf J. Dürlinger, der in seinem Buch über den Pinzgau (1866) die Prangstangen im Zusammenhang mit der Verherrlichung des Fronleichnamsfestes in der Periode von 1520 bis 1750 erwähnt. In der Aufklärung sei dieser Brauch eingeschränkt worden, denn »gemäß Dekreten a. 1782, 1785 und 1787 sollten wegbleiben die Prangstangen, Spaliere, Pöller, Schützenparaden und besonders die vielen mitgetragenen Figuren«. Die Quelle für diese Nachricht konnte zwar noch nicht gefunden werden, doch steht außer Zweifel, daß die Prangstangen ebenso wie die Samsonfiguren aus der Zeit der Gegenreformation stammen und ausschließlich für die von der Geistlichkeit initiierten Prangprozessionen geschaffen wurden. Es erscheint daher weniger die Frage nach der Herkunft als vielmehr das Phänomen der Beharrung an diesem Brauch interessant. Als Gründe dafür darf man anführen, daß der Absolutismus in der Diözese Salzburg nicht so stark zur Wirkung kam und daß die Ausrichtung der religiösen Feste in den Händen festgefügter Vereinigungen, bei den Bruderschaften, lag, die sich vielfach bis in unsere Zeit erhielten.

In ihrer vielfältigen künstlerischen Verwendbarkeit dient die Blume daher der Verherrlichung der Eucharistie. Am Höhepunkt ihrer Entfaltung schließt die Blume ebenso wie die Eucharistie den Gedanken an das ewige Leben mit ein, doch mahnt sie gleichzeitig mit ihrer Vergänglichkeit an die Abhängigkeit der Natur. Indem die prangende Natur zur Verherrlichung der Eucharistie herangezogen wird, soll diese aber ihren Segen über die Fluren verbreiten. Die Prangprozessionen werden damit gleichzeitig zu Flur- und Wetterprozessionen, die, bereits aus dem Altertum bekannt, im Volksglauben und Brauch eine wichtige Rolle spielen.

Mühlbach am Hochkönig,
Bez. St. Johann i. P., S
Fronleichnamstag, 8.30 – 11.00 Uhr,
Großer Frautag (15. 8.), 8.30 – 11.00 Uhr,
Erntedankfest (3. goldener Samstag im Oktober) 8.30 – 11.00 Uhr

In Mühlbach werden die 4 mit gehäkelten Wollfäden umwickelten Prangerstangen nach der Fronleichnamsprozession in die

Kirche gestellt. Hier erfolgt der Umgang außerdem noch am Großen Frauentag (15. 8.) und beim Erntedank, der am 3. goldenen Samstag (im Oktober) gefeiert wird. Nach dieser Prozession werden die 4 Stangen wieder in die seit alters her dafür vorgesehenen Bauernhöfe zurückgetragen. F. G.

Andree-Eysn, Marie: Volkskundliches aus dem bayerisch-österreichischen Alpengebiet, Braunschweig 1910. S. 96.

Wolfram, R.: Die Salzburger Prangstangen und ihre Verwandten. 6. Bericht von der Brauchtumsaufnahme im Lande Salzburg, in: Mitt. d. Ges. f. Salzburger Landeskunde. Bd. 104 (1964). S. 271–299.

Prozession zur Maria im Stein (Paß Stein) bei Bad Mitterndorf und St. Martin am Grimming

15. August (Großer Frauentag)
St. Martin am Grimming, Ger. Bez. Gröbming, u. Mitterndorf im Steirischen Salzkammergut, Ger. Bez. Bad Aussee, beide Pol. Bez. Liezen, St

Bei den einzelnen Pfarrämtern sammeln sich die Teilnehmer der Prozession um ca. 9.30 Uhr. Derzeit beteiligen sich folgende Pfarren: St. Martin am Grimming, Oeblarn, Irdning, Klein-Sölk, Stein an der Enns, Gröbming, Haus im Ennstal, Schladming, Bad Mitterndorf. Nach dem Aufbruch ist Sammeltreffpunkt um ungefähr 10.00 Uhr beim Bildstock »Am großen Anger« an der Paßstraße (auf der Ennstaler Seite). Die Wallfahrer aus Bad Mitterndorf kommen von der anderen Seite, für sie entfällt das Sammeln beim Bildstock, von dem dann in Prozessionsform zum Marienbild gegangen wird, und zwar in folgender Ordnung: a) Kreuzträger, b) Musikkapelle aus St. Martin a. G., c) Kirchenchor von St. Martin a. G., d) Pfarrgeistlichkeit der einzelnen Pfarren mit den Gläubigen. Die Organisation und die Leitung der Wallfahrt liegt beim Pfarrer von St. Martin a. G. Während der Prozession wird der Rosenkranz gebetet, dann spielt wieder die Musik, in abwechselnder Reihenfolge geschieht dies bis zum Eintreffen am Paß Stein und beim Marienbild um ca. 10.30 Uhr. Dort wird wieder ein Rosenkranz gebetet, wieder spielt die Musik, es folgt eine Marienandacht und dann predigt der Pfarrer von St. Martin. Nach der Predigt löst sich die Wallfahrt auf.

Im Jahre 1882 wurde Heinrich Lobenstock, Bader aus Mitterndorf, unterwegs zu einem Kranken, am Paß Stein aus Lawinengefahr gerettet. Zum Dank gelobte er, das in der kleinen Grotte bei der Paßhöhe befindliche Marienbild durch ein neues zu ersetzen und die Grotte zu erweitern. Es ist dem Maria-Hilf-Typus (nach Lukas Cranach) zuzuordnen.

Doch hat sich nicht nur Lobenstock um die Erneuerung der Andachtsstätte bemüht, auch der Pfarrer von Maria Kumitz bei Bad Mitterndorf, Johann Stöger, sowie der Wirt in Tiepschern bei St. Martin am Grimming trugen dazu bei.

Die Grotte mit dem Bild ist jedoch schon seit dem 18. Jh. in der Gegend bekannt. Zwei Entstehungslegenden sind überliefert und in den Steirischen Heimatheften erschienen. Eine Legende spricht von einem Kaufmann, der mit viel Geld den Steinpaß durchwanderte und von zwei Strolchen verfolgt wurde. Um diesen zu entgehen, kroch er in eine enge Felsspalte. »Eine große Kreuzspinne war eben dabei, ihr Netz vor dem Eingang der Spalte zu spinnen. Als die Räuber nach längerem Suchen auch zur Felsspalte kamen, hatte die Spinne ihre Fäden kreuz und quer von einer Wand zur anderen gezogen«, so daß die Räuber glaubten, hinter dieses Netz könne niemand gekommen sein, da es ja ansonsten zerrissen sein müßte. So war der Kaufmann gerettet, und er ließ später die Felsspalte zur Grotte erweitern und eine Kapelle einrichten.*

Die andere Legende berichtet von einem Mädchen, das zwei Burschen auf der höchsten Stelle im Paß Stein überfallen wollten. Es konnte sich nur mit größter Anstrengung befreien, merkte aber, daß seine Kräfte schwanden. In höchster Not rief sie »Heilige Mutter Gottes, hilf!«. Das Mädchen sah hinter einer Wegbiegung eine Felsspalte, kroch hinein, um die noch immer hinterherlaufenden Strolche abzuschütteln. Es machte ein Gelübde, an der Felswand ein Bild der Gottesmutter anzubringen, wenn es der Gefahr entrinne. »Im nächsten Augenblick standen die zwei Strolche auch schon vor der Felsspalte, und der eine rief: Ha, der Vogel steckt gewiß da drinnen! – Nein, sagte der andere, das Spinnennetz vor dem Eingang ist ja nicht zerrissen! Und schon rannten die Spitzbuben weiter und das Mädchen war gerettet. – Seit dieser Zeit hängt ein Marienbild an jener Felswand.«*

Ob das neue von Lobenstock in Auftrag gegebene Bild die vordem in der kleinen Grotte befindliche Marienstatue aus Holz verdrängt hat, ist nicht feststellbar.

Dem Einzugsgebiet entsprechend, ist die Verehrung der Muttergottes am Paß Stein als Lokalkult zu bezeichnen.

Die Menschen liebten es zu allen Zeiten, ihre Heiligen an bestimmten exponierten Orten zu verehren. Der Paßübergang von Bad Mitterndorf ins Ennstal ist ein solcher Platz. Dazu kam die Beliebtheit der kleineren Wallfahrten besonders ab dem 17. Jh. und vor allem auch in der Zeit des Josephinismus, da große Pilgerfahrten, die länger als einen Tag dauerten, verboten waren und sich das Volk daher den kleinen und nahen, meist oft neu geschaffenen Kultstätten zuwandte.

Vielleicht ist aus diesem Zeitgeist heraus auch die Entstehung der Marienverehrung am Paß Stein zu erklären, die sich aus dem Aufstellen des hölzernen Kultbildes und den wahrscheinlich erst später entstandenen Legenden und Erhörungen entwickelte. H. M.

* Brauner, F.: Steirische Heimathefte. H. 8. Graz 1952.

Gugitz, G.: Österreichs Gnadenstätten in Kult und Brauch, 4. Bd. Wien 1956. S. 185.

Mitt. v. Loehr, P., Pfarrer in St. Martin am Grimming (1973 verstorben).

»Räbenchilbi« in Richterswil

Sonntag vor oder am 11. 11., nach Einbruch der Dunkelheit, ca. 17.30 Uhr
Ortszentrum von Richterswil am Zürichsee, Kt. Zürich

Es ist ein großer Räbenlichterumzug (vgl. »Räbenlichter«) der Jugend und der Ortsvereine in den Abendstunden vom Schulhausplatz aus durch die Hauptstraße des Ortes, dessen Häuser festlich beleuchtet sind. Die farbenprächtige Veranstaltung zeichnet sich durch eine große Zahl von Wagen und Requisiten aus, deren Sujets (kleine Boote, Wappentafeln, Häschen, Blumenkörbe usw.) alle aus den inwendig illuminierten Räben (weißen Rüben) aufgebaut sind.

Nach dem Umzug ist Tanz.

Die Tradition ist aus der Feier des Kirchenpatrons St. Martin hervorgegangen. Der Mundartausdruck »Kilbi« oder »Chilbi« bezeichnet nicht nur eine Kirchweihveranstaltung, sondern oft auch ein Patronatsfest. Zu Richterswil steht die Chilbi seit alters im Zeichen der Räben; die Kirchgänger trugen sie bereits im 18. Jh. mit sich. Seine heutige Form hat der Anlaß erst allmählich, im späten 19. und im 20. Jh. gefunden. E. Sch.

Räbenlichter in der Schweiz

In der Regel Werktag-, meist Samstagabende zwischen Ende Oktober und Mitte November (je nach Stand der Ernte), nach Einbruch der Dunkelheit (zwischen 17.30 und 20.00 Uhr)
Vor allem Kt. Zürich, in einzelnen Quartieren der Städte Zürich und Winterthur sowie in zahlreichen weiteren, größeren und kleineren Ortschaften

Umzüge der ca. 5- bis 10jährigen, seltener auch älterer Kinder, mit kurz zuvor geernteten weißen Rüben (»Räben«). Diese werden an kleinen Stäben aufgehängt her-

Räbenlicht in Richterswil

umgetragen; sie sind ausgehöhlt und durch Einschnitzen von allerlei Figuren transparent gemacht; im Innern leuchtet eine Kerze. Die Kinder singen Lieder, z. T. unter Handharmonikabegleitung; zuweilen wirkt auch ein Ortsmusikkorps mit.

In Zürich-Wollishofen geschieht der Umzug mit Musikkorps und Handharmonikagruppe am Samstag zu November-Beginn, von 18.00 bis nach 19.00 Uhr, abwechselnd durch eine Hälfte des großen Quartiers. Kleinere Umzüge erfolgen in Zürich-Altstetten, gelegentlich im Milchbuck-Quartier, in Wipkingen, in Hirslanden, in Zürich-Wiedikon, in gleicher Art in Außenquartieren von Winterthur.

In Bülach verteilen sich mehrere kleine Umzüge auf verschiedene Abende, wobei der 16. Oktober (Gallustag) wichtiger Termin ist und die Kinder von einzelnen bekannten Persönlichkeiten, vor deren Häusern sie Lieder singen, Süßigkeiten erhalten. Auch in Regensberg ist dies der Fall; dort Umzug meist am oder um den 1. 11., von der Gemeinde oder Privaten organisiert. In Rafz gelegentlich größerer Umzug unter Teilnahme der Ortsmusik. In Eglisau Umzug vom Schulhausplatz bis ins benachbarte Wil. Gut ausgeprägt ist der Brauch in den Dörfern des Zürcher Unterlandes (Bachs, Neerach, Stadel, Wehntal bis Otelfingen) und des Limmattales (Dietikon, Engstringen, Weiningen). Im Zürcher Weinland kennt man ihn u. a. in Andelfingen (kleine Gruppen), Ellikon (kleiner Umzug), Marthalen, Stammheim (hier meist Kürbisse anstelle der Räben). Auch im Knonaueramt sind Umzüge üblich, kleinere oder größere, sodann in verschiedenen Gemeinden am Zürichsee und des Zürcher Oberlandes (u. a. Meilen, Fischenthal, Grüningen, Pfäffikon, Uster). In Wetzikon bedeutende Veranstaltung, mit Musik- und Trommlerkorps, in Form eines Sternmarsches aus den einzelnen Außenquartieren nach Oberwetzikon, wo die Kinder verpflegt werden.

Die »Räbeliechtli« wurden ursprünglich meist einzeln herumgetragen oder aufgestellt. Mit dem Rückgang des Ackerbaus im 19. Jh. ging die Sitte in manchen Teilen des Kantons ein. Sie erhielt sich vor allem im Unterland, wo die Räbenpflanzungen stets zahlreich blieben. Mit der Zeit entstanden kleinere Gemeinschaftsanlässe. Hatte die Tradition hier dauernden Bestand und wurde sie, etwa dank der Initiative von Lehrern, noch ausgeweitet, so ist sie in den Städten Zürich und Winterthur neu aufgegriffen worden; 1921 in Zürich-Wollishofen (Begründer: E. Stauber), 1952 in Zürich-Wiedikon usw. Auch in den Seegemeinden, im Zürcher Oberland, ist sie relativ jung (Wetzikon: 20er Jahre, Umzug hier zuerst von der Musikgesellschaft »Harmonie«, dann von der Schulpflege betreut). E. Sch.

Räbenlichter

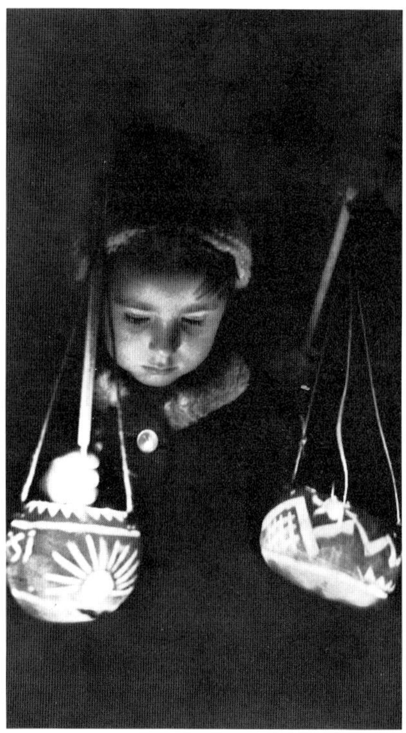

Ranggeln am Hundstein

Samstag nach Jakobi (25. 7.), ca. 9.00–16.00 Uhr
Hundstein (östlich vom Zeller See), beim Statzerhaus, Gmd. Maria Alm am Steinernen Meer, Bez. Zell am See; Aufstiegsmöglichkeiten auch von Taxenbach, Dienten am Hochkönig, Thumersbach am Zeller See, alle Bez. Zell am See, S

Unter den zahlreichen Ranggelfesten im Zillertal (Tirol) und im Pinzgau (Salzburg – über die Termine geben die Ranggler-verbände Auskunft) nimmt das Jakobi-Ranggeln am Hundstein die erste Stelle ein. Bei dieser Veranstaltung wird nämlich der »Hagmoar«, die höchste Würde des Ranggelns, vergeben. Bereits in den frühen Morgenstunden rücken die zahlreichen Ranggler und viele Zuschauer am Samstag nach Jakobi (25. 7.) an, um den knapp über 2100 m hohen Almberg von Alm, Taxenbach, Dienten oder Thumersbach aus zu besteigen, wo das Statzerhaus zu einer Rast einlädt. Nach einer Bergmesse beginnt in einer Mulde knapp unterhalb des Gipfels der Wettstreit. Das Ranggeln ist ein Ringkampf, bei dem der Gegner auf den Rücken gelegt werden muß. Für den Kampf sind vor allem Technik und Schnelligkeit wesentlich, Kraft allein genügt nicht. Es wird daher auch während des Winters trainiert, denn die Ehre eines »Hagmoar« gilt mehr als ein Landesmeistertitel. Auch die turniererprobten Ringer Salzburgs, das in dieser Sportart eine große Tradition besitzt, finden sich jedes Jahr am Hundstein ein. Ähnlich wie beim Judo kämpfen die Ranggler bloßfüßig, nur mit einer losen Hose, die mit einem Gürtel festgehalten wird, und mit einem Leinenhemd bekleidet. Nach alten Regeln darf es zwischen den Kämpfern »keine Feindschaft, keinen Haß und keinen Zank« geben. Sollte der Kampf aber trotzdem zu hitzig werden oder die Entscheidung über den Sieger schwer fallen, dann müssen die »Schermtax«, die

Schiedsrichter, die am Rande des Ringplatzes an einem Tisch sitzen, eingreifen. Es sind selbst erfahrene Ringer, die oft als Sieger hervorgingen. Die Bezeichnung »Schermtax«, was soviel wie Schirm- oder Wettertanne heißt, ist eine treffende Charakterisierung für diese Leute.

Den Beginn des Ranggelns machen die zehn- bis sechzehnjährigen Buben, die in 4 Altersklassen geteilt sind. Die Sieger erhalten die von der Dienststelle für Trachten- und Heimatpflege im Jahr 1969 geschaffene Hundstein-Plakette in Bronze. Silberplaketten gibt es für die Sieger der Jugendklasse bis 18 Jahre und in den 3 Meisterklassen, in denen man durch Siege von Jahr zu Jahr aufsteigen kann. Wer im abschließenden offenen Turnier als Sieger hervorgeht, ist »Hagmoar« und erhält die Goldplakette. Früher erhielt der »Hagmoar« zum Zeichen des Sieges eine sog. »Schneidfeder« auf seinen Hut gesteckt. Die Paarungen werden nach jeder Runde neu gelost. Je nach Teilnehmerzahl zieht sich das Ranggeln bis in die späten Nachmittagsstunden dahin. Zusätzlich zur Medaille bekommen die Sieger noch einen Wimpel zur Erinnerung an das Hagmoar-Ranggeln am Hundstein.

Das Ranggeln sieht auf ein hohes Alter zurück. In einem Schreiben des Erzbischofs Leonhard von Keutschach an den Pfleger Sigmund von Taxenbach aus dem Jahr 1518 heißt es, daß »das Hosenrekhen auf dem Pürg Hundstain ain am besagten Jakoben tag wie vor altersheren gehalten werden darf«, wenn jedoch »ain zankh und schlögerey entstündt, dies Hosenrekhen gar abzustellen wäre«. Das »Hosenrecken«, das den Schwingfesten der Schweiz ähnelt, entspricht nicht ganz dem Ranggeln. Während beim Ranggeln der Gegner durch Beinstellen oder verschiedene Würfe zu Fall gebracht werden soll, faßten beim Hosenrecken die Kämpfer einander beim Hosenbund und versuchten so, den anderen aus seinem Stand zu heben und niederzuwerfen. Obwohl es beim Ranggeln und Hosenrecken immer wieder zu Verletzungen kam, wie ein Bericht im Amts- und Intelligenz-Blatt vom Jahr 1802 zeigt, genoß dieser Sport gegenüber dem Kartenspiel und dem Kegelscheiben bei der Obrigkeit große Sympathie. Nur wenn es zu Ausschreitungen kam, mußte eingeschritten und mit einem Verbot gedroht werden. Am Beginn des 20. Jh.s nahm das Ranggeln neuerlich einen großen Aufschwung. Angeregt durch die Schweizer Schwingfeste fand 1908 in St. Johann i. P. ein Preisranggeln zwischen den Pongauern und Pinzgauern statt, dem in den 20er Jahren große Ranggelfeste in Saalfelden folgten. Am berühmtesten wurde aber in Salzburg wieder das »Hagmoar-Ranggeln« am Hundstein.

Das Ranggeln und Hosenrecken zählen zu den ältesten Kraftspielen. Sie bildeten den Mittelpunkt der Alm- oder Kirchweihfeste, die zur Sonnwend, besonders aber zu Jakobi (25. 7.), der ein wichtiger Lostag für die beginnende Ernte war, auf den almenreichen Höhen von Tirol und Salzburg abgehalten wurden. War das Ranggeln ursprünglich in ein termingebundenes Fest, zu dem die bäuerliche Jugend, vor allem aber die Hirten aus der Umgebung zusammenströmten, integriert, so bildet es heute selbst den Anlaß zur Veranstaltung.

F. G.

Hörmann, L. v.: Tiroler Volksleben. Stuttgart 1909. S. 452 ff.
Adrian, K.: Von Salzburger Sitt' und Brauch. Wien 1924. S. 289 ff.

Rangglerfest in Kleinpienzenau bei Miesbach

Reiftanz in Hüttenberg

Dreifaltigkeitssonntag (1. Sonntag nach Pfingsten), nm. Beginn ca. 13.00 Uhr, nicht in jedem Jahr, nur in den Jahren, deren Endzahl durch 3 teilbar ist (1970, 1973, 1976 usw.)
Hüttenberg, Ger. Bez. Eberstein, Pol. Bez. St. Veit an der Glan, K

Der Reiftanz findet auf dem Oberen Marktplatz statt; die übrigen Begehungen verteilen sich im ganzen Ortsbereich.
Die Vorbereitungen für den Reiftanz beginnen schon in der Faschingszeit mit dem »Brezenball«, der keine Tanzveranstaltung ist, sondern eine Vollversammlung der Reiftänzer, bei der auch Bergbehörde, Gemeinderat und andere am Fest beteiligte Institutionen vertreten sind.
Die Haselstöcke für die Tanzreifen werden in der Karwoche geschnitten; am ersten Samstag nach Ostern findet dann die erste Probe auf den Anhöhen des Knappenberges statt, bei der auch neue Reiftänzer angelobt werden. Anfangs wird mit blanken Reifen geprobt, später werden sie mit Preiselbeerlaub und erst knapp vor dem Fest mit dem Buchsbaumgrün, je 5 roten Papiernelken und roten Bandmaschen geschmückt. – Ab Donnerstag nach Pfingsten wird die Laubhütte (achteckig, von 9 Säulen getragen, mit Birkengrün geschmückt) aufgestellt, der Ort legt Fahnenschmuck an und an den Ortseingängen werden reisiggeschmückte Empfangsbögen aufgestellt, die am Festtag von Bergleuten flankiert werden.
Das Fest selbst beginnt am Sonntag um 13.00 Uhr mit der Versammlung der Reiftänzer beim Gasthof Gruber. Die 24 Tänzer tragen den schwarzen Bergkittel und die weiche Schaftmütze; sie werden angeführt vom »Hans Obermoar«, ihrem Anführer in prunkvoller Phantasieuniform und mit der »Klatschn« (Taktschläger aus mehreren Holzblättern) in der Hand, und vom Narren im Bajazzogewand, der »Schwoaftrager« heißt, weil er den Handgriff des letzten Halbreifens trägt. Begleitet von der Bergmusik geht es zum »Platzräumen« – wobei der Narr die Zuschauer mit Wasser bespritzt. Anschließend erfolgt das Einholen der nach Revieren auf verschiedenen Sammelplätzen aufgestellten Knappen; die vier Reviere sind an ihren verschiedenfarbigen Aufschlägen und Federbüschen auf dem hohen steifen »Kalpak« kenntlich; die Hüttenleute und Röster ziehen in ihren weißen Kitteln mit ihrem »Gezähe« (Werkzeug) mit. Alle holen sie nun gemeinsam vom Gasthof Zur Krone die Reiftanzbraut und den

»Grubenhaus« beim Hüttenberger Reiftanz

Berghauptmann – er trägt Uniform und Degen – ein; die Braut trägt ein weißes Kleid mit einer schwarzgrünen Schärpe.
Nun geht der Zug zum Unteren Marktplatz, wo der wohl farbenprächtigste Teil der Begehungen stattfindet, das »Radschlagen«; rund um den Fahnenjunker, der die weiße Bruderschaftsfahne schwingt, schlagen die Knappen das »Rad«, einen schneckenförmigen Aufmarsch – wie er auch zu Barbara alljährlich nach dem Hochamt aufgeführt wird. Nach der Wie-

derauflösung der »Schnecke« marschiert der Zug zur Laubhütte, zum Oberen Platz.

Nach Meldung, Reden und Festtrunk beginnt auf das Kommando des Hans Obermoar der erste Teil des Reifentanzes zu der nun schon seit über 200 Jahren verwendeten Melodie, einer kurzen Polka, die 108mal die komplizierten Figuren wie »Purzelsprung«, »Schneckengang«, »Über-Reif-Springen«, »Brückenspringen« und »Über-Reif-Gehen« begleitet.

Im zweiten Teil, dem »Walzer«, bilden die Tänzer mit ihren Reifen den »Stollen«, den sie – vom Obermoar mit der Klatsche angetrieben – durchtanzen müssen, und zum Schluß durch dichtes Übereinanderlegen der Tanzreifen das »Grubenhaus«. Die Musik setzt aus – die Tänzer singen das alte Bergmannslied »Tief in der Erde Schoß«. Dann spricht der Hans Obermoar, der sich in das Rund begeben hat:

»Ich bin herin im greanen Ring,
will schaun, wie ich mich werd außischwing.
Ich schwing mich heraus aus dem greanen Kranz,
Spielleut, spielts auf den lustigen Scheertanz!«

Zu einer Melodie im Zweivierteltakt wird das Grubenhaus wieder »abgebaut«. Währenddessen sorgen Hans Obermoar und Schwoafträger für Unterhaltung durch »Rasieren« und »Zahnziehen«. Mit einem Ehrentanz des Berghauptmannes, des Oberfähnrichs und des Vortänzers mit der Reiftanzbraut endet der eigentliche Reiftanz.

Zum Jubel der Zuschauer und zum Wohle der »Lumperbuttenkasse« folgt das »Pritschen«: Beginnend mit Reiftanzbraut und Berghauptmann werden die Ehrengäste, auch Bundes-, Landes- und Gemeinde-Honoratioren, auf eine Bank gelegt und vom Hans Obermoar mit drei Klatschenschlägen auf jene Stelle bedacht, »wo der Bergmann das Leder trägt« (Gesäß). Die Schläge und der anschließende Trunk aus dem Ehrenbecher müssen mit einer ordentlichen Geldspende belohnt werden. Am Montag, als »Pritschmontag« bergfrei, wird das Pritschen fortgesetzt.

1604 schenkte der Treibacher Gewerke Karl Vellner der Hüttenberger Knappschaft den schon erwähnten vergoldeten Prunkbecher; aus der Widmung, aus ihm »beim Laubhüttenfest« auf das Wohl der Gewerken und Knappen zu trinken, ist zu ersehen, daß dieses Fest damals trotz dieser erstmaligen urkundlichen Erwähnung schon traditionell war. 1492 wurden der schon im 11. Jh. erwähnten Knappschaft die »Maximilianischen Privilegien« verliehen, 1509 wurde die »Knappschaftbruderschaft« gegründet, die bis 1920 bestand. Deren Kasse, die »Lumperbutte«, hatte – neben der Unterstützung in Not geratener Bergleute – seit 1820 auch die Kosten des Reiftanzes zu tragen. Dieser ist offensichtlich nicht auf einmal entstanden und verdankt seine wichtigsten Entwicklungsphasen seltsamerweise den vielen Knappenaufständen, die es in Hüttenberg gab. Wohl der folgenschwerste Aufstand begann 1755 aus relativ geringen Ursachen. Nach vier Jahren vergeblicher Befriedungsversuche entsandte die Regierung im April 1759 hundert Soldaten nach Hüttenberg. Die Rädelsführer wurden verhaftet, aber die anderen Knappen zogen sich auf die Kreuztratte, ihren alten Versammlungsort, zurück und errichteten ein Lager. Sie hatten auch ihre Bergmusik mit und verwendeten an Stelle der abgenommenen Bergfahne ein zerlumptes Hemd. Da Wochen vergingen, versuchten sie sich in Tänzen mit Halbreifen aus Haselruten, die ihnen Tiroler Knappen beim letzten Aufstand gezeigt hatten. Sie legten auch ihr Gelöbnis so ab, daß jeder unter einem solchen Reifen durchgehen und die Ersatzfahne berühren mußte. Schließlich wurden die streikenden Bergleute überwältigt, die Arbeitswilligen von den Soldaten in die Stollen getrieben, die anderen auf dem Marktplatz öffentlich ausgepeitscht, viele des Landes verwiesen.

1742 aber bestätigte Maria Theresia den Hüttenberger Knappen erneut ihre Privilegien, unter anderem das Recht zur Abhaltung der »Aufzüge zu gewöhnlichen Zeiten mit klingendem Spiel und fliegenden Fahnen«. Manche Privilegien gingen später verloren, die Knappenaufzüge wurden wegen wiederholter Raufhändel verboten – bis auf die Ausrückung zum Laubhüttenfest und am Barbaratag.

Vielschichtig wie das Werden des Reiftanzes müssen notwendigerweise auch die Deutungen sein. Manche Begehung – wie Reiftanzbraut, Wasserbesprengungen und die scherzhaften Vorführungen am Ende – und manche Figur geht wie die europaweit bekannte »Laubhütte« auf altes Frühlingsbrauchtum zurück. Deutlich unterscheiden sich davon jene Formen und Figuren, die ohne Zweifel die kurz erwähnten historischen Geschehnisse symbolisieren: das »Radlmachen« mit Fahnenschwingen etwa das Gelöbnis der Aufständischen, der »Stollen« und das Antreiben durch den Hans Obermoar das Hineintreiben durch die Soldaten in die Stollen, das »Pritschen« die öffentliche Auspeitschung usw. In der dritten Schicht der Erscheinungen haben wir einfach getanzte und brauchtümliche Symbole der Bergmannsarbeit vor uns. B. P.

Kirnbauer, F.: Der Hüttenberger Reiftanz, in: Wr. Zs. f. Vkde. 39/1934. S. 42 ff. (Die erste wiss. Beschreibung des Tanzes mit der Aufzeichnung der drei Hauptmelodien.)
Montanus, G.: Der Hüttenberger Reiftanz. Leobener Grüne He. H. 97. Wien 1966.
Koschier, F.: Kärntner Brauch im Jahreslauf, in: Festgabe für Gotbert Moro. Klagenfurt 1972. S. 151 f.

Ritterspiele in Kiefersfelden

Ende Juli bis August, jeweils Samstag, 20.00 Uhr, und Sonntag, 13.30 Uhr

Die Ritterspiele in Kiefersfelden nahe der österreichischen Grenze gehören zu den originellsten Bühnenaufführungen des Alpengebietes. Die Stücke, die hier gespielt werden, unterscheiden sich grundlegend vom Repertoire sog. Bauernbühnen. Es werden Stücke des Autors Josef Schmalz gespielt, die dieser im ersten Drittel des 19. Jh.s für die Kiefersfeldner Bühne geschrieben hat. Sie spielen in der Zeit der Kreuzzüge, des »Faustrechts«. Durchgängig wird Hochsprache verwendet, komische Figuren setzen Dialekt ein.
Das sog. Kieferer Theater wurde bereits im 19. Jahrhundert von Münchener Literaten entdeckt und gilt heute als bevorzugtes Reiseziel Münchener Intellektueller.
Tiroler Arbeiter des 1610 gegründeten Hammerwerks schlossen sich zu einer Spielergruppe zusammen. Auf dem Balkon des Veitenbauern spielten sie. 1742 wurde ein Gelöbnis abgelegt, religiöse Stücke zu spielen. 1747 brachte der Zollwart Wolfgang Schwarz etwa zwei Dutzend Stücke nach Kiefersfelden. 1796 wurde der Plan gefaßt, eine »Theaterhütte« zu bauen, 1803 konnte der Bau eingeweiht werden. 1833 wurde die neue, heute noch benützte »Komödienhütte« in der Nähe der Ortschaft gebaut. Der Zuschauerraum faßt 330 Personen. Die Unkosten (400 fl.) konnten in wenigen Jahren eingespielt werden. Hauptautor von Kiefersfelden ist der 1793 in Fügen/Zillertal geborene sog. Bauernshakespeare von Kiefersfelden, der bereits genannte Holzknecht und Kohler Josef Schmalz. Er schrieb zur Aufbesserung seines Verdienstes nachweisbar 23 Stücke. Schmalz starb 1845 in Brixlegg/Tirol. Die Stücke von Schmalz sind eine geglückte Mischung aus klassischen und romantischen Dramenvorbildern des 18. Jahrhunderts, die besonders durch ihre erhabene Sprache heute komisch wirkt.
Kiefersfelden wurde in der Mitte des 19. Jahrunderts öfters die Spielerlaubnis entzogen, Der Münchener Literat Ludwig Steub wandte sich energisch gegen derartige Maßregelungen mit dem Hinweis »auf Unterdrückung von volkstümlich dramatischen Vorstellungen im baierischen Hochland«.
Ende des 19. Jahrhunderts wurden die Schmalz-Stücke vom Theaterleiter Sylvester Greiderer und von Andreas Grottner umgearbeitet und gekürzt. Greiderer schrieb auch die heute noch verwendete Musik. Diese letzten Fassungen werden ohne Korrekturen für Regie und Spielbetrieb eingesetzt. G. K.

Moser, H.: Chronik von Kiefersfelden. Rosenheim 1959.
Rattelmüller, P. E.: Der Bauern-Shakespeare. Das Kiefersfeldner Volkstheater und seine Bühnenstücke. München 1973. (baut auf Moser und dessen grundlegender Darstellung auf.)

Ruethenfest in Landsberg

Dritter Samstag und Sonntag im Juli, fünfjähriger Turnus (1973, 1978)
Stadt Landsberg am Lech,
Lk. Landsberg am Lech, Rgbz. Obb.

Das Ruethenfest der Stadt Landsberg am Lech wird in fünfjährigem Turnus am 3. Samstag und Sonntag im Juli gefeiert. Das Ruethenfest ist wesentlicher Bestandteil einer Festwoche mit detailliertem Programm (Theateraufführungen, Festzeltbetrieb, Volksfest etc.).
Die Festwoche wird am Freitag auf dem Hauptplatz vor dem Rathaus eröffnet (17.30 Uhr), abends ist eine Aufführung eines Theaterstückes im Stadttheater. Am Samstag ab 9.45 Uhr ist auf dem Hauptplatz Einmarsch der Landsknechte, Prolog des Ruethenfestherolds, historische Tänze, Fahnenschwingen usw. Um 14.00 Uhr wird der »Große historische Festzug« abgehalten. Am Sonntag um 6.30 Uhr ist der Weckruf der Stadtkapelle, um 9.45 Uhr und 14.00 Uhr die gleichen Darbietungen wie am Samstag.
Die Gestaltung der Tage bis einschließlich dem darauffolgenden Sonntag liegt bei der Stadtverwaltung und beim Ruethenfestverein.
Der Festzug hat folgenden Aufbau:
1. Abteilung: Vier Fanfarenbläser zu Pferd, Herold, Fanfarengruppe des Tänzelfestvereins Kaufbeuren, »Ruethenzug der Knaben mit zwei Präzeptoren«, Blumenwagen mit 100 Mädchen, »Ruethenzug der Mädchen mit zwei Präzeptoren«, Rosenwagen mit 70 Mädchen.
2. Abteilung: Kaiserlicher Zug (mit Kaiser Ludwig dem Bayer), Spitalstiftungswagen, Bayertorwagen, Herzog-Ernst-Wagen, Falkenjagdgruppe, Landsberger Bund, Kampfwagen von 1633, Jungfernsprungwagen, Pandurengruppe u. a. – sie stellen Ereignisse der Stadtgeschichte dar. Unter den Musikkapellen u. a. auch die Tänzelfest-Knabenkapelle Kaufbeuren.
3. Abteilung: Dominikus-Zimmermann-Wagen (seit 1973), Stadtwappen, Bayernwagen mit Patrona Bavaria.
Der Festzugsweg: Katharinenstraße, Lechbrücke, Herkomerstraße, Hauptplatz, Ludwigstraße, Vorderer Anger, Hinterer Anger, Herzog-Ernst-Straße, Hauptplatz, Herkomerstraße, Lechbrücke, v.-Kühlmann-Straße, Waitzinger Festwiese (Bierzelt, Fahrgeschäfte!).
Am Zug nehmen etwa 1000 Schulkinder und rund 20 Wagen teil. Die Kinder kommen vor allem von den Volksschulen der Stadt.
Archivalische Nachweise über das Alter des Ruethenfestes fehlen. Das häufig genannte Jahr 1646 läßt sich nicht halten. »Landsbergs biedere Bewohner, welche im Schwedenkrieg des 17ten Jahrhunderts alle Drangsale und Grausamkeiten in vollem Maße zu erdulden hatten, . . . feiern in ihrer Mitte alle 3 Jahre schon seit 1827 zum Gedächtnis des Abzuges der feindlichen Schweden (1633 und 1646) den 22. Juli in der Art, daß es zum Volks-

und Kinderfeste zugleich geworden, und welches man im Volksmunde Ritten zu nennen pflegte ... Nach geendigtem Umzuge versammelt sich Alt und Jung in dem ehemaligen Malthesergarten auf dem Berge, um sich zu laben. Den armen Schulkindern werden unentgeldliche Erfrischungen ausgetheilt. Passende Kinderspiele und andere Belustigungen haben statt, woran Eltern, Lehrer und Kinderfreunde Theil nehmen.« (Vaterländisches Magazin, München, 4/1840, S. 217f.)

Das Ruethenfest wird darauf zurückzuführen sein, daß Schulkinder mit ihren Lehrern im Frühjahr in die Auenwälder der Umgebung gingen, um Ruten zu schneiden (vgl. die Kinderfeste in Nördlingen, Kaufbeuren usw.). Das sich daraus entwickelnde Schulfest wurde im 19. Jh. im Sinn des Historismus zu einem national orientierten Heimatfest ausgebaut. Während man z. B. noch 1845 die »Früchte des Fleißes« vorführte, zeigte man z. B. 1871 »Krieg und Frieden«, 1880 aus Anlaß der 700-Jahr-Feier des Hauses Wittelsbach »Bilder aus der bayerischen Geschichte«. Der Anstoß zur Gestaltung der Festzugsgruppen in der heute üblichen Weise ging von den Fresken im Rathaus von Landsberg aus, die die Stadtgeschichte dramatisch im Stil des späten 19. Jh.s schildern (gemalt zw. 1876–1878).[*]

Bei Durchsicht des Programms fällt auf, daß das Ruethenfest Teil einer ausgewachsenen Festwoche ist, die keinen Bezug zum Anlaß hat – nämlich ein Fest der Kinder für die Kinder zu sein. Die Organisation liegt beim Ruethenfestverein, ein Mitspracherecht der Kinder ist nicht vorgesehen. G. K.

Gradmann, W.: Ruethenfest Landsberg 1925, in: Das Bayerland 36/1925. S. 409–413.

[*] Rieger, S.: Vom Werden und Wachsen der Stadt Landsberg am Lech. Landsberg a. L. 1933. S. 44.

Winkelmayer, P.: Das Ruethenfest, in: Das Bayerland 49/1938. S. 141–147.

Blumenwagen beim Ruethenfest ▷

Rütlischießen in der Schweiz

Mittwoch vor dem 11. 11., ab 8.00 Uhr
Rütli-Wiese, Kt. Uri

Es beteiligen sich die Schützen aus den Kantonen um den Vierwaldstätter See, ferner eine Reihe ständiger und wechselnder Gast-Vereine, insgesamt jeweils mehrere hundert Schützen. Der Wettkampf ist von 8.00 Uhr an im Freien, wobei kniend und auf 360 Schritt Entfernung auf Scheiben zu treffen ist, die am Abhang gestaffelt angelegt sind. Dann ist Lagerleben mit Abkochen des »Spatz«. Gegen 15.00 Uhr ist »Schützenlandgemeinde« mit Ansprache eines prominenten Ehrengastes.

Am Vortag treffen die Schützen bereits in Brunnen (Kt. Schwyz) zu einem Umzug und frohen Kameradschaftsabend ein.

Der Anlaß wurde 1860 durch die Luzerner Stadtschützen angeregt und 1862 definitiv eingeführt. Gast-Vereine beteiligen sich seit 1867 an ihm.

Der Mittwoch vor dem 11. 11. ist nach der Überlieferung (Chronik des Aegidius Tschudi) der historische Tag des Rütlischwurs; dessen genaues Datum, insbesondere das Jahr, liegt allerdings nicht fest.

E. Sch.

Rutenfest in Ravensburg

Am zweiten oder dritten Sonntag im Juli (vor den Sommerferien)
Ravensburg, Südwürtt.-Hohenzoll.

Der Hauptfesttag ist der Montag. An diesem Tag haben die Schüler frei. Das Fest beginnt jedoch bereits am Freitag zuvor mit der Insignienübergabe an die Chargen der Gymnasien durch den Oberbürgermeister im Rathaus. Abends wird das Rutenfest feierlich mit einer Schüleraufführung (Rutentheater) eröffnet. Samstag und Sonntag finden Konzerte und Theateraufführungen statt. Der Montag beginnt um 9.00 Uhr mit dem Festzug durch die Straßen der Stadt zum Kuppelnauplatz. Der Festzug bringt Darstellungen aus der Geschichte der Stadt. Nach den Fahnenreitern mit dem Stadtwappen zunächst eine Schülergruppe mit ihrem Magister in der Tracht des 15. Jh.s. Dann eine Nachbildung des »Mehlsack«, des Wahrzeichens der Stadt, ein Turm aus dem 13. Jh. Als wichtigste Gruppe noch »Die Welfen« mit Heinrich dem Löwen, der um 1129 auf der Veitsburg (Ravensburg) geboren wurde. Danach Kaiser Rudolf von Habsburg, der 1276 Ravensburg das Stadtrecht verlieh. Sodann folgt ein Ravensburger Handelszug, der auf eine wichtige Epoche der Stadt hinweist. Die 1408 von 119 Familien als Teilhabern gegründete Ravensburger Handelsgesellschaft war rund 150 Jahre lang die größte auf dem Kontinent. – Auf dem Kuppelnauplatz werden von den Klassen Wettspiele veranstaltet. Am Nachmittag findet die Auszeichnung der »Oberstköniginnen« und »Oberstfähnriche« statt, womit die besten Schülerinnen und Schüler gemeint sind. Der Dienstag gehört den älteren Schülern, die ihr »Adlerschießen« abhalten, indem sie mit der Armbrust auf einen prächtig verzierten Holzadler mit Reichsapfel, Zepter und Krone schießen. Der Tag schließt mit einem Feuerwerk. Damit ist das Schülerfest beendet. Freilich wird auch am folgenden Sonntag noch gefeiert, und am Montag darauf werden auf der Veitsburg die Ruten begraben. In fünfjährigem Abstand erfährt das Fest eine Steigerung durch das sogenannte »Altenschießen«, wo sich die älteren Schützen treffen, um noch einmal mit der Armbrust zu schießen.

Die älteste Nachricht über das Rutenfest stammt aus dem Jahr 1645 und bezieht sich auf den an vielen Orten belegten Gang der Schüler vor die Stadt, um Ruten zu schneiden. Die (Hasel-)Ruten wurden den Lehrern übergeben und dienten der Schulzucht. Diese Rutengänge waren im 15. Jh. in vielen Städten üblich, doch nur an wenigen Orten entwickelte sich daraus ein Kinderfest. Ravensburg war eine paritätische Reichsstadt; die beiden evangelischen Schulen (im Gegensatz zur katholischen Lateinschule) können ihre Rutengänge bis etwa 1546 nachweisen, während die katholische Schule erst um 1631 Rutengänge einführte. Aber bereits 1631 feiern Erwachsene das Kinderfest auf der Kuppelnau mit; freilich gelang es erst 1809 der bayerischen Regierung, die nach Konfessionen getrennte Feier des Festes zu vereinigen. Im Jahr 1823 wurde das Adlerschießen eingeführt, und das Treffen der alten Schützen kam 1900 hinzu.

Das Rutenfest ist ein reines Schülerfest. Es ist in seiner heutigen Form aus drei Komponenten zusammengewachsen. Zunächst der Rutengang der Kinder, der im Spätsommer oder im Herbst stattfand, dann eine festliche Prämierung der besten Schülerinnen und Schüler, die als Oberstköniginnen und Oberstfähnriche mit den Abzeichen ihrer Würde durch die Stadt ziehen durften. Und schließlich als dritter, erst 1823 mit dem Fest verbundener Bestandteil, das Schützenfest der Armbrustschützen. Die Ravensburger Schützengilde war ursprünglich Träger dieses Wettschießens; sie besitzt eine bis ins 17. Jh. zurückreichende Sammlung bemalter Schützenscheiben. Die Entwicklung des Rutenganges zum Kinderfest und weiter zu einem allgemeinen Volksfest wurde zweifellos dadurch begünstigt, daß die weit ältere Fastnacht unter dem Einfluß der Reformation verdrängt wurde; Ravensburg besitzt im Gegensatz zu den ehemals vorderösterreichischen Gebieten keine Fastnachtstradition. Heutiger Träger und Organisator des Festes ist neben der Stadtverwaltung die Rutenfestkommission.

L. P.

Falk, F.: Die Schul- und Kinderfeste im Mittelalter. Frankfurt 1880.
Dreher: Das Ravensburger Rutenfest. Ravensburg 1961.

Säkulumfeier in St. Nikolaus

Die Säkulum findet alle fünf Jahre zu Pfingsten statt. Beginn am Samstag um 6.00 Uhr früh mit der feierlichen Aussetzung des Allerheiligsten. Dann feierlicher Gottesdienst. Um 10.00 Uhr hl. Messe. Um 17.30 Uhr Andacht mit Predigt, Rosenkranz, Lied und eucharistischem Segen sowie Einsetzung der Monstranz in den Tabernakel. Am Sonntag dieselbe Ordnung, ebenso am Montag vm. Am Nachmittag um 3.00 Uhr Auszug der Prozession von der Pfarrkirche in Kaltern, gegen 4.00 Uhr von der Kirche in St. Nikolaus, begleitet vom Gnadenbild. Dauer bis gegen 17.30 Uhr
St. Nikolaus, Fraktion von Kaltern, Markt in Überetsch, Dekanatssitz, Südtirol

Die Dorfgemeinschaft von St. Nikolaus ist an den Abenden vor dem Säkulum unter kundiger Anleitung damit beschäftigt, »Tasen« (Tannenzweige) zu schneiden, sie kunstgerecht zu Sträußchen zu binden und an Seilen und Säulen mit Draht festzumachen. Die »Niklaser« sind weitum bekannt als Meister im »Tasenbinden«, und die Triumphbögen und Girlanden beim Säkulum sind besonders gleichmäßig gebunden.
Triumphbögen stehen am linken und am rechten Aufgang zur Kirche. Am Südportal der Kirche wird ein Triumphbogen aufgestellt, der sich wie das architektonische Rankenwerk einer gotischen Kapelle ausnimmt. In den Zwickeln werden Bildtafeln mit Symbolen Mariens angebracht. Das Nordportal und das Innere der Kirche werden mit Girlanden versehen. Knapp vor dem Widum, wo der Kirchsteig in den Marienweg übergeht, wird auch ein Triumphbogen aufgestellt. Ebenso werden die Häuser, an denen die Prozession mit dem Gnadenbild am Pfingstmontag vorüberzieht, mit Blumen, Bildern und Girlanden geziert.
Die Festfeier beginnt am Samstag um 6.00 Uhr früh mit der Aussetzung des Allerheiligsten und dem feierlichen Gottesdienst. Es schließen sich die Gebetsstunden an, die für die Familien des Ortes eingeteilt werden. Um 17.30 Uhr ist die Schlußandacht mit Predigt, Rosenkranz, Lied und feierlichem Segen und dann Einsetzung des Allerheiligsten.
Den Höhepunkt und zugleich auch den Abschluß des Säkulums bildet die feierliche Prozession mit dem Gnadenbild am Pfingstmontag nachmittags. Um 15.00 Uhr Prozession von der Pfarrkirche in Kaltern zur Kirche von St. Nikolaus. Nun formiert sich der Zug mit dem Gnadenbild, das aus dem Altarrahmen herausgenommen und in den Rahmen des eigens dafür geschnitzten Ferkeles (Traggestell) gegeben wurde und jetzt von vier Jungmännern in der Kalterer Tracht getragen wird. Die Prozession bewegt sich über den Kirchsteig hinauf zum Marienweg, über diesen hinauf zum Frankhaus, vor dem eine Statio (Haltestelle) gemacht wird mit Gebet, Wallfahrtslied und Spiel der Musikkapelle von Kaltern. Über die Mendelstraße zieht die Prozession zum Nordplatz der Kirche hin, wo in Gegenwart des Gnadenbildes die Festpredigt gehalten wird. Dann Einzug in die Kirche, wo das Gnadenbild wieder in seinen Rahmen gesetzt wird. Eine Art Nachklang bildet das sich anschließende Platzkonzert der Musikkapelle in der Tracht von Kaltern. Die Teilnahme am Säkulum, vor allem an der feierlichen Prozession, ist immer sehr groß.
Die Feier des »Säkulums« gründet in der Wallfahrt zum »wunderbarlich schwitzenden« Gnadenbild von St. Nikolaus. Dieses Bild hing von Ende des 17. Jh.s bis 1733 in der Stube des heutigen Frankhauses. Am 14. März jenes Jahres entdeckte der 19 Jahre alte Johann Selva, ein Bruder des Bauern, während des Rosenkranzbetens eine geheimnisvolle Schweißperle, die am Bild vom Gesicht der Muttergottes über den Hals, die gefalteten Hände und das Kleid bis eine Handbreit ober dem Rahmen herunterfiel. Nach dem Abbeten des Rosenkranzes machte er seine Angehörigen darauf aufmerksam und nun fanden er und sein Bruder, dessen Frau und die Magd an Gesicht und Hals noch viele andere ähnliche geheimnisvolle Schweißtropfen vor. Das Gleiche sahen die zwei herbeigerufenen Nachbarn und Kurat Waschgiera, der als erster das Bild genauer überprüfte. Er war es auch, der das Bild wegen des großen Andranges der Bevölkerung – es war ein Sonntag – in die Kirche übertrug.
Die Prüfung des Bildes und der Ereignisse von seiten der diözesanen kirchlichen Behörde verlief positiv. Das Bild, eine Kopie der Schmerzhaften Muttergottes von Sassoferrato, wurde zur Verehrung freigegeben und am Dreifaltigkeitssonntag feierlich am Hochaltar eingesetzt. Der Ansatz zur Entwicklung der Wallfahrt war gegeben; sie blühte im Laufe des 18. Jh.s auf, wofür Berichte von Gebetserhörungen und Votivtafeln Zeugnis ablegen. Später ging sie in ihrer Bedeutung zurück, für das Überetscher Gebiet blieb sie aber ein starker Anziehungspunkt.
Warum die Hauptfeier der Wallfahrt, eine Art Gedächtnisfeier der Entstehung, zu Pfingsten begangen wird und nicht am Tag der feierlichen Einsetzung, ist ebenso wenig bekannt wie das Einsetzen der Säkulumsfeiern. Wir wissen nur, daß die Säkulumsfeiern 1783 durch die Fünfzigjahrfeier und 1833 und 1933 durch die Jahrhundertfeiern überhöht wurden.
Die Wallfahrtsstube im Frankhaus ist heute noch im ursprünglichen Zustand und kann besichtigt werden. A. Gr.

Bericht über die Entstehung der Wallfahrt von Expositus Waschgiera (Ms., 18. Jh.).
Gebetserhörungen (Ms., 18. Jh.).
Kopie der Prozeßakten (Ms., 18. Jh.).
Aufzeichnungen von Exp. Andergassen (Ms. 19. Jh.) und andere Aufzeichnungen im Widum von St. Nikolaus.
Gugitz, G.: Österreichs Gnadenstätten in Kult und Brauch. 3. Bd. Wien 1956. S. 69.
Gruber, A.: Barocke Frömmigkeit und Spielkultur in Kaltern. Innsbruck 1974.

Samson in Krakaudorf

Am Vorabend des »Oswaldisonntags« und am Sonntag. »Oswaldisonntag« ist am 5. 8. oder um den 5. 8., immer am ersten Sonntag im August. Der 5. 9. ist der Festtag des hl. Oswald, dem die Kirche in Krakaudorf geweiht ist.
Krakaudorf, Pol. Bez. Murau, St

Am Tag vor dem Fest wird um 17.00 Uhr beim Lengmaier (Bauernhof) in Krakaudorf das Holzgerüst des Samson bekleidet, anschließend um ca. 19.00 Uhr wird die Figur, begleitet von der Ortsmusik, zum Platz vor der Kirche gebracht. Die Ortsmusik ist identisch mit der Schützenkapelle, die am Festtag selbst ausrücken wird. Als Ortsmusiker tragen die Mitglieder der Kapelle Krakaudorfer Tracht und noch nicht die Schützenuniform. Am Kirchplatz und beim darauffolgenden Umzug durch den Ort mit Stationen von einzelnen Gasthäusern wird der Samson »vorgestellt«. Schließlich wird er wieder im Tenn des Langmeierhofes bis zum nächsten Tag eingestellt.

Am Festtag selbst beginnt um 14.00 Uhr der Umzug mit dem Samson, diesmal begleitet von der Schützenkapelle, die ihn beim Langmeierhof abholt. Musik und Samson treffen am Kirchplatz ein, es folgt der Segen des Pfarrers. Dann beginnen die sogenannten »Generaldechargen«, dargebracht zu Ehren der Honoratioren, aber auch z. B. der anwesenden Sommergäste, vor der Kirche (bis ca. 15.00 Uhr) und dann weiter während des ganzen Umzuges, meist bei den Gasthäusern, gegen entsprechende freiwillige und nicht zu geringe Bezahlung. Dazu werden die Namen der zu Ehrenden auf Zetteln oder in Listen von einem Ortsbeauftragten dem Gardehauptmann überreicht.

Im Detail geht die Darbringung nun so vor sich: Der Hauptmann bekommt den Namen; er verliest diesen laut, dann sagt er ungefähr folgendes: »Wir wollen Hochwohlgeboren N. N. (oder: die Familie N. N.) ehren und eine Generaldecharge abgeben.« Der Samson tanzt einen »Steirischen«, gespielt von der Gardekapelle. Das Kommando ertönt: »Hoch an, Feuer!« Die Salve wird geschossen.

Um ca. 19.00 Uhr wird die Figur mit Musik wieder in ihr Quartier beim Lengmaierhof gebracht.

Der Samson ist ungefähr 60 kg schwer und ca. 6 Meter hoch.

Er ist wie ein antiker Krieger bekleidet, mit Helm, Waffenhemd. Der Rock reicht bis zum Boden, in der rechten Hand hält er eine Hellebarde, in der Linken den Eselskinnbacken. Über dem langen gestreiften Rock trägt er ein rotes Schulterkleid, das mit Kriegsauszeichnungen behängt ist.

Die Uniform der (meist) 40 Schützengardisten, auch »Prangschützen« genannt, besteht aus weißer Hose mit roten Lampas, scharlachroter Weste, dunkelgrünem Frack, Lammfellmütze. Die Chargen tragen Tschakos mit grünen Hühnerfedern. Geschossen wird mit Vorderladern und neuzeitlichen Militärgewehren.

Am Vormittag des Oswaldisonntags ist um 6.00 Uhr Weckruf durch die Schützenkapelle, um 8.00 Uhr das Schützenamt in der Kirche und um 10.00 Uhr das Hochamt; die Schützen schießen bei den Hauptteilen des Gottesdienstes vor der Kirche Salven.

Die Prozession beginnt nach dem Hochamt und nimmt den Weg durch den Ort und über die Felder wieder zurück zum Ausgangspunkt.

Sie bietet das äußere Bild einer Fronleichnamsprozession; vier Altäre wurden aufgestellt, an jedem wird haltgemacht und nach dem Segen schießt die Garde eine Ehrensalve (Generaldecharge).

Die Zahl der jugendlichen Teilnehmer am Umgang ist groß. Die Buben und die Mädel haben verschiedene Funktionen:

Vier Buben tragen auf einem blumengeschmückten Gestell eine Holzfigur des hl. Oswald. Diese Knaben und ein fünfter, der die Gruppe begleitet mit »Schäferhut« und »Schäferstecken«, werden auch »Oswaldibuben« genannt. Bei dem »Schäferhut« handelt es sich um einen Steirerhut, geschmückt mit künstlichen Myrten. Der »Schäferstecken« ist ein mit bunten Bändern versehener Holzstecken. Die vier Knaben haben als Kopfbedeckung einen Kronenreifen aus Pappe. Weiß gekleidete und mit hellen Schärpen angetane Mädchen tragen geschmückte Muttergottesstatuen (aus Holz) und ein Jesuskind. Meist sind es drei bekleidete Marienfiguren, die über den Köpfen der Prozessionsteilnehmer und der Zuseherreihen erschaut werden können. Auch die Mädchen sind zu einem Großteil nach Schäferinnenart gekleidet und erinnern an die »Prangerinnen« bei Fronleichnamsumgängen.

Myrtensträußchen, Kunstblumenkränzchen im Haar, geschmückte Steirerhüte und buntbebänderte Stecken, die ebenfalls mit Blumen geziert sind, ergeben das festliche Bild einer Prang und lassen die »Schäfer-Poesie« volkstümlicher Art lebendig werden.

Die Figuren, der hl. Oswald, die Marienstatuen und das Jesuskind, sind das Jahr über bei den Bauern im Haus oder in den Hauskapellen aufbewahrt.

Am Oswaldifest nahmen in den letzten Jahren Gäste aus Wien, den österreichischen Bundesländern, aus Belgien, Holland und der Schweiz teil.

Zu erwähnen ist noch, daß der Samson-Umzug von der Schützengarde organisiert wird.

Die Anfänge der Schützengarde sind im dunkel. Wahrscheinlich dürfte auch sie, wie die anderen Vereinigungen dieser Art, eine Folgeerscheinung der Gegenreformation gewesen sein. Die Krakaudorfer Schützen werden heute noch »Prangschützen« genannt.

Diese »Prangschützen« hatten vor allem die Aufgabe, an den »Prangtagen«, wie zum Beispiel Fronleichnam oder anderen

Samsonumzug in Mauterndorf im Lungau. Der 6 m lange Samson wird traditionsgemäß von der kleinen, dickköpfigen Zwergengestalt des Edelmannes begleitet.
(s. a. S. 234 f.)

festlichen Terminen, in Erscheinung zu treten und kirchliche Veranstaltungen schützend zu begleiten. H. M.

Geramb, V.: Deutsches Brauchtum in Österreich. Graz 1924.
Gugitz, G.: Das Jahr und seine Feste im Volksbrauch Österreichs. 2. Bd. Wien 1950.
Beitl, K.: Die Umgangsriesen. Wien 1961.
Kleiner Reiseführer durch Krakaudorf . . . Krakaudorf 1967.
Mitt. v. Pfarrer Karner, Ch. u. Gemeindesekretär Wallner, R., Krakaudorf.

Samsonumzug in Murau

Am 15. August (Mariä Himmelfahrt oder »Großer Frauentag«) ab 13.00 Uhr
Murau, St

Der Umzug nimmt seinen Anfang bei der sogenannten »Gassenhube«, einem Gasthaus an der Straße nach Ranten und Schöder, verfolgt dann seinen Weg durch die Schwarzenbergstraße zum Hauptplatz (Schillerplatz), weiter durch die Anna-Neumann-Gasse zum Brauhaus und von dort zum Eichholzer-Gasthaus beim Friesacher Tor. Von hier aus wird der Samson, nachdem er »zerlegt« wurde, mit einem

Auto an seinen Aufbewahrungsort im Bezirksgericht Murau gebracht.

An der Spitze des Zuges marschiert die Stadtkapelle, es folgen der Gardehauptmann und ein Murauer Kapuziner, dann die zwei Fahnenpatinnen, der Samson und die Bürgergarde.

An verschiedenen Punkten werden für prominente Persönlichkeiten Salven geschossen, der Samson tanzt und der Gefeierte muß eine nicht zu kleine Spende geben.

Die Bürgergarde trägt als Uniform weiße Hosen, grüne Röcke, rote Westen und grüne Tschakos.

Die Rechnungen der Tamsweger Fronleichnamsbruderschaft in den Jahren 1746/47 weisen aus, daß »für einen nacher Murau verkauften Samson 24 fl. eingegangen sind«.* Dieser Hinweis war für den Apotheker Ernst Gasteiger in Murau Anlaß, im Jahre 1968 den Brauch wieder aufleben zu lassen. Gasteiger erwarb in Ramingstein (im Bundesland Salzburg) den Kopf des Riesen. In Murau ließ er den Leib der Figur anfertigen. Der Murauer Samson hat ein Gewicht von ca. 85 kg, ist 5,20 m hoch und bekleidet wie der Tamsweger Samson.

Der 15. August als Tag des Umzuges wurde deshalb gewählt, weil dieser Feiertag im Bezirk Murau frei ist von anderen Brauchtumsfesten.

Die Murauer Bürgergarde wurde 1929 und nach dem Zweiten Weltkrieg wieder zu neuem Leben erweckt, nachdem es mit dem Ende der Monarchie 1918 auch zur Auflösung der zahlreichen Garden gekommen war. Die Anfänge der Bürgergarde, wie auch der anderen Garden, liegen im dunkeln. Bürgerkorps gab es schon im 12. und 13. Jh., doch die hohe Zeit der Gründungen von Bürgergarden oder Schützenkompagnien war im 18. und 19. Jh.

Der im Zuge mitgehende Kapuziner erinnert nicht nur an das im 17. Jh. von Georg Ludwig Graf Schwarzenberg gestiftete Kloster in Murau, sondern auch an die gegenreformatorische Tätigkeit der Ordensbrüder, deren Aufgabe es sein sollte, »die Ergebnisse der Missionstätigkeit, die von Angehörigen des Bettelordens durch zwanzig Jahre hindurch erfolgreich betrieben worden war, zu festigen«, indem der Erzbischof von Salzburg, Paris Lodron, im Jahre 1633 die Niederlassung einiger Kapuzinerpatres in Tamsweg ankündigte. Bis 1643 wurde diese Tamsweger Klostergründung von Ordensangehörigen der bayerischen Provinz beschickt, später versorgte das Kloster die steirische Provinz. Bevor jedoch diese Umbesetzung ausgesprochen wurde, konstituierte sich in Tamsweg im Jahre 1635 die »Gottes Leichnams und St. Leonhardsbruderschaft« neu, nachdem sie in den religiösen Wirren fast untergegangen war. »Eine der Obliegenheiten dieser Bruderschaft war es, unter Anleitung eines Kapuzinerpaters die Prozession anläßlich des Bruderschaftstages am Montag nach Fronleichnam mit theatralischen Darstellungen auszugestalten. Es ist bekannt, daß die Riesenfigur des Samson von Anfang an in diesem brauchmäßigen Rahmen auftrat. Das könnte also heißen, daß durch die Kapuziner der bayerischen Provinz, wo solche riesenhaften Maskengestalten schon seit eineinhalb Jahrhunderten im Prozessionsbrauchtum bekannt waren, diese Brauchgestalten in den Lungau gelangt sind, zunächst nach Tamsweg und von dort in die kleineren Märkte und Dörfer des salzburgischen Lungaus.«*

So spielten die Kapuziner des Klosters in Murau, das der steirischen Provinz unterstand, beim Umgangsbrauch mit dem Samson in den beiden steirischen Orten Murau und Krakaudorf eine »vermittelnde Rolle«*. (Siehe auch Krakaudorf, Samsonumzug, 5. August) H. M.

* Beitl, K.: Die Umgangsriesen. Wien 1961.
Mitt. v. Oberschulrat Stöffelmayr, K., Murau, u. v. Ing. Straßer, J., Murau.

Schäferlauf in Urach

Alle zwei Jahre, in Jahren mit ungerader Jahreszahl, am Sonntag, der Jakobi (25. 7.) am nächsten liegt
Urach, Lk. Hochschwarzwald, Rgbz. Südbaden

Um 6.00 Uhr früh wird am Schäferlaufsonntag die Tagwache in der Stadt geblasen. Um 7.00 Uhr holen die Kreisreiter ihren Vorreiter und die Metzgermädchen ab. Gleichzeitig beginnen im Rathaus die Schäfermädchen und Schäfer sich für den Wettlauf einzukleiden. Gegen 8.00 Uhr stellt sich in der Eichendorffstraße der »kleine Festzug« auf und bewegt sich zum Marktplatz hin, wo gegen 9.00 Uhr der Bürgermeister im Rathaus abgeholt wird. Er übergibt die in der Obhut der Stadt befindliche Schäferfahne und Zunftlade dem Vorsitzenden des Landesverbandes der Schafzüchter. Ein Ehrentanz des Bürgermeisters mit einem Metzgermädchen und ein Tanz der Kreisreiterpaare beschließt den festlichen Akt. Nun setzt sich der Festzug zur Amanduskirche in Bewegung, wo ein Gottesdienst stattfindet. Von der Kirche aus wird der Festzug gegen 10.00 Uhr durch die Straßen der Altstadt fortgesetzt und gelangt schließlich zum Festplatz »Zittelstatt«, wo Wettspiele und andere Darbietungen stattfinden. Der Festzug besteht aus drei Teilen. Im ersten Teil gehen die Metzger der Stadt, ihre Kinder sowie der Festwagen des Bürgermeisters mit. Der zweite Teil wird von den Schäfern aufgestellt. Hinter der Schäfermusik gehen die Fahnen der beiden anderen württembergischen Schäferlaufstädte, Wildberg und Markgröningen, gefolgt von der Schäferlade, dem Pferchmeister und dem Schäfergericht. Den Mittelpunkt bildet das alte Schäferkönigspaar in einer geschmückten Kutsche. Danach kommen die Schäfer und Schäfermädchen in ihrer Festtracht, die Schäfertanzgruppe und die Spielerinnen und Spieler des Festspiels. Gruppen, Festwagen und Musikkapellen aus der Umgebung bilden den dritten Teil des Festzuges.

Wenn der Zug gegen 11.00 Uhr den Festplatz Zittelstatt erreicht hat, beginnen die eigentlichen Darbietungen zum Schäferlauf. Zunächst singen alle gemeinsam das Lied »Im schönsten Wiesengrunde«, darauf begrüßt der Bürgermeister die Schäfer und Gäste. Nachdem das alte Schäferkönigspaar seine Kronen zurückgegeben hat, werden Volkstänze aufgeführt (Bechertanz und Hahnentanz). Dann folgt das »Wassertragen«, ein Wettlauf der Mädchen mit gefüllten Wasserkübeln auf dem Kopf, bei dem es gilt, das Wasser möglichst schnell und ohne zu verschütten in einen großen Bottich zu bringen. Den Höhepunkt bilden nun der Wettlauf der Schäfer und Schäfermädchen, der früher barfuß auf einem Stoppelfeld stattfand. Die beiden besten Läufer werden zum Schäferkönig und zur Schäferkönigin gekrönt. Mit einem Schäferreigen und gemeinsamen Gesang schließt der Hauptteil des Festes ab; die Schäfer begeben sich in die alte Schäferherberge »Zum Faß«. Am Nachmittag sind auf dem Marktplatz Volkstänze und Musikvorführungen. In der städtischen Festhalle wird das Festspiel von Hans Reyhing »D' Schäferlies« aufgeführt.

Der Schäferlauf in Urach besteht seit dem Jahr 1723. In diesem Jahr wurde in Urach eine »Nebenlade« zur Hauptzunftlade in Markgröningen, die seit 1443 bestand, errichtet. In der freien Reichsstadt Markgröningen wurden alljährlich alle die Schäferei betreffenden Angelegenheiten auf einer Hauptversammlung, dem Schäfertag, verhandelt. Hier bewahrte man die Urkunden in der Zunftlade auf, hier fand auch das Schäfergericht statt, das alle während des vergangenen Jahres vorgefallenen Streitigkeiten und Unstimmigkeiten schlichtete. Nach Erledigung dieser Geschäfte hielt man den Schäferlauf und andere Wettspiele ab. Da mit der Zeit die Generalversammlung der Schäfer in Markgröningen nicht ausreichte, wurden sogenannte Nebenladen in Heidenheim, Wildberg und Urach gegründet. Man nimmt an, daß bereits vor 1665 in Urach ein Schäfertag stattfand, doch sind hierüber keine Urkunden vorhanden. Der erste urkundlich nachweisbare Uracher Schäferlauf fand im Jahre 1720 am Fest Peter und Paul (29. Juni) statt. Eine ausführliche Schilderung dieses Tages gibt die Kolbsche Chronik rund 30 Jahre später. Hier heißt es von diesem Tag: »... so sind nachmittags nach 3 Uhr sämtliche Schäfer mit fliegenden Fahnen, mit der Musik vor die Stadt hinaus auf einem Wiesplatz zum Wettlauf geführet und die von der Stadt verehrte 2 Stück, nehmlich vor die ledige Söhne zwei Hämmel, ein paar Mannstrümpf und Handschuh, vor die ledige Töchter aber zwei Stück zarter weißer Leinwand zu zwei Hemden und dann zwei seidene Halstücher aufgestellt worden.« Das waren die Gewinne für das Schäferkönigspaar. Auch heute werden vom Landrat, der die Funktion der königlichen Behörde übernommen hat, Preise an das Schäferkönigspaar, aber auch an die Gewinner des Leistungshütens, das im Rahmen des Schäferlauffestes stattfindet, verteilt.

Die Schäferzünfte wurden wie alle Zünfte im Jahre 1828 aufgelöst. Der Schäfertag wurde jedoch mit geringen Änderungen bis heute fortgeführt. Kurze Zeit nach der Wiedereinführung 1723 wurde wegen anderer landwirtschaftlicher Termine der Tag auf Jakobi (25. Juli) gelegt, und ab 1740 fand er, mit Unterbrechungen durch Kriege und andere Ereignisse, in zweijährigem Abstand statt. Das Leistungshüten, als praktische Prüfung für den Schäfer und den Schäferhund wurde 1951 eingeführt. Dabei muß eine den Schäfer nicht gewöhnte Herde aus dem Pferch geführt und nach Vorführung verschiedener Hüteformen wieder eingepfercht werden.

Der Schäferlauf ist ursprünglich ein Zunftfest mit einem geschäftlichen und einem unterhaltenden Teil. Als Zeichen der schäferlichen Gerichtsbarkeit wurde am Morgen des Schäfertages die Zunftfahne am Rathaus aufgehängt. Der Schäfertag war zunächst hauptsächlich zur Abhaltung des Schäfergerichtes eingerichtet. Am Zunfttag wurde außerdem der Versammlung der Schäfer die herzogliche Schäfereiordnung aus dem Jahre 1651 verlesen und sie mußten den Schäfereid darauf ablegen. Weiterhin wurden Konzessionen erteilt und Meisterprüfungen abgenommen. Mit dieser festlichen Generalversammlung war außerdem ein Jahrmarkt verbunden, auf dem die Schäfer die für ihren Beruf notwendigen Dinge kaufen konnten. Nach Aufhebung der Zünfte blieb der Schäfertag als Treffpunkt der Schäfer bestehen und wurde als Volks- und Heimatfest ausgestaltet, während die berufsordnenden Angelegenheiten heute vom Schäfereiverband geregelt werden. L. P.

Eberling, R. D.: Der Uracher Schäferlauf. Geschichte, Wesen, Gestaltung. Urach o. J. (Ms.).
Hornberger, T.: Der Schäfer. Stuttgart 1955.

Schäfflertanz in München

6. 1., vm – Faschingsdienstag 14.00 Uhr (Siebenjähriger Turnus 1970, 1977) Stadt München und Umgebung, Rgbz. Obb.

Der Münchener Schäfflertanz hat 25 Teilnehmer: 20 Tänzer, zwei Reifenschwinger, zwei Kasperl, die als Unterhalter des Publikums und als Requisiteure tätig sind, und einen Fähnrich.

Die Schäffler tragen eine stilisierte Standestracht, besonders zu erwähnen ist das lederne Schurzfell, das beim Tanz hochgeschlagen wird.

Unter den Klängen des bayerischen Defiliermarsches (von A. Scherzer) ziehen die Schäffler zum *Gruß* auf (Waagrechtstellen der Reifen). Dann folgen *Schlange, Laube, Kreuz, Krone, Vier kleine Kreise, Changieren* und *Reifenschwingen.* Während des Changierens wird ein Faß in der Mitte des Tänzerkreises aufgestellt, auf dem drei Schäffler mit Setzhammer und Schlegel den Takt schlagen. Beim Reifenschwingen stellt sich einer der Reifenschwinger auf das Faß und setzt in die beiden von ihm zu schwingenden Holzringe ein gefülltes Weinglas, das er nach der Vorführung mit einem Trinkspruch auf die jeweiligen Veranstalter austrinkt.

Der Schäfflertanz beginnt inoffiziell mit einer Vorführung am Sonntag vor dem Dreikönigstag in einer Münchener Großgaststätte vor geladenen Gästen. Die erste öffentliche Vorführung ist vor der bayerischen Staatskanzlei in der Prinzregentenstraße. Dann treten die Schäffler in geschlossenen und öffentlichen Veranstaltungen auf, sie tanzen auch auf Straßen und Plätzen der Stadt sowie der näheren Umgebung. Abschluß der Tanzsaison ist am Faschingsdienstag vor der sog. Schäfflerherberge am Gasthof »Drei Rosen« am Rindermarkt 5, wo einer der beim Tanz verwendeten Reifen zerbrochen wird.

Der Schäfflertanz wurde nach lokalen Sagenberichten, die seit dem Beginn des 19. Jh.s tradiert wurden, mit der Pest des Jahres 1517 in Verbindung gebracht. Damals sollen die Schäffler die durch die Pest verängstigten Bewohner der Stadt mit Musik und Tanz wieder aus den Häusern gelockt haben.

Der Tanz in dem heute geläufigen Turnus ist seit 1760 bezeugt.

Ein Tanz der Schäffler, der allerdings nicht näher beschrieben wird, läßt sich seit 1702 nachweisen: »... der gewohnliche schäfflertanz ..., wi es von alters her gebreichig gewesen.« (Stadtarchiv München, Gewerbeamt 1747.)

1802 trat zum letztenmal die »Gretel in der Butten« auf, eine auch in anderen Regionen bekannte Faschingsgestalt (z.B. in Sizilien, Bretagne, Schottland). Es war »ein Lustigmacher, der vier Assen einer Spielkarte auf seinem vierfach aufgeschlagenen Hute aufgesteckt, wurde von einem ausgeschoppten alten Weibe in der Butte auf dem Rücken herumgetragen und hielt eine lange Wurst zum Necken des Trosses aus dem Volke in der Hand.«* Die Figur wurde wegen allgemeiner Widerstände ausgeschieden.

Der Schäfflertanz ist ein Barocktanz, der wohl in der Mitte des 18. Jh.s nach höfischen Vorbildern konzipiert und erst im 19. Jh. zu seinem heutigen Figurenbestand ausgebaut wurde. Die allgemein angebotenen Interpretationen (germanischer Kulttanz) sind als nicht bewiesen abzulehnen. Der Tanz gehört in die Reihe der Kettenschwerttänze**, hat sich aber zu einem selbständigen Typus entwickelt, der von einer großen Zahl bayerischer und außerbayerischer Orte aufgegriffen wurde, z.B. Ismaning seit 1928 (genaue Kopie des Münchener Tanzes), Murnau, Nonnenhorn, Kolbermoor, Bad Aibling usw.

Der Münchener Schäfflertanz gehört seit dem Beginn des 19. Jh.s zum Stadtgeschehen – die Schäffler traten zu Beginn jeder Tanzsaison vor dem König auf und machten dann erst ihre Runden durch die Stadt.

Seit 1871 wird der Tanz vom Fachverein der Schäffler durchgeführt. Bis 1963 waren nur unverheiratete Schäfflergesellen zugelassen, seit dieser Zeit werden nach dem Rückgang der Beschäftigungszahlen auch Verheiratete akzeptiert und Schäffler, die nicht in ihrem Beruf arbeiten; sie müssen allerdings einen Schäfflergesellenbrief vorweisen können. G. K.

Eine musikalische Geschichte des Münchener Schäfflertanzes läßt sich mangels entsprechenden Quellenmaterials nur über eine relativ kurze Zeitdauer hinweg verfolgen. Den ersten Hinweis liefert eine deutlich an den Kinderliedton angelehnte Typenweise, mit der bis 1802 die bei den Aufzügen herumgetragene »Gretel in der Butten« besungen wurde:***

In der Zeit vor und nach 1800 haben wir es beim eigentlichen Tanz mit der Form eines Kontratanzes zu tun, angestimmt von Trommel und Pfeife.

Der heute gespielte Tanz – Originalfassung für Blasmusik – zeigt keinerlei Rückgriffe auf von der vorhergehenden Tradition Übernommenes. Als Komponist steht der 1856–1874 in München als kgl. bay. Obermusikmeister tätige Joh. Wilh. Siebenkäs fest. Dem Zuge der damaligen Zeit nach einer »Europäisierung« volkstümlicher Tänze entsprechend, mischt sich kompositionell von außen Zugeführtes mit einem bodenständigen Akzent, der aber lediglich in der Art der Melodiebehandlung zu suchen ist. Schottisch und Böhmische Polka, über Paris zu uns gelangt und assoziiert, bilden die Grundlage des Tanzes, während für das angefügte Reifenschwingen die damals beliebte, aus Süditalien kommende Form der Tarantelle Pate stand. Für den markanten 1. Teil dürfte das Lied vom »Vetter Michel« als Inspirationsquelle gedient haben.

Es handelt sich also beim Münchener Schäfflertanz nicht, wie vielfach angenommen, um einen originär münchnerischen bzw. bayerisch-alpenländischen Volkstanz im engeren Sinne, sondern um einen volkstümlichen Tanz mit fremden Anleihen.

Die musikalischen Strukturverhältnisse sind denkbar einfach. Sie basieren auf einem gleichmäßig angeordneten Bauprinzip nach dem Modell der 8taktigen Periode. C.-J. L.

* Kapfhammer, G., Lachner, C. J., Derra de Moroda, Friderica: Der Münchner Schäfflertanz. München 1976.

** Wolfram, R.: Schwerttanz und Männerbund. Kassel 1936.

** Hoerburger, F.: Zum Münchener Schäfflertanz, in: Bay. Jb. f. Vkde. 1958. S. 105–110.

*** Bolte, J.: in: Zs. f. Vkde. 12/1902. S. 104

Changieren beim Münchener Schäfflertanz ▷

Scheibenschlagen in Landeck

Am Abend des »Kassunnti«,
d. i. der 1. Fastensonntag
Stadtgmd. Landeck, Zams, Grins,
Stanzertal, Bez. Landeck, T

Der Brauch wird am Abend des 1. Fastensonntags geübt, der nach den früher so bedeutenden Käsemärkten in Bozen, Meran usw. auch »Kassunnti«, bzw. nach den im alemannischen Raum üblichen »Funken« als »Funkensonntag« bezeichnet wird.
Vor Einbruch der Dämmerung ziehen die Burschen zu bestimmten, exponierten Stellen, häufig »Scheibenbichl« genannt – im Landecker Stadtteil Angedair, bis 1900 selbständige Gemeinde, ist es das »Hexenböfele« –, wo ein Feuer angemacht wird. Jeder der Burschen hat eine 2 m lange Haselrute und eine Reihe zumeist rechteckiger »Scheiben«. Sie sind aus Birkenholz verfertigt (10–15 × 8–10 cm), an den Ecken leicht abgerundet – andernorts sind sie dem Namen entsprechend rund – und gegen die Mitte zu etwas verdickt. In der Mitte haben sie ein Loch zum Anstecken auf den Haselstock. Im Feuer werden die Scheiben angeglüht und hernach nach einigen kräftigen Schwüngen auf einem Brett, der »Scheibenbank«, abgeschlagen. Wenn der Abschlag richtig erfolgt, fliegt die Scheibe weit hinaus; das rasche Hintereinander erweckt den Eindruck eines kleinen Feuerwerkes.
Das Abschlagen der Scheibe ist mit einem überlieferten Spruch verbunden, der gegendweise etwas verschieden ist. Im Landecker Raum, wo seit einigen Jahren dieser Brauch wieder häufiger geübt wird, ist der folgende häufig zu hören:

»Dei Scheiba, dei Scheiba
will i gia treiba.
Schmalz in da Pfanna,
Kiachle in da Wanna,
Pfluag in da Eard,
daß d'Scheiba weit außigeaht!
Dei Scheiba g'heart . . .«

Daran schließt sich der Name, dem die Scheibe gewidmet ist, beginnend mit den Honoratioren, bei denen an den Folgetagen eine Spende erheischt wird. Bezeichnenderweise sind die Hauptträger des Brauches heute Mitglieder der Feuerwehr, die auch bei anderen Bräuchen häufig die Rolle ehemaliger Burschenschaften übernommen haben. (Bzgl. ähnlicher Brauchformen im Vintschgau, der volkstums- und damit auch brauchtumsmäßig viele Gemeinsamkeiten mit dem westlichen Nordtirol [Oberinntal] hat, s. Holepfannsonntag.)
Neben der Verbreitung des Flurnamens »Scheibenbichl« weisen auch behördliche Verbote auf eine ehemals viel weiter nach Osten reichende Verbreitung dieses Brauches, und zwar bis östlich von Innsbruck. So z. B. verbot 1560 der Innsbrucker Stadtrat das Scheibenschlagen und 1641 wieder die Tiroler Landesregierung für Hötting, Mühlau und andere einst selbständige Orte in der Umgebung der Landeshauptstadt. 1653 wurde der Richter zu Amras gerügt, weil er die Abhaltung dieses Brauches nicht verhindert hatte. Anlaß für diese Verbote waren Brandgefahr und gelegentlich vorgekommene Ausschreitungen. Den Flurnamen »Scheibenraun« finden wir noch im Gnadenwald östlich von Hall, häufig in ähnlicher Form auch im Außerfern. Ende des 19. Jh.s war das Scheibenschlagen noch in der Umgebung von Imst lebendig.
Während heute im Landecker Raum nur noch »Ehrenscheiben« geschlagen werden, waren früher, so wie in anderen Gebieten, auch »Schimpf- und Spottscheiben« üblich. 1845 wurde der Landecker Richter, der das herkömmliche »Blochziehen« verboten hatte, mit einer ganzen Reihe solcher Schimpfscheiben bedacht, die seinen Weggang veranlaßten.
Das »Scheibenschlagen« gehört in die Gruppe des Frühjahrsbrauchtums und reicht gleichsam als Abschluß der alten Fasnacht in die Fastenzeit hinein. Die »Schimpfscheiben« sind ein Rügebrauch, wie er auch in den verschiedenen Fasnachtsbräuchen zu finden ist. D. A.

Zangerl, F: Vom Scheibenschlagen, in: Tir. Heimatbl. 17/1939. S. 172 ff.
Dörrer, A.: Tiroler Fasnacht. Wien 1949. S. 202 ff.

Scheibenschlagen in Mals

Erster Fastensonntag, a. 18.00–23.00 Uhr
Marktgmd. Mals, Südtirol

Weit zurück reicht der Brauch des »Scheibenschlagens« am 1. Sonntag in der Fastenzeit, der deshalb im Vintschgau »Scheibenschlagsonntag« genannt wird. An diesem Tag zündet die männliche Jugend mit Anbruch der Dunkelheit in fast allen Ortschaften im Vintschgau alljährlich an derselben Stelle mächtige Feuer an und brennt bis 15 m hohe Strohhexen ab.
In Mals sind für das Abbrennen dieser Freudenfeuer drei Hügel bestimmt. Den Schulbuben obliegt nach altem Brauch die Aufgabe des Zusammenbettelns von Stroh und Holz. Schon Wochen vorher durchziehen die Buben an schulfreien Tagen zu diesem Zweck mit einem Handkarren den Markt, wobei die einzelnen Ortsteile in »Sammelbezirke« aufgeteilt sind. Am Vorabend des Scheibenschlagsonntags wird dann die vom Förster bereitgestellte Fichtenstange von Schülern und Erwachsenen in einer Scheune mit dem gesammelten Stroh dicht umwickelt. Im Laufe des Sonntagnachmittags wird die riesige Strohhexe auf den Verbrennungsplatz gebracht, dort unter großer Mühe aufgestellt und dann bewacht, denn es ist schon vorgekommen, daß sie von Buben einer anderen Gruppe zu unrechter Zeit in Brand gesteckt worden ist. Gegen Abend rücken die kleinen und großen Scheibenschläger an. Sie sind mit mehreren bis über zwei Meter langen Stecken, »Gart« genannt, und mit einem Kranz von etwa 40 Stück Scheiben ausgerüstet. Mancher unter ihnen hat auch

eine mit einem Sonnenrad geschmückte, gemalte oder kunstvoll geschnitzte »Kassonntagsscheibe« dabei. Erst herrscht noch überall Stille. Wenn dann der Augenblick gekommen ist, da der Mesner »zum Engel des Herrn« läutet, wird der aufgeschichtete Holzstoß angezündet. Jetzt brennen auf einmal auf allen Scheibenplätzen Feuer, soweit man sehen kann, an denen die runden Scheiben angebrannt werden. Als erste wird für alle Scheibenschläger die große »Kassonntagsscheibe«, ein mit Stroh umwickeltes Rad, das nun in hellen Flammen lodert, über den Hang hinuntergerollt. Darauf werden von den Anwesenden den ganzen Abend hindurch glühende Scheiben mit weitausholenden Schwingungen mittels einer in das Scheibenloch gesteckten Haselgerte über den Abhang hinuntergeschleudert und mit großem Stimmaufwand ein Reim vorgetragen. Die meisten vorgetragenen Reime beinhalten den Wunsch auf ein gutes Erntejahr, wie auch folgender:

»O Reim, Reim,
für wen werd epr die Scheib sein?
Die Scheib keahrt der Hoamat mein.
Gott beschütz insern Heard,
's Landl, dös ins erneahrt.
Loß oll's guat gedeihn
und bleib in insern Reihn.« . . .

Einige Reime decken so manches Liebesverhältnis im Ort auf:

»O Reim, Reim,
für wen soll die Scheib sein?
Die Scheib soll für die Christl sein.
O Scheibele, Scheibele fein,
du wearst bald gluatig sein;
wearst bald ausi fliagn.
manche Aug'n triag'n!« . . .

Von den vielen Scheiben, die glückbringend sein sollen, wird so manche auch dem Pfarrer und dem Lehrer, den Vettern und Baseln, ja sogar der Küchlbackerin verehrt.

Unter Gejohle und Gejauchze wird am Ende die Hexe verbrannt. Die Buben kehren zufrieden zur Küchlbackerin heim, die sie reichlich mit Küchl und Krapfen und einem heißen Tee bewirtet.

Der Scheibenschlagsonntag stand früher übrigens bei allen Vintschgauern auch aus einem anderen Grund in Ehren. An diesem Tag hielten sie nämlich ihre Gemeindeversammlungen ab, die mit einer Art bäuerlicher Gerichtsbarkeit verbunden waren. Diese Versammlungen nannten sie »Kassunntagmoan«.

Im Burggrafenamt ist der Scheibensonntag als »Holepfannsonntag« bekannt. Auch dort werden am ersten Sonntag in der Fastenzeit nach althergebrachtem Brauch auf Berg und Hügel, auf Rain und Abhang die Holepfannfeuer abgebrannt. R. W.

Der Schlern 10/1929, 29/1955, 31/1957 u. 33/1959.
Bossi Fedrigotti, A.: Vintschgau. Bozen 1968. S. 39.
Winkler, R.: Lebendiges Brauchtum im Vintschgau.

Scheibenschlagen in Stilfs

1. Fastensonntag, 17.00–24.00 Uhr
Stilfs, Südtirol

Die erwachsenen Burschen, die Väter oder Göten der Stilfser Buben, schneiden ungefähr 14 Tage vor dem Kässonntag Scheiben. Sie nehmen hierzu ein etwa 15 cm starkes Stück harzigen Föhrenholzes und spalten es in 3 bis 4 cm dicke Scheiben. In der Mitte bohren sie ein Loch. Die »Kassunntigscheibe« schneiden sie kreisrund, etwa 12 bis 15 cm im Durchschnitt, verzieren sie mit Zickzack- und Rautenbändern, Sechs- und Achtersternen und bemalen sie.

An den beiden Sonntagen vor dem Kässonntag ziehen dann die Schulbuben mit Schlitten von Haus zu Haus durch das Dorf und rufen dreimal: »Eins, zwei, drei Holz!« um Brennzeug zum Holepfannfeuer. Sie tragen Stangen, Holz und Stroh zusammen. Am Nachmittag des Kässonntags führen sie das Brennzeug zum Scheibenplatz, früher auf den Weiberbödele, jetzt auf den Kalmatsch. Dort errichten sie die »Kasfangga«, auch »Hex« oder »Katz« genannt. Dabei rammen sie eine starke, lange Stange in den Boden, befestigen ein Querholz in Kreuzform daran oder stellen drei Latten nebeneinander auf. Diese umwickeln sie mit Stroh und schichten darunter Holz und Stroh. Früher stellte man eine wirkliche Strohpuppe her und hängte sie an das Kreuzholz. Die Feuerstelle wird bewacht, denn es soll vorgekommen sein, daß Burschen aus Nachbardörfern gegenseitig die Kasfangga zu vernichten trachteten. Einer machte sich an die Puppe heran, um sie anzuzünden. Gelang ihm dies, so war die Burschengemeinde des Ortes des nachbarlichen Spottes und Hohnes ebenso sicher wie die Pusterer oder Unterinntaler Burschen, denen die Nachbarn die Kirchtagmichl oder den Maibaum zu stehlen vermochten.

Mit Einbruch der Dunkelheit versammeln sich die Stilfser Buben am Kirchplatz. Jeder trägt seine Scheiben an einer Schnur über der Achsel, oft 150 Stück, und mehrere Scheibengarten, weiche, biegsame, junge Birkenstämmchen. Sie stecken sie auf eine der Kassunntagscheiben und tragen sie aufrecht. Singend geht es zum Feuerplatz. Dieser muß derart beschaffen sein, daß die auf den Boden gleitende Scheibe sich vom Gart löst und in einem weiten Bogen in die Luft hinauszufliegen vermag. Am Feuerplatz haben sich auch die erwachsenen Burschen und Mädel eingefunden. Sie singen und scherzen, bis Finsternis herrscht und unter Hallo und Gesang der Holzstoß angezündet wird. Mit Freudengeschrei wird begrüßt, wenn die Flammen die »Hex« erfassen. Nun beginnt das Scheibenschlagen. Buben und Burschen legen ihre an der Scheibengart befestigten Scheiben ins Feuer, bis sie zu glühen beginnen. Die Gart fortwährend schwingend, eilen sie damit auf den ebenen Platz und trachten, mit einem leichten Stoß auf den Boden, sie aus der Gart zu lösen. Gelingt dies bei einiger Fertigkeit, so dreht sich die Scheibe um ihre Achse: es bildet sich ein Feuerrad in der Luft, das in der Nacht weithin leuchtet, zu Boden fällt und verglimmt. Dazu singt der Schläger:

»O Reim, Reim,
wem soll die Scheibe sein?
Die Scheib und mei Kniescheib
soll der N. N. sein.
Korn in der Wann',
Schmalz in der Pfann',
Geld in der Tasch',
Wein in der Flasch',
Pfluag unter d'Eard',
Schaug, schaug,
wia's Scheibele außigeaht
Geaht sie guat, hot sie's guat,
Sisch (sonst) soll sie miar
und in Scheibele nicht verüb'l hob'n.«

Gute Würfe lösen Zustimmung, mißglückte Schadenfreude und Spott aus. Auch Mißgunst eines verschmähten Liebhabers verrät sich. Die Feuer glimmen an den Talhängen bis spät nach Mitternacht. Mit der letzten Scheibe werden die Dampfnudeln verdankt, die auf die heimkehrenden Jungen warten. Sie erhalten von ihren Mädchen so viele gefärbte Eier, als ihnen Scheiben gewidmet wurden. J. P.

Dörrer, A.: Tiroler Fasnacht. Wien 1949. S. 217.
Fink, H.: Verzaubertes Land. Bozen 1969. S. 29.

Schellenrühren und Jacklschutzen in Oberbayern

Unsinniger Donnerstag (Donnerstag vor Faschingssonntag), 12.00 Uhr
Marktgmd. Garmisch-Partenkirchen und Mittenwald, Lk. Garmisch-Partenkirchen, Rgbz. Obb.

Das Schellenrühren in der Marktgemeinde Garmisch-Partenkirchen wird von jeweils zwei Akteuren ausgeführt, vom Schellenrührer und vom Nachtänzer. Der Schellenrührer hat an einem starken Ledergürtel auf dem Rücken drei bis fünf große und kleinere Schellen aus Eisen befestigt, die er durch rhythmische Bewegungen zum Klingen bringt. Den Rhythmus gibt der Vortänzer an, der, in beiden Händen einen weißblauen Reifen schwingend, vor ihm tanzt. Die Hüte der beiden Akteure, die sog. Duxer, sind mit bunten Bändern verziert.

Heute gehen die Schellenrührer in Doppelreihen von acht bis zehn Paaren

Nach dem Zwölfuhrläuten treten die Mittenwalder Schellenrührer auf, die ähnlich wie in Garmisch gekleidet sind. Die Gruppe wird von zwei Vortänzern mit Reifen angeführt.

Im Verbund mit den Schellenrührern zeigen sich auch die Jacklschutzer, die eine ausgestopfte Puppe durch Spannen eines Tuches hochschnellen. Die Mittenwalder Jacklschutzer sind maskiert (Stofflarven, Kopftuch), sie tragen graubraune wollene Janker und grünbestickte kurze Lederhosen, darunter im Gegensatz zu den Schellenrührern lange weiße Unterhosen. Immer vier bilden eine Gruppe, die den Jackl schutzen. Die Partenkirchener tragen Holzmasken, schwarze Zipflmützen und weiße Hemden. G. K.

Korr. Ott, A., Garmisch-Partenkirchen. 10/1973.

Schellenrühren und Jacklschutzen in Mittenwald

Schellenschlagen in Lans

Donnerstag vor Faschingsonntag, nm.
Gmd. Lans, Bez. Innsbruck-Land,
Ot. Amras, Stadtgmd. Innsbruck, T

Am »Unsinnigen Donnerstag« ziehen durch die Straßen der beiden Orte, gelegentlich auch in anderen Orten am südlichen »Mittelgebirge« bei Innsbruck, Gruppen von ca. 30 bis 40 Männern und Burschen, die einen eigenartig rhythmischen Lärm verursachen. Sie tragen lange weiße Hosen, weiße Hemden, ein gefranstes Seidentuch, eine Gesichtsmaske, die Hüte sind meist mit Bändern und Fe-

Das Schellerlaufen in Nassereith wird nur von Männern und Burschen durchgeführt. Mit dem Mittagsläuten beginnt an einem Sonntag im Fasching in Nassereith das eindrucksvolle Maskenspiel, das mehrere Stunden in Anspruch nimmt – hier der Hexenschwur.
(s. S. 247 f.)

dern geschmückt; um den Leib ist ein breiter, gestickter Gürtel geschnallt, an dem hinten eine große Schelle (eine Kuhglocke) befestigt ist. Der Anführer ist als Harlekin verkleidet und hat einen Besen in der Hand, mit dem er den Takt schlägt und den oft schlangenförmig gewundenen Weg der hintereinander gehenden Scheller angibt. Sie bewegen sich ruckartig vorwärts, abwechselnd langsam und schneller, nach links oder rechts sich vorbeugend, wobei die Glocke anschlägt. An manchen Stellen wird ein »Kranz« gebildet, und es setzt ein regelloses Geschelle ein.

Die ehemalige Bedeutung dieses Brauches ist wohl in einem Apotropäon, der Vertreibung des Winters durch Lärm, zu suchen. Da das »Schellenschlagen« kaum mit neueren Maskentypen durchsetzt ist, kommt der ursprüngliche Sinn dieses Treibens noch besonders gut zum Ausdruck. Analog dazu ist das »Grasausläuten« in vielen Orten des Unterinntales (das Gauderfest, das am Georgi, 12. April, stattfindet). D. A.

Hörmann, L. v.: Tiroler Volksleben. Stuttgart 1909. S. 12 f.
Haider, F.: Tiroler Volksbrauch im Jahreslauf. Innsbruck, Wien, München 1968. S. 74 f.

Schellerlaufen in Nassereith

Ca. jedes 3. Jahr an einem Sonntag im Fasching, 12.00–18.00 Uhr
Gmd. Nassereith, Bez. Imst, T

Das eigentliche »Schellerlaufen« beginnt nach dem Mittagsläuten um 12.00 Uhr am Dorfplatz vor dem Hotel »Post«. Die einzelnen Gruppen stürzen wild auf den Platz heraus und beginnen ihr eigenartiges Spiel. Jede Maske – es wirken nur Männer und Burschen mit – hat ihre bestimmte Aufgabe, ihre genau einstudierten überlieferten Tanzschritte, Sprungformen und Wendungen. Zentralfiguren sind der Bär (in schwarzes Schaffell gehüllt), der Bärentreiber und der ihn begleitende Pfeifer. Einige Male formiert sich an geeigneten Plätzen der lärmende Maskenzug zu einem Kreis und plötzlich herrscht völlige Stille. Inmitten des Kreises muß zunächst der Bär auf Kommando seines Treibers immer wieder Kunststücke vorführen, bis er endlich den Treiber überwältigt und zu Boden ringt. In diesem Augenblick beginnen die anderen Masken wieder ihr Lärmen und Springen. Die übrigen Masken sind ähnlich wie beim Schemenlaufen in Imst: Roller und Scheller (im Gegensatz zu Imst tragen sie keinen monstranzartigen »Schein«, sondern eine Art Krone mit Spiegeln, Flitterwerk und Federn), Mohren- und Engelspritzer, Hexen, Kübele-Majen; typisch für Nassereith sind die Kehrer (ähnlich gekleidet wie die Roller; mit geschmücktem Besen), Schnöller (Peitschenknaller) und »Karner« auf ihrem Wagen (ehemalige Wanderhändler; mit wilden »schiachen« Masken und Lumpenkleidern). Auch in Nassereith werden im Laufe des Umzugs, der vom Dorfplatz die Hauptstraße Richtung Dormitz hinunterzieht, örtliche Persönlichkeiten und Ehrengäste eingeholt, um Wein und Brezen zu konsumieren. Auch ein Rügebrauch ist vorhanden, und zwar in der »Labara«, in der in humorvollen, handfesten Versen kuriose Vorfälle seit dem letzten Schellerlaufen verlesen werden. Die »Labara« wird im Maskenumzug mitgetragen. Auf lokalhistorische bedeutende Ereignisse nehmen auch die an den Maskenzug anschließenden Festwagen bezug, die oft großartige Aufbauten tragen, in denen auch Getränke verkauft werden und auf denen zum Tanz aufgespielt wird, allerdings erst, nachdem das eigentliche Maskenspiel zu Ende ist. Das »Fasnachtausgraben« findet bereits einige Wochen vorher statt, nachdem das Fasnachtskomitee den Beschluß zur Durchführung eines Schellerlaufens gefaßt hat. In der Nacht machen sich die Fasnachtler maskiert auf den Weg, um als Geometer, Wünschelrutengänger usw. in einem Schneehaufen einen Buben aufzuspüren, der die Fasnacht verkörpert.

Roller mit Besen beim Schellerlaufen

Wenngleich dem Imster Schemenlaufen ziemlich ähnlich und auf dieselbe geschichtliche Entwicklung zurückgehend, so hat das »Schellerlaufen« vielleicht doch noch etwas mehr an Ursprünglichkeit bewahrt, nicht zuletzt infolge des dörflichen Charakters dieses Ortes am Fuße des Fernpasses. Große Förderung des Fasnachtgedankens verdankt Nassereith dem Bildschnitzer Franz Josef Kranewitter, der weit über hundert prachtvolle Masken für seinen Heimatort geschnitzt hat, in denen das Dämonische besonders gut getroffen

ist. Die letzten Aufführungsjahre waren 1966, 1969, 1972 und 1975.
Zum Mohrenspritzer sei erwähnt, daß auf einer Darstellung, Deckengemälde 1746, in der Kirche zu Dormitz, Gmd. Nassereith, ein die Muttergottes verehrender Mohr dieselbe Kleidung und denselben Kopfputz trägt wie der Spritzer beim Schellerlaufen. Die große Fasnacht hat über den Brauchtumswert hinaus große soziokulturelle Bedeutung, indem durch Monate hindurch das Schellerlaufen bzw. die Vorbereitungen dazu praktisch die gesamte Bevölkerung des Dorfes in ihren Bann zieht und das Tradieren des Brauches von Generation zu Generation mit größter Intensität vor sich geht. D. A.

Dörrer, A.: Tiroler Fasnacht. Wien 1949. S. 309 ff.

Sacknerin, Sackner und Langgescheller in Imst

Schemenlaufen in Imst

Ca. jedes 4. Jahr (zuletzt 1973) an einem Sonntag im Fasching, 12.00–18.00 Uhr Stadtgmd. Imst, Bez. Imst, T

Wie schon der Name »Schemen«-Laufen besagt, handelt es sich bei diesem um traditionelles Brauchtum. Der Umzug der Masken beginnt um 12.00 Uhr nach dem Mittagläuten in der Oberstadt beim Gasthof »Hirschen« und zieht die Hauptstraße hinunter in die Unterstadt. Um 18.00 Uhr mit dem Betläuten hört das lärmende Maskentreiben auf.
Jede der Masken hat ihre spezielle Aufgabe. Das »Laufen« ist eigentlich ein Tanz, bei dem die einzelnen Masken ihre bestimmten überlieferten Schritte, Sprünge und Wendungen zu machen haben. Zentrale Figuren sind die Roller (jugendliche Maske; am breiten Gürtel ca. 40 Glöckchen, Schlittenschellen ähnlich; am Kopf tragen sie den »Schein«, einen monstranzartigen Aufputz von Kunstblumen, Gold- und Silberfäden, mit einem Spiegel und Glasfedern; in der Hand haben sie den »Pemsl«, einen Wedel aus Weidenholz, dessen Fasern an der Spitze ausgefranst sind, auf ihm sind Brezen aufgesteckt), die Scheller (männliche Maske mit großem Schnurrbart; am Gürtel sind vorne und hinten je 3–4 große, nicht selten geschmiedete Kuhschellen befestigt, zusammen etwa 20–30 kg; der Kopfputz ist reicher und auch schwerer als beim Roller und am Rand mit Eibenzweigen eingefaßt; über der Schulter trägt er ein großes besticktes Fransentuch), Laggeroller und Laggescheller (ähnlich den vorhin genannten Masken, jedoch mit Holzschellen; treten als Mann und Frau in närrischer Kleidung auf und sind Spottgestalten), Kübele-Majen (weibliche Maske in Festtracht einer Sennerin, mit einem kleinen wassergefüllten Holzkübel), Sackner bzw. Sacknerin (wilde Altweibermasken; am Kopf eine Fozzelkappe, in der Hand einen Beutel, der mit verschiedenstem Zeug, vor allem mit Türkenflitschen – trockene Maisblätter – gefüllt ist und kräftig geschwungen wird, um den anderen Masken freie Bahn zu machen), Spritzer (phantastisch gekleidete Rokokofiguren, und zwar weiße Engel- und schwarze Mohrenspritzer; in der Hand einen dünnen Kolben, mit dem sie allzu Neugierigen und Bekannten ins Gesicht spritzen). Weitere wichtige »Larven« sind die Gruppe der Hexen mit der Hexenmusik, der Altfrank mit Dreispitz, der Vogelhändler sowie Bär und Bärentreiber.
Nach den traditionellen Masken folgen einige szenisch gestaltete Wagen, die sich auf lokale Begebenheiten oder historische Ereignisse beziehen. Nur für die Ortsbevölkerung ist das »Figatter« verständlich, eine Art Rügebrauch, bei dem verschiedene Vorkommnisse in humorvoller

Weise vorgebracht und manche unliebsame Begebenheit angeprangert werden; es findet am Sonntagvormittag statt. Auch die Faschingszeitung, die »Rofenkathl«, bezieht sich vor allem auf lokale Ereignisse. Roller und Scheller sowie Hexen holen auf ihrem Zug immer wieder bekannte Persönlichkeiten und Ehrengäste zu einem Tisch mit Brezen und Wein, wo sich die so Geehrten mit einer entsprechenden Geldspende wieder loskaufen können; unter gebührendem Lärm der Hexenmusik und der Rollen und Schellen werden sie auf ihren Platz zurückgebracht.

Wenn die Imster alle paar Jahre wieder »in d'Schalle giahn«, also ein Schemenlaufen veranstalten – seit dem Zweiten Weltkrieg nunmehr sieben Mal; die letzten Aufführungen waren 1964, 1968 und 1973 –, so ist das bereits Monate vorher im alten Oberinntaler Markt (seit 1898 Stadt) zu spüren.

War vor Jahrhunderten auch in vielen anderen Orten Tirols das Schemenlaufen oder eine ähnliche Form üblich gewesen, so hielt sich dieser Brauch doch nur in wenigen Orten. Nicht zuletzt waren es obrigkeitliche Verbote vor allem im 18. Jh., die hier einschneidende Veränderungen brachten; auch für Imst wurde 1707 das Schemenlaufen verboten, was aber nur vorübergehende Wirkung hatte. Karres, Karrösten und Tarrenz, drei Orte in der Umgebung von Imst, hatten bis ins 18. Jh. ihr eigenes Schemenlaufen; Karrösten stellte es anläßlich einer Seuche 1759 ein, Tarrenz aufgrund eines Verlöbnisses im Kriegsjahr 1797.

In Imst konnten aber weder Verbote noch der verheerende Brand im Jahre 1822 den Fasnachtsgedanken unterbinden. Neben dem Traditionsbewußtsein der Bevölkerung waren es im 19. Jh. vor allem auch einige Tiroler Künstler, die im Sinne der Romantik das Fasnachtsbrauchtum förderten, so z. B. Karl v. Lutterotti (von ihm eine interessante Zeichnung des Imster Schemenlaufens), der Schriftsteller Carl Spindler (»Der Vogelhändler in Imst«, 1841, mit Schilderungen des Brauches).

Der Begriff »Schemenlaufen« wird einmal bei Abraham a Sancta Clara erwähnt, der es selbst auf einer Durchreise in Imst miterlebte. Von einem Tänzer in »vaßnachtskleidung oder schemenweiß« wird 1569 aus Pfons bei Matrei a. Brenner berichtet; die Scheme scheint aber bereits in einer Handschrift des 13. Jh.s aus einem Tiroler Stift auf. Scheme bedeutet soviel wie Schein, Glanz.

Der Spielcharakter kommt neben den Figuren des Laggerollers und -schellers insbesondere in den in der Barockzeit eingeflossenen Veränderungen und Zutaten zum Ausdruck, vor allem im Mohrenspritzer oder in den bis Ende des vorigen Jahrhunderts als »Sackner« aufgetretenen »Türken«. »Türken« ist auch der in Tirol übliche Name für den Mais, der hier seit dem 17. Jh. heimisch wurde; das Schlagen der Sackner mit »Türkenflitschen« verweist in die Brauchgruppe des Frisch- und Gesundschlagens.

Die Figur des »Voglers« bezieht sich auf den ehemals vor allem im Bereich Imst-Tarrenz verbreitet gewesenen Vogelfang und wurde durch Carl Zellers Operette »Der Vogelhändler« weltbekannt. So wie die »Karner« (Wanderhändler mit ihrem Karren, ohne festen Wohnsitz) sind auch die Vogelzüchter im 17. Jh. aufgekommen, als durch den Niedergang des örtlichen Bergbaues neue Beschäftigungen gesucht werden mußten. D. A.

Dörrer, A.: Tiroler Fasnacht. Wien 1949. S. 227 ff.

Dörrer, A.: Imster Schemenlauf, in: Imster Buch (= Schlern-Schr. 110). Innsbruck 1954. S. 121 ff.

Roller und Scheller in Imst

Schifferstechen 1818 und heute

Schifferstechen
auf der Salzach zu Oberndorf

Juli/August, Sonntag nm., unregelmäßig
Oberndorf, Ot. Altach,
Ger. Bez. Oberndorf, S

In den Monaten Juli/August, je nach Witterung und dem Wasserstand der Salzach, findet im Abstand von mehreren Jahren das »Historische Schifferstechen« statt, das vom Schifferschützenkorps Oberndorf veranstaltet wird. Unterhalb der Flußschleife, im Oberndorfer Ot. Altach, bietet sich ein geeigneter Schauplatz für dieses

Spiel, vom erhöhten Damm des österreichischen wie des bayerischen Ufers gleichermaßen gut zu überblicken.

Das Spiel beginnt mit dem »Einzug der Stecher« (s. u.) auf Plätten, begleitet vom Schifferschützenkorps und der Musikkapelle, alle in der Uniform der sog. »Neuzeit« (s. Himmelbrotschutzen). Die Plätten fahren oberhalb der Salzachbrücke ab und landen an der Kiesbank beim Bräuhaus Noppinger in der Altach. Die »Stecher«, durchwegs junge Burschen und gute Schwimmer, sind bekleidet mit einer roten barettähnlichen Kopfbedeckung, weißem Hemd, einer roten Schärpe um die Hüfte und weißer Hose. Bewaffnet sind sie mit einer ca. 2 m langen, rotweiß bemalten Stange, deren Spitze mit einem kugelartigen Schutz (Lederbausch) versehen ist, während am unteren Ende eine durchgesteckte Querstange dazu dient, die Kampfwaffe fest unter die Achsel stemmen zu können. Die ersten zwei Stecher begeben sich auf kleine schmale Schiffe, sog. Zillen, und stellen sich barfuß auf das Heck des Bootes, das sog. »Stuier«. Von je zwei Schifferschützen werden die Zillen in die Mitte des Flusses gerudert, wobei die erste flußabwärts fahrend auf die zweite, etwas weiter unten befindliche Zille zukommt. Stehen sich die beiden Schiffe in Reichweite gegenüber, so ruft der Abwärtsfahrende seinem Gegner zu: »Bruada, nimmas nöt übl, wann i di ins Wassa stich«, worauf der andere entgegnet: »Stich nur her.« Gezielt wird mit der Holzlanze auf die Brust des Gegners. Je nach Geschicklichkeit des einzelnen, seiner Standfestigkeit und auch der Wasserströmung, auf die besonders die Ruderer zu achten haben, entscheidet sich der Kampf. Der ins Wasser Fallende scheidet aus. Mitunter kommt es vor, daß beide Stecher im Stand verbleiben, aber auch, daß beide ins Wasser fallen. Die Sieger treten immer wieder zum Zweikampf gegeneinander an, solange, bis einer als letzter übrig bleibt. Die drei Besten werden in einer anschließenden Siegerehrung mit Pokalen ausgezeichnet. Auf lokale Ereignisse wird, wie es bei einer jüngeren Veranstaltung der Fall war, in einem gesonderten »Stechen« Bezug genommen. Der Oberndorfer »Bürgermeister«, im Gehrock und mit Zylinder, nimmt den Kampf mit seinem bayerischen Amtskollegen, dieser in Lederhose und mit Gamsbart auf dem Hut, auf, um die gegenseitigen Gebietsansprüche auszutragen. Bei diesem ungeschickten Turnier fallen schließlich beide unter großem Gelächter der Zuschauer ins Wasser. Selbstverständlich werden die beiden »Bürgermeister« von Mitgliedern des Schifferschützenkorps dargestellt.

Dem »Schifferstechen« schließt sich traditionsgemäß das »Hansl-und-Gretl-Spiel« (früher als 3. Teil) an. Ein maskiertes lustiges Paar (die Gretl wird von einem Mann dargestellt) tanzt verliebt auf einem Schiff, es gibt Gezänk und Streit und beide fallen ins Wasser, worauf dann eine Versöhnung folgt, die wieder in Streit endet. Das Wurstspringen (früher als 2. Teil) verläuft folgendermaßen: Über die Salzach ist ein Seil gespannt, an welchem in bestimmten Abständen Hartwürste aufgehängt sind, alle in einer Höhe, die nur springend vom Heck des Schiffes aus erreicht werden kann. Der Ruderer muß darauf achten, das Schiff genau zur Zielrichtung zu steuern, während der »Springer« (aus den Reihen der »Stecher«) im geeigneten Augenblick hochspringen und die aufgeknüpfte Wurst abreißen muß. Meist ist damit auch der Fall ins Wasser verbunden, da das Schiff in der Strömung schnell dahintreibt. Mit der Wurst zwischen den Zähnen schwimmt der »Springer« dem Schiff nach oder an das Ufer.

Nach diesem insgesamt 2½stündigen Spiel, immer wieder unterbrochen durch Marschmusik und lustige Hinweise, erfolgt am Salzachufer die Siegerehrung mit Pokalüberreichung u.a.m. Ein »Flußfest« (neue Prägung) bildet den Abschluß dieser beliebten Brauchtumsveranstaltung.

Schon 1596 läßt sich das Schifferstechen erstmals archivalisch belegen: »Am Sonntag Invocavit [28. Februar, 1. Fastensonntag] denen, so auf dem wasser gestochen, auß bevelch herrn Burgermeister geben, alß Haimeran und Hannß die Oßinger und anderen 5 b 10 dl.«. In der Folge wird in unregelmäßigen Abständen immer wieder von dieser Brauchübung berichtet, so 1601 »Den Schöffleidten, die auf dem wasser gestochen haben, geben 4 ß 24 dl«. Bemerkenswert ist, daß als Termin die Fastenzeit angegeben wird, so 1603 »am weissen Suntag«. 1618 wird vermerkt, wobei ausdrücklich auf die Tradition hingewiesen wird: »den 26. Februar den Schöfleutten, so auf den wasser gestochen, wie vor disem gebreichig gewest, geben 1 fl«. Gerade im Hinblick auf den jahreszeitlich frühen Termin ist es fraglich, ob es sich hier um ein turnierähnliches Stechen gehandelt haben kann, wie wir es aus späterer Zeit kennen, oder ob eine andere Geschicklichkeitsübung, die keinen Wassersturz zur Folge hatte, gemeint ist. Nachdem die Salzach während der genannten Wintermonate ausnehmend kalt ist und ständig Eisschollen führt, die Schiffer, wie wir wissen, auch ehedem keineswegs so schwimmkundig waren, dürfte sich ein solcher Brauch in der uns bekannten Form wohl kaum in dieser Jahreszeit eingebürgert haben. Bedingt ist dieser frühe Termin für die Brauchübung allerdings dadurch, daß bereits im April die Schiffahrt wieder begann, die dann bis zum Spätherbst andauerte. Wenngleich sich das Schifferstechen im 17. und 18. Jh. selten belegen läßt, so spricht dies keineswegs gegen eine kontinuierliche Brauchübung.

Das »Hansl-und Gretl-Spiel« dürfte wahrscheinlich erst im 18. Jh., wohl unter dem Einfluß des Theaterspiels der Schiffer, entstanden sein und bildete ursprünglich den burleskenhaften Abschluß. Älter dagegen dürfte das Wurstspringen sein, wenngleich darüber genauere Nachrichten fehlen. Eine wertvolle Bildquelle bietet hierfür der erhaltene Vorhang des Laufener Schiffertheaters (1818), der neben anderen Wasserspielen auf der Salzach auch das Schifferstechen und das Wurstspringen übermittelt.

Seit dem 19. Jh. werden diese Spiele bei besonderen Gelegenheiten auch an anderen Orten vom Schifferschützenkorps aufgeführt, so 1815 anläßlich des Zusammentreffens von Kaiser Franz I. mit König Friedrich Wilhelm III. von Preußen und dem russischen Zaren Alexander in Salzburg, oder 1820 zu Ehren des damaligen Kronprinzen Ferdinand in Hallein, in neuerer Zeit 1954 in Zell am See. H. R.

Hartmann, A. u. Abele, H.: Volksschauspiele. Leipzig 1880. S. 74 f.

Moser, H.: Schifferbrauch und Volksschauspiel im alten Laufen, in: Kultur und Volk. Festschrift für Gustav Gugitz. Wien 1954. S. 284 ff.

Swoboda, O.: Lebendiges Brauchtum. Salzburg 1970. S. 86.

Zinnburg, K.: Salzburger Volksbräuche. Salzburg 1972. S. 169 f.

Vorhang des Laufener Schiffertheaters vom Jahre 1818 im Salzburger Museum Carolino Augusteum.

Schiffswallfahrt auf dem Wörthersee

15. August, 17.00 Uhr
Klagenfurt, K

Anknüpfend an alte Wallfahrtstraditionen ist die »Schiffswallfahrt« auf dem Wörthersee zum Mittelpunkt der festlichen Begehungen am »Großen Frauentag« in Kärnten geworden.

Bis 17.00 Uhr ist die gesamte Flotte der Wörthersee-Schiffahrt vor den Landungsstegen von Klagenfurt-See aufgefahren. Nur ein Schiff fehlt: Das Madonnenschiff hat seinen Ausgangspunkt im nahen Loretto, wo es feierlich geschmückt wurde und die Madonnenstatue an Bord genommen hat. Die Statue führt, über dem Bug aufgestellt, die Prozession an. Nachdem knapp vor 17.00 Uhr auch der Bischof der Diözese Gurk mit Geistlichkeit und Ministranten, Musik und Chor an Bord gegangen ist, fährt das Madonnenschiff nach Klagenfurt-See und setzt sich an die Spitze der Flotte, die – umschwärmt von kleineren Schiffen und Motorbooten – die fünf bis sechs Stunden dauernde Fahrt rund um den See aufnimmt. Die Pilger auf den Schiffen singen und beten während der ganzen Fahrt – immer wieder auch das Wallfahrerlied, das aufgrund von alten Kärntner Melodien neu entstanden ist.

Überall, wo die Wallfahrtsflotte kurz haltmacht – Pörtschach und Velden sind die nächsten Stationen nach Klagenfurt –, wird sie von vielen Tausenden erwartet, die in das Beten und Singen der Pilger einfallen, das weithin über die Wasserfläche schallt – hin zum Strand, auf dem Kerzen und andere Lichter, hinauf zu den Höhen, auf denen Feuer brennen.

Höhepunkt und eigentliches Ziel der Schiffswallfahrt aber ist Maria Wörth, das an diesem Tage sein Kirchweihfest hat. Der Bischof hält eine Ansprache und stimmt das Weihegebet an, in das die Tausenden einfallen.

Eher still ist die Heimkehr nach Klagenfurt aus der Bucht an der Halbinsel von Maria Wörth – unter dem Schein der »tausend Lichter«, die auf dem Wasser schwimmen

Die Schiffswallfahrt auf dem Wörthersee wird seit 1953 in ununterbrochener Reihenfolge begangen. Trotz aller Anknüpfung an alte Wallfahrtstraditionen und der Aufnahme etwa der alten Mariengebete und Pilgerlieder handelt es sich um einen »neuen« Brauch. Veranstalter ist die Stadtpfarre Klagenfurt. B. P.

Gugitz, G.: Fest- und Brauchtumskalender. Wien 1955.

Schleckerbettel in Haunshofen

Schauerfreitag (= Freitag nach Christi Himmelfahrt), 17.30 Uhr
Haunshofen,
Lk. Weilheim-Schongau, Obb.

Die Pfarrgemeinde Haunshofen wallfahrtet am Schauerfreitag zum Hl. Berg Andechs. Die Wallfahrer verlassen um 6.00 Uhr den Ort und erreichen Andechs um 9.00 Uhr, wo ein Bittgottesdienst gehalten wird. In Andechs werden in der Budenstraße Süßigkeiten eingekauft. Die Wallfahrer treffen gegen 17.30 Uhr wieder in Haunshofen ein, wo die Kinder bereits eine Stunde auf sie warten. Wenn die Wallfahrer das Dorf erreicht haben, läuten die Glocken, die Kinder bilden vor der Kirche Spalier; die Buben halten ihre Hüte, die Mädchen die Schürzen auf zum Schleckerbettel.

Der Schleckerbettel ist in der beschriebenen Form nicht nur in Haunshofen und Unterbrunn üblich, sondern auch in anderen Orten, die nach Andechs wallfahrten. (s. Unterbrunn!) G. K.

Schleckerbettel in Unterbrunn

Schauerfreitag (= Freitag nach Christi Himmelfahrt),
zwischen 13.00 Uhr und 14.00 Uhr
Gmd. Unterbrunn, Lk. Starnberg,
Rgbz. Obb.

Die Pfarrei Unterbrunn unternimmt alljährlich am Freitag nach dem Himmelfahrtstag einen Bittgang nach Andechs. Nach der Rückkehr von Andechs (13.00 bis 14.00 Uhr) begeben sich die Teilnehmer nochmals in die Kirche, wo der Schlußsegen erteilt wird. Inzwischen stellen sich alle kleinen Kinder zwischen 2 und 8 Jahren entlang des Weges vor der Kirche, der über den Friedhof führt, auf. Die Teilnehmer des Bittganges (die Erwachsenen) haben aus Andechs Süßigkeiten zum Trost für die daheimgebliebenen Kinder mitgebracht. Wenn sie nun die Kirche wieder verlassen, gehen sie nacheinander die Reihe der Kinder entlang und legen jedem Kind etwas in die erwartungsvoll hingehaltenen Körbchen oder Säckchen. Auch in Oberbrunn ist der Schleckerbettel noch üblich. Die Kinder warten dort ebenfalls vor der Kirche. Die Unterbrunner gehen seit mindestens 1715 am Freitag nach

Himmelfahrt nach Andechs. Eine alte Votivkerze der Pfarrei Unterbrunn in der Andechser Kerzensammlung trägt auf der Kartusche die Jahreszahl 1715. Das Alter des Schleckerbettels in Unterbrunn ist nicht zu bestimmen. Nach Auskunft des ältesten Dorfbewohners bestand der Brauch jedoch schon lange vor 1900 und wurde seitdem unverändert und ohne Unterbrechung ausgeführt. G. S.

Schleicherlaufen in Telfs

Alle 5 Jahre (1975, 1980) an einem Sonntag im Fasching, 11.00–17.00 Uhr Marktgmd. Telfs., Bez. Innsbruck-Land, T

Beginnend im Ortsteil Lumma setzt sich unter Böllerknall der Maskenzug in Bewegung. An sechs Plätzen wird haltgemacht und findet eine Aufführung statt. Der Festzug beginnt mit den Fasnachtausrufern (Herolde), es folgen die Musikbanda, die Vier Jahreszeiten (ein Haflinger-Reiterzug), die »Wilden«, der Laternenträger (ähnlich dem Harlekin; macht mit seiner Riesenlaterne der folgenden Gruppe Platz), die »Schleicher« und eine Bärengruppe sowie prachtvoll aufgeputzte Festwagen mit verschiedener, z. T. ortsgebundener Thematik.

Das Paradestück des Schleicherlaufens sind, wie der Name des Brauches sagt, die Schleicher, etwa 40–50 Masken; ihr Name kommt von den schleichenden Bewegungen, ehe sie bei Erreichung ihres Zieles lärmend aufspringen und ihren Tanz vollführen. Sie sind phantastisch in Samt und Seide gekleidet und halten in der Rechten ein Fähnchen oder einen Stab, auf dem Brezen stecken. An einem Gürtel hängen einige Schellen. Die Besonderheit ist der Schleicherhut, ein bis zu 10 kg schwerer Aufbau, auf dem in langwieriger Arbeit die verschiedensten Berufszweige, vor allem Szenen aus der Almwirtschaft, aber auch phantasievolle Gebilde, selbst historische Ereignisse oder Märchen dargestellt sind. Der Kreistanz der Schleicher ist heute ein Heischemittel, mit dem prominente Zuschauer geehrt werden; das Zeichen dazu gibt der »Goaßer« (Geißhirt) mit seinem Almhorn. Das Gegenstück der Schleicher sind die »Wilden«. Sie tragen »schiache« (häßliche) Holzmasken und sind ganz in Baumbart (Flechten) gehüllt. Sie hatten früher die Aufgabe, die in Imst und Nassereith die »Sackner« haben, nämlich Platz zu machen für die übrigen Masken. Falls in einem Jahr das Schleicherlaufen stattfindet, wird am Dreikönigstag der »Naz«, eine den Fasching symbolisierende Strohpuppe, unter Böllergeknall, Feuerwerk u. a. Lärm ausgegraben, wo sie vor 5 Jahren feierlich begraben worden war.

Schleicher in Telfs

Ein Vermerk aus der Zeit um 1500 des für Telfs damals zuständigen Gerichtspflegers von Hörtenberg dürfte sich bereits auf das Schemenlaufen beziehen. Der erste sichtbare Beleg für den »Maskererlauf« in Telfs ist allerdings erst ein Gerichtsakt von 1768. Doch schon frühere Verbote, das Fasnachtstreiben einzudämmen, beziehen sich sicher auf das Schleicherlaufen. Auch kirchlicherseits wurde oftmals ver-

sucht, die Telfser von der Fasnacht abzuhalten. Seit 1890, als durch die einsetzende Heimatbewegung und den beginnenden Fremdenverkehr Brauchtum auch an höherer Stelle wieder anders bewertet wurde, wird das Schleicherlaufen an einem Sonntag abgehalten, und zwar alle 5 Jahre. Früher war es am »Unsinnigen Donnerstag«, die Verlegung erfolgte, um »den Städtern« (aus Innsbruck) die Teilnahme daran zu ermöglichen.
Telfs hat eine alte Tradition als Pflegestätte des Volksschauspiels. 1569 ist hier erstmals eine Spieltenne genannt. Bis 1814 wurden hier große Passionsspiele aufgeführt. Im Schleicherlaufen lebt die alte Spieltradition fort.
Frühling und Winter sind in der Telfser Fasnacht wohl durch die »schianen« (schönen) Schleichermasken und die »schiachen« Wildmänner ausgedrückt. An ältere Lichtvorstellungen erinnert die Riesenlaterne des Laternenträgers, des Harlekins. Ehemals hatten wohl bei abendlichen Aufzügen der Schleicher auch diese in ihren Hüten Lichter (Glöckler im Salzkammergut). Um 7.00 Uhr wird bereits in Begleitung von Masken die »Sonne« durch den Ort getragen. Die Figuren »Tuxer und Tuxerin« sowie der »Goaßer« sind so wie viele Darstellungen auf Schleicherhüten der Land- insbesondere der Almwirtschaft entnommen. D. A.

Dörrer, A.: Tiroler Fasnacht. Wien 1949. S. 322 ff.

Schnablerrennen in Gaißbach

Sonntagnachmittag, Faschingszeit
Gmd. Gaißbach,
Lk. Bad Tölz-Wolfratshausen, Rgbz. Obb.

Als Rennstrecke für das Gaißbacher Schnabler- und Schlittenrennen (Schnabler sind hölzerne Hörnerschlitten, die zum Holz- und Heutransport vom Berg in die Täler verwendet werden) dient der kurvenreiche Holzabfuhrweg von der Schwaigeralm am Rechelkopf zum sog. Gerstland am Fuß des Berges bei Lehen.
Die Teilnehmer sind faschingsmäßig maskiert (Fahrer und Beifahrer = Praxer). Zugelassen sind nur Einwohner aus Gaißach, die sog. Goaßerer. Politische Tages- und Ortsereignisse werden glossiert, die Goaßerer funktionieren ihre Schlitten zu Raketen, Kanonen, Panzern oder Raumfahrzeugen um. Die großen Bodenwellen am Zielhang geben der Veranstaltung einen besonderen Effekt. Die Schlitten machen oft bis zu 12 m weite Luftsprünge, die nicht selten mit einer Bruchlandung

des Gefährts und mit Verletzungen der Fahrer enden.
Ein bestimmter Termin kann nicht genannt werden. Bei günstiger Schneelage wird an einem Sonntagnachmittag in der Faschingszeit, meist Mitte Januar, das Rennen abgehalten.
Einige Gaißacher Burschen führten 1928 als Faschingsgaudi das Rennen zum erstenmal durch. Jeder Teilnehmer erhielt einen Preis. Siegerehrung war abends beim Mühlenwirt, an die sich ein Faschingstanz anschloß. G. K.

Korr. Gmd. Gaißach, 4/1974.

Schützenmahl in Lasern/Bad Goisern

2. Sonntag im Oktober,
8.00 bis nach 24.00 Uhr
Ot. Lasern, Marktgmd. Bad Goisern,
Bez. Gmunden, OÖ

Im Salzkammergut trifft man noch auf älteste Schützentradition. Neben den privilegierten Gesellschaften der Scheibenschützen prägen besonders die Armbrustschützen das kulturelle Bild dieser Landschaft. Fast in jedem Ort existieren Gilden (insgesamt im Salzkammergut an die 25 Gilden). Das Schützenmahl ist Höhepunkt und gleichzeitig Abschluß des Schützenjahres. Während in Bad Aussee, wo im Winter geschossen wird, die Schießsaison am Faschingsmontag beschlossen wird, endet sie im oberösterreichischen Salzkammergut im Oktober. In Bad Goisern, das mit seinen 8 Gesellschaften das Zentrum der Armbrustschützen bildet, wird eine genaue Ordnung eingehalten. Am Sonntag nach Michaeli (26. 9) feiern die »Dorfer« Schützen, am Sonntag darauf die Schützen aus den Ortschaften Lasern und St. Agatha, und am 3. Sonntag treffen sich die Schützen aus Unterjoch und Ramsau im Gasthaus »Konsum« zum Mahl. Bereits am Sonntag vorher gehen die »Lader« mit einem blumengeschmückten »Ladstock« zu alten Schützenkameraden, um sie mit ihren Frauen zum Mahl einzuladen, denn nur Mitglieder und Gäste dürfen daran teilnehmen. Am Abend kehren die »Lader« noch beim Schützenwirt ein, um das Mahl »anzudingen« und die Bedingungen mit ihm auszuhandeln. Ehe sich die Schützen das Mahl munden lassen können, müssen sie noch einen heißen Kampf in der Schießstätte bestreiten. Diese wird am Vortag mit frischem Grün festlich geschmückt und der »Fahnlbam« aufgerichtet, in den am Sonntag bunte Seidentücher gesteckt werden. Um diese Trachtentücher entbrennt der Wettstreit. Dabei zeigt sich die ganze Eigenart des traditionellen Schützenbrauches im Salzkammergut. Da

Beim Schnablerrennen in Gaißach bei Bad Tölz riskieren die maskierten Schlittenfahrer oft über 10 m weite Sprünge auf ihren hölzernen Hörnerschlitten.
Der Brauch besteht seit 1928.
(s. S. 254)

ein Tuch zu wenig vorhanden ist, muß jeder Schütze trachten, nicht Letzter zu werden. Dem Letzten winkt nämlich die weiße »Schneiderfahne« und der Spott der Kameraden als Preis. Um dieser Schmach zu entgehen, stehen dem Schützen zwar drei Scheibengattungen, aber nur eine beschränkte Anzahl von Schüssen zur Verfügung. Gewertet wird der beste »Tiefschuß« (Zentrumstreffer). Zunächst beginnt der Schütze auf die »Invention« zu schießen, die früher noch dadurch erschwert war, daß ein Treffer auf dieser Scheibe erst die Voraussetzung für den entscheidenden Schuß auf die »Ritterscheibe« schuf. Nach der »Invention« wechselt der Schütze auf den Stand mit der »Haupt- oder Mahlscheibe«. Diese wird dadurch ausgezeichnet, daß sie mit einem Böllermechanismus verbunden ist, der bei einem Treffer ausgelöst wird, und daß bei ihr der »Zieler« in Aktion tritt. Der als Harlekin verkleidete Zieler ist eine Hauptfigur im Schützenbrauchtum des Salzkammergutes. Obwohl er die Schützen ständig neckt und durch seine Späße sehr wesentlich zum Gelingen des Festes beiträgt, kann man an seinen Bewegungen die Güte des Treffers ablesen. Nach ihm richtet sich auch die Schützenmusik, die aus zwei Schwegelpfeifern und einem Trommler besteht und nur im Salzkammergut zu finden ist. Je nach Treffer werden bestimmte »Stückl« gespielt. Als letzte Station erwartet den Schützen »der Gambs«, eine Laufscheibe, bei der er seine Geschicklichkeit beweisen kann. Nachdem jeder Schütze sein Pensum geschossen und das Schießkomitee die »Bestgewinner« ermittelt hat, formiert sich am Abend der Schützenzug: voran der »Böllerschütz« mit der Laterne, dann der Zieler, die Musik und der Schützenrat. Dann folgen die Kinder mit den »Bestfahnen« und dahinter die Schützen mit ihren Frauen. Zum Takt des Schützenmarsches und unter dem Geschrei der Kinder geht es durch den Ort zum Schützenlokal. Dort wird aber nicht sofort Platz genommen, sondern zuerst ein Schützentanz aufgeführt. Dann läßt man sich das Mahl gut schmecken. Nach der mit Spannung erwarteten Preisverteilung beginnt die Tanzunterhaltung. Auffordern darf aber nur derjenige, der einen Hut mit einem »Mahlbuschen« aus Rosmarien und Kunstblumen aufhat. Ungebetene Gäste werden mit sanfter Gewalt entfernt. Am Montag trifft man sich zur »10-Uhr-Messe«, um die müden Geister mit einem Krautsalat oder mit einem Gulasch wieder zu beleben. Gewürzt mit humorvollen Eskapaden geht die Unterhaltung bis zum Abend weiter. Am Schützenmontag wird »blau« gemacht, wofür allgemein Verständnis gezeigt wird.

Die früheste Nachricht über eine Schützengesellschaft im Salzkammergut finden wir 1568 in einem Gesuch um einen Schützenvortl aus Gmunden, der durch Kaiser Maximilian II. bewilligt wurde. Darin heißt es, daß bereits vor Jahren mit der Armbrust geschossen worden sei. Im Gegensatz zu den privilegierten Schießständen der Bürger, die im 17. Jh. in allen Orten des Salzkammergutes zu finden sind, waren die sog. »Winkelschießstände« der Arbeiter bis zum Ausgang des 18. Jh.s verboten. Auch das Armbrustschießen gehörte damals zu den verbotenen Spielen. Man konnte ihm daher nur an weit von der Siedlung entfernten Plätzen frönen. Bereits 1820 berichtet jedoch Johann Steiner in seinem »Reisegefährten durch die Österr. Schweiz«, daß das adelige Bolz- oder Armbrustschießen zu den beliebtesten Vergnügungen zähle. Es war zweifellos die Wertschätzung durch Erzherzog Johann, die den Armbrustschützen Anerkennung brachte und ihnen ihre Originalität bewußt machte.

Die Bedeutung des Schützenwesens im Salzkammergut liegt in der kontinuierlichen Bewahrung des Brauchtums aus dem 16. Jh. und ebenso im Schießreglement, das nicht den sportlichen Wettkampf, sondern das gesellige Beisammensein in den Vordergrund rückt. Der strenge konfessionelle, politische und soziale Gegensatz zwischen Armbrustschützen und Scheibenschützen erfährt erst im 20. Jh. eine Auflockerung. F. G.

Commenda, H.: Das Schützenmahl der Stachelschützen, in: Oberösterr. Heimatbl. 1/1947. Linz. H. 1. S. 78 ff.

Burgstaller, E.: Lebendiges Jahresbrauchtum in Oberösterreich. Salzburg 1948. S. 129 ff.

Grieshofer, F.: Das Schützenwesen des Salzkammergutes. Eine volkskundliche Untersuchung der Schützengesellschaft. Wien 1971.

Schützenspiel in Mals

Unsinniger Donnerstag (Pfinzta), 8.00–18.00 Uhr

Marktgmd. Mals, Vintschgau, Südtirol, Pf. Mals

In Südtirol haben sich mancherlei volkstümliche Bräuche und Spiele anknüpfend an ältere Volksüberlieferungen herausgebildet. Zu diesen verhältnismäßig jungen Spielbräuchen gehört das »Schützenspiel« in Mals, das ausschließlich von Schulbuben aufgeführt wird. Es soll im Jahre 1866 in Ablösung älterer Formen aufgekommen, ein Überbleibsel des sog. »Tinzltages« sein, ein ehemaliges Schul- oder in die Faschingszeit vorverlegtes »Gregorifest«, an welchem die Kinder schulfrei hatten, von der Gemeinde zu einem Festessen geladen wurden und vorher einem feierlichen Gottesdienst beiwohnten. Dabei gehörte ein Umzug mit Lärminstrumenten zur Feier des Tages. Die Buben der drei oberen Volksschulklassen, angeleitet von ihren Lehrer, bereiten sich mit Eifer und Ausdauer schon Wochen vorher auf das Spiel am »Unsinnigen« vor. Wie es Tiroler Schützenbrauch verlangt, wählen die Buben den Hauptmann und verteilen die Rollen unter sich. Sie sind auch ihrer Rollen entsprechend gekleidet. Kleider, Waffen und sonstige zweckdienliche Geräte werden im Schulhaus aufbewahrt. Dorthin begeben sich die Mitspieler am »Unsinnigen« bereits um 7.00 Uhr morgens, um von den Lehrpersonen und freiwilligen Helfern für den Umzug zurechtgemacht zu werden. Um 8.00 Uhr wird gewöhnlich losgezogen. Voraus gehen zwei Hanswurste. Sie haben ein buntes Narrenkostüm mit hoher Kappe an, eine Stoffwurst als Waffe und außerdem einen Schellengürtel. Sie halten den Leuten die Sammelbüchse für die Geldspenden hin. Ihnen folgen die Schützen; voran der Hauptmann, dann der Fähnrich mit der Fahne, der Tambour und die übrigen Schützen, zuletzt der Leutnant. Die Schützen tragen alle ein Holzgewehr. Auf dem Kopf haben sie dreieckige Papierkappen mit einem bunten Papierfederbuschen. Hauptmann und Leutnant tragen Offiziersmützen und einen Offiziersrock mit vielen Auszeichnungen. Natürlich haben sie auch große Säbel umgehängt. Ihnen schließen sich verschiedene »Handwerker« und ein »Bauer« an: Zwei Zimmerleute mit Hobel, Säge und Holzschlegel; Müller und Schneider, ersterer mit einem mehligen Sack, der Schneider mit Frack und Zylinder, Tierarzt und Metzger, Schuster und Bauer, alle irgendwie kostümiert. Den Abschluß bilden der Pfannenflicker, Scherenschleifer und Mausfallhändler. Letzterer mit einer Mausefalle, der Pfannenflicker einen Kessel und Pfannen und der Scherenschleifer ein Bund Scheren mit sich tragend. Zur allgemeinen Erheiterung sprechen die drei nur gebrochen deutsch.

Die Buben marschieren, abwechslungsweise singend, von Haus zu Haus, gehen hinein und spielen in der Stube oder im Hausflur. Nachdem die Schützen die richtige Stellung eingenommen haben, sagen sie einfache Verse auf, die 1971 gekürzt und unserer Zeit angepaßt wurden. Die Geldspenden, die die Buben erhalten, werden von ihnen großzügig der Volksschule zur Finanzierung des Maiausfluges überlassen.

Die jetzigen Verse lauten z. B.:

Hauptmann
Ich bin der Hauptmann, ich befehle:
Jeder Mann muß mir gehorsam sein,
sonst schlag und stech ich wütend drein.
Trommler
Ich bin ein lustiger Trommelbub.
Das Trommeln ist meine größte Freud.
Ich trommle in Glück und in Leid.
... usw. R. W.

Der Schlern 23/1949.
Bossi Fedrigotti, A.: Vintschgau. Bozen 1968. S. 39.
Haider, F.: Tiroler Volksbrauch im Jahreslauf. Innsbruck, Wien, München 1968.
Winkler, R.: Lebendiges Brauchtum im Vintschgau.

Schulsilvester in Baselland

Letzter Schultag vor den Weihnachtsferien, in der Regel 23. oder 24. 12., in der ersten Morgenfrühe, teilweise von 5.00 Uhr an
Kt. Baselland

Es handelt sich um Lärmumzüge der Schuljugend mit Schellen, Hörnern, Pfannendeckeln, Autohupen usf.; der späteste Aufsteher jeder Klasse wird unter großem Getöse, bisweilen gefesselt, auf einem Wagen oder Schlitten ins Schulhaus gebracht. Der ursprüngliche Termin war der 31. 12., daher »Schulsilvester«. Mit dem Aufkommen der Urlaubstage zwischen Weihnacht und Neujahr im späteren 19. Jh. ist die Sitte, deren Anfänge nicht festzustellen sind, in die Zeit unmittelbar vor Weihnacht verlegt worden. E. Sch.

Schwedenprozession in Überlingen

Zweimal jährlich, am 16. Mai bzw. dem darauffolgenden Sonntag, und am zweiten Sonntag im Juli (Schutzengelfest)
Überlingen, Rgbz. Südbaden

Die Prozessionen gehen jeweils vom Überlinger Münster aus und kehren dorthin zurück. An vier Stationen sind Altäre errichtet, vor denen gebetet und der Segen erteilt wird. Eine silbergetriebene, barocke Madonnenfigur aus dem Jahre 1634 wird der Prozession vorangetragen. Ihr folgen die geistlichen und weltlichen Vertreter der Stadt sowie die Gruppe der »Schwertletänzer« in farbenfreudigen Uniformen. Auch die übrigen Teilnehmer, Frauen, Mädchen und Kinder, tragen die alte Überlinger Festtracht. Die Prozession bewegt sich im Gegensatz zu früher heute nur noch durch die Oberstadt. An die zweite Prozession schließt sich der Schwertletanz an.

Die beiden Prozessionen gehen auf Gelübde im Dreißigjährigen Krieg zurück. Im Jahr 1632 wurde die Belagerung der Stadt durch den Herzog Bernhard von Sachsen-Weimar siegreich abgewehrt. Ebenso gelang es 1634, die Belagerung durch den schwedischen Feldmarschall Gustav Horn unbeschadet zu überstehen. Einigen Bürgern soll die Gottesmutter Maria über dem Luzienberg erschienen sein. Deshalb ließ die Stadt nach ihrer Rettung am 16. Mai 1634 von dem Konstanzer Goldschmied Übelacker eine nach der Erscheinung gefertigte Marienstatue aus Silber treiben und gelobte, sie jedes Jahr in einer feierlichen Prozession durch die Stadt zu tragen. Die Statue wird im Münster aufbewahrt.

Es handelt sich bei diesen beiden Prozessionen um Gelübde zur Errettung aus Kriegsnot, wie sie ähnlich – auch aus anderen Anlässen, wie Seuche, Hungersnot (vgl. Mooser Wasserprozession) – an vielen Orten sich bis heute erhalten haben. L. P.

Lachmann, T.: Sagen und Bräuche am Überlinger See. Weißenhorn 1972. S. 170 ff.

Schweizerfeiertag in Stockach

Drei Tage an einem Wochenende in der zweiten Julihälfte
Stockach, Rgbz. Südbaden

Das Fest beginnt am Samstag mit einem Heimatabend. Hauptfesttag ist der Sonntag, an dem in den katholischen und evangelischen Pfarreien feierliche Festgottesdienste abgehalten werden. Nach den Gottesdiensten findet ein festlicher Umzug statt, an dem Trachtenvereine, die Bürgerwehr, Spielmannszüge, das Stockacher

Narrengericht und die Honoratioren der Stadt teilnehmen. Nach dem Festzug treffen sich die Honoratioren zu einem Festmahl. Mittags ist Jahrmarktstreiben auf dem Festplatz, dem sogenannten Dillsportplatz. Der Montag ist vor allem den Kindern gewidmet; das Narrengericht läßt »Wurst und Wecken« verteilen und organisiert ein Kinderballon-Wettfliegen.

Der sog. »Schweizerfeiertag« soll auf den Schwaben- oder Schweizerkrieg 1499 zurückgehen, der durch die Ablehnung des »gemeinen Pfennigs« als allgemeine Kopfsteuer durch die Schweizer entstand. Im Mai 1499 belagerten die Schweizer Stockach beinahe eine Woche lang, mußten aber unverrichteter Dinge wieder abziehen. Dieses Ereignis war Anlaß zur Einführung des Schweizerfeiertags als Dankfest, das besonders mit kirchlichen Feiern begangen wurde (vgl. Überlingen). Es fand jeweils acht Tage nach Fronleichnam statt. Urkundliche Belege über die Ausgaben der Stadt für die weltlichen Feiern liegen jedoch erst ab 1689 vor. Aus einem Ratsbeschluß vom 7. 6. 1707 wird deutlich, daß an diesem Tag die gemeindlichen Ämter endeten und der Stadtsäckelmeister seine Abrechnung vorlegen mußte. In der zweiten Hälfte des 19. J.s ging der Tag allmählich ab und wurde nach 1868 nicht mehr gefeiert. Erst 1970 wurde er durch das Narrengericht wieder belebt.

Es handelt sich um ein Friedensfest bzw. Dankfest, das für Errettung aus Kriegsnot gefeiert wird. Solche Feste werden unter den verschiedensten Bezeichnungen bis heute begangen. Initiator des Festes nach fast hundertjähriger Pause ist die Organisation des »Stockacher Narrengerichts«. Der Festablauf weist die für viele Volksfeste typische Dreiteilung auf: Am Vorabend eine folkloristische bzw. künstlerische Veranstaltung, Haupttag mit Festumzug und Ausklang mit Kinderfest am Montag. L. P.

Wagner, H.: Aus Stockachs Vergangenheit. Stockach 1967.

Schwertletanz in Überlingen

Zweiter Sonntag im Juli, im Anschluß an die zweite Schwedenprozession Überlingen/Bodensee, Baden-Württ.

Die Kompanie der Schwerttänzer besteht aus den Platzmeistern, einem Fähnrich, einem Säckelmeister (Schatzmeister), dem Hansele (Narrenfigur der Überlinger Fastnacht), den Spielleuten (Trommler und Pfeifer) und den eigentlichen Schwerttänzern. Die »Schwertletänzer« stellen sich vor dem Rathaus auf, während die beiden Platzmeister hineingehen und in aller Form um Genehmigung des Tanzes bitten. Die Spielleute beginnen nun mit dem Schwerttanzmarsch, und die Tänzer tanzen die festgelegten Figuren. Zuerst eine Achterfigur, dann den »Maschen«, bei dem die beiden Platzmeister die Degen gekreuzt in die Höhe halten und alle Tänzer paarweise darunter hindurch tanzen, um sich dahinter sogleich wieder aufzustellen. Die dritte Figur wiederholt die beiden Achter der ersten Figur. Dann folgt der Degensprung. Die beiden Platzmeister halten den Degen in Kniehöhe waagrecht, alle Tänzer springen darüber. Den Abschluß bildet wieder eine Achterfigur. Die Tänzer erhalten ihre Schwertscheiden zurück, die sie vorher abgelegt hatten, der eine oder andere holt sich ein Mädchen aus den Reihen der Umstehenden, um mit ihr zu tanzen. Während der ganzen Zeit springt der Hansele umher, macht Späße und sammelt Geld ein. Schließlich zieht der Zug der Schwerttänzer unter fröhlicher Musik ab, um auf einem anderen Platz der Stadt den Tanz zu wiederholen.

Über die Geschichte des Überlinger Schwertletanzes ist wenig bekannt. Einzelne Notizen weisen darauf hin, daß der Schwerttanz wohl schon vor dem 16. Jh. in Überlingen üblich war, obwohl die Übung an sich sehr viel älter ist. Der Schwerttanz in der hier vorgeführten Form (Kettenschwerttanz) taucht schon 1389 in Flandern auf und verbreitete sich rasch über das gesamte deutsche Sprachgebiet. Im Mittelalter besaßen an vielen Orten die Messer- und Waffenschmiede, aber auch Angehörige anderer Zünfte, das Vorrecht, in der Fastnachtszeit einen öffentlichen Waffentanz zu veranstalten. In Überlingen war es die Zunft der Rebleute, die diesen Schwerttanz abhalten durften und dafür einen oder zwei Eimer Wein erhielt. Dies geht aus einem »Ordnungs-Buch für die ledigen Rebleith« von 1789 hervor. Eine bildliche Darstellung des Schwerttanzes befindet sich auf der Giebelseite eines Überlinger Hauses gegenüber der Jodokskapelle. Hier versammelten sich früher die Schwerttänzer am Morgen des Fastnachtsdonnerstags und feierten vor ihrem Umzug eine Messe in der Kapelle.

Schwerttänze sind heute außer in Überlingen nur noch in Schottland, in einigen Orten Flanderns, im Innviertel sowie im Salzburgischen bekannt. Als reiner Männertanz wird er von 5 bis 24 Tänzern aufgeführt; hinzu kommt in fast allen Fällen eine Narrenfigur. L. P.

Meschke, K.: Schwerttanz und Schwerttanzspiel. Leipzig, Berlin 1931.
Wolfram, R.: Schwerttanz und Männerbund. Kassel 1936/37.
Wager, K.: Dokumentarfilm Überlinger Schwertletanz. Inst. f. d. wiss. Film (E 536). Göttingen 1963.
Hoerburger, F.: Böhmerwalder Schwerttanz. Inst. f. d. wiss. Film (E 537). Göttingen 1969.
Lachmann, Th.: Sagen und Bräuche am Überlinger See. Weißenhorn 1972.

Schwerttanz in Traunstein

Ostermontag, 14.00 Uhr Traunstein, Lk. Traunstein, Rgbz. Obb.

Auf dem Stadtplatz in Traunstein wird am Ostermontag nach dem Georgiritt der Schwertertanz öffentlich vorgeführt. 16 Tänzer und ein Vortänzer in historischen Landsknechtstrachten und mit blumengeschmückten Schwertern führen verschiedene Tanzfiguren vor. Zwei Narren sind als Unterhalter des Publikums und als

Requisiteure eingesetzt. Schlußfigur ist die Rose, eine kreisförmige Verbindung der Schwerter, auf die der Vortänzer gehoben wird.

Die Tänzer singen zu Beginn des Schwerttanzes das sog. Schwertlied mit folgendem Refrain:

»Faß jeder die Klinge
des andern zum Ringe!
Blank bleibe die Wehre,
der Heimat zur Ehre,
der Väter wert.«

Der Tanz wird von einer Blaskapelle musikalisch untermalt. Mitglieder des Traunsteiner Turnvereins studieren den Tanz ein.

Der Tanz wurde erstmals 1926 zum 800-jährigen Traunsteiner Stadtjubiläum vorgeführt und möglicherweise aufgrund älterer Vorbilder choreographiert.

In den Stadtkammerrechnungen von Traunstein findet sich bei den Ausgaben 1530 folgender Eintrag: »Item denen jungen Gesellen, so sie den Schwerttanz gehabt, geben 1 fl.« (zit. nach »Der Traunsteiner Schwertertanz«, ca. 1972, Merkblatt). Weitere archivalische Nachrichten fehlen. Eine direkte Verbindung zwischen dem im 16. Jh. genannten Tanz und dem Tanz in seiner jetzigen Form ist nicht gegeben; Schwerttänze waren in vielen Städten Bayerns üblich, auch in München, ohne daß sich bestimmte Kontinuitäten entwickelt hätten.

Der Traunsteiner Schwerttanz wird (vgl. auch den Traunsteiner Georgiritt) als (heidnischer) Kulttanz deklariert und ist auch als solcher choreographiert: »Der Tanz stellt den symbolischen Kampf zwischen Winter und Frühling dar ... Der Maien in Form eines Blumengebindes, der auf den Schwertern der 16 Tänzer und des Vortänzers steckt und zu Beginn des Tanzes in die Zuschauer gestoßen wird, ist ein uraltes Segenszeichen der wiedererwachten Natur. In den Wursteln ... vermummt sich der Winter.«* Die Schwertfiguren »stellen beide Jahreszeiten Winter und Frühling abschreckend und doch zum Schluß siegreich für den letzteren heraus. Das Lärmen und Schellengeläute versinnbildlicht die Abwehr und Vertreibung der wachstumsschädlichen Geister und das wohlklingende Geläute, das frische, frohe Tanzen und Springen die Anlockung der Wachstumsdämonen«.* G. K.

* Zirkular des St. Georgsvereins Traunstein (ca. 1972).

Schwertertanz in Traunstein

Sebastiani-Prozession in Algund

20. 1. (Fest des hl. Sebastian) oder am folgenden Sonntag, 14.00 Uhr
Algund, Große Pfarre und Gemeinde, Provinz Bozen, Südtirol

Um 14.00 Uhr versammeln sich die meist ortsansässigen Brauchteilnehmer, an ihrer Spitze die Musikkapelle in Burggräflertracht, in der alten Pfarrkirche. Die Geistlichen treten vor den Altar, einer von ihnen setzt das Allerheiligste aus. Nun wird gemeinsam die Allerheiligenlitanei gebetet. Anschließend verliest ein Priester den Chronikbericht, den ein früherer Pfarrer, vermutlich Hermann Stenitzer, um 1945 erstellt und ihn in diesem Jahr wohl das erste Mal vorgelesen hat:*

»Im Jahre 1836 hat ein unheimlicher Gast unsere Gegend heimgesucht, es war die orientalische Cholera, die unter der Bevölkerung des ganzen Landes eine große Totenlese hielt. Schon im April richtete diese Krankheit an der Südgrenze von Südtirol große Verheerungen an. Am 12. April kamen flüchtige Familien aus dem unteren Etschtal nach Meran. Der erste Cholerafall ereignete sich am 10. August in Algund... Über Anordnungen der weltlichen Behörde durfte die Sterbeglocke nur zweimal am Tag geläutet werden und für die an der Cholera Verstorbenen durfte nicht Schiedum und zum Begräbnis geläutet werden. In Algund starben in diesem Jahr 1836: 163 Personen, davon 111 an der Cholera.

... In dieser Not verlobte die Gemeinde, das Fest des Pestpatrones des hl. Sebastian alle Jahre zu feiern und durch eine Prozession mit dem Allerheiligsten von der Pfarrkirche aus zu begehen. ... die Sterblichkeit fing an nachzulassen. Mitte September ward durch Gottes Hilfe der unheimliche Gast von dannen gezogen. Die Priester und den Arzt erhielt der Herr in jenen Tagen am Leben.

So lasset uns dieses Gelöbnisses unserer Vorväter eingedenk Gott auch heute durch Fürbitte des hl. Sebastian um Schutz vor ansteckender Krankheit und allem Unglück und Übel bitten.«

Es folgt die Prozession, bei der die Musikkapelle, die mit dieser Feier gleichsam ihren Geburtstag begeht, mitzieht und spielt. Von Jungmännern wird die Jungmännerfahne und die Schutzengelstatue mitgetragen, die wichtigste Statue aber, die des Seuchenpatrons Sebastian, von Schützen in Burggräfler Tracht. Die Statue stammt von Johann Baptist Pendl (1791 bis 1859), einem bekannten Meraner Bildschnitzer, der sie 1836 im Auftrag der Gemeinde ausführte.

Nach dem kurzen Gebetsumgang um den Dorfkern, bei dem der amtierende Geistliche das Allerheiligste mitträgt, kehren die Teilnehmer zur Kirche zurück, wo noch um Gesundheit des Leibes und der Seele gebetet wird und dann der Segen mit dem Allerheiligsten gegeben wird.
Wie schon aus dem angeführten Chronikbericht hervorgeht, wurde die Sebastianiprozession 1836 anläßlich der Choleraepidemie verlobt.
Um den Umgang in möglichst feierlicher und würdiger Weise halten zu können, gründete Lehrer Eberhart nach dem Muster der Partschinser Musikkapelle eine Blasmusikkapelle. Mit 8 Musikanten konnte er am 20. Januar 1837 an der ersten feierlichen Sebastianiprozession teilnehmen. Damit hatte die Geburtsstunde der Algunder Musikkapelle geschlagen, die heute eine der bedeutendsten im Lande ist.
Daß sich die Pfarrgemeinde von Algund in der kritischen Stunde des Wütens der Cholera an den hl. Sebastian als Fürbitter wandte und ihm die Feier des Festes und die Abhaltung einer Prozession gelobte, ist nicht zufällig: St. Sebastian war neben St. Rochus der Seuchenpatron schlechthin, der vor allem in Pestzeiten als Fürbitter angerufen wurde und an unzähligen Altären als Haupt- oder Begleitheiliger dargestellt ist. Dazu kommen die vielen Bruderschaften, die im hl. Sebastian ihren Schutzpatron hatten oder auch noch haben. Auch in Algund bestand bis zur Josephinischen Zeit eine solche Bruderschaft. Im nahegelegenen Tscherms gibt es sie seit 1645. Das Sebastianifest wird dort heute noch mit großer Feierlichkeit und reger Anteilnahme von Mitgliedern und auch Nichtmitgliedern (Vierzigstündiges Gebet) abgehalten. Besondere Feierlichkeiten zu Ehren des hl. Sebastian finden in Sarns bei Brixen, in Sterzing, in Stilfs bei Sterzing und in Luttach (Ahrntal) statt. A. Gr.

Chronik von Algund, Ms. im Pfarrwidum, 19. Jh.
Chronikbericht, Ms. im Pfarrwidum, wohl 1945, niedergeschrieben von Pf. Dr. Stenitzer, H.
* Stampfer, C.: Geschichte von Meran. Innsbruck 1889. S. 282 f.
Ladurner-Parthanes, M.: Hundert Jahre Algunder Musikkapelle. Algund o. J. S. 10 ff.
Matscher, H.: Heilige im Südtiroler Volksleben. (= An der Etsch und im Gebirge 20). Brixen 1961. S. 106–109.
Haider, F.: Tiroler Volksbrauch im Jahreslauf. Innsbruck, Wien, München, 1968. S. 28.

Sechseläuten und Kinderumzug in Zürich

3. Sonntag und Montag im April
Zürich

Der Verband der Zünfte Zürichs veranstaltet alljährlich am dritten Montag im April (sofern es sich nicht um den Ostermontag oder den Montag nach Palmsonntag handelt) das Zürcher Sechseläuten und als ergänzende Veranstaltung am Sonntag zuvor einen Kinderumzug, an dem alle schulpflichtigen Kinder teilnehmen können.
Der Kinderumzug:
Die Kostüme für den Kinderumzug können gegen Gebühr im Kongreßsaal entliehen werden; im Zunfthaus zur Waag erfolgt die Einschreibung der Teilnehmer. Sofern die Witterungsverhältnisse die Durchführung des Kinderumzuges zulassen, werden am Festsonntag ab 11.00 Uhr Fahnen an St. Peter ausgehängt. Die Kinder sammeln sich um 13.45 Uhr an der Lintheschergasse und deren Seitengassen sowie an der oberen Löwenstraße und an der Uraniastraße, um 14.30 Uhr erfolgt der Abmarsch. Die Spitze des Umzuges befindet sich an der Löwenstraße, Höhe Schützengasse. Der Zug ist in folgende Gruppen aufgeteilt: Eröffnungsgruppe (u. a. Vorstand des Zentralkomitees der Zünfte Zürichs, Tessiner Trachtengruppe, Spiel: Knabenmusik der Stadt Zürich. Banner der Stadt Zürich und der ehemaligen Vorortgemeinden), Mittelalter (u. a. Karlsschüler aus der Zeit um 1260, Minnesängergruppe aus dem 13. und 14. Jahrhundert, Regan-Zunft Regensdorf mit Wagen, Planwagen, Werkleute, Volk in ländlichen Kostümen des 15. Jahrhunderts), Renaissance, Barock und Régence (u. a. Landsknechte, Renaissancekostüme um 1500, Wagen mit »Weidig«, die »Hirsebreifahrt« nach Straßburg darstellend, spanische Hoftrachten um 1550–1620, spielende Kinder nach Kupferstichen von Conrad Meyer (1657), Barockkostüme aus der Zeit des 30jährigen Krieges, Zürcher Kirchentrachten des 18. Jahrhunderts, Régencefiguren um 1715–1730, Amazonen aus dem frühen 18. Jahrhundert, Turmwagen), Rokoko (u. a. Fluntermer Grenadiere, Kyburgerinnen, Rokokofiguren mit Sänfte, Diligence), Directoire, Empire und Biedermeier (u. a. Directoirefiguren, Empireknaben und -mädchen, Kutsche, Spiel: Stadtmusik Eintracht in Handwerkerkostümen der Wollweber und Tuchmacher, das Knabenschießen im Wandel der Zeiten: Tätschschießen anfangs 16. Jahrhundert, Aufmarsch zum Knabenschießen im Sihlhölzli 1848), Fremde Völker (Spiel: Stadtjugendmusik Zürich, Indianer zu Fuß und zu Pferd, Präriepost, Cowboys zu Fuß und zu Pferd, Peruaner mit Lama, Chinesen und Japaner, Tibeter, Araber, Karawane mit Kamel und Dromedar, Moscheewagen, Ostländer, Postkutsche, Skandinavier, Spiel: Knabenmusik unteres rechtes Zürichseeufer, Griechen, Italiener, Belgier, Deutsche, Holländer, Franzosen, Sizilianerwagen, verschiedene Länder Europas, Zigeunergruppe mit Eselswagen und Tieren), Schweizer Trachten (u. a. Schweizer Banner und Kantonsbannerträger, Trachten aus allen Kantonen), Zürcher Trachten (u. a. Kinder in ländlichen Kostümen des 18. Jahrhunderts, Landleute der Grafschaft Kyburg, des Weinlands und des Oberlands) und als Abschluß die Gruppe der Jungzünfter, die den Wagen mit dem Böögg (s. u.) mit sich führen.
Der Zug führt durch die Bahnhofstraße, über den Limmatquai und die Quaibrücke zum Kongreßhaus (Eingang Claridenstra-

ße), wo der Zug sich gegen 16.00 Uhr auflöst. Die Kinder begeben sich anschließend zum »Zabig« (Imbiß) ins Kongreßhaus.

Das Sechseläuten:

Der Zug der Zünfte formiert sich um 15.30 Uhr an der Löwenstraße und deren Nebenstraßen. Die Spitze des Umzuges befindet sich an der Löwenstraße in Höhe Schützengasse. Der Abmarsch erfolgt um 15.45 Uhr. Am Zug nehmen folgende Zünfte Zürichs teil (die Reihenfolge wird jährlich neu ausgelost, hier als Beispiel die Zugfolge von 1974): Zunft zum Weggen (u. a. Schützenkönig vom Knabenschießen, Jungzünfter im Bäckerkleid, Wagen mit Backofen, in den »Semmeli« geworfen werden), Zunft zur Zimmerleuten, Zunft zur Schneidern (u. a. Schneider mit bunten Fräcken und Zylindern zu Fuß oder zu Pferd, unterhalten mit [Narren] Scheren die Zuschauer und führen außerdem Nadel, Glätteisen und Stoffzentimeter mit sich), Zunft Riesbach, Zunft St. Niklaus, Vereinigte Zünfte zur Gerwe und zur Schuhmachern, Zunft Wollishofen, Zunft zur Meisen, Zunft Fluntern, Zunft zur Schmiden, Zunft zum Kämbel, Zunft zu den Drei Königen, Zunft zum Widder, Stadtzunft, Zunft Hottingen, Zunft Hard, Zunft zum Saffran, Zunft zur Schiffleuten, Zunft Höngg, Gesellschaft zur Constaffel, Zunft zur Letzi, Zunft zu Oberstraß, Zunft zur Waag, Zunft zu Wiedikon.

Ziel des Umzugs, der über die Bahnhofstraße und den Limmatquai führt, ist der Alte Tonhalleplatz beim Bellevue, wo um 18.00 Uhr der Böögg im Beisein sämtlicher Zünfte und von den Reitergruppen umritten, verbrannt wird; der Böögg ist ein ca. 6 m hoher »Schneemann« aus Papier und Watte, der mit Feuerwerkskörpern geladen ist. Nach der Verbrennung des Bööggs marschieren die Zünfte getrennt in ihre Zunfthäuser und -lokale zurück. Die Zünfte sind ab etwa 21.00 Uhr wieder in den Straßen der Altstadt zu sehen. Mit Musik und Laternen machen sie nächtliche Besuche bei anderen Zünften, wo Reden und Trinksprüche gewechselt werden.

Die Entstehung des Zürcher Sechseläutens wird mit einem Ratsmandat vom 11. März 1525 in Verbindung gebracht:

> »Des virabits Halb«
> »Fürer alsdann vornathar zue den ordenn / am abennt umb die sechsy gelütet wordenn / und dann die so minen Herrenn oder sunst biderbenlüten / gewärchet Fyrabit / und Jren tagwen gethan gehept habennt / Wirt hinfür diewyl das abgannggen / umb dieselben sechsten stund ein Zeichen mit der todten glogen Jm großen münster gelütet werden / Damit die arbeitet person auch wüß zueschikenn /.«
>
> (Stadtarchiv Zürich)

Dieses Ratsmandat belegt, daß bereits vor der Reformation mit den städtischen Klosterglocken um sechs Uhr abends das Zeichen zum »Fyrabit« gegeben wurde. Als die Klöster in der Reformation aufgehoben wurden, beschloß der Rat, das Feierabendzeichen zur gleichen Stunde mit der sog. Totenglocke des Großmünsters zu geben.

Der erste Tag des Jahres, an dem dieses Läuten ertönte, war vor der Einführung des Gregorianischen Kalenders der 11. März, später der 21. März, dann der erste Montag der Frühjahrs-Tagundnachtgleiche. Später verlegte man das Fest vom März in die zweite Hälfte des Monats April, nachdem Ende März die Witterung für den Umzug häufig ungünstig war.

Die festliche Begehung des Sechseläutens durch die Constaffel (von lat/ital. constabilis: Zusammenschluß von Rittern, Edelleuten, Rentnern, Kaufleuten, Tuchhändlern, Geldwechslern, Goldschmieden und Salzleuten in der Ratsverfassung, dem »ersten Geschworenen Brief«, von 1336) und die Zünfte Zürichs ist seit 1717 zu belegen.

Das Jahr 1798 brachte den Zünften das Ende ihrer politischen Bedeutung und Macht. Kaum vier Jahre später bildeten sich die Zünfte wieder neu, auch das Sechseläuten entstand allmählich zu neuem Leben. Anfänglich feierten die wiederhergestellten Zünfte das Sechseläuten in engem Rahmen, bis 1818 die Meisenzunft den ersten Umzug durch die Stadt durchführte, andere Zünfte schlossen sich rasch an. 1841 vereinigten sich die 13 damals bestehenden Zünfte erstmals zu einem längeren Festzug. Es wurden die »vier Jahreszeiten mit besonderem Bezug auf Nationalsitte, Tracht und Zürcherische Eingentümlichkeiten« dargestellt. Es kam dann zu einer längeren Unterbrechung des Stadtbrauchs. Erst durch das Mitglied der Widderzunft Heinrich Cramer († 1871) konnten die Sechseläutenumzüge wieder zu einem wesentlichen Bestandteil des Zürcher Stadtgeschehens werden.

1871 bildete sich ein aus Vertretern der Zünfte bestehendes Sechseläuten-Centralcomité, dem speziell die Organisation und Durchführung der Sechseläutenumzüge übertragen wurde. 1892 übernahm das Centralcomité das Sechseläutenfeuer von der »Nachbargesellschaft im Kratz«, wo es seit 1868 abgebrannt worden war. Frühjahrsfeuer dieser Art wurden ursprünglich stadtquartierweise von Jungen entzündet und darin unter Schießen und Knallen eine Puppe (Böögg) verbrannt (s. die bei R. Weiß nach S. 168 abgebildete Zeichnung v. 1787!).

1902 wurde der Feuerplatz des Bööggs vom »Kratz« nach dem Alten Tonhalleplatz verlegt. 1905 wurde erstmals zu einem gemeinsamen Corso aller Zünfte mit Musik durch die Bahnhofstraße, Limmatquai nach dem Alten Tonhalleplatz (jetzt Sechseläutenplatz) zur Verbrennung des Böögg eingeladen. Aus diesen anfänglich als Corso bezeichneten gemeinsamen Zug entstand der heutige Zug der Zünfte zum Feuer am Sechseläutenmontag.

Der Kinderumzug wird seit 1862 durchgeführt.

Mit dem Verlust der politischen und wirtschaftlichen Vorrechte der Zünfte steht nur noch ihr geselliger Charakter im Vordergrund. Ihr spezifisch ausgeprägter Brauch (s. a. Schäfflertanz in München) wird damit häufig zum allgemeinen, von bestimmten Gesellschaften organisierten Stadtbrauch. Die heutigen Zünfte sind »die Garanten dafür, daß die jahrhundertelang bewährte Tradition auch in Zukunft in ihrem pfleglichen Schutz bleiben wird. Der staatserhaltende Gedanke, welcher im Zunftwesen zum Ausdruck kommt, soll ein Symbol sein für die Beständigkeit im Wandel der Zeit«. (Lipp S. 16) G. K.

Korr. Orelli, W. M. v., Zürich, 1/1977.
Baumann, W. u. a.: Sechseläuten. Zürich 1976.
Weiß, R.: Volkskunde der Schweiz. Erlenbach-Zürich 1946.
Lipp, E.: Die Entstehung der Zürcher Zünfte und des Sechseläutens. Zürich 1971[2].

Reiter sprengen um den brennenden Böögg

Seehasenfest in Friedrichshafen

Jährlich am 2. Freitag im Juli, vier Tage
Friedrichshafen, Lk. Tettnang,
Rgbz. Südwürtt.-Hohenzoll.

Eröffnung am Freitag mit einem Festabend. Am darauffolgenden Tag Kindergottesdienst, Schiffahrt der Schulabgänger zum Schweizer Ufer. Einholen des »Seehasen« am Schiffshafen. Feierlicher Festzug zum Rathaus mit Ansprache des Bürgermeisters. Austeilung des »Hasenklee« an die Schüler der ersten Klassen. An der Uferstraße Restaurationsbetriebe, Schießbuden, Marionettentheater. Sportliche Veranstaltungen wie »Seehasenschießen«, Fallschirmspringen, Fischerstechen (an allen Tagen). Außerdem ein Feuerwerk mit Auffahrt der illuminierten Bodenseeflotte. Am Sonntag Wecken der Bürger durch die Musikkapelle, nachmittags Festzug der Kinder (ca. 4000 in Kostümen) durch die Stadt; jeweils wechselndes Motto. Ausklang mit Tanzveranstaltungen. Am Montag Frühschoppen-Konzert. Vorführungen der Turnerschaft und anderen Gruppen. Fußballspiel um den Seehasen-Wanderpokal. Seehasen-Regatta für Faltboote, Ruderboote und Kajaks. Verabschiedung des Seehasen am Hafenbahnhof bis zum kommenden Jahr.

Das Seehasenfest ist nicht alt. Es wurde 1948 ins Leben gerufen, aus dem Bedürfnis nach einem markanten Jahresfest und dem Wunsch, die lokale Überlieferung bzw. die Verbundenheit mit dem Bodensee stärker zu pflegen. Das Fest trägt Züge verschiedener Herkunft. Aus der heimischen Folklore wurde die Gestalt des »Seehasen«, ursprünglich ein Spottname der Überlinger, zum Symbol der engen Beziehung zum Bodensee als Kernfigur gewählt. Andere brauchtümliche Züge, wie das Einholen des Seehasen und seine Verabschiedung sind aus dem jahreszeitlichen Brauchtum, insbesondere aus dem Fastnachtsbrauchtum genommen. In Ermangelung weiterer brauchtümlicher und lokaler Bezugspunkte besteht dieses mindestens ebenso der Fremdenverkehrswerbung wie der Unterhaltung der Einwohnerschaft dienende Fest hauptsächlich aus zwei Grundbestandteilen, einem ausgedehnten Kinderprogramm mit Kostümierung und Umzug sowie einem sportlichen Teil mit Fußballspielen und Bootsregatta. Als ältere Art der Belustigung wurde, wie in den letzten Jahrzehnten an verschiedenen Orten, das Fischerstechen eingeführt, obwohl es nicht zur lokalen Überlieferung gehört. Das Fest wird vom Kulturreferat bzw. Fremdenverkehrsverein der Stadt sowie den verschiedenen Vereinen getragen. L. P.

Seeprozession in Hallstatt

Seeprozession in Hallstatt

Fronleichnamstag, 8.00–12.00 Uhr
Marktgmd. Hallstatt, Bez. Gmunden, OÖ

Unter den Fronleichnamsprozessionen nehmen jene von Hallstatt und Traunkirchen einen besonderen Rang ein. In diesen beiden Orten erfolgt die Eucharistiefeier nämlich auf dem See, der für die Bewohner lange Zeit eine wichtige Lebensader war. Die steil abfallenden Felsen des Sonnensteins zwischen Traunkirchen und Ebensee und die Berglehnen rund um den Hallstätter See verhinderten eine verkehrsmäßige Erschließung und verwiesen den Transport auf den Wasserweg. Die engen Siedlungen boten zudem wenig Möglichkeiten zur Prunkentfaltung, weshalb man auf das ohnedies vertraute Wasser auswich.

In Hallstatt beginnt um 8.00 Uhr in der gotischen Pfarrkirche das Hochamt. Anschließend begibt sich die Prozession mit

dem Himmel, begleitet von weißgekleideten Mädchen mit Blumenkörbchen, von Goldhaubenfrauen, vom Kirchenchor und von einer Abordnung der Bergwerksverwaltung mit den schönen Zunftfahnen zum Marktplatz, zum ersten Altar vor der Dreifaltigkeitssäule.
Nach dieser Station zieht die Prozession zum Seeufer, um in die mit Buchenreisig geschmückten Schiffe zu steigen. Gegenwärtig gibt es in Hallstatt nur noch zwei »Muzen«, die früher zum Salztransport Verwendung fanden. Der Priester nimmt mit der Monstranz und seiner geistlichen und weltlichen Assistenz auf der sog. »Himmels«- oder »Sakramentsfuhre« Platz, während im zweiten Muzen die Bergknappenkapelle über den See gerudert wird. Diesen beiden Plätten schließen sich alle zur Verfügung stehenden Boote an, wobei die gondelartig aufgebogenen Boote, die im Stehen gerudert werden, für Hallstatt ein Spezifikum darstellen. Zu jedem Haus gehört eine solche »Fuhr«.
Die Schiffe werden nun so weit in den See hinausgerudert, bis der Salzberg sichtbar wird. Dann segnet der Priester den »Hallberg«, der für die Bewohner Hallstatts Existenz und Schicksal bedeutete und für viele noch immer bedeutet. Bei der Salzbergstation singt man das Altarlied »Sei gegrüßet zu tausend malen, Jesus allerhöchstes Gut«. Früher ruderte man anschließend zum Sudhaus, wo der 3. Altar stand. Nachdem die Saline aber weggerissen wurde, verlegte man die 3. Station zur »Insel«, die mit dem beim Tunnelbau angefallenen Material aufgeschüttet wurde.
Mit einem Gedenken für die Toten des Bergwerkes und der Gefallenen beider Kriege macht die Seeprozession zum letztenmal vor dem Kriegerdenkmal halt. Hier hört man das alte barocke Fronleichnamslied:

O Jesu Speis der Seelen,
Du wahres Himmelbrot . . .

Nach der Rückkehr wird in der Kirche um 11.00 Uhr noch eine Messe gelesen.
Das Fest der Eucharistie blieb nach seiner Einführung im Jahre 1264 vorerst auf die Bischofsstädte beschränkt. Erst zur Zeit der Gegenreformation erfuhr die Fronleichnamsprozession eine allgemeine Verbreitung und prunkvolle Ausgestaltung. In Gebieten mit stark protestantischer Bevölkerung wurde die Prozession gewissermaßen zur Demonstration des religiösen Bekenntnisses. Für die direkt der Hofkammer in Wien und damit dem Landesfürsten unterstehenden Beamten des Bergwerkes zu Hallstatt mußte die Ausrichtung des Fronleichnamsfestes daher ein großes Anliegen und eine Verpflichtung sein. Um die Produktionsstätten dem besonderen

Hauptboot mit dem Allerheiligsten

Schutz des Allmächtigen anheimzustellen, errichteten sie die Altäre in deren Nähe. Da der Salzberg vom Markt aber nicht sichtbar ist, fuhr man auf den See hinaus, um ihm von dort den Segen zu spenden. Diese Ausdehnung der Fronleichnamsprozession auf den See ist in Hallstatt für das Jahr 1623 erstmals beurkundet. Im Jahr 1628 wurde die Seeprozession vom Hofschreiberamt als immerwährende Stiftung festgelegt, die bis in die Gegenwart ohne Unterbrechung gehalten wurde.
Während sich im Laufe der Zeit der religiöse Mitvollzug und der Demonstrationscharakter der Fronleichnamsprozession immer mehr abschwächte, blieb der barocke Prunk der Seeprozession erhalten, der heute einen Anziehungspunkt für den Tourismus darstellt. Im Bewußtsein dieser Sonderstellung und Einmaligkeit hält die Bevölkerung von Hallstatt an ihrer Seeprozession fest, die – unabhängig von der Konfession – zum Selbstverständnis des Hallstätters gehört. F. G.

Seeprozession in Traunkirchen

Fronleichnamstag, 8.00–12.00 Uhr
Marktgmd. Traunkirchen,
Bez. Gmunden. OÖ

Nach dem Hochamt um 8.00 Uhr nimmt die Prozession beim Seetor unterhalb der Kirche gegen 9.00 Uhr ihren Ausgang. Als »Himmelsfuhr« mit dem Altar und als »Gegenfuhr«, auf der die Prozessionsteilnehmer Platz finden, dienen große Plätten. Nach der Seeprozession wird eine Messe gelesen.
Die Seeprozession in Traunkirchen wird seit 1628 durchgeführt. F. G.

Silvester und Neujahr

Im Jahr 1691 erst wurde der Neujahrstermin von Papst Innozenz XII. auf den 1. Januar festgelegt, nachdem durch mehrere Jahrhunderte unterschiedliche Daten gefeiert worden waren. Erst zu diesem Zeitpunkt kann also die Tradition des Festes zum neuen Jahr einsetzen. Tag und Abend vor Neujahr wurden dem Andenken des im Jahr 335 verstorbenen Papstes Silvester gewidmet.
Nur noch an wenigen Orten wird das neue Jahr mit dem traditionellen Schießen begrüßt (vgl. Berchtesgaden). In den Städten hat sich der Brauch des Turmblasens eingebürgert; am Vormittag des Neujahrstages stehen die Bewohner meist dicht gedrängt um einen der Türme der Stadt, auf dessen luftigem Balkon eine Blaskapelle festliche Weisen spielt. (In München spielt die Petersturmmusik auf dem »Alten Peter«.) N. G.

Silvesterdreschen in Hallwil

31. 12., kurz vor Mitternacht
Hallwil, Kt. Aargau

Das Dreschen mit Flegeln auf einer leeren Holzbühne stellt einen Lärmbrauch dar, der sich in die mittwinterlichen Traditionen einfügt.
Die Sitte, die aus Hallwil bezeugt, aber nicht mehr am Leben war, wurde um 1950 wieder aufgegriffen. E. Sch.

Luter, H. u. Urech, W.: Hallwil und seine Mittwinterbräuche. Hallwil o. J.

Silvesterfeuer in Aargau

1. 1., Mitternacht
Egliswil, Lenzburg und Staufberg,
Kt. Aargau

In der Neujahrsnacht wird bei Egliswil auf einer Anhöhe über dem Dorf in Anwesenheit der ganzen Bevölkerung »zur Begrüßung des neuen Jahres« ein großes Feuer entfacht. Kinder erbetteln dafür am Silvesterabend Reisigbündel, die sie mit einem Staudenwagen einsammeln. Am Goffersberg bei Lenzburg werden ebenfalls um Mitternacht zwei, auf dem Staufberg ein weiteres Feuer entzündet. E. Sch.

Silvesterkläuse in Appenzell

31. 12. und nochmals 13. 1.
(sog. »alter Silvester«), vm.
Hinterland des Kantons Appenzell-Außerrhoden: Gmdn. Herisau, Hundwil, Stein, Waldstatt und vor allem Urnäsch

Die Silvesterkläuse gliedern sich in die männlichen »Schellenkläuse« in Fräcken mit gewaltigen, bis zu 30 kg schweren »Plümpen« und breit ausladendem Kopfputz (kleine Häuschen, Brückenmodelle u. ä.), und in die weiblichen »Rollenkläuse« in Röcken mit »Rollen« (runden Schellen) und oft wie eine Filigranarbeit wirkendem, kunstvollem, gelegentlich mit Bildern geschmücktem Kopfaufsatz. Bis 10.00 Uhr tollen die Kläuse in den Dörfern, nachher auf dem Lande vor den Einzelhöfen mit eigenartigem Betteltanz herum und kassieren Geld ein, das sie abends in den Wirtschaften beim Glühwein »versilvestern«.
Am 13. 1. ziehen sie nur außerhalb der Ortschaften, vor allem in den Gemeinden Schwellbrunn, Urnäsch und Waldstatt. Der Brauch ist besonders in Urnäsch noch bedeutend schärfer ausgeprägt als am 31. 12. Der Kopfputz ist verhältnismäßig jung

Silvesterkläuse in Urnäsch ▷

moscht, wennt esse wolscht

und vermutlich in Anlehnung an österreichische Perchten aufgekommen. Bis gegen Ende des 19. Jh.s waren nur Spitzhüte gebräuchlich.
Analog zum Silvesterklausen in Stäfa und Wald hat der Brauch mit der St.-Niklaus-Sitte nur den Namen und gewisse Lärmelemente gemeinsam. E. Sch.

Silvesterklausen im Kanton Zürich

31. 12., 19.30–23.00 Uhr bzw. tagsüber mit Höhepunkt um 18.00 Uhr
Stäfa und Wald, Kt. Zürich

In Stäfa am Zürichsee begeben sich »Klausspiele« geheißene Gruppen von »Kläusen« – drei bis vier – nach Quartieren verteilt vor und evtl. in die einzelnen Häuser. Jede Gruppe umfaßt 11 Mann: 4 Kläuse, 4 »Sennschellenbööggen« oder »Lachner-Bööggen« als lärmmachende Begleiter, 1 sog. »Schliichböögg«, 1 Eselführer und 1 Eselreiter. Die vier Kläuse tragen hohe Lichthüte, ähnlich etwa denen der Kaltbrunner Kläuse.
In Wald bestehen ca. 8 Klausgruppen, zusammengesetzt aus je einem »Klaus« und einem »Gurri«. Der »Klaus« ist heute unmaskiert. Er trägt ein rotes Wams, weiße Strümpfe, einen schellenbehangenen Holzring um die Hüften und einen hohen sprücheverzierten und abends von innen erhellten Lichthut (»Stuuchel« oder »Narenangli«) auf dem Kopf. Der »Gurri«, ursprüngliche Schreckgestalt, ist in ein weißes Tuch gehüllt, aus dem ein hölzerner Pferde- oder Eselkopf mit beweglicher und schnappender Kinnlade herausragt. Die Klausgruppen begeben sich am Vormittag zu den 5 »Außenwachten« von Wald (außerhalb liegende Schulgemeinden); nachmittags besuchen sie die Häuser im Dorf. Um 18.00 Uhr ist ein gemeinsamer Zug durch die Hauptstraßen.
Die Stäfner »Klausspiele« wurden zu Beginn des 20. Jh.s von Vereinsseite neu organisiert. Der Brauch von Wald wurde 1930 auf Initiative des Verkehrsvereins wieder aufgenommen.
Die Bezeichnung »Klaus« erscheint an beiden Orten von jener des St. Niklaus, von der sie sich sicherlich ablöste, völlig getrennt. Man darf wohl annehmen, daß eine einst zu Dezemberbeginn übliche Lärm- und Heischesitte zur Reformationszeit vom Nikolaustermin, unter Beibehaltung des Namens, aufs Jahresende verlegt wurde. E. Sch.

Krebser, H.: Klausbräuche im Zürcher Oberland, in: Schweizer Vkde. 30/1940. H. 6

Silvesterlärm in der Schweiz

31. 12. Frühmorgens
Große Teile der Kantone St. Gallen und Thurgau

In der Morgenfrühe Silvesterlärm, durch Kinder und junge Leute, auf verstimmten Blasinstrumenten, mit Glocken, Hörnern usw. Sog. »Kesslete« zwischen 4.00 und 6.00 Uhr in Altstätten (Kt. St. Gallen).
In Neudorf/Straubenzell, heute ein Außenquartier der Stadt St. Gallen, Lärmumzug Maskierter mit dem sog. »Römpel«, einer Art Vogelscheuche, die nach der Legende einen an Silvester herumspukenden mittelalterlichen Raubritter, den »schwarzen Rappensteiner«, versinnbildlicht. E. Sch.

Silvesterritt in Gelting

31. Dezember, 8.00 Uhr
Gelting, Lk. Bad Tölz-Wolfratshausen, Rgbz. Obb.

Der Festtag beginnt mit einem Gemeindeamt in der Filialkirche Gelting. Der Pferdezug formiert sich am Schulhaus und geht nach Ende des Gottesdienstes hinaus zur Filialkirche. Auf der Herrnhauserstraße, vor der alten Dorfschmiede, segnet der Geistliche die Pferde, die über die Hakenstraße um die Geltinger Kirche reiten.
Die Einheimischen feiern den kleinen »Geltinger Kirta«. Es gibt den üblichen Festtagsbraten und Krapfen; die Verwandtschaft aus der näheren Umgebung kommt zu Besuch.
Der Brauch läßt sich nach lokalen Traditionen auf ein Gelübde zur Errettung vor der Rinderpest Ende des 16. Jh.s zurückführen. Dem Heiligen ist in der Filialkirche Gelting, die in der Zeit der Gegenreformation erweitert wurde, ein Seitenaltar geweiht. 1968 wollte ein Geistlicher ohne Erfolg den Ritt, als dieser wegen Pferdemangel eingestellt werden sollte, als Tag der Fahrzeugweihe umfunktionieren. Den Ritt gestaltet heute der Reit- und Fahrverein Wolfratshausen. G. K.

Korr. Mörtl, R., Gelting

Silvesterritt in Türkenfeld

31. 12., 12.00 Uhr
Gmd. Türkenfeld, Lk. Fürstenfeldbruck, Obb.

Um 12.00 Uhr ziehen die Reiter während des Mittagläutens in den Hof des alten Fuggerschlosses, wo sie nach einer Ansprache des Ortspfarrers gesegnet werden. Der Silvesterritt soll auf ein Gelöbnis des Jahres 1807 zurückgehen.* Andere Interpretationen beziehen sich auf die unten erwähnte Fahne von 1796 und datieren den Ritt auf dieses Jahr.
Bemerkenswert sind zwei Votivfahnen von 1796 (Leinwand 120 × 150 cm), von denen eine auf der Vorderseite eine Silvesterdarstellung (Öl auf Leinwand) trägt (Der Heilige mit Buch und Rind), auf der Rückseite steht folgende gereimte Schrift:

O Großer Heiliger Sylvest!
Durch deine Fürbit haben
wir, was für uns das aller best,
Für's Viech die G'sundheits Gabe
Zum Dank ist dieses Bildniß da.
Wir wollen dich verehren.
Es sprechen alle freudig ja.
Laßt uns sein Lob vermehren.
Was deine große Fürbit kann.

Wie gut Gott uns verschonet,
Dieß siecht und saget jedermann,
Der da im Dorfe wohnet.
1796 G. K.

Wallfahrtsinventarisation d. Inst. f. Vkde. (München) 1956.
* Völk, W.: Umritte im Brucker Land ..., in: Amperland. Dachau 3/1967. S. 47 f.

Silvesterzug in Schiltach

31. 12. (Silvester), 20.25 Uhr
Schiltach, Lk. Wolfach, Rgbz. Südbaden

Am Silvesterabend versammeln sich die Bürger von Schiltach auf dem Marktplatz; sie tragen kleine und große Laternen bei sich und stimmen das Lied »Nun danket alle Gott« an. Vom Marktplatz aus setzt sich der Zug in Bewegung und zieht zum evangelischen Pfarrhaus, wo der Pfarrer vom historischen »Eckfenster« aus eine Ansprache zum Ausgang des Kirchenjahres hält. Vor der Ansprache singen alle das Lied »Ehre sei jetzt und mit Freuden«. Nun bewegt sich der Zug mit dem Lied »Ihr Kinder des Höchsten« wieder zum Marktplatz zurück, wo ein viertes Lied »Nun freut euch, ihr Hirten mit mir« angestimmt wird. Hier hält nun der Bürgermeister als weltliches Oberhaupt der Gemeinde eine Rede über das kommunalpolitische Geschehen des vergangenen Jahres und gibt einen Ausblick auf das bevorstehende Jahr. Die musikalischen Vereine und Musikkapellen der Stadt sorgen für einen harmonischen Ausklang der Feier. Als weiteren Brauch hat sich in Schiltach erhalten, daß die im zu Ende gehenden Jahr neu verheirateten Bürger an Silvester um Mitternacht die Glocken läuten müssen.

Nach der Ortsüberlieferung soll das Silvestersingen auf einen Bitt- und Dankgang aus der Pestzeit in den Jahren 1635–1638 zurückgehen. Das ist jedoch historisch nicht nachprüfbar, zumal Pestzeiten bzw. der Dreißigjährige Krieg häufig als historische Begründung von Bräuchen angeführt werden, deren Ursprung nicht archivalisch nachzuweisen ist.

Das Silvestersingen ist ein Brauch, der vor allem in protestantischen bzw. reformierten Landschaften verbreitet ist. Es entspricht etwa dem Dreikönigssingen katholischer Landstriche. Besonders in der Barockzeit wurden viele dieser brauchtümlichen Singgelegenheiten eingeführt, wie etwa das »Quempassingen« (nach den Anfangsworten des Weihnachtshymnus: »Quem pastores laudavere«) oder Kurrendesingen der protestantischen Schüler. Die Liedtexte wurden meist handschriftlich überliefert. In Schiltach hat sich in den letzten Jahrzehnten ein fester Kanon von Liedern herausgebildet, die bei dem Silvesterzug gesungen werden. L. P.

Heidrich, R.: Christnachtsfeier und Christnachtsgesänge in der evangelischen Kirche. Göttingen 1907.
Escher, W.: Dorfgemeinschaft und Silvestersingen in St. Antönien. Basel 1947.
Reinhardt, A.: Brauchtum im Schwarzwald. Karlsruhe 1971. S. 14 u. 37.

Skifasching auf der Firstalm

Faschingssonntag, ganztägig
Firstalm, Marktgmd. Schliersee,
Lk. Miesbach, Rgbz. Obb.

Vom frühen Morgen des Faschingssonntags an erstürmen jedes Jahr Tausende Maskierter aus München und dem Oberland den breiten Hang der Firstalm. Zuweilen kann es dort dann geradezu lebensgefährlich werden, wenn sich Clowns, Hexen mit langen Besen, Großmütter in weiten Gewändern, Teufel, Neger in Baströckchen oder Tandemfahrer auf die Piste stürzen und mit ihren keineswegs immer verkehrstüchtigen Gefährten die Abfahrt zwischen den vielen tausend umherstehenden Menschen unsicher machen. Andererseits ist hier gewiß der einzige Ort, an dem man heute noch wahrhaft phantasievolle und mit großer Mühe selbst angefertigte Masken – oft bei ganzen Fami-

Firstalmfasching

lien oder irgendwelchen Vereinigungen und Freundeskreisen – sehen kann; hier treibt der fasnächtliche Ideenreichtum noch reiche Blüten – hier gibt er sich oft noch münchnerisch, denn die Firstalm war von jeher Hausberg der Münchener Skifahrer.

Die große Mühe, die sich viele Firstalmbesucher mit ihren Masken machen, muß natürlich auch belohnt werden; so herrscht um die Mittagszeit dann erhebliches Gedränge unterhalb des Firstalmhanges, denn jetzt hat der »Firstalmkönig« zur Maskenprämierung gerufen. Ganze Gruppen und dazwischen wieder Einzelmasken bewegen sich nun vor Publikum und Jury über den Hang, werden mit viel Beifall und schließlich auch mit Preisen bedacht. Zum Schluß findet noch ein kleines »Skispringen« statt – nicht im herkömmlichen Sinn, sondern mit oft atemberaubenden »Kunststürzen«. N. G.

Sonnwendfeiern, Sonnwendfeuer in Ober- und Niederösterreich

24. Juni, manchmal auch 21. Juni, a. (event. auch Vorabend).
Nieder- u. Oberösterreich. Eine Auswahl der Orte ist kaum möglich, die angeführten Beispiele dienen nur als Illustration.

An einer exponierten Stelle, meist außerhalb des Ortes, wird ein Holzstoß errichtet und unter verschiedenen Zeremonien entzündet. Beliebt sind Fackelzüge und -tänze in: Kat. Gmd. Totzenbach (Gmd. Kirchstetten, Pol. Bez. St. Pölten), Stadtgmd. Gloggnitz (Pol. Bez. Neunkirchen), Gmd. Semmering (Pol. Bez. Neunkirchen), Marktgmd. Gutenstein (Pol. Bez. Wiener Neustadt), Marktgmd. Lilienfeld (Pol. Bez. Lilienfeld), Markt Pitten (Pol. Bez. Neunkirchen) u. a.

Es kann sich auch eine Tanzveranstaltung in der Art von Sommernachtsfesten wie in: Gmd. Semmering (Pol. Bez. Neunkirchen), Marktgmd. Rabenstein an der Pielach (Pol. Bez. St. Pölten) u. a., oder eines sog. »Almkirtags« in der Marktgmd. Frankenfels (Pol. Bez. St. Pölten) anschließen.

Die Art der Durchführung bleibt nicht immer gleich, sondern kann von Jahr zu Jahr variieren. Einige Beispiele seien hier genannt:

Markt Piesting (Pol. Bez. Wiener Neustadt)
Gegen Einbruch der Dunkelheit (zum Teil auch schon früher) versammeln sich die Teilnehmer beim Scherrer-Wirt. Mit Fakkeln gehen sie durch den Wald hinauf zur Ruine Starhemberg. Im Burghof der Ruine wird das Feuer entzündet. Volkstanzvorführungen, Vortrag von Sinnsprüchen, Sprung über das Feuer.

Marktgmd. Lunz am See
(Pol. Bez. Scheibbs)
Sonnwendfest auf der Hochalm, einem 1000 m hoch gelegenen Bauernhof. Vom Musikverein veranstaltet und mit dementsprechender musikalischer Umrahmung.

Stadtgmd. Amstetten (Pol. Bez. Amstetten)
Der Turnverein entzündet vor der Jahnturnhalle ein Feuer. Vorführungen der Turner.

Marktgmd. Lilienfeld (Pol. Bez. Lilienfeld)
Für die Durchführung des Brauches sorgen der Fremdenverkehrsverein und der Heimat- und Trachtenverein. Während der Feuerstoß entzündet wird, werden »Feuersprüche« vorgetragen. Die Tanzgruppe des Heimat- und Trachtenvereins bringt einen »Tiroler Fackeltanz« zur Aufführung.

Markt Pitten (Pol. Bez. Wiener Neustadt)
Nach Einbruch der Dunkelheit zieht ein Fackelzug durch den Ort zur »Schafleiten«, der Festwiese.

Kat. Gmd. Sindelburg (Marktgmd. Wallsee-Sindelburg, Pol. Bez. Amstetten)
Katholische Jugend und Ländliches Fortbildungswerk errichten einen Reisigstoß mit einem Strohmann als Krönung. Weihe des Feuers, Aufsagen alter Feuersprüche. Darbietungen der Volkstanzgruppen.

Sonnwend- oder Johannisfeuer gibt es in Niederösterreich vermutlich seit dem Spätmittelalter. Wie alt der Brauch in den einzelnen Landschaften wirklich ist, läßt sich nicht feststellen. Er beschränkt sich nicht nur auf den bäuerlichen Bereich, sondern erfaßte fast alle sozialen Schichten des Landes. So gab es z. B. in Wien vom 15. bis zum 18. Jh. immer Sonnwendfeuer, an denen sich auch das Herrscherhaus beteiligte. Zahlreiche Nachrichten aus den Taidingen belegen sie für den bäuerlichen Bereich und weisen die unverheirateten Burschen, die »jungen Knecht«, als Brauchträger aus. Zur Zeit der Aufklärung wurden die »Sunabentfeur«, wie auch heute noch der mundartliche Ausdruck lautet, wiederholt mit Verboten belegt – 1754 erging sogar ein für ganz Österreich geltendes Verbot dieser »Spring- und Lustfeuer«, was aber dem Brauch offensichtlich keinen wesentlichen Abbruch tat, denn die Biedermeierzeit erfreute sich schon wieder an der romantischen Stimmung der Sonnwendfeuer. Ihre Weiterentwicklung im 19. Jh. erfolgte dann nach zwei Richtungen: Auf der einen Seite waren es die bäuerlichen Feuer, die im mehr oder minder familiären Kreis oder innerhalb der Dorfgemeinschaft abgebrannt wurden. Das Holz dazu pflegte an den Vortagen die Dorfjugend sammeln zu gehen, wobei verschiedene Heischesprüche gebraucht wurden, etwa: »Der hl. St. Veitl tat bitten um a Scheitl. Wer uns koa Biadl (Reisigbund) und koa Scheitl gibt, hat das ganze Jahr koa Glück.« Aus dem erbettelten Holz wurde dann an der höchsten Stelle der Umgebung der Holzstoß errichtet. In der Mitte desselben steckte oft eine lange Stange, an der eine Strohpuppe, der »Sonnawendhansl«, befestigt war (das Sonnwendfeuer in Sindelburg dürfte dieser Altform wohl am nächsten kommen), die oft so lange mit alten brennenden Stallbesen beworfen wurde, bis sie Feuer fing. Wem es solcherart gelang, den Popanz in Brand zu setzen, dem verhieß man Glück für das ganze Jahr. Das Springen über das Feuer war mit zahlreichen Liebes- und Heiratsorakeln verbunden. Das Treiben ums Feuer wurde oft noch mit einem Tanz in einem nahe gelegenen Bauernhof beschlossen. Auf der anderen Seite begannen vorwiegend nationale Kreise, wie Studentenverbindungen und Turnvereine, den Brauch zu übernehmen. Nach dem Ersten Weltkrieg überwogen vielfach schon die von Vereinen abgehaltenen Feuer, die schließlich in der Ära des Dritten Reiches ganz hoch geschürt wurden. In der jüngsten Zeit haben sich abermals Vereine (politische Parteien, Musik-, Sportvereine, Ländliches Fortbildungswerk usw.) der Sonnwendfeuer angenommen und sie offensichtlich zu einer neuen Hochblüte gebracht.

Im Begriff »Sonnwendfeuer« ergänzen sich zwei Aspekte: 1. Die Zeit der Sommersonnenwende, die einen Wendepunkt des Jahres markiert, vereinigt eine auffallend große Fülle von Glaubensvorstellungen auf sich (Geistern und Dämonen wird mehr Macht als gewöhnlich sowohl zum Guten als zum Bösen zugeschrieben; Heilkräuter, um diese Zeit gepflückt, sollen besondere Wirksamkeit erhalten; Schätze sollen sich eröffnen usw.). 2. Das Feuer galt und gilt in vielen Religionen als Symbol für Reinigung und Wiedererneuerung. Rauch und Schein werden unheilabwehrende, segnende Wirkung zugeschrieben. Dies und die Terminwahl mögen dem Sonnwendfeuer, abgesehen von der Symbolik Sonne-Feuer, wohl besondere Bedeutung und Wertschätzung verliehen haben. So war man in Niederösterreich der Meinung: »Ein Grund, auf dem kein Sonnwendfeuer brennt, trauert das ganze Jahr, und so weit der Schein des Feuers reicht, wird es nicht hageln.«

Daß diese Vorstellungen auch den heutigen Sonnwendfeuern zugrunde liegen, mag eher angezweifelt werden. Die Zeiten, da der Mensch sich den Naturgewalten ausgeliefert glaubte, sind vorbei. Allerdings klingt es fast ein wenig zu nüchtern, die Sonnwendfeiern nur als »Fremdenverkehrsservice der Marktgemeinde« zu bezeichnen. Nicht zu übersehen ist freilich auch die starke Ideologisierung der Sonnwendfeuer, die bereits um die Jahrhundertwende vor allem von den deutschen Turnerbünden ausging. H. F.-F.

Zeitschriften- und Fragebogenarchiv des Österr. Rundfunks, Studio Niederösterreich (Günter Richter).

Teufelsbauer, L.: Jahresbrauchtum in Österreich. I. Niederösterreich. Wien 1935. S. 72 f.

Wolfram, R.: Die Jahresfeuer. Veröff. d. Kommission f. d. Volkskundeatlas in Österreich. Hg. v. R. Wolfram. 3. Bd. Wien 1972.

Schmidt, L.: Volkskunde von Niederösterreich, 2. Bd. Horn 1972. S. 252 ff.

Sonnwendfeuer in Tegernsee

24. 6. (Johannistag) oder Samstag vor oder nach Johanni
Tegernseer Tal, Lk. Miesbach, Obb.

Auf den Bergen des Tegernseer Gebietes werden Sonnwendfeuer abgebrannt, entzündet von Jugendgruppen, Alpenvereinssektionen etc.

(Sonnwendfeuer auch in vielen anderen Gebieten Oberbayerns, Schwaben etc. Initiatoren sind meist Jugendverbände und Alpenvereinssektionen; z. T. werden die Arbeiten von der Bundeswehr unterstützt. Im Berchtesgadener Land werden auf Watzmann, Göll und Untersberg Johannisfeuer entzündet.)

Als König Max I. Josef seine Sommerresidenz im ehemaligen Kloster Tegernsee aufgeschlagen hatte (seit 1817), wurden mehrmals größere Bergilluminationen durchgeführt, so z. B. 1822 zu Ehren von Zar Alexander von Rußland, Kaiser Franz von Österreich und dessen Gemahlin Caroline Auguste. Es wurden 360 Bergfeuer entzündet. Die Umrisse von Wall- und Setzberg waren deutlich sichtbar. Auf dem Wallberg brannte ein großes A, auf dem Setzberg ein C und ein F (Initialen der königlichen Gäste). G. K.

Sonnwendfeuer in Tirol

Samstag (oder Sonntag) nach der Sommersonnenwende (21. 6.), ca. 21.00 Uhr
auf Berghöhen im ganzen Land,
v. a. um Innsbruck, T

Ähnlich wie bei den Herz-Jesu-Feuern werden nach Einbruch der Dunkelheit nicht nur auf exponierten Berggipfeln, sondern darüber hinaus – vor allem in der Umgebung von Innsbruck (Nordkette – Bettelwurf; Rangger Köpfl – Serles – Patscherkofel – Glungezer) – den Bergkämmen entlang Feuer entzündet, die den Horizont gleichsam in ein Flammenmeer tauchen. Von Innsbruck aus bietet sich ein entsprechend prachtvoller Anblick, wenn plötzlich die Bergumrahmung aufzuglühen scheint. Die Vielzahl an Feuerstellen wird hauptsächlich von verschiedenen Vereinen betreut, und zwar sind es bei den Sonnwendfeuern die religiös ungebundenen Vereinigungen. Neben den freiheitlichen Hochschul-Schulverbindungen Innsbrucks, verschiedenen Sport- und Bergsteigervereinen sind auch die Bergrettung, Gesangsvereine u. a. vertreten. Dabei hat sich in der Verteilung der Feuerstellen bereits gewissermaßen eine Tradition herausgebildet. Raketen und Feuerwerk, die zumeist nach einem bestimmten Zeichen zur gleichen Zeit entzündet werden, ergänzen die brauchtümlichen Feuer. Unterhalb des Nordkettenkammes ober Innsbruck leuchtet in Flammenschrift das Wort »Südtirol« zur Erinnerung an den 1919 verlorenen südlichen Landesteil Tirols.

Das Abbrennen von brauchtümlichen Feuern zur Sommersonnenwende ist auch in Tirol altüberliefert, doch waren es nicht seit jeher die Berggipfel: 1525 wird die Entzündung eines großen Sonnwendfeuers in der Innsbrucker Neustadt (Maria-Theresien-Straße) überliefert. 1573 wird das Abbrennen eines Sonnwendfeuers für Amras (jetzt Stadtgmd. Innsbruck), 1621 erstmals für Hall bezeugt. Spätestens um

1700 waren jedoch schon Bergfeuer üblich, da 1703 ein Verbot für diese vor und nach dem Fest des hl. Johannes Bapt. erlassen wurde. 1875 wird von einem starken Wiederaufleben der Sonnwendfeuer um Johanni auf den Bergen um Innsbruck berichtet. In Schwaz im Unterinntal sind Sonnwend-Bergfeuer ebenfalls ab etwa 1870 überliefert. Dort war das Verbrennen des sog. »Luther-Kathls« (Katharina v. Bora) zur Sonnwend bis 1913 üblich; in Innsbruck wurde das im Zuge der Gegenreformation aufgekommene »Martin-Luther-Verbrennen« bereits 1736 und wieder 1770 verboten. Starke Konkurrenz erwuchs den Sonnwendfeuern in Tirol durch die ungefähr in dieselbe Zeit fallenden Herz-Jesu-Feuer.

Die Sonnwendfeuer wurden in Beziehung zu christlichen Heiligen gebracht, deren Festtag in diese Zeit fällt, so vor allem das Fest des hl. Johannes Bapt. (24. 6.) sowie – in Tirol allerdings nur selten – jenes der Apostelfürsten Petrus und Paulus (29. 6.). Daher spricht man auch vor allem im Nordtiroler Unterland anstatt von Sonnwend- häufig von Johannes- bzw. Petersfeuern. Im »Oberland« sind Sonnwendfeuer wesentlich jünger, da hier die Hauptzeit der Feuerbräuche der 1. Fastensonntag ist (Scheibenschlagen, Funkensonntag). Altes Brauchtum, das mit dem Abbrennen der Feuer verbunden war, und der Orakelglaube aus der Art und Höhe des Feuers oder des Rauches ist heute ziemlich ausgestorben. In Gebieten des Bez. Kitzbühl sowie im Bezirk Lienz (Osttirol) war mit den Sonnwendfeuern auch das Abschlagen von kleinen glühenden Holzscheiben verbunden. D. A.

Fischnaler, K.: Innsbrucker Chronik, 4. Bd. Innsbruck 1930. S. 332.
Schmidt, L.: Zur Geschichte der Sommer-Sonnwendfeuer in Tirol, in: Bericht über d. 5. österr. Historikertag in Innsbruck. Innsbruck 1960.
Wolfram, R.: Die Jahresfeuer. Kommentar zu Bl. 52 der 3. u. zu Bl. 68 u. 69 d. 4. Lfg. d. Österr. Volkskundeatlas. Wien 1971.

Spräggele und Schnabelgeißen in Ottenbach

1. oder 2. Freitag vor Weihnacht, von ca. 19.00 oder 20.00 Uhr bis Mitternacht
Ottenbach, Kt. Zürich

Gegen ein Dutzend sog. »Schnabelgeißen« treiben sich mit schreiendem Lärm im Dorf herum und vollführen allerhand Schabernack. Es sind Schreckgestalten in weißen Leintüchern und mit langem hölzernem Schnabel, der auf- und zuklappt und Beute in Form von Geldstücken heischt.

Die Sitte, die abzusterben drohte, wurde in den 50er Jahren neubelebt. Als Schreck- und Lärmtradition war sie einst unter der Bezeichnung »Spräggele« wie in Ottenbach unter verwandten Namen, z. B. »Strägggele«, auch in benachbarten Dörfern verbreitet, lebt aber dort nur im Volksglauben fort. E. Sch.

Geiger, P./Weiss, R.: Atlas der Schweizer Volkskunde. II.

Stadtgeburtstag in München

14. 6., nm.
Landeshauptstadt München, Rathausplatz

Die Stadt München feiert seit 1973 in einem »Jubiläums-Festakt« vor dem Rathaus den offiziellen Stadtgeburtstag (14.6.) zur Erinnerung an die Gründung der Stadt im Jahr 1158. Die Feier wird anstelle des bislang üblichen Empfangs der Stadt im Alten Rathaus in der Öffentlichkeit durchgeführt. G. K.

Starkbierzeit in München

Salvatorkeller Mitte März, Hofbräuhaus Anfang Mai, Dauer jeweils 14 Tage
Stadt München, Salvatorkeller, Nockherberg, Hofbräuhaus u. a. Bierkeller

Spräggele in Ottenbach

Die »fünfte Jahreszeit«, wie die Starkbierzeit in München genannt wird, dient den sog. »Frühjahrskuren« nach den Anstrengungen der Faschingszeit. In den großen Bierausschankstellen der Münchener Brauereien erfolgen die Anstiche unter Anwesenheit der politischen Prominenz und mit Einschaltung von Folkloreprogrammen bayerischer Provinzen.
Der erste Anstich der Saison erfolgt auf dem Nockherberg. Am Nockherberg kann man während der Starkbiersaison eine Nachbildung des Steins des Steirer Hans, eines bekannten Münchener Kraftmenschen, heben. (Gewicht 508 Pfund; Original ist im Löwenbräukeller am Stiglmaierplatz zu heben. Es gibt Preise für besondere Leistungen.)
Beim letzten Starkbieranstich der Saison, im Hofbräuhaus, wo der Maibock ausgeschenkt wird, atzt man beim offiziellen Anstich einen Ziegenbock mit Bier.
Die Biere führen den Zusatz -ator in ihren Namen: Salvator, Animator, Maximator, Delicator, Triumphator, Optimator etc.

G. K.

Steinhebewettbewerb in Oberstdorf

Ende Mai, Anfang Juni meist in der Festveranstaltung: »Lachendes Allgäu«, September, im Rahmen des »Scheidball« Oberstdorf, Lk. Oberallgäu, Rgbz. Schw. Oybele-Festhalle

Mittelpunkt dieses Wettkampfes ist ein 518 Pfd. schwerer Stein, der mit beiden Händen so hoch wie möglich zu »lupfen«, d. h. zu heben, ist. Die Meldung zur Teilnahme erfolgt in der Pause vor dem Wettbewerb, der den mittleren Teil der Abende einnimmt.
Das Steineheben erfreut sich so großer Beliebtheit, daß es, würden alle Bewerber angenommen werden, allein abendfüllend wäre. Teilnehmen kann jeder. Von den beiden Versuchen eines jeden wird der beste für die Endwertung genommen. Wer den Stein am höchsten lupft, ist Sieger.
Bis jetzt brachte es ein Oberstdorfer auf eine Höhe von fast einen halben Meter.
Insgesamt werden 2 Meistertitel vergeben: Tages- und Jahresmeister.
Jeder Teilnehmer bekommt eine entsprechende Belohnung in Form von Käse, Bier u. ä. Der Sieger erhält eine Holztafel mit Widmung. Dieser Steinhebewettbewerb wird in Oberstdorf seit 1965 veranstaltet.
Die Idee ging von einem Käsewerk aus. Um den Raufereien bei einer Betriebsfeier zu begegnen, wurde der 518 Pfd. schwere Stein hergestellt, an dem schadlos der Übermut ausgelassen werden konnte.
Nachdem er durch Schenkung in Oberstdorfer Besitz überging, entstand der »Steinhebewettbewerb«.
Veranstalter ist der Oberstdorfer Gebirgstrachten- und Heimatverein, dem auch die Ausrichtung der Festveranstaltungen obliegt.

K. K.

Stephaniritt mit Pferdebenediktion in Mörlbach

Am 26. Dezember (Stephanitag), Messe um 9.00 Uhr, Stephaniritt um 10.00 Uhr Mörlbach, Gmd. Bachhausen, Pfarrei Aufkirchen, Lk. Starnberg, Rgbz. Obb.

Am Fest des hl. Stephanus findet in Mörlbach seit langer Zeit der Stephaniritt statt. Die Teilnehmer an diesem Ritt kommen hauptsächlich aus den umliegenden Ortschaften. Früher kamen fast ausschließlich Bauern mit ihren Arbeitspferden, meist 60 bis 80 Reiter. Heute besitzen nur noch wenige ein Pferd, die überwiegende Mehrheit der Teilnehmer gehört bereits den Reitvereinen der Umgebung an. Während man früher nur Tracht sah, beherrschen nunmehr die roten Röcke das Bild. Die Teilnehmer besuchen meist nicht die Messe in der kleinen Mörlbacher Kirche (Patrozinium St. Stephan), sondern erscheinen erst gegen Ende des Gottesdienstes, da man die Pferde in der kalten Jahreszeit nicht so lange unbewegt stehen lassen kann. Nach Beendigung der Messe nehmen die Teilnehmer mit ihren Pferden auf dem Platz vor der Kirche Aufstellung. Die Bauern haben als einzige ihre Pferde wie früher geschmückt (Einflechtungen in Mähne und Schweif usw.). Nach einer kurzen Ansprache des Pfarrers werden die Pferde und Reiter gesegnet. Anschließend ritten die Teilnehmer früher dreimal um die Kirche. Da dies heute wegen der Bepflanzung hinter der Kirche nicht mehr möglich ist, umreiten sie dreimal den Platz vor der Kirche. Auf dem Weg nach Hause kehren die ledigen Burschen nach altem Brauch bei allen ihnen bekannten Mädchen ein, wo sie ein paar Gläschen Schnaps bekommen. Nachdem nur noch wenige Bauernburschen teilnehmen, ist dieser Brauch stark im Rückgang.

Der Mörlbacher Stephaniritt besteht nach der Lokaltradition schon »viele hundert Jahre«. Der Brauch ist vor 1900 quellenmäßig nicht belegt, sein hohes Alter ist jedoch durchaus glaubwürdig, nachdem wegen der geringen Größe und der Abgelegenheit des an sich unbedeutenden Ortes eine Neugründung zumindest für das 19. Jh. wohl nicht in Frage kommt. Für ein hohes Alter sprechen auch einige wenige Wachsvotive (wohl 18. bis frühes 19. Jh.), die sich in kleinen Glaskästen in der sehr sehenswerten Mörlbacher Kirche befinden und die zum großen Teil aus Tiervotiven, besonders Pferdevotiven, bestehen. Der Brauch, anschließend bei den Mädchen einzukehren, ist eine Besonderheit des Mörlbacher Stephanirittes. Man erzählt, daß früher mancher Reiter nur deshalb noch nach Hause kam, weil sein braver Gaul nüchtern geblieben war. Auch in Unterbrunn (Lk. Starnberg) besuchen die Burschen am Stephanitag reihum die Mädchen. Hier bekommen sie Schnaps als Dank dafür, daß sie die Mädchen das ganze Jahr über zum Tanz führen.

Der eigentliche Inhalt des Stephaniritts, die Segnung des für die Bauern so wertvollen und unentbehrlichen Arbeitspferdes, ein primär religiöses Anliegen also, ist heute kaum mehr gegeben. G. S.

Rambaldi, K. v.: Geschichte der Pfarrei Aufkirchen. Starnberg 1900.

Sternsingen in Ettal

Silvestertag, ca. 16.00–22.00 Uhr Ettal, Gmd. Oberammergau, Lk. Garmisch-Partenkirchen, Rgbz. Obb.

Jedes Jahr am späten Nachmittag des Silvestertages findet sich in Ettal eine Gruppe von ca. 15 Männern, die Sternsinger, zusammen. Sie gehören alle dem örtlichen Musikverein an und sind teils Sänger, teils Bläser; hier ist vor allem die Besetzung beachtenswert: 2 Trompeten 1 Tenorhorn, 1 Baß.

Diese Männer in Oberländer Tracht tragen einen (heute erneuerten) Stern auf hoher Stange mit sich, dessen inneres Rund das Jesuskind im Segensgestus zeigt und dessen Zacken sich drehen; der Stern wird von innen beleuchtet und zeigt schon von weitem das Nahen der Sternsinger an. Auf dem traditionellen Weg durchs Dorf wird im Verlauf des Abends das Ettaler Sternlied bis zu dreißigmal gesungen, jeweils durch einen Marsch eingeblasen und mit dem lautstarken Ruf »A guats neis Jahr« beendet. Zumeist werden mehrere Häusergruppen zusammengefaßt, vor deren – oft spendenfreudigen – Bewohnern gesungen wird. Der Weg führt von der Ettaler Mühle bis zur Abfahrt »Linderhof« quer durch den Ort zum Ettaler Berg. Gegen 19.30 Uhr wird das Sternlied im Kloster vor versammeltem Konvent gesungen, anschließend gibt es im Ökonomiegebäude Klosterbier und eine Brotzeit. Auch das Haus Martha der Augsburger Franziskanerinnen wird auf dem Rundgang aufgesucht. Den Abschluß des Sternsingens bildet eine Gefallenenehrung am Kriegerdenkmal.

Das Ettaler Sternsingen wird in dieser Form und mit diesem Lied seit etwa 1920 durchgeführt. Es ist durch Klosterliteralien im Bayerischen Hauptstaatsarchiv bekannt, daß bereits im 16. und 17. Jh. in Ettal Sternsingen stattfanden, jedoch nicht in der heutigen Form; damals kamen die Sänger aus den umliegenden Gemeinden und zum Teil sogar bis aus München, um in Ettal zu singen und damit Geld zu verdienen. Möglich ist es, daß diese Tradition später von einheimischen Gruppen übernommen wurde, doch hier schweigen die Quellen wieder.

Um die Bedeutung des Ettaler Sternsingens zu würdigen, ist zunächst festzuhalten, daß es hier nicht, wie in nahezu allen anderen Gemeinden, zum Kinderbrauch abgesunken ist (dann meist am Dreikönigstag stattfindend), sondern sich als Männerbrauchtum erhalten hat. Die besondere Attraktion Ettals ist aber sein Sternlied. Sein Ursprung liegt im dunkeln, doch läßt die Nähe des Klosters und die

bilderreiche Ausdrucksweise den Gedanken aufkommen, Peter Othmar Weis, einer der Umgestalter des Oberammergauer Passionsspieles, könnte der Autor sein.
Bemerkenswert am Ettaler Sternlied ist auch, daß eine Gruppe junger Männer mit diesem Lied beim Preissingen des Jahres 1931, das Prof. Kurt Huber in Weilheim veranstaltete, die silberne Medaille gewann.

Ettaler Sternlied
Drei Könige vom Morgenland
Durch einen Stern von Gott gesandt,
Sie zogen durch Jerusalem
Zum Stall hin nach Bethlehem.
O Glaubensstern, die Welt ist blind,
O führ auch mich zum Jesukind.

Herodes hemmt der Weisen Lauf
Kein Hof, kein König hält sie auf,
Sie eilten zu der Krippe hin
Und fanden dort das Jesuskind.
O Glaubensstern, die Welt ist blind,
O führ auch mich zum Jesukind.

Maria soll gepriesen sein,
Sie zeigt das Jesukindelein
Dem Wanderer auf seiner Reis',
Dem Kindelein sei Ehr und Preis!
O Glaubensstern, die Welt ist blind,
O führ auch mich zum Jesukind.

N. G.

Sternsingen in Kochel

Ca. 1. 1. bis 6. 1., ganztägig
Kochel am See,
Lk. Bad Tölz-Wolfratshausen, Rgbz. Obb.

Das Sternsingen in Kochel wird von der Pfarrgemeinde organisiert und ist nicht mehr – wie noch vor einigen Jahren – der Privatinitiative der Buben überlassen. Der Erlös aus dem Sternsingen kommt in Kochel den Missionen zugute; Naturalgeschenke werden aufgeteilt. G. K.
Korr. Resenberger, S., Kochel. 4/1974.

Sternsingen in Oberammergau

Silvesterabend
Gmd. Oberammergau,
Lk. Garmisch-Partenkirchen,
Rgbz. Obb., Pf. Oberammergau

Nach Einbruch der Dunkelheit wird am Silvesterabend ein großer, von innen beleuchteter Stern von einer Gruppe von Sternsingern durch den Ort getragen; sein rundes Mittelbild zeigt das segnende Jesuskind. Den Weg des Sterns begleiten Angehörige der Musikkapelle und des Kirchenchores sowie Einheimische und Gäste mit Hunderten von Lampions. An mehreren durch die Tradition bestimmten Plätzen hält der Zug an. Es erklingen die alten Ammergauer Sternlieder, die z. T. Werke des Oberammergauer Passionskomponisten Rochus Dedler sind. Am Ende jedes Liedes spielt die Musikkapelle einen Tusch und alle Beteiligen rufen: »Ein glückseliges neues Jahr!« Diese Zeremonie wiederholt sich nun mehrere Male.
Währenddessen gehen die Buben des Ortes mit dem sog. »kleinen Stern« von Haus zu Haus; dort singen sie, begleitet von Geige, Gitarre und Baß, ebenfalls Neujahrslieder, sprechen ihre guten Wünsche und werden dafür mit Süßigkeiten oder Geld belohnt.

N. G.

Der »große Stern« von Oberammergau

Sternsingen in Seeshaupt

Ca. 1. 1. bis 6. 1., ganztägig
Seeshaupt, Lk. Weilheim-Schongau,
Rgbz. Obb.

In Seeshaupt ist das Sternsingen Angelegenheit der Ministranten; es gehen drei Könige und ein Sternenträger. Nach der Sammelaktion wird eine Ministrantenfeier veranstaltet. Auch hier geht wie meist der Gelderlös den Missionen zu. G. K.
Korr. Pfarrer Heggenstaller, P., Seeshaupt. 10/1973.

Sternsingen in Heiligenblut

Nacht zum 6. Januar: 5. Januar von Einbruch der Dunkelheit an bis zur Frühmesse am 6. Januar
Heiligenblut am Großglockner und nähere Umgebung (Berghöfe), K

Mit Einbruch der Dunkelheit beginnen die fünf »Rotten« (ausschließlich Männer) der Sternsinger in Heiligenblut ihren Gang durch die Dreikönigsnacht. Das Haus, mit dem jede Gruppe beginnt, ist traditionell ebenso festgelegt wir ihr Weg. Jede Rotte führt einen großen, kunstvoll bemalten Stern (aus durchscheinendem Papier, neuerdings manchmal auch aus Kunstfaser, auf einem Holzgerüst, an einer Stange) mit sich. Das ist das einzige Attribut der Heiligenbluter Sternsinger, irgendeine Verkleidung oder andere Symbole gibt es nicht. In Winterkleidung und mit festen Bergschuhen wandern sie – begleitet von Laternenträgern und Blasmusikanten – durch den tiefen Schnee, häufig auf lawinengefährdeten Fußsteigen, um die Nachbarschaft zu besuchen und auch keinen noch so hoch gelegenen Berghof auszulassen.

Die vielköpfige Schar der Sänger und Musikanten bleibt mit dem hell erleuchteten Stern vor dem Wohnstubenfenster des Bauernhauses stehen. Unter Musikbegleitung (heute Blechmusik, früher Blockflöten oder Schwegelpfeifen) erklingt im Wechselgesang der »Stern«, das überlieferte Dreikönigslied: »Wir lagen im eigenen Land und jeder schuf ...«. 14 Strophen zählt dieses Lied, bei dem der Stern, der biblischen Erzählung folgend, nach Dreikönigsspielart zeitweise verschwindet (weggetragen oder ausgelöscht wird – 6. Strophe), um dann zur Freude der Kinder und Hausgenossen bei der 10. Strophe wiederzukehren. Als richtiges Ansingelied schließt es mit dem Jahreswunsch: »Wir wünschen euch allen ein glückseliges neues Jahr, / und der Steren muß noch weiterleuchten.« Wenn es im Hause Kinder gibt oder die Sternsinger traditionsgemäß zukehren, dann wird »einiglassn«. Der Vorsänger grüßt mit »Gelobt sei Jesus Christus!«, »In Ewigkeit Amen«, lautet der Dank der Hausleute, die im Feiertagsgewand der nächtlichen Gäste harren.*

Stehend, mit dem Blick zur Krippe im Herrgottswinkel, singen die Männer das Hirtenlied »O Bruder, schaug hin, was glänzet dort drin?« Dann erst setzen sie sich hin und werden bewirtet. Ab und zu wird auch eine Tanzweise gespielt, freilich ohne daß dazu getanzt wird. Nicht lange bleiben die Sänger. Bevor sie weitergehen singen sie: »Sind wir alle auferstanden von dem Tisch und von der Bank ...« Die Kinder werden noch mit Zuckerln beschenkt. Man wünscht ein »glückseligs noi's Joahr«, der Vorsänger fügt einen kürzeren oder längeren allgemeinen Wunsch an, auch für die Tiere und Feldfrüchte.

Der Morgen graut, bis die letzten Besuche die Sternsinger wieder gegen Heiligenblut führen, wo sie sich alle zur Frühmesse in der Kirche treffen und mit ihren hellerleuchteten Sternen den letzten Besuch, das letzte Lied und das letzte Gebet dem Kind in der Kirchenkrippe widmen.

Es handelt sich bei den Sternsingerbräuchen um eine »Neuprägung« von älteren Bräuchen des Umsingens und Anheischens zur Weihnachts- und Neujahrszeit; dieser Brauchwandel vollzog sich um die Mitte des 16. Jh.s, aller Wahrscheinlichkeit nach unter den Händen von Schulmeistern und ihren Anhängern.** Die Sternsingbräuche sind ja auch später bekannt – und heute noch – in Kärnten mit verschiedenen Arten volksmäßigen Schauspiels verknüpft, die zwischen dem älteren reinen Ansingen einerseits und der hier besonders reich überlieferten Stubenkomödie, dem eigentlichen Dreikönigsspiel, andererseits möglich waren. Einen beträchtlichen Raum nimmt dabei das reine Umzugsspiel ein, das auch in Kärnten in mancherlei Abwandlungen handlungsloser und handlungstragender Kurzspielarten vertreten ist und mitunter geradezu archaische Spielformen erhalten hat.***

Auch beim handlungslosen Umzug der Heiligenbluter Sternsinger-Rotten erkennen wir in Verhalten und Zeremoniell spielhafte Elemente.

Deutlich ist die Verbindung des Sternsingens in Heiligenblut mit den Neujahrsglückwünschen an diesem alten Termin des Jahresbeginns. Ein Neujahrswunsch in Heiligenblut lautet: »Daß Du die Sternsinger wiederhörst!« B. P.

Schmiedl, H.: Das Heiligenbluter Sternsingen, in: Das deutsche Volkslied 34/1932. S. 109 ff.
Gugitz, G.: Fest- und Brauchtumskalender. Wien 1955.
Anderluh-Schmiedl: Heiligenbluter Sternsingerlieder. H. 1. Klagenfurt 1933. H. 2. Klagenfurt 1955.
** Moser, H.: Zur Geschichte des Sternsingens, in: Bay. Heimatschutz 31/1935.
* Koschier, F.: Das Heiligenbluter Sternsingen, in: Lied und Brauch. Klagenfurt 1956. S. 113 ff.
*** Moser, O.: Die Kärntner Sternsingerbräuche, in: ebd., S. 126 ff.
Swoboda, O.: Lebendiges Brauchtum. Salzburg 1970. S. 18 f.

Sternsinger von Oberndorf

Neujahr bis Dreikönig, ab 16.00 Uhr
Marktgmd. Oberndorf, Bez. Ger. Oberndorf, S – und Stadt Laufen, Lk. Berchtesgadener Land, Rgbz. Obb.

Ähnlich wie das Anglöckln wurde 1936 durch Hermann Rasp das Sternsingen in Oberndorf wieder eingeführt. Als Vorlage für die Kleidung diente die Beschreibung bei A. Hartmann (1880), die seit der Wiederbelebung des Brauches geringfügige Veränderungen erfahren hat. Die drei Sternsingerbuben sind mit einem langen weißen Hemd bekleidet, das in der Mitte von einem roten Band zusammengehalten wird. Auf dem Kopf trägt jeder eine zylinderartige Krone aus weißem ölgetränktem Papier mit der roten Aufschrift C. M.

oder B. Erleuchtet wird diese Krone durch eine im Innern befestigte Kerze. Ein eigener Sternträger mit dem auf einem Stab befestigten und auch beweglichen Stern, der ebenfalls erleuchtet ist, führt die kleine Gruppe an. Der Caspar trägt das Rauchfaß, der Melchior das Weihrauchschiffchen und der Balthasar hält ein zusammenklappbares Kästchen, das erst beim Singen geöffnet wird und eine beleuchtete Krippenszene zeigt. Es ist dies eine Nachbildung jener historischen Sternsingerkrippe, deren Original sich im Besitz der Geschw. J. und B. Schiefer (Laufen) befindet. Den Schluß bildet ein »Türlöffner« (Begleiter der Gruppe, trägt Korb für Geschenke).

Nach Neujahr, vor allem am Vorabend des Dreikönigstages, zieht diese Gruppe nach Einbruch der Dunkelheit durch die Straßen Oberndorfs und Laufens und besucht die Honoratioren, die Krankenhäuser, Altenheime und bekannte Familien mit Kindern. An der Staatsgrenze wird den Sternsingern ein herzlicher Empfang durch die Bayer. Grenzpolizei bereitet. Sind die Sternsinger vor einem Haus oder in einer Stube, so singen sie den 1. und 3. Gesang des Sternsingertrios und das Danklied (s. Anglöckeln), wie es der Lehrer Kasinger im vorigen Jahrhundert aufgezeichnet hat: »Frohlocket ihr Menschen, seids alle voll Freud« und »Lost's, miene Nachbarn und bleibts a weng dada«. Haben die Sternsinger ihre Lieder beendet, so wünschen sie noch ein gutes neues Jahr, wofür sie dann ein Geldgeschenk und Süßigkeiten erhalten.

Ähnlich wie das Anglöckln war auch das Sternsingen im Salzburger Land, ja in den ganzen Alpenländern und selbst in Norddeutschland Brauch. Es dürfte um 1550, vielleicht sogar noch etwas früher, in Bayern aufgekommen sein. Wie das Anglöckeln zählt auch das Sternsingen zu den Heischebräuchen, die der ärmeren Bevölkerung vorbehalten waren. Zu den frühest erwähnten Orten, in welchen sich das Sternsingen nachweisen läßt, gehört die ehemals salzburgische Stadt Laufen an der Salzach; 1550 wird »denen von Tittmoning so die Heilligen drej Khuning gesungen« ein größerer Betrag verabreicht. Weitere Belege folgen für Sänger, die in Laufen anwesend waren. Aus dem Jahr 1569 ist ein aufschlußreicher Beleg erhalten, der erstmals die Laufener Schiffer ausdrücklich als Sternsinger erwähnt. Dabei wird auf den »alten gebrauch«, in weiter entfernte Ortschaften zu ziehen, schon hingewiesen,

ebenso auch auf den Umstand, den zur Winterszeit brotlosen Schiffern eine Erwerbsmöglichkeit zu bieten. Deshalb wurde auch den Laufener Sternsingern 1569 ein Empfehlungsschreiben des Stadtrichters – wohl auf deren Ansuchen – ausgehändigt, damit sie in weiter entfernten Orten »unverhindert singen« können und »sy nit etwo für andere Personen gehallten« werden. Das Sternsingen erstreckte sich zu jener Zeit von Mitte Dezember bis weit in den Januar hinein, denn die weiten Wegstrecken erlaubten keine kürzere Zeitspanne für diese Brauchübung, die einer Erwerbstätigkeit gleichkam. Als älteste Aufzeichnung Laufener oder ortsüblicher Sternsingerlieder können drei nicht publizierte Liedtexte genannt werden, die Mitte des 16. Jh.s niedergeschrieben wurden, z. B. »Maria gottesMutter ist auserkorn«, »Frey dich du Himmel Künigin . . .«, »Ein Ruef von unser frauen; Ein ander Ruef«.

Abgesehen von diesen frühen vereinzelten Belegen ist anzunehmen, daß gerade im 17. und 18. Jh. der Liedschatz reichhaltig war. Ebenso sind uns noch mehrere Stubenspiele bekannt, z. B. das »Adam-und-Eva-Spiel«, die von den Schiffleuten – deren Spielfreudigkeit ja sprichwörtlich war – in anderen Orten aufgeführt wurden. Wie lebendig das Liedgut selbst noch in der zweiten Hälfte des 19. Jh.s war, zeigen die reichhaltigen Sammlungen von V. M. Süss, A. Hartmann und H. Abele.

Um die Jahrhundertwende, vielleicht aber erst nach dem Ersten Weltkrieg, scheint das Sternsingen in Oberndorf in Vergessenheit geraten zu sein, bis dieser Brauch 1936 wieder aufgenommen wurde. H. R.

Stadtarchiv Laufen: Stadtkammerrechnungen, Copey-Buech u. a.

Hartmann, A.: Weihnachtslied und -spiel in Oberbayern, in: Oberbay. Archiv Bd. 34. München 1874/75. S. 58 ff.

Adrian, K.: Von Salzburger Sitt' und Brauch. Wien 1924. S. 43 ff.

* Moser, H.: Zur Geschichte des Sternsingens, in: Bay. Heimatschutz 31/1935. S. 19 ff.

Moser, H.: Schifferbrauch und Volksschauspiel im alten Laufen, in: Kultur und Volk, Festschrift für Gustav Gugitz. Wien 1954. S. 286.

Rasp, H.: Die Oberndorfer Sternsinger. Zur gegenwärtigen Brauchübung, in: Das Salzfaß, NF 6. 1972. S. 38 f.

Roth, H.: Die Laufener Sternsinger in der Vergangenheit, in: Das Salzfaß, NF 6. 1972. S. 35 ff.

Roth, H.: »Hem mer denen von Tittmoning so die Heilligen drej Khuning gesungen . . .«. Die Laufener Sternsinger in der Vergangenheit, in: Sänger- und Musikantenzeitung 16/1973 München. S. 127 ff.

Sternsingen in Brixen

Vom 2. bis 6. 1., 15.00–22.00 Uhr,
jedes zweite Jahr (1976, 1978)
Neustift (Kloster und Dorf)
und Brixen, Südtirol

Jedes zweite jeweils gerade Jahr gehen Mitglieder des Männergesangvereins Neustift bei Brixen in den Abendstunden vom 2. bis zum 6. Januar Sternsingen. Es ist dies von den ungezählten kleinen und mittleren, meist nur sporadisch auftretenden Gruppen in Südtirol die würdigste und bestgeschulte. Sie besteht meist aus sieben Personen, wobei jeder der drei Könige einen, der Mohr hingegen zwei Diener mit sich führt. Die Sternsinger kleiden und schmücken sich im Kloster, wo die Kostüme aufbewahrt werden. Am ersten Tag beginnt man dann im Kloster mit dem Brauch, um dann noch am gleichen Abend wie auch am nächsten und evtl. auch am übernächsten in allen Höfen und Häusern des Dorfes Neustift vorzusprechen und zu singen. Am 4. Abend werden dann die Besuche auf die nahe Stadt Brixen ausgedehnt, wo man in Häusern des Klerus, der Behörden, im Lungensanatorium, im städtischen Krankenhaus, aber auch – soweit die Zeit reicht – in größeren Gasthöfen, bei Familien, die die Sternsinger bestellen, auftritt.

Auf dem Weg wird nicht gesungen, weder in Neustift noch in Brixen. Man fährt mit dem Auto zu den vorgesehenen Häusern und kehrt am späten Abend zum Ausgangspunkt Kloster Neustift zurück.

Die Sternsingergruppe fällt durch ihre elegante orientalisch kostbare Kleidung und den schönen Stern auf. Sie benimmt sich seriös. Tiefes Schweigen in belebten Räumen geht ihrem Auftritt voran. Nach dem Absingen von drei bis vier Liedern macht König Balthasar mit seinem Myrrhenkästchen still die Runde, er sammelt, ohne zu betteln. Beim Verlassen des Hauses wird nur dem Hausvater schweigend die Hand gedrückt. Ab und zu gibt es irgendwo einen bescheidenen Imbiß oder Trunk. Der Erlös des Sternsingens geht an das Südtiroler Kinderdorf, Brixen, das Jesusheim der Unheilbaren zu Girlan, die Pfarrei Neustift und die Missionen.

Die Lieder werden mit Ausnahme einiger weniger lateinischer in deutscher Hochsprache vorgetragen. Sie wurden von Josef Gasser, Musikprofessor in Neustift, eingelernt. Zu einigen alten Texten aus dem

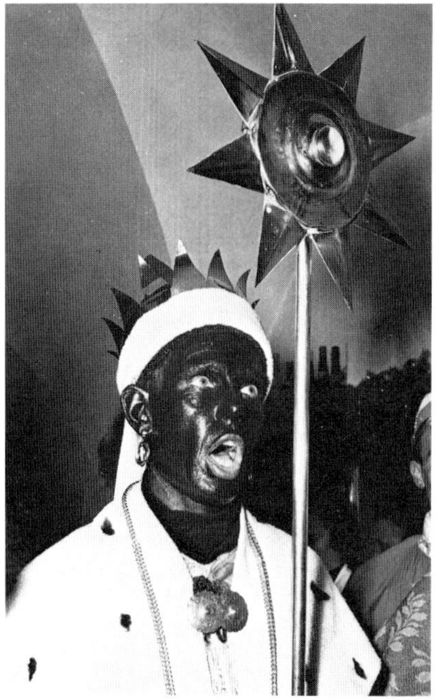

18. Jh. hat er selbst die Melodien komponiert, andere hat er vierstimmig gesetzt.

In ihrer heutigen Form reichen die Neustifter Sternsinger ins Jahr 1924 zurück. Die Wiederbelebung erfolgte durch Josef Gasser, der seine erste Gruppe, in der er selbst mitsang, mit 10 Klosterschülern aufbaute. Im Zweiten Weltkrieg brach die Gruppe infolge der Einberufungen auseinander, auch die Kleider und Utensilien gingen verloren. Ein Neubeginn erfolgte mit Unterstützung des Klosters im Januar 1946.

Nach einer Neustifter Aufzeichnung ist 1807 bei der Aufhebung des Klosters durch die Franzosen die seit dem Mittelalter bestehende Tradition des Sternsingens eingegangen. Bereits 1504 war in Schwaz/Tirol ein weihnachtliches Spiel mit einem erleuchteten Stern als herkömmlicher Brauch erwähnt.* In entlegenen Südtiroler Dörfern ist das Sternsingen zu Ende des 19. Jh.s eingegangen, wohl weil der Brauch vielerorts zu einer Volkskomödie abgesunken war.** H. F.

* Dörrer, A.: Tiroler Fasnacht. Wien 1949.
** Hörmann, L. v.: Tiroler Volksleben. Stuttgart 1909.
Fink, H.: Das Sternsingen in Neustift, in: Dolomiten vom 12. 1. 1963.

Stumme Prozession in Vilgertshofen

Sonntag nach Mariä Himmelfahrt,
ab ca. 11.00 Uhr, im Anschluß an den Gottesdienst
Vilgertshofen, Lk. Landsberg am Lech, Rgbz. Obb.

Nach dem Gottesdienst verläßt die Prozession die Kirche und bewegt sich durch die Wiesen und den Ort Vilgertshofen wieder dem Kircheneingang zu. Die Stumme Prozession bringt Szenen aus dem alten Testament, so z. B. Esther und Judith mit ihren Dienerinnen; Josef, der von seinen Brüdern verkauft wird (mit Vater Jacob und Ismael, ferner die Brüder Josefs); König David mit der Harfe; Opfer des Melchisedech; die Opferung Isaaks durch Abraham; Moses mit der ehernen Schlange. Aus dem Neuen Testament enthält die Prozession die Darstellung des Judas mit Rabbinern, vor allem aber die Kreuztragung Jesu, die das Kernstück der Prozession bildet. Am Schluß folgen der Geistliche mit dem Allerheiligsten und die Mitglieder der Bruderschaft mit den Prozessionsstäben.

Seit dem Jahre 1708 ist die Tradition des Vilgertshofer Bruderschaftsfestes bezeugt. Vom Jahre 1730 an veranstaltete man im

Anschluß an den Gottesdienst den Umgang durch die Fluren mit Darstellungen aus der Passion des Herrn. Seit dem Jahre 1874 zeigt man in der Prozession Szenen nach dem Vorbild des Oberammergauer Passionsspiels. Sie wurden von Jahr zu Jahr in Kostüm und Gestaltung weiterentwickelt.

Die originäre Prozession seit dem Jahre 1730 ist in den barocken Frömmigkeitskult Bayerns einzuordnen, in dem derartige »lebende« Leidensdarstellungen begegnen. Im Gegensatz zu anderen scheint sich die Stumme Prozession zu Vilgertshofen über die Verbote der Aufklärungszeit hinweg erhalten zu haben, bis 1874 eine grundlegende Neugestaltung erfolgte.

Einzelnen Familien ist das brauchtümliche Recht vorbehalten, bestimmte Spielfiguren zu übernehmen, wobei sich hier ein eigener Habitus entwickelt, was besonders bei Christus, Judas und Kaiphas deutlich zu beobachten ist. P. F.

Bibliographie über Stadt und Bezirksamt Landsberg a. Lech, in: Landsberger Geschichtsbl. 33/1936. S. 80 ff.

Müller-Hahl, B.: Heimatbuch Stadt- und Landkreis Landsberg a. Lech. Assling–München 1966. S. 621 ff.

Tänzelfest in Kaufbeuren (Tänzeltag; Hölzle)

Letzte Woche vor Beginn der Sommerferien; Freitag bis Montag Kaufbeuren, Rgbz. Schw.

Das Fest beginnt bereits am Freitag um 14.00 Uhr mit dem Adlerschießen der Tänzelfestbuben auf dem Festplatz an der Wertachschleife. Abends 20.00 Uhr findet die feierliche Eröffnung des Tänzelfestes im Stadtsaal statt. Der Samstag beginnt in der Frühe mit dem Fahnenschwingen in den Außenbezirken der Stadt und im Stadtteil Neu-Gablonz. Den Tag über findet wieder das Adlerschießen verschiedener Gruppen statt; abends 21.00 Uhr großer Kaufbeurer Zapfenstreich vor dem Rathaus. Die beiden Hauptfesttage sind jedoch der Sonntag und der Montag. Der Weckruf der Tänzelfest-Knabenkapelle (7.00 Uhr) eröffnet den ersten Haupttag; um 10.30 Uhr hält die Stadtkapelle ein Standkonzert zu Ehren des Oberbürgermeisters vor dem Rathaus ab; Fahnenschwingen. Um 13.00 Uhr versammelt sich die Bevölkerung zum »Einzug Kaiser Maximilians«. Mit diesem Einzug wird der Besuch Kaiser Maximilians in der freien Reichsstadt Kaufbeuren am 25. Mai des Jahres 1497 nachgespielt. Alle dargestellten Personen sind in den Berichten über den Besuch des Kaisers erwähnt und tragen historische Kostüme. Daran schließt sich eine kurze Szene vor dem Kaufhaus, in der die Stiftung des Tänzelfestes dargestellt wird und die Krönung des »Bubenschützenkönigs« vollzogen wird. Nun folgt der große historische Festzug, an dem rund 1400 Kinder in zeitgenössischen Trachten des ausgehenden Mittelalters bis zum 19. Jh. teilnehmen; über ein Dutzend Musikgruppen und Festwagen bilden den Kern des Zuges. Er stellt einen Überblick über die Stadtgeschichte von der Karolingerzeit bis zum Biedermeier dar. Im Mittelpunkt steht Konradin, König beider Sizilien, mit großem Gefolge. Der Abend schließt wieder mit dem großen Kaufbeurer Zapfenstreich. Der zweite Hauptfesttag, der Montag, verläuft ähnlich wie der erste. Nur wird nach dem Einzug Kaiser Maximilians in einer Spielszene die Ableistung des Treueids und die Bürgerhuldigung vor Kaiser Maximilian dargestellt. Die beiden Spielszenen am Sonntag und Montag stammen von dem schwäbischen Schriftsteller Arthur Maximilian Miller. Wie am Vortag werden gegen 16.00 Uhr wieder Zunftreigen und Tänze auf dem Tanzplatz in der Wertachschleife abgehalten. Damit sind die Hauptfesttage abgeschlossen. Doch steht die ganze

Woche noch im Zeichen des Festes, im Festzelt ist jeden Abend Musik; der darauffolgende Sonntag bringt ein großes Brillantfeuerwerk und am Montag verabschiedet sich der Festwirt mit einer Verlosung.

Die erste urkundliche Nachricht über das Fest findet sich in einem Ratsprotokoll

vom 1. August 1595 »... den Buobenschützen bewilligt, ein Paar Hossen uff ihr Gänßschießen ...«. Der »Tänzeltag« wird aber schon 1557 erwähnt, freilich in negativer Form, denn es handelt sich um Erlasse, in denen die arbeitsfreien Festtage abgeschafft werden sollen. Die Entstehung des Festes wird auf einen Besuch Kaiser Maximilians am Fronleichnamstag 1497 zurückgeführt. Aus Anlaß des Adlerschießens soll der Kaiser an diesem Tag den »Buobenschützen« einen Preis gestiftet haben. Doch existiert keine Urkunde aus dieser Zeit, die diese Stiftungstheorie untermauern könnte.

Das Tänzelfest gehört in die Reihe der Schulfeste, die durchweg im 16. und 17. Jh. entstanden (vgl. Ravensburg, Weingarten, Nördlingen). Es wird in Zusammenhang gestellt mit den Waldausflügen der Schulkinder im Frühjahr, die »mit dem leidigen Nebenzweck des Strafrutenholens« belastet waren.** Darauf weist auch der Gang in das »Hölzle«, ein kleines Fichtengehölz, das früher als Festplatz diente, hin. Freilich haben sich in der heutigen Form des Festes vielgestaltige Einflüsse niedergeschlagen: Schützenfeste, die bereits in vormaximilianischer Zeit in Kaufbeuren (und anderorts) belegt sind; Kinderumzüge bei Besuchen hoher Herrschaften, die Rutengänge der Schuljugend und Zunftbräuche, wie das Fahnenschwingen. Erst zu Anfang des 19. Jh.s trat eine Historisierung des Festes ein. 1925 wurde die Gestalt des Hohenstauferkönigs Konradin eingeführt und gegen Ende der fünfziger Jahre wurde Kaiser Maximilian mehr in den Vordergrund des Festes gerückt. L. P.

* Ledermann, R.: Das Kaufbeurer Tänzelfest im Wandel der Jahrhunderte. Augsburg 1964.
** Moser, H.: Kinderfeste, in: Schönere Heimat 54/1965. S. 295–300.

Gruppe der Bubenschützen beim Tänzelfest

Taubenmarkt in Wasserburg a. Inn

3. 2. (Blasius)
Wasserburg am Inn, Lk. Rosenheim, Rgbz. Obb.

Der Markt wird im Betriebsgelände der ehemaligen Brauerei Grein in der Ledererstraße abgehalten. Er gilt als »größter Taubenmarkt der Welt«. Besucher aus Bayern und Österreich kommen. Der Markt wird seit mindestens 1850 durchgeführt.

Angeboten werden Zucht-(Brief-) und andere Tauben. Die Taubenhaltung in der Wasserburger Region ist noch intensiv.

Auf dem Markt werden verschiedene Preise vergeben, z. B. ein Weitpreis für den am weitesten angereisten Händler. G. K.

Int. Ernst, W., Wasserburg, u. Heck, Th., Sonnenholzen, 11/1972.

Tinzltag in Aldein

Fasnachtsdienstag, 8.00–19.00 Uhr
Pf. Aldein, Gmd. Aldein,
Bez. Bozen-Unterland, Südtirol

Das Höhendorf (1225 m) Aldein südöstlich von Bozen ist das einzige Dorf in Südtirol, das noch immer seinen Kinder-Tinzltag abhält. An diesem Tag ist schulfrei. Außer den Kindern findet sich viel Volk am Dorfplatz ein. Um 8.00 Uhr früh ziehen die Schüler unter Führung der Lehrpersonen vom Schulhaus in die nahe Kirche, wo sie, nach Geschlechtern getrennt, in den vorderen Bänken Platz nehmen. Jeder Bub trägt nach ländlicher Sitte einen Hut, der über und über mit Bändern und langen aufrecht stehenden Pfauenfedern (bis zu 20 Stück pro Hut) geziert ist. Auch das Lehrpersonal schließt sich von diesem Brauch nicht aus. Die Mädchen tragen selbstangefertigte bunte Blumenkränze aus Papier im Haar und nach Möglichkeit eine helle Schürze. In der Kirche stellen die Buben die Hüte vor sich auf. Der Priester liest die heilige Messe, die Kinder singen, dann schreitet alles geordnet nach vorne zum Opfer, wobei man ein kleines Scherflein in einen Teller legt. Nach dem Gottesdienst springen die Kinder jodelnd und Hüte schwenkend am Dorfplatz herum, bestaunen sich gegenseitig und lassen sich bestaunen. Dann wird Aufstellung genommen und unter Vorantritt einer kleinen örtlichen Blaskapelle um den »Tiergarten« (eine Flur) geschritten. Man singt auch unter Anleitung der Lehrer. Die erwachsenen Zuschauer werfen Papierkonfetti und Bonbons. Der Umzug endet beim Pfarrsaal, wo den Kindern entweder ein Theater, Lichtbildervortrag oder Spielfilm vorgeführt wird. Die Kinder bekommen dann Tee oder Orangensaft und Kekse. Eltern mit nichtschulpflichtigen Kindern, das Lehrpersonal, der Pfarrer und der Kooperator sind auch anwesend. Die Unterhaltungskapelle spielt. Um 11.00 Uhr ist der Kinder-Tinzltag beendet.

Über das Alter des Aldeiner Tinzltages weiß man nichts, er wurde einfach schon »immer abgehalten«. Bis um die Jahrhundertwende gab es auch in Nachbardörfern ähnliche Bräuche. Man sagt, dem heutigen Kinderfest sei ein Perchtenspringen vorangegangen. Je höher die Sprünge und je schöner der Tanz, desto besser das kommende Jahr! Dann tauchten neben den »schönen« auch »schiache Perchten« auf, man begann öffentlich unter Spott und Hohn die Schwächen der Mitmenschen anzuprangern und der Brauch artete aus. Übrig blieb aber der Tinzltag der Kinder. Vor Jahren drohte der Brauch einzuschlafen, er wurde aber von den Lehrern reaktiviert. Er gilt bei den Kindern weit mehr als der Maiausflug. Eltern und Erwachsene im Dorf befürworten den Tinzltag.

Ursprünglich war der Tinzltag ein Tanzfest der Zünfte und Innungen der Handwerker. »dinson, dinsan« ist als Zeitwort schon im Althochdeutschen belegt und heißt soviel als »ziehen, zerren, tanzen«. Alte Tinzltage der Handwerker in Tirol sind schon ab 1612 nachzuweisen. Da in Aldein aber nie eine Zunft oder Innung bestanden hat (es war ein Bauerndorf), mögen hier andere Wurzeln vorliegen. Mancherorts fielen die Tinzltage auch auf das Fest des hl. Gregor (12. März), der als Förderer des Schulwesens galt und auch den Titel »Kinderbischof« bekam. Vielleicht liegt im Fall Aldeiner Tinzltag eine Verquickung von Winteraustreiben und jüngerem Schülerfest vor. H. F.

Dörrer, A.: Tiroler Fasnacht. Wien 1949.
Fink, H.: Der Aldeiner Tinzltag, in: Reimmichl-Kalender 1974.
Mitt. Prader, L., Aldein. 11/1973.

Törggelen in Südtirol

Von Mitte Oktober bis Ende November, vom frühen Nachmittag bis zum späten Abend, vorwiegend am Wochenende
Überall in der Umgebung von Bozen, Meran, Brixen und Klausen, Südtirol

Wenige Tage nach dem ersten »Wimmen« (Traubenlese), beginnt in Südtirol das Törggelen, das Verkosten des anfänglich noch »Süeßen«, später aber »Noien« oder »Nuien« Weines. Man wandert meist in kleinen Gruppen (nun fährt man auch mit Auto, ja sogar mit Omnibussen) von den Talzentren in die Umgebung zu jenen Weinhöfen oder Landgasthäusern, die ihren jungen Eigenbauwein ausschenken. Man nennt diese Höfe »Buschenschank«, weil sie seinerzeit zum Zeichen ihrer vorübergehenden Tätigkeit einen »Buschen« (Strauß) auszuhängen hatten. Diese Buschenschenken bzw. Törggelestuben können, aber müssen nicht, jedes Jahr dieselben sein; sie wechseln oft je nach Ernte oder Belieben. Ein Verzeichnis darüber gibt es nicht, man erfährt davon am besten in den jeweiligen Fremdenverkehrsämtern oder bei den Wirten der Stadt. Die Törggelestuben haben – im Freien oder im Haus – neben dem jungen Wein auch sonst noch meist eine reiche Auswahl an heimischen Produkten, so z. B. Trauben, Obst, Nüsse, gebratene Kastanien, Speck, hartgeselchte Würste, Fladenbrot, Hauswurst mit Kraut, Türteln (Gebackenes). Speisenkarten gibt es nicht. Im Laufe der Stunden wird oft auch gesungen, musiziert und getanzt. Das Törggelen ist in der Zeit von der Weinlese bis zum ersten ergiebigen Schneefall, wo dann der Wintersport plötzlich einsetzt, der zentrale herbstliche Brauch in Südtirol, vor allem an den oberen Weinbaugrenzen.

Von Anfängen des Törggelens ist nichts bekannt. In den ausgesprochenen Weindörfern von Überetsch und Bozner Unterland hat sich der Brauch erst in jüngerer Zeit eingebürgert, wohl aus dem Grund, daß man da zufolge des Überflusses an Wein sich nie so sehr der neuen Ernte freute.

Der Ausdruck Törggelen hat nichts, wie manche meinen, mit torkeln bzw. überweinselig herumschwanken zu tun, er leitet sich her von der Torggl, das ist die Traubenpresse bzw. der Kelterraum, wo man ursprünglich unter Nachbarn und Fachleuten den ersten jungen Wein versucht hat. Man ist dann vom bloßen Verkosten des edlen Getränks auch auf Verzehren von selbsterzeugten bäuerlichen Spezialitäten übergegangen und ist draufgekommen, daß es sich in der heimeligeren Stube nicht schlechter törggelen läßt als in den dumpfen kühlen Kellerräumen. Im Laufe der Zeit sind auch Bekannte aus der Stadt und Verwandte aus der weiteren Umgebung dazugekommen, und seit dem Bahnbau (Brennerbahn 1867) und der Entwicklung des Autoverkehrs zieht der Brauch immer weitere Kreise an sich.

H. F.

Wein und Weinkost in Südtirol. Festschrift zur 50. Bozner Weinkost, hrsg. 1972 v. d. Handelskammer Bozen.
Ladurner-Parthanes, M.: Vom Perglwerk zur Torggl. Bozen 1972.
Fink, H.: Törggelen. Beitrag in »Kuchlkirchtig«, S. 50, hrsg. 1973 v. d. Ortsgruppe Brixen des Südtiroler Hotelier- und Gastwirteverbandes.

Trachtenwallfahrt des Lechgauverbandes der Heimat- und Trachtenvereine auf den Hohenpeißenberg

Am zweiten Sonntag im September, 9.30–11.30 Uhr
Gmd. Hohenpeißenberg, Lk. Schongau, Rgbz. Obb., Pf. Hohenpeißenberg

Am 2. Sonntag im September wird in Hohenpeißenberg eine Trachtenwallfahrt des Lechgauverbandes zur Marien-Wallfahrtsstätte auf dem Gipfel des Peißenberges durchgeführt. Die aktiven Teilnehmer der im Lechgauverband zusammengeschlossenen 19 Trachtenvereine (Männer, Frauen, Kinder) tragen die traditionelle Tracht Miesbacher Stils, die sich bei Frauen und Mädchen durch die verschiedenen Farben ihres jeweils heimatlichen Trachtenvereins unterscheidet. Einzelne männliche Teilnehmer tragen noch heute auf der Brust ein Medaillon aus Hirschkrone, inmitten das Bild des Bayernkönigs Ludwig II. Der Federflaum an den Hüten ist ein Adlerflaum.

Am Ausgangspunkt der Wallfahrt, dem Wohnhaus Hohenauer an der Bergstraße in Hohenpeißenberg, nehmen die Teilnehmer um 9.15 Uhr mit den Fahnen der Vereine Aufstellung. Um 9.30 Uhr beginnt die Prozession, an der Spitze der Pfarrer der Pfarrkirche Hohenpeißenberg und drei Ministranten mit einem vergoldeten Vortragekreuz (das auch für andere Anlässe verwendet wird). Der Zug benützt die ansteigende, kurvenreiche Bergstraße (Fahrstraße). Während der Wallfahrt wird nur der Rosenkranz gebetet, jedoch kein Wallfahrtslied gesungen. Eine Blaskapelle tritt oben am Berg, zwischen Friedhof und Berggasthof »Bayerischer Rigi«, an die Spitze des Zuges und begleitet diesen mit einem Prozessionsmarsch bis zur Wallfahrtskirche; Ankunft dort um 10.30 Uhr. Die Wallfahrer verteilen sich auf die Gnadenkapelle und die durch einen Durchgang mit ihr verbundene Wallfahrtskirche, vor deren Altarraum die Träger mit den Fah-

nen der Trachtenvereine Aufstellung nehmen. An den Fahnen hängen Bänder, auf denen zu lesen ist »Den teuren Toten«. Der Geistliche zelebriert alljährlich für die verstorbenen, gefallenen und vermißten Gaumitglieder eine Seelenmesse, die mit Chorgesängen (Kirchenchor der Gemeinde Hohenpeißenberg) und Liedern einer Volksmusikgruppe umrahmt wird. Am geschmückten Ehrenmal der Gefallenen draußen an der Außenwand der Wallfahrtskirche wird mit einer kurzen Ansprache des Gauvorstandes, drei Böllersalven und dem Lied »Ich hatt' einen Kameraden« (gespielt von einer Blaskapelle) bei gesenkten Fahnen der Toten gedacht und ein Kranz niedergelegt. Der Gauvorstand gemahnt an die Treue zur Heimat und zum guten alten Brauch. Die Teilnehmer treffen sich dann im Berggasthof »Bayerischer Rigi«, wo sie bis in den späten Nachmittag oder Abend zusammensitzen bei Speise und Trank und Volksmusik.

Die Wallfahrt auf den Hohenpeißenberg geht bis ins 16. Jh. zurück. Im Jahre 1514 errichteten die Bergbauern auf dem Gipfel eine hölzerne Kapelle. In diese schenkte der herzogliche Pfleger von Schongau, Georg von Pienzenau, aus der dortigen Schloßkapelle eine holzgeschnitzte spätgotische Muttergottesfigur mit dem Jesuskind auf dem Arm, dem sie einen Apfel reicht. Diese Marienstatue gewann schon bald den Ruf eines Gnadenbildes, das Wallfahrer an sich zog. Im Jahre 1525, im Bauernkrieg, gelobten etwa 350 Bauern der Umgebung von Hohenpeißenberg auf dem Berg, ihre Heimat zu verteidigen. Der Münchner Herzogshof war der Marienkapelle sehr zugetan; für eine wöchentliche hl. Messe und tägliche Lauretanische Litanei stiftete er drei Höfe in Unterpeißenberg. Besonders gefördert wurde die Wallfahrt durch das Augustiner-Chorherrenstift Rottenbuch, das 200 Jahre lang das Heiligtum betreut hat. Um 1600 wurde die Kapelle vergrößert und ein Gasthaus für die Pilger gebaut. 1616–1619 wurden eine neue Wallfahrtskirche und ein Priesterhaus neben der Gnadenkapelle errichtet, da diese wieder zu klein geworden war. Die Blütezeit der Wallfahrt begann im 18. Jh. Alljährlich kamen etwa 30 000 Wallfahrer, darunter Bittprozessionen aus etwa 80 Ortschaften, u. a. sogar von Dachau und Schwäbisch-Gmünd. Mit der Enteignung und Schließung des Stiftes Rottenbuch durch den Staat im Jahre 1803 kam auch die Wallfahrt zum Erlöschen. Im Laufe des 19. Jh.s bemühten sich eine »provisorische« Pfarrei und der Staat um die Erhaltung der Gnadenkapelle und der Wallfahrtskirche. Daß sich der Kult nach der Aufhebung des Stiftes Rottenbuch später wieder etwas belebt hat, kann man in der Gnadenstätte aus einer Opfergabe aus dem Jahr 1892 (ein Messer, das einen Knaben schwer verletzt hatte) und einem Votivbild aus dem Jahre 1922 (ein Jäger blieb bei plötzlich losgehendem Gewehr unverletzt) ersehen. Heute noch kommen Gruppen sowie auch Einzelwallfahrer zur Wallfahrtskirche.

Die Trachtenwallfahrt des Lechgautrachtenverbandes wurde im Jahre 1951 auf der Frühjahrsversammlung des Verbandes ins Leben gerufen. Da im August der Festsommer (Trachtenfeste) noch nicht zu Ende ist, legte man als künftigen Termin für die alljährlich stattfindende Trachtenwallfahrt den 2. Sonntag im September fest. Die Wallfahrt entspricht im Aufbau und Ablauf den in Oberbayern üblichen Wallfahrten, doch fehlen wallfahrtsbestimmende Elemente wie Weihegaben, Wallfahrtslied und anderes Wallfahrtsbrauchtum. H. O.

Archiv der Wallfahrtskirche Hohenpeißenberg.
Gundersheimer, H.: Matthäus Günther. Augsburg 1930.
Mois, J.: Die Wallfahrt zu U.L. Frau auf den Hohenpeißenberg, in: Oberbay. Archiv 75/1949. S. 1–83.
Kriss, R.: Die Volkskunde der Altbayrischen Gnadenstätten, Bd. 1. München-Pasing 1953. S. 163 f.
Mois, J.: Alte Hohenpeißenberger Wallfahrtsbilder, in: Lech- und Ammerrain. 1967. Nr. 5
Mois, J.: Die Wallfahrtskirche, in: Hohenpeißenberger Kirchenführer. Schongau o. J. S. 12–16.

»Tricheln« und »Übersitz« im Oberhasli

Vom 26. 12. (falls dieser Sonntag, vom 27.) bis zum letzten Werkabend vor Silvester (30. 12. oder falls dieser Sonntag, 29. 12.), spät nm. bis tief in die Nacht. Gmden Gadmen, Guttannen, Hasliberg, Innertkirchen, Meiringen, Schattenhalb, Kt. Bern

Am späten Nachmittag findet das »Tricheln« (Lärmumzüge) der Schulbuben statt mit Schellen und Kuhglocken, in Guttannen auch mit sog. »Rälleni« (Raffeln). Abends und nachts werden die Knaben, vor allem an den letzten Abenden, von großenteils maskierten Burschen abgelöst. Hauptbetrieb ist am sog. »Übersitz«-Abend, dem letzten Werkabend vor Silvester, meist am 30. 12.

In Meiringen findet dann Tanz und Unterhaltung in den Gaststätten statt. Am Übersitz treten an den genannten Orten und dazu in Brienzwiler, wo das Tricheln nicht üblich ist, Gaben heischende »Gloiser« oder »Schniggeller« auf.

Eindrucksvoll an diesem Abend sind die Trichler-Umzüge von den Außenweilern ins Dorf Meiringen. Rhythmisches Schellenschwingen in gemessenem Gange ist zu hören; die großen »Plumpen« befinden sich an der Spitze, während nach hinten immer kleinere Schellen folgen. Alle Teilnehmer sind vermummt und tragen die absonderlichsten Fratzen; u. a. erscheint auch hier eine Schnabelgaiß (vgl. Spräggele).

Der Brauch stammt vermutlich aus dem Mittelalter; zu Beginn des 20. Jh.s erhielt er, als er auszuarten und abzusterben drohte, neuen Auftrieb. E. Sch.

Rubi, Chr.: Winterbräuche im Kanton Bern. Bern 1957.
Rubi, Chr.: Das Trychlen in Oberhasli. Schweizer Vkde. 47/1957. H. 6.

Ulrichsfest in Eresing

4. 7., 9.00 Uhr
Eresing, Lk. Landsberg a. Lech, Rgbz. Obb.

Um 9.00 Uhr findet in der Dominikus-Zimmermann-Kirche in Eresing ein Festgottesdienst zu Ehren des Kirchenpatrons, des Augsburger Diözesanheiligen Ulrich, statt. Nach dem Gottesdienst formiert sich eine Prozession zum Ulrichsbrunnen (das Ulrichswasser gilt als heilkräftig) und zur Ulrichskapelle, die 500 m südlich des Orts am Waldrand liegen.

Das Brunnenhaus, ca. 20 m nördlich der 1618 erbauten Kapelle, erhielt seine jetzige Form um 1750.

Die Feier, an der sich die Pfarrgemeinde Eresing mit ihrer Filiale Pflaumdorf beteiligt, findet ihren Abschluß in einer Vesper am frühen Nachmittag (ca. 13.30 Uhr). Nach der Prozession wird auf dem Dorfplatz neben der Kirche der Ulrichsmarkt (Warenmarkt) abgehalten.

Das Fest ist als Wallfahrtsfest bis ins 17. Jh. zurückzuverfolgen. Neben Jesuitenpatres aus Landsberg am Lech wirkten Pfarrer des Landkapitels Schwabhausen an der Gestaltung des Festes mit. Musiker und Darsteller von Engeln und Heiligen werden in den Archivalien genannt.

Das Ulrichsfest war bis zur Mitte des 19. Jh.s eines der bedeutendsten Volksfeste der Umgebung, die Beteiligung ging in den letzten Jahrzehnten stark zurück, vor allem deshalb, weil das Fest immer am Heiligentag, nicht an einem der nächstliegenden Samstage oder Sonntage gefeiert wird. G. K.

Korr. Erhardt, W., Eresing, 4/1974.
Schmidt, H.: Eresing bei Landsberg . . . (Kleine Kirchenführer 81). München 1935.
Müller-Hahl, B.: Heimatbuch Stadt- und Landkreis Landsberg a. Lech. Assling–München 1966, S. 463.

Urbanifeldumgang in Tscherms

Pfingstmontag, 6.00 Uhr (Marling)
bzw. 8.00 Uhr (Tscherms)
Marling, Tscherms, beide Südtirol

Um 6.00 Uhr zieht der Priester, nach einfachem Segen mit der Kreuzpartikel, die er beim Umgang trägt, mit den zum Feldumgang erschienenen Gläubigen unter dem Geläute aller Glocken betend aus der Kirche. Bei der Schererkapelle wird das 1. Evangelium verlesen. Dann zieht man den Bruggerweg hinauf bis zur Siniger Kapelle, wo das 2. Evangelium verlesen wird. Bei der Schickenburg wird die hl. Messe gefeiert und das 3. Evangelium verlesen. Früher wurde dort Pause gemacht und Priester, Ministranten, Sänger und Träger nahmen ein Halbmittag entgegen. Das 4. Evangelium wird beim Poppenkreuz verlesen.

Als Evangelientexte werden nicht wie früher die Anfänge der vier Evangelien verlesen, sondern Texte ausgewählt, die auf Felder, Wetter und Ernte Bezug nehmen. An sie werden passende Fürbitten angeschlossen. Vor wenigen Jahren trugen die Feldsaltner das Ferkele (Traggestell) vom hl. Urban noch mit.

Schon vor der Erhebung der Kuratie Tscherms zur Pfarrkirche kam es zur Teilung des großen Marlinger Feldumganges. In Tscherms zog man um 6.00 Uhr von der Pfarrkirche aus nach Baslan zur St.-Anna-Kapelle, von dort betend nach Lebenberg und dann über den Heidhof und das Raffein-Kreuz zur Pfarrkirche zurück. Evangelien wurden verlesen beim Strickerkreuz, beim Roten Kreuz (Feldererkreuz), im St.-Anna-Kirchlein in Baslan und beim Raffeinkreuz. In der Kapelle von Schloß Lebenberg wurde das hl. Meßopfer gefeiert. Wegen geringer Teilnahme reduzierte Pfarrer Bernard den Feldumgang auf einen Bittgang zum Friedhof, an dem nun viele Gläubige teilnehmen. Um 8.00 Uhr ist der Auszug aus der Pfarrkirche, am Friedhof Feldmesse und dann Rückkehr in die Pfarrkirche.

Wann der Urbanifeldumgang in Marling entstanden ist, läßt sich nicht mit Sicherheit sagen, man kann aber annehmen, daß seine Entstehung in die prozessionsfreudige Barockzeit fällt, in das 17. oder vielleicht in das 18. Jh., Zeiten, in der man ausgedehnte Bittgänge schätzte. Es ist denkbar, daß, wie in Algund und in der Pfarre Mais, auch in Marling eine Urbanibruderschaft bestanden hat.

Den ersten schriftlichen Hinweis liefert der »Leitfaden zum Verkündbuch in Marling 1874« im dortigen Pfarrwidum, wo im Anschluß an die Bemerkung, daß der Feldumgang, wenn das Urbanifest auf einen Sonn- oder Festtag fällt oder auf einen »obligirten Maifreitag«, auf den Pfingstdienstag verschoben werde, auf den Bittgang von 1858 hingewiesen wird, der wegen schlechten Wetters direkt nach Tscherms gemacht wurde.

In den Verkündbüchern der Pfarre Marling scheint der »übliche Bittgang« am Fest des hl. Urban (25. Mai) erst 1868 auf. An diesem Tag war um 4.00 Uhr früh eine hl. Messe und dann der Auszug. Im Anna-Kirchlein von Baslan und in der Schloßkapelle von Lebenberg wurde auch die Messe gefeiert. Der Schluß wurde in der Kirche von Tscherms gemacht. Das Bruderschaftsgebet der fünf Vaterunser läßt an den Zusammenhang mit einer Bruderschaft denken. Daß bei diesem Feldumgang auch die vier Evangelien gelesen oder gesungen wurden, bezeugen neben der mündlichen Tradition vielfältige Eintragungen in den Verkündbüchern. Aus der mündlichen Tradition geht auch hervor, daß die barocke Statue des hl. Urban (heute Seitenkapelle der Pfarrkirche) auf dem weiten Weg von Feldsaltnern getragen wurde. Die Verlegung des Umganges von Fest des hl. Urban auf den Pfingstmontag erfolgte zum erstenmal 1919 und endgültig 1924, wobei die Trennung im Umgang von Tscherms in diesem Jahr bereits vollzogen war. Darauf weist auch die Tatsache hin, daß man von diesem Jahr an nur noch zur Schickenburg hinauf zog.

Die Feldsaltner als Träger der Statue des hl. Urban hatten noch eine wichtige Aufgabe: Sie sollten den hl. Urban wohlbehalten wieder nach Marling bringen, aber da sie den Heiligen in möglichst viele Keller hineinschauen lassen wollten, was den Besitzern wegen des Segens für den Wein recht war, gab es gelegentlich kleine Unfälle.

Marling ist ein altes Weingebiet; es darf einen nicht wundern, daß der Weinpatron St. Urban dort eine besondere Verehrung genoß und durch die Felder getragen wurde, damit er sie segne.

Daneben gab es in Marling noch einen Urbaniumgang, der aber nur um den Dorfkern herum zu einer Kapelle führte, wo ein Stück des Johannesevangeliums gesungen wurde. Jungmänner in Burggräfler Tracht trugen die Statue des hl. Urban. Dieser Umgang, der sich von 1824 bis zu seiner Aufhebung – der letzte fand 1970 statt – in den Verkündbüchern der Pfarre nachweisen läßt, war immer am Nachmittag, ganz im Gegensatz zu seinem Vorläufer, dem Urbanibruderschaftsumgang, der am Fest des hl. Urban im Anschluß an den vormittägigen Gottesdienst stattfand und sich in den Verkündbüchern von 1767 und 1771 nachweisen läßt. Eine Eigentümlichkeit des nachmittägigen Urbaniumgangs, der ab 1914 vom Fest des hl. Urban auf den nachfolgenden Sonntag verlegt wurde, ist die Tatsache, daß er immer auf »Anbegehren« bzw. Wunsch der Gemeindevorstehung abgehalten wurde.

In Goldrain im Vintschgau wird am Fest des hl. Urban oder am darauffolgenden Sonntag die feierliche Urbaniprozession gehalten. Es ist die einzige Prozession dieser von Latsch abhängigen Kuratie und hat für Goldrain auch den Charakter einer Fronleichnamsprozession.

In Naturns gibt es eine noch bestehende Urbanibruderschaft. Ihre Mitglieder, die »Urbesbrüder«, nehmen mit Ferkele und Fahne an der Fronleichnamsprozession teil.

Das Ferkele mit dem segnenden hl. Urban wird fast in allen Pfarreien des Burggrafenamtes bei der Fronleichnamsprozession mitgetragen. In Dorf Tirol läßt sich ein »Piltnus« vom hl. Urban, das bei der Christi-Himmelfahrts-Prozession mitgetragen wurde, schon für 1635 nachweisen (vgl. Raitung).

In Gargazon wird die St.-Urban-Statue im Keller am Runsterhof aufbewahrt und für die Erntedankprozession im Oktober mit der Musikkapelle dort abgeholt und wieder dorthin gebracht. Die Leute dort nennen darum St. Urban den Kellerheiligen. In Gargazon war bis vor kurzem an jedem 3. Maifreitag ein Bittgang gegen Burgstall zu den Winkler Auen und zurück, und zwar um »Schutz und Segen für die Weingüter« zu erbitten. Dieser mag wohl der Rest eines Urbanifeldumganges gewesen sein.

Etwas anderes ist die Situation mit den sog. »Weimerumgängen« in Untermais, Dorf Tirol, Riffian und Gratsch, die erst vor wenigen Jahren aufgelassen wurden. Sie entstanden als Bittgänge zur Abwendung der Traubenkrankheit, vor allem der Reblaus, die um die Mitte des vergangenen Jahrhunderts sich sehr nachteilig bemerkbar machte. In Untermais, wo es bis 1783 eine Urbanibruderschaft gab, wurde der erste Bittgang um »Abwendung der Rebkrankheit« am 21. Mai 1854 abgehalten, und zwar auf Verlangen der Gemeinde, und von da an an jedem dritten Sonntag in den Monaten Mai, Juni, Juli, August, September. Bei diesem Bittgang wurden die sog. »Traubenmutter«, Maria mit Kind, St. Urban und St. Vigilius, alle auf einem gemeinsamen Ferkele, mitgetragen. Er führte von der Maria-Trost-Kirche zur Pfarrkirche und zurück.

In Dorf Tirol wurde der erste »Weimerumgang«, wie ihn die Leute nannten, der Umgang um »Bewahrung von der Traubenkrankheit«, am Nachmittag des 15. Juni 1856 abgehalten, und zwar auch hier auf Verlangen der Gemeinde. Er führte zur Ruprechtskirche und zur Schöpfkapelle hin, und zurück in die Pfarrkirche. Dabei wurde immer das Ferkele des hl. Urban von Jungmännern in Tracht mitgetragen. Zuerst fand er am 3. Sonntag im Monat statt, und zwar von Mai bis September, ab 1888 am ersten Sonntag im Monat. Aufgelassen wurde er 1969. Am Fest des hl. Urban fand in Dorf Tirol ein Gottesdienst statt. A. Gr.

Verkündbücher der Pfarren Algund, Dorf Tirol, Gargazon, Mais und Marling.

Bruder S.: St. Urban, der Weinpatron, in: Allgem. Tiroler Anzeiger 1908, v. 13. Juni.
Matscher, H.: Heilige im Südtiroler Volksleben (= An der Etsch und im Gebirge 20). Brixen 1961. S. 29 ff.
Kneißl, A.: Marling, Lana o. J. (1958). S. 152 ff.; 2. Aufl. 1970. S. 175 ff.
Haider, F.: Tiroler Volksbrauch im Jahreslauf. Innsbruck, Wien, München 1968. S. 263 f.

Viehmarkt in Keferloh

Viehmarkt in Keferloh (»Der Keferloher«)

1. Montag im September, 8.00 Uhr
Altkeferloh, Gmd. Grasbrunn,
Lk. München, Obb.

Am ersten Montag im September, dem sog. »Keferloher Montag«, wird in Altkeferloh auf einem Wiesenplatz hinter dem Gasthof Kreitmair nahe der Ägidiuskirche ein Nutz- und Schlachtviehmarkt abgehalten. Gehandelt wird mit Bullen, Kühen, Rindern und Ferkeln sowie mit Pferden. Der Kauf wird mit Handschlag besiegelt, die Zahlung erfolgt sogleich in bar.
Ab 10.00 Uhr findet in dem neben dem Gasthof Kreitmair aufgebauten Bierzelt, in dem eine Blasmusikkapelle spielt (die »Keferloher Blasmusi« oder die »Oberlandler« aus Markt Schwaben), ein Bauerntreffen statt. Die Bauern und die Familienmitglieder tragen vielfach oberbayerische Tracht.
Dann wird auf den in unmittelbarer Nachbarschaft von Altkeferloh gelegenen Feldern von Bauernburschen ein Schaupflügen mit Traktoren vorgeführt.
Der Keferloher Viehmarkt ist mit einem Warenmarkt und mit einem Volksfest verbunden, die zehn Tage vor dem Viehmarkt beginnen und mit diesem am ersten Montag im September abends enden. Der Warenmarkt wird vormittags und nachmittags abgehalten, der Vergnügungspark auf dem Festplatz vor dem Gasthof und dem Festzelt ist täglich ab 15.00 Uhr, sonntags ab 13.00 Uhr geöffnet und dauert bis 23.00 Uhr. Der Volksbelustigung dienen einige Schießbuden, Kinderkarusselle usw. Es ist ein kleines »Oktoberfest«.
Der Keferloher Viehmarkt geht gemäß der Überlieferung auf das Jahr 955 zurück. Nach der Schlacht auf dem Lechfeld sollen erbeutete ungarische Pferde auf der »Keferlohe«, einer vom Kiefernwald gerodeten Fläche, zum Kauf angeboten und aufgrund eines Privilegs Kaiser Ottos d. Gr. soll dort alljährlich um Laurentius (10. August) ein Pferdemarkt abgehalten worden sein. An jenem Platz stand schon um das Jahr 1160 ein Hof der Abtei Schäftlarn mit einer Kirche des hl. Ägidius. Der Festtag des Heiligen, der 1. September, wurde bei diesem Klosterhof mit Kirche jährlich mit Patrozinium und einer Dult gefeiert. Das weitere Bestehen des Marktes geht aus einer Urkunde Kaiser Ludwig d. Bayern aus dem Jahre 1335 hervor.
Veranstalter des Viehmarktes war das Kloster Schäftlarn, das die Zahl der Markttage und die Marktordnung festsetzte und für den Marktschutz verantwortlich war. Über das Marktleben geben erhaltene Verhörs- bzw. Gerichtsprotokolle des Klosterrichters aus den Jahren 1548 bis 1794 Aufschluß. Im 18. Jh. übernahm der Hofoberrichter den landesherrlichen Marktschutz, ein Offizier der Chevauxlegers mit 5 bis 6 Mann sorgte für die Aufrechterhaltung der Ordnung. Vieh- und Pferdehändler kamen aus ganz Oberbayern und Schwaben. Die Abtei Schäftlarn lud viele Städte und Märkte mit Erfolg zur Beteiligung ein. Trotz der Aufhebung des Klosters und trotz mancher kriegerischer Ereignisse blieb der Markt bestehen. Vom Ende des 18. Jh.s an entwickelte er sich zu einem bedeutenden Pferdemarkt, der bis zum Aufkommen des Motors seine Geltung behielt. Im Jahre 1803 betrug die Zahl der aufgetriebenen Pferde 500, nicht zuletzt begründet durch den großen Pferdebedarf in der Zeit der Napoleonischen Kriege. Bis ins 20. Jh. hinein, solange die Rösser eine alltägliche Erscheinung auf den Äckern und im Straßenbild waren, bewahrte der Keferloher Markt auch seine Ursprünglichkeit. Noch vor dem Ersten Weltkrieg waren seine Besucher an den bunten Schilfbuschen auf den Hüten – den Eintrittszeichen – zu erkennen. In jüngster Zeit aber hat der Markt an Bedeutung verloren. Nachdem er mit dem Zweiten Weltkrieg zum Erliegen gekommen war, gab es nach vielen Jahrzehnten am 6. September 1971 wieder einen »Keferloher Montag«, der aus diesem Anlaß besonders festlich begangen wurde. H. O.

Staatsarchiv für Obb. München: Gerichtsliteralien 3694/157, Kl.Fasz. 854/855, AR. 217/925. Kloster Schäftlarn: Gerichtsprotokolle 1548 bis 1794.

Viehscheid

Alljährlich finden im Oberallgäu Viehscheide statt. Bis aus dem Gebiet von Kempten, Memmingen und Wangen kommt Jungvieh aus die Galtalpen (Jungviehalpen) der Oberstdorfer Täler – Oytal, Birgsautal, Spielmannsau – und des Hintersteiner Tals.

Ca. 11 Wochen verbringen die Tiere auf den Alpen, bis sie am Scheidtag ihren Besitzern wieder übergeben werden. Veranstaltet wird der Scheid von einem Scheidausschuß, dem die beiden Alpmeister jeder Alpe unter dem Vorsitz eines Oberalpmeisters angehören. Jede Alpe hat je nach Größe zur Ausrichtung des Scheids beizutragen. Im Ausschuß der Alpmeister wird auch über Verrichtgeld je Alpsommer und Lohn der Hirten entschieden. Im Durchschnitt kostet ein Alpsommer pro Stück Vieh 60–65 DM. Von dieser Summe allein wären die Alpen aber nicht lebensfähig. Fast jede hat deshalb eine Jagd verpachtet, die ihr, zusammen mit Zuschüssen vom Grünen Plan, die Erhaltung der Gebäude und Geräte gewährleistet.
Die meisten Oberallgäuer Alpen sind Genossenschaftsbesitz. Eine Ausnahme bilden die Alpen des Oberstdorfer Rechtler-Verbandes, Sennalpen, aus dem Besitz alter Oberstdorfer Geschlechter. Privatalpen sind heute sehr selten.
Die Zahl der Tiere, die eine Alpe aufnehmen kann, wird nach einem alten Maß berechnet, den »Weiden«. Demnach benötigt ein Rind 3 »Weiden«, ein Kalb 1–2 »Weiden«. Eine Alpe mit ca. 600 ha Weideland hat rund 300 »Weiden« zur Verfügung.
Die Hirten auf den Jungviehalpen benöti-

gen keinerlei Vorkenntnisse. Sie kommen nicht selten aus dem handwerklichen Bereich und verbringen nur den Sommer in den Bergen. Anschließend kehren sie wieder in ihre Berufe zurück.
Hirten auf Sennalpen müssen melken und/oder käsen können. Man spricht in diesem Fall von Sennen.
Die Anzahl der Hirten bzw. Sennen einer Alpe richtet sich nach der Zahl der Tiere. Die Alpe Schlappold aus dem Oberstdorfer Birgsautal z. B. hat mit 70–80 Stück Vieh 5 Sennen.
Ein über Jahre hinaus fest angestellter Stamm von Hirten oder Sennen ist allgemein nicht zu finden.
Ursprünglich gab es nur einen Viehscheid in Oberstdorf, der aber mit einem Abstieg von Alpen nichts zu tun hatte. Er war ein reiner Tauschhandel.
Oberstdorf war etwa im 6. Jh. n. Chr. rätische Provinz geworden und bis in die Zeit Napoleons aufgrund oder trotz vieler Herrschaftswechsel immer mehr nach Süden ausgerichtet. Dieser Umstand ermöglichte es früher den Viehzüchtern aus dem Montafon, zweimal im Jahr mit ihren Tieren nach Oberstdorf zum Viehmarkt zu kommen. Dies geschah am 13. Sept. und knapp 4 Wochen darauf beim Gallusmarkt, der heute Krämermarkt ist, ursprünglich aber reiner Viehmarkt war.
Erst allmählich, z. T. auch aufgrund politischer Ereignisse, erfolgt die Wandlung des Viehscheids. Oberstdorf blieb aber trotzdem lange Zeit der einzige Ort mit einem Scheid. Alle heute bestehenden Viehscheide sind erst in jüngerer Zeit entstanden, gefördert durch das Interesse des Publikums (Tourismus). Die Alpabtriebe in diesem Orten verliefen früher ohne viel Aufsehen. K. K.

Viehscheid (Alpabtrieb) in Burgberg

Ca. 14. September, 9.00 Uhr vm. bis nm.
Burgberg bei Sonthofen,
Lk. Oberallgäu, Rgbz. Schw.

7 Alpen (Altenstein, Weiherle, Dopfen, Kehr, Schwande, Untere Schwande, Roßberg) vom Südhang des Grünten kommen nach einem 3-km-Marsch mit ihren Tieren zum Viehscheid nach Burgberg. Der 1. Viehscheid in Burgberg fand 1971 statt. Burgberg ist somit Neuling im Kreis aller organisierten Viehscheide des Oberallgäus. K. K.

Viehscheid (Alpabtrieb) in Gunzesried

September, 9.00 bis ca. 13.00 Uhr
Gunzesried, Lk. Oberallgäu, Rgbz. Schw.

Ca. 100 Tage verbrachte das Vieh, zumeist aus dem unteren Landkreis und dem Raum Memmingen kommend, auf den 12 Gunzesrieder Alpen: Holzschlag, Mittelberg, Oberwiesle, Gündle, Gatter, Unterwiesle, Untergelchenwang, Höllritzen, Obereck, Rangiswang, Oberälple, Vorderrinderalpe. Nach der Ankunft wird jeder Alpe auf dem Scheidplatz ein eigener, beschilderter Hagen zugewiesen. Dort bleiben die Tiere, bis sie von ihren Besitzern ausgesucht und zum größten Teil mit Wagen abtransportiert werden. Zu Beginn der fünfziger Jahre wurde der Gunzesrieder Viehscheid durch Eugen Schneider zu der großen Veranstaltung, wie sie sich heute darstellt. Bis dahin trieben die einzelnen Alpen ihr Vieh allein zu Tal, ohne viel Aufsehen und Bewunderung. Heute kommen dagegen Schaulustige mit Sonderbussen bis aus Schwabmünchen und Biberach. K. K.

Viehscheid (Alpabtrieb) in Hindelang

Je nach Witterung zwischen 9. und 11. September, 9.00 Uhr vm. bis nm.
Hindelang, Lk. Oberallgäu, Rgbz. Schw.
Scheidplatz an der Straße nach Hinterstein beim Freibad

Abmarsch ist für alle Alpen des Hintersteiner Tals bei Tagesanbruch. Durch den unterschiedlich langen Weg – die Alpen liegen zwischen 1400 und 1900 m hoch – ergibt sich am Scheidplatz eine reibungslose Aufeinanderfolge. Die erste Alpe, die gegen 9.00 Uhr erwartet wird, ist die Alpe Haseneck. Ihr folgen: Giebelhaus, Alpe Erzberg, die Alpen Kühbach und Stierbach, die Plattenalpe und die Mösle-Alpe. Die meisten Jungtiere kommen aus dem Gebiet Kempten und Wangen und werden mit Viehwagen abgeholt. Diese bilden am östlichen Ende des Scheidplatzes einen großen Halbkreis.
Hindelang als Marktgemeinde hat das Privileg, seinem Viehscheid einen Krämermarkt anzugliedern. Auf ihm werden Waren des täglichen Bedarfs neben Gebrauchsgegenständen für Viehzüchter angeboten.
Der Hindelanger Viehscheid kann auf eine sehr alte Tradition zurückblicken. Seit einigen Jahrhunderten (eine genaue Jahreszahl läßt sich nicht ermitteln) wird im Hintersteiner Tal ein Viehscheid abgehalten. Der Scheidplatz ist heute derselbe wie damals.
Mit seinen 7 Alpen und oft über 1000 Stück Vieh hat Hindelang einen der größten Viehscheide im Oberallgäu. K. K.

Viehscheid (Alpabtrieb) in Obermaiselstein

Meist 23. September, ab 9.00 Uhr
Obermaiselstein, Lk. Oberallgäu, Rgbz. Schw., Ortszentrum, nahe Gasthof »Hirsch«

In der Gemeinde Obermaiselstein befinden sich 2 Hochtäler: Schönbergtal mit den Alpen Herzeberg, Schönberg, Grasgehren, Hörnle- und Mittelalpe, und Lochbachtal mit Lochbachalpe, Schwabenalpe, Gund- und Simonsalpe, Freiburger Alpe, Dingjörgen Alpe, Kindsbangett Alpe, Doniskopfalpe, genannt Hubersberg. Diese 13 Alpen sind Galtalpen (Jungviehalpen), die zum großen Teil mit Jungvieh aus dem Unterland »beschlagen«, d. h. belegt, besetzt, werden. Beim zeitlich gestaffelten Eintreffen auf dem Scheidplatz erfolgt das Ausscheiden der Tiere. Der Obermaiselsteiner Viehscheid heutiger Art, mit Blaskapelle und Verlosung von Alpschellen, existiert erst seit 1968. Kleinere Viehscheide in einfachem Rahmen, ein Fest für alle Einheimischen, gab es aber schon vor mehr als 50 Jahren. Die Kriegsjahre ausgenommen, fand man sich an diesen Abenden zu gemütlichen Zusammenkünften mit Tanz ein. Zu erwähnen ist noch, daß bis etwa 1955 zehn der 13 hier aufgeführten Alpen reine Sennalpen waren und nur die verbleibenden drei Jungviehalpen. Für diese 10 Sennalpen brauchte man seinerzeit keinen Viehscheid, denn die Kühe, ausschließlich aus der nächsten Umgebung stammend, fanden nach dem Alpabtrieb selbst ihren Weg in den heimatlichen Stall. Seit 1955 kommt von Jahr zu Jahr mehr Jungvieh auf die Obermaiselsteiner Alpen. Die Sennalpen wurden aufgrund großer Unwirtschaftlichkeit fast aufgegeben. Um die Alpweiden aber vor der Verwilderung zu bewahren, beschlug man die Alpen mit Jungvieh. Da die Landwirte in diesem Gebiet trotz vermehrter Nachzucht nicht genügend Jungvieh haben, werden die Plätze mit Jungvieh aus dem Unterland belegt. K. K.

Viehscheid in Oberstaufen

Mitte September, 8.30–12.00 Uhr
Marktgmd. Oberstaufen,
Lk. Oberallgäu, Schw.

In Höfen, Ot. von Oberstaufen, werden in abgeteilten Koppeln Rinder der Alpen um Oberstaufen zusammengeführt; sie kommen von den Alpen Hinterburschgeschwend, Walterneralpe, Ober- und Mitterbergmoos, Schloßberg, Spilzer, Alpe Burscht, Unteregg, Ehrenschwang, Falken und Schneyloch. Reine Sennalpen sind noch die Waltneralpe und die Alpe Unteregg. Die Rinder, die auf den Alpen gesömmert werden, stammen zu einem wesentlichen Teil aus dem Landkreis Wangen (Raum Ravensburg) und aus dem Unterallgäu (Raum Memmingen-Mindelheim). Die Tiere werden von Höfen aus mit Lastwagen und Traktoren weitertransportiert. Für den Viehscheid wurden als Preise drei Schellen (Kuhglocken) gestiftet, die u. a. an den dienstältesten Senn und den schönsten Bergzug (= Viehtrieb mit geschmückten Tieren) gegeben werden.

Der Viehscheid in Oberstaufen wurde erstmals 1973 durchgeführt. Beteiligung 1973: rund 1000 Rinder.

In früheren Jahren führte jede Alpe ihren Abtrieb gesondert durch. Es kam häufig zur Blockierung der Straße von Steibis nach Oberstaufen, die von den meisten Herden auf dem Weg ins Tal in Anspruch genommen werden muß.

Der in Oberstaufen neu geschaffene Brauch greift bekannte Allgäuer Vorbilder auf. Man ist entschlossen, den Viehscheid beizubehalten.

Es ist bemerkenswert, daß man einen neuen Viehscheid einführte, nachdem ein großer Teil der Almen/Alpen in Bayern nicht mehr beschickt oder nur noch Galtvieh dort gehalten wird. (Personalmangel, Frischmilchtransport meist nicht möglich etc.) G. K.

Korr. u. Int. Witzigmann, F. X., Oberstaufen. 10/1873 u. 1/1974.
Ludewig, T.: Erster Staufner Viehscheid am 14. September 1973, in: Mitt. d. Marktes Oberstaufen 7/1973. Nr. 19 v. 1. 10. 1973.

Viehscheid (Alpabtrieb) in Oberstdorf

Am 13. September findet der Scheid der Galtalpen (Jungviehalpen), am 21. September der der Sennalpen statt, 9.00 Uhr vm. bis nm.
Oberstdorf, Lk. Oberallgäu, Rgbz. Schw.
Im Ried südlich Oberstdorf-Loretto

Im Morgengrauen ist Aufbruch sowohl für die Alpen der Genossenschaft als auch die des Rechtler-Verbands (Vorspann), die gemeinsam zum Scheid aus dem Birgsautal kommen. Am 13. 9. kommen die 5 Galtalpen der Genossenschaft: Rappenalpe, Bierwanger Alpe, Alpe Taufersberg, Bieberalpe, Alpe Haldenwang. Am 21. 9. die Sennalpen der Genossenschaft: Schlappold, Sölleralpe, Peters Älpele, Breitengerenalpe, Lindersalpe, Buchraineralpe, Alpe Finkenberg und die Sennalpen des Rechtlerverbands: Alpe Eschbach, Alpe Dietersbach, Gerstruber Älpele, Ringatz Gund Alpe, Untermädele Alpe, Lugenalpe. Die Tiere werden auf der Straße aus dem Birgsautal heraus und in den nach unten offenen Pferch getrieben. Der unterschiedlich lange Weg ergibt eine problemlose Aufeinanderfolge der einzelnen Alpen am Scheidplatz. Der Engpaß am oberen Ende ermöglicht nur immer einem Tier den Durchgang. Aufgrund des Brandzeichens oder der Gravur am immer nach links schließenden Schellenriemen kann nun der Hirte die Tiere ausrufen und ihren Besitzern übergeben. An die breitstehenden Tresen gebunden, warten die Tiere auf ihren Transport nach Hause, der zumeist im Viehwagen erfolgt. Jede Alpe, sofern die Tiere den Alpsommer unfallfrei überstanden haben, führt ein oder zwei Kranzkühe mit sich. Dies sind zumeist Lieblingstiere der Hirten oder auch Tiere reicher Bauern, die für die Ehre des Kranztragens bezahlen. Die Kränze, die eigentlich mehr Kronen gleichen, bestehen zum größten Teil aus Alpenblumen, Strohblumen und Grün. In fast jedem Kranz wird man auch ein oder zwei Spiegel finden.

Nach dem Eintreffen aller Alpen findet im Festzelt die Verlosung der von Firmen, Gemeinde- und/oder Kommunalpolitikern gespendeten Ehrenschellen unter den Hirten statt. Nicht selten kommen auch Bierspenden sowie Geldspenden für Hirtenbuben zur Verlosung.

Oberstdorf hat den ältesten Viehscheid im gesamten Oberallgäu. Der Scheidplatz von damals, das »Ried« (Besitz des Rechtlerverbandes), hat auch heute noch dieselbe Funktion. Auf die Oberstdorfer Galtalpen kommt sehr viel Vieh aus dem Unterland (Kempten, Memmingen, Wangen), wohingegen auf den Sennalpen fast nur

◁ *Kranzbinderin beim Alpabtrieb in Oberstdorf*

einheimisches Vieh zu finden ist. Manches Stück Vieh wechselt auf dem Scheidplatz auch seinen Besitzer, da hochgeälptes Vieh wesentlich wertvoller als anderes Vieh ist. Der Viehscheid ist nicht nur für die Oberstdorfer ein großes Ereignis, auch auf die Kurgäste übt er eine große Anziehungskraft aus. K. K.

Viehscheid (Alpabtrieb) in Schöllang

12. September ab ca. 9.00 Uhr bis nm.
Schöllang, Lk. Oberallgäu, Rgbz. Schw.
Auf der Straße von Oberstdorf nach Sonthofen, vor dem Alpengasthof Rank

Abmarsch für die 4 Galtalpen (Jungviehalpen) aus dem Oytal ist bei Tagesanbruch, wodurch sich auf dem Scheidplatz die zeitliche Staffelung beim Eintreffen der Alpen ergibt. Die 4 Alpen sind: Entschenalpe, Hintere Seealpe, Gutenalpe und Käseralpe. Die Tiere jeder eintreffenden Alpe werden anschließend an die Verteilung, nach Ortschaften gegliedert, in die einzelnen Hagen – festumzäunte Plätze innerhalb der Ortschaft – getrieben. Noch vor dem Eintreffen der nächsten Alpe ziehen die einzelnen Herden geschlossen in ihre nahegelegenen Heimatdörfer. Erst hier wird eine endgültige Aufteilung vorgenommen. Schöllang kann mit seinem Viehscheid schon auf eine ältere, jedoch zeitlich nicht fest abgrenzbare Tradition zurückblicken. Die Ausweitung des Scheids zu einem allgemeinen Fest ist aber erst neueren Datums. Der Schöllanger Viehscheid gehört mit seinen 4 Alpen und rund 600 Stück Jungvieh zu den kleineren Viehscheiden. Da sich die Zahl der Einheimischen und Besucher hier ungefähr die Waage hält, ist von der Unruhe, die auf großen Scheidplätzen zu spüren ist, nur wenig festzustellen. K. K.

Vierbergelauf (Vierbergewallfahrt) in Kärnten

Freitag nach Ostern (Dreinagelfreitag), Mitternacht bis ca. 17.00 Uhr
Gmd. Ottmanach, Maria Saal, St. Peter am Pichl, Liebenfels, Sörg, Obermühlbach, Bez. Klagenfurt-Land, und St. Veit an der Glan, K

Am Vorabend des sog. Dreinageltages versammeln sich auf dem Magdalensberg bei Hochosterwitz etwa 100 bis 200 Wallfahrer. Unter ihnen befinden sich zwei Gruppen – die »Sörger« und die »Metnitztaler« –, die schon seit dem Vormittag unterwegs und in Prozession auf den Berg gekommen sind. Sie bilden den Kern der »Vierberger«. Nach dem Kreuzwegbeten und der Mitternachtsmesse verlassen die Teilnehmer mit Fackeln hinter grüngeschmückten Vortragskreuzen die St.-Magdalena-Kirche und begeben sich in eiligem Schritt, teilweise Abkürzungen über Felder laufend, ins Zollfeld hinab und weiter nach Pörtschach am Berg. Nach Frühstückspause und Messe besteigen sie den Ulrichsberg. Neben der Kirchenruine St. Ulrich wird dort vor dem Kriegerdenkmalkreuz eine Andacht gehalten. Anschließend geht es im Lauf durch Wald und Gestrüpp den steilen Berghang hinunter nach Karnberg, wo die Wallfahrer nach kurzer Rast wieder an einer Messe teilnehmen und etwas später in Zweikirchen dann zum viertenmal. Weiter führt der Weg quer durch das Glantal und über Berghöhen zur Mittagspause nach Liemberg. Hier findet vor 12.00 Uhr die letzte (verkürzte) Messe statt. Die Vierberger ziehen an der steilen Südflanke zum Gipfel des Veits- oder Göseberges, beten in der Kapelle eine Heiligenlitanei und nehmen ihren Weg bergab – einen steilen Graben kreuzend – nach Gradenegg. Dort wird ein Segen gespendet, ebenso nach einer halben Wegstunde in der Kirche zu Sörg. Schließlich erreichen die Vierberger gegen 17.00 Uhr die Lorenzibergkirche am Gauerstall. Unterwegs haben sie auf den Bergen unterschiedliche Grünpflanzen (Bärlapp, Efeu, Immergrün, Wacholder) gesammelt, die daheim teilweise noch zu magischem Unwettervertreiben benutzt werden; einige Pilger tauschen an manchen Orten (Ulrichsberg, Zweikirchen, Lorenziberg) mitgebrachtes gegen geweihtes Getreide aus; öfter bewirten Bauern die Wallfahrer mit Äpfeln und Most, sie selbst beschenken am Wegrand sitzende Kinder mit Süßigkeiten. Insgesamt werden bei dem äußerst beschwerlichen Marsch, an dem sowohl Jugendliche wie auch sehr alte Leute aus Stadt und Land teilnehmen und nicht selten stundenlang ununterbrochen beten, nahezu 50 km zurückgelegt.
Der älteste Beleg für diesen Brauch stammt aus den Kollektaneen eines Wiener Domherren vor 1510, wo von barfüßigen Kärntnerinnen aus der Gegend von St. Veit die Rede ist, die an einem Tag die vier Berge besteigen. Nach neuesten Untersuchungen dürfte sich der Brauch im ausgehenden 15. Jh. aus der Verehrung des Leidens Jesu Christi am Dreinageltag (Schmerzensmann-, Marterzeugmotiv), vielleicht auch beeinflußt durch die Türkenkriege, entwickelt und seine Form wesentlich in Analogie zur Jubiläumswallfahrt in Rom gewonnen haben. Seine Ausgestaltung als zeitgleicher (24stündiger) Nachvollzug des Leidensweges Christi – als z. B. auf dem Magdalensberg des Abendmahls, auf dem Ulrichsberg der Verurteilung durch Kaiphas, auf dem Veitsberg um 12.00 Uhr der Kreuzigung und auf dem Lorenziberg der Grablegung Jesu gedacht wurde – hat der Brauch wohl in der Barockzeit gefunden. Gegen Ende des 18. Jh.s traf ihn, wie viele Wallfahrten auch, ein strenges Verbot der aufgeklärten Obrigkeit; er wurde dennoch zuweilen heimlich durchgeführt und ist dann seit etwa 1840 wieder aufgeblüht. In der 2. Hälfte des 19. Jh.s haben manchmal über 2000 Personen daran teilgenommen,

aber zur Jahrhundertwende hin kamen immer weniger Pilger, bis es im Zweiten Weltkrieg nur noch etwa 10 bis 15 waren. Nach dem Krieg stieg die Wallfahrerzahl wieder an, nicht ohne Einfluß der eindrucksvollen Vorbeterpersönlichkeit Ferdinand Eichers (1894–1971, sein letzter Vierbergelauf 1970) und allgemeiner Heimatpflegegedanken, doch neuerdings auch durch die Auswirkung der sog. Volksmärsche (z. B. »Rund um den Ulrichsberg«).

Zur Deutung des Vierbergelaufs sind die verschiedensten Lösungen angeboten worden. Man hat ihn vor allem als christliche Umformung eines ursprünglich heidnischen, insbesondere keltischen Brauches verstehen wollen, der im Zusammenhang mit Toten-, Feuer- und Fruchtbarkeitskulten oder gar der Feier eines Stammesbündnisses stand. Doch beruhen alle diese Interpretationen auf isolierten Einzelelementen, die für das Altertum bestenfalls in sehr allgemeinen Formen erschließbar sind und für deren Tradierung durch ein volles Jahrtausend bisher keine Belege beigebracht werden konnten. Wenn man jedoch die historisch und gegenwärtig faßbare Erscheinung vorurteilslos betrachtet, dann fügt sie sich mit allen ihren Einzelheiten lückenlos in das allgemeine Bild christlichen Wallfahrtswesens und mit ihrer Ausdeutung in die spätmittelalterlich-barocke Gestaltung religiösen Lebens. Der Vierbergelauf gehört seinem Gehalt nach zu den Karwochenbräuchen, in den Umkreis der Karfreitagsprozessionen, Christi-Leiden-Spiele und des Fastenliedersingens, und bildet – um zwei Wochen auf den im Mittelalter (1353) eingeführten Termin »Dreinageltag« verschoben – Höhepunkt und Abschluß des Kärntner Passionsbrauchtums, auch wenn er heute vielfach nur als »Heimatbrauch« im Bewußtsein ist. H. G.

Graber, G.: Die Vierberger, in: Carinthia I 102/1912. S. 1–87.
Schmidt, L.: Der norische Himmelsbootfahrer, in: Carinthia I 141/1951. S. 717–765.
Petrei, B.: Jahrtausende ziehen mit uns. Maria Rein 1962. (Populäre Darstellung in Romanform.)

Kretzenbacher, L.: Begegnung in Erbe und Erlebnis, in: Ostdeutsche Wissenschaft 9/1962. S. 428–459.
Stelzer, W.: Ein neuer Quellenfund zur Geschichte des Kärntner Vierbergelaufs, in: Carinthia I 162/1972. S. 457–466.
Gerndt, H.: Vierbergelauf, Gegenwart und Geschichte eines Kärntner Brauchs. Klagenfurt 1973.

Volksschauspiel

Unter dem mehrdeutigen, seit dem 19. Jh. gebräuchlichen Begriff Volksschauspiel werden von der Wissenschaft verschiedene Gattungen des Laienspiels zusammengefaßt; man versteht darunter Aufführungswesen und Textschatz einer durch Überlieferung gebundenen Trägerschicht. Eine kurze Geschichte des Volksschauspiels in den Alpenländern wird die Wandlungen in Auffassung und Stil, in Themenwahl und Präsentation deutlich machen.

Wichtig sind vor allem die Entwicklungen, wie sie das 17. und 18. Jh. brachten. Zunächst muß hier ausschließlich vom geistlichen Spiel die Rede sein; seine wesentlichen Anstöße liegen im Umrittsbrauchtum, im Prozessionswesen, im agonalen Brauchtum geistlicher Prägung.

Nach der fast gänzlichen Erschöpfung der altbairischen Spieltradition nach dem Hochmittelalter zeigt die Zeit der Gotik wieder neue Ansätze; so z. B. durch die Einbeziehung des Palmesels oder der Christkindlwiege mit allen damit verbundenen Brauchabläufen in die Festliturgie. Erst das 16. Jh. bringt das Wiederaufleben einer reichen Spieltradition; die textierte Münchener Fronleichnamsprozession von 1574 – Vorbild für zahllose andere in der Region – gab wohl den Ausschlag. Die Zeit der Gegenreformation war der fruchtbarste Boden für geistliche Spiele; die Gegenreformatoren machten sich das Medium Schauspiel in vollem Umfang zunutze zur eindringlichen Darstellung ihrer Anschauungen; die Jesuiten sind hier als die ersten bewußten Erkenner und Förderer des altbairischen Spieltriebes, der Spielfreude und -begabung anzusehen.

Auffallend ist, daß nicht, wie in anderen Landschaften, die Weihnachtsspiele die größte Bedeutung erlangten, sondern vor allem die aus der figurierten Prozession entwickelten Passionsspiele, die auf offenen Plätzen und breiten Straßen gezeigt wurden. Diese Vorliebe für die Aufführung der Passion grenzt Altbayern von den bayerischen Landesteilen Schwaben und Franken deutlich ab und schließt es eng an die österreichischen Länder an.

Der Geist religiöser Erneuerung und der bisher mehr latent als offen vorhandene theatralische Betätigungsdrang in Altbayern sahen im Vorbild der geistlichen Bühnen einen Anstoß zur Entfaltung der eigenen mimischen Begabung. Keine andere Landschaft hat in den folgenden zwei Jahrhunderten eine so intensive Spieltätigkeit entwickelt wie Altbayern und das benachbarte Tirol. Laienbruderschaften waren die ersten Träger des nicht geistlichen Theaterspiels; zunftmäßig organisierte Handwerker traten als Schauspieler auf. Alle diese Gruppen erhielten Texte und Anleitung von den Orden (z. B. den Jesuiten, Benediktinern, Augustiner Chorherren und Zisterziensern), und so wurden sie für lange Zeit vom Stil des Ordenstheaters geprägt. Nahezu alle Klöster, die einen Schulbetrieb unterhielten, benützten das Theater als wesentliches Element des Unterrichtes.

Besonders deutlich offenbart sich der Drang des Altbayern und Österreichers zum Theater in den zahlreichen Bittgesuchen um weitere Spielgenehmigung während und nach der Zeit der Aufklärung (vgl. Oberammergau).

Das Volkstheater, wie es jetzt hieß, lebte

Barocke Bühnenarchitektur und eindrucksvolle Dramatik im Kiefersfeldner Theaterstadel (s. a. Ritterspiele in Kiefersfelden) ▷

seit dem Beginn des 19. Jh.s ohne Unterstützung, Führung und Leitung der Orden; es erfolgte eine Umstellung auf weniger geistlich betonte Stoffgebiete; das Ritterstück kam auf (vgl. Kiefersfelden) und erlebte bald eine große Blüte. Wandertruppen traten auf, meist mit »historischen« Stücken des Räuber- und Wildschützengenres, die von den bäuerlichen, seßhaften Spielgruppen rasch aufgenommen wurden. Um 1800 lösten die neu entstandenen Theatergesellschaften endgültig die alten Bruderschaften ab, aber auch deren Mitglieder rekrutierten sich hauptsächlich aus den Kreisen des Handwerks. Doch dem Volksschauspiel – religiöser und nichtreligiöser Art – entstand bedrohliche Konkurrenz in den Bauernbühnen, deren »Volksstücke« dem Volksschauspiel nicht vergleichbar sind; es geht hier um die Darstellung von Ereignissen komischer oder sentimentaler Art aus der bäuerlichen Umwelt bzw. aus dem Landleben, wie es sich der Städter, der Sommerfrischler vorstellt.

Unter dem Sammelbegriff »Volksschauspiel« werden auch zahlreiche Gattungen zusammengefaßt, die für den Laien zunächst mit dem Theater kaum gemeinsames haben, so das Brauchspiel. Oft liegt diesen kurzen Szenen kein fester Text zugrunde oder nur eine Folge von Textformeln. Hierher gehören Sprechszenen bei Bräuchen wie dem Maibaumschneiden, dem Blochziehen, dem Palmeselumzug, beim Christi-Himmelfahrt-Spiel oder beim Kindlwiegen.

Eine weitere Art ist das Umzugsspiel. Wichtigstes Merkmal: der Zug der Darsteller von Spielort zu Spielort, dessen brauchmäßige Grundlage der »Umgang«, das »Heischen« von Gaben ist. Dazu zählen die Sternsinger, die Heiligen Drei Kö-

nige, bestimmte österreichische Paradeis- und Krippenspiele, Nikolausspiele, aber auch verschiedene Arten der Maskenumzüge, auf die in diesem Buch mit einer Reihe detaillierter Beschreibungen hingewiesen wird (vgl. z. B. das Brixener Sternsingen, das Nikolausspiel in Neufahrn oder das Buttnmandllaufen in Berchtesgaden).
Im Wesen verwandt ist das von erwachsenen Darstellern mit theatralischem Pomp aufgeführte Prozessionsspiel; diese Gattung ist nur im kirchlichen Bereich erhalten. Die katholische Kirche hat am antiken Formelement der »Pompa«, des Aufzuges, des Großumzuges festgehalten und es für bestimmte Anlässe erweitert und reserviert (vgl. Fronleichnamsprozession in Bayern und Österreich; Vilgertshofen). Treten zum ortsfesten Spielbrauch feste Texte hinzu, so entsteht ein Stubenspiel; die Trägerschicht ist meist die örtliche Burschenschaft. Die Spieler kommen zum Spielort, zu den dort versammelten Zuschauern, bitten nach altem Brauch um Spielerlaubnis und werden zuweilen auch entlohnt. Spielort ist die bäuerliche Stube, heute oft auch eine Wirtsstube. Am häufigsten sind in dieser Gattung Weihnachtsspiele anzutreffen (s. Nikolausspiel in Neufahrn).
Alle Einzelformen des Markt- oder Bühnenspiels werden unter dem Überbegriff Großspiel zusammengefaßt. Wesentlich ist hier, daß die Zuschauer zur Aufführung kommen, nicht die Spieler zu den Zuschauern. Die Vorstellungen finden an einem durch die Tradition bestimmten Ort statt (Komödienstadel, Passionsbühne etc.). Die wichtigste Form ist hier das Passionsspiel, aber auch Spiele vom Jüngsten Gericht oder dramatisierter Legendenstoff wurden und werden aufgeführt. Hierher sind auch die Vereinsbühnen des 19. Jh.s zu rechnen und das heute so populäre Bauerntheater, das sich auch den Bildschirm erobern konnte. N. G.

Schmidt, L.: Das deutsche Volksschauspiel. Berlin, Bielefeld, München 1962.

Volksskilauf von Schliersee nach Thiersee

Kein festes Datum, da witterungsabhängig
Marktgmd. Schliersee, Lk. Miesbach, Rgbz. Obb.

Veranstaltet wird dieser Volksskilauf von der Skizunft Neuhaus und dem SV Thiersee, Tirol. Die Beteiligung lag in den letzten Jahren bei 1000 Läufern und darüber. Es gilt bei diesem Lauf, die 40 km lange Strecke durch das Leitzachtal, vorbei am Wendelsteinmassiv, hinauf zum Ursprungspaß – an dem die Landesgrenze verläuft – und von dort durchs »Landl« hinunter nach Thiersee zu bewältigen.
Der Weg führt zunächst über den gefrorenen See, und das Bild der ca. tausend in dichtem Gedränge über das Eis gleitenden, kratzenden und schlitternden Menschen, die von oben wie Ameisen aussehen, ist für den Zuschauer gewiß das Erheiterndste und Belustigendste der Veranstaltung. Die Teilnehmer reihen sich am anderen Seeufer dann in drei sorgfältig präparierte Loipen ein und versuchen – im Eiltempo oder gemütlich und genüßlich die schöne Umgebung genießend – Thiersee zu erreichen.
Die beiden Skiclubs von Neuhaus und Thiersee in Tirol haben den Volksskilauf 1967 ins Leben gerufen. Seither findet er jedes Jahr bei geeigneter Witterung statt. Anregung gaben verschiedene ähnliche, schon früher existierende Veranstaltungen vergleichbarer Art in der Umgebung und die im Gefolge der zahlreichen »Trimm-Dich«-Aktionen überall entstandenen Volksläufe, deren berühmtester und meistbesuchter der Marsch um den Starnberger See ist. Schliersee und Thiersee haben das Verdienst, den Wintersportlern eine ähnliche Attraktion zu bieten. N. G.

Hofmann, H. u. G.: Schliersee. Miesbach-Hausham-Schliersee 1969. S. 65 f.

Volkstheater in Endorf

Pfingstmontag bis Anfang bzw. Mitte Juli (je nach Datum des Pfingstfestes) an den Sonntagen und Fronleichnam 14.00 bis ca. 17.00 Uhr, am Peter-und-Paulstag 20.00–23.00 Uhr
Ländl. Lustspiel: Ende Juli/August
4 Vorst., jeweils Freitag 20.00 Uhr
Marktgmd. Endorf, Lk. Rosenheim, Rgbz. Obb.

Die Vorstellungen finden im Theatergebäude an der Rosenheimer Straße statt. Aufgeführt wird jährlich ein religiöses Volksstück. Das Repertoire umfaßt hauptsächlich Themen der Heiligengeschichte (Elisabeth, Niklaus v. Flüe, Notburga, Franz v. Assisi u. a.), daneben auch biblische Stoffe (Der ägyptische Josef, Saulus u. a.). Seit einigen Jahren wird zudem im Sommer ein ländliches Lustspiel gegeben. Die kleine, zur Marktgemeinde Endorf gehörige Ortschaft Teisenham ist die Geburtsstätte der Spiele. Dort schrieb 1790 der Bauer Simon Pichler ein Weltgerichtsdrama ab und führte es mit seinen Freun-

Szenen aus dem »Ägyptischen Josef« 1907 ▷

den zur Kirchweih auf. 1803 erwarb man das Seminartheater des säkularisierten Klosters Herrenchiemsee. Damit wurde bald darauf »Der hl. Eustachius« in Szene gesetzt. Die frühen Spiele fanden unter Aufsicht der Josephi-Bruderschaft im Freien statt. 1817 wurden erstmals Vorstellungen in einem Gebäude geplant. Es gab auch Aufführungen von Stücken der Romantik, ohne daß das religiöse Element völlig verdrängt wurde. Von der Jahrhundertmitte an rückten erneut Gestalten aus Bibel, Legende und Kirchengeschichte in den Mittelpunkt der Spiele. Am 4. April 1866 verpflichteten sich 12 Mitglieder der Spielgemeinschaft vertraglich zum Bau eines Theaterhauses; schon im nächsten Jahr konnte die Eröffnung stattfinden.

Das meistgespielte Stück des 19. Jh.s war »Der ägyptische Josef«. Zu diesem Erfolg trugen die lebenden Bilder aus der Leidensgeschichte Christi erheblich bei. 1899 gab man das Oratorium mit Tableaux von Fidelis Müller.

Auf dem Spielplan des 20. Jh.s (1. Hälfte) standen neben biblischen und Legendenstoffen historische Dramen mit christlicher Thematik (Die Jungfrau von Orleans, Kaiser Nero), aber auch andere Stücke der Populärdramatik. Seit dem Ende des Zweiten Weltkrieges wird alljährlich ein christliches Schauspiel gegeben. Doch die Titel des alten Repertoires sind bis auf wenige Ausnahmen verschwunden. Zwischen 1950 und 1970 wurden nur 4 Spiele des 19. bzw. frühen 20. Jh.s aufgeführt; die übrigen haben in jüngerer Zeit Christian Mayrl und Hubert Bomba im Auftrag der Theatergesellschaft verfaßt. Am zugkräftigsten freilich ist nach wie vor das Elisabethspiel des Pfarrers Gerold Gabriel, das 1909 erstmals gegeben wurde, dann 1924, 1931, 1946, 1956 und 1972.

Die Endorfer Theatergesellschaft zählt gegenwärtig ca. 120 Mitglieder, von denen sich die Hälfte aktiv an den Vorführungen beteiligt. Der nach Abzug der Unkosten verbleibende Überschuß muß gemäß den Vereinsstatuten wohltätigen und gemeinnützigen Zwecken zugeführt werden.

Nachdem die Flintsbacher Volksbühne, die im frühen 20. Jh. ebenfalls noch Legendendramen aufführte, ihr Repertoire nunmehr ganz auf Mundartkomödien umgestellt hat, ist die Theatergesellschaft Endorf die einzige der traditionellen Spielgruppen Bayerns, die nach wie vor alljährlich ein umfangreiches religiöses Schauspiel in Szene setzt. E. H.

Eich, L.: Ein oberbayrisches Dorf. Rosenheim 1950. Gekürzte Fassung in: Bayerland 11/1900. S. 189 f.

Harvolk, E.: Das Endorfer Volksschauspiel. Rosenheim 1974.

Volkstheater in Flintsbach

Juni bis September, Aufführungen Mittwoch, Samstag und Sonntag, Beginn 20.00 Uhr im Komödienstadel Flintsbach

Flintsbach a. Inn. Lk. Rosenheim, Obb.

Als im Jahre 1823 Franz Pallauf, Wirt zu Flintsbach, einen Komödienstadel errichten ließ, um einen festen Platz für die Theateraufführungen in der Gemeinde zu schaffen, konnte das Laienspiel in diesem Ort bereits auf eine fast zweihundertjährige Tradition zurückblicken. Schon in den Jahren 1675–80 wurden in der Pfarrkirche Karfreitagsspiele aufgeführt. Leider wurden beim Brand des Niedermaierschen Bäckerhauses im Jahre 1869 sämtliche Unterlagen der Spielergemeinschaft vernichtet. Um sich einen Überblick über die Tätigkeit der Theatergemeinde in Flintsbach zu verschaffen, bleiben lediglich einige Aufzeichnungen der Kirche – im Kirchenrechnungsbuch sind die Kosten für die Karfreitagsspiele verzeichnet – und einige Unterlagen im Staatsarchiv für Oberbayern (München) – Briefe, amtliche Eintragungen.

Zur Einweihung des neuen Theaterhauses wurde 1823 das Märtyrerspiel »Der hl. Alexius« vom 27. April bis zum 6. Sonntag nach Pfingsten insgesamt neunmal aufgeführt. Man verwendete vermutlich den Text von Oberaudorf (1769) und Kiefersfelden (1819). Ab Juli 1823 fanden weitere 10 Aufführungen statt, belegt durch das »Kassabuch der Chormusik-Gesellschaft Unterflintsbach«. Höchstwahrscheinlich handelte es sich um das Stück »Die hl. Genovefa«.

Im Mai 1824 wurde die biblische »Komödie von den Josefi-Brüdern« gespielt, im September des gleichen Jahres das Ritterschauspiel »Hans Dollinger oder das heimliche Blutgericht«. Der bayerische Artillerie-Hauptmann Carl Weishaupt, der im Jahre 1832 heimatkundliche Studien in diesem Gebiet betrieb, wohnte im Herbst einer neuerlichen Aufführung dieses Stückes bei. Der Text stammt von Emmanuel Schikaneder, dem Librettisten von Mozarts »Zauberflöte«. Der älteste noch erhaltene Text, »gehörig zur Schaubühne Flintsbach. Abgeschrieben und verbessert von Jakob Mühlbacher im Jahre 1832« ist ein Stück nach einer Erzählung von Christoph von Schmidt: »Rosa von Tannenburg«.

Am 24. Oktober 1833 machte die Gemeinde Flintsbach unter der Führung des Wirtes Pallauf eine Eingabe an die Regierung; man wollte das Passionsspiel in das Repertoire aufnehmen. Bereits am 6. September dieses Jahres hatte die Gemeinde von der Rottaler Theatergesellschaft »alle zur Aufführung dieses theatralischen Unternehmens gehörigen Ein- und Vorrichtungen« erworben. Von weltlicher Seite bestanden keinerlei Bedenken, zumal der Reinerlös dieser Vorstellungen sozialen Zwecken zugeführt werden sollte (je ein Teil zur Reparatur der Pfarrkirche, für den Lokal-Armenfonds und zur Errichtung eines Nationalmonuments für König Otto I. von Griechenland). Das Ordinariat jedoch lehnte ab; man befürchtete eine Profanierung des Passionsspiels.

Die Theaterfreunde in Flintsbach gaben sich jedoch noch nicht geschlagen: sie wagten im Jahre 1834 nochmals eine Eingabe, die schließlich zum Erfolg führte. Am 18. Mai 1834 erhielten sie die Genehmigung, das Passionsspiel aufzuführen, der Erlös sollte dem neugegründeten Schulfonds zugute kommen. Schließlich konnte am 15. Juni 1834 das Passionsspiel unter dem Direktor Georg Gallinger, Schuster aus Rott, erstmals aufgeführt werden. Die Vorstellung endete jedoch mit einem Defizit in der Theaterkasse, so daß zwischen dem 8. Mai und dem 14. August 1836 weitere 15 Aufführungen angesetzt werden mußten.

Das 1844 präsentierte Trauerspiel »Die hl. Katharina« ist von besonderer Bedeutung für die Theatergemeinschaft in Flintsbach. Die Hauptdarstellerin, Anna Gruber, Hafnerstochter aus Irlbach, spendete 60 Ellen Rupftuch für einen neuen Hauptvorhang. Er wurde von den Malern Bernhardus Behamgruber und Sohn aus Niederaudorf bemalt. 1962 renoviert, wird er heute noch benützt.

Im Jahre 1875 wurde unter der Leitung des Bäckermeisters Martin Niedermaier eine ständige Theatergesellschaft gegründet, sie hatte 30–35 Mitglieder.

Von diesem Jahr bis zum Ausbruch des Zweiten Weltkrieges sind jährliche Aufführungen des Komödienstadels in Flintsbach durch die beim Bezirksamt Rosenheim eingegangenen Spielgesuche belegt. Ausnahmen bilden das Jahr 1903, von dem keine Unterlagen vorhanden sind, und die Kriegsjahre 1916–1918; für die Verwundeten wurde im Winter 1914/15 das Stück »Im Sturme fest« gespielt.

Im Sommer 1948 wurde nach fast zehnjähriger Pause das Singspiel »Der Bauernschwur« aufgeführt. Am 13. Oktober dieses Jahres erwarben 43 Flintsbacher Bürger das Theaterhaus von dem Gastwirtsehepaar Balthasar und Maria Schwaiger, zum Vorstand des neugegründeten Volkstheaters Flintsbach e. V. wurde Anton Huber-Kistler gewählt.

In den folgenden Jahren wurde das Theaterhaus unter großen finanziellen Schwierigkeiten ausgebaut, die Bühne vergrößert und ein Orchesterraum für 30 Musiker kam dazu. Um dieses vergrößerte und verschönerte Haus zu feiern, veranstalteten die Flintsbacher Bürger im Jahr 1950 eine wahre Mammutvorstellung: das Singspiel »Das versteinerte Herz« von Eduard Stemplinger mit über 100 Mitwirkenden! Das Volkstheater Flintsbach e. V. hat heute etwa 40 Mitglieder, auch die Jugend zeigt sich sehr aktiv, die Volksmusikgruppe des Ortes sorgt für Stimmung und Unterhaltung während der Pausen. Jedes Jahr wird an etwa 10 bis 12 Tagen (Juni bis August) ein Volksstück zur Vorstellung gebracht, meist mehr oder weniger seichte Unterhaltung, da – wie die Mitglieder bedauernd meinten – Stücke fürs Herz vom Publikum nicht mehr gefragt sind. M. M.

Moser, H.: Die Geschichte des Volkstheaters zu Flintsbach, in: Das bay. Inn-Oberland. Rosenheim 17/1932. S. 58–64.

Volkstrachtenfest der Wallberger

15. August (Maria Himmelfahrt), 14.00–21.00 Uhr
Rottach-Egern, Lk. Miesbach, Obb.

Gegen 13.00 Uhr fahren geschmückte Bauernwagen und Kutschen durch den Ort und sammeln sich auf dem Festplatz. Um 14.00 Uhr setzt sich dann der farbenprächtige Trachtenzug in Bewegung und zieht durch die Gemeinde, um schließlich wieder zum Festplatz zurückzukehren, wo auf einem Podium Volkstänze vorgeführt werden. Ein buntes Treiben schließt sich an; Glückshafen, Schießbuden und Tanzkapellen sorgen für die Unterhaltung der Einheimischen und der Gäste.

Das Fest wird seit etwa 1895 gefeiert. Damals wurde der Wallberger Trachtenverein gegründet mit dem Ziel der Erhaltung der Volkstracht im Tegernseer Tal. (Der Wallberg, 1723 m, liegt am Südende des Tegernsees.)

Das Wallberger Fest ist eine folkloristische Veranstaltung, die von einem Trachtenverein getragen wird. Wichtigstes Element des »Brauches« ist die Selbstdarstellung der Tracht im Festzug. L. P.

Wallfahrten nach Andechs

Meist Mai und August
Andechs, Gmd. Erling-Andechs, Lk. Starnberg, Rgbz. Obb.

Die Grafen von Andechs, die zu den bedeutendsten Dynastengeschlechtern des Mittelalters gehörten, hatten seit 1131 auf dem Berg Andechs über dem Ammersee ihre Stammburg. In der Burgkapelle wurden zahlreiche Heiligtümer aufgestellt, die sie von ihren Kreuzfahrten mitgebracht hatten; der auch von den Wittelsbachern vermehrte Kirchenschatz steht heute gleichrangig neben den Sammlungen von Aachen, Bamberg oder Trier.
Bereits im 12. Jahrhundert entwickelte sich zu den drei heiligen Hostien, die 1182 auf den Berg gekommen waren, eine Wallfahrt. Sie wurde von Benediktinern aus Ebersberg und Seeon betreut und gilt als älteste bekannte deutsche Wallfahrt. Nach dem Untergang der Andechser und der Schleifung der Burg durch die Wittelsbacher gingen die heiligen Hostien verloren; sie tauchten 1387 wieder auf. 1438 gründete Herzog Ernst von München ein Kanonikerstift, das Herzog Albrecht III. in ein Benediktinerstift umwandelte, nachdem sich Kardinal Nikolaus von Kues für die Echtheit der Hostien ausgesprochen hatte.
Die Klosterkirche von Andechs wurde 1458 geweiht, sie ist als Wallfahrtskirche konzipiert (Halle mit Umgangsgalerie). Seit dem Ende des 17. Jahrhunderts wurde die Kirche umgestaltet. Die Arbeiten an der barocken Ausstattung waren 1755 mit der Aufstellung des neuen Choraltars beendet. Wallfahrtsobjekte Andechs waren und sind die hl. Hostien und die Muttergottes. Die Wallfahrt wurde vor allem vom Haus Wittelsbach gefördert, das auch am Aufstieg Altöttings entscheidend beteiligt war. Der wichtigste Zeitraum der nachmittelalterlichen Wallfahrt lag zwischen 1650 und 1750. Aus dieser Zeit stammt die größte Zahl der Votivgaben (Votivbilder und -kerzen, wobei vor allem der Kerzenbestand bedeutend ist; Wunderaufzeichnungen in den Andechser Mirakelbüchern von 1595 bis 1755 – 24293 notierte Wunder). Der Wallfahrtsbetrieb war seit 1750 rückläufig. Eine starke Einbuße brachte die Säkularisation 1803. Erst mit der Wiedererrichtung des Klosters unter Ludwig I. (1850) belebte sich die Wallfahrt neu.
Das Einzugsgebiet der Andechser Wallfahrt reichte im Barock bis Würzburg, Eichstätt, die mittlere Oberpfalz, in das württembergische Schwaben (Schwäbisch-Gmünd), umfaßte das gesamte südliche und nördliche Oberbayern, den Raum Deggendorf und Passau, und ging weit in das Salzburgische (Hall) und nach Tirol (Bergknappenzunft von Schwarz, Wallfahrten von 1508 bis 1803) hinein. Zwischen 1650 und 1750 kamen ca. 320 Pfarreien in Wallfahrtszügen nach Andechs; von den rund 200 Andechser Gemeindekerzen stammen 130 aus dieser Zeit. Neben den Pfarrgemeinden wallfahrteten auch zahlreiche Bruderschaften nach Andechs (im 18. Jh. 30 Bruderschaften).
Der Schwerpunkt der jetzigen Wallfahrtstätigkeit liegt im östlichen Teil der Diözese Augsburg und im westlichen Teil der Diözese München–Freising. Heute kommen rund 150 Gemeinden in Wallfahrerzügen nach Andechs. Von diesen Gruppenwallfahrten sei die Wallfahrt der Schlesier als Beispiel herausgegriffen (s. Hedwigswallfahrt der Schlesier).
Besonders zu erwähnen ist das Dreihostienfest, ein Fest der Bruderschaft zur Hl. Dreifaltigkeit (gegründet 1527): Drei Hostien werden in einer silbernen Monstranz am Sonntag nach dem Dreifaltigkeitssonntag (= 2. Sonntag nach Pfingsten) um die Kirche getragen. G. K.

Sattler, M.: Chronik von Andechs. Donauwörth 1877). Amereller, A.: Votiv-Bilder. München 1965.
Der Schatz vom Heiligen Berg Andechs. Andechs 1967 (Ausstellungskatalog d. Bay. Nationalmuseums).
Schäffler, J.: Der Einzugsbereich der Andechser Wallfahrt. München 1971. (Ms. im Institut f. Volksk., München).

Wallfahrt in Hirschegg

Sonntag vor Pfingsten und Pfingstsonntag, ganztägig, ca. 10.00–17.00 Uhr, bzw. 11.00–18.00 Uhr
Hirschegg, Pol. u. Ger. Bez. Voitsberg, Stm, u. Bad St. Leonhard im Lavanttal, Pol. Bez. Wolfsberg, K

Am Sonntag vor Pfingsten, dem »Totentagsonntag«, ziehen die Leute von Bad St. Leonhard und St. Peter-Reichenfels (Kärnten) von der Wallfahrtskirche St. Leonhard über die steilen Hänge von Kalchberg auf die Schrottalm und weiter hinunter nach Hirschegg. Ungefähr 7 Stunden Fußmarsch über Almenhöhen, durch Lärchen- und Tannenwald sind zurückzulegen. Der Weg führt an Berghöfen vorbei, wo den Pilgern Most und Labung gereicht wird. Um ca. 16.45 Uhr beginnen in Hirschegg die Glocken zu läuten, um 17.00 Uhr ist beim »Hirschegger Hof« Empfang und von dort geht es in festlichem Einzug in die Kirche. Es folgen Predigt, das hl. Amt, die Muttergottes-Litanei und der hl. Segen.
Eine Woche später, am Pfingstsonntag, beginnt die Wallfahrt der Hirschegger nach St. Leonhard nach dem Hochamt in der Marienkirche. Die Wallfahrer gehen denselben Weg wie eine Woche vorher die Pilger aus Kärnten. Der festliche Einzug in St. Leonhard erfolgt mit Böllerschüssen und unter den Klängen der Stadtkapelle. Der Pfarrer begrüßt die Pilger und feiert mit ihnen ein Hochamt, nachdem sie einmal um die Kirche gezogen sind. Nach dem Amt werden Votivfiguren, meist Tierdarstellungen, geopfert.
Organisiert werden diese beiden Wallfahrten von den beteiligten Pfarrern.
Die Wallfahrten gehen auf ein Verlöbnis zurück, das vor 250 Jahren sowohl in

Kärnten als auch in Steiermark in den Bereichen der beteiligten Pfarren gemacht wurde. In den Jahren 1680 und 1713 bis 1715 suchte die Pest das Gebiet heim, viele Bauernhöfe verödeten, ganze Familien starben aus. Heute noch erinnern Pestkreuze und der Name einer Wiese, »Freidhofwies'n«, an diese Zeit.

Auch die Bezeichnung »Totentagsonntag« bezieht sich auf die folgenschweren Tage; so soll an diesem Sonntag vor Pfingsten die Pest im Pfarrgebiet Hirschegg sowie im oberen Lavanttal besonders viele Tote gefordert haben.

In dieser Votivwallfahrt sind alle Elemente eines Wallfahrtsbrauches erhalten. In der Steiermark ist die Hirschegger Wallfahrt, wie sie allgemein genannt wird, den Großwallfahrten zuzuordnen, wobei allerdings der Einzugsbereich ziemlich eng abgegrenzt ist. Der Grund hierfür ist das Verlöbnis, das für einen bestimmten Raum abgegeben wurde. H. M.

Gugitz, G.: Österreichs Gnadenstätten in Kult und Brauch. 4. Bd. Wien 1956. S. 156 f.
Hartwagner, S.: Die Leonhardikirche im Lavanttal. Klagenfurt o. J.

Wallfahrt von Judenburg nach Maria Waitschach

2. Freitag im Juli in jedem 3. Jahr, 1971, 1974, 1977 usf.; die Wallfahrt dauert 4 Tage (Freitag bis Montag)
Stadt Judenburg, St. Wolfgang bei Obdach, St. Martin am Silberberg, Maria Waitschach bei Hüttenberg, K

Die Wallfahrt beginnt am Freitag um 14.00 Uhr in der Stadtpfarrkirche Judenburg mit einer Andacht, der Gelöbniserneuerung und Erteilung des Reisesegens. Die Verabschiedung der Wallfahrer erfolgt beim »Waitschacher Kreuz« am Stadtrand. Um 19.00 Uhr des ersten Tages ist Einzug in St. Wolfgang, dann Andacht in der Kirche. Am Samstag ist bereits um 1.30 Uhr Tagwache, anschließend Gemeinschaftsmesse in der Kirche zu St. Wolfgang. Abmarsch ist um 3.00 Uhr, gerastet wird bei der Rothaidenhütte, beim »Türkenkreuz« wird um 6.30 Uhr eine Andacht gehalten, eine weitere Andacht ist um ca. 9.30 Uhr beim »Streitwiesenkreuz«. Um ca. 13.00 Uhr, am Samstag, dem zweiten Tag der Wallfahrt, ist der Einzug in St. Martin und um ca. 17.00 Uhr empfängt der Pfarrherr von Hüttenberg in Kärnten beim »Judenburger Kreuz« die Pilger und zieht mit ihnen feierlich zur Gnadenkirche. In der Kirche ist wieder Andacht.

Am darauffolgenden Tag, am Sonntag, sind um 6.00 Uhr, 6.30 Uhr, 7.00 Uhr hl. Messen, um 8.30 Uhr die Initien und um 9.00 Uhr beginnt der Festgottesdienst mit Marienpredigt. Weihe der Andachtsgegenstände, Schlußgebete, Auszug sowie Verabschiedung beim »Judenburger Kreuz« sind ab 14.00 Uhr. Um ca. 17.00 Uhr treffen die Wallfahrer in St. Martin ein, nehmen an einer Andacht teil und nächtigen. Am vierten Tag (Montag) ist wieder um 1.30 Uhr Tagwache, um 2.00 Uhr beginnt die Gemeinschaftsmesse, um 3.00 Uhr ist Auszug. Nach ca. 2 Stunden wird eine Rast auf der »Streitwiese« und eine Andacht beim »Streitwiesenkreuz« eingeschoben, und um ca. 7.00 Uhr löst sich die Prozession auf, um sich wieder um 16.00 Uhr zu sammeln (beim Reiterbauer). Um 18.15 Uhr werden die Wallfahrer beim »Waitschacher Kreuz« erwartet. Um 19.00 Uhr ist in der Stadtpfarrkirche in Judenburg feierliche Schlußandacht mit Tedeum.

Im Jahre 1390 wird erstmals eine Wallfahrtskirche »Weytschach« genannt. In früheren Zeiten wurde nicht nur die Muttergottes, sondern auch der hl. Leonhard besonders verehrt. Ein Votivbild aus dem Jahr 1537, das einen aus türkischer Gefangenschaft befreiten Bürger zeigt, weist darauf hin. In der zweiten Hälfte des 15. Jh.s konnte man aus dem Erlös der vielen Opfergaben, die damals schon eingegangen sind, einen Neubau der Kirche finanzieren. Einen großen Beitrag dazu leistete auch der spätere Salzburger Erzbischof Leonhard von Keutschach. 1447 wurde der Bau begonnen, um 1500 war er vollendet. Das Gnadenbild in der dreischiffgen spätgotischen Hallenkirche ist eine thronende Muttergottes (spätgotisch) mit Kind. Es stammt aus der ersten Kirche.

Der Stiftungstag der Wallfahrt steht nicht fest. Vielleicht reicht sie zurück bis zum Neubau der Kirche um 1500. Man vermutet den Ursprung der Wallfahrt in Verbindung mit einer schon sehr früh bestandenen Corporis Christi-Bruderschaft.*

Seit dem Jahre 1583 werden die Wallfahrten gezählt. Wir lesen davon in den Ratsprotokollen der Judenburger Bürgerschaft, die ja die »Veranstalterin« dieser Pilgerfahrt ist. Das Gelübde wurde immer wieder erneuert, so 1756, wie es uns das große Votivbild, die Stadt und die Judenburger beim Auszug zur Prozession zeigend, überliefert. Das Bild ist in Maria Waitschach heute noch zu sehen. Auf dem Bild sind außerdem dargestellt die Waitschacher Madonna, der hl. Nikolaus, der Stadtpatron und der hl. Florian, die alle Stadt und Bürger beschützen sollen. 1806 verlobten sich die Judenburger neuerlich, nachdem durch die Franzosen verschuldet, die Magdalenenkirche in Brand geriet, »nach Verlauf von je drei Jahren nach Maria Waitschach wallfahren zu wollen.«**

So ist es bis heute geblieben, lediglich in den beiden Weltkriegen gab es je eine Zäsur. Im Jahre 1965 fand die 125. Wallfahrt nach Maria Waitschach statt.

Wallfahrtsmotive waren Pest, Feuer, Türken.

Der hl. Leonhard als Befreier von der Gefangenschaft, als Kettenlöser, tritt uns in Maria Waitschach ebenfalls entgegen. Erwähnt wurde schon das Votivbild des Hüttenberger Bürgers, der auch eine Kette für die Leonhardskapelle stiftete aus Dankbarkeit für eine Rettung.

Wallfahrer kommen auch aus Nordostkärnten und der angrenzenden Steiermark, doch die Hauptwallfahrt ist die der Judenburger. H. M.

* Schmelzer, A.: Die Kirchfahrt von Judenburg nach Waitschach. Graz 1887.
** Grill, K. u. Hellf, M.: Judenburg. Judenburg 1894.

Kretzenbacher, L.: Maria Waitschach bei Hüttenberg. Steirische Votivwallfahrten nach einem Kärntner Bergheiligtum, in: Neue Chronik z. Geschichte u. Vkde. d. innerösterr. Alpenländer.
Gugitz, G.: Österreichs Gnadenstätten in Kult und Brauch. 4. Bd. Kärnten und Steiermark. Wien 1956. S. 105 f.
Hütter, J.: 125. Wallfahrt nach Maria Waitschach 9.–12. Juli 1965.
Maierbrugger, M.: Die Wallfahrtskirche Maria Waitschach, in: Die Kärntner Landsmannschaft, September 1971. S. 2 ff.

Wallfahrt von Maria Alm nach St. Bartholomä

Samstag nach 24. August, 3.00 Uhr bis Sonntag ca. 20.00 Uhr
Maria Alm, Gmd. Alm, Ger. Bez. Saalfelden am Steinernen Meer, Pol. Bez. Zell a. See, S
und
St. Bartholomä, Gmd. Königssee, Lk. Berchtesgadener Land, Obb.

Am Samstag nach dem 24. August verläßt eine starke Wallfahrergruppe um 3.00 Uhr morgens Maria Alm bei Saalfelden und bricht zu einem ca. 14stündigen Marsch über das Steinerne Meer nach St. Bartholomä am Königssee auf. Um 8.00 Uhr wird am Riemannhaus eine Bergmesse gelesen, dann beginnt unter Leitung des erfahrenen »Vorgehers« die Durchquerung des Gebirges. Es ist verboten, ihn zu überholen, denn nur er ist in der Lage, auch bei Schnee oder Nebel – es wird bei jedem Wetter gegangen – den richtigen Weg auszumachen. Die Wallfahrer begleitet eine Blaskapelle, die bei kurzen Rasten spielt. Um 11.00 Uhr überschreiten die Wallfahrer die bayerische Grenze im Unteren Baumgartl, wobei der Bürgermeister von Alm um Einlaß nach Bayern bittet. Am Kärlingerhaus wird von 11.30 Uhr bis 13.00 Uhr Rast gehalten. Die Musik erhält vom Hüttenwirt Bier und Suppe, der begleitende Priester spricht den Almsegen mit kurzem Gebet. Am Kärlingerhaus stoßen Wallfahrer aus Weißbach, St. Martin oder Lofer dazu. In lockerer Form zieht nun die Gruppe in Richtung Saugasse; in 37 Kehren geht es die Schlucht hinunter, wobei die Musik spielt. Gegen 17.00 Uhr treffen die Wallfahrer am Grieß, bei der Mündung des Eisbachs, ein. Hier ist allgemeine Fußwaschung, man erholt sich. Dann begrüßen der Bürgermeister von Königssee, der Wirt von St. Bartholomä usw. die österreichischen Gäste. Mit Musik ziehen die Wallfahrer in Bartholomä ein, wo eine kurze Dankandacht mit Tedeum in der Kirche gehalten wird. Damit ist für den Samstag der offizielle Teil der Wallfahrt beendet. Ein Teil der Wallfahrer fährt nach Maria Alm zurück, andere übernachten im L.-Beck-Haus am Jenner oder in Königssee.

Am Sonntag findet in St. Bartholomä ein Lobamt der Bergknappen des Salzbergwerks Berchtesgaden statt, um 13.00 Uhr die Segensandacht. Um 16.00 Uhr fahren die Wallfahrer mit Schiffen in Richtung Falkensteinwand. Dort wird ein Kranz für die Opfer einer Schiffskatastrophe am »roten Kreuz« befestigt. Hier sollen 1688 über 70 Wallfahrer aus Maria Alm bei einem Sturm gekentert und ertrunken sein. Nach einem kurzen Konzert an der Seelände kehren alle Wallfahrer mit Omnibussen nach Österreich zurück.

Die Wallfahrt geht möglicherweise auf ein Gelöbnis der Maria Almer von 1688 zurück, wenn nicht das Ereignis dieses Jahres nur einen zufälligen Beleg für eine ältere Wallfahrt lieferte. Es findet sich im Sterbebuch von Maria Alm von 1688 folgender Eintrag: »Den 23. Augusti, da vill übers gebirrg zu S. Bathlme walfarthen gangen, sind über 100 personen nach vnbesonnenen abstossen der schiffleith gesunkhen und über 70 personen ertrunkhen, so alle mit grossen mitleiden der Pertolsgadner (= Berchtesgadener) in ihrigen neyen freithoff ehrlich begraben worden bei Unser Lieben Frau ...« In der Kapelle von Almdorf, Gmd. Saalfelden, findet sich eine Votivtafel, auf der die Falkensteinwand mit davorschwimmenden Hüten dargestellt ist: »Dise daffel ist gemacht worden zum gedechnuß an die im Barthlmesee ertrunkenen Parschanen.«

Die Wallfahrt trägt wegen der recht großen körperlichen Anforderungen verständlicherweise auch stark sportliche Züge. Seit ein Geistlicher als Begleitung mitgeht (erst seit 1958!), wird der religiöse Charakter stärker betont. Beten ist auf dem ohnehin sehr beschwerlichen Weg nicht möglich.

Es gibt eine Stammgruppe von Wallfahrern, die »alten Bathlmägeher«, die zwanzigmal und öfter sich an der Wallfahrt beteiligten; der älteste Teilnehmer war 1975 bereits 90 Jahre alt und zum 48. Mal dabei.

Bestimmte frühere Brauchhandlungen sind eingestellt worden, darunter der Brauch, die beim Wallfahren abgetragenen Schuhe ins Wasser des Königssees zu werfen oder das Ranggeln, ein sportlicher Wettkampf alpenländischer Provenienz, der oft über das agonale Ziel hinausführte. G. K.

Kriss, R.: Sitte und Brauch im Berchtesgadener Land. Berchtesgaden 1963.
Korr. Schwaiger, W., Maria Alm, 10/1975.

Wampelerreiten in Axams

Etwa jedes 4. Jahr an einem Sonntag im Fasching, 13.00 – ca. 17.00 Uhr
Gmd. Axams, Bez. Innsbruck-Land, T

Am westlichen Dorfeingang beginnt der Fasnachtsumzug, dessen Kerngruppe die sog. »Wampeler« sind. Unter ihrem weißen, grobleinenen Hemd (»Pfoat«) sind sie fest mit Heu ausgestopft (also »wampert«) und dadurch in ihren Bewegungen des Oberkörpers und der Arme stark behindert. Diese Polsterung ist ein wichtiger Schutz. Sie tragen weiterhin feuerrote

Kittel über einer alten Hose und derbe Schuhe. Über das Gesicht haben sie für die »Kampfrunde« eine Strumpfmaske gezogen, zuvor tragen sie eine Holzmaske. Am Kopf sitzt ein hoher Spitzhut aus Pappe, in der Hand halten sie einen knüppelartigen Stock. Nachdem der Zug einmal das Dorf umrundet hat, beginnt für die Wampeler die große Prüfung: In den Reihen der Zuschauer stehen, für den Wampeler unbekannt wer, die unmaskierten »Reiter«, die nun die Wampeler anspringen und versuchen, sie zu Boden zu ringen. Jeder Zuschauer kann sich als »Reiter« versuchen, wenn er die Kampfregeln genau kennt. Ein Wampeler darf nur von hinten angesprungen werden, allerdings nie von einem erhöhten Standpunkt aus, und muß mit einem Ruck auf den Rücken gelegt werden. Gelingt das nicht, muß der »Reiter« ihn sofort loslassen; Schiedsrichter begleiten den Zug. Da der Wampeler nicht weiß, wer von den Zuschauern ein »Reiter« ist, muß er ständig herumtänzeln. Wenn er sich mit dem Rücken an eine Hauswand oder an einen Zaun lehnt, kann er kurz ausruhen, darf aber den Zug nicht verpassen. Sollte dies der Fall sein, knallen ihm die folgenden »Tuxer« mit ihrer »Goaßl« (Peitsche) den Weg frei. Neben den hier geradezu vornehm wirkenden »Tuxern« (s. Mullerlaufen in Thaur) sind im Zug noch eine Laningergruppe in möglichst lumpiger Kleidung und mit häßlichen Holzmasken, die maskierte Musikkapelle und einige Festwagen, unter denen die »Altweibermühle« nicht fehlt, die im Fasnachtsbrauchtum bereits eine traditionelle Stellung hat.

Das »Wampelerreiten« wurde vor dem Zweiten Weltkrieg jeweils am »Unsinnigen Pfinztag«, das ist der Donnerstag vor dem Faschingssonntag, abgehalten. Die Kriegs- und Nachkriegsjahre bewirkten eine längere Unterbrechung. 1967 wurde der Brauch wieder aufgenommen, bei dem es früher nicht immer ohne Verletzungen abging, was die Gemeindevertreter und die Kirche immer wieder zu Gegenmaßnahmen veranlaßte. Im Jahre 1848 sollten die Wampeler abgefangen und demaskiert werden. Einer der Posten wurde dabei jedoch von einem Maskierten mit einer Muspfanne derart am Kopf getroffen, daß der Boden durchschlug und der Pfannenring am Hals hing. Eifrig wandte sich auch der damalige Pfarrer gegen derartige Auswüchse, erreichte auch das Gelöbnis von 128 Hausbesitzern, am Wampelerreiten nicht mehr teilzunehmen; die Überlieferung berichtet aber, daß nie so viele Wampeler in Axams zu sehen waren wie unter diesem Pfarrer (1846–1864).

Der Sinn dieses Kampfspieles, dieses Niederringens auf den Boden, liegt wohl im Wunsch nach neuerlicher Fruchtbarkeit des Bodens; daran erinnert auch ein Ortsspruch, nach dem es wenig »Türken« (Mais) gäbe, wenn nur wenige Wampeler zu sehen seien. Als Kraftspiel – die besten Wampeler werden entsprechend gefeiert und müssen von den unterlegenen »Reitern« freigehalten werden – hat es schon vor langem eine neue Bedeutung erlangt.

D. A.

Dörrer, A.: Tiroler Fasnacht. Wien 1949. S. 344 ff.

Wandelaltar Dießen
Heiliges Grab und Weihnachtskrippe

Heiliges Grab, Karfreitag, 15.00 Uhr,
Mittwoch nach Ostern
Weihnachtskrippe, 24. 12., 16.00 Uhr,
Sonntag nach Dreikönig
Marktgmd. Dießen am Ammersee,
Lk. Landsberg a. Lech, Rgbz. Obb.

Der Hochaltar der Pfarrkirche Maria Himmelfahrt (ehemalige Augustiner-Chorherren-Stiftskirche) von Dießen kann durch Herablassen des Altarbildes in einen gemauerten Schacht in eine geistliche Bühne verwandelt werden, wobei tiefenräumlich illusionistische, von dreifachen Kulissenwänden gebildete Szenen sichtbar werden.

Durch einen Einstieg auf der Vorderseite des Altars erreicht man über eine Wendeltreppe eine Arbeitsgalerie, die in Höhe der Dreifaltigkeitsgruppe angelegt ist. Sie bietet für über 60 Personen Platz. Der Bühnenraum unter ihr hat folgende Maße: Höhe 6 m, Breite 4 m, Tiefe 2,30 m.

In der Karwoche wird bis zum Beginn der Karfreitagsliturgie (15.00 Uhr) ein Kreuzigungsbild gezeigt. Nach 17.00 Uhr wird das Hl. Grab aufgebaut. Während der Ostervigil (20.00 Uhr) wird im abgedunkelten Kirchenraum das Bühnengeschehen verändert. Der tote Christus und das Grab werden beim Gloria abgesenkt, die Rückwand der Bühne zeigt nun den Gipfel des Kalvarienberges mit dem Kreuz, über dem ein weißes Leinentuch hängt. Wenn die Kirche wieder erleuchtet wird und die Orgel einsetzt, steigt – von drei Helfern mittels eines Seils gezogen – der Auferstandene empor. Die Szene bleibt bis Mittwoch nach Ostern sichtbar, dann wird das Hochaltarbild wieder aufgezogen.

In der Adventszeit wird in zweitägiger Arbeit eine Krippe aufgebaut. Die anbetenden Hirten sind Arbeiten von Franz Xaver Schmaedel. Am 24. 12. wird das Altarbild vor Beginn der Kindermesse (16.00 Uhr) abgelassen. Am 5. 1. werden die Hirten in die Heiligen Drei Könige verwandelt (durch Wechsel der Bekleidung). Bis zur Dreikönigsweihe (15.00 Uhr) ist die Szene fertig gebaut. Am Sonntag nach Dreikönig wird das Hochaltarbild wieder aufgezogen.

Auf einer Orientierungsfahrt, die Abt Herkulan Karg (1728–1755), der Baumeister der Dießener Kirche, 1733 unternahm, muß er in Italien die entscheidenden Anregungen für diesen Wandelaltar erhalten haben. Die Konzeption derartiger Altäre schuf der Jesuit Andrea Pozzo, der um 1683 in römischen Kirchen Theatra Sacra dieses Stils errichtete und bediente. Pozzo setzt zeittypisch das bis dahin starre Altarszenarium in Bewegung um. Der Dießener Bühnenaltar (Entwurf François Cuvilliés d. Ä.) vollendet das »heilige Theater« des gesamten Raumes.*

Die szenischen Darbietungen waren im 18. Jh. sicher weit reichhaltiger als heute. Die früher übliche Ölbergszene fehlt jetzt: Wenn während der Ölbergandacht die Glocken läuteten, sank Christus zu Boden. Ein Engel kam aus der Höhe herab, um Christus zu trösten.

Die Darbietungen wurden durch die Liturgiereform nicht unterbrochen bzw. reduziert, sondern bestehen in der üblich tradierten Weise weiter. Das besagt allerdings nicht, daß bestimmte Requisitenänderungen nicht vorgenommen worden wären.

(Als Schöpfer des gemalten Bühnenprospektes gilt der Freskant der Kirche, Johann Georg Bergmiller. Ein Teil der Kulisse ist stark übermalt.) G. K.

Korr. u. Int. Mater Aquinata Schnurer OP, Dießen, 7–9/1973.

* Lieb, N.: Barockkirchen zwischen Donau und Alpen. München 1969. S. 60–66, bes. S. 64. Ders.: Dießen am Ammersee (= Kleine Kunstführer 30). München und Zürich 1973.

Wasserprozession in Moos

3. Montag im Juli (in Verbindung mit dem Hausherrenfest in Radolfzell)
Moos bei Radolfzell, Bodensee

Am sog. »Hausherrenmontag« gegen 8.00 Uhr fahren die Bewohner des Radolfzell gegenüberliegenden Bauern- und Fischerdorfes Moos auf Fischerbooten und Kähnen über den See. Voran das Boot des Pfarrers mit Prozessionskreuz und Kirchenfahne, in Begleitung des Gemeinderats. Dahinter folgen die mit Girlanden, Fähnchen und Blumen geschmückten Boote der übrigen Prozessionsteilnehmer. Im Hafen von Radolfzell werden sie unter Böllerschüssen von der Bevölkerung empfangen. Unter dem Geleit der Radolfzeller Geistlichkeit und der Stadtbehörde zieht die Prozession zum Münster, wo ein feierlicher Gottesdienst, das »Mooser Hausherrenamt«, zelebriert wird. Danach gliedert sich die Mooser Veranstaltung in die Festlichkeit zum Hausherrenfest (s. dort) ein.

Die Mooser Wasserprozession ist nur eine der zahlreichen Wallfahrten aus bäuerlichen Gemeinden zu den drei Radolfzeller »Hausherren« Theopont, Senes und Zeno, die sich bis heute erhalten hat. Um 1796 waren es etwa 20 Gemeinden aus Linzgau und Hegau, die zu Fuß nach Radolfzell wallfahrteten. Gegen Ende des 18. Jh.s breitete sich von Ungarn und Österreich kommend eine Viehseuche aus, die besonders im Schwarzwald und am Bodensee fast den gesamten Rinderbestand vernichtete. In dieser Not gelobten viele Gemeinden zur Abwendung der Rinderpest Wallfahrten nach Radolfzell und anderen Wallfahrtsstätten.

Auch die Bewohner von Moos gelobten nach Erlöschen der Viehseuche alljährlich eine Dankwallfahrt zu den Radolfzeller Hausherren. Es handelt sich um eine Votivwallfahrt bzw. einen »verlobten Tag« als Dank für die Rettung von der Viehseuche. L. P.

Berner, H.: Radolfzell, Das Tor zum Bodensee. Radolfzell 1952.

Weihnachten

Der Weihnachtsfestkreis beginnt mit dem 1. Advent; hier setzen bereits erste Mißverständnisse ein bei Interpretation und Datierung eines heute so selbstverständlich wirkenden Attributes wie des Adventkranzes. Adventkranzweihen sind auch in den katholischen Alpenländern in den letzten Jahren keine Seltenheit mehr. Der grüne Kranz mit den vier roten Kerzen und ebensovielen Schleifen wurde erst in den 20er Jahren aus den protestantischen Gebieten Norddeutschlands in den Süden gebracht.

Aber auch älteres Brauchtum dieser Vorbereitungszeit auf Weihnachten hat sich erhalten: vom Tanzverbot (Kathrein stellt den Tanz ein) bis zu den Engelämtern, dem »Roratesingen«, vom Herbergssuchen, bei dem Kinder mit einer kleinen Krippe von Haus zu Haus ziehen und im Zwiegesang als Maria und Josef um Herberge bitten, über das Frautragen, bei welchem eine Marienstatue umgetragen und in jedem Haus eine Nacht beherbergt wird, bis zu den nichtkirchlichen Bräuchen der Mittwinterzeit (s. a. »Nikolaus«) oder dem Anklöpfeln in den Klöpfelnächten.

Einen entscheidenden Einschnitt in die Geschichte des Weihnachtsfestes stellt die Reformation dar. Der Protestantismus hat Weihnachten einige seiner heute selbstverständlichsten Züge verliehen: neben einer großen Anzahl von Weihnachtsliedern vor allem den Christbaum, der die bis dahin in katholischen Gebieten allein übliche Krippe zwar nicht verdrängte, sich aber doch zumindest gleichberechtigt neben sie stellte. Zum Teil heute noch lebendig ist das Weihnachtsspiel, das Umzugsspiel mit Krippenfiguren und Weihnachtsliedern. Auch das Kindelwiegen, das den historischen Beginn der Weihnachtsspiele angibt (10. Jh. in Salzburg), hat sich zuweilen erhalten (z. B. in Peiting). Einige Ministranten ziehen mit einer kleinen Wiege und dem Jesuskind darin von Haus zu Haus, wo die Bewohner das Christkind wiegen und ihm so ihre Verehrung bezeigen.

Kirchlicher Höhepunkt ist in katholischen Gebieten von jeher die Mitternachtsmesse, die heute – nicht nur auf dem Land – von Volksmusik- und Sängergruppen gestaltet wird.

Nach der strengen Fastenzeit des Advent ist Weihnachten auch ein Höhepunkt in kulinarischer Hinsicht; spezielle Gebäcke sind der Weihnachtsstollen, Gebildbrote aus Lebkuchenteig und das Kletzenbrot. Im Mittelpunkt des weihnachtlich geschmückten Raumes im Haus steht seit einiger Zeit auch im katholischen Süden des deutschen Sprachgebietes der Christbaum; erst das 19. Jh. hatte seine allgemeine Verbreitung gebracht. Vor dem 17. Jh. gibt es bis heute kein einziges zeitgenössisches Zeugnis eines geschmückten Lichterbaumes zu Weihnachten. Weihnachtliches Grün hat es aber auch vorher schon gegeben: in der Form des »Paradeisl« oder des »Klausenbaum«, in Gestecken also aus Äpfeln, Nüssen, immergrünen Zweigen (Buchs) und farbigen Holzstäben; nicht zu vergessen sind die Kerzen, welche in die Äpfel oder auf den Rand des untergestellten Tellers gesteckt wurden. N. G.

Weihnachts-Gemeindetrunk im Wallis

25. bzw. 26. 12., nm.
Visperterminen bzw. Törbel, Kt. Wallis

Im Gemeindehaus findet der Gemeindetrunk aller über 12 bzw. 18 Jahre alten männlichen Gemeindebürger statt. Aus hölzernen Bechern wird Wein der Gemeindereben genossen.

In Visperterminen erhält jedermann dazu einen halben Laib Brot und ¾ Pfund Käse.

In Törbel hat sich, mit Ausnahme des Weins, jeder selbst zu verpflegen. E. Sch.

Weihnachtsschießen in Berchtesgaden

24. 12., 22.00–1.00 Uhr
(weitere Termine s. u.)
Marktgmd. Berchtesgaden mit Ot. Oberau, Obersalzberg u. Untersalzberg
Gmd. Bischofswiesen mit Ot. Stanggaß
Gmd. Königssee mit Ot. Strub und Winkl
Marktgmd. Marktschellenberg, nur Ot. Ettenberg, Götschen, Oberstein u. Schaffau
Gmd. Ramsau b. Berchtesgaden
Gmd. Schönau
alle Lk. Berchtesgadener Land, Obb.

Die Weihnachtsschützen der Weihnachtsschützenvereine des Berchtesgadener Landes (ca. 800 Schützen) gehen gegen 22.00

Uhr zu den traditionellen Schießplätzen abseits der Ortschaften und beginnen mit einzelnen Salven aus ihren Handböllern. Gelegentlich werden auch große Böllerkanonen (Legböller) abgefeuert.
Der eigentliche Höhepunkt des Schießens ist, wenn um 23.30 Uhr die Glocken zur Christmette läuten. Um Mitternacht, wenn die Mette beginnt, wird das Feuer eingestellt. Während des Gottesdienstes werden nur sechs Salven geschossen, die sog. Wandlungsschüsse (wenn vorhanden, aus den schweren Legböllern), drei bei der Elevation der Hostie und die nächsten drei bei der des Kelches. Das »Abschießen« am Ende der Mette beendet die Aktivitäten der Schützen.
Die Weihnachtsschützen schießen auch das »Christkindl an«, meist am frühen Nachmittag (gegen 15.00 Uhr) des 24. Dezember. Auch ein Neujahrsanschießen findet an den üblichen Schießplätzen (ab 23.30 Uhr) statt, ebenso Pfingstschießen oder Heilig-Geist-Anschießen, Beginn Pfingstsonntag ab 4.00 Uhr morgens. Das Fronleichnamsschießen beginnt z. B. in Berchtesgaden-Markt mit dem sog. Wetteranschießen um 6.00 Uhr morgens; Salvenschießen während des Gottesdienstes und der Prozession (in der heute noch getragenen Berchtesgadener Tracht). Weitere Schießen am Johannistag, Erntedankfest (meist Sonntag nach Michaeli, 29. 9.), zu den einzelnen Ortskirchweihen (nicht zur offiziellen Kirchweih am 3. Sonntag im Oktober), bei Hochzeiten, Taufen, Primizen und Ehrungen von Jubilaren.
Der älteste Weihnachtsschützenverein wurde 1874 in Strub gegründet, die Vereinigten Weihnachtsschützen des Berchtesgadener Landes e. V. 1925. Heute gibt es 17 Vereine.
Die Handböller sind Privatbesitz der einzelnen Schützen. In ihrer jetzigen Form wurden sie um 1905 in der Votzenschmiede in Berchtesgaden hergestellt. Die fahrbaren Böller werden erstmals in der Beschreibung der Gründungsfeier des Franziskanerklosters vom 23. 11. 1699 erwähnt.

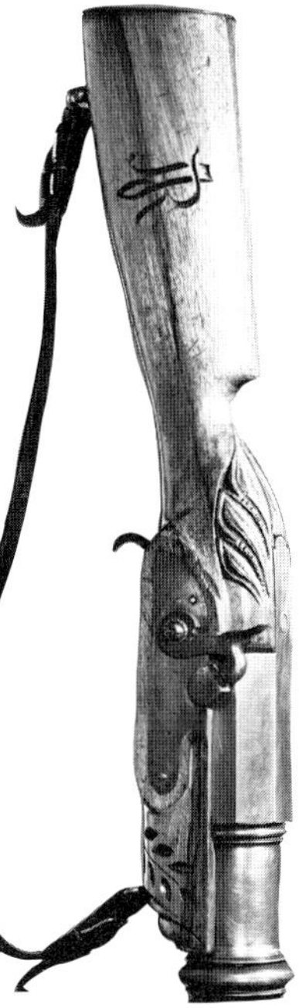

Die Tätigkeit Berchtesgadener Schützen (im Rahmen der Landesverteidigung) läßt sich seit 1377 nachweisen. Der erste direkte Hinweis auf das Weihnachtsschießen datiert von 1666, wo vom Schießen an Weihnachten und »den 3 Rauhnächten« (21. 12, 1. 1., 6. 1.) gesprochen wird. Seit dieser Zeit lassen sich bis ins 19. Jh. behördliche Verbote feststellen. Erst in der 2. Hälfte des 19. Jh.s bahnte sich dann eine grundlegende Änderung der Verhältnisse an. Mit der allgemeinen Anerkennung einer vernünftigen Brauchtumspflege wurde aus dem verbotenen ein amtlich gefördertes Tun.
Das Weihnachts- und das Neujahrsanschießen gehört zu den bekanntesten brauchtümlichen Veranstaltungen Oberbayerns. G. K.

Kriss, R.: Die Weihnachtsschützen des Berchtesgadener Landes und ihr Brauchtum. Berchtesgaden 1966.

Weihnachtssingen in Thusis

24.–26., 31. 12.,
18.00–19.00 Uhr; nach 20.00 Uhr
Thusis, Kt. Graubünden

Zwischen 18.00 und 19.00 Uhr ist, wie auch an den Adventsonntagen und dem Hl. Abend, ein Singen von Weihnachtsliedern durch die Schüler der 7. und 8. Klassen im Schein bunter, als Lichterhüte getragener Laternen in der Hauptgasse und verschiedenen Nebengassen. Nach 20.00 Uhr singt, ebenfalls im Lichte von vier Laternen, ein »allgemeiner« Männerchor, dessen über 100 Teilnehmer sich freiwillig für nur diesen Anlaß zusammenfinden, an vier Abenden Weihnachts- bzw. Altjahrslieder.
Weihnachtssingen ist im übrigen im Kanton Graubünden und auch im Engadin traditionell (Samedan, Schlarigna/Celerina). E. Sch.

Wendelinsritt in Niederstaufen (Kienbergritt)

Samstag, der dem 20. 10. am nächsten liegt. Abritt Niederstaufen 8.45 Uhr, Scheidegg 9.00 Uhr.
Messe am Kienberg 10.30 Uhr
Niederstaufen, Gmd. Schlachters, Lk. Lindau (Bodensee), Schw.

Am Wendelinsritt zur sog. Kienbergkapelle nehmen rund 15 Gemeinden mit 100 bis 120 Pferden teil. Der Kienbergritt gehört zu den größten Umritten des Allgäus. Die Reitergruppen kommen von Niederstaufen, Scheidegg, Lindenberg, Weiler i. Allgäu, Scheffau, Möggers, Opfenbach, Wohmbrechts, Ober- und Unterreitnau, Esseratsweiler, Neuravensburg und Kreßbronn; die Kreßbronner Gruppe nimmt auch am Blutritt in Weingarten teil.
Die Reitergruppen des Raumes Niederstaufen sammeln sich um 8.45 Uhr in der Ortsmitte und ziehen unter der Begleitung von

Wendelinsritt in Niederstaufen

meist vier Musikkapellen in Richtung Kienberg, wo sie auf die Scheidegger Reitergruppen treffen. Die Reiter bilden vor dem Feldaltar ein Halbrund.

Die barocke Kienbergkapelle ist dem hl. Wendelin geweiht (Hochaltarblatt von 1928). In den Jahren 1926–1930 wurde sie vom Niederstaufener Pfarrer Wolfsgruber restauriert. Weil die Kapelle die Meßteilnehmer, die am Wendelinstag zum Kienberg kamen, nicht fassen konnte, wurde 1926 erstmals eine Messe im Freien gehalten. 1931 führte Wolfsgruber den ersten Ritt durch, an dem sich 160 Bauern mit ihren Pferden beteiligten. Im folgenden Jahr kamen über 500 Reiter und Pferde aus 21 Gemeinden zwischen Bodensee und Westallgäu sowie aus Vorarlberg. Der Wendelinstag wurde zu einem der zentralen Feste der Region und initiierend für eine Reihe weiterer Umritte, z. B. den Dreiheiligenritt in Heimenkirch und den Martinsritt von Stiefenhofen nach Hopfen. G. K.

Korr. Sutter, X., Schlachters. 1/1973 u. 4/1974. Scheller, L.: Das Umrittbrauchtum im Westallgäu. Weiler i. Allgäu o. J.

Wettrennen und Kranzelreiten in Weitensfeld

Nm. des Pfingstsonntags (Beginn wechselnd); nm. des Pfingstmontags (Beginn ca. 14.00 Uhr, genauer Zeitpunkt – meist mit Verspätung eingehalten – wird alljährlich plakatiert)
Weitensfeld, Ger. Bez. Gurk, Pol. Bez. St. Veit an der Glan, K

Am Pfingstsonntag versammeln sich Weitensfelder Bürger auf geschmückten Pferden auf dem Oberen Marktplatz. Sie reiten in die Nachbardörfer Zweinitz, Altenmarkt und Glödnitz – an der Spitze der Bürgermeister mit der Marktfahne –, um zum am folgenden Tag stattfindenden Kranzelreiten zu laden. Vor den Häusern wird ein Ständchen gesungen und ein Hoch auf Besitzer und Hausleute ausgebracht; die Reiter werden dafür bewirtet. Anschließend erfolgt auch in Weitensfeld selbst ein Umritt. Hier aber kommt zum Hochleben-Lassen das Rüge-»Gstanzl«, mit dem Begebenheiten des Jahres im jeweiligen Haus preisgegeben werden. Auch hier wird ein Willkommtrunk gereicht.

Am Pfingstmontag bringen Eisenbahn, Omnibusse und private Autokolonnen viele tausend Besucher aus allen Teilen Kärntens und der angrenzenden Steiermark nach Weitensfeld. Mit diesem Zustrom ist für die beim Schaubrauch so wesentliche Zuschauerkulisse gesorgt. Hier sind ja, wie sogar das Oberste Gericht Österreichs in einer Urteilsbegründung festgestellt hat, »die Besucher Mitwirkende im weiteren Sinne, die der Brauchtumsfeier nicht nur das notwendige Publikum, sondern auch den erforderlichen festlichen Rahmen geben und für die notwendige Stimmung sorgen«.*

Um das festlich geschmückte Standbild der Jungfrau auf dem Brunnen am Unteren Marktplatz ist von der Feuerwehr ein kleines Geviert ausgespart. Die Reiter, die sich beim Oberwirt wieder um die Marktfahne versammelt haben, müssen dreimal die ca. 300 m lange Bahn bis zum Brunnen im Galopp auf und ab sprengen und damit den Weg für die drei jüngsten Bürger und ihren Wettlauf freimachen. Diese sind weiß gekleidet und tragen eine rote Leibbinde oder Schärpe. Mit dem Rücken zum Standbild stellen sie sich beim Brunnen auf. Die Jungfrau, sonst mit einem alten, breiten Gurktaler Hut bedeckt, trägt heute ein Myrtenkränzlein, in den Händen einen Schlüsselbund und einen Rosenstrauß. Auf das Startzeichen hin sprengen die Reiter voran, um die Rennbahn freizuhalten; ihnen voran der Bürgermeister mit der Marktfahne, hinterher ein Reiter mit der »Beststange« (eine Stange, auf der die drei »Preise«, ein Blumenkränzel, ein Seidentuch und ein Paar Socken und für den letzten ein Blumenstrauß und ein Büschel Sauborsten, befestigt sind). Beim dritten Ritt wird auch den Läufern das Zeichen gegeben und sie setzen den Reitern nach. Ihr Lauf dauert nur wenige Minuten. Der Sieger kommt mit der Reitergruppe nun ebenfalls hoch zu Roß. Er erklettert den Brunnenrand, küßt die Lippen der hölzernen Jungfrau und bekommt zu den gewonnenen »Besten« noch ihr Myrtenkränzel. Als erster – dann auch seine beiden unterlegenen Konkurrenten – holt er sich sein Mädchen zum Ehrentanz, zum »Gurktaler Walzer«.

Alle 50 Jahre (zuletzt 1972) erfolgt ein »Jubiläumsritt«, bei dem die »Hölzerne« durch eine wirkliche Maibraut ersetzt wird.

Das »Kranzelreiten« (wie das Volk den gesamten Brauch einfach nennt) wird »seit Menschengedenken« abgehalten. In der erklärenden örtlichen Sage werden Begründung und Beginn freilich »in die Pestzeit« verlegt. 1922 fand man daher ein »Jubiläum« und beging zum erstenmal das obenerwähnte »Erinnerungsreiten«.

Ziemlich sicher ist, daß die örtliche eine spätere Deutung ist. Zu deutlich haben wir hier die Formen des burschenschaftlichen Pfingstreitens, der »Einholung der Maibraut« vor uns, den »Brautlauf« oder das »Brautrennen«. B. P.

Graber, G.: Volksleben in Kärnten. 3. Aufl. Graz 1949. S. 278 ff.
Gugitz, G.: Fest- und Brauchtumskalender. Wien 1955. S. 61.
* Oberster Gerichtshof: Entscheidung 8 Ob 116 aus 1970 (zitiert nach: Petrei, B.: Lebendiges Brauchtum im Burgenland, in: Volk und Heimat. Eisenstadt 25/1971/72. H. 9.)
Koschier, F.: Kärntner Brauch im Jahreslauf, in: Festgabe f. Moro, G. Klagenfurt 1972. S. 151.

Wiesenmarkt in Bleiburg (»Freiungaustragen«)

Sonntag nach Ägidi (Ägidius, 1. September); fällt Ägidi auf einen Montag, so an diesem Tage; fällt aber auf diesen Tag ein gesetzlicher Feiertag, so findet der Markt am nächsten Montag statt.
Bleiburg, Pol. Bez. Völkermarkt, K

Aus dem Marktprivileg (s. u.) ergibt sich, daß der Jahrmarkt in Bleiburg meist am ersten Septembersonntag stattfindet; freilich beginnt er schon Samstag um die Mittagszeit und erstreckt sich bis zum Montagabend. Neben den üblichen »Standeln« finden wir einen umfangreichen Vergnügungspark, Bierbuden und -zelte; gleich neben dem Viehmarkt wird meist eine Naturkegelbahn errichtet, auf der um beträchtliche Summen gekegelt wird; nur wenige Besucher versäumen es, der Metbude einen Besuch abzustatten. Der kühle Honigtrunk, in den man auch Semmelstücke oder Lebkuchen »tunkt«, gilt als Markt-Spezialität. Brauchtümlicher Mittelpunkt ist das »Freiungaustragen« am Jahrmarktsonntag nach dem Nachmittagssegen. Vierzehn Tage vorher wird vormittags um 11.00 Uhr unter feierlichem Glokkengeläute das Freiungszeichen (es zeigt auf der Rückseite das Kärntner Wappen, auf der Vorderseite das Bleiburger Stadtwappen, den geflügelten Ochsen des hl. Lukas) vom Stadtamt weggetragen und auf dem Hauptplatz der Stadt auf einer hohen Säule neben der Pestsäule ausgesteckt. Am

Jahrmarktssonntag wird es von einem Mann in Ritterrüstung hoch zu Roß, begleitet von vier Hellebardenträgern in der Tracht von Landsknechten, und einer Art Festzug mit Musikkapelle, Festwagen und Trachtengruppen auf die Marktwiese gebracht, wo es vor einem kleinen Schilderhäuschen aufgestellt wird. Mit den Hellebarden – die mit einem Blumengewinde geschmückt sind – wird der Platz davor abgesteckt; wer diesen Raum, wenn auch nur zufällig, betritt, muß sich bei dem Wächter, der die Freiung bis zum Marktende zu bewachen hat, mit einem Trinkgeld auskaufen. Mit der Verlesung der Marktordnung durch den »Marktkommissär« endet die Feierlichkeit – das fröhliche Treiben auf der Wiese, das kurz angehalten hat, geht wieder weiter.

Der Bleiburger Wiesenmarkt wird heute gemäß einem Privileg Kaiser Ferdinands I. vom 22. Juli 1842 am Ägidisonntag abgehalten. Aber bereits 1393 hatte Albrecht III. der Stadt bewilligt, alle Jahre am 15. August einen Jahrmarkt abzuhalten und dazu vierzehn Tage vor- und vierzehn Tage nachher »volle Freiung zu geben«. Als »Wiesenmarkt« ist er seit 1428 nachweisbar. Damals einigten sich die Bürger mit den Guettensteiner Herren auf die Wiese nördlich der Stadt als Marktplatz, wofür alljährlich den Herren auf Schloß Bleiburg ein genau vorgeschriebener Zins zu entrichten ist. Auch heute noch übergibt der jeweilige Marktkommissär am Samstag vor dem Wiesenmarkte zwischen 11.00 und 12.00 Uhr dem Besitzer der Wiese, bzw. wenn dieser nicht anwesend ist dessen Sohn, ein Säckchen aus grünem oder schwarzem Stoff oder Samt, in dem sich Zimt, Pfeffer, Muskatblüte, Ingwer und drei Geldstücke befinden sollen.

Bis vor dem Ersten Weltkrieg war der Wiesenmarkt in Bleiburg ein bedeutender Viehmarkt für das Unterland Kärntens. Heute ist die Stadt durch die Grenzziehung von 1918 von einem großen Teil jenes Hinterlandes abgeschnitten, aus dem die Käufer für die massenhaft aufgetriebenen Sanntaler Schafe und das steirische Nutzvieh kamen. Der Viehmarkt und der Krämermarkt haben noch immer eine gewisse Bedeutung. In der Hauptsache aber ist der Bleiburger Wiesenmarkt ein riesiges Volksfest. B. P.

Graber, G.: Volksleben in Kärnten. 3. Aufl. Graz 1949.
Koschier, F.: Kärntner Brauch im Jahreslauf, in: Festgabe für Gotbert Moro. Klagenfurt 1972.

Wiesenmarkt in St. Veit (Freiungaustragen)

Michaelisonntag (Sonntag um den 29. September) und 14 Tage vor- und nachher
Stadt St. Veit an der Glan, K
Einzugsgebiet Mittelkärnten, angrenzende Steiermark

Einer der beiden großen volkstümlichen Kärntner Jahrmärkte, die sich bis zum heutigen Tage erhalten haben. Früher wurde die Freiung außer in St. Veit und Bleiburg noch in Klagenfurt, St. Andrä, Völkermarkt, Lavamünd, Althofen, Hüttenberg, Guttaring, Eberstein, Millstatt, Pusarnitz und wahrscheinlich noch in anderen Städten und Märkten ausgesteckt. Der eigentliche Markttag ist der Michaelstag; die Freiung – ein Holzgebilde, eine Hand, die ein Schwert aufrecht hält – wird aber nach dem Marktrecht schon 14 Tage vorher auf dem Hauptplatz ausgesteckt und bleibt auch 14 Tage nachher aufgepflanzt und in Wirksamkeit. Der Markt erstreckt sich also über einen längeren Zeitraum und ist auch mit einer messeartigen Ausstellung verbunden.

Am Nachmittag des Marktsonntags wird die Freiung in festlichem Zuge mit Musik auf die Marktwiese getragen.

Herzog Rudolf IV. erteilte 1362 den St. Veitern die Befugnis, neben dem älteren Kirchweihmarkt am Veitstag (15. Juni) »am Kirchweihfeste der Kirche der Klarissinnen außerhalb der Stadt einen zweiten Jahrmarkt abzuhalten«. Die Austragung der Freiung wurde nach langer Unterbrechung dank einer Initiative der Kärntner Landsmannschaft 1932 wieder aufgenommen.

Die Ähnlichkeit des Treibens der Jahrmärkte mit dem der großen Kirchweihfeste fällt sofort auf. Beim weitberühmten St. Veiter Wiesenmarkt existiert auch der urkundliche Nachweis, daß er auf ein Kirchweihfest zurückgeht, denn schon der früher bestandene Markt der alten Herzogstadt fiel auf ein Kirchweihfest: auf das der Pfarrkirche zum hl. Vitus. B. P.

Graber, G.: Volksleben in Kärnten. 3. Aufl. Graz 1949.
Koschier, F.: Kärntner Brauch im Jahreslauf, in: Festgabe für Gotbert Moro. Klagenfurt 1972.

Wilde-Männle-Tanz in Oberstdorf

In 5jähr. Turnus, z. B. 1975, an einer Reihe von Samstagen (20.30 Uhr) und an einigen Sonntagen (14.00 Uhr) von Ende Mai bis Mitte September
6–10 Aufführungen je Saison, Dauer etwa 2 Stunden
Marktgmd. Oberstdorf, Lk. Oberallgäu, Rgbz. Schw.
Oybele-Festhalle

12 Wilde Männer und ihr König, alle von Kopf bis Fuß in »Tannenbart« gehüllt, führen auf einer einfachen Kulissenbühne, die mit Fichtenreisig ausgeschlagen und einer Naturbühne nachgeahmt ist, ein Tanzspiel auf, wobei sie zur Darbietung der 25 einzelnen Figuren jeweils mit ungewöhnlichen Sprungschritten rückwärts wieder von der Bühne abtanzen. Dieses Ein- und Austanzen wie auch die Darbietung der Figuren geschieht streng gebunden an den Takt zweier einfacher und kurzer Melodien: an eine langsame, die stark akzentuierend die Sprungschritte lenkt, und an eine schnellere, nach der sich der Bewegungsrhythmus der Figuren richtet. Die Melodien werden je nach Bedarf wiederholt.

Die gelenkige Wucht der Sprungschritte bringt die Bühnenbretter zum Dröhnen und fetzt Stücke »Tannenbart« vom Körper der Tanzenden. Ihr »Häs«, das ist das Erscheinungsbild, in dem alle übereinstimmen, besorgen die Wilden Männer selbst. Im Frühjahr der Tanzsaison suchen sie die in höheren Gebirgslagen am Geäst von Fichten und Tannen in Strähnen wachsende graugrüne Bartflechte; alte Kleidungsstücke und eine Kapuze werden damit dicht an dicht benäht, ein hüftlanger Vollbart aus dem gleichen Material gefertigt. Diese graugrüne, strähnige Art von Behaarung verhüllt die ganze Gestalt des Tänzers; die Augen-Nasen-Partie, der Mund und die Hände bleiben frei. Das urwesenhaft wirkende Aussehen wird abgemildert durch den Schmuck von frischgrünem Reisiggeflecht um die Taille und Stechpalmenlaub auf dem Kopf.

Die 25 Figuren, zu deren Darbietung 4, 6, 12 oder alle 13 Wilden Männer aus den Waldkulissen links und rechts symmetrisch auftanzen, wobei der Ausgangspunkt und die Anzahl der gleichzeitig Auftanzenden variiert werden, beinhalten mehr oder weniger bekannte Spiel- und Tanzelemente wie Händeklatschen, Arm- und Beinschwingen, Reifbogentragen, Rundtänze; turnerische Geschicklichkeitsübungen wie kopfstehen, Bau kleiner und großer Pyramiden, die »Glocke« läuten. Dem aus Teilbildern zusammenzusetzenden großen Kopfbild des »Berggeistes« wird rundumtanzend Verehrung gezollt. Reich an Schlagbewegungen ist der Keulenkampf, den sich 4 Tänzer liefern. Zum Abschluß des Tanzspieles halten die Wilden Männer einen Umtrunk und singen »mit rauhem Kraftgesang« von ihrem Leben.

Nach der Hälfte des Tanzspieles, in einer Pause, musizieren, tanzen und singen Oberstdorfer Trachtengruppen.

Veranstalter des Wilde-Männle-Tanzes ist heute der Gebirgstrachten- und Heimatschutzverein Oberstdorf e. V. (gegr. 1901); die Wilden Männer bilden darin eine eigene Gruppe mit Obmann. Die aktive Teilnahme am Wilde-Männle-Tanz lohnt sich finanziell keineswegs. Vielmehr gilt es unter den jungen Männern Oberstdorfs, ob ledig oder verheiratet, auch heute noch als eine Ehre, in die Gruppe der Tänzer aufgenommen zu werden, soweit sie alteingesessenen Familien (meist bäuerlichen Herkommens) entstammen, was hierzu Voraussetzung ist.

Etwa ein Vierteljahr vor den Aufführungen beginnen die Proben, die in jeder Woche 13 Tänzer, 2 bis 3 Ersatzleute und den 1. und 2. Tanzmeister (erfahrene ältere Wilde Männer) auf improvisierter Bühne vereinen.

»1793 den 26. August kam der Fürst von Dillingen, auch Bischof von Augsburg und Churfürst von Trier, Clemens Wenzeslaus, nach Oberstdorf. Man hat ihm eine große Ehre erwiesen und die Comedie von den 12 wilden Mannen und den Todentanz vorgestellt«, lautet die bisher älteste Nachricht über die Oberstdorfer Wilden Männer, niedergeschrieben in der Chronik des zu jener Zeit am Ort lebenden Feilenhauers J. Ignaz Math. Eine mit 1811 datierte Notiz auf einem handschriftlichen »Freudenlied« weist darauf hin, daß im genannten Jahr wiederum die Wilden Männer auftraten, wieder zur Ehre des nämlichen Landesfürsten. Für den Fürstbischof Clemens Wenzeslaus, Landesherr im Hochstift Augsburg, zu dem seit dem späten Mittelalter der größte Teil des östlich der Iller liegenden Allgäus gehörte, wurden während seiner sommerlichen Allgäu-Aufenthalte, nahe den Schlössern Marktoberdorf und Hindelang, wiederholt »Schäferspiele« und »Hirtenbelustigungen« (Hindelang u. a. 1801) aufgeführt.

Im Jahr 1818 oder 1820 sollen von Oberstdorfern auch in Lindau, Konstanz und in der Schweiz Wilde-Mann-Vorstellungen geboten worden sein.

Die nächsten verläßlichen Nachrichten besagen, daß im September 1853 oder 1855 in Oberstdorfs Ortsmitte die Wilden Männer zu Ehren des Prinzen Luitpold auftraten.

1859 sollen die Wilden Männer als Maskenzug in der Fastnacht aufgetreten sein, wie es heißt als eine Art Ballett.

1871 tanzten sie »zum Besten der Verwundeten« (Kriegsteilnehmer 1870/71 aus der Umgebung von Oberstdorf).

Waren bis zu diesem Zeitpunkt alle belegten Aufführungen Ehren- oder Benefiz-Veranstaltungen, so tanzten 1873, in Zeitungsanzeigen zum Besuch auffordernd, die Wilden Männer nun zur Unterhaltung der Besucher aus nah und fern, unter denen sich »Sommerfrischler« bis aus Norddeutschland befanden.

In den 70er Jahren nahm der Besuch Oberstdorfs zu sommerlichen Kuraufenthalten von Jahr zu Jahr zu. Über Aufführungen, die ab Juni 1873 stattfanden, sind wir erstmals ausführlicher unterrichtet. Der Zeitungsbericht eines Augenzeugen und Abschriften einer Wilden-Männle-Tanzspiel-Anweisung, die sehr wahrscheinlich für die Aufführungen von 1873 erstellt worden sind, zeigen, daß der Aufführungscharakter des Tanzes von 1970 – also 100 Jahre später – weitgehend übereinstimmt mit dem von 1873.

Nach 1873 bis 1891 fanden keine Aufführungen statt. Im August 1891 kam es dann zu einer Neuaufführung des Wilde-Männle-Tanzes.

Der Aufführungsturnus von 5 Jahren wurde 1950 festgelegt, als erstmals nach dem Zweiten Weltkrieg der Tanz wieder aufgeführt wurde.

Das südliche Allgäu mit dem zuoberst im Illertal liegenden Oberstdorf war mit seinen Nachbarn Tirol, Vorarlberg und der Schweiz schon im Mittelalter durch intensive wirtschaftliche und kulturelle Beziehungen verbunden. Im deutschsprachigen Raum ist diese waldreiche, viele Gebirgszüge umfassende und Talschaften der Alpen einschließende Zone ein Hauptverbreitungsgebiet der in Sagen und volkstümlichen Gebräuchen beheimateten Wilden Leute gewesen, die unterschiedliche Wesenszüge aufweisen können. Die Wilden Fräulein, Holz- und Moosweibele u. a. lebten sich in der Sage aus; die Wilden Männer, deren Vettern die Fängge, Nörglein, Bergmännle u. a. sind, traten auch in den Kreis volkstümlicher Brauchgestalten. Heute können sie in der umrissenen Zone nur noch an wenigen Orten in Aktion erlebt werden und dann fast ausschließlich zur Fastnachtszeit, wie z. B. im Imster Schemenlauf, bei den Telfser Schleichern (Tirol) und verstreut an Orten des alemannischen Sprachgebiets. Innerhalb Bayerns springen allein die Wilden Männle von Oberstdorf, hier – wie schon in den frühen Aufführungen – im Sommer.

Auffallend ist außerdem, daß sich für den Wilden Mann zwar reichliches Bezeugungsmaterial in den Sagen des Allgäus findet, zwei Felsspitzen in den Oberstdorfer Bergen wurden auch nach ihm benannt, daß aber bisher im Allgäu außerhalb Oberstdorf und Marktoberdorf, der ehemaligen Sommerresidenz des Fürstbischofs Clemens Wenzeslaus, so gut wie keine Anhaltspunkte für sein Mitwirken in volkstümlichen Spiel- und Brauchhandlungen vorliegen.

Wilde-Männle-Tanz

In der Absicht, den Ursprung der Wilden Männer von Oberstdorf und das Herkommen ihres Tanzspiels zu ergründen, hat man sie mit Vegetationsdämonen der Vorzeit und mit germanisch-heidnischen Kulten in Verbindung gebracht.

Die Quellen, soweit sie gesichert sind, verweisen solche Bemühungen ins Reich der Spekulation. Dagegen speisen sie die Vermutung, daß im Wilde-Männle-Tanz von Oberstdorf verschiedene Spiel- und Tanzelemente, von denen jedes einzelne ein hohes Alter hat, und eine zur Spielgestalt gewordene Variante der mythischen Vorstellungen von Wald- und Bergwesen, die weltweit verbreitet und wohl ursprünglich sind, zu etwas Neuem zusammengefügt wurden. Die Organisatoren werden diese Handlungselemente nach ihrem Gutdünken arrangiert haben, wobei die Fähigkeiten der Laienspieler und der Zeitgeschmack gewiß die größte Rolle spielten. An der Überlieferung des Spielbestandes wird gemeinschaftlich festgehalten, so daß die Kriterien brauchtümlichen Handelns trotz Fremdenverkehrsbetriebes erfüllt sind. L. H.

S. H.: Der Wildmännlistanz in Oberstdorf, in: Der Sammler. Beilage z. Augsburger Abendztg. 42/1873. Nr. 68.

Reiser, K.: Sagen, Gebräuche und Sprichwörter des Allgäus. 2. Bd. Kempten o. J. S. 401–419.

Weinhold, K.: Der Wildmännlestanz von Oberstdorf, in: Zs. f. Vkde. 7/1897. S. 427–437.

Moser, H.: Variationen um ein Thema vermeintlicher Brauchgeschichte. Das »Weberschiff von Saint-Trond«, in: Volkskultur u. Geschichte. Festgabe f. Josef Dünninger. Berlin 1970. S. 236–266.

Bausinger, H.: Volkskunde. Von der Altertumskunde zur Kulturanalyse. Berlin u. Darmstadt 1971.

Wildes Gjaid vom Untersberg

2. Donnerstag im Advent, a.

Jedes Jahr in einer anderen Ortschaft am südlichen und westlichen Stadtrand von Salzburg (Grödig, Anif, Morzg, Wals oder Siezenheim)

Mythisch wie das Erscheinungsbild bleibt auch das Auftreten. Vom »Wilden Gjaid« weiß man nur, daß es in der 2. Donnerstagnacht im Advent irgendwo in einem der Dörfer im Bannkreis des Untersberges auftaucht. Seinem Sagenkreis entstammen die unheimlichen Gestalten, die unangekündigt einmal in Grödig, Anif, Morzg,

Wals oder Siezenheim erscheinen. Begleitet von Fackelträgerinnen umtoben die Maskierten polternd und lärmend die Bauernhäuser und pochen an die Fenster. Den heraustretenden Hausleuten ruft der Anführer ein »Glück hinein, Unglück heraus, es geht das Wilde Gjaid ums Haus« zu. Nach einem Trommelschlag sammeln sich alle Unholde vor der Haustür und beginnen, begleitet von Klarinetten, einen Springtanz im Kreise aufzuführen. Nach diesem einfach »Tresterer«, der von den Pinzgauer Perchten übernommen wurde, werfen sich alle Gestalten auf den Boden, um mit dieser Geste den Hausleuten die Reverenz zu erweisen. Meist wird ihnen dafür ein kleiner Imbiß oder eine Spende gereicht. Der Kikerikiruf des Hahnergickerls gibt das Zeichen zum Aufbruch. So plötzlich wie sie kamen, verschwinden die 12 Unholde mit ihrem Anhang wieder in der Dunkelheit, um den nächsten Hof aufzusuchen. Angeführt wird das »Wilde Gjaid« vom »Wilden Jaga«, der in der Gestalt des Todes erscheint. Eine Vorpercht, der Untersberg-Rabe und der Hahnergickerl, die Untersberg Wildfrau und das Moosweibl, das Rindenmandl und das Zapfenmandl begleiten ihn. Eine Besonderheit in diesem Zug bildet der Riese Abfalter, der nach der Sage riesige Steine vom Untersberg warf, um auf ihnen über das Moos in die rechtsseitig der Salzach gelegene Ortschaft Abfalter zu seiner Liebsten zu gelangen. Das Dutzend machen schließlich der Saurüssel, die Habergeiß und der Bär mit seinem Treiber voll. Dieser Maskenlauf, den bis zur Mitte des 19. Jh.s bäuerliche Burschenschaften aus dem »Anif-Grödinger-Gau« ausübten, wurde 1949 von Kuno Brandauer mit Mitgliedern der Brauchtumsgruppe »Jung Alpenland« neu eingeführt. Er konnte sich dabei auf die Schilderungen seines Vaters stützen, der noch um 1880 in Anif an der »Wilden Jagd« teilnahm. Damals verwendete man noch einfache Masken aus Sackleinen oder berußte sich die Gesichter. Die phantastischen und zugleich unheimlichen Masken der Gegenwart schuf Werner Dürnberger.

Es ist erstaunlich, wie schnell das »Wilde Gjaid« wieder zum Selbstverständnis innerhalb der Salzburger Brauchtumslandschaft wurde. Die Einbeziehung der Masken in die eindrucksvolle Landschaft um den Untersberg, ihre bewußte Verknüpfung mit der lokalen Sage und ihr geheimnisvolles, unvorhersehbares Auftreten haben sicher einen wesentlichen Anteil an diesem Prozeß. Dieser Umstand darf jedoch nicht hinwegtäuschen, daß es sich beim »Wilden Gjaid vom Untersberg« um eine folkloristische Neuschöpfung handelt.

F. G.

Brandauer, K.: Über die volkskundlichen Grundlagen der Erneuerung historischer salzburgischer Brauchtänze, in: Der fröhliche Kreis. Vierteljahrsschr. f. Volkstanz u. Volkstumspflege 23/1973 Graz. H. 1. S. 16 ff.

Willibaldsritt in Jesenwang

23. 4. (Georgi) oder nachfolgender Sonntag, 14.00 Uhr
Jesenwang, Lk. Fürstenfeldbruck, Rgbz. Obb.

Gegen 14.00 Uhr versammeln sich die Teilnehmer des Ritts vor dem Rathaus der Gemeinde Jesenwang und ziehen zur östlich von Jesenwang liegenden spätgotischen Willibaldskirche.

Am Platz vor der Kirche hält der Geistliche eine Ansprache und segnet die Pferde. Er verwendet einen um 1780 von Prior Stephan Burgmair vom Kloster Fürstenfeld aufgezeichneten Gebetstext. Die Zugteilnehmer reiten dann durch die Kirche. Zu diesem Zweck werden zwei große Türen an der Nord- und Südseite geöffnet. Das Ziegelpflaster des Vorraums der Kirche, der durch ein Holzgitter vom Kirchenschiff getrennt ist, schüttet der Mesner mit Stroh auf. Der Umritt erfolgt dreimal im Uhrzeigersinn (von Osten nach Westen). Der Kopf der Pferde wird in Richtung des Altars gezogen, damit sie den im Hochaltar aufgestellten Heiligen bzw. Gott sehen sollen. In der Kirche werden die Teilnehmer ein zweites Mal gesegnet.

Das Patronat der Jesenwanger Willibaldskirche weist auf den Eichstätter Bistumsheiligen hin. Die Klosterliteralien von Fürstenfeld aus dem Jahre 1574 verzeichnen unter den Stockgefällen der Kirche eine große Zahl eiserner Votive. Die Kirche war im 16. Jh. reich dotiert. Seit dem 18. Jh. läßt sich eine starke, allerdings regional begrenzte Wallfahrtstätigkeit nachweisen. Der ehemals reiche Votivtafelbestand ist heute stark reduziert. Bemerkenswert sind die in der Kirche aufbewahrten eisernen Hufeisen.

Belege für den Ritt finden sich nicht vor dem ausgehenden 18. Jh. Das Durchreiten der Kirche wurde in der Zeit der Aufklärung verboten.

Das Stroh, das in der Kirche zum Schutz des Pflasters aufgeschüttet wird, wird nach dem Ritt eingesammelt und unter das Futter gemischt.

Der Ritt wurde bis 1953 am Stephanitag (26. 12.) abgehalten und dann auf den jetzigen Termin verlegt. Seit dieser Zeit fährt auch im Zug der Wagen der Fürstenfeldbrucker Heimatgilde mit. Die Beteiligungszahlen waren seit dem Ende des Zweiten Weltkrieges relativ konstant.

Ein Willibaldsritt wird auch in Finning, Lk. Landsberg a. Lech, Rgbz. Obb., durchgeführt (Willibaldskirche). Es ist noch offen, ob eine bestimmte Beziehung zum Jesenwanger Ritt besteht.

G. K.

Mayer, A. u. Westermayer, G.: Statist. Beschreibung d. Erzbisthums München–Freising. 1. Bd. München 1874, S. 302.
250. Willibaldsritt Jesenwang 1962. Festschrift Jesenwang 1962.
Böhne, C.: Wallfahrtswesen im Landkreis Fürstenfeldbruck, in: Landkreis Fürstenfeldbruck. Vergangenheit und Gegenwart. Assling-Pörsdorf 1963. S. 66 ff., bes. S. 67.
Völk, W.: Umritte im Brucker Land . . ., in: Amperland. Dachau 3/1967. S. 47 f., bes. S. 47.

Zachäussingen in Zirl

Kirchweihsonntag (2. Sonntag im Oktober), 4.00 Uhr
Pf. u. Gmd. Zirl, Bez. Innsbruck-Land, T

Am Kirchweihsamstag um 12.00 Uhr läuten die Glocken feierlich den Kirchweihsonntag ein, und die Kirchtagsfahne am Turm der Pfarrkirche wird ausgehängt. Nach dem ersten Betläuten am »Kirchsonntag« in der Frühe spielt eine Bläsergruppe der Zirler Musikkapelle eine Intrade, Sänger des Kirchenchores singen vom Kirchturm aus die erste Strophe des Zirler Zachäusliedes »O ihr Berge helft uns trauern über Sünders Untergang ...«. Weitere Strophen werden am Kirchplatz und am Dorfplatz gesungen und jeweils von den Bläsern eingeleitet. An jede Strophe des Zachäusliedes wird je eine Strophe des später dazu gekommenen Liedes »Nur einmal noch in meinem Leben meine Heimat möcht ich seh'n« angehängt.

Laut Zirler Pfarrchronik wurde das Zachäuslied um 1723 eingeführt. Während sich die Zachäustradition beim Kirchweihfest in Zirl bis heute erhalten hat, ist in anderen Gegenden Tirols höchstens noch die Erinnerung an Zachäuslieder zu finden. Nach den überkommenen Belegen war ihre Blütezeit von 1750 bis 1850. Als die alten »Kirchensänger« von der Reformbewegung des Cäcilianismus verdrängt wurden, übernahm in Zirl der neue Kirchenchor diesen Brauch, der dadurch erhalten blieb. Die Zugesellung der Bläser, das Anstimmen hoch am Turm und der Umzug im Ort kräftigten die Resonanz des Liedes bei den Dorfbewohnern.

Die Figur des Zöllners Zachäus ist dem Evangelium zum Kirchweihfest nach Lukas entnommen. Mit der Bekehrungsgeschichte des Zöllners ist das Lied auch in die Reihe der alten »Bußlieder« zu ordnen, von denen viele aus der Pestzeit (M. 17. Jh.) stammen. D. A.

Prantl, N.: Kirchtag – Das Zachäussingen, in: Heimat Zirl (= Schlern-Schr. 212) Innsbruck 1960. S. 229 ff.
Wallner, N.: Zachäus im Tiroler Kirchweihlied, in: Volkskundliche Studien (= Schlern-Schr. 237, Ilg-Festschrift). Innsbruck 1964. S. 157 ff.

Zibelemärit (Zwiebelmarkt) in Bern

4. Montag im November
Stadt Bern, hauptsächlich auf dem breiten Gassenplatz nördlich des Bundeshauses (Bundesplatz – Bärenplatz – Waisenhausplatz)

Der Zibelemärit ist die populärste Tradition der schweizerischen Bundesstadt. Es ist ein Gemüse- und Warenmarkt, dessen Hauptverkaufsprodukt Zwiebeln sind, die zu größeren oder kleineren Zöpfen geflochten in sehr beträchtlichen Mengen angeboten und abgesetzt werden, ferner Schwarzwurzeln, Sellerie, Rüben und anderes Bodengemüse. Die Verkäufer stammen z. T. aus dem Wistenlach und Großen Moos, d. h. aus der Gegend zwischen Kerzers, Ins und dem Murtensee; z. T. konkurrieren andere Händler, auch mit anderer Ware. Der einst bedeutsame Ge-

schirrmarkt (»Chachelimärit«), der sich dem »Zibelemärit« einfügt, spielt jetzt nur noch eine Nebenrolle.

Parallel dazu findet auf der Schützenmatte, bei der Eisenbahnbrücke, eine Schaubuden-Messe statt, die zwei Wochen dauert.

Das Marktgeschehen, das vom frühen Morgen bis in den Nachmittag hinein dauert, lösen gegen Abend unbeschwerte Vergnügungen ab. Um 16.00 Uhr ist in der Verwaltung, bei den Banken usw. Feierabend. Im Hauptgassenzug, speziell der Spitalgasse zwischen Bahnhof und Käfigturm, zwischen 17.00 und 19.00 Uhr, ist ein dichter Korso der Jugend, mit Konfettischlachten und Papierschlangenwerfen. In den Restaurants, die mit Zwiebelspezialitäten aufwarten, zirkulieren von 20.00 Uhr an die »Zibelegrinde«, eine Gruppe durch hohe Zwiebelhüte Maskierter, die in Versen verschiedene Geschehnisse glossieren.

Die Überlieferung führt den Anlaß darauf zurück, daß die Bewohner des Wistenlachs der Stadt Bern nach dem großen Brand von 1405 sehr tatkräftig Hilfe leisteten und dafür an dem einen Tag das Verkaufsrecht auf dem Markt zuerkannt bekamen. Bis ins 20. Jh. hielten am »Zibelemärit« fast ausschließlich Wistenlacher ihre Ware feil, und die Stadtbernerinnen deckten sich mit ihr für den Winter ein. Diese Sitte erscheint heute eingeebnet. Überdies hat sich der Markt von der Spital-, Markt- und Kramgasse, die ihn ursprünglich aufnahmen, bald nach der Jahrhundertwende auf die erwähnte Flucht von Plätzen verlagert. Der Korso der Jugend entwickelte sich, nach etwelchen Scharmützeln mit der Polizei, in den 20er Jahren und besonders nach dem Zweiten Weltkrieg im jetzigen Umfang. Die Darbietungen der »Zibelegrinde« wurden 1950 von studentischer Seite eingeführt. E. Sch.

Zibelemärit in Bern

Abkürzungsverzeichnis

A Österreich
a. abends
a.a.O. am angegebenen Ort
allgem. allgemein(e)
Anm. Anmerkung(en)
Baden-Württ. Baden-Württemberg
bay. bayerisch(e)
Bd. Band
Bde. Bände
Bez. Bezirk
BH. Bezirkshauptmannschaft
Bl. Blatt, Blätter
BL. Bundesland
burgenl. burgenländisch(e)
CH Schweiz
D Deutschland
Dek. Dekanat
Diss. Dissertation
FL Fürstentum Liechtenstein
Fr. Fraktion
Ger. Gericht
Ger. u. Pol. Bez. Gerichts- und politischer Bezirk
Gmd. Gemeinde
Gmdn. Gemeinden
H. Heft(e)
hl. heilig
Hohenzoll. Hohenzollern
hrsg. herausgegeben
Hrsg. Herausgeber
I Italien
Inst. Institut
Int. Interview
Jb. Jahrbuch, Jahrbücher
Kat. Gmd. Katastralgemeinde
Korr. Korrespondenz
Kt. Kanton
Lfg. Lieferung(en)
Lit. Literatur
Lk. Landkreis
Mitt. Mitteilung(en)
Ms. Manuskript
nm. nachmittags
NÖ Niederösterreich
N.S. Neue Serie
Obb. Oberbayern
OÖ Oberösterreich
o.J. ohne Jahr
o.O. ohne Ort
o.O. u. J. ohne Ort und Jahr
Ot. Ortsteil
Pf. Pfarrei
Pol.Bez. Politischer Bezirk
Prov. Provinz
Rgbz. Regierungsbezirk
S Salzburg
Schr. Schrift(en)
Schw. Schwaben
s.d. siehe dort
s.o. siehe oben
Sp. Spalte
Stadtt. Stadtteil
Stm. Steiermark
s.u. siehe unten
Südwürtt. Südwürttemberg
T Tirol
Univ. Universität
V Vorarlberg
Verf. Verfasser
Veröff. Veröffentlichung(en)
Vkde. Volkskunde
vm. vormittags
Wr. Wiener
Zs. Zeitschrift
z.T. zum Teil

Brauchtumskalender

(unter Mitarbeit von Josef Schönherr, Nördlingen)

Januar	1. 1.	Silvesterfeuer	Egiswil, Lenzburg und Staafberg, Kt. Aargau (CH)
	1. 1.	Neujahrseinläuten	Seengen, Kt. Aargau (CH)
	1. 1.	Neujahrssingen der Knabenschaft	Jenins, Kt. Graubünden (CH)
	1. 1.	Neujahrsschreien in Südtirol	vorwiegend Pustertal (I)
	2. 1.–6. 1.	Sternsingen in Brixen	Neustift und Brixen, Südtirol (I)
	5. 1.	Glöcklerlaufen	Ebensee, Bez. Gmunden, Oberösterreich (A)
	5. 1.	Glöcklerlauf	Stainach, Oberösterreich (A)
	6. 1.	Dreikönigsritt	Scheibbs, Niederösterreich (A)
	1. 1.–6. 1.	Sternsingen	Kochel, Oberbayern (D)
	1. 1.–6. 1.	Sternsinger von Oberndorf	Oberndorf, Salzburger Land (A)
	1. 1.–6. 1.	Sternsingen	Seeshaupt, Oberbayern (D)
	5. 1.–6. 1.	Dreikönigssingen in der Schweiz	Best. Orte in den Kantonen Aargau, Graubünden, Luzern, St. Gallen, Solothurn (CH)
	5. 1. – 6. 1.	Sternsingen	Heiligenblut (A)
	6. 1.–Faschingsdienstag, siebenjähriger Turnus 1977, 1984	Schäfflertanz	München, Oberbayern (D)
	20. 1.	Sebastiani-Prozession	Algund, Südtirol (I)
Veränderliche Veranstaltungen			
	Ende Jan. Anfang Feb.	Aperschnalzen	Südöstliches Oberbayern und Salzburger Land (D, A)
	witterungsabhängig, ohne festes Datum	Volksskilauf	von Schliersee (D) nach Thiersee in Tirol (A)
	um 5. 1.	Graf-Arco-Schießen (vgl. auch Glöcklerlauf in Stainach, Trauntal, Salzkammergut, Salzburg [A] etc.)	Murnau, Oberbayern (D)
Februar	1. 2.	Kirchleintragen	Eisenkappel, Kärnten (A)
	3. 2.	Taubenmarkt	Wasserburg am Inn, Oberbayern (D)
Veränderliche Veranstaltungen			
	Donnerstag vor Faschingssonntag	Gumpiger Donnerstag	Oberstaufen, Schwaben (D)
	Donnerstag vor Faschingssonntag	Pflugziehen, Unsinniger Pfinztig	Stilfs, Südtirol (I)
	Donnerstag vor Faschingssonntag	Schützenspiel	Mals, Südtirol (I)
	Donnerstag vor Faschingssonntag	Schellenrühren und Jacklschutzen	Oberbayern (D)

Veränderliche Veranstaltungen

Termin	Brauch	Ort
Donnerstag vor Faschingssonntag bis Güdisdienstag (Faschingsdienstag)	Fasnacht	Luzern, Kt. Luzern (CH)
Donnerstag vor Faschingssonntag	Schellenschlagen	Lans, Tirol (A)
»Bromiga Fritag« = Freitag in der Fasnacht	Fasnachtsritt in die Mehrerau	Bregenz, Kloster Mehrerau (A)
Faschingssonntag	Fasnet, Großer Narrenumzug	Schaan (FL)
Faschingssonntag, -montag oder -dienstag	Faschingsumzüge	Ober- und Niederösterreich (A)
Faschingsdienstag	Tinzltag	Aldein, Südtirol (I)
Faschingsdienstag gegen Mitternacht, selten Aschermittwoch	Faschingsbegraben (Faschingseingraben)	Ober- und Niederösterreich (A)
Während der Faschingszeit	Narrengericht	Stockach, Baden (D)
Etwa jedes 4. Jahr an einem Sonntag im Fasching	Wampelerreiten	Axams, Innsbruck-Land (A)
ca. jedes 4. Jahr an einem Sonntag im Fasching	Schemenlaufen	Imst, Tirol (A)
jedes 3. bis 5. Jahr an einem Sonntag im Fasching	Mullerlaufen	Thaur, Tirol (A)
ein Sonntag im Fasching	Schnablerrennen	Gaißach, Oberbayern (D)
Faschingssonntag	Bärentreiben	Hart, Steiermark (A)
Faschingssonntag	Skifasching auf der Firstalm	Firstalm, Oberbayern (D)
ca. jedes 4. Jahr am Faschingssonntag	Blochziehen	Fiß, Tirol (A)
alle 3 Jahre am Faschingssonntag	Egga-Spiel	Sonthofen, Schwaben (D)
jedes zweite Jahr (gerade Zahl) am Faschingssonntag	Fasching	Schladming, Steiermark (A)
Faschingsdienstag	Egetmann	Tramin, Südtirol (I)
Faschingssonntag, Faschingsmontag, Faschingsdienstag	Fasching	Bad Aussee, Steiermark (A)
Faschingsdienstag	Haberfeldtreiben	Benediktbeuren, Oberbayern (D)
Faschingsdienstag	Maskenskilauf	Lilienfeld, Niederösterreich (A)
Faschingssonntag oder Faschingsmontag oder Faschingsdienstag	Bader Jagerl und seine Gesponsin Gertraud	Bad Ischl, Oberösterreich (A)
Faschingsmontag	Faschingsrennen (Faschingslaufen)	Oberes Murthal, Steiermark (A)
Faschingsmontag	Fetzenfasching	Ebensee, Oberösterreich (A)
Faschingsdienstag	Fasnatziestag	Oberstaufen, Schwaben (D)
ein Sonntag im Fasching alle fünf Jahre	Schleicherlaufen	Telfs, Tirol (A)
ca. jedes 3. Jahr an einem Sonntag im Fasching	Schellerlaufen	Nassereith, Tirol (A)
Wechselnde Termine	Fasching	München, Oberbayern (D)
Aschermittwoch	Geldbeutelwaschen (Gealdbüttelwösch)	Bregenz, Vorarlberg (A)
1. Fastensonntag	Funkenfeuer in Liechtenstein (Funkasunntig)	alle Gemeinden in Liechtenstein (FL)
Montag nach Aschermittwoch bis unmittelbar vor Ostern	Fasnacht in Basel	Basel (CH)

Veränderliche Veranstaltungen

Termin	Brauch	Ort
Am Sonntag Invocavit (1. Fastensonntag)	Funkenfeuer (Fackel-, Scheiben-, Fasnachtsfunken)	Bayer. Schwaben (bes. Allgäu), Baden-Württemberg (bes. Südschwarzwald und Bodenseegebiet bis Donau), Vorarlberg, Tirol, Schweiz (A, CH, D)
Erster Fastensonntag	Scheibenschlagen	Mals, Südtirol (I)
Am Abend des »Kassunnti« = 1. Fastensonntag	Scheibenschlagen	Landeck, Tirol (A)
Am Abend des »Funkensonntags« = 1. Fastensonntag	Funkenabbrennen	Außerfern, Tirol (A)
»Funkensonntag« = 1. Fastensonntag	Funkaabrenna	Montafon, Vorarlberg (A)

März

Termin	Brauch	Ort
Am 6. 3. und dem darauffolgenden Sonntag	Fridolinsfest (Fridlini)	Säckingen, Südbaden (D)
Mitte März	Starkbierzeit	München, Oberbayern (D)
Am Montag und Dienstag nach dem Mittfastensonntag = 4. Fastensonntag	Fetzenmärkte	Graz (A)

April

Termin	Brauch	Ort
23. 4. (Georgi) oder nachfolgenden Sonntag	Willibaldsritt	Jesenwang, Oberbayern (D)

Bewegliche Veranstaltungen

Termin	Brauch	Ort
Palmsonntag	Palmweihe	Lenggries, Oberbayern (D)
Palmsonntag	Palmweihe	Bad Ischl, Oberösterreich (A)
Palmsonntag	Palmsonntag	Lustenau und Hohenems, Vorarlberg (A)
Palmsonntag	Palmeselprozession	Thaur, Tirol (A)
Palmsonntag	Palmeselprozession	Hall, Tirol (A)
Palmsonntag	Palmweihe	St. Wolfgang, Oberösterreich (A)
Palmsonntag	Palmweihe in St. Michael	München, Oberbayern (D)
Gründonnerstag	Fußwaschung	Bernbeuren, Oberbayern (D)
Nacht von Gründonnerstag auf Karfreitag	Antlaß-Singen	Traunkirchen, Oberösterreich (A)
Gründonnerstagnacht und Karfreitagnacht	Leiden-Christi-Singen	Großarl (A)
Gründonnerstag und Karfreitag	Kreuzziehen	Tresdorf, Kärnten (A)
Gründonnerstag bis Karsamstag	Heiliges Grab in Stadl	Stadl, Oberbayern (D)
Gründonnerstag bis Karsamstag	Heiliges Grab in St. Michael	München, Oberbayern (D)
Karfreitag bis Karsamstag	Heiliges Grab in Höglwörth	Höglwörth, Oberbayern (D)
Karfreitag, Mittwoch nach Ostern	Wandelaltar Dießen, Heiliges Grab	Dießen, Oberbayern (D)
Karsamstag und Ostersonntag	Osterfeuer	Lenggries, Oberbayern (D)
Karsamstag	Osterfeuerlaufen	Kochel, Oberbayern (D)
Ostersonntag	Maschta-Singen (= Marter-, Leiden-Christi-Singen)	Weststeiermark (A)
Ostermontag	Schwerttanz	Traunstein, Oberbayern (D)
Ostermontag	Haflinger Galoppreiten oder Bauerngaloppreiten	Untermais, Südtirol (I)

Bewegliche Veranstaltungen

Ostermontag	Georgiritt	Traunstein, Oberbayern (D)
Weißer Sonntag (1. Sonntag nach Ostern)	Bläktoschappel	Höchst, Vorarlberg (A)
Freitag nach Ostern (Dreinagelfreitag)	Vierbergelauf (Vierbergewallfahrt) in Kärnten	Kärnten (A)
Sonntag vor oder nach dem Georgstag	Georgsritt	Steibis, Schwaben (D)
Sonntag nach dem 23. April (= Georgstag)	Georgiritt	Auerberg, Oberbayern (D)
Sonntag nach dem 23. April (Georgi)	Georgiritt	Tittmoning, Oberbayern (D)
2. Sonntag nach Ostern	Kassiansprozession	Brixen, Südtirol (I)
3. Sonntag und Montag im April	Sechseläuten und Kinderumzug	Zürich (CH)
im April	Alphornbläsertreffen	Immenstadt (D)
kurz vor dem 1. 5.	Maibaumdiebstahl	Oberbayern (D)
30. 4.	Maibaum	Scheidegg, Schwaben (D)
30. 4.	Maibaum	Traunreut, Oberbayern (D)

Mai

1. 5.	Maibaum	Schleching, Oberbayern (D)
1. 5.	Maibaumsetzen	Niederösterreich(A)
Mai	Maibaumaufstellen und -stehlen als Kinderbrauch, ein Beispiel aus Unterbrunn	Unterbrunn, Oberbayern (D)
Mai	Maibaumdiebstahl	Aschering und Unterbrunn, Oberbayern (D)
Mai	Maibaumdiebstahl, der Maibaumkrieg zwischen Frieding und Aschering 1973	Frieding und Aschering, Oberbayern (D)
1. Sonntag im Mai	Florianikirtag	Zell an der Ybbs, Niederösterreich (A)
1. Sonntag im Mai	Gauderfest	Zell am Ziller, Tirol (A)
1. Sonntag im Mai, dreijähriger Turnus (1973, 1976)	Mailaufen	Antdorf, Oberbayern (D)
Dreifaltigkeitssonntag (1. Sonntag nach Pfingsten) nur in den Jahren, deren Endzahl durch drei teilbar ist	Reiftanz	Hüttenberg, Kärnten (A)
1. 5., vierjähriger Turnus	Maibaum	Seeshaupt, Oberbayern (D)
Mai	Maibaumschneiden	Niederösterreich (A)
16. Mai und darauffolgender Sonntag	Schwedenprozession	Überlingen, Südbaden (D)
Mai bis September 1980, zehnjähriger Turnus	Passionsspiel	Oberammergau, Oberbayern (D)
Mai bis Oktober im Abstand von 7 bis 8 Jahren	Passionsspiel	Waal, Schwaben (D)
Mitte Mai bis Oktober	Passionsspiel	Kirchschlag, Niederösterreich (A)
ab Mai	Bauerntheater	Berchtesgaden, Oberbayern (D)
Alle 5 Jahre am Sonntag vor Maria Himmelfahrt	Fischerstechen und Fischertanz am Starnberger See	Starnberg, Oberbayern (D)
Fest Christi Himmelfahrt	Christi-Himmelfahrtsprozession	Dorf Tirol, Südtirol (I)
Fest Christi Himmelfahrt	Christi-Himmelsfahrtsfeier	Baumburg, Oberbayern (D)

Schauerfreitag (= Freitag nach Christi Himmelfahrt)	Schleckerbettel	Unterbrunn, Oberbayern (D)
Schauerfreitag (= Freitag nach Christi Himmelfahrt)	Schleckerbettel	Haunshofen, Oberbayern (D)
Freitag nach dem Fest Christi Himmelfahrt (Blutfreitag)	Blutritt	Weingarten, Baden-Württemberg (D)
Bittwoche, Freitag nach Christi Himmelfahrt	Bittgänge	Ahrn- und Pustertal, Südtirol (I)
31. 5.	Bittprozession	Schliersee, Oberbayern (D)
Maidult, Beginn letzter Samstag im Mai, Dauer 1 Woche	Auer Dult	München, Oberbayern (D)
Ende Mai in der Bittwoche (Woche, in die Christi Himmelfahrt fällt)	Pestkreuzgang von Welsberg nach Enneberg	Welsberg und Enneberg, Südtirol (I)
Meist Mai und August	Wallfahrten nach Andechs	Andechs, Oberbayern (D)
Montag nach dem Dreifaltigkeitssonntag	Heiligblutfest auf der Reichenau	Insel Reichenau, Südbaden (D)
Ende Mai bis Mitte September, an Samstagen und Sonntagen in 5jährigem Turnus	Wildle-Männle-Tanz	Oberstdorf, Schwaben (D)
Ende Mai, Anfang Juni	Steinhebewettbewerb	Oberstdorf, Schwaben (D)

Juni

Dreifaltigkeitssonntag, Fronleichnamstag, Herz-Jesu-Sonntag (1. Sonntag im Juli)	Prangerstangen	Werfenweng, Bez. St. Johann (A)
Fronleichnam	Fronleichnamsprozessionen	Bayern, Österreich, Liechtenstein und Südtirol (A, D, FL, I)
Fronleichnam	Seeprozession	Hallstatt und Traunkirchen, Oberösterreich (A)
Fronleichnam	Fronleichnamsschmuck in der Weststeiermark	Weststeiermark (A)
Fronleichnam, bei schlechter Witterung darauffolgender Sonntag	Himmelbrotschutzen auf der Salzach	Oberndorf, Salzburger Land (A)
Fronleichnam	Antlaßritt im Brixental	Brixen im Thale, Kirchberg und Westendorf, Tirol (A)
Fronleichnam	Fronleichnamsstangen	Rohr im Gebirge, Niederösterreich (A)
Am Tag nach Fronleichnam, immer an einem Freitag	Gerichtsumgang	Villanders, Südtirol (I)
Fronleichnamstag, Großer Frauentag (15. 8.), Erntedankfest (3. goldener Samstag im Oktober)	Prangerstangen	Mühlbach am Hochkönig, Bez. St. Johann (A)
Sonntag nach Fronleichnam	Fahnenschwingen	Neckenmarkt, Burgenland (A)
Herz-Jesu-Sonntag (3. Sonntag im Juni)	Pestkerzenumgang	St. Benedikten (A)
Samstag oder Sonntag nach dem Herz-Jesu-Fest (d. i. 2. Freitag nach Fronleichnam)	Herz-Jesu-Feuer in Tirol	Tirol (A)
13. 6.	König-Ludwig-Feier	Berg, Oberbayern (D)
24. 6.	Bachprozession	Walten, Südtirol (I)

Samstag oder Sonntag nach der Sommersonnenwende (21. 6.)	Sonnwendfeuer in Tirol	Tirol (A)
24. 6. (Johannistag oder Samstag vor oder nach Johanni)	Sonnwendfeuer	Tegernsee, Oberbayern (D)
14. 6.	Stadtgeburtstag	München, Oberbayern (D)
24. 6., manchmal auch 21. 6.	Sonnwendfeiern, Sonnwendfeuer	Ober- und Niederösterreich (A)
Sonnwendtag (24. 6., Johannes der Täufer)	Prangstangen	Land Salzburg (A)
Sonntag vor Pfingsten und Pfingstsonntag	Wallfahrt	Hirschegg, Kärnten (A)
Pfingstsonntag, Pfingstmontag	Wettrennen und Kranzelreiten	Weitensfeld, Kärnten (A)
Pfingsten	Säkulumfeier	St. Nikolaus, Südtirol (I)
Pfingstmontag	Kufenstechen und Lindentanz	Feistritz im Gailtal, Kärnten (A)
Pfingstmontag	Bergfest der Bergknappen	Berchtesgaden, Oberbayern (D)
Pfingstmontag	Urbanifeldumgang	Tscherms, Südtirol (I)
Pfingstmontag bis Anfang bzw. Mitte Juli an Sonntagen und Fronleichnam und Peter-und-Pauls-Tag	Volkstheater	Endorf, Oberbayern (D)
Nächstliegender Sonntag zum 29. Juni (Peter-und-Pauls-Tag) und Fronleichnam	Fahnenschwingen und Umzug der Schützengarde	St. Peter am Kammersberg (A)
29. 6. (Peter und Paul)	Fischerjahrtag	Dießen, Oberbayern (D)
In der Sommersaison, keine festen Termine	Bauerntheater	Schliersee, Oberbayern (D)
Juni bis September	Volkstheater	Flintsbach, Oberbayern (D)
29. 6. (Peter und Paul)	Prangerstangen	Muhr (A)
Pfingstmontag	Leonhardiritt	Holzhausen, Oberbayern (D)

Juli

Skapulierfest (1. Sonntag im Juli)	Prangerstangen	Hüttau, Bez. St. Johann (A)
1. Sonntag im Juli	Isidorprozession	Untermieming, Tirol (A)
4. 7.	Ulrichsfest	Eresing, Oberbayern (D)
1. Samstag im Juli	Ferkelfest	Wessobrunn, Oberbayern (D)
Zweiter oder dritter Freitag im Juli (Blutfreitag)	Heiligblutfest	Bad Wurzach, Baden-Württ. (D)
2. Freitag im Juli, vier Tage	Seehasenfest	Friedrichshafen, Baden-Württ. (D)
2. Freitag im Juli in jedem 3. Jahr	Wallfahrt von Judenburg nach Maria Waitschach	Judenburg und Maria Waitschach, Kärnten (A)
Am zweiten Wochenende im Juli Samstag bis Montag	Bogenspringen	Isny, Baden-Württ. (D)
Zweiter Sonntag im Juli	Schwertletanz	Überlingen, Baden-Württ. (D)
Am zweiten oder dritten Sonntag im Juli	Rutenfest	Ravensburg, Baden-Württ. (D)
Dritter Dienstag im Juli	Kinderfest	Leutkirch (D)
Meist dritter Samstag im Juli	Brauertag	München, Oberbayern (D)
Dritter Sonntag im Juli (Dauer von Samstagabend bis Montag)	Hausherrenfest	Radolfzell, Baden-Württ. (D)

Am zweiten Sonntag im Juli	Eulogiusritt	Aftholderberg, Südbaden (D)
Zweiter Sonntag im Juli	Leonhardifahrt	Siegertsbrunn, Oberbayern (D)
ca. Mitte Juli	Gassatgehen (»Türkenpfeiferl«)	Waidhofen a. d. Ybbs, Niederösterreich (A)
Dritter Samstag und Sonntag im Juli, fünfjähriger Turnus	Ruethenfest	Landsberg, Oberbayern (D)
25. 7. oder Sonntag vor oder nach Christophstag	Christophorus-Autoweihe	St. Christoph, Oberbayern (D)
22. 7., Tag der hl. Magdalena	Magdalenentag beim »Kreuzvater« (Magdalientog beim »Schwarzen Herrgott auf Ritzlor«)	Südtirol (I)
Sonntag vor oder nach dem 22. 7.	Magdalenenfest	Walleshausen, Oberbayern (D)
In der Woche vor den Sommerferien	Fischertag	Memmingen, Schwaben (D)
3. Montag im Juli	Wasserprozession	Moos, Baden-Württ. (D)
Drei Tage an einem Wochenende in der zweiten Julihälfte	Schweizerfeiertag	Stockach, Südbaden (D)
Am Donnerstag der letzten Woche vor den Sommerferien (einen Tag vor dem Fischertag) Mitte Juli	Kinderfest	Memmingen, Schwaben (D)
Letzte Woche vor Beginn der Sommerferien	Tänzelfest (Tänzeltag, Hölzle)	Kaufbeuren, Schwaben (D)
Am Sonntag, der Jakobi (25. 7.) am nächsten liegt, alle 2 Jahre, in den Jahren mit ungerader Jahreszahl	Schäferlauf	Urach, Südbaden (D)
Samstag nach Jakobi (25. 7.)	Ranggeln am Hundstein	Hundstein, Bez. Zell am See (A)
Letzter Sonntag im Juli	Piratenschlacht oder Banditenfangen	Oberndorf, Salzburger Land (A)
Letzte Spielsaison 1977	Freilichttheater in Altusried (»Allgäuer Freilichtspiele«)	Altusried, Schwaben (D)
1. Fest am letzten Sonntag im Juli, 2. Fest am Sonntag nach Mariä Himmelfahrt im August	Grünsinker Feste	Grünsink, Oberbayern (D)
Ende Juli, Anfang August an 12 aufeinanderfolgenden Tagen	Graf-Arco-Schießen	Murnau, Oberbayern (D)
Juli/August, Sonntage unregelmäßig	Schifferstechen auf der Salzach bei Oberndorf (vgl. Laufener Schiffertheater)	Oberndorf, Salzburger Land (A)
Ende Juli und August, jeweils Samstag	Ritterspiele	Kiefersfelden, Oberbayern (D)
Zur Eröffnung der Salzburger Festspiele	Fackeltanz	Salzburg (A)

August

1. Samstag im August	Flohmarkt	Wasserburg am Inn, Oberbayern (D)
1. Sonntag im August	Fischerstechen	Langenargen, Südwürtt.-Hohenzoll. (D)
Am Vorabend des »Oswaldisonntags« (um 5. 8.) und am Sonntag	Samson	Krakaudorf, Steiermark (A)
Während der Sommersaison jeden Donnerstag, außerhalb der Saison 14tägig	Heimatabend	Schliersee, Oberbayern (D)
Während des Alpsommers	Hirten Ave in Liechtenstein	Alpe Turnau, Triesenberg und Malbun, Vaduz (FL)

10. 8.	Laurenzi-Brotweihe	Niederheining, Oberbayern (D)
12. 8. oder am darauffolgenden Werktag	Klaramarkt	auf der Stubalpe, Steiermark (A)
15. 8. (Großer Frauentag)	Prozession zur Maria im Stein (Paß Stein)	Bad Mitterndorf und St. Martin am Grimming, Steiermark (A)
15. 8. (Großer Frauentag), auch Fronleichnam und Erntedankfest	Prangerstangen	Mühlbach am Hochkönig Bez. St. Johann (A)
15. 8. (Mariä Himmelfahrt oder »Großer Frauentag«)	Samsonumzug	Murau, Steiermark (A)
15. 8. (Mariä Himmelfahrt)	Volkstrachtenfest der Wallberger	Rottach-Egern, Oberbayern (D)
15. 8. (Mariä Himmelfahrt)	Kräuterweihe	Lenggries, Oberbayern (D)
15. 8. (Mariä Himmelfahrt)	Schiffswallfahrt auf dem Wörthersee	Klagenfurt, Kärnten (A)
15. 8. (Mariä Himmelfahrt)	Lichterprozession	Bernried, Oberbayern (D)
Sonntag nach 15. 8. (Mariä Himmelfahrt)	Stumme Prozession	Vilgertshofen, Oberbayern (D)
Sonntag nach 15. 8. (Mariä Himmelfahrt) eine Woche lang	Chilbi	Waldshut, Südbaden (D)
»Barthlmä-Sonntag« um 24. 8.	Bartholomäus-Fest	Ranten, Steiermark (A)
24. 8., Tag des hl. Bartholomäus	Glöck-Kirchtag-Markt am Ritten	Ritten, Südtirol (I)
Samstag nach 24. 8.	Wallfahrt von Maria Alm nach St. Bartholomä	St. Bartholomä, Oberbayern (D)
Sonntag nach dem 28. 8.	Augustini-Kirtag (St. Augustini-Kirchweihfest)	St. Johann, Niederösterreich (A)
Letzter Sonntag im August bis 1. Sonntag im September	Freischießen	Obergünzburg, Schwaben (D)

September

1. 9. (St. Ägidius) bzw. erster darauffolgender Sonntag	Brotspende	Raas, Südtirol (I)
6. 9. Maria Geburt	Fohlenmarkt	Bad Aibling, Oberbayern (D)
Sonntag nach Ägidi (Ägidius, 1. September). Fällt Ägidi auf einen Montag, so an diesem Tage. Fällt aber auf diesen Tag ein gesetzlicher Feiertag, so findet der Markt am nächsten Montag statt.	Wiesenmarkt (»Freiungsaustragen«)	Bleiburg, Kärnten (A)
In der Zeit von Maria Geburt 6. 9. bis gegen Mitte September	Almabtrieb	Dorf Tirol, Südtirol (I)
1. Sonntag im September	Irgnritt (Georgiritt)	Ruhpolding, Oberbayern (D)
Erster Sonntag im September (Egidius)	Kirchtag	Mitterolang, Südtirol (I)
Erster Montag im September	Viehmarkt (»Der Keferloher«)	Keferloh, Oberbayern (D)
8. 9. Fest Mariä Geburt	Maria-Geburts-Prozession	Oberlana, Südtirol (I)
Um 8. 9.	Alpabfahrt in Liechtenstein	in den Gemeinden Balzers, Triesen, Triesenberg, Vaduz, Schaan und Planken (FL)
Sonntag nach Mariä Geburt (zwischen 8. und 12. 9.)	Marienprozession	Lenggries, Oberbayern (D)
Je nach Witterung zwischen 9. und 11. 9.	Viehscheid (Alpabtrieb)	Oberstdorf, Schwaben (D)

Sonntag nach dem Notburgafest (14. 9.)	Notburgaprozession	Eben, Tirol (A)
12. 9.	Viehscheid (Alpabtrieb)	Schöllang, Schwaben (D)
Samstag nach dem 12. 9. (Fest Maria Namen)	Lourdesprozession	Obergünzburg, Schwaben (D)
13. 9.	Viehscheid (Alpabtrieb)	Oberstdorf, Schwaben (D)
ca. 14. 9.	Viehscheid (Alpabtrieb)	Burgberg, Schwaben (D)
Am zweiten Sonntag im September	Trachtenwallfahrt des Lechgauverbandes der Heimat- und Trachtenvereine auf den Hohenpeißenberg	Hohenpeißenberg, Oberbayern (D)
Mitte September	Alpabtrieb	Rettenberg, Schwaben (D)
Tag nach Hl. Kreuztag (15. 9.)	Alpabtrieb	Schwarzenberg, Vorarlberg (A)
Mitte September	Viehscheid	Oberstaufen, Schwaben (D)
ca. 15. 9., 20. oder 21. 9.	Alpabtrieb	Bolsterlang, Schwaben (D)
3. Samstag im September, Dauer 16 Tage	Oktoberfest (Wies'n)	München, Oberbayern (D)
September	Viehscheid (Alpabtrieb)	Gunzesried, Schwaben (D)
Meist 23. 9.	Viehscheid (Alpabtrieb)	Obermaiselstein, Schwaben (D)
September	Viehscheid im Oberallgäu	Schwaben (D)
um Michaeli (29. 9.)	Almabtrieb	Weißbach, Oberbayern (D)
Michaelisonntag (Sonntag um den 29. 9.) und 14 Tage vor- und nachher	Wiesenmarkt	St. Veit (A)
verschiedene Termine	Fahnlschwingen in Südtirol	Südtirol (I)
Ende September	Bartprämierung	Immenstadt, Schwaben (D)
Ende September	Alpabtrieb	Untermaiselstein, Schwaben (D)
Meist Ende September	Alphornbläsertreffen im Allgäu	Schwaben (D)
Ende September	Almabtrieb am Königssee	Königssee, Oberbayern (D)
Ende September	Almabtrieb	Schliersee, Oberbayern (D)

Oktober

Samstag, Sonntag und Montag vor oder nach dem 12. 10. (Maximilianstag)	Maxlan-Markt	Niederwölz, Steiermark (A)
Um 12. 10.	Maxlan-Markt	Neuhaus und Tarnitz (A)
2. Sonntag im Oktober	Leonhardifahrt	Reichersdorf, Oberbayern (D)
2. Sonntag im Oktober	Schützenmahl	Lasern/Bad Goisern, Oberösterreich (A)
Hedwigstag (16. 10.) oder benachbarte Sonntage	Hedwigswallfahrt der Schlesier nach Andechs	Andechs, Oberbayern (D)
Kirchweihsamstag	Kirchweihsingen	Unterammergau, Oberbayern (D)
Kirchweihsonntag (3. Sonntag im Oktober)	Martinsritt	Stiefenhofen, Schwaben (D)
Kirchweihsonntag	Almabtrieb und Kirchtigkrachen	Layen, Südtirol (I)
Kirchweihsonntag	Kirchweihmusik und Betteltanz	Unterbrunn, Oberbayern (D)
Kirchweihfest des jeweiligen Dorfes	Kirchtagmichl	Ahrntal, Südtirol (I)
Kirchweihmontag	Betteltanz	Raisting, Oberbayern (D)
Samstag, der dem 20. 10. am nächsten liegt	Wendelinsritt	Niederstaufen (Kienbergritt), Schwaben (D)
26.–28. 10.	Markt	Stegen, Südtirol (I)
Samstag im Oktober	Almabtrieb (»Kühkemma«) im Pustertal	Pustertal, Südtirol (I)
An Samstagen zwischen Ende Oktober und Mitte November	Räbenlichter	Schweiz (CH)

Meist an einem Sonntag, von Ende September bis Ende Oktober	Erntedankfest (Ernteumzug)	Niederösterreich (A)
Erntedankfest (3. goldener Samstag im Oktober), auch Fronleichnam und 15. 8.	Prangerstangen	Mühlbach am Hochkönig, Bez. St. Johann (A)
Jeweils zwei Veranstaltungen am Samstag/Sonntag im Oktober	Bauerntheater	Attenham, Oberbayern (D)
September und Oktober	Märkte in Sonthofen, Krämermarkt im September, Gallusmarkt im Oktober	Sonthofen, Schwaben (D)
Herbst	Älplerchilwi oder Älplerkilbenen	Ob- und Nidwalden (CH)
Herbst	Bauerntheater	Berchtesgaden, Oberbayern (D)
Ende Oktober (Sonntag, der dem 20. 10. am nächsten liegt)	Leonhardiritt	Wildsteig, Oberbayern (D)
Letzter Sonntag im Oktober	Leonhardifahrt	Unterammergau, Oberbayern (D)

November

1. Sonntag im November, wenn dieser Tag auf Allerheiligen fällt, am 2. 11.	Leonhardiritt	Kirchweidach, Oberbayern (D)
1. Samstag im November	Leonhardifahrt	Hundham, Oberbayern (D)
1. Samstag im November	Leonhardiritt	Reichling, Oberbayern (D)
2. 11.	Allerseelenspende	Kippel, Kt. Wallis (CH)
3. 11.	Allerseelenspende	Kippel, Kt. Wallis (CH)
1. Sonntag im November = Reformationstag	Lesung der Konfirmanden	Ziefen, Kt. Baselland (CH)
Am Samstag vor dem 6. 11.	Leonhardiritt	Wengen, Oberbayern (D)
Montag nach dem auf Allerheiligen folgenden Sonntag	Bauernjahrtag	Lenggries, Oberbayern (D)
Nächstliegender Sonntag zum 6. 11.	Leonhardiritt	Lenggries, Oberbayern (D)
6. 11.	Leonhardifahrt	Murnau-Froschhausen, Oberbayern (D)
6. 11.	Leonhardiritt	Bauerbach, Oberbayern (D)
6. 11.	Leonhardifahrt	Kreuth, Oberbayern (D)
6. 11.	Leonhardifahrt	Bad Tölz, Oberbayern (D)
6. 11.	Leonhardifahrt	Wonneberg, Oberbayern (D)
6. 11.	Leonhardifahrt	Lippertskirchen, Oberbayern (D)
6. 11.	Leonhardiritt	Forst, Oberbayern (D)
Samstag vor oder nach dem 6. 11.	Leonhardifahrt	Leonhardspfunzen, Oberbayern (D)
Sonntag vor oder nach dem 6. 11.	Leonhardiritt	Almau, Oberbayern (D)
Sonntag vor oder nach dem 6. 11.	Leonhardifahrt	Börwang, Schwaben (D)
Sonntag vor oder nach 6. 11.	Leonhardifahrt	Benediktbeuren, Oberbayern (D)
Sonntag nach der Benediktbeurer und Tölzer Leonhardifahrt	Leonhardiritt	Oberbuchen, Oberbayern (D)
Sonntag vor oder nach dem 6. 11.	Leonhardiritt	Utting, Oberbayern (D)
Sonntag vor oder nach dem 6. 11.	Leonhardiritt	Rottenbuch, Oberbayern (D)
Sonntag vor Leonhard	Leonhardifahrt	Peißenberg, Oberbayern (D)
Sonntag nach 6. 11.	Leonhardifahrt von Schliersee nach Fischhausen	Schliersee und Fischhausen, Oberbayern (D)
Sonntag vor oder nach dem 6. 11. bzw. darauffolgender Sonntag	Leonhardifahrt	Pietzenkirchen, Oberbayern (D)

6. 11.	Leonhardifahrt	Grafing, Oberbayern (D)
Sonntag nach dem 6. 11.	Leonhardifahrt	Guntersberg, Oberbayern (D)
Sonntag nach dem 6. 11.	Leonhardiritt	Kundl, Tirol (A)
Sonntag vor dem 11. 11.	Räbenchilbi	Richterswil, Kt. Zürich (CH)
Mittwoch vor dem 11. 11.	Rütlischießen	in der Schweiz, Kt. Uri (CH)
11. 11.	Martinszug mit Martinsspiel	Stockdorf, Oberbayern (D)
11. 11.	Krapfenbetteln	Pfunders, Südtirol (I)
11. 11.	Gansabhauet	Sursee, Kt. Luzern (CH)
11. 11.	Martinsritt	Bregenz, Vorarlberg (A)
11. 11.	Martinsritt	Obergünzburg, Schwaben (D)
11. 11.	Martini-Lichterprozession	Schleis, Südtirol (I)
Werktage um den 11. 11.	Martinsmarkt in der Schweiz	verschiedene Orte (CH)
Anfang bis Mitte November	Martinimahl oder Rechenmahl der Zünfte	Zürich (CH)
Dienstag nach dem 16. 11.	Lägelisnacht	Flawil, Kt. St. Gallen (CH)
Sonntag an oder nach dem 11. 11.	Martinskilbi in der Schweiz	verschiedene Orte der Zentral- und Ostschweiz (CH)
Werktag an, vor oder nach dem 16. 11.	Othmarsmarkt in der Schweiz	verschiedene Orte der Ost- und Nordwestschweiz (CH)
Samstag vor oder nach Mitte September	Nuß-Nuß	Aarau, Kt. Aargau (CH)
15. 11.	Morgartenfeier (Morgartengedenktag)	Morgarten, Kt. Zug (CH)
4. Montag im November	Zibelemärit (Zwiebelmarkt)	Bern (CH)
25. 11. bzw. Montag nachher oder letzter Donnerstag im November	Katharinentag und -markt	Kt. Luzern (CH)
Letzter Donnerstag im November und anschließender Freitag	Andreasmarkt	Uster, Kt. Zürich (CH)
24. 11. (Vorabend des Katharinentages)	Kätheri-Jagen	Nunningen, Kt. Solothurn (CH)
Jedes 5. Jahr am 4. Samstag im November	Klausumzug	Uznach, Kt. St. Gallen (CH)
Mittwoch vor dem 1. Adventssonntag	Musikantenfasnacht	Escholzmatt, Kt. Luzern (CH)
Von Mitte Oktober bis Ende November	Törggelen in Südtirol	Südtirol (I)

Dezember

Ab 1. Adventssonntag	Adventssingen	Niederösterreich (A)
1. und 2. Adventssonntag	Buttnmandllaufen	Berchtesgaden, Oberbayern (D)
1. 12.	Eligiusritt	Burggen, Oberbayern (D)
4. 12. bzw. erster Samstag im Dezember	Barbaraschießen in der Schweiz	St. Gallen (CH)
4. 12. (nächstgelegener Sonntag)	Ledersprung	Leoben, Steiermark (A)
1. Samstag im Dezember	Nikolaus-Umzug	Freiburg, Kt. Freiburg (CH)
1. Dienstag im Dezember bzw. nach dem 30. 11.	Klausmarkt	Glarus, Kt. Glarus (CH)
Am 1. und am letzten Donnerstag im Advent	Klöpfelsnacht (»Kröpfesnacht«)	Unterbrunn, Oberbayern (D)
5. 12.	Klosen	Stilfs, Südtirol (I)
Meist 5., seltener 6. 12., teilweise auch vorher	Klausjagen	Schweiz (CH)
5. 12.	Klaubaufgehen	Matrei, Tirol (A)
Werktag vor dem 6. 12., oft Samstag	Klausjagen	Küßnacht und Arth, Kt. Schwyz (CH)

5./6. 12.	Klausentreiben	Oberstdorf, Schwaben (D)
5. 12.	Nikolauseinzug	Innsbruck (A)
5. 12.	Nikolaus-Aufwecken	Mals, Südtirol (I)
5. und 6. 12. evtl. auch kurz davor	Nikolaus-Umzug	Schweiz (CH)
6. 12.	Lichterkläuse	Zürich (CH)
5. und 6. 12. evtl. auch kurz zuvor	Nikolaus in der Schweiz	Schweiz (CH)
6. 12.	Nikolauseinzug, Nikolausfeier	Niederösterreich (A)
2. Donnerstag im Dezember	Klausmarkt	Lenzburg, Kt. Aargau (CH)
Werktag zwischen der 1. und 3. Woche im Dezember	Nikolausmarkt	Schweiz (CH)
5. 12., 5jähriger Turnus (1972, 1977)	Nikolausspiel	Neufahrn, Oberbayern (D)
Sonntag im Dezember	Nikolausballonstart	Sonthofen, Schwaben (D)
2. Donnerstag im Advent	Wildes Gjaid vom Untersberg	Salzburger Land, jedes Jahr in verschiedenen Orten (A)
Erste drei Samstage und Sonntage im Dezember	Perchtenlauf	Kirchseeon, Oberbayern (D)
13. 12.	Lichterschwemmen	Fürstenfeldbruck, Oberbayern (D)
im Dezember	Krippenspiel	Zirl, Tirol (A)
nicht genau fixierbarer Turnus, letzte Aufführungen Dez. 1968 und 1973	Hirtenspiel	Niederaudorf, Oberbayern (D)
1. oder 2. Freitag vor Weihnachten	Spräggele und Schnabelgeißen	Ottenbach, Kt. Zürich (CH)
Letzte drei Donnerstage im Advent	Klöckln (Anklöpfeln) in Südtirol	Südtirol (I)
Letzter Schultag vor den Weihnachtsferien	Schulsilvester in Baselland	Kt. Baselland (CH)
Advent	Christkindlmarkt	München, Oberbayern (D)
Donnerstag der Vorweihnachtswoche (zwischen 16. und 22. 12.)	Bochselnacht	Weinfelden, Kt. Thurgau (CH)
4. Adventssonntag	Christkindleinzug	Innsbruck, Tirol (A)
In der Regel letzter Adventssonntag	Advent-Singen in der Schweiz	Kt. Aargau (CH)
4. Adventssonntag	Herbergssuche und Frauentragen	Starnberg, Oberbayern (D)
Abend der ca. 3. Adventwoche	Adventssingen in der Schweiz	Kt. Aargau, Kt. Graubünden (CH)
Kirchliche Feiertage, Hl. Abend	Bratlblasen	Wasserburg am Inn, Oberbayern (D)
24. 12.	Nünichlinger	Ziefen, Kt. Baselland (CH)
24. 12.	Weihnachtsschießen	Berchtesgaden, Oberbayern (D)
24.–26. 12.	Weihnachtssingen	Thusis, Kt. Graubünden (CH)
24. 12.	Wandelaltar, Weihnachtskrippe	Dießen, Oberbayern (D)
Weihnachten bis Maria Lichtmeß	Krippendörfer	Umgebung von Innsbruck, Tirol (A)
etwa jedes 10. Jahr an zwei Samstagen im Advent	Anklöpfeln	Stans, Tirol (A)
Am 24. 12. und an Silvester	Brunnen- und Silvestersingen der Sebastianibruderschaft	Rheinfelden, Kt. Aargau (CH)
Advent	Anglöckler oder Adventsänger	Oberndorf (A)
Advent	Anklöpfeln	Salzburg (A)
Zwischen Weihnachten und Hl.-Drei-König	Christkindlwiegen	Peiting, Oberbayern (D)
Zu Weihnachten, Aufführungen alle 4 Jahre; letzte 1975	Krippenspiel	Bad Ischl, Oberösterreich (A)
25. bzw. 26. 12.	Weihnachts-Gemeindetrunk im Wallis	Kt. Wallis (CH)
26. 12. (falls dieser ein Sonntag, am 27.)	»Tricheln« und »Übersitz« im Oberhasli	Kt. Bern (CH)

26. 12.	Stephaniritt mit Pferdebenediktion	Mörlbach, Oberbayern (D)
28. 12. (Tag der Unschuldigen Kinder)	Frisch-und-g'sund-Schlagen in Österreich	Kärnten, Steiermark, Burgenland Lungau (A)
30. 12.	Haggeri	Kt. Zürich (CH)
31. 12.	Achetringele	Laupen, Kt. Bern (CH)
31. 12.	Altjahrblasen und -singen	Schweiz (CH)
31. 12.	Laternenvisitation	Wil, Kt. St. Gallen (CH)
31. 12.	Altjohrobedschelle	Oberschan, Kt. St. Gallen (CH)
31. 12.	Altjahresel	Schwarzenburg, Kt. Bern (CH)
31. 12.	Silvesterritt	Gelting, Oberbayern (D)
31. 12.	Silvesterklausen	Kt. Zürich (CH)
31. 12.	Sternsingen	Oberammergau, Oberbayern (D)
31. 12.	Silvesterlärm in der Schweiz	Kt. St. Gallen und Thurgau (CH)
31. 12.	Neujahrssingen	Planeil, Südtirol (I)
31. 12.	Silvesterritt	Türkenfeld, Oberbayern (D)
31. 12.	Silvesterzug	Schiltach,Südbaden(D)
31. 12.	Silvesterdreschen	Hallwil, Kt. Aargau (CH)
31. 12.	Sternsingen	Ettal, Oberbayern (D)
31. 12.	Pelzmarti	Kandersteg, Kt. Bern (CH)
31. 12. und nochmals 13. 1.	Silvesterkläuse	Appenzell, Hinterland des Kt. Appenzell (CH)

Sachweiser

Advent s. a.
Adventsingen, -sternsingen
Anglöckler, -klöpfler
Barbaraschießen
Bochselnacht
Buttnmandllaufen
Christkindleinzug, -markt, -wiegen
Herbergsuche
Hirtenspiel
Kätherijagen
Kindernikolausballonstart
Klaubaufgehen
Klausentreiben, -jagen, -markt, -umzug
Klöpfeln
Klöpfelsnacht
Klosen
Krippenspiel
Lichterschwemmen
Nikolaus, -markt, -umzug
Nikolausaufwecken, -einzug, -spiel
Nünichlingler
Perchtenlauf
Spräggele
Wandelaltar
Wildes Gjaid
Alm(b, p)abtrieb s. a.
Bartprämierung
Glöck-Kirchtag-Markt
Viehscheid
Alpfahrt s. a.
Almabtrieb
Anklöpfeln s. a.
Klöckeln
Blutritt s. a.
Heiligblutfest
Buttnmandllaufen s. a.
Perchtenlauf
Chilw(b)i s. a.
Kirchweih
Christi Himmelfahrt s. a.
Bittgänge
Blutritt
Fasching s. a.
Bader Jagerl
Bärentreiben
Blochziehen
Egetmann
Eggaspiel
Fasnatziestag
Fasnet
Fetzenfasching
Geldbeutelwaschen
Gumpiger Donnerstag
Haberfeldtreiben
Maskenskilauf
Mullerlaufen
Musikantenfasnacht
Narrengericht
Pflugziehen
Schäfflertanz
Schellenrühren, -schlagen
Schellerlaufen
Schleicherlaufen
Schnablerrennen
Schützenspiel
Skifasching
Tinzltag
Wampelerreiten
Fasnacht s. a.
Fasching
Fischerstechen s. a.
Schifferstechen
Fronleichnam s. a.
Antlaßritt
Fahnenschwingen
Gerichtsumgang
Himmelbrotschutzen
Prangstangen
Seeprozession
Funkenfeuer s. a.
Funkaabrenna
Scheibenschlagen
Glöckeln s.
Klöckeln
Grasausläuten s.
Gauderfest
Heiligblutfest s. a.
Blutritt
Heiligendreikönig s. a.
Sternsingen
Wandelaltar
Heiliges Grab s. a.
Wandelaltar
Johannes Nepomuk s.
Bachprozession
Karwoche s.
Antlaß-Singen
Fußwaschung
Heiliges Grab
Kreuzziehen
Leiden-Christi-Singen
Osterfeuer, -laufen
Palmeselprozession, -sonntag, -weihe
Kilbene s.
Kirchweih
Kinderfest s. a.
Schülerfest
Kirchweih s. a.
Älplerchilwi
Almabtrieb in Layen
Auer Dult
Augustini-Kirtag
Bartholomäusfest
Betteltanz
Chilbi
Florianikirtag
Glöck-Kirchtag
Kirchtag, -michl
Kirchtigkrachen
Kirchweihmusik, -singen
Martinskilbi
Zachäussingen
Klöckeln s. a.
Anglöckeln
Anklöpfeln
Glöcklerlauf

Klöckeln s. a.
Klöpfeln
Klosen
Klöpfeln s. a.
Klöckeln
Klosen s. a.
Klöckeln
Krippe s. a.
Wandelaltar
Lichtmeß s. a.
Kirchleintragen
Luzienhäuschen s.
Lichterschwemmen
Mariä Himmelfahrt s. a.
Chilbi
Kräuterweihe
Lichterprozession
Prozession zur Maria am Stein
Samsonumzug in Murnau
Schiffswallfahrt
Volkstrachtenfest
Markt s. a.
Auer Dult
Fetzenmärkte
Flohmarkt
Florianikirtag
Fohlenmarkt
Klaramarkt
Klausmarkt
Martinsmarkt
Maxlanmarkt
Niklausmarkt
Markt s. a.
Viehmarkt
Wiesenmarkt
Nikolaus s. a.
Kindernikolausballonstart
Klaubaufgehen
Klausentreiben
Klausenjagen
Klausenmarkt, -umzug
Klosen
Lichterkläuse
Niklaus, -markt, -umzug
Ostern s. a.
Haflinger Galoppreiten
Maschta-Singen
Schwerttanz
Wandelaltar
Perchtenlauf s. a.
Buttnmandllaufen
Pfingsten s. a.
Bergfest
Kufenstechen
Säkulumfeier
Urbanifeldumgang
Wallfahrt in Hirschegg
Wettrennen
Reiftanz s. a.
Schäfflertanz
Scheibenschlagen s. a.
Funkenfeuer
Schifferstechen s. a.
Fischerstechen
Schülerfest s. a.
Bogenspringen
Kinderfest
Ru(e)thenfest
Sechseläuten
Tänzelfest
Silvester s. a.
Achetringele
Altjahrsblasen, -esel
Altjohrobedschelle
Brunnensingen
Laternenvisitation
Neujahrseinläuten, -schreien, -singen
Pelzmarti
Schulsilvester
Sternsingen in Oberammergau
Sternsingen s. a.
Advent-Sternsingen
Volkstheater s. a.
Bauerntheater
Freilichttheater
Hirtenspiel
Krippenspiel
Passionsspiel
Ritterspiele
Schützenspiel
Volksschauspiel
Wallfahrt s. a.
Hedwigswallfahrt
Schiffswallfahrt
Schleckerbettel
Trachtenwallfahrt

Ortsregister

Aarau (CH) 200
Aarwangen (CH) 18
Aftholderberg (D) 51
Alberschwende (A) 85
Aldein (I) 281f.
Algund (I) 54, 260f.
Almau (D) 159
Altaussee (A) 112
Altdorf, Kt. Uri (CH) 185, 194f.
Altkeferloh (D) 286
Altmünster (A) 112, 142
Altstätten (CH) 18, 134, 194, 268
Altusried (D) 81, 99
Alvaneu (CH) 19
Amden (CH) 134f.
Ammerswil, Kt. Aargau (CH) 135
Amras (A) s. Innsbruck
Amstetten (A) 11, 270
Andechs (D) 116, 252f., 297
Andeer (CH) 19
Andelfingen (CH) 185, 226
Anger (D) s. Piding
Anif (A) 309
Annaberg, Bez. Lilienfeld (A) 64
Antdorf (D) 179
Appenzell (CH) 193
Arbon (CH) 185
Arth (CH) 133
Aschering (D) 173f.
Aspang (A) 197
Attenham, Lk. Bad Tölz-Wolfratshausen (D) 30
Au (D) s. München
Auerberg, Lk. Weilheim (D) 104f.
Axams (A) 141, 299f.

Baar, Kt. Zug (CH) 185
Bachs (CH) 226
Bad Aibling (D) 81
Bad Aussee (A) 57–59, 112, 122
Baden (CH) 134
Bad Goisern (A) 254f.
Bad Ischl (A) 11, 26f., 47, 111f., 142, 209f.
Bad St. Leonhard im Lavanttal (A) 297f.
Bad Tölz (D) 109, 148–150, 152, 155
Bad Wurzach (D) 51, 117
Balsthal (CH) 19, 135
Balzers (FL) 16f.
Basel (CH) 18, 28, 67–69, 72, 99
Bauerbach, Lk. Weilheim (D) 159
Baumburg (D) 43
Benediktbeuren (D) 114, 151f.
Berchtesgaden (D) 30, 32, 39, 41, 302f.
Berg, Lk. Starnberg (D) 138f.
Bergün (CH) 19
Bern (CH) 99, 311f.
Bernbeuern (D) 100
Berndorf, Bez. Baden (A) 64
Berneck (CH) 185, 194
Bernried, Lk. Weilheim (D) 167f.
Beromünster (CH) 18, 47, 126
Biberbach (A) 177
Biel (CH) 18, 194
Birgitz (A) 141
Bischofshofen (A) 222
Bischofswiesen (D) 302f.
Bleiburg (A) 305f.
Blindenmarkt, Bez. Melk (A) 64
Bockern (A) 21
Börwang (D) 152
Bolsterlang (D) 17
Boltshausen (CH) 36
Bonaduz (CH) 47
Boswil (CH) 47
Bozen (I) 282
Bregenz (A) 73, 99, 104, 185
Breitenbach (CH) 206
Bremgarten, Kt. Aargau (CH) 18, 194
Brienz, Kt. Graubünden (CH) 19, 185
Brixen (I) 126, 278, 282
Brixen im Thale (A) 20–22
Brugg, Kt. Aargau (CH) 18, 194
Brunnen, Kt. Schwyz (CH) 232
Buchenberg, Lk. Oberallgäu (D) 99
Bülach (CH) 226
Buochs (CH) 12
Burgberg i. Allgäu (D) 288
Burgdorf (CH) 185
Burggen (D) 49f.

Cazis (CH) 19, 47
Cham (CH) 19
Chur (CH) 19

Danis (CH) 19
Derendingen (CH) 47
Deutschlandsberg (A) 95
Dießen a. Ammersee (D) 77, 119, 300f.
Diessenhofen (CH) 206
Dietikon (CH) 226
Dietmannsried (D) 99
Dietratried (D) 99
Domat/Ems (CH) 47, 192
Doren (A) 85
Dorf Tirol (I) 15f., 44, 54

Eben am Achensee (A) 199f.
Ebensee (A) 74f., 110–112, 142
Ebersecken (CH) 126
Egg a. d. Günz (D) 99
Eglisau (CH) 226
Egliswil (CH) 266
Ehrenburg (I) 33f.
Eibiswald (A) 95f.
Einsiedeln (CH) 185
Eisenkappel-Vellach (A) 127f.
Ellikon a. Rhein, Kt. Zürich (CH) 226
Endorf i. Obb. (D) 294f.
Engelberg, Kt. Obwalden (CH) 194
Engstringen (CH) 226
Enneberg – La Pli (I) 217

Eresing (D) 285
Erlinsbach (CH) 134
Eschenlohe, Lk. Garmisch-Partenkirchen (D) 210
Escholzmatt i. Entlebuch (CH) 190
Ettal (D) 274f.
Ettendorf (D) 108f.
Eschach, Lk. Oberallgäu (D) 99
Eyrs (I) 192

Feistritz a. d. Gail (A) 145
Feldthurns (I) 137
Fellheim (D) 99
Ferden (CH) 47
Filisur (CH) 19
Firstalm (D) 269f.
Fischen i. Allgäu (D) 99
Fischenthal (CH) 226
Fischhausen (D) s. Schliersee
Fiß (A) 34f.
Flawil (CH) 18, 146, 194
Flintsbach (D) 123, 295f.
Forst (D) 160
Frankenfels (A) 62, 64, 197, 270
Frauenfeld (CH) 194
Freiburg (CH) 194f.
Frieding, Lk. Starnberg (D) 173f.
Friedrichshafen (D) 264
Froschhausen (D) s. Murnau
Fürstenfeldbruck (D) 166f., 169
Füssen (D) 85f.

Gadmen, Kt. Bern (CH) 284
Gaißbach, Lk. Bad Tölz-Wolfratshausen (D) 254f.
Gaming, Bez. St. Pölten (A) 64
Gams (CH) 18, 47
Gargazon (I) 286
Garmisch-Partenkirchen (D) 65, 85, 244
Gelting, Lk. Bad Tölz-Wolfratshausen (D) 268
Glarus (CH) 135, 185
Gloggnitz (A) 270
Gmunden (A) 47, 111f., 122, 142
Göriach (A) 145
Gösgen (CH) 134
Götzens (A) 140
Goldrain (I) 286
Grafing b. München (D) 152f.
Graz (A) 75f.
Gresten (A) 62, 64
Grindel (CH) 134
Grins (A) 242
Grödig (A) 309f.
Grönenbach, Lk. Unterallgäu (D) 99
Großarl (A) 147f.
Großwangen (CH) 47
Grünbach a. Schneeberg (A) 64
Grünenbach, Lk. Lindau (D) 109
Grüningen (CH) 226
Grünsink (D) s. Weßling
Grundlsee (A) 112
Guntersberg, Lk. Rosenheim (D) 153
Gunzesried (D) 288
Gurtnellerberg (CH) 185
Gutenstein (A) 270
Guttannen (CH) 284

Haag, Bez. Amstetten (A) 64
Habach (D) 205
Hägendorf (CH) 19, 134
Hall (A) 207
Hallstatt (A) 142, 264–266
Hallwil (CH) 135f., 226
Hart, Bez. Neunkirchen (A) 28
Hasliberg (CH) 284
Haunshofen (D) 252
Hawangen (D) 99
Heiligenblut (A) 276
Heimenkirch (D) 109
Hendschiken (CH) 136
Herisau (CH) 266
Herrenchiemsee (D) 139
Herzogenbuchsee (CH) 185
Herzogenburg (A) 47
Hindelang (D) 18, 99, 288
Hirschegg, Bez. Voitsberg (A) 297
Hirslanden (CH) 226
Hirzel (CH) 115, 134
Hitzendorf (A) 187
Hochdorf (CH) 134
Hochneukirchen (A) 178
Höchst (A) 34
Höglwörth (D) 118f.
Hörbranz (A) 86
Hohenems (A) 209
Hohenpeißenberg (D) 283f.
Holzgau (A) 91
Holzhausen, Lk. Berchtesgadener Land (D) 160–162
Hopfen, Lk. Lindau (D) 109, 186
Horgen (CH) 168
Hüttau (A) 222
Hüttenberg, Bez. St. Veit a. d. Glan (A) 228f.
Humbach (D) s. Neufahrn
Hundham, Lk. Miesbach (D) 153
Hundstein (A) s. Maria Alm
Hundwil, Kt. Appenzell (CH) 266
Hunzenschwil (CH) 136

Igis (CH) 19
Ilanz (CH) 19
Immenstadt (D) 18, 29
Immenthal (D) 99, 186
Imst (A) 248f.
Innertkirchen (CH) 284
Innsbruck (A) 14, 44f., 99, 140–142, 190, 196f., 244–247, 271f.
Insel Reichenau (D) s. Reichenau
Interlaken (CH) 18
Ismaning (D) 240
Isny i. Allgäu (D) 37

Jenins (CH) 192
Jesenwang (D) 310
Jonschwil (CH) 185
Judenburg (A) 298f.
Jungholz, Bez. Reutte (A) 98

Kandersteg (CH) 214
Kastelruth (I) 86–88
Kaufbeuren (D) 280f.
Keferloh (D) s. Altkeferloh
Kematen, Bez. Amstetten (A) 177
Kempten i. Allgäu (D) 99
Kerzers (CH) 19
Kiefersfelden (D) 123, 230, 293

Kiens (I) 33
Kilb (A) 50f., 64
Kippel (CH) 13, 47
Kirchberg i. Tirol (A) 20–22
Kirchberg a. d. Pielach (A) 197
Kirchschlag, Bez. Zwettl (A) S. 211
Kirchseeon (D) 214f.
Kirchweidach (D) 162
Klagenfurt (A) 252
Klausen (I) 282
Kleinlützel (CH) 134
Kleinpienzenau (D) 227
Kleinzell, Bez. Lilienfeld (A) 177
Klingnau (CH) 47, 195
Klobenstein (I) 54
Kochel a. See (D) 206, 275
Königssee (D) 13, 299, 302f.
Kössen (A) 123
Kortsch (I) 192
Krakaudorf (A) 62f., 234f.
Krakauschatten (A) 62f.
Kreuth, Lk. Miesbach (D) 153
Kreuzlingen (CH) 194
Kriens (CH) 194f.
Kronburg (D) 99
Küsnacht, Kt. Zürich (CH) 168
Küßnacht, Kt. Schwyz (CH) 133
Kundl (A) 163

Lachen, Kt. Schwyz (CH) 194
Lana (I) 54
Landeck (A) 242
Landsberg a. Lech (D) 230f.
Langenargen (D) 77
Lans (A) 244–247
Latzfons (I) 172
Laufen, Kt. Bern (CH) 194
Laufen, Lk. Berchtesgadener Land (D) 19, 122, 146f., 219f., 252, 276f.
Laufenburg (CH) 18, 195
Lauffen (A) 142
Laupen, Kt. Bern (CH) 11
Lauterbach, Bez. Kitzbühel (A) 21
Layen (I) 13f.
Legau, Lk. Unterallgäu (D) 99
Lenggries (D) 30, 88f., 139, 163, 182, 206, 210
Lenzburg (CH) 135, 266
Leoben, Steiermark (A) 147
Leonhardspfunzen (D) 153f.
Leutkirch, Lk. Wangen (D) 126
Leutstetten (D) 124f.
Lichtensteig (CH) 185
Liebenfels (A) 291f.
Liestal (CH) 134f.
Lilienfeld (A) 50, 187f., 197, 270
Limpach (D) 51
Linz (A) 11
Lippertskirchen (D) 154
Loich (A) 64
Loipl (D) 41
Lungern (CH) 12
Lunz a. See (A) 50, 270
Lustenau (A) 209
Luthern (CH) 134
Luttach (I) 261
Luvis (CH) 19
Luzern (CH) 11, 47, 70–72, 99, 194

Märstetten (CH) 36
Malans, Kt. Graubünden (CH) 19
Malbun (FL) 122
Mals (I) 196, 242f., 257f.
Mank (A) 177
Maria Alm (A) 226f., 299
Maria Lankowitz (A) 130f.
Maria Saal (A) 291f.
Maria Waitschach (A) 298f.
Maria Wörth (A) 252
Markt Rettenbach (D) 99
Marktschellenberg (D) 302f.
Marling (I) 285f.
Marthalen (CH) 226
Martinszell i. Allgäu (D) 99
Matrei i. Osttirol (A) 131f.
Mauren (CH) 36
Mauterndorf, Bez. Tamsweg (A) 235, 237
Mehrerau (A) s. Bregenz
Meilen, Kt. Zürich (CH) 226
Meiringen (CH) 284
Melchsee-Frutt (CH) 12
Memmingen (D) 79f., 126f.
Meran (I) 54, 114f., 282
Mietenkam (D) 159
Missen, Lk. Oberallgäu (D) 109
Mittelberg, Lk. Oberallgäu (D) 99
Mittenwald (D) 244
Mitterndorf i. Steirischen Salzkammergut (A) 224
Mitterndorf a. d. Fischa (A) 62
Mitterolang (I) 128f.
Mörlbach, Lk. Starnberg (D) 274
Moos, Lk. Konstanz (D) 116, 301
Moosbach, Lk. Oberallgäu (D) 99
Mooskirchen (A) 187
Morgarten (CH) 189
Morzg (A) 309f.
Mühlbach a. Hochkönig (A) 223f.
München (D) 23–25, 37, 45f., 59–61, 79f., 93f., 119, 201, 203f., 211, 239 bis 241, 266, 272f.
Münster (CH) 135
Muhr, Bez. Tamsweg (A) 221
Murau, Steiermark (A) 28, 235, 237f.
Muri (CH) 185
Murnau, Lk. Garmisch-Partenkirchen (D) 112, 154f.

Nassereith (A) 245, 247f.
Natschbach (A) 178
Naturns (I) 286
Nebikon (CH) 47
Neckenmarkt (A) 52f.
Neerach (CH) 226
Neufahrn, Lk. Bad Tölz-Wolfratshausen (D) 198f.
Neuhaus, Bez. Scheibbs (A) 188
Neunkirchen (A) 177
Neustadtl (A) 11
Neustift bei Brixen (I) 278
Niederaudorf (D) 123f.
Niederheining (D) 146f.
Niederlenz (CH) 135
Niederstaufen (D) 303f.
Niederwölz (A) 188f.
Nötsch i. Gailtal (A) 145
Nunningen (CH) 126

Oberägeri (CH) 134
Oberammergau (D) 212f., 275

Oberau, Lk. Berchtesgadener Land (D) 41, 302
Oberbrunn (D) s. Unterbrunn
Oberbuchen (D) 164
Oberetrach (A) 63
Obergünzburg (D) 82, 99, 168–171, 185f.
Oberlana (I) 181
Obermais (I) s. Meran
Obermaiselstein (D) 288f.
Obermühlbach, Bez. St. Veit a. d. Glan (A) 291f.
Oberndorf b. Salzburg (A) 19f., 121f., 219f., 250–252, 276f.
Oberndorf a. d. Melk (A) 177
Oberriet (CH) 18
Oberschan (CH) 19
Oberstaufen (D) 73, 109, 113, 289
Oberstdorf (D) 132, 273, 288–291, 307 bis 309
Obertraun (A) 112
Oberwaltersdorf (A) 62
Ofterschwang (D) 99
Opfenbach (D) 99
Otelfingen (CH) 226
Ottenbach (CH) 272
Ottmanach (A) 291f.
Ottenberg (CH) 36

Partenkirchen (D) s. Garmisch-Partenkirchen
Paspels (CH) 47
Peißenberg (D) 32, 155f.
Peiting (D) 46
Petersthal (D) 99
Pfäffikon (CH) 226
Pfarrwerfen (A) 222
Pfunders (I) 139f.
Piding, Gmd. Anger (D) 43
Piesting, Bez. Wiener Neustadt (A) 270
Pietzenkirchen (D) 156
Pinswang (A) 98
Pitten (A) 270
Planeil (I) 192
Planken (FL) 16f.
Pörtschach (A) 252
Prein a. d. Rax (A) 62, 178
Probstried (D) 99
Puchberg a. Schneeberg (A) 97, 178
Purgstall, Bez. Scheibbs (A) 50, 64

Raas (I) 38
Rabenstein, Bez. St. Pölten (A) 177, 197, 270
Radolfzell (D) 116
Rafz (CH) 226
Raisting (D) 33
Ramsau, Bez. Lilienfeld (A) 50
Ramsau, Lk. Berchtesgadener Land (D) 302f.
Randegg (A) 11, 50
Ranten (A) 28f., 53, 62f.
Rapperswil, Kt. St. Gallen (CH) 11, 194
Ravensburg (D) 35, 126f., 232
Refenthal (CH) 136
Regensberg (CH) 226
Reichenau, Lk. Konstanz (D) 117f.
Reichenau a. d. Rax (A) 188
Reichersdorf, Lk. Miesbach (D) 156
Reichling, Lk. Weilheim (D) 164
Reinswald (I) 136f.
Reisach (D) s. Niederaudorf
Reitnau (D) 99
Rettenberg, Lk. Oberallgäu (D) 17, 99
Rhäzüns (CH) 19, 47
Rheineck (CH) 18
Rheinfelden (CH) 38, 195
Richterswil (CH) 185, 225
Riegsee (D) 175
Ritten (I) 110
Rohr i. Gebirge (A) 96f., 178
Root (CH) 194
Rorschach (CH) 18
Rothenburg (CH) 185
Rothenturm (CH) 134
Rottach-Egern (D) 296
Rottenbuch, Lk. Weilheim (D) 164
Rueun/Ruis (CH) 19
Rütli-Wiese (CH) 232
Ruhpolding (D) 124
Rum (A) 140

Saak (A) 145
Säben (I) 34
Säckingen (D) 82f.
Safien (CH) 19
Salzburg (A) 19f., 52, 111f.
Samstagern, Kt. Zürich (CH) 115
St. Anton a. d. Jeßnitz (A) 11, 64
St. Bartholomä (D) 299
St. Benedikten (A) 216f.
St. Christoph (D) 46
St. Gallen (CH) 18, 28, 99, 268
St. Georgen b. Dießen (D) 33
St. Georgen o. Murau (A) 62f.
St. Georgen b. Salzburg (A) 19
St. Georgen b. Traunstein (D) 159
St. Gilgen (A) 112
St. Johann a. Steinfelde (A) 24
St. Martin a. Grimming (A) 224
St. Martin a. Kofel (I) 15f.
St. Martin a. Silberberg (A) 298f.
St. Nikolaus (I) 233
St. Peter a. Kammersberg (A) 53, 62f.
St. Peter a. Pichl (A) 291f.
St. Veit a. d. Glan (A) 291f., 306
St. Wolfgang i. Salzkammergut (A) 111f., 211
St. Wolfgang b. Obdach (A) 298f.
Sargans (CH) 185
Sarnen (CH) 194f.
Sarns (I) 261
Sattel, Kt. Schwyz (CH) 189
Schaan (FL) 16f., 74, 100
Schaffhausen (CH) 185
Schalders (I) 137
Schattenhalb, Kt. Bern (CH) 284
Scheibbs (A) 11, 47, 64, 177
Scheidegg (D) 176
Schenna (I) 54
Schiltach (D) 269
Schlachters (D) 99
Schladming (A) 61
Schleching (D) 176
Schleis (I) 182
Schliersee (D) 14, 30f., 34, 93f., 119, 157, 294
Schmitten, Kt. Graubünden (CH) 19
Schöllang (D) 291
Schönau, Lk. Berchtesgadener Land (D) 302f.
Schönenberg, Kt. Zürich (CH) 115
Schötz (CH) 47
Schrattenbach (D) 99

Schüpfheim (CH) 185
Schwanberg (A) 95f.
Schwangau (D) 99
Schwarzenberg, Bez. Bregenz (A) 17
Schwarzenburg (CH) 18f.
Schwaz (A) 20
Schwellbrunn (CH) 266
Schwendi, Kt. Obwalden (CH) 12
Seengen i. Seetal (CH) 135, 191
Seeshaupt (D) 176f., 275
Seethal (A) 63
Semmering, Bez. Neunkirchen (A) 178, 270
Sempach (CH) 18, 194
Siegertsbrunn (D) 157f.
Siezenheim (A) 309f.
Sindelburg (A) 270
Sissach (CH) 185
Sörg (A) 291f.
Solothurn (CH) 99, 134
Sonderdorf (D) 17
Sonthofen (D) 49, 127, 180
Spertendorf (A) 21
Stadel b. Dielsdorf, Kt. Zürich (CH) 226
Stadl, Lk. Landsberg a. Lech (D) 119
Stäfa (CH) 136, 268
Stainach (A) 110–112
Stalden, Kt. Wallis (CH) 185
Stammheim (CH) 226
Stans (A) 20
Stans (CH) 18, 134
Starnberg (D) 77–79, 119f.
Staufberg (CH) 266
Stegen (I) 180f.
Steibis (D) 109
Stein, Kt. Aargau (CH) 47
Stein, Kt. Appenzell (CH) 266
Sterzing (I) 261
Stiefenhofen (D) 99, 109, 186
Stierva/Stürvis (CH) 19
Stilfs (I) 137f., 192, 218f., 243f., 261
Stockach, Lk. Konstanz (D) 190f., 257f.
Stockdorf (D) 186
Stötten a. Auerberg (D) 99
Stubalpe (A) s. Maria Lankowitz
Stüsslingen (CH) 134
Sulzberg, Lk. Oberallgäu (D) 99
Sursee (CH) 18, 101, 194

Tafers (CH) 185
Tamins (CH) 19
Tanas (I) 192
Tattendorf (A) 62
Tegernsee (D) 94, 271
Telfs (A) 253f.
Thal, Kt. St. Gallen (CH) 206
Thalwil (CH) 168
Thaur (A) 140f., 189f., 208f.
Thiersee (A) 294
Thun (CH) 18
Thusis (CH) 11, 19, 303
Tiefencastel (CH) 19
Tittmoning (D) 107
Tölz (D) s. Bad Tölz
Törbel (CH) 302
Totzenbach (A) 270
Tradigist (A) 197
Traiskirchen (A) 197
Tramin (I) 48
Trattenbach, Bez. Neunkirchen (A) 62
Traunkirchen (A) 22, 111, 266
Traunreut (D) 177
Traunstein (D) 108f., 160, 259f.
Tresdorf (A) 140
Triesen (FL) 16f.
Triesenberg (FL) 16f., 122
Trins (CH) 19
Tschengls (I) 192
Tscherms (I) 260, 285f.
Türkenfeld, Lk. Fürstenfeldbruck (D) 268f.
Türnitz (A) 188
Tumegl (CH) 47

Überlingen (D) 258f.
Umhausen (A) 34f.
Ungerbach, Bez. Wiener Neustadt (A) 178
Unterägeri (CH) 134
Unterammergau (D) 130, 158
Unterbrunn, Lk. Starnberg (D) 129, 137, 173–175, 252f.
Untermais (I) s. Meran
Untermaiselstein (D) 17f.
Untermieming (A) 125
Unterthingau (D) 99
Untrasried (D) 99

Urach, Lk. Reutlingen (D) 238f.
Urnäsch (CH) 266f.
Uster (CH) 19, 168, 226
Utting, Lk. Landsberg a. Lech (D) 165
Uznach (CH) 136, 195

Vaduz (FL) 16f.
Velden a. Wörthersee (A) 252
Vilgertshofen (D) 278f.
Villanders (I) 109f.
Villnöss (I) 34
Visperterminen (CH) 302
Vorderberg (A) 145
Vorderburg, Lk. Oberallgäu (D) 99

Waal, Lk. Ostallgäu (D) 213
Wackersberg, Lk. Bad Tölz-Wolfratshausen (D) 94
Waidhofen a. d. Ybbs (A) 11, 64, 101f.
Wald, Kt. Zürich (CH) 268
Wald, Lk. Ostallgäu (D) 99
Waldshut (D) 42f.
Waldstatt (CH) 266
Walleshausen (D) 172
Wals (A) 309f.
Walten (I) 24
Waltenhofen, Lk. Oberallgäu (D) 99
Warth, Bez. Neunkirchen (A) 197
Wasserburg a. Inn (D) 37, 80, 281
Wasserburg i. Bodensee (D) 99
Weerswilen (CH) 36
Weesen (CH) 134
Weggis (CH) 134f.
Wegscheid (D) 176f.
Weiler i. Allgäu (D) 99
Weinfelden (CH) 36f., 185, 194
Weingarten (D) 35f., 51, 109, 117
Weiningen, Kt. Zürich (CH) 226
Weißbach a. d. Alpenstraße (D) 16
Weitensfeld, Bez. St. Veit a. d. Glan (A) 305
Weitenthal (I) 137
Welsberg (I) 217
Welschenrohr (CH) 19, 134
Welschnofen (I) 54

Wengen, Lk. Landsberg a. Lech (D) 165
Werfenweng (A) 222
Wertach (D) 99
Weßling (D) 112f.
Wessobrunn (D) 74
Westendorf (A) 20–22
Wettingen (CH) 11
Wetzikon, Kt. Zürich (CH) 226
Weyarn (D) 95
Wien (A) 50
Wieselburg (A) 64
Wiggensbach (D) 99
Wil, Kt. St. Gallen (CH) 146, 206, 226
Wilchingen (CH) 206
Wildenroth, Lk. Fürstenfeldbruck (D) 166f.
Wildpoldsried (D) 99
Wildsteig (D) 166
Wiler i. Lötschental, Kt. Wallis (CH) 47
Wilhelmsburg (A) 197
Willendorf (A) 62
Willisau (CH) 18, 126, 194
Winkl, Lk. Berchtesgadener Land (D) 41
Winterthur (CH) 194, 225f.
Wolfertschwenden (D) 99
Wolhusen (CH) 134, 185
Wollishofen (CH) 168, 226
Wonneberg (D) 158
Ybbs (A) 64

Zams (A) 242
Zederhaus (A) 221f.
Zell a. d. Ybbs (A) 80, 101
Zell a. Ziller (A) 102f.
Ziefen (CH) 166, 200
Zinkenbach (A) 112
Zirl (A) 140–142
Zofingen (CH) 135
Zürich (CH) 99, 168, 182–185, 195, 225f., 261–263
Zug (CH) 194
Zurzach (CH) 47

Fotonachweis

Aichner, Ernst, Obergünzburg 171 unten
Archiv der Stadtgemeinde Murnau 112 unten
Bauer, Waldshut 42
Bauerntheater Berchtesgaden 39
Baumann, Ernst, Bad Reichenhall 13, 32, 41, 302, 303
Bennert, Renate, Neukeferloh 286
Bilderdienst Süddeutscher Verlag, München 15, 23 oben, 60, 138, 231, 273, 280
Dietl, Eduard, Ottobrunn 25, 183
Dietrich, H., Rosenheim 293 unten
Fielhauer, Helmut, Wien 74 rechts
Fink, Hans, Brixen 38
Fischer, Elfriede, Graz 76 rechts
Fischer, Fritz, Klagenfurt 306
Forstmeyer, Säckingen 82
Gerndt, Helge, München 63
Groth-Schmachtenberger, Erika, Murnau 23 unten, 29, 45, 46 links, 56, 84, 87, 88, 89, 91, 95, 98, 103, 104, 108, 112 oben, 113, 117, 118, 120, 141, 149, 150, 151, 167, 175, 176, 177, 179, 190, 191, 203, 204, 205, 206, 208, 209, 210, 215, 227, 228, 235, 237, 241, 244, 247, 248, 253, 254, 260, 264, 265, 269, 275, 279, 283
Gruber, Vintl 129
Heimhuber, F. und E., Sonthofen 49, 290
Hiller, Fritz, München 245
Hillmayer, Lenhard, Sonthofen 308
Hofer, Bad Ischl 27
Institut für deutsche und vergleichende Volkskunde, Universität München 169
Kurkommission, Bad Aussee 58
Kusidlo, Ludwig, Gaißach 255
Landesfremdenverkehrsamt, Bozen 55, (Foto Tappeiner, Meran), 105 (Foto W. Fischer), 114 und 115 (Foto Fuchs-Hauffen, Elisabeth, Überlingen)
Landesmuseum Joanneum, Graz 216
Leser, Rupert, Bad Waldsee 36
March, Brixen 278
Österreichische Fremdenverkehrswerbung, Wien 21, 52, 57, 145, 222, 223, 249
Photopress, Zürich 18, 195
Reichl, O., Ebensee 111
Salzburger Museum Carolino Augusteum, Salzburg 250 oben, 277
Schmidt-Glassner, Helga, Stuttgart 34
Schröck, Laufen 122
Schweizerische Verkehrszentrale, Zürich 10, 11, 67, 69, 71, 72, 101, 133, 171 oben, 189, 225, 226, 263, 266, 267, 272, 311, 312
Sorge, Elisabeth, Niederaudorf 123
Swoboda, Otto, Wien 50, 219, 220, 250 unten, 309
Tappeiner, Meran 48, 143
Theater-Museum, München 31, 293 oben
Thomann/Stern 65
Thorbecke, Franz, Lindau 304
Tögel, Gustl, München 93
Truöl, Hans, Sonthofen 18
Ullinger, Gerd W., Obergünzburg 185
Universitätsbibliothek der Montanuniversität, Leoben 147
Vaessen, Klaus 201
Wachter, Walter, Schaan 16, 74 links, 90, 100
Weber, Hans, Lenzburg 136
Wegner, Josef, Freilassing 107, 161, 162
Wohner, Helmut, Ebersberg 46 rechts, 214
Zannantonio, Angelo, Starnberg 78, 173

Die hier nicht aufgeführten Fotos wurden von den Autoren für den jeweiligen Beitrag zur Verfügung gestellt.

Folgenden Firmen danken wir für die großzügige Überlassung von Filmen:
Bergverlag Rudolf Rother GmbH, München (Schutzumschlag und Farbtafel S. 245);
Massey-Ferguson, Eschwege (Farbtafel S. 169);
Verlag für Wirtschaft, Reise und Verkehr, Leonberg (Farbtafel S. 39)

Vor- und Nachsatz fertigte Erik Pellikan, München.

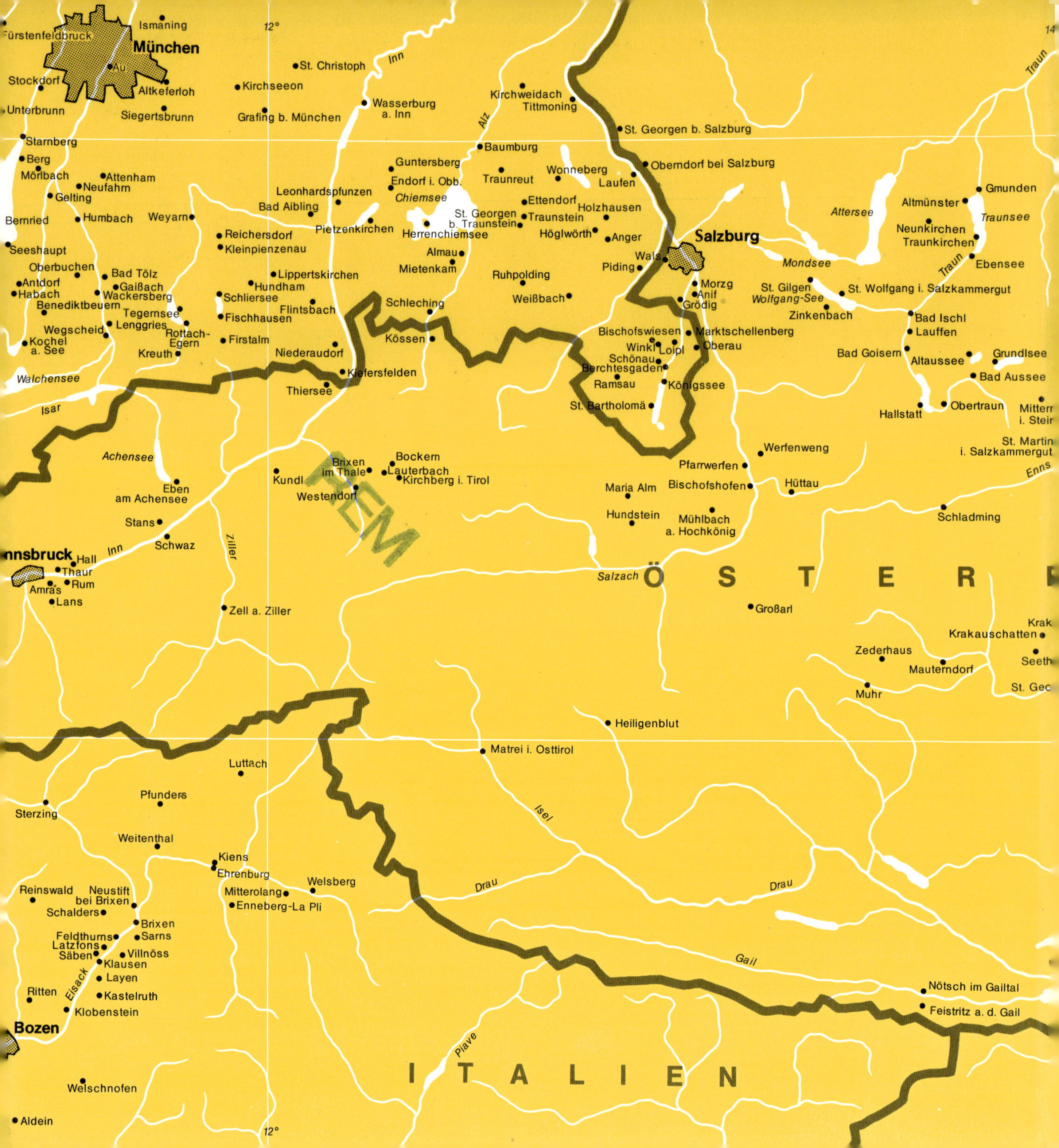

Fürstenfeldbruck
Ismaning
München
Au
12°
14
Inn
St. Christoph
Stockdorf
Altkeferloh
Kirchseeon
Wasserburg a. Inn
Unterbrunn
Siegertsbrunn
Grafing b. München
Alz
Kirchweidach
Tittmoning
Traun
St. Georgen b. Salzburg
Starnberg
Baumburg
Berg
Guntersberg
Oberndorf bei Salzburg
Mörlbach
Attenham
Endorf i. Obb.
Traunreut
Wonneberg
Laufen
Gmunden
Neufahrn
Leonhardspfunzen
Chiemsee
Gelting
Bad Aibling
Ettendorf
Holzhausen
Altmünster
Attersee
Bernried
Humbach
Weyarn
Pietzenkirchen
St. Georgen b. Traunstein
Traunstein
Traunsee
Herrenchiemsee
Höglwörth
Anger
Salzburg
Neunkirchen
Reichersdorf
Traunkirchen
Seeshaupt
Kleinpienzenau
Almau
Wals
Mondsee
Ebensee
Oberbuchen
Mietenkam
Piding
Traun
Bad Tölz
Lippertskirchen
Ruhpolding
Morzg
Antdorf
Gaißbach
Hundham
Anif
St. Gilgen
St. Wolfgang i. Salzkammergut
Habach
Wackersberg
Schliersee
Weißbach
Wolfgang-See
Benediktbeuern
Flintsbach
Schleching
Grödig
Zinkenbach
Tegernsee
Fischhausen
Bad Ischl
Wegscheid
Lenggries
Rottach-Egern
Bischofswiesen
Marktschellenberg
Lauffen
Kochel a. See
Firstalm
Kössen
Winkl
Loipl
Oberau
Kreuth
Niederaudorf
Bad Goisern
Grundlsee
Schönau
Altaussee
Berchtesgaden
Kiefersfelden
Walchensee
Ramsau
Bad Aussee
Thiersee
Königssee
Isar
St. Bartholomä
Hallstatt
Obertraun
Mitterndorf i. Steir
Achensee
Bockern
Werfenweng
Brixen im Thale
St. Martin i. Salzkammergut
Lauterbach
Pfarrwerfen
Kundl
Kirchberg i. Tirol
Enns
Eben am Achensee
Maria Alm
Bischofshofen
Hüttau
Westendorf
Stans
Hundstein
Mühlbach a. Hochkönig
Schladming
Innsbruck
Schwaz
Ziller
Hall
Inn
Thaur
Rum
Salzach
Ö S T E R R
Amras
Lans
Zell a. Ziller
Großarl
Krakauschatten
Zederhaus
Mauterndorf
Seeth
Muhr
St. Ge
Heiligenblut
Matrei i. Osttirol
Luttach
Pfunders
Sterzing
Isel
Weitenthal
Kiens
Ehrenburg
Welsberg
Reinswald
Neustift bei Brixen
Mitterolang
Drau
Drau
Schalders
Enneberg-La Pli
Brixen
Feldthurns
Sarns
Latzfons
Säben
Villnöss
Klausen
Gail
Layen
Ritten
Eisack
Kastelruth
Nötsch im Gailtal
Klobenstein
Feistritz a. d. Gail
Bozen
Piave
I T A L I E N
Welschnofen
Aldein
12°